Daila Zarobba 2° B

Anna Montemurro

DigiMAT 2

LA GEOMETRIA

DeAGOSTINI

DeAGOSTINI

internet: deagostiniscuola.it
e-mail: info@deascuola.it

Member of CISQ Federation
RINA
ISO 9001:2008
Sistema Qualità Certificato

Il Sistema di Gestione per la Qualità di De Agostini Scuola S.p.A. è certificato per l'attività di "Progettazione, realizzazione e distribuzione di prodotti di editoria scolastica"

Redattore Responsabile:	Alessio Delfrati
Tecnico Responsabile:	Marco Grilli
Progetto grafico:	Maura Santini
Copertina:	Maura Santini
Realizzazione editoriale e tecnica:	APV Vaccani s.r.l. Milano
Disegni:	Antongionata Ferrari, Valter Casiraghi, APV Vaccani s.r.l.

Art Director: Nadia Maestri

Si ringraziano Tecnoscienza.it (Bologna) e Studio Festos (Milano) per il contributo prestato nella realizzazione e nella redazione della sezione *Laboratorio interattivo*.

1ª edizione: gennaio 2011
Printed in Italy

Le fotografie di questo volume sono state fornite da:
Foto De Agostini Picture Library

Foto copertina: iStock.

Stampa: CALEIDOGRAF - Robbiate (LC)

Ristampa	6 7	8 9	10 11
Anno	2015	2016	2017

PRESENTAZIONE

ai docenti

Ho realizzato questo corso di matematica rifacendomi alla *particolare struttura espositiva* che caratterizza i precedenti corsi *Pi greco, Sistema matematica, Destinazione matematica* e *Teorema*, perché credo che questo metodo di lavoro renda più efficace l'apprendimento.

Ogni unità del corso, infatti, sviluppa in modo compiuto i vari argomenti mediante "lezioni" attentamente organizzate: la teoria (*Apprendo...*) viene esposta nella pagina a sinistra, le conoscenze sono immediatamente messe in pratica tramite esercizi appropriati per il rapido riscontro dell'apprendimento nella pagina a destra (*... Verifico*).

Fidandomi della mia esperienza didattica, sono convinta che questa organizzazione particolare della disciplina, all'insegna dell'essenzialità e della operatività, contribuisca a:

- rendere più semplice lo studio – solitamente ostico – della matematica;
- far acquisire un metodo di studio innovativo e proficuo;
- promuovere un lavoro organizzato e cadenzato secondo ritmi di apprendimento ben sperimentati.

La teoria è spiegata in modo chiaro, lineare, preciso ed esauriente con un linguaggio accessibile ai ragazzi/e di questa fascia scolare. Generalmente ho usato il metodo induttivo: partendo da una situazione problematica familiare, giungo alle definizioni, alle proprietà di un'operazione, di una figura geometrica, alle regole e, infine, all'acquisizione dei concetti astratti.
Le vignette che illustrano le "lezioni" non sono fini a se stesse. Le didascalie, infatti, sintetizzano – spesso mediante domanda e risposta – i punti salienti dell'argomento svolto, contribuendo a stimolare la capacità di osservazione e le capacità intuitive dell'alunno/a.
Inoltre, la costante presenza di "amici", rappresentati da un particolare tipo di disegno, suggeriscono l'avvio di esercizi e problemi particolarmente impegnativi.

Vastissimo è il repertorio di esercizi presenti nel volume base, suddivisi per argomento e graduati per livello di difficoltà:

- **esercizi e problemi di applicazione** per accertare le capacità operative di calcolo;
- **esercizi e problemi di riepilogo e consolidamento** per ripercorrere in modo organico gli argomenti di ciascuna unità;
- **esercizi per il recupero e ripasso** sotto forma di schede, per recuperare gli obiettivi minimi prefissati o per ripassare gli argomenti trattati;
- **test di autoverifica** con 20 domande a scelta multipla con griglia di autovalutazione in decimi.

Ciascuna unità si chiude con una **mappa concettuale** che evidenzia i collegamenti tra i diversi argomenti dell'unità stessa.

Questo nuovo corso si intitola *DigiMAT* perché le caratteristiche didattiche di questo metodo ampiamente sperimentato sono state potenziate grazie all'apporto degli **strumenti digitali**.

Innanzitutto, l'informatica è strettamente integrata nel testo dello studente e con gli argomenti del programma di matematica.

Infatti, alla fine di ciascun volume troviamo il **laboratorio interattivo** con interessanti schede a carattere **interdisciplinare** corredate di attività da svolgere sia su carta sia con il computer, e un **prontuario di informatica** relativo ai programmi Excel per l'aritmetica e GeoGebra per la geometria, con indicazioni per l'uso di Word come editor di testi matematici (*Equation Editor*).
Inoltre, a ogni volume è allegato un **CD-ROM per lo studente** che contiene lezioni animate da visualizzare sul PC o la LIM, test e autoverifiche interattive per argomenti con autocorrezione, test per la preparazione alle prove Invalsi, videolezioni ed esercitazioni sui software per la matematica, schede stampabili di integrazione e di ripasso.

Particolare attenzione è stata infine posta alla preparazione della Prova nazionale, non solo nel CD-ROM, ma anche negli appositi fascicoli allegati a ciascun volume, che contengono simulazioni di **prove nazionali**, prove **Invalsi** ufficiali, esercizi di **Arricchimento** per l'eccellenza.

Spero di essere riuscita a fornire un corso di matematica innovativo e moderno, capace di soddisfare le esigenze dei colleghi e dei ragazzi/e.

settembre 2010
Anna Montemurro

LA GEOMETRIA 2

COME È FATTO IL TUO LIBRO?

Le lezioni

La teoria è organizzata in **lezioni**. Una serie di lezioni forma un'**unità**. Ogni lezione affronta un argomento nella pagina di sinistra (**Apprendo...**) e propone una esercitazione immediata nella pagina di destra (**... Verifico**). In questo modo è più facile studiare e verificare le tue conoscenze.

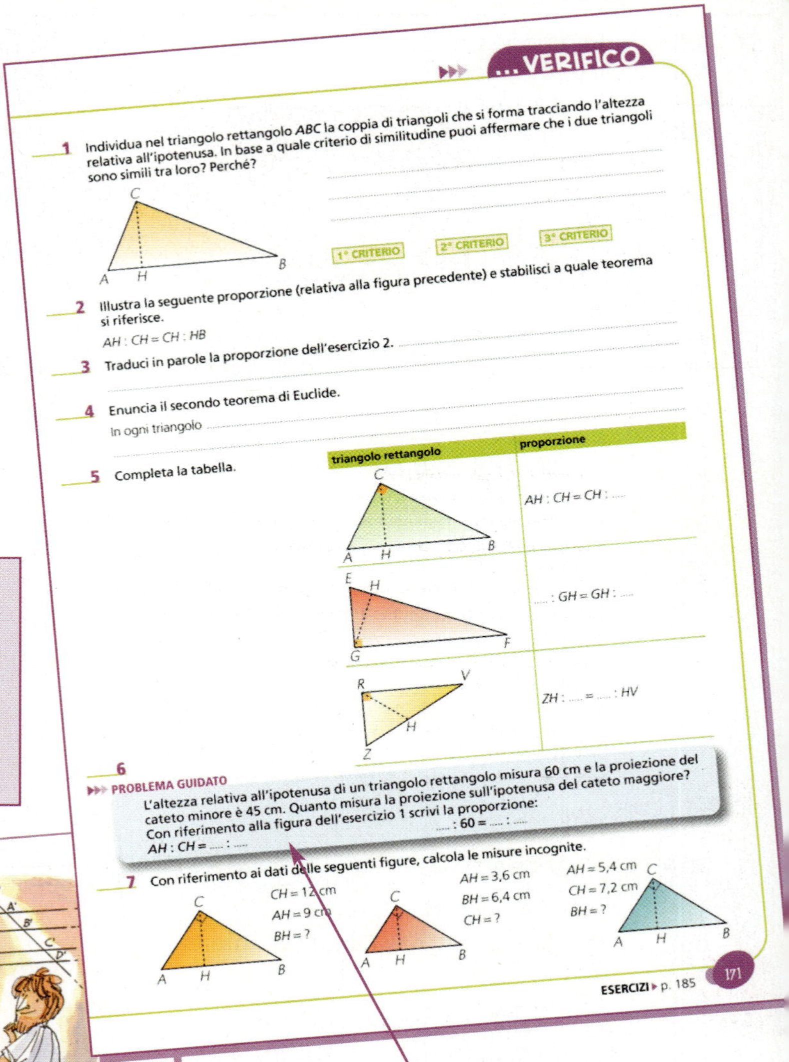

... VERIFICO

1 Individua nel triangolo rettangolo *ABC* la coppia di triangoli che si forma tracciando l'altezza relativa all'ipotenusa. In base a quale criterio di similitudine puoi affermare che i due triangoli sono simili tra loro? Perché?

2 Illustra la seguente proporzione (relativa alla figura precedente) e stabilisci a quale teorema si riferisce.

$AH : CH = CH : HB$

3 Traduci in parole la proporzione dell'esercizio 2.

4 Enuncia il secondo teorema di Euclide.

In ogni triangolo ......

5 Completa la tabella.

triangolo rettangolo	proporzione
A, H, B, C	$AH : CH = CH :$ .....
E, H, G, F	..... $: GH = GH :$ .....
R, V, H, Z	$ZH :$ ..... = ... $: HV$

6 PROBLEMA GUIDATO

L'altezza relativa all'ipotenusa di un triangolo rettangolo misura 60 cm e la proiezione del cateto minore è 45 cm. Quanto misura la proiezione sull'ipotenusa del cateto maggiore?
Con riferimento alla figura dell'esercizio 1 scrivi la proporzione:
$AH : CH =$ ..... : .... : 60 = ... : .....

7 Con riferimento ai dati delle seguenti figure, calcola le misure incognite.

ESERCIZI ▸ p. 185

171

Vignetta
Le vignette, all'inizio di ogni lezione, ti aiutano a "scoprire nella realtà" un po' di matematica.

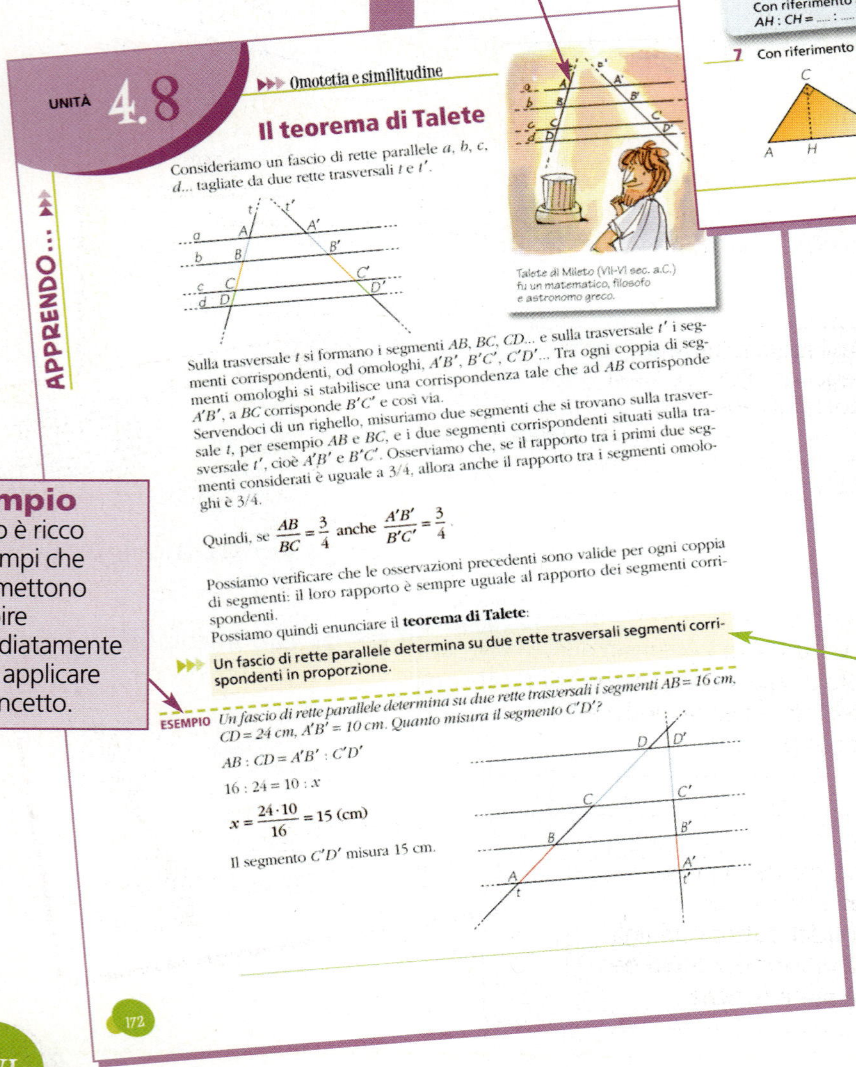

UNITÀ 4.8 ▸▸▸ Omotetia e similitudine

APPRENDO...

Il teorema di Talete

Consideriamo un fascio di rette parallele *a*, *b*, *c*, *d*... tagliate da due rette trasversali *t* e *t'*.

Talete di Mileto (VII-VI sec. a.C.) fu un matematico, filosofo e astronomo greco.

Sulla trasversale *t* si formano i segmenti *AB*, *BC*, *CD*... e sulla trasversale *t'* i segmenti corrispondenti, od omologhi, *A'B'*, *B'C'*, *C'D'*... Tra ogni coppia di segmenti omologhi si stabilisce una corrispondenza tale che ad *AB* corrisponde *A'B'*, a *BC* corrisponde *B'C'* e così via.
Servendoci di un righello, misuriamo due segmenti che si trovano sulla trasversale *t*, per esempio *AB* e *BC*, e i due segmenti corrispondenti situati sulla trasversale *t'*, cioè *A'B'* e *B'C'*. Osserviamo che, se il rapporto tra i primi due segmenti considerati è uguale a 3/4, allora anche il rapporto tra i segmenti omologhi è 3/4.

Quindi, se $\frac{AB}{BC} = \frac{3}{4}$ anche $\frac{A'B'}{B'C'} = \frac{3}{4}$.

Possiamo verificare che le osservazioni precedenti sono valide per ogni coppia di segmenti: il loro rapporto è sempre uguale al rapporto dei segmenti corrispondenti.
Possiamo quindi enunciare il **teorema di Talete**:

▸▸▸ **Un fascio di rette parallele determina su due rette trasversali segmenti corrispondenti in proporzione.**

ESEMPIO *Un fascio di rette parallele determina su due rette trasversali i segmenti AB = 16 cm, CD = 24 cm, A'B' = 10 cm. Quanto misura il segmento C'D'?*

$AB : CD = A'B' : C'D'$

$16 : 24 = 10 : x$

$x = \frac{24 \cdot 10}{16} = 15$ (cm)

Il segmento *C'D'* misura 15 cm.

172

Esercizi guidati e svolti
Negli argomenti più difficili sei aiutato da **esercizi (o problemi) guidati**, che ti suggeriscono il modo di risolverli, ed **esercizi (o problemi) svolti**, che forniscono un esempio per la risoluzione.

Esempio
Il testo è ricco di esempi che ti permettono di capire immediatamente come applicare un concetto.

Regola Le regole, scritte in maniera chiara ed evidenziate in colore, ti aiutano a memorizzare i concetti chiave.

GLI ESERCIZI

Gli **esercizi** sono organizzati secondo un criterio di **completezza e gradualità**.

I **Test sui prerequisiti** sono strutturati su domande a risposta multipla, secondo i criteri delle prove Invalsi.

unità 2

Il teorema di Pitagora

Abilità
- enunciare il teorema di Pitagora
- riconoscere e costruire una terna pitagorica
- applicare il teorema di Pitagora alle principali figure geometriche

TEST SUI PREREQUISITI

Conosci il triangolo rettangolo?

a. i lati di un triangolo rettangolo si dicono:
A cateti e ipotenusa B base, altezza e lato obliquo C retti e obliqui D cateti

Sai quando due figure piane si dicono equivalenti?

b. due figure piane equiscomponibili sono:
A equidistanti B isometriche C equivalenti D isoperimetriche

c. un rettangolo equivalente a un quadrato di lato 6 cm ha l'area di:
A 6 cm² B 24 cm² C 36 cm² D 12 cm²

Sai calcolare la radice quadrata di un numero?

d. la radice quadrata di 324 è:
A 12 B 18 C 24 D 16

e. il lato di un quadrato che ha l'area di 625 cm² misura:
A 25 cm B 15 cm C 2,5 cm D 30 cm

GEOMETRIA E REALTÀ

Pitagora di Samo fu un famoso matematico e filosofo greco, vissuto nel VI secolo a.C. Fondò a Crotone la scuola che porta

A fine unità, il **Test di autoverifica** ti consente di valutare il tuo livello di preparazione, grazie a un **righello misuratore** fornito anche in digitale nel CD-ROM.

Agli esercizi per argomento seguono altri due livelli operativi: esercizi di **Riepilogo e consolidamento** ed esercizi di **Recupero e ripasso**.

Le ampie batterie di esercizi che seguono le lezioni (**Applicazione**) sono strutturate per argomento e per difficoltà. Gli esercizi marcati da ● sono i più difficili, quelli con ● hanno difficoltà media e quelli senza contrassegno sono i più facili.

Quaderni Invalsi

I tre quaderni Invalsi contengono **simulazioni di prove nazionali** per la preparazione alle prove Invalsi, prove ufficiali sottoposte agli studenti negli anni passati ed esercizi di **arricchimento** per sviluppare ulteriormente le tue capacità matematiche.

COME È FATTO IL TUO LIBRO?

Gli strumenti digitali

Questo nuovo corso si chiama DigiMat perché l'**informatica** è strettamente **integrata nel testo** attraverso i **Laboratori digitali**.

In ogni tomo è presente un **Prontuario di informatica**, un manuale pratico per l'uso dei programmi dotati di funzioni matematiche (**Equation Editor, Excel, GeoGebra**).

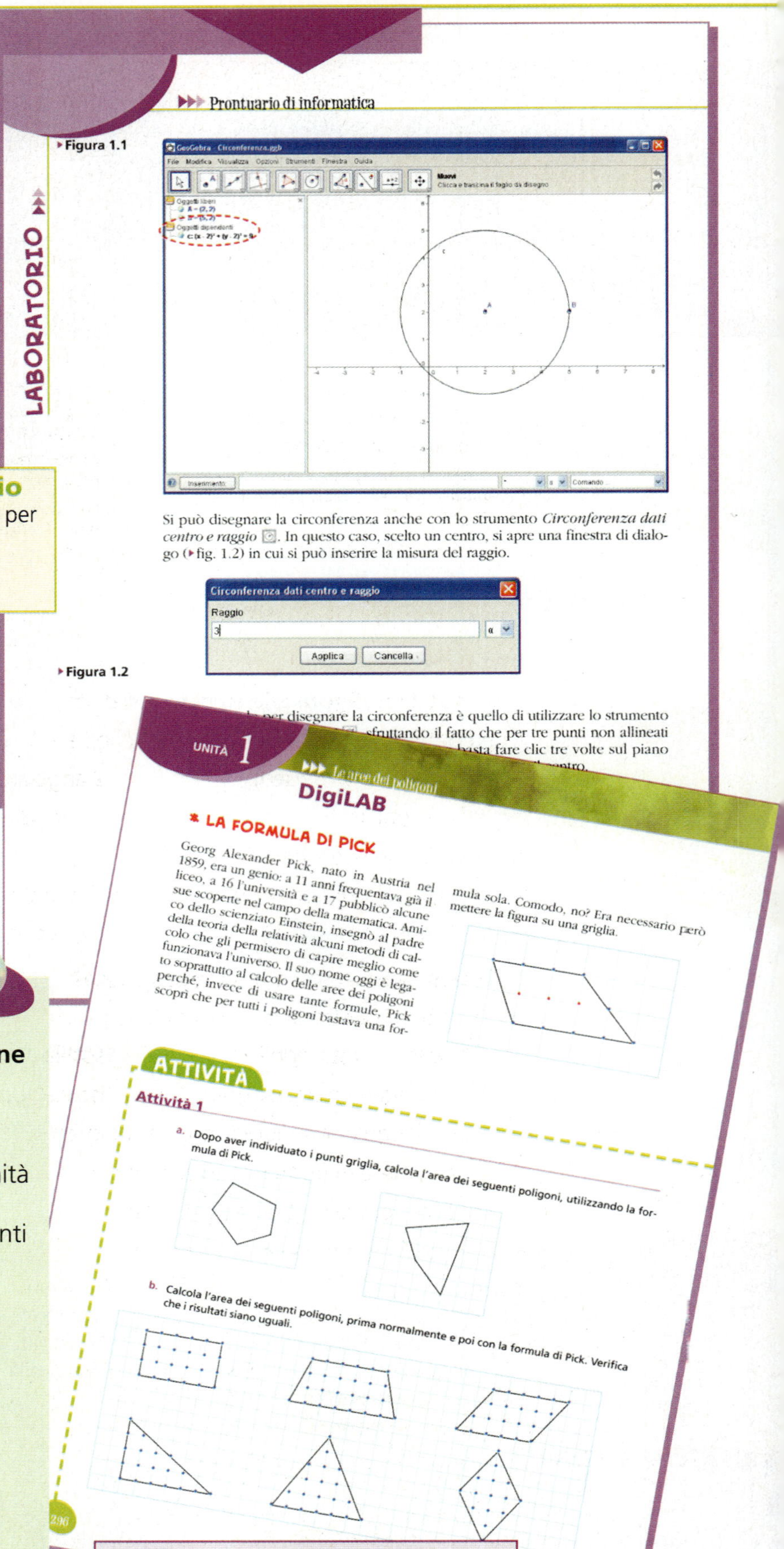

Il CD-ROM

Insieme al corso sono forniti numerosi **strumenti digitali off line** su CD-ROM:

- **lezioni animate** per studiare gli argomenti fondamentali;
- **esercizi interattivi** su tutte le unità del corso;
- **autoverifiche** di fine unità presenti nei volumi con valutazione automatica;
- **laboratori informatici** per fare matematica con Excel, Equation Editor, GeoGebra;
- **test Invalsi interattivi** per allenarsi anche sul PC alle prove nazionali;
- **integrazioni e ripasso**, schede di approfondimento, esercizi e ripasso degli argomenti dell'anno precedente.

I programmi informatici sono sfruttati per lavorare in chiave laboratoriale su approfondimenti, collegamenti interdisciplinari, storia della matematica, nei **DigiLAB**.

unità 1

Il calcolo delle aree

Conoscenze
- figure piane equivalenti
- il principio di equiscomponibilità
- la misura di una superficie
- area del rettangolo, quadrato, parallelogrammo, triangolo, rombo, trapezio
- area di una qualsiasi figura piana

Abilità
- individuare figure piane equivalenti e applicare il principio di equiscomponibilità
- riconoscere figure equivalenti e isoperimetriche
- calcolare l'area di alcuni poligoni e di una qualsiasi figura piana

TEST SUI PREREQUISITI

Conosci i poligoni e le loro proprietà?

a. il rettangolo è un parallelogrammo che ha:

- A tutti i lati congruenti
- B 4 angoli retti
- C 2 angoli retti e 2 acuti
- D gli angoli congruenti a due a due

b. il trapezio isoscele ha:

- A i lati obliqui non congruenti
- B le basi congruenti
- C i lati obliqui congruenti
- D i lati congruenti a due a due

Conosci i triangoli e le loro proprietà?

c. i triangoli, rispetto ai lati, si classificano in:

- A isosceli e rettangoli
- B equilateri ed equiangoli
- C scaleni, isosceli ed equilateri
- D isosceli ed equilateri

d. se un triangolo rettangolo ha un angolo acuto di 30°:

- A è la metà di un triangolo isoscele
- B è la metà di un triangolo equilatero
- C è la metà di un quadrato
- D è la metà di un rettangolo

GEOMETRIA E REALTÀ

Andrea osserva che il tappetino della sua doccia è formato da 16 quadrati da 1 dm^2 ciascuno. È facile calcolare l'area del tappetino: è di 16 dm^2.

APPRENDO...

Figure piane equivalenti

La signora Bice ha realizzato all'uncinetto due centrini. I due centrini sono equivalenti?

- Sì, perché occupano la stessa superficie di 12 riquadri uguali e quindi hanno la stessa estensione.

Nel volume 1 di questo corso abbiamo studiato che due figure piane si dicono **congruenti** se, sovrapposte una sull'altra, coincidono punto per punto.

È facile riconoscere due figure congruenti perché hanno la stessa forma e occupano la stessa parte di piano, cioè hanno la stessa **superficie** o **estensione**.

Osserviamo adesso le due figure *A* e *B* disegnate qui sotto.

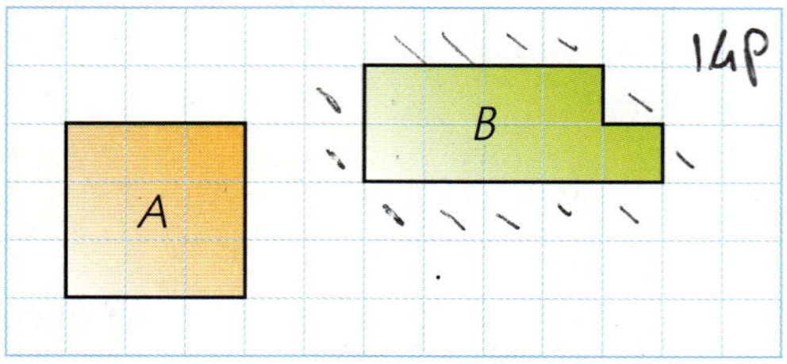

Notiamo subito che non sono congruenti perché non sovrapponibili; però hanno la stessa superficie o estensione perché entrambe sono formate da 9 quadretti dello stesso quadrettato.
Figure come queste si dicono **equivalenti**.
In simboli si scrive: $A \doteq B$ e si legge: "*A* è equivalente a *B*".

▶▶▶ **Due figure piane si dicono equivalenti (o equiestese) se hanno la stessa superficie. Due figure congruenti sono equivalenti.**

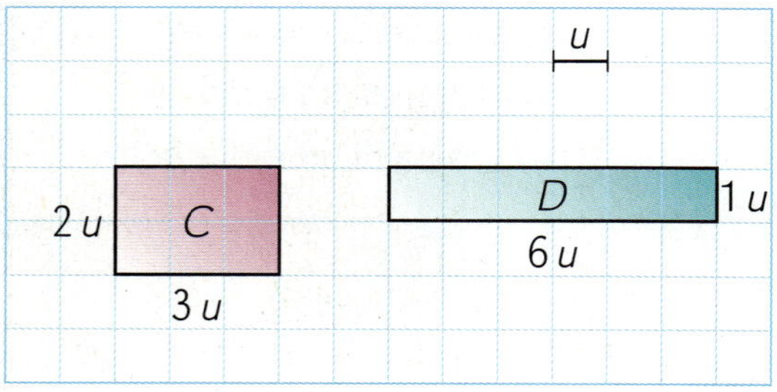

Verifichiamo con un esempio che due ***figure equivalenti non sono necessariamente isoperimetriche***, cioè non hanno necessariamente lo stesso perimetro.
Osserviamo le figure *C* e *D*: sono equivalenti perché entrambe occupano una superficie di 6 quadretti dello stesso quadrettato, ma non hanno lo stesso perimetro. Infatti i perimetri sono di 10 *u* e 14 *u*.

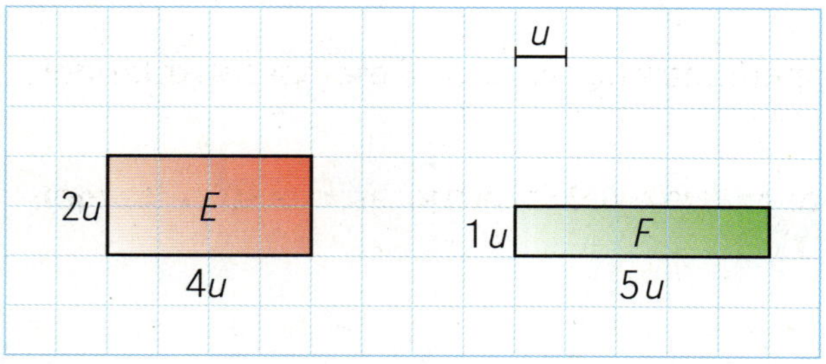

Viceversa, ***due figure isoperimetriche non sono necessariamente equivalenti***.
Osserviamo le figure *E* ed *F*: hanno lo stesso perimetro di 12 *u*, ma la prima figura occupa una superficie di 8 quadretti e la seconda di soli 5 quadretti dello stesso quadrettato.

1 **Completa le seguenti frasi.**

a. Due figure piane si dicono congruenti se, sovrapposte una sull' ALTRA perfettamente.

b. Due figure congruenti hanno la stessa AREA e la stessa FORMA

c. Due figure piane si dicono equivalenti se occupano la SUPERFICIE

d. Per indicare che due figure *A* e *B* sono equivalenti si scrive A = B

2 **Tra le seguenti figure individua e colora in modi diversi quelle congruenti e quelle equivalenti.**

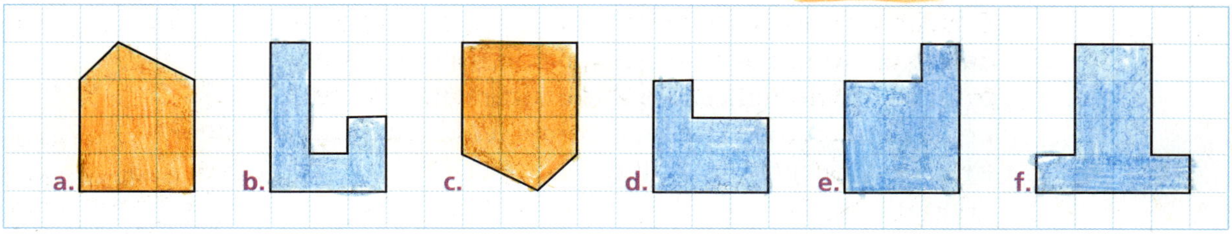

3 **Spiega perché le figure *A* e *B* non sono equivalenti.** NON HANNO LA STESSA AREA

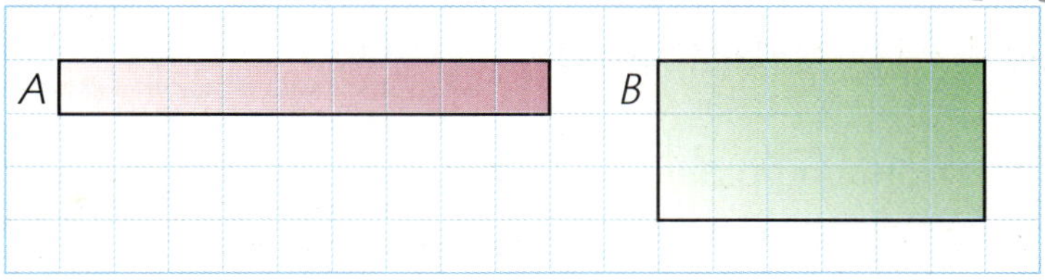

4 **Le figure *A* e *B* disegnate qui a lato:**

a. **sono isoperimetriche?** ☐ sì ☒ no

b. **sono equivalenti?** ☐ sì ☒ no

Motiva la risposta.

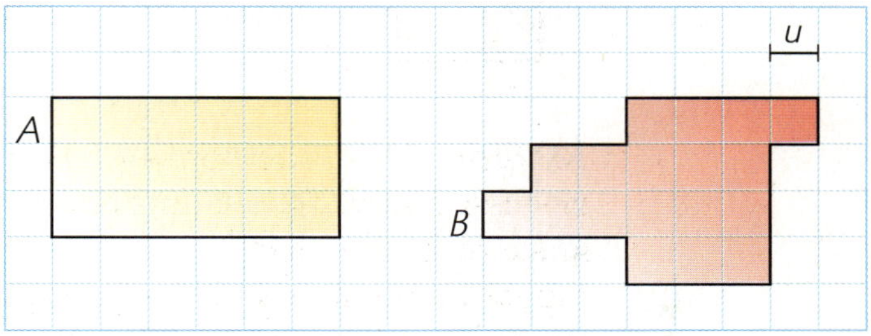

5 **Osserva la figura e completa la frase.**

Gianna ha costruito le figure *A* e *B* con uno stesso tipo di cartoncino e ha preparato l'esperimento che vedi qui a lato. Che cosa puoi osservare? Completa.

Benché le due figure non abbiano la stessa forma, sono EQUIVALENTI o equiestese perché hanno lo stesso peso. Infatti, la bilancia è in ORIZZONTALE

6 **Due figure equivalenti sono necessariamente isoperimetriche? Fai alcuni esempi sui rettangoli e verifica la tua risposta.** NO, NON SU NECESSARIAMENTE ISOPERIMETRICHE

7 **Due figure isoperimetriche sono necessariamente equivalenti? Fai alcuni esempi sui rettangoli e verifica la tua risposta.** NON NECESSARIAMENTE EQUIVALENTI

ESERCIZI ▸ p. 26

Il principio di equiscomponibilità

Disegniamo una figura *A* e scomponiamola in tre parti.

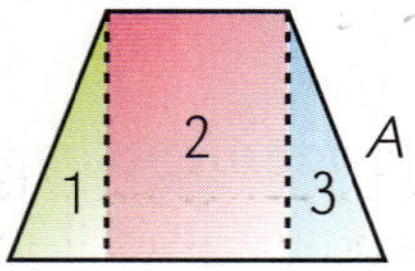

Disponiamo ora in modo diverso le tre parti ottenute e formiamo le figure *B* e *C*. Le figure *A*, *B* e *C* sono equivalenti perché risultano composte da parti rispettivamente congruenti tra loro. Per questo motivo si dicono **equicomposte**.

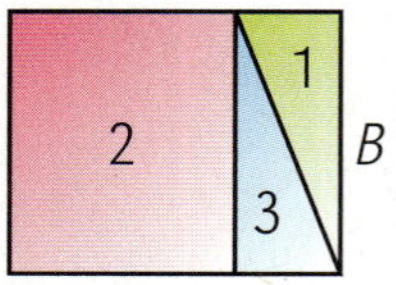

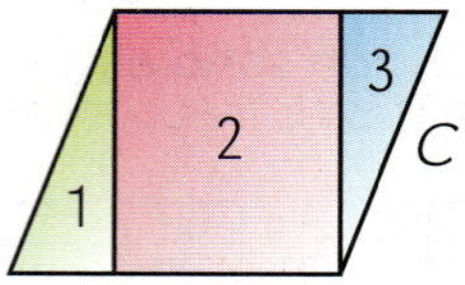

Il *tangram* è un gioco di origine cinese. Per costruire un tangram si utilizza un cartoncino quadrato tagliato in sette pezzi. Disponendo i sette pezzi in modi diversi, si ottengono figure equiscomponibili e quindi equivalenti.

Sulla base delle osservazioni compiute possiamo enunciare il **principio di equiscomponibilità**.

Figure piane composte da uno stesso numero di parti congruenti, cioè equicomposte o equiscomponibili, sono equivalenti.

Componendo in modo diverso due o più figure, possiamo ottenerne altre equivalenti tra loro perché formate dallo stesso numero di parti congruenti.

Per esempio, le figure *R*, *S*, *T* sono equivalenti tra loro perché costituite dallo stesso trapezio *D* e dallo stesso triangolo *E*, composti in modi diversi.

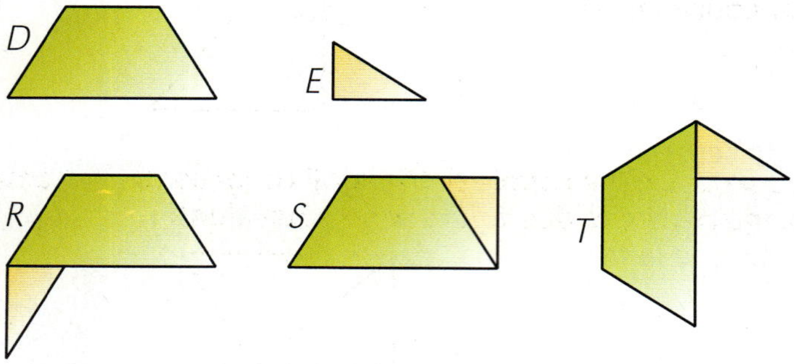

Se disegniamo ora due figure congruenti *F* e *G* e togliamo le parti congruenti colorate in **rosso** e in **giallo**, otteniamo le due figure colorate in **azzurro** che sono equivalenti.

Se si addizionano o si sottraggono parti congruenti a figure congruenti, si ottengono figure equivalenti.

1 Spiega perché le figure *A*, *B* e *C* sono equivalenti. Colora con uno stesso colore le parti congruenti, dopo averle individuate.

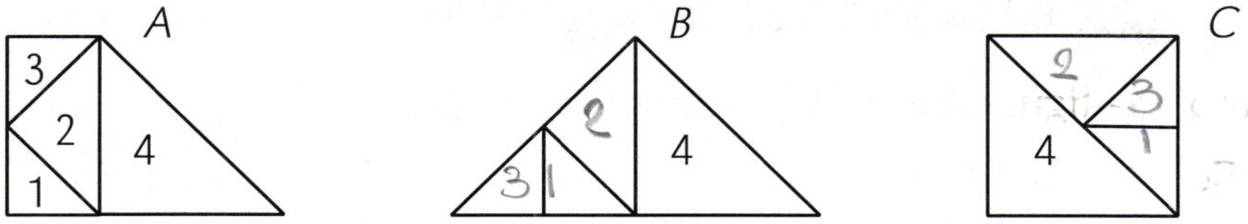

2 Le due figure *A* e *B* sono composte dalle stesse parti congruenti. Come sono dette le due figure? Colora le parti congruenti con lo stesso colore. Sai disegnare altre figure equivalenti a quelle date?

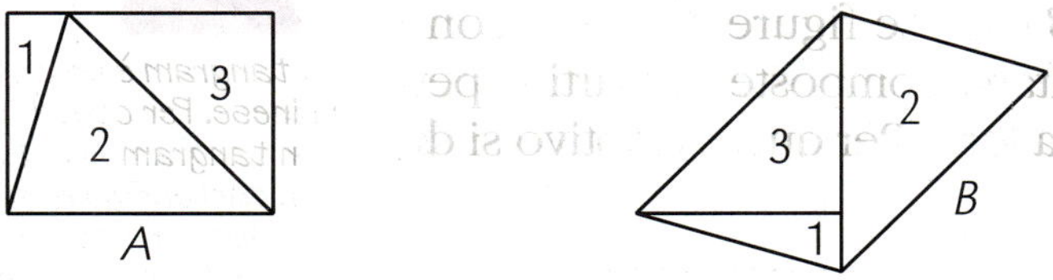

3 Indica quali figure sono equivalenti perché equicomposte.

4 Disegna un poligono, scomponilo opportunamente in tre parti e con queste costruisci altri poligoni. Come sono fra loro i poligoni ottenuti e il poligono di partenza? Perché?

5 Componendo le figure *A* e *B*, costruiscine altre tre tra loro equivalenti.

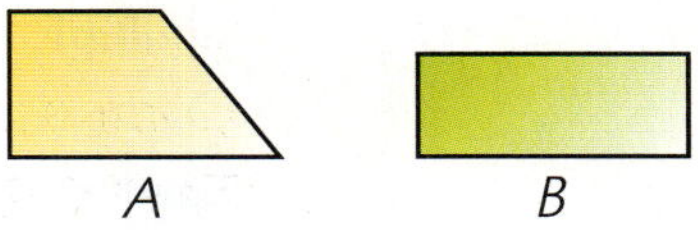

6 Quale delle due parti colorate si deve togliere dai triangoli congruenti rappresentati qui a lato per ottenere due trapezi equivalenti?

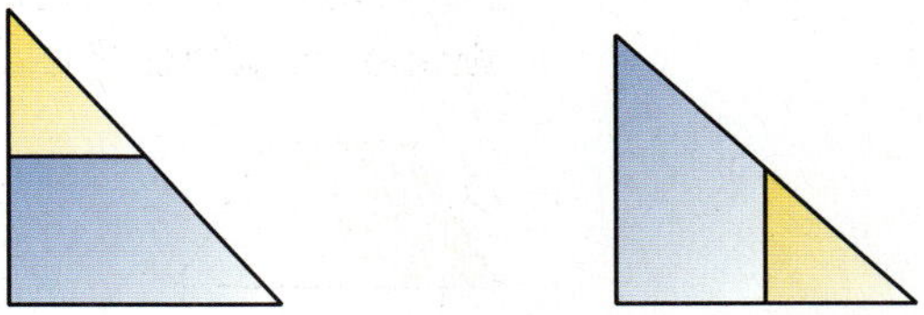

7 Colora uniformemente ciascuna delle coppie di triangoli congruenti che compongono la prima e la seconda figura e spiega perché le due figure sono equivalenti.

8 Disegna una figura equivalente, ma non congruente, alla figura *F*.

F

9 Marika afferma che è impossibile scomporre le figure *A* e *B* in parti a due a due congruenti. In pratica dice che esse non sono equiscomponibili, anche se sono equivalenti. Qual è il tuo giudizio in proposito? Motivalo.

ESERCIZI ▸ p. 26

APPRENDO...

La misura di una superficie

In questa lezione impareremo a misurare la superficie di una figura piana, cioè a calcolarne l'**area**. Consideriamo la figura *A*.
Per stabilire qual è la sua area scegliamo un'unità di misura a essa omogenea, per esempio il quadratino *B*, e contiamo quanti quadratini sono necessari per ricoprire interamente la figura data.
Poiché il quadratino *B* è contenuto 12 volte nella figura *A*, si dice che l'**area** di *A* (ossia la misura della sua superficie) rispetto all'unità *B* è il numero 12.

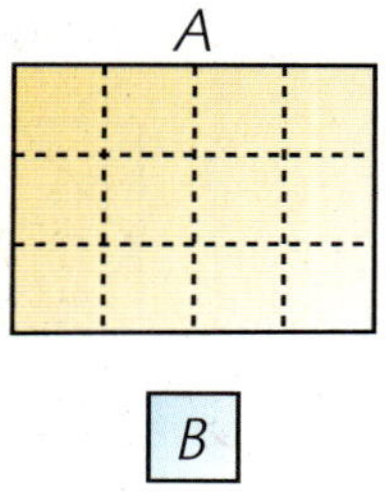

▸▸▸ La misura di una superficie, cioè l'area, è quel numero che indica quante volte l'unità di misura scelta è contenuta nella superficie considerata.

Due figure piane equivalenti hanno la stessa area.
Nel *sistema metrico decimale* l'unità fondamentale di misura delle superfici è il **metro quadrato** (simbolo: m^2) e corrisponde al quadrato che ha il lato di 1 m.
Riportiamo qui di seguito la tabella riassuntiva dei multipli e dei sottomultipli del metro quadrato.

			unità fondamentale			
km^2	hm^2	dam^2	**m^2**	dm^2	cm^2	mm^2
← multipli					sottomultipli →	

Un tappeto è formato da 20 riquadri uguali. Qual è l'area del tappeto se l'unità di misura è 1 riquadro?
• È 20 riquadri.

Ogni unità vale 100 volte l'unità immediatamente inferiore e la centesima parte dell'unità immediatamente superiore.
Pertanto, per trasformare una misura di superficie, espressa in una certa unità, in un'altra:

a. di ordine inferiore, si procede verso *destra* e si *moltiplica* la misura data per 100, 10.000, ... a seconda di quante posizioni (nella tabella) separano le due unità;

b. di ordine superiore, si procede verso *sinistra* e si *divide* la misura data per 100, 10.000, ...

ESEMPIO $8\ m^2 = 800\ dm^2$
$150{,}4\ cm^2 = 1{,}504\ dm^2$

$8\ m^2 = 800\ dm^2$ perché tra il metro quadrato e il decimetro quadrato c'è un solo posto da sinistra verso destra e quindi si moltiplica il numero 8 per 100. Allo stesso modo si ragiona per le altre **equivalenze**.

1 Completa.

a. Misurare una superficie significa confrontarla con un'unità di .... omogenea .... e stabilire ....

b. Se una figura è composta da 10 quadratini congruenti, la sua area è .... rispetto al quadratino preso come .... di misura. Fai il disegno.

2 Determina l'area di ogni figura in base all'unità di misura indicata con u^2.

ESEMPIO

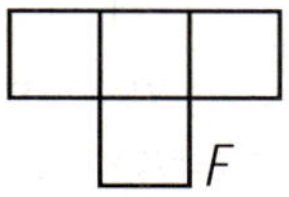

l'area di F è uguale a 4 u^2

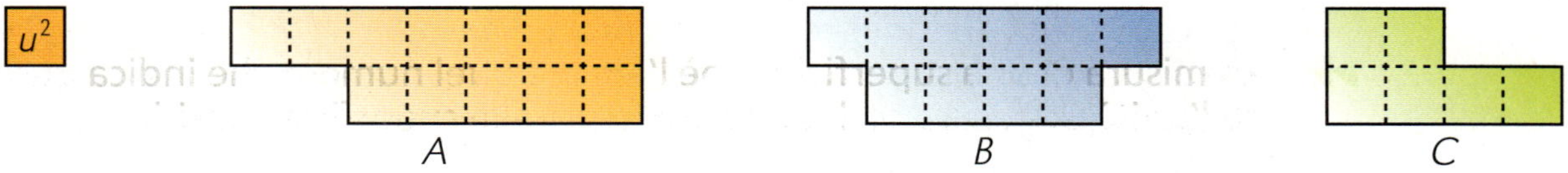

3 Determina l'area di ciascuna figura rispetto all'unità di misura indicata alla sua sinistra.

4 Due figure equivalenti hanno la stessa area? ☐ sì ☐ no

5 Disegna un rettangolo che abbia l'area di 12 u^2, utilizzando come unità di misura un quadretto del tuo quaderno.

6 Nel sistema metrico decimale qual è l'unità fondamentale di misura per le superfici? Quali sono i suoi multipli? E i suoi sottomultipli? Scrivili sul tuo quaderno.

7 Esegui le seguenti equivalenze:

3 dm² = ... cm²
0,6 m² = ... dm²
356 mm² = ... dm²
7 dam² = ... hm²

Osserva la figura A. Se per misurare la sua superficie scegliamo come unità di misura il centimetro quadrato, la sua area è 2 cm²; se invece scegliamo il millimetro quadrato, l'area è 200 mm².

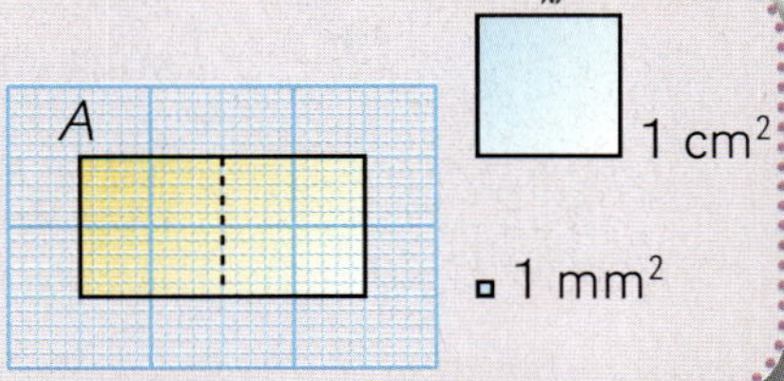

8 Determina l'area di ciascuna figura ed esprimila in centimetri quadrati, decimetri quadrati, millimetri quadrati.

ESEMPIO

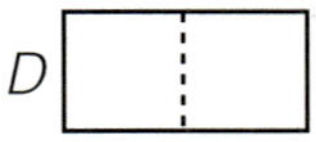

$2\ cm^2 = 0{,}02\ dm^2 = 200\ mm^2$

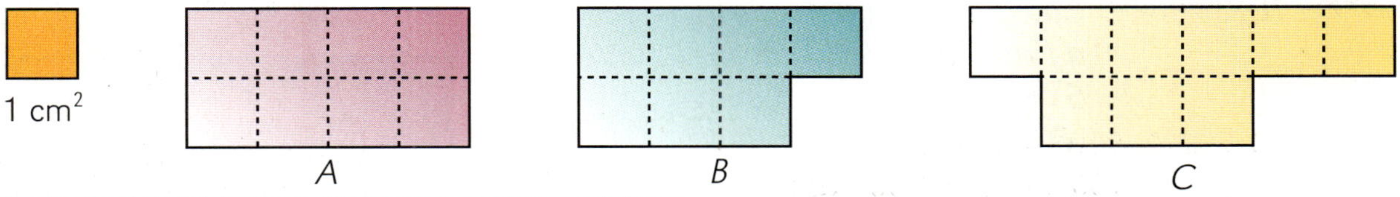

Ricordi come si leggono le scritture che esprimono le aree delle superfici? Ripassiamolo insieme e poi completa l'esercizio.

- 3,4 m² si legge: "3 metri quadrati e 40 decimetri quadrati";
- 12,5215 dam² si legge: "12 decametri quadrati e 5215 decimetri quadrati".

9 5,46 m² si legge ....
20,1402 dam² si legge ....
3,7 m² si legge ....
0,8 hm² si legge ....
4,36 dm² si legge ....

ESERCIZI ▸ p. 28

APPRENDO...

Area del rettangolo

Disegniamo un rettangolo con la base di 3 cm e l'altezza di 2 cm.

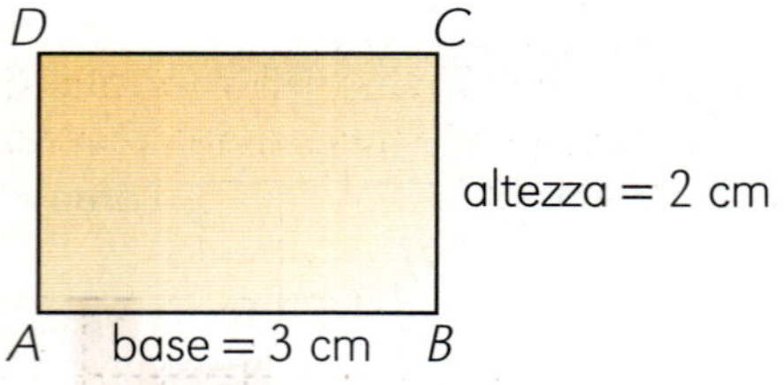

Marta afferma che l'area della copertina è $6 \cdot 4 = 24$ (dm^2) perché è lavorata in modo da avere 6 righe e 4 colonne con riquadri uguali, di 1 dm^2 ciascuno.
È corretto il suo ragionamento?
• Sì.

Per calcolare l'area del rettangolo procediamo così:

- suddividiamo la base e l'altezza, rispettivamente, in 3 e 2 parti congruenti, ciascuna di 1 cm;
- conduciamo dai punti di divisione le parallele ai lati del rettangolo;
- contiamo i quadrati congruenti in cui rimane diviso il rettangolo: sono 6.

I quadrati congruenti contenuti nel rettangolo ABCD sono $3 \cdot 2 = 6$.

L'esperimento ci consente di affermare che l'area del rettangolo è 6 rispetto all'unità di misura di 1 cm^2, ovvero è di 6 cm^2. Osserviamo che 6 cm^2 è il prodotto della misura della base (3 cm) per la misura dell'altezza (2 cm).

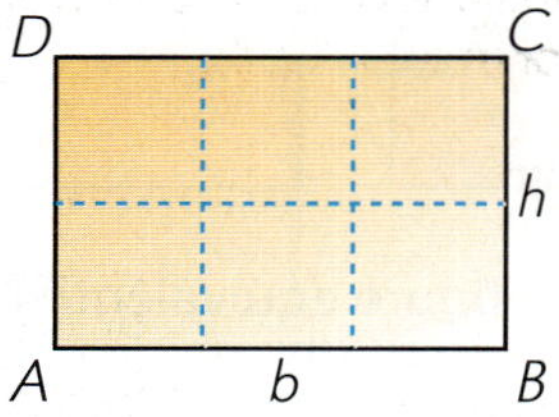

Indicando con A l'area, con b la misura della base e con h la misura dell'altezza, la formula per il calcolo dell'area del rettangolo è:

$$\boldsymbol{A = b \cdot h}$$ formula diretta

▸▸▸ **L'area del rettangolo si ottiene moltiplicando la misura della base per la misura dell'altezza.**

Dalla formula diretta possiamo ricavare le *formule inverse*, ricordando che l'operazione inversa della moltiplicazione è la divisione.

$$\boldsymbol{b = \frac{A}{h}} \qquad \boldsymbol{h = \frac{A}{b}}$$ formule inverse

Queste formule consentono di calcolare la misura della base essendo note l'area e la misura dell'altezza, oppure la misura dell'altezza essendo note l'area e la misura della base.

ESEMPIO **1.** *Calcola l'area del rettangolo ABCD a fianco, sapendo che ha la base di 5 cm e l'altezza di 3 cm.*

$A = b \cdot h = 5 \cdot 3 = 15$ (cm^2)

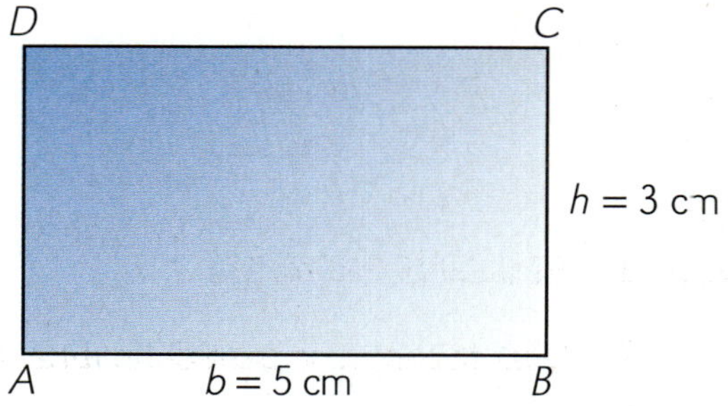

2. *Calcola la misura della base di un rettangolo avente l'area di 36 cm^2 e l'altezza di 9 cm.*

$b = \frac{A}{h} = \frac{36}{9} = 4$ (cm)

1 Completa.

a. Per calcolare l'area di un rettangolo occorrono le misure della ....

b. La formula per il calcolo dell'area di un rettangolo è ....

c. Le formule inverse dell'area di un rettangolo sono .... e ....

2 **Stabilisci quante volte l'unità di misura u^2 è contenuta in ciascun rettangolo. Calcola le relative aree, moltiplicando la misura (rispetto a u) della base per la misura dell'altezza di ogni rettangolo. Scrivi sul quaderno le tue osservazioni.**

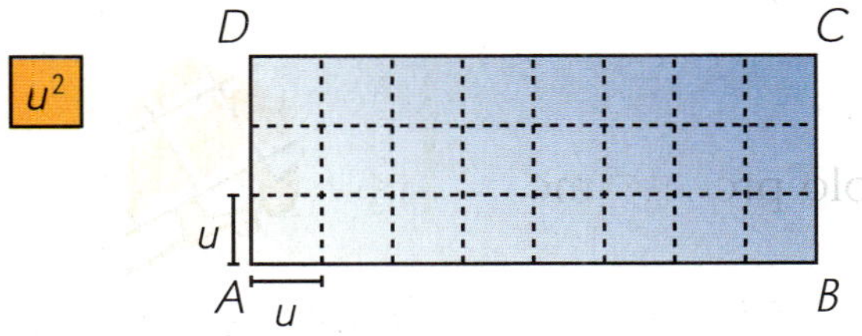

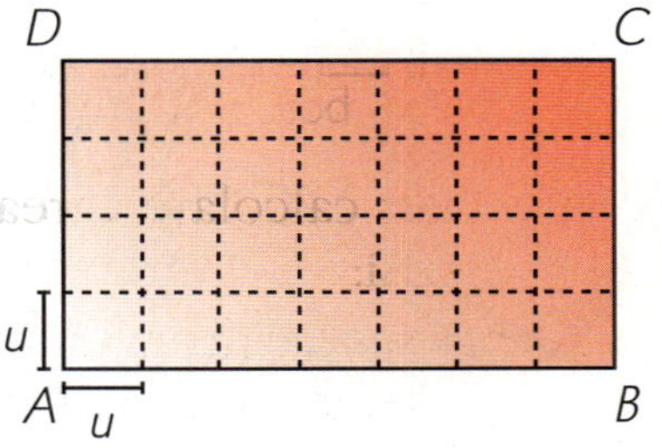

3 **Disegna sul tuo quaderno un rettangolo con l'area di 12 cm² e uno con l'area di 30 cm² e su ciascuno di essi indica le misure che hai dato alla base e all'altezza.**

4 **Utilizzando le misure indicate, calcola l'area di ciascun rettangolo scrivendo ogni volta la formula diretta.**

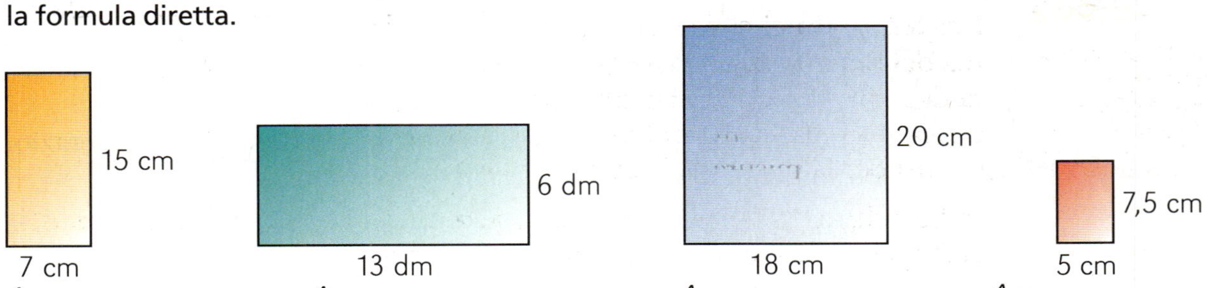

A = ... *A* = ... *A* = ... *A* = ...

5 **Calcola la misura incognita di ciascun rettangolo, scrivendo di volta in volta la corrispondente formula inversa.**

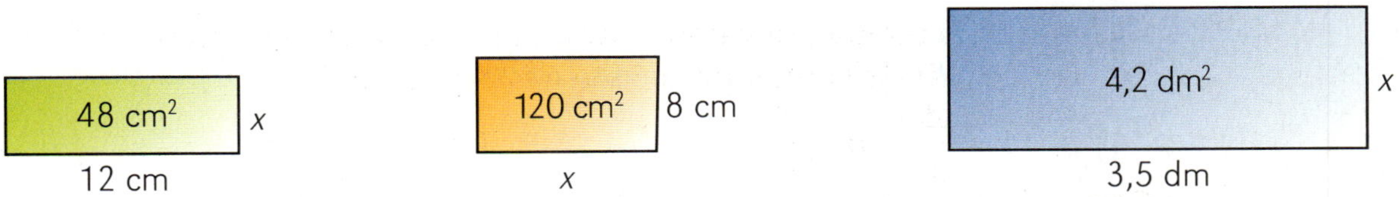

6 **Completa la seguente tabella, relativa a un insieme di rettangoli.**

b (cm)	*h* (cm)	*A* (cm²)
6	9	54
13	4	....
8	....	96
....	14	112
2,4	5	....
6	....	10,8
5,2	1,5	....

RISOLVI I SEGUENTI PROBLEMI

7 Quanto misura la base di un rettangolo, se l'area è 42 dm² e l'altezza è 7 dm?

8 Quanto misura l'altezza di un rettangolo se l'area è 72 m² e la base è 9 m?

ESERCIZI ▸ p. 30

Area del quadrato

APPRENDO...

Leonardo vuole sistemare su un tavolo un foglio da disegno quadrato di lato 1,5 m. Di quanta superficie ha bisogno?

• $A = l \cdot l = 1{,}5 \cdot 1{,}5 = 2{,}25$ (m²)

Sappiamo che il quadrato è un rettangolo particolare che ha la base e l'altezza congruenti. Quindi, la formula per il calcolo dell'area del quadrato si ricava da quella del rettangolo, ponendo al posto delle misure della base e dell'altezza quella del lato. Se indichiamo con l la misura del lato del quadrato, la formula per determinarne l'area è:

$$A = l \cdot l = l^2$$ formula diretta

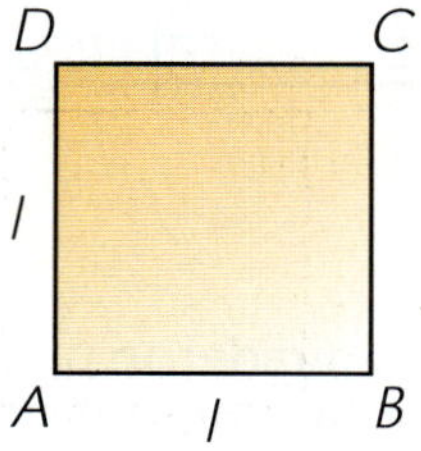

▶▶▶ **L'area del quadrato si ottiene moltiplicando la misura del lato per se stessa.**

Dalla formula diretta si ricava quella inversa, ricordando che l'operazione inversa dell'elevamento al quadrato è la radice quadrata.

$$l = \sqrt{A}$$ formula inversa

La formula inversa consente di calcolare la misura del lato di un quadrato, conoscendo la sua area.

ESEMPIO 1. *Un tavolo di forma quadrata ha il lato di 35 dm. Se è stato ricoperto con una lastra di vetro, quanti metri quadrati di vetro sono occorsi?*

$A = l^2 = 35^2 = 1225$ (dm²)
1225 dm² = 12,25 m²

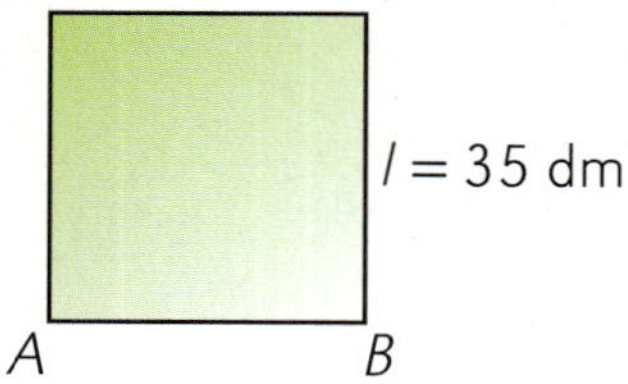

2. *Calcola il perimetro di un pannello quadrato avente l'area di 256 cm².*

$l = \sqrt{A} = \sqrt{256} = 16$ (cm)

$2p = l \cdot 4 = 16 \cdot 4 = 64$ (cm)

1 Completa.

La formula dell'area del quadrato si ricava da quella del rettangolo perché il quadrato è ....

....

2 Se indichiamo con la lettera *a* la misura di un lato di un quadrato, qual è la formula dell'area?

☐ $A = a \cdot 4$ ☐ $A = a^4$ ☐ $A = a^2$

3 Conoscendo l'area (*A*) di un quadrato, con quale formula si calcola la misura del lato (*l*)?

☐ $l = \sqrt{A}$ ☐ $l = \sqrt{A:4}$ ☐ $l = \sqrt{A \cdot 4}$

4 Determina l'area di ciascun quadrato assumendo come unità di misura il centimetro quadrato.

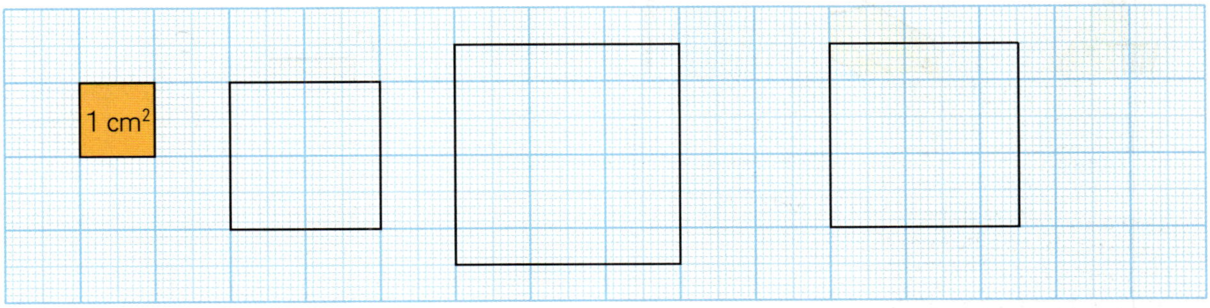

5 Determina la misura del lato di ciascun quadrato conoscendone l'area.

$A = 196$ cm²  $A = 441$ m²  $A = 289$ dm² 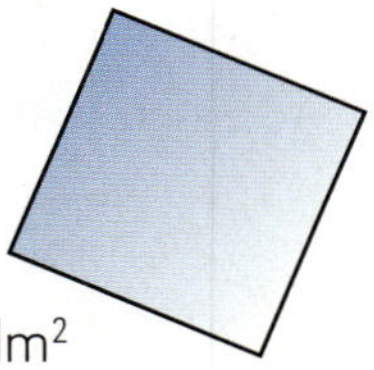

6 Disegna un quadrato di lato 4 cm e verifica che la sua area è 16 cm².

7 Completa la seguente tabella, relativa a un insieme di quadrati.

l (cm)	2*p* (cm)	*A* (cm²)
6	24	36
12	....	....
....	44	....
....	....	169
2,5	....	....
....	12,8	....
....	....	1,44
....	....	6,25

RISOLVI I SEGUENTI PROBLEMI

8 Calcola la misura del lato di un quadrato la cui area è 324 cm². [18 cm]

9 Un quadrato ha l'area di 6,76 cm². Calcolane il perimetro. [10,4 cm]

10 Il perimetro di un quadrato è 68 cm. Calcolane l'area. [289 cm²]

ESERCIZI ▸ p. 34

APPRENDO...

Area del parallelogrammo

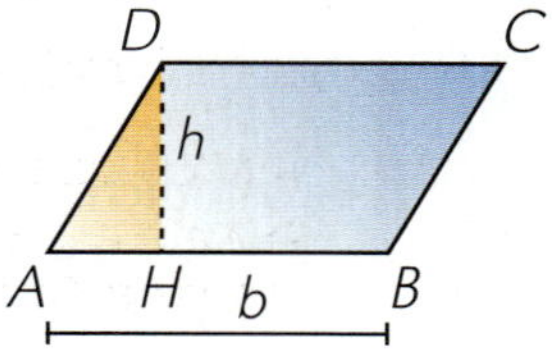

Disegniamo un parallelogrammo *ABCD* e tracciamo dal vertice *D* l'altezza *DH* relativa alla base *AB*. Osserviamo che il parallelogrammo risulta scomposto in due parti: una **arancione** (*AHD*) e una **azzurra** (*HBCD*). Ritagliamo ora il triangolo AHD e portiamolo nella posizione indicata dalla freccia (figura 1).

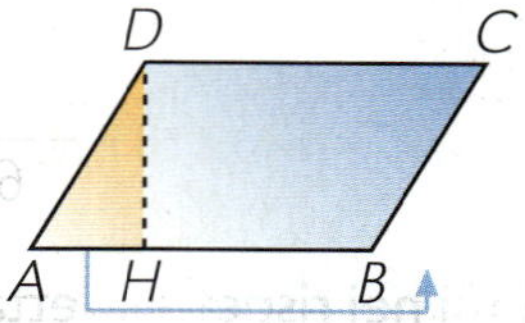

Figura 1

Otteniamo un rettangolo che ha la stessa base e la stessa altezza del parallelogrammo (figura 2).

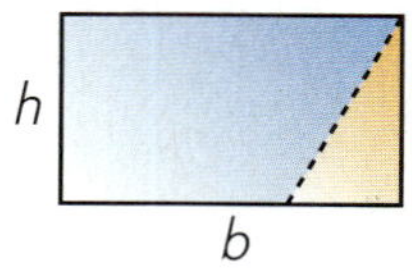

Figura 2

Il parallelogrammo è equivalente a un rettangolo che ha per base la stessa base e per altezza la stessa altezza del parallelogrammo.

Le figure 1 e 2 sono costituite da poligoni congruenti a due a due, pertanto sono equicomposte e quindi equivalenti tra loro.

Un parallelogrammo è equivalente a un rettangolo che ha la stessa base e la stessa altezza.

Un giardino ha la forma di un parallelogrammo. Se uno dei due lati è lungo 6 m e la loro distanza è di 7 m, qual è l'area del giardino?

- $A = b \cdot h = 6 \cdot 7 = 42$ (m^2)

Sappiamo che due figure equivalenti hanno la stessa area, quindi possiamo scrivere la formula dell'area del parallelogrammo (uguale a quella dell'area del rettangolo):

$$A = b \cdot h$$ formula diretta

L'area del parallelogrammo si ottiene moltiplicando la misura della base per la misura dell'altezza relativa alla base.

Dalla formula diretta ricaviamo le formule inverse:

$$b = \frac{A}{h} \qquad h = \frac{A}{b}$$ formule inverse

ESEMPIO *Calcola la misura dell'altezza di un cartoncino avente la forma di un parallelogrammo sapendo che l'area è di 48 cm² e la base di 8 cm.*

$$h = \frac{A}{b} = \frac{48}{8} = 6 \text{ (cm)}$$

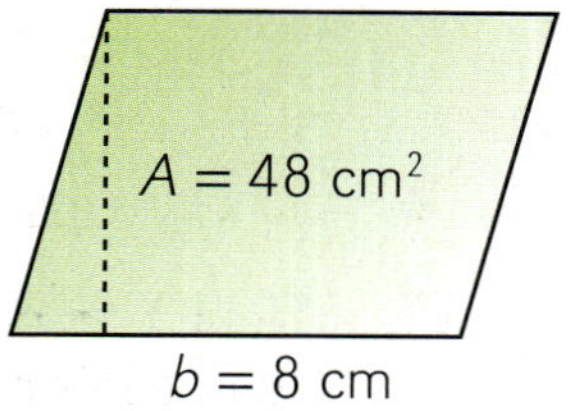

1 Completa.

a. Un parallelogrammo è .... a un rettangolo che ha la stessa .... e la stessa altezza.

b. La formula che consente di calcolare l'area di un parallelogrammo è ....

2 **Riproduci sul tuo quaderno le seguenti figure. Disponi la parte colorata in giallo di ciascun parallelogrammo in modo da formare un rettangolo equivalente al parallelogrammo e trovane l'area.**

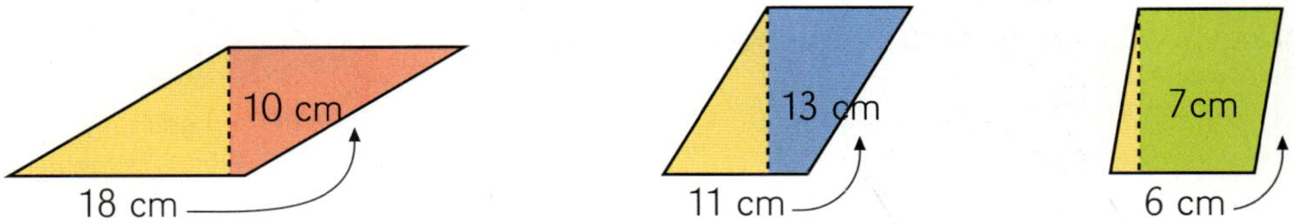

3 **Dopo aver trasformato i seguenti parallelogrammi nei rispettivi rettangoli equivalenti, calcolane l'area esprimendola in u^2.**

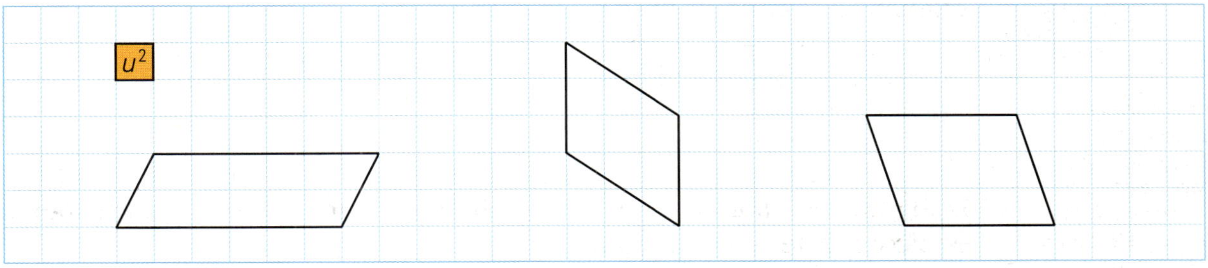

4 **Determina l'area di ciascun parallelogrammo assumendo l'unità di misura di 1 cm².**

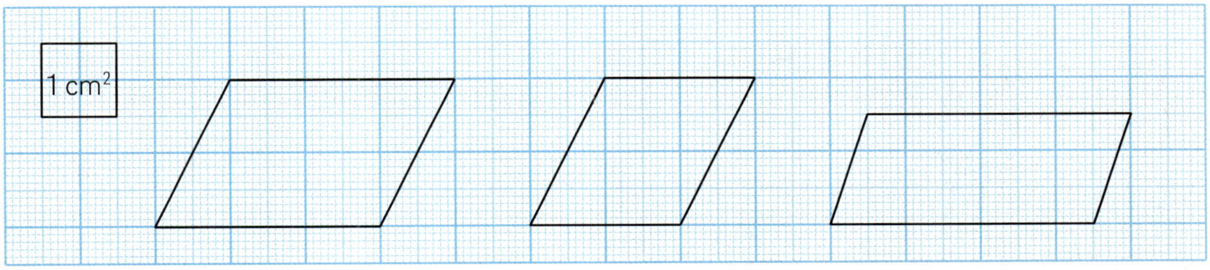

5 **Scrivi la formula che consente di calcolare la misura della base di un parallelogrammo essendo note l'area e la misura dell'altezza.** ....

6 **Conoscendo l'area e la misura della base di un parallelogrammo, con quale formula si calcola la misura dell'altezza?** ....

7 **Disegna un parallelogrammo avente la base di 6 cm e l'altezza di 4 cm e verifica che è equivalente a un rettangolo avente la stessa base e la stessa altezza. Qual è l'area di ciascuna delle due figure?**

8 **Quanto misura la base di un parallelogrammo avente l'area di 216 cm² e l'altezza di 24 cm?**

A 14 cm   B 9 cm   C 54 cm

RISOLVI I SEGUENTI PROBLEMI

9 Calcola l'area di un parallelogrammo avente la base di 12 cm e l'altezza di 30 cm.

10 L'area di un parallelogrammo è 171 dm² e la base misura 9 dm. Quanto misura l'altezza? [19 dm]

11 Calcola la misura della base di un parallelogrammo avente l'area di 105 m² e l'altezza di 70 dm. Esprimi il risultato in metri. [15 m]

ESERCIZI ▸ p. 37

APPRENDO...

Area del triangolo

Consideriamo un triangolo *ABC* e costruiamo il parallelogrammo *ABDC* conducendo per il vertice *C* la parallela al lato *AB* e per il vertice *B* la parallela al lato *AC*.

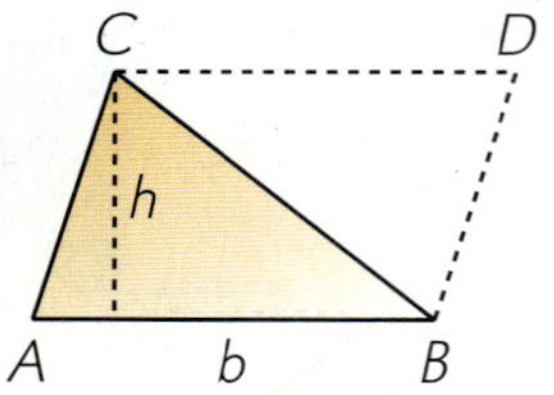

Osserviamo facilmente che il triangolo *ABC* è equivalente alla metà del parallelogrammo *ABDC* avente la stessa base e la stessa altezza.

In un campo da golf puoi osservare molte bandierine triangolari. Qual è l'area di ciascuna bandierina se la sua base è lunga 30 cm e la sua altezza 40 cm?

- $A = \frac{b \cdot h}{2} = \frac{30 \cdot 40}{2} = 600\ (\text{cm}^2)$

Un triangolo è equivalente alla metà di un parallelogrammo di uguale base e uguale altezza.

Poiché la base e l'altezza del parallelogrammo sono congruenti, rispettivamente, alla base e all'altezza del triangolo, si deduce che la formula per il calcolo dell'area del triangolo è la seguente:

$$\boldsymbol{A = \frac{b \cdot h}{2}}$$ formula diretta

L'area del triangolo si ottiene moltiplicando la misura della base per la misura della relativa altezza e dividendo il prodotto per 2.

Conoscendo l'area del triangolo, con le formule inverse si può calcolare la misura della base se è nota quella dell'altezza e viceversa:

$$\boldsymbol{b = \frac{2 \cdot A}{h} \qquad h = \frac{2 \cdot A}{b}}$$ formule inverse

Le formule inverse si ottengono raddoppiando l'area del triangolo (in modo da ricostruire il parallelogrammo) e dividendo la doppia area così ottenuta per la misura dell'altezza o della base.

ESEMPIO

1. *Calcola l'area di un pannello triangolare che ha la base di 16 dm e l'altezza di 9 dm.*

   $$A = \frac{b \cdot h}{2} = \frac{16 \cdot 9}{2} = \frac{144}{2} = 72\ (\text{dm}^2)$$

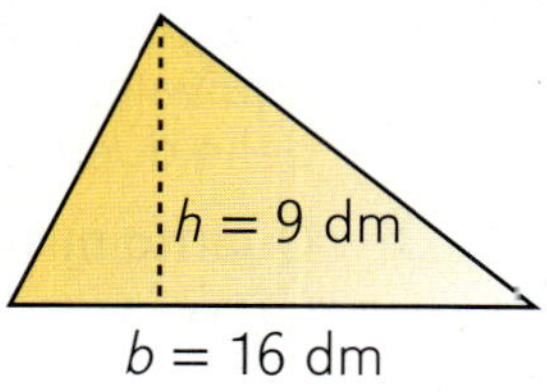

2. *L'area di un triangolo è 24 cm² e l'altezza misura 4 cm. Quanto misura la base?*

   $$b = \frac{2 \cdot A}{h} = \frac{2 \cdot 24}{4} = \frac{48}{4} = 12\ (\text{cm})$$

3. *Calcola la misura dell'altezza di un triangolo che ha l'area di 45 m² e la base di 15 m.*

   $$h = \frac{2 \cdot A}{b} = \frac{2 \cdot 45}{15} = \frac{90}{15} = 6\ (\text{m})$$

1 Completa le seguenti frasi.

a. Un triangolo è equivalente alla .... di un parallelogrammo di uguale .... e uguale ....

b. Per calcolare l'area di un triangolo si .... la misura della base per la .... dell'.................................. relativa e si divide il prodotto per ....

c. La formula per il calcolo dell'area di un triangolo è ....

2 Con riferimento ai dati, calcola l'area di ciascun triangolo.

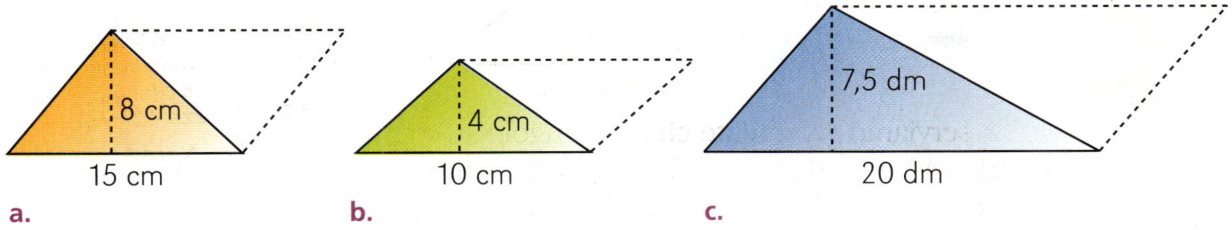

3 Dato il seguente triangolo *ABC*, costruisci il parallelogrammo *ABDC* e calcola le aree del parallelogrammo che hai ottenuto e del triangolo di partenza. Scrivi a fianco le tue osservazioni.

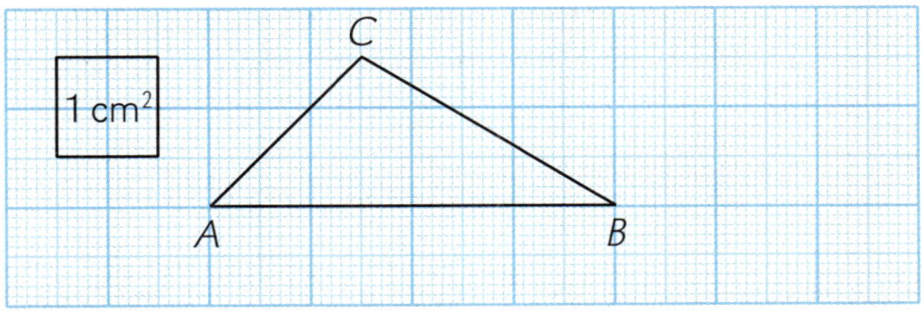

....
....
....
....
....
....

4 Completa la seguente tabella, relativa a un insieme di triangoli. Scrivi di volta in volta la formula diretta o inversa che ti consente di calcolare l'incognita.

b (cm)	*h* (cm)	*A* (cm²)
19	16	$A = \frac{b \cdot h}{2} = \frac{19 \cdot 16}{2} =$ ....
12	14	....
....	9	90
16	....	120
....	26	169
2,5	3,2	....
4,8	....	5,76
....	5,4	9,72

RISOLVI I SEGUENTI PROBLEMI

5 Calcola l'area di un triangolo avente la base di 24 cm e l'altezza di 7 cm. [84 cm²]

6 L'area di un triangolo è 75 m² e l'altezza misura 15 m. Quanto misura la base? [10 m]

7 Un triangolo ha l'area di 77 dm² e la base di 14 dm. Quanto misura l'altezza? [11 dm]

Area del triangolo rettangolo

Consideriamo un triangolo rettangolo *ABC*.

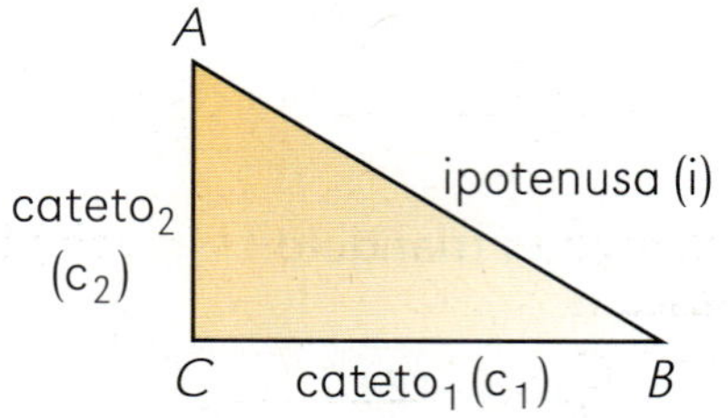

Per finire un collage, Michele ha bisogno di un triangolo rettangolo, con i cateti di 12 cm e 5 cm. Qual è l'area del triangolo?

- $A = \frac{cateto_1 \cdot cateto_2}{2} = \frac{12 \cdot 5}{2} = \frac{60}{2} = 30\ (cm^2)$

Osserviamo che un cateto può essere considerato come base e l'altro come altezza del triangolo. Indicando con c_1 e c_2 le misure dei due cateti, la formula dell'area è:

$$A = \frac{c_1 \cdot c_2}{2}$$ formula diretta

L'area del triangolo rettangolo si ottiene moltiplicando le misure dei due cateti e dividendo il prodotto per 2.

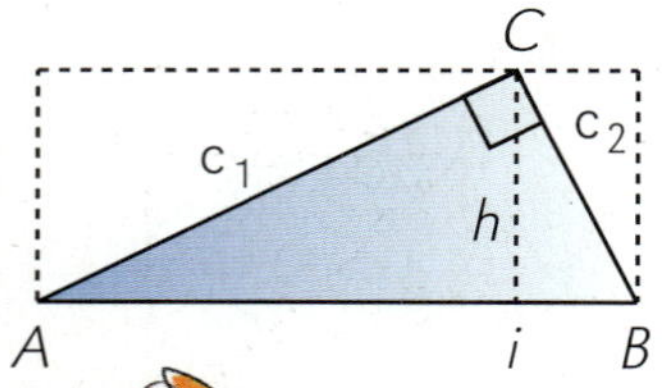

Se in un triangolo rettangolo sono note l'area e la misura di uno dei due cateti, la misura dell'altro cateto si calcola con una delle seguenti formule:

$$c_1 = \frac{2 \cdot A}{c_2} \qquad c_2 = \frac{2 \cdot A}{c_1}$$ formule inverse

Inoltre, se in un triangolo rettangolo sono note le misure c_1 e c_2 dei cateti e la misura *i* dell'ipotenusa, si può calcolare la misura *h* dell'**altezza relativa all'ipotenusa** con la seguente formula:

$$h = \frac{2 \cdot A}{i} = \frac{c_1 \cdot c_2}{i}$$

ESEMPIO *Un triangolo rettangolo ha i cateti lunghi 9 cm e 12 cm. Sapendo che l'ipotenusa misura 15 cm, calcola la misura dell'altezza a essa relativa.*

$$h = \frac{c_1 \cdot c_2}{i} = \frac{9 \cdot 12}{15} = \frac{108}{15} = 7{,}2\ (cm)$$

La formula di Erone

La formula di Erone consente di calcolare l'area di un triangolo qualsiasi conoscendo le misure dei suoi lati. Indicando con *a*, *b*, *c* le misure dei lati e con *p* il semiperimetro del triangolo, si ha:

$$A = \sqrt{p \cdot (p-a) \cdot (p-b) \cdot (p-c)}$$

ESEMPIO *Calcola l'area di un triangolo i cui lati misurano 5 cm, 12 cm, 13 cm.*

$$p = \frac{a+b+c}{2} = \frac{5+12+13}{2} = \frac{30}{2} = 15\ (cm)$$

$$A = \sqrt{p \cdot (p-a) \cdot (p-b) \cdot (p-c)} = \sqrt{15 \cdot (15-5) \cdot (15-12) \cdot (15-13)} =$$

$$= \sqrt{15 \cdot 10 \cdot 3 \cdot 2} = \sqrt{900} = 30\ (cm^2)$$

1 In figura, qual è l'altezza del triangolo rettangolo *ABC* relativa al lato *BC*? ....
Scrivi la formula per il calcolo dell'area utilizzando le indicazioni letterali oppure c_1 e c_2.

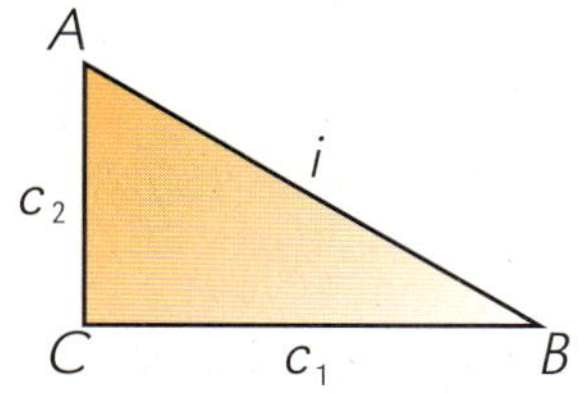

$A = \frac{BC \cdot ....}{..........}$ oppure $A = \frac{c_1 \cdot ....}{..........}$

2 Calcola l'area dei seguenti triangoli rettangoli. Scrivi di volta in volta la formula diretta, utilizzando le indicazioni letterali di ciascuna figura.

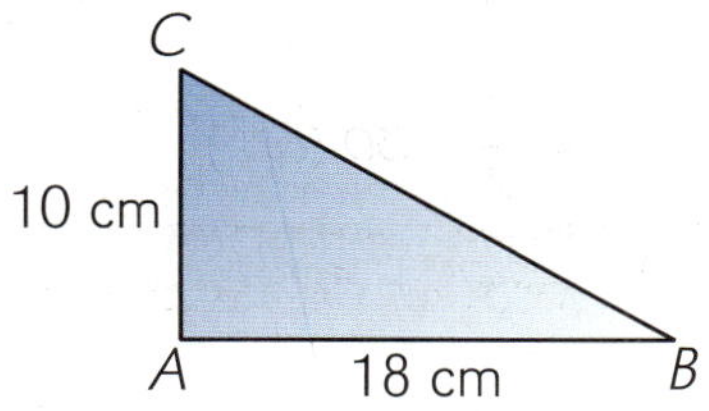

$A = \frac{AB \cdot ....}{..........}$

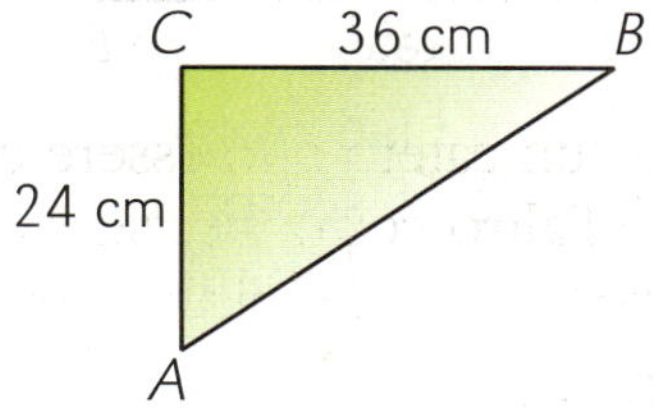

$A = \frac{AC \cdot ....}{..........}$

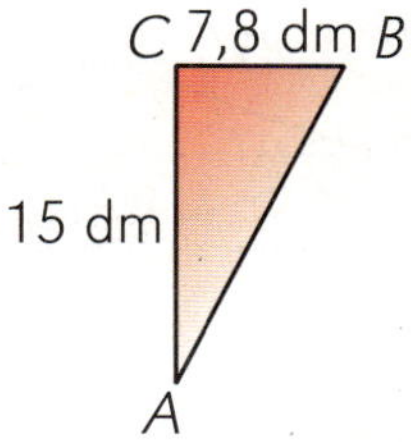

$A = \frac{AC \cdot ....}{..........}$

3 Calcola l'area dei seguenti triangoli rettangoli isosceli, dopo aver completato la definizione di triangolo rettangolo isoscele.
Un triangolo rettangolo si dice isoscele se ha i ....

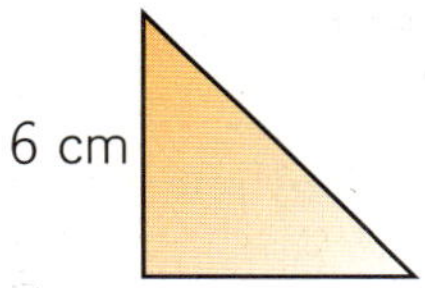

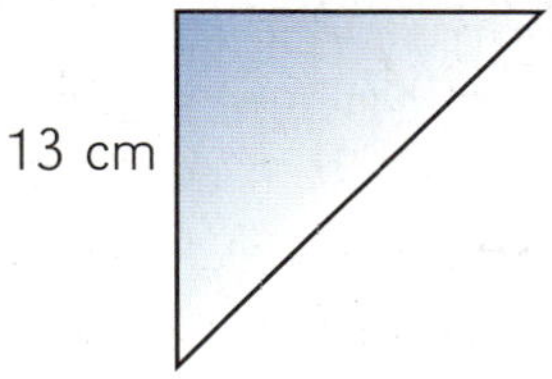

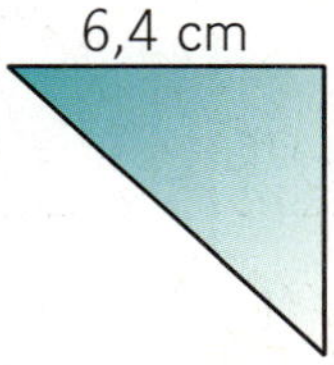

4 Calcola la misura del cateto minore di un triangolo rettangolo, sapendo che l'area è 36 cm² e l'altro cateto misura 16 cm.

5 Completa la tabella che si riferisce ad alcuni triangoli rettangoli (c_1 e c_2 indicano le misura dei cateti, *A* indica l'area).
Scrivi di volta in volta la formula diretta o inversa.

c_1 (cm)	c_2 (cm)	*A* (cm²)
16	$c_2 = \frac{2 \cdot A}{c_1} = \frac{2 \cdot ....}{..........} = ...$	72
....	12	84
5,6	3,5	....
3,4	....	4,25

RISOLVI I SEGUENTI PROBLEMI

6 Un triangolo rettangolo ha i cateti di 15 cm e 20 cm e l'ipotenusa di 25 cm. Calcola la misura dell'altezza relativa all'ipotenusa. [12 cm]

7 Completa sul tuo quaderno il procedimento per calcolare l'area di un triangolo che ha i lati lunghi 9 cm, 12 cm, 15 cm.

$p = \frac{9+12+15}{2} = 18 \text{ (cm)}$ $\quad A = \sqrt{..........................}$ [54 cm²]

8 I lati di un triangolo misurano 8 cm, 15 cm e 17 cm. Calcola la sua area. Quale formula hai usato? [60 cm²]

ESERCIZI ▸ pp. 42, 45

APPRENDO...

Area del rombo

Sappiamo che il rombo è un parallelogrammo particolare avente i lati congruenti. Quindi, per calcolare la sua area basta *moltiplicare la misura di un lato per la misura dell'altezza*: $A = l \cdot h$

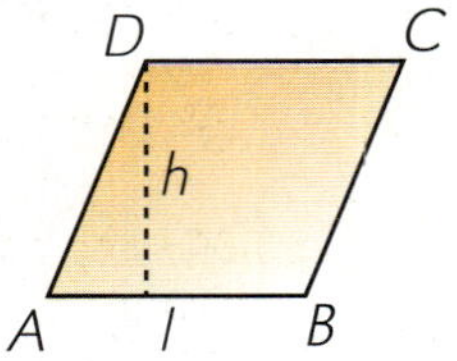

Se sono note le misure delle diagonali di un rombo, l'area può essere calcolata mediante un altro metodo, che ora descriviamo.

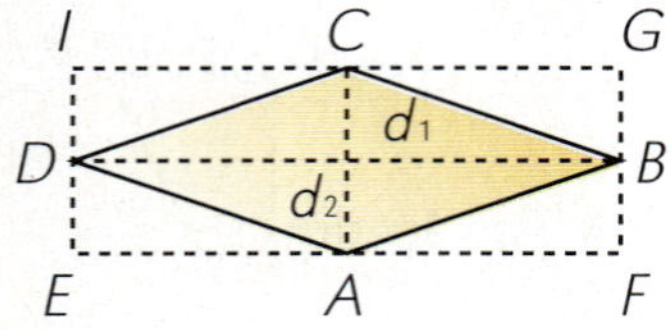

Disegniamo un rombo *ABCD* e le sue diagonali. Conduciamo poi le parallele alle diagonali passanti per i vertici, ottenendo il rettangolo *EFGI* con i lati congruenti alle diagonali del rombo. Notiamo che tale rettangolo è scomposto in otto triangoli congruenti e che quattro di essi formano il rombo. Ne segue che il rombo è equivalente alla metà del rettangolo.

Indicando con d_1 e d_2 le misure delle diagonali, l'area del rombo è data dalla formula:

$$A = \frac{d_1 \cdot d_2}{2}$$ formula diretta

▸▸▸ **Un rombo è equivalente alla metà di un rettangolo la cui base e la cui altezza sono congruenti alle diagonali del rombo.**
L'area del rombo si ottiene moltiplicando le misure delle diagonali e dividendo il prodotto per 2.

Le formule inverse si ottengono raddoppiando l'area del rombo in modo da ricostruire il rettangolo e dividendo la doppia area così ottenuta per la misura di una delle due diagonali:

$$d_1 = \frac{2 \cdot A}{d_2} \qquad d_2 = \frac{2 \cdot A}{d_1}$$ formule inverse

ESEMPIO *L'area di un rombo è 126 cm² e la diagonale minore misura 9 cm. Calcola la misura della diagonale maggiore.*

$$d_1 = \frac{2 \cdot A}{d_2} = \frac{2 \cdot 126}{9} = \frac{252}{9} = 28 \text{ (cm)}$$

Le mattonelle della mia doccia hanno la forma di rombi. Quali elementi devo misurare per calcolare l'area di ciascuna di esse?
- *La base e l'altezza oppure le due diagonali.*

Ricordando che il **quadrato** è un particolare rombo che ha le diagonali congruenti, ricaviamo un'altra regola per determinare la sua area.

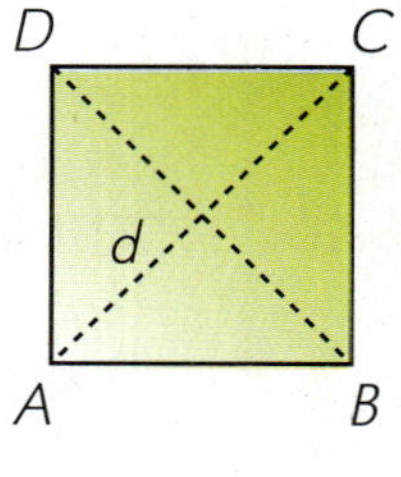

▸▸▸ **L'area di un quadrato è data dalla misura della diagonale elevata al quadrato e divisa per 2.**

La relativa formula e la sua inversa, indicando con *d* la misura della diagonale, sono:

$$A = \frac{d \cdot d}{2} = \frac{d^2}{2} \qquad d = \sqrt{2 \cdot A}$$

1 Se consideriamo il rombo come un parallelogrammo di base b e altezza h, qual è la formula che esprime la sua area?

2 Disegna un rombo con la base di 8 cm e l'altezza relativa di 3 cm e calcolane l'area.

3 Illustra con un disegno che il rombo è equivalente alla metà di un rettangolo con le dimensioni congruenti alle diagonali del rombo. Da quanti triangoli congruenti è formato il rombo? E il rettangolo?

4 Disegna i rombi equivalenti alla metà dei seguenti rettangoli.

5 Disegna i rettangoli equivalenti al doppio dei seguenti rombi.

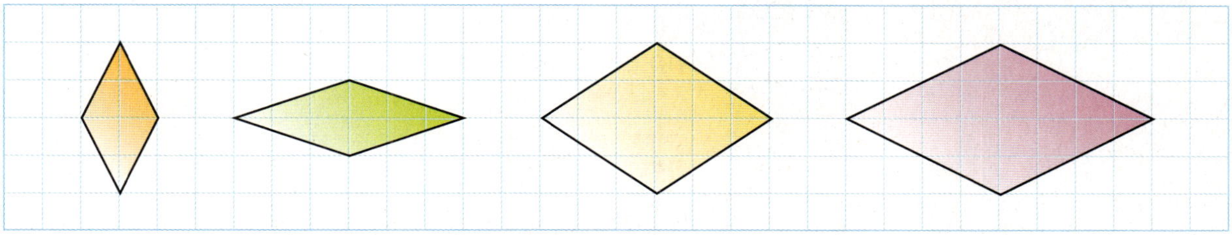

6 Calcola l'area dei seguenti rombi utilizzando le misure indicate. Scrivi ogni volta la formula diretta.

7 × 12 : 2 = 42 15 × 10 : 2 = 75 8 × 21 : 2 = 84

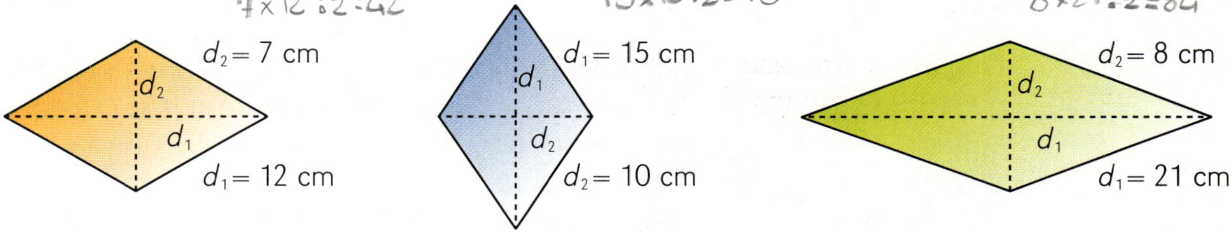

7 Completa la tabella, relativa a un insieme di rombi. Scrivi di volta in volta la formula diretta o inversa che ti consente di trovare l'incognita.

d_1 (cm)	d_2 (cm)	A (cm²)
13	6	$A = \frac{d_1 \cdot d_2}{2} = \frac{13 \cdot 6}{2} =$ 39
16	9	72
20	14	140
12	7,5	45
2,4	1,6	3,84
30	8,2	123

RISOLVI I SEGUENTI PROBLEMI

8 Calcola l'area di un quadrato, sapendo che la sua diagonale misura 18 cm. [162 cm²]

9 Calcola la misura della diagonale di un quadrato di area 72 cm². [12 cm]

Area di un quadrilatero con le diagonali perpendicolari

APPRENDO...

Claudia ha costruito un aquilone con le diagonali di 50 cm e 80 cm. Qual è la sua area?

- $A = \frac{d_1 \cdot d_2}{2} = \frac{50 \cdot 80}{2} =$
  $= 2000\ (cm^2) = 20\ (dm^2)$

Disegniamo una coppia di segmenti perpendicolari e costruiamo il quadrilatero *ABCD* avente tali segmenti come diagonali.

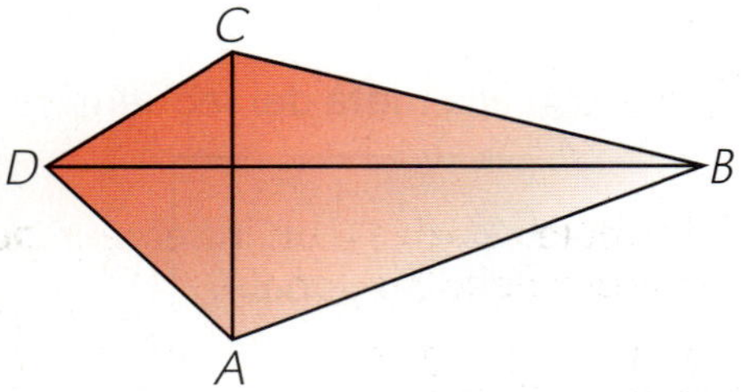

Conduciamo ora le parallele alle diagonali passanti per i vertici del quadrilatero e otteniamo il rettangolo *EFGI*, i cui lati sono congruenti alle diagonali.

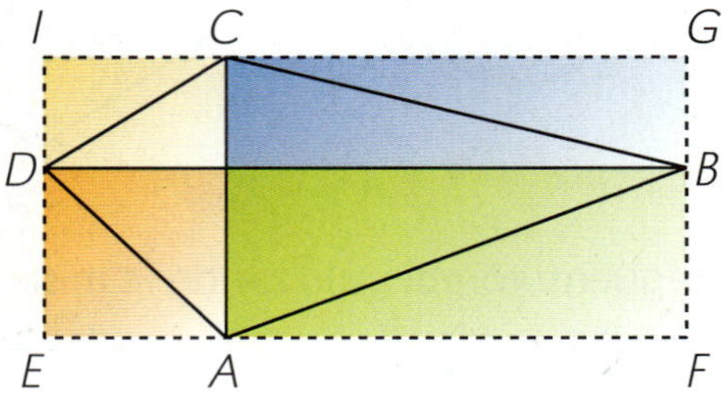

Osserviamo che il rettangolo è formato da otto triangoli congruenti a due a due (congruenza evidenziata dalla colorazione). Il quadrilatero *ABCD* è composto da quattro di tali triangoli, uno per ogni coppia di triangoli congruenti; perciò è equivalente alla metà del rettangolo. Quindi la sua area si calcola moltiplicando le misure delle diagonali e dividendo il prodotto per 2.

Indicando con d_1 e d_2 le misure delle diagonali del quadrilatero, l'area si ottiene con la seguente formula (analoga a quella del rombo):

$$A = \frac{d_1 \cdot d_2}{2}$$ formula diretta

▶▶▶ L'**area di un quadrilatero con le diagonali perpendicolari** si ottiene moltiplicando le misure delle diagonali e dividendo il prodotto per 2.

Dalla formula diretta si ricavano quelle inverse:

$$d_1 = \frac{2 \cdot A}{d_2} \qquad d_2 = \frac{2 \cdot A}{d_1}$$ formule inverse

ESEMPIO *Un quadrilatero ha le diagonali perpendicolari e una di esse misura 28 cm. Se la sua area è 280 cm², quanto misura l'altra diagonale?*

$$d_1 = \frac{2 \cdot A}{d_2} = \frac{2 \cdot 280}{28} = \frac{560}{28} = 20\ (cm)$$

1 Disegna tre quadrilateri aventi le diagonali perpendicolari.

2 Verifica che il quadrilatero *ABCD* è la metà del rettangolo *EFGI*, colorando con uno stesso colore le coppie di triangoli congruenti che costituiscono le due figure.

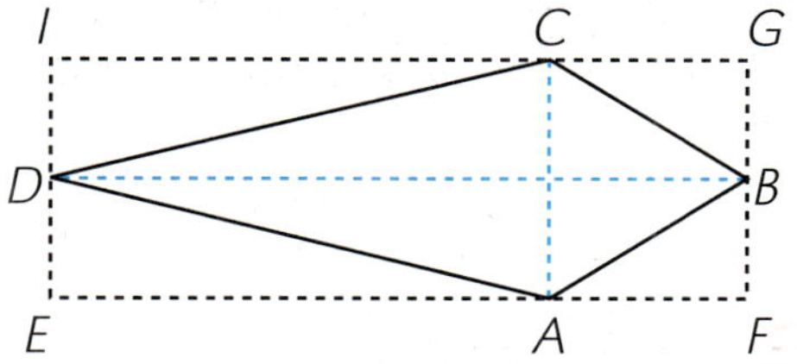

3 Illustra le seguenti formule relative a un insieme di quadrilateri con le diagonali perpendicolari (d_1 e d_2 indicano le misure delle diagonali).

$$A = \frac{d_1 \cdot d_2}{2} \qquad d_1 = \frac{2 \cdot A}{d_2} \qquad d_2 = \frac{2 \cdot A}{d_1}$$

4 Calcola l'area dei seguenti quadrilateri ed esprimila in millimetri quadrati. Secondo il tuo giudizio, è conveniente costruire opportunamente il rettangolo per ciascun quadrilatero? Perché?

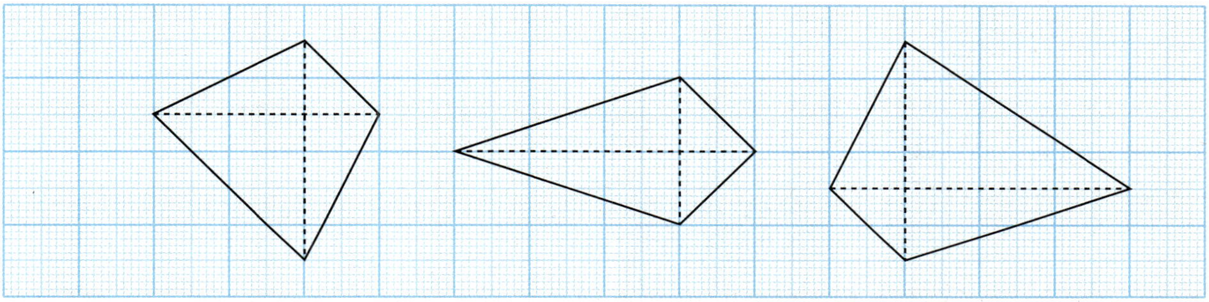

5 Considera le seguenti tre coppie di segmenti perpendicolari, corrispondenti alle diagonali di altrettanti quadrilateri. Costruisci i quadrilateri e calcolane l'area in centimetri quadrati.

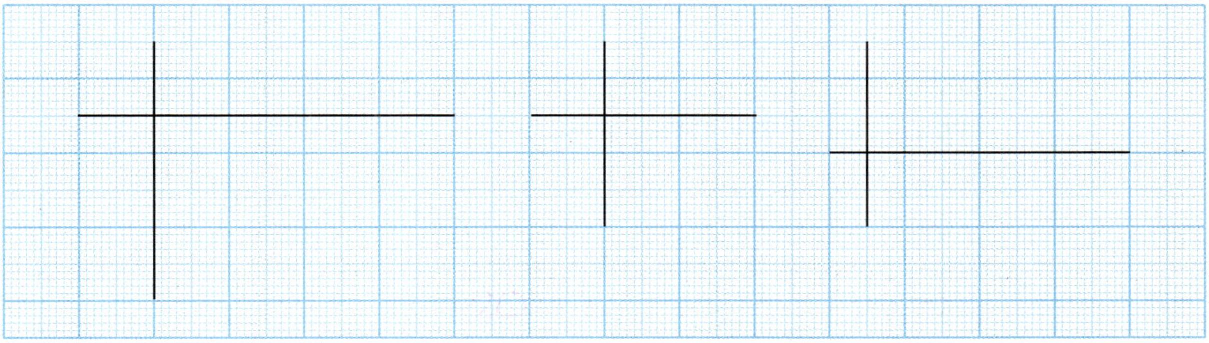

6 Calcola la misura incognita di ciascuna figura. Scrivi ogni volta la formula diretta o inversa che ti consente di trovare l'incognita.

$\frac{6 \times 17}{2} = 51$

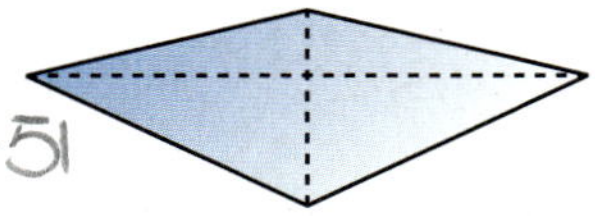

$d_1 = 6$ cm
$d_2 = 17$ cm
$A = ?$

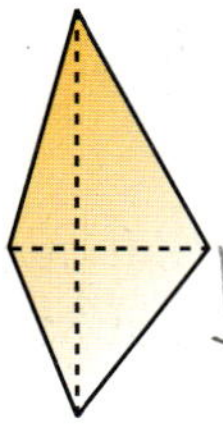

$d_1 = 1{,}2$ dm
$d_2 = 2{,}5$ dm
$A = ?$

$\frac{1{,}2 \times 2{,}5}{2} = 1{,}5$

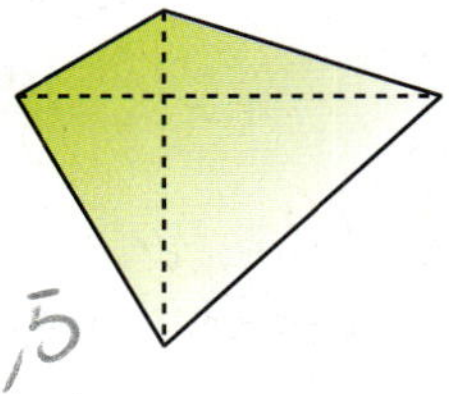

$A = 160$ cm^2
$d_1 = 20$ cm
$d_2 = ?$

$\frac{160 \times 2}{20} = 16$

7 Se un quadrilatero con le diagonali perpendicolari ha l'area di 17,5 cm^2 e una delle due diagonali è lunga 2,5 cm, la misura dell'altra diagonale è:

A 10,5 cm **B** 14 cm **C** 12 cm

ESERCIZI ▶ p. 50

Area del trapezio

Disegniamo un trapezio *ABCD* e prolunghiamo le due basi in modo che il segmento *BE*, adiacente alla base maggiore, sia congruente alla base minore e il segmento *CF*, adiacente alla base minore, sia congruente alla base maggiore.
Uniamo poi i punti *E* ed *F* ottenendo un parallelogrammo.

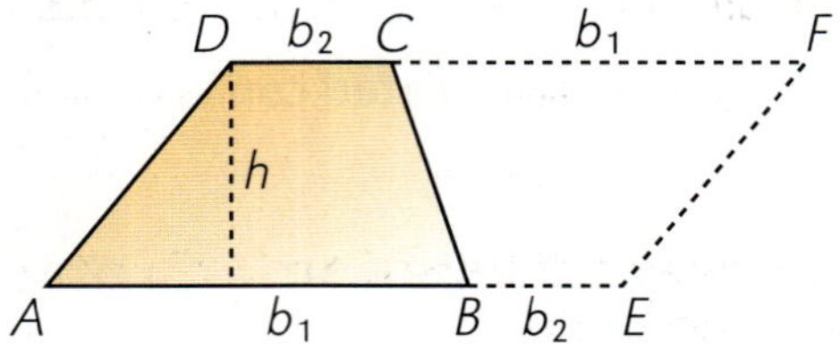

Il parallelogrammo che abbiamo costruito ha per base la somma delle basi del trapezio e per altezza l'altezza del trapezio. Servendoci di un foglio di carta trasparente, possiamo verificare che i trapezi *ABCD* e *BEFC* sono congruenti.

Per calcolare l'area dello schienale della poltrona, quali misure del trapezio bisogna conoscere?

• *Occorrono le misure della base maggiore, della base minore e dell'altezza.*

Un trapezio è equivalente alla metà di un parallelogrammo che ha per base la somma delle basi del trapezio e per altezza l'altezza del trapezio.

Indicando con b_1 e b_2 le misure delle basi e con h la misura dell'altezza, la formula dell'area A del trapezio è:

$$\boldsymbol{A = \frac{(b_1 + b_2) \cdot h}{2}}$$ formula diretta

L'area del trapezio si ottiene moltiplicando la somma delle misure delle basi per la misura dell'altezza e dividendo il prodotto per 2.

Le formule inverse si ottengono raddoppiando l'area del trapezio in modo da ricostruire il parallelogrammo e dividendo la doppia area per la misura dell'altezza oppure per la somma delle misure delle basi:

$$\boldsymbol{b_1 + b_2 = \frac{2 \cdot A}{h} \qquad h = \frac{2 \cdot A}{b_1 + b_2}}$$ formule inverse

ESEMPIO **1.** *Calcola l'area di un trapezio che ha le basi di 10 cm e 4 cm e l'altezza di 3 cm.*

$$A = \frac{(b_1 + b_2) \cdot h}{2} = \frac{(10 + 4) \cdot 3}{2} = \frac{14 \cdot 3}{2} = 21 \ (\text{cm}^2)$$

2. *Un trapezio ha l'area di 69 dm², la base minore di 8 dm e l'altezza di 6 dm. Calcola la misura della base maggiore.*

$$b_1 + b_2 = \frac{2 \cdot A}{h} = \frac{2 \cdot 69}{6} = \frac{138}{6} = 23 \ (\text{dm})$$

$$b_1 = 23 - b_2 = 23 - 8 = 15 \ (\text{dm})$$

1 **Completa le seguenti frasi.**

a. Un trapezio è equivalente alla ......metà...... di un parallelogrammo avente per base la ...somma... delle basi del trapezio e per altezza ......trapezio...... . Fai un disegno illustrativo.

b. La formula che consente di calcolare l'area di un trapezio è $A =$ ......(B+b)×h:2......

c. Essendo note l'area e la misura dell'altezza di un trapezio, la somma delle misure delle basi si ottiene dividendo ......A×2:h...... . Scrivi la formula.

....

d. Se si conoscono l'area e la somma delle misure delle basi di un trapezio, la misura dell'altezza si ottiene dividendo ......A×2:B+b...... . Scrivi la formula.

....

2 **Completa la seguente tabella relativa a un insieme di trapezi. Scrivi di volta in volta la formula diretta o inversa che ti consente di trovare l'incognita.**
Segui l'esempio.

b_1 (cm)	b_2 (cm)	h (cm)	A (cm²)
13	7	12	$A = \frac{(b_1 + b_2) \cdot h}{2} = \frac{(13 + 7) \cdot 12}{2} = \frac{\ldots \cdot 12}{2} =$ 120
16	11	....	135
....	17	6	111
25	19	$3/5 \cdot b_1$	....

3 **Con riferimento ai dati di ciascuna figura, calcola la misura richiesta.**

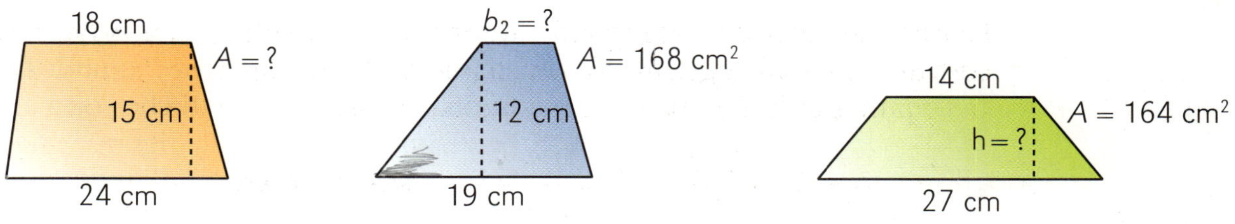

4 **Indica la risposta corretta.**
Un trapezio ha l'area di 78 cm² e le basi di 21 cm e 18 cm. L'altezza misura:

A 2 cm **B** 8 cm **C** 4 cm

RISOLVI I SEGUENTI PROBLEMI

5 Calcola l'area di un trapezio, sapendo che le basi misurano 15 cm e 7 cm e l'altezza 24 cm. [264 cm²]

6 Un trapezio ha l'area di 416 cm², la base maggiore di 32 cm e l'altezza di 16 cm. Calcola la misura della base minore. [20 cm]

ESERCIZI ▸ p. 51

APPRENDO...

Area di una qualsiasi figura piana

Supponiamo di voler calcolare l'area del poligono *ABCDE*.
A tale scopo scomponiamo il poligono dato in altri poligoni di cui sappiamo calcolare l'area (per esempio in triangoli, rettangoli, trapezi...).

Come posso calcolare l'area di un poligono qualsiasi?

• *Scomponilo in poligoni di cui si può calcolare l'area!*

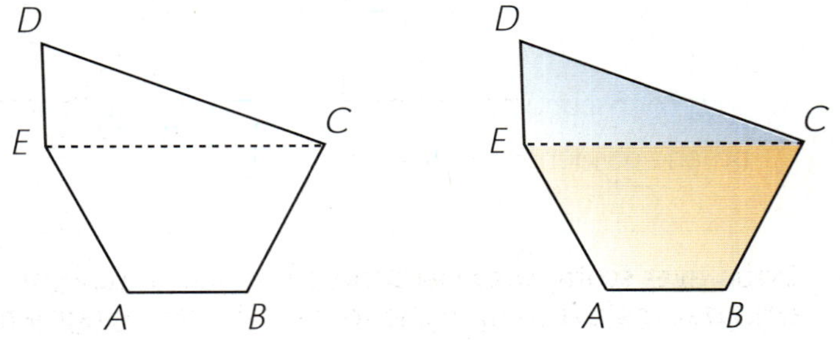

L'area del poligono *ABCDE* si troverà sommando le aree dei poligoni che lo formano; nel nostro esempio si sommeranno l'area del trapezio *ABCE* e l'area del triangolo *ECD*.

Supponiamo ora di voler determinare l'area di una figura a contorno curvilineo.

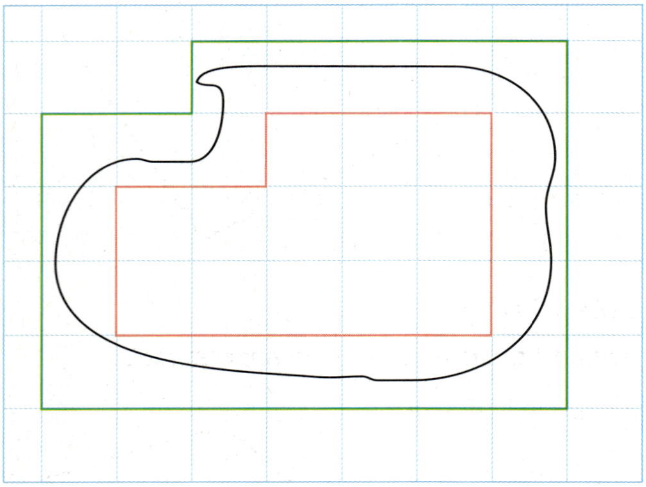

Procediamo nel seguente modo: riportiamo la figura su un foglio di carta quadrettata (quadretto di lato di 1 cm) e contiamo il numero dei quadretti interi che si trovano al suo interno corrispondenti alla parte contornata di rosso: sono 13 e la loro area è quindi 13 cm^2.
Contiamo ora i quadretti che sono anche solo parzialmente interni alla figura e che formano la superficie contornata in verde: essi sono 33 e la loro area è dunque 33 cm^2.
Possiamo allora affermare che l'area *A* della figura data è compresa tra 13 cm^2 e 33 cm^2:

$13\ cm^2 < A < 33\ cm^2$

13 cm^2 e 33 cm^2 sono *valori approssimati* relativamente all'area della figura: 13 cm^2 è il valore approssimato per difetto, mentre 33 cm^2 è quello approssimato per eccesso.
Il valore, anch'esso approssimato, che rappresenta l'area *A* della figura è dato dalla media aritmetica dei due valori approssimati individuati:

$$A = \frac{13+33}{2} = \frac{46}{2} \simeq 23\ (cm^2)$$

1 Come si può calcolare l'area di una figura piana qualsiasi?

2 Scomponi le figure e calcola la loro area.

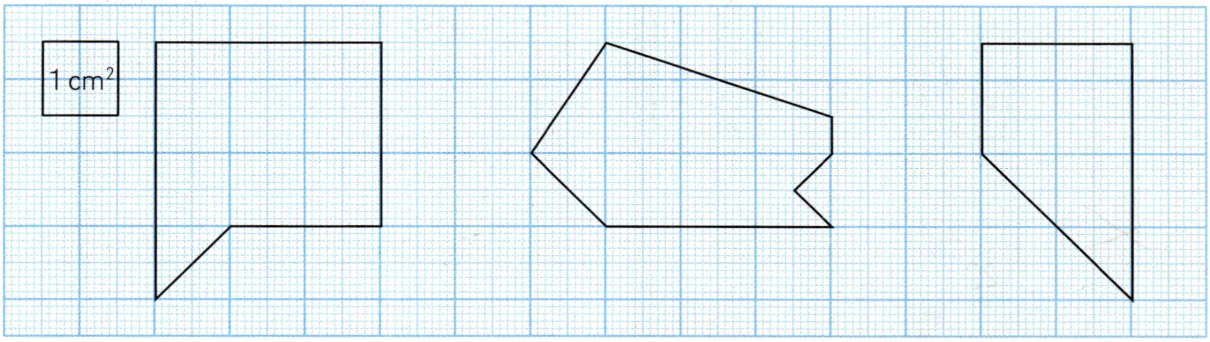

3 Dopo aver scomposto ciascuno dei seguenti poligoni, calcolane l'area approssimandola a una cifra decimale (usa un righello per misurare i segmenti che ti servono allo scopo prefissato).

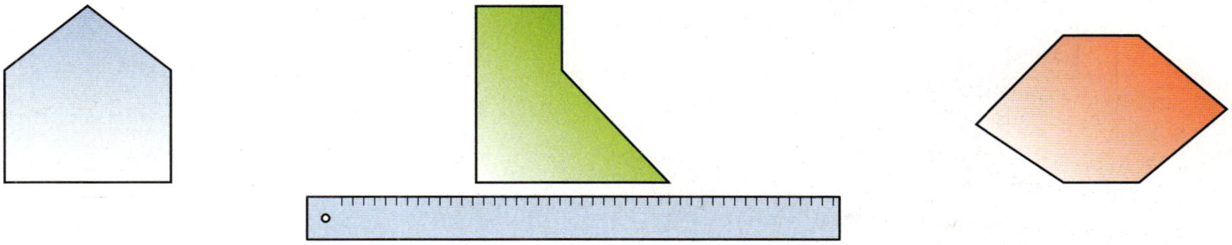

4 "Stima" l'area della figura irregolare qui a fianco, sapendo che un quadrato ha il lato di 1 cm.

> Colora con uno stesso colore le parti che, unite tra loro, formano approssimativamente un quadratino; poi contale...

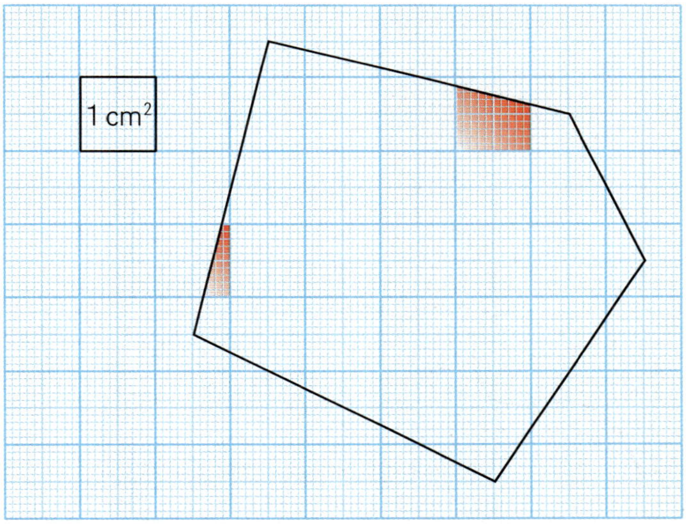

5 Disegna una figura a contorno curvilineo e calcolane l'area.

6 Calcola l'area delle figure, esprimendola in centimetri quadrati con valori approssimati.

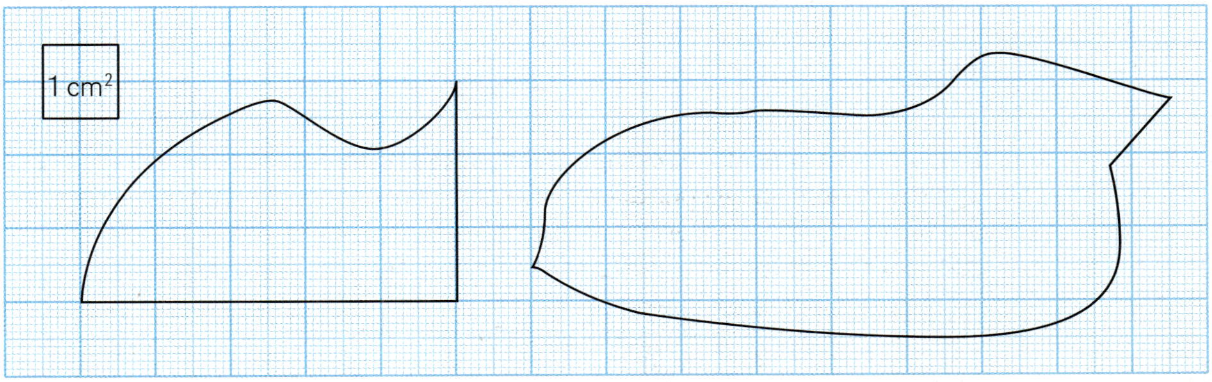

ESERCIZI ▸ p. 55

ESERCIZI E PROBLEMI

Figure piane equivalenti

[**U1.1** ▸ p. 2]

RICORDA
- Due figure piane di forma diversa si dicono **equivalenti** o **equiestese** se occupano la stessa superficie, se hanno, cioè, la stessa area.

1 Quali tra le seguenti figure sono equivalenti? B-C-D-E

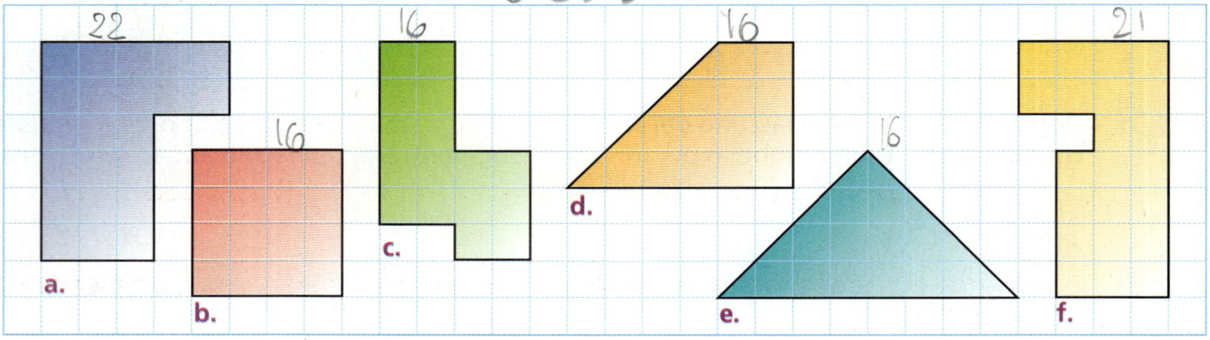

2 Utilizzando la quadrettatura del tuo quaderno disegna:

a. due figure congruenti;
b. due figure equivalenti, ma non congruenti;
c. due figure equivalenti, ma non isoperimetriche;
d. due figure isoperimetriche, ma non equivalenti.

3 Sul tuo quaderno disegna una figura equiestesa a ciascuna di quelle date.

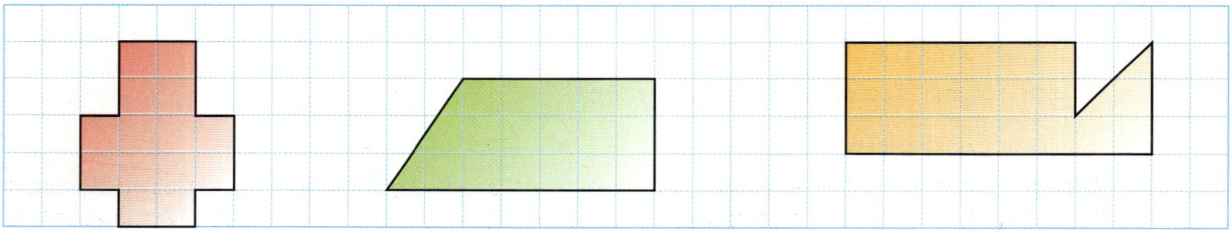

Il principio di equiscomponibilità

[**U1.2** ▸ p. 4]

RICORDA
- Figure piane composte da uno stesso numero di parti congruenti, cioè **equicomposte** o **equiscomponibili**, sono equivalenti.
- Se si addizionano o si sottraggono parti congruenti a figure congruenti, si ottengono figure equivalenti.

4 La figura *A* è stata scomposta in parti che, ricomposte in altri modi, possono formare "nuove" figure. Disegnane sul tuo quaderno almeno altre due, seguendo l'esempio.

ESEMPIO

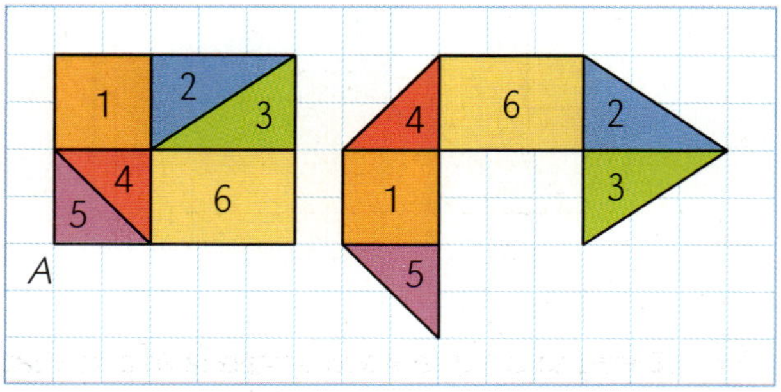

5 Qui sotto sono state disegnate tre figure *A*, *B*, *C*. Sai dire quali di esse sono state utilizzate per comporre le figure *D*, *E*, *F*?

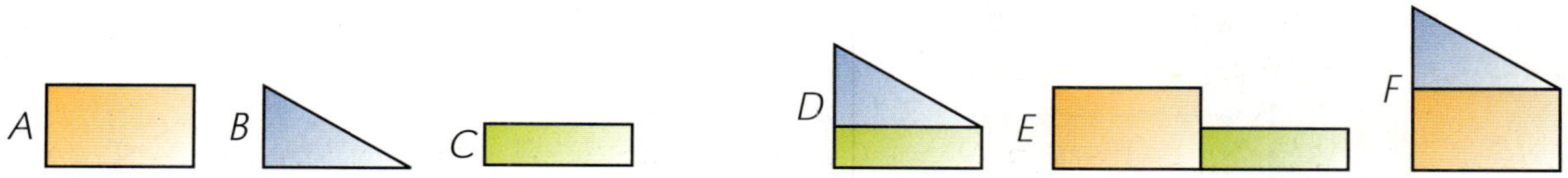

6 Disegna sul tuo quaderno due figure equivalenti a ciascuna figura data.

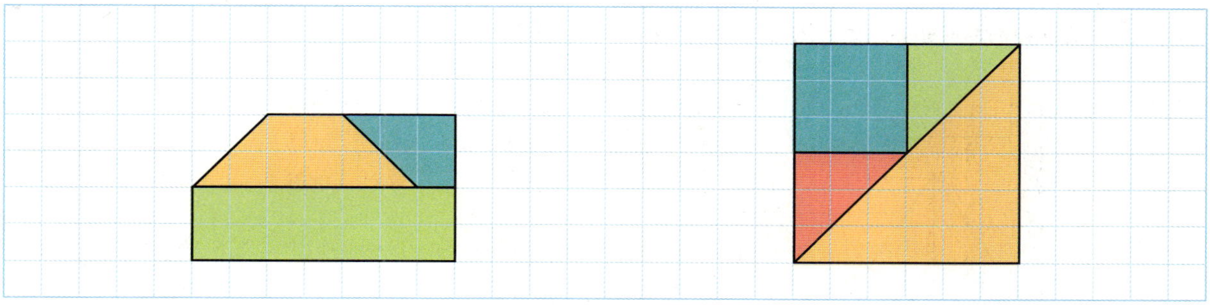

7 Disegna tre figure geometriche a piacere e "componile" in diversi modi, ottenendo così figure equivalenti.

8 Spiega perché i due quadrilateri sono equivalenti.

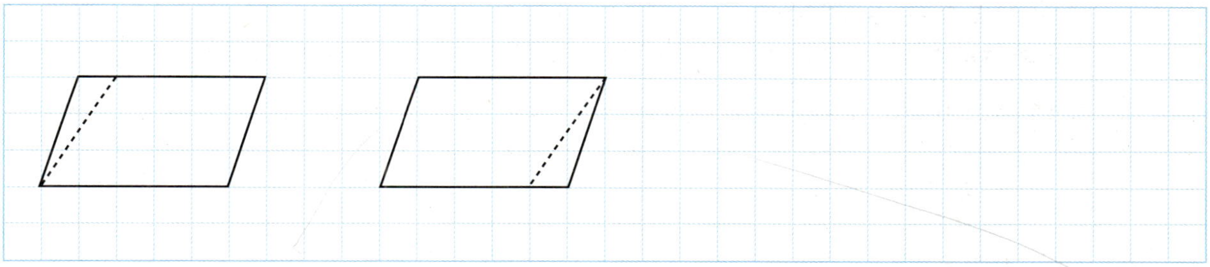

9 Disegna un rettangolo e, tracciando una sua diagonale, dividilo in due triangoli rettangoli. Con i triangoli così ottenuti disegna un parallelogrammo e un triangolo equivalenti tra loro e al rettangolo.

10 Disegna un rombo e traccia le due diagonali. Con le quattro parti che hai ottenuto costruisci un rettangolo e un parallelogrammo equivalenti.

11 Disegna un rombo e traccia la diagonale minore. Con le due parti così ottenute costruisci un parallelogrammo equivalente.

12 Scomponi il trapezio isoscele formando un rettangolo e un triangolo isoscele.

13 Disegna un quadrato e traccia le due diagonali. Con le quattro parti così ottenute costruisci un rettangolo, un parallelogrammo, un triangolo e un trapezio equivalenti.

14 Data la figura *A*, stabilisci in base al principio di equiscomponibilità se le figure *B*, *C*, *D*, *E*, *F*, *G* sono equivalenti ad *A*. In caso di risposta negativa, spiega quale di esse ha superficie maggiore di *A* e quale superficie minore di *A*.

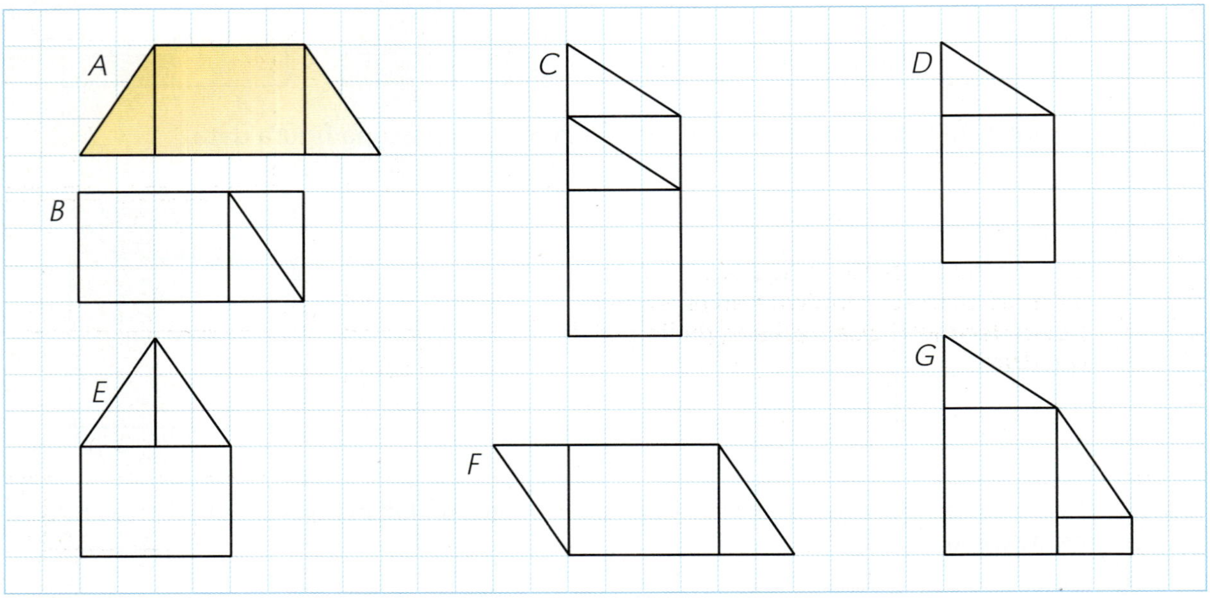

La misura di una superficie

[**U1.3** ▸ p. 6]

RICORDA
- La misura di una superficie, cioè l'**area**, è quel numero che indica quante volte l'unità di misura scelta è contenuta nella superficie considerata.

15 Colora in azzurro le figure che hanno l'area di 10 u^2.

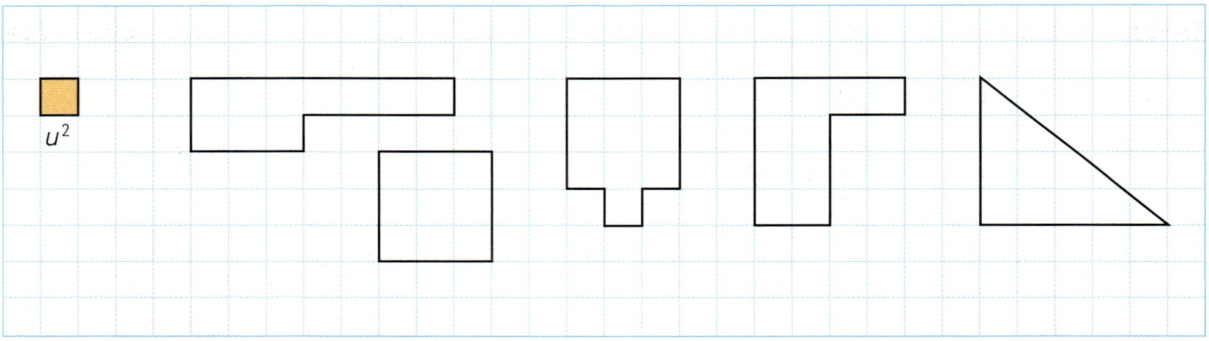

16 Disegna una figura avente l'area di 8 u^2.

17 Costruisci due rettangoli equivalenti utilizzando un quadratino del tuo quaderno come unità di misura e calcola le loro aree rispetto a tale unità di misura.

18 Osserva la figura a lato e spiega perché per esprimere 1 m^2 in decimetri quadrati si moltiplica 1 per 100.
Quante unità di 1 dm^2 sono contenute in una figura di 1 m^2?

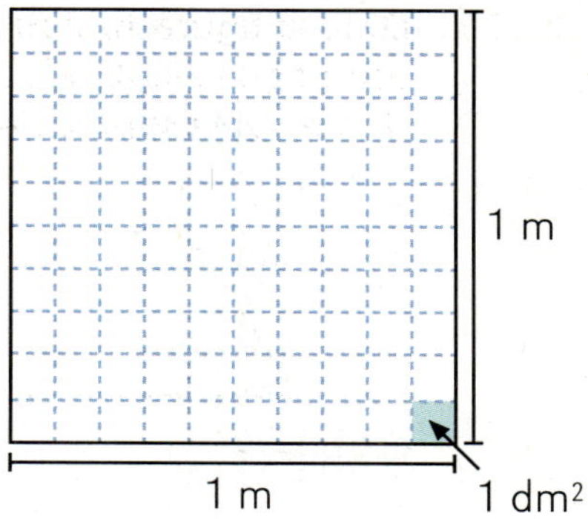

19 Determina l'area della figura *S* rispetto all'unità di misura indicata ed esprimila poi in decimetri quadrati e in millimetri quadrati.

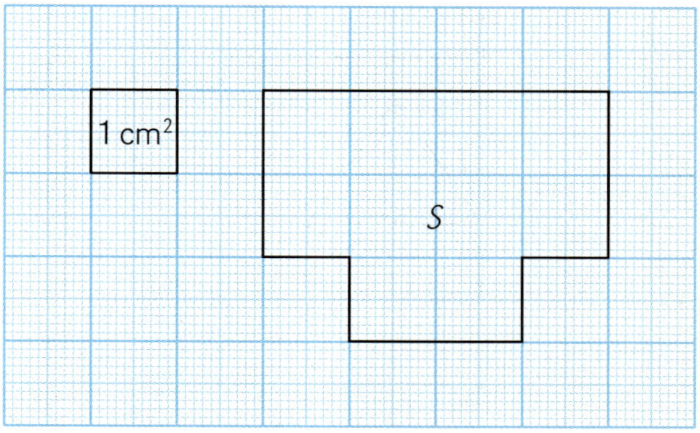

20 Ricopia e completa le seguenti uguaglianze.

a. 1720 mm^2 = ... m^2	0,32 dm^2 = ... cm^2	162,8 dm^2 = ... m^2
b. 0,45 km^2 = ... hm^2	0,0027 dam^2 = ... dm^2	420 hm^2 = ... km^2
c. 3,214 km^2 = ... m^2	120,5 m^2 = ... dam^2	0,008 dm^2 = ... cm^2
d. 10 dam^2 = ... m^2	235 m^2 = ... km^2	3102,4 mm^2 = ... dm^2
e. 2,4 hm^2 = ... dam^2	16,215 cm^2 = ... mm^2	192 dm^2 = ... dam^2

Esegui le seguenti operazioni, esprimendo il risultato nell'unità di misura di volta in volta indicata.

21 10 m^2 + 6 dm^2 = ... cm^2

▶▶▶ ESERCIZIO GUIDATO

Trasformiamo sia i metri quadrati sia i decimetri quadrati in centimetri quadrati:
10 m^2 = 100.000 cm^2, 6 dm^2 = 600 cm^2, quindi...

22 6,2 m^2 + 5 dm^2 = ... cm^2 421 mm^2 + 88,5 cm^2 = ... dm^2

23 0,47 m^2 – 3720 cm^2 = ... m^2 51 cm^2 – 2758 mm^2 = ... mm^2

24 27,5 dam^2 – 1850 dm^2 + 0,3 hm^2 = ... m^2 0,2 km^2 + 4250 dam^2 – 50 hm^2 = ... dam^2

25 Completa le seguenti tabelle.

a.

70 dm^2	32,9 cm^2	4 hm^2	2 km^2	0,3 dam^2	+ 8 m^2
....	....	....	....	....	

b.

6,2 m^2	1 km^2	0,05 hm^2	0,2 dam^2	84.000 cm^2	– 3 m^2
....	....	....	....	....	

APPLICAZIONE

Risolvi i seguenti problemi.

26 Un corridoio avente la superficie di 96 m^2 è stato piastrellato con mattoni, ciascuno di 4 dm^2. Quanti mattoni sono serviti? [2400]

27 Una signora acquista 36 m^2 di stoffa e con essa confeziona 24 asciugamani. Quanti decimetri quadrati occorrono per ciascuno di essi? [150 dm^2]

28 Per ricoprire la superficie di una parete di 18 m^2 si acquistano delle piastrelle. Sapendo che l'area di ogni piastrella è 225 cm^2 e che la spesa complessiva è stata di € 1200, calcola il costo di una piastrella. [€ 1,50]

29 Se si vuol vendere un terreno agricolo che ha la superficie di 320 ca a € 225 il metro quadrato, quanto si ricava? [€ 72.000]

Le misure agrarie sono:
1 ettaro (1 ha) = 1 hm^2
1 ara (1 a) = 1 dam^2
1 centiara (1 ca) = 1 m^2

Area del rettangolo

[U1.4 ▶ p. 8]

RICORDA • L'**area** del **rettangolo** si ottiene moltiplicando la misura della base per la misura dell'altezza:

$$A = b \cdot h \quad \text{da cui} \quad b = \frac{A}{h} \qquad h = \frac{A}{b}$$

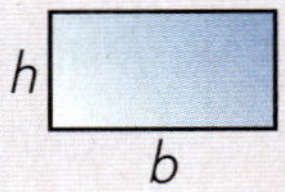

30 Completa le seguenti tabelle, relative a un insieme di rettangoli.

b (cm)	*h* (cm)	*A* (cm^2)
17	5	....
24	13	....
15	....	315
....	25	800

b (cm)	*h* (cm)	*A* (cm^2)
52	11	....
7,4	3,5	....
....	2,6	14,3
2,8	....	12,6

31 Osserva le figure e, utilizzando i dati scritti a fianco, calcola le misure richieste.

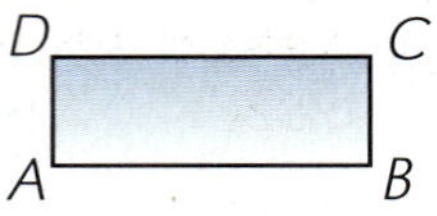

$AB = 19$ cm
$BC = 7$ cm
$2p =$ ....
$A =$ ....

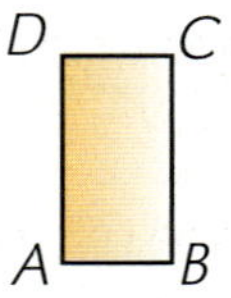

$AB = 9$ cm
$2p = 44$ cm
$BC =$ ....
$A =$ ....

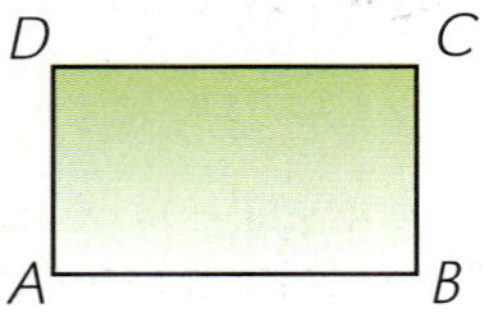

$BC = 23$ cm
$A = 690$ cm^2
$AB =$ ....
$2p =$ ....

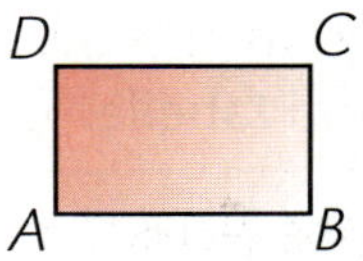

$A = 3,84$ cm^2
$AB = 2,4$ cm
$BC =$ ....
$2p =$ ....

32 Disegna un rettangolo *ABCD* avente il perimetro di 13 cm e la base di 4 cm e calcolane l'area.

33 Disegna due rettangoli di area 12 cm^2 ma non aventi lo stesso perimetro.

34 Disegna un rettangolo avente l'area di 7 cm^2 e una dimensione di 3,5 cm e calcolane il perimetro.

Risolvi i seguenti esercizi sul piano cartesiano.

35 In un sistema di riferimento cartesiano rappresenta i punti *A*(2; 3), *B*(8; 3), *C*(8; 7), *D*(2; 7). Uniscili nell'ordine dato in modo da formare un quadrilatero. Che tipo di quadrilatero hai disegnato? Calcola l'area e il perimetro ed esprimili nell'unità di misura prefissata. [20 *u*; 24 u^2]

36 Sono date le coordinate di tre punti in un riferimento cartesiano: *A*(10; 4), *B*(10; 9), *C*(1; 9). Individua la posizione di un quarto punto in modo che il quadrilatero che si ottiene congiungendo nell'ordine i quattro punti sia un rettangolo. Calcola l'area e il perimetro del rettangolo ed esprimili nell'unità di misura prefissata. [28 *u*; 45 u^2]

37 **Schematizza il testo dei seguenti problemi seguendo l'esempio e poi risolvili aiutandoti con il disegno.**

ESEMPIO Calcola l'area di un rettangolo sapendo che le sue dimensioni misurano rispettivamente 17 cm e 8 cm.

Testo schematico

Di un rettangolo hai le seguenti informazioni:
- la base è 17 cm;
- l'altezza è 8 cm.

Calcola l'area del rettangolo.

Testo in linguaggio grafo-simbolico

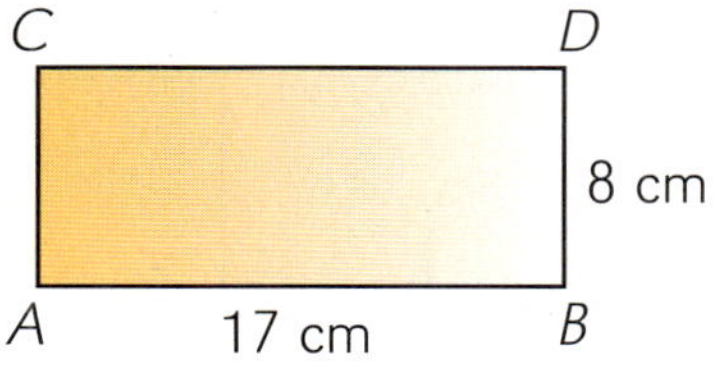

Da un testo discorsivo è possibile passare alla sua **schematizzazione**, eliminando le espressioni (cui, rispettivamente, avente/i, sapendo che, tale che). Ogni qualvolta non riesci a risolvere un problema, prova a schematizzarne il testo.

a. La base e l'altezza di un rettangolo misurano rispettivamente 2,1 cm e 1,5 cm. Calcola l'area. [3,15 cm^2]

b. Quanto misura la base di un rettangolo la cui area è 456 cm^2 e la cui altezza misura 19 cm? [24 cm]

c. Calcola l'area di un rettangolo sapendo che la base misura 18 cm e l'altezza è 1/2 della base. [162 cm^2]

d. Calcola l'area di un rettangolo avente il perimetro di 78 cm, sapendo che la base misura 14 cm. [350 cm^2]

Risolvi i seguenti problemi.

38 Calcola l'area di un rettangolo che ha la base di 21 cm e l'altezza di 16 cm. [336 cm^2]

39 Le dimensioni di un rettangolo misurano rispettivamente 34 cm e 28 cm. Qual è la sua area? Esprimila in decimetri quadrati. [9,52 dm^2]

40 Un libro ha 250 pagine e ciascuna di esse è lunga 15 cm e larga 12 cm. Quanti metri quadrati di carta sono stati utilizzati per stampare tale libro? [4,5 m^2]

41 Una piazza rettangolare ha le dimensioni di 11 m e 17 m. Quanto costa la sua pavimentazione se per ogni metro quadrato di pavimento si spendono € 80? [€ 14.960]

42 La base di un rettangolo misura 35 cm e l'altezza 4,8 dm. Calcola l'area in decimetri quadrati. [16,8 dm^2]

43 Il perimetro di un rettangolo è 82 cm e la base misura 19 cm. Calcola l'area del rettangolo. [418 cm^2]

44 L'area di un rettangolo è 8,16 dm^2. Calcola il perimetro in centimetri, sapendo che la base misura 51 cm. [134 cm]

45 L'altezza di un rettangolo misura 32 cm e la base è 3/8 dell'altezza. Calcola l'area del rettangolo. [384 cm^2]

46 La base di un rettangolo misura 63 cm ed è 7/4 dell'altezza. Calcola il perimetro in centimetri e l'area in decimetri quadrati. [198 cm; 22,68 dm^2]

47 Due rettangoli sono equivalenti e l'area di ciascuno è 980 cm^2. Sapendo che le altezze dei due rettangoli misurano 14 cm e 35 cm, calcola i loro perimetri. [168 cm; 126 cm]

48 Un cortile rettangolare ha le dimensioni di 13 m e 18 m. Quante piastrelle occorrono per pavimentarlo se ciascuna ha l'area di 0,15 m^2? [1560]

49 In un campo rettangolare avente le dimensioni di 12 m e 25 m c'è un'aiuola rettangolare con le dimensioni di 9 m e 180 dm. Qual è la superficie calpestabile del campo? Esprimila in metri quadrati. [138 m^2]

50 Calcola il perimetro e l'area di un campo da calcetto avente le dimensioni di 50 m e 35 m. Se per recintarlo si spendono € 18 al metro, quanto costa la recinzione dell'intero campo? [170 m; 1750 m^2; € 3060]

51 La spesa per pavimentare una stanza rettangolare è stata di € 1170. Sapendo che le dimensioni della stanza misurano 4,5 m e 5,2 m, calcola il costo per ogni metro quadrato. [€ 50]

52 Un agricoltore ha coperto il suo casolare di campagna con un lastrone di alluminio rettangolare di lunghezza 12 m. Se il lastrone costa € 35 al metro quadrato e sono stati spesi € 3360, calcolane il perimetro. [40 m]

53 Il perimetro di un rettangolo è 72 cm e la base è il doppio dell'altezza. Calcola l'area del rettangolo. [288 cm^2]

54 La base di un rettangolo è il triplo dell'altezza. Calcola l'area del rettangolo, sapendo che il suo perimetro è 136 cm. [867 cm^2]

55 Una pista da pattinaggio di forma rettangolare ha un lato doppio dell'altro. L'area è 162 m^2. Qual è il perimetro? Quanto si spende per recintarla con una doppia corda di protezione che costa € 3,5 al metro? [54 m; € 378]

56 Due rettangoli hanno lo stesso perimetro di 80 cm. Sapendo che le basi misurano 33 cm e 25 cm, calcola le misure delle altezze e le aree dei due rettangoli. [7 cm; 15 cm; 231 cm^2; 375 cm^2]

57 Calcola l'area di un rettangolo, sapendo che il suo perimetro è 66 cm e la base è 7/4 dell'altezza.

[252 cm^2]

58 Calcola l'area di un rettangolo che ha una dimensione 5/3 dell'altra e il perimetro di 64 cm. [240 cm^2]

59 La somma della base e dell'altezza di un rettangolo misura 72 cm e la base è 1/3 dell'altezza. Calcola l'area del rettangolo. [972 cm^2]

60 Il semiperimetro di un rettangolo è 60 cm e la base è 5/7 dell'altezza. Calcola l'area del rettangolo. [875 cm^2]

61 Calcola l'area di un rettangolo, sapendo che il perimetro è 64 cm e l'altezza è 7/9 della base. [252 cm^2]

62 Calcola l'area di un rettangolo avente il perimetro di 170 cm e la base 3/5 del semiperimetro. [1734 cm^2]

63 Un rettangolo ha l'area di 540 m^2 e la base di 36 m. Calcola l'area di un altro rettangolo avente le dimensioni 5/3 delle dimensioni del primo rettangolo. [1500 m^2]

64 Un rettangolo avente l'altezza di 8 cm è equivalente a 3/4 di un altro rettangolo le cui dimensioni sono 24 cm e 16 cm. Calcola la misura della base del primo rettangolo. [36 cm]

Equivalente a 3/4 significa dividere per 4 l'area del secondo rettangolo e moltiplicare il risultato per 3.

65 Un rettangolo è equivalente a 4/9 di un altro rettangolo il cui perimetro è 114 cm e la cui base misura 42 cm. Calcola l'area del primo rettangolo. [280 cm^2]

66 Calcola l'area di un campo avente la forma di un rettangolo. Il perimetro è 138 m e la base supera l'altezza di 11 m.

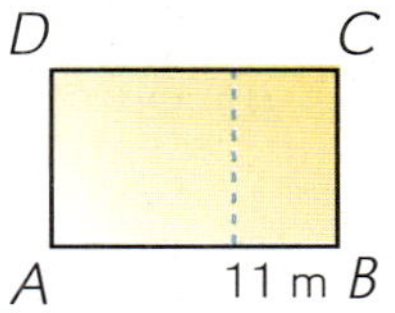

[1160 m^2]

67 Il semiperimetro di un rettangolo è 35 cm e l'altezza supera la base di 5 cm. Calcola l'area del rettangolo. [300 cm^2]

68 Una dimensione di un rettangolo supera l'altra di 13 cm e il perimetro è 17 dm. Calcola l'area del rettangolo esprimendola in decimetri quadrati. [17,64 dm^2]

69 La differenza fra la base e l'altezza di un rettangolo misura 7 m e il perimetro è 102 m. Calcola l'area del rettangolo. [638 m^2]

70 La somma e la differenza fra la base e l'altezza di un rettangolo misurano 44 cm e 8 cm. Calcola l'area del rettangolo. [468 cm^2]

71 Due rettangoli sono equivalenti. Il perimetro del secondo è 86 cm e la differenza fra l'altezza e la base misura 17 cm. Calcola la base del primo rettangolo, la cui altezza misura 39 cm. [10 cm]

72 La differenza fra le dimensioni di un rettangolo è 15 cm e la maggiore è 8/3 della minore. Calcola l'area del rettangolo.

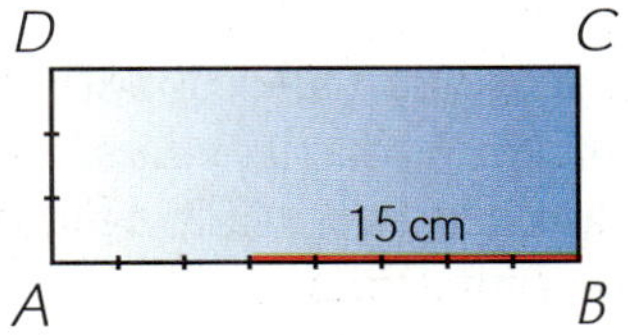

[216 cm^2]

73 Calcola l'area di un rettangolo, sapendo che la base è 11/5 dell'altezza e che la loro differenza misura 18 cm. [495 cm^2]

74 In un rettangolo la base supera di 12 cm il doppio dell'altezza. Sapendo che il perimetro è 138 cm, calcola l'area del rettangolo. [950 cm^2]

75 Il semiperimetro di un rettangolo è 12,3 m e la dimensione maggiore supera di 1,5 m il triplo della minore. Calcola l'area del rettangolo. [25,92 m^2]

76 Il perimetro di un rettangolo è 16,2 cm e la base supera di 6 mm il quadruplo dell'altezza. Calcola il semiperimetro e l'area del rettangolo. [81 mm; 990 mm^2]

77 Il pavimento di una stanza rettangolare è stato ricoperto completamente con una moquette che costa € 37,50 al metro quadrato. Se le dimensioni della stanza sono 45 dm e 3 m, quanto si è speso per acquistare la moquette? [€ 506,25]

78 La parete di una stanza ha le dimensioni di 5 m e 2,7 m. Su di essa si appendono 9 poster rettangolari aventi ciascuno le dimensioni di 1,2 m e 80 cm. Qual è l'area della parete che rimane scoperta? [4,86 m^2]

79 In un rettangolo la somma e la differenza tra la base e l'altezza misurano rispettivamente 60 cm e 6 cm. Calcola il perimetro di un altro rettangolo, equivalente a quello dato, sapendo che la base misura 81 cm. [184 cm]

80 Due rettangoli sono isoperimetrici. La differenza fra le dimensioni del primo rettangolo è 5 m e una di esse è 4/5 dell'altra. Calcola le aree dei due rettangoli, sapendo che la base del secondo misura 23 m. [500 m^2; 506 m^2]

81 Si vuol pavimentare un corridoio rettangolare con mattonelle rettangolari le cui dimensioni sono 20 cm e 24 cm. Se un lato del corridoio è 2/3 dell'altro e il suo perimetro è 30 m, quante ne occorrono? [1125]

82 La misura della differenza tra la base e l'altezza di un rettangolo è data, in metri, dal risultato della seguente espressione:

$$\left\{\left[\left(3-\frac{1}{4}\right)+\left(\frac{4}{3}+\frac{3}{4}\right)\cdot\frac{4}{5}:\left(1-\frac{5}{6}\right)\right]\right\}\cdot\frac{4}{3}$$

Sapendo che il perimetro del rettangolo è 118 m, calcola l'area. [798 m^2]

APPLICAZIONE

83 Un terreno rettangolare ha il perimetro di 60 m e la base è 3/2 dell'altezza. Sapendo che la spesa per il suo acquisto è stata di € 162.000, determina il costo di ogni metro quadrato. [€ 750]

84 Due rettangoli sono equivalenti. La base del primo rettangolo misura 15 m ed è 5/8 dell'altezza. Calcola la misura dell'altezza del secondo rettangolo la cui base è data, in metri, dal risultato della seguente espressione:

$$\left\{\left[\frac{9}{2}:\left(\frac{7}{4}-\frac{2}{5}\right)+\frac{3}{7}\cdot\left(\frac{6}{5}+\frac{2}{3}\right)\right]\cdot\frac{3}{5}+\frac{13}{25}\right\}\cdot 6$$

[20 m]

85 Un terreno rettangolare ha il semiperimetro di 65 m e una dimensione è 4/9 dell'altra. Se 2/3 del terreno sono venduti a € 120 il metro quadrato e il rimanente a € 160 il metro quadrato, quanto si ricava in tutto dalla vendita di tale terreno? [€ 120.000]

86 Un rotolo di rete metallica di forma rettangolare lungo 66 m è stato acquistato a € 6 il metro quadrato e viene pagato in tre rate: la prima di € 360, la seconda pari a 2/3 della prima e la terza a 4/5 della seconda. Calcola la misura della larghezza del rotolo. [2 m]

Area del quadrato

[**U1.5** ▸ p. 10]

RICORDA • L'**area** del **quadrato** si ottiene moltiplicando la misura del lato per se stessa:

$A = l \cdot l = l^2$ da cui: $l = \sqrt{A}$

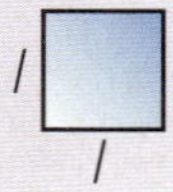

87 Completa le seguenti tabelle, relative a un insieme di quadrati (*l* e 2*p* indicano rispettivamente la misura del lato e il perimetro, *A* indica l'area).

l (cm)	2*p* (cm)	*A* (cm²)
16	....	....
....	60	....
....	....	196
24	....	....
....	84	....

l (cm)	2*p* (cm)	*A* (cm²)
....	13,6	....
....	....	17,64
....	....	31,36
5,3	....	....
....	30	....

88 Disegna un quadrato di perimetro 20 cm e calcolane l'area.

89 Disegna un quadrato di area 12,25 cm² e calcolane il perimetro.

90 Disegna alcuni rettangoli isoperimetrici con il perimetro di 12 cm e verifica che tra di essi quello di area massima è il quadrato.

91 Disegna alcuni rettangoli equivalenti con l'area di 16 cm² e verifica che il quadrato è quello che tra di essi ha il perimetro minimo.

Risolvi i seguenti esercizi sul piano cartesiano.

92 In un riferimento cartesiano considera il quadrilatero avente per vertici i punti *A*(5; 2), *B*(11; 2), *C*(11; 8), *D*(5; 8). Dopo avere individuato il tipo di quadrilatero, calcola il perimetro e l'area ed esprimili nell'unità di misura prefissata. [24 *u*; 36 u^2]

93 In un riferimento cartesiano sono date le coordinate di tre punti: *A*(2; 1), *B*(12; 1), *C*(12; 11). Individua la posizione di un quarto punto in modo che il quadrilatero che si ottiene congiungendo nell'ordine i quattro punti sia un quadrato. Calcola il perimetro e l'area del quadrato. [40 *u*; 100 u^2]

Risolvi i seguenti problemi.

94 Calcola il perimetro e l'area di un quadrato avente il lato di 13 cm. [52 cm; 169 cm^2]

95 Calcola il perimetro e l'area di un quadrato il cui lato misura 4,5 cm. [18 cm; 20,25 cm^2]

96 Il lato di un quadrato misura 3,2 dm. Calcola il perimetro e l'area del quadrato. [12,8 dm; 10,24 dm^2]

97 Il quadrato *ABCD* ha il lato di 22 mm. Calcola in centimetri quadrati l'area della parte colorata di giallo.

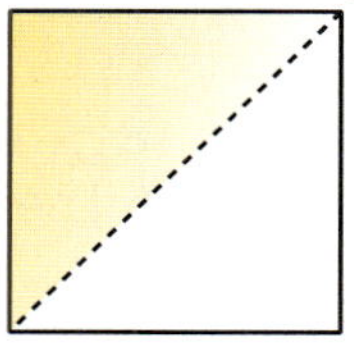

[2,42 cm^2]

98 Il perimetro di un quadrato è 33,6 cm. Calcola l'area. [70,56 cm^2]

99 Calcola la misura del lato di un quadrato di area 2116 cm^2. [46 cm]

100 L'area di un quadrato è 12,96 cm^2. Calcola il perimetro esprimendolo in millimetri. [144 mm]

101 Una vetrata è formata da 16 pannelli quadrati, ciascuno con il lato di 45 cm. Calcola l'area della vetrata esprimendola in metri quadrati. [3,24 m^2]

102 Calcola il perimetro di un quadrato, sapendo che la sua area è quadrupla di quella di un altro quadrato il cui lato misura 16 cm. [128 cm]

103 Da un foglio di album avente le dimensioni di 2,5 dm e 3,2 dm viene ritagliato un poster a forma di quadrato con il lato di 17 cm. Quanti centimetri quadrati di foglio non vengono utilizzati? [511 cm^2]

104 Giacomo il giardiniere acquista un terreno avente la forma di un quadrato. Se spende € 145.800, in ragione di € 450 al metro quadrato, qual è l'area del terreno? Se lungo il contorno pianta dei tulipani a una distanza di 3 m l'uno dall'altro, quanti tulipani può piantare? [324 m^2; 24]

105 Su una parete avente le dimensioni di 3,5 m e 5 m si vogliono incollare dei poster quadrati congruenti con il lato di 25 cm. Quanti poster occorrono per ricoprirla completamente? Se un poster costa € 5,60, quale sarà la spesa? [280; € 1568]

106 Calcola l'area di un quadrato sapendo che il suo lato è congruente all'altezza di un rettangolo avente il perimetro di 48 cm e la base di 11 cm. [169 cm^2]

107 Calcola il perimetro di un quadrato, sapendo che il suo lato è 8/7 del lato di un altro quadrato avente l'area di 196 m^2. [64 m]

108 Un cortile ha la forma di un rettangolo con le dimensioni di 3,5 m e 4 m. Se viene pavimentato con piastrelle quadrate aventi il lato di 25 cm, quante ne occorrono? Quanto si spende complessivamente se le piastrelle costano € 35 il metro quadrato? [224; € 490]

109 Un quadrato ha il perimetro di 14 cm. Calcola il perimetro e l'area di un rettangolo che ha la base congruente al lato del quadrato e l'altezza di 8 cm in più rispetto alla base. [30 cm; 40,25 cm^2]

110 Il lato di un quadrato e il lato obliquo di un triangolo isoscele sono congruenti. Il perimetro del triangolo è 46 cm e la sua base misura 20 cm. Calcola l'area del quadrato. [169 cm^2]

111 Internamente a una piazza quadrata avente il lato di 16 m ci sono quattro aiuole uguali, anch'esse quadrate, di lato 2,5 m. Calcola l'area della parte della piazza occupata dalle quattro aiuole e di quella non occupata da esse. [25 m^2; 231 m^2]

112 Un quadrato e un rettangolo hanno lo stesso perimetro. Il rettangolo ha l'area di 192 cm^2 e la base di 32 cm. Calcola l'area del quadrato. [361 cm^2]

113 Il perimetro di un rettangolo è 78 cm e la base misura 27 cm. Calcola il perimetro del quadrato equivalente al rettangolo. [72 cm]

114 Un quadrato e un rettangolo sono isoperimetrici e hanno il perimetro di 80 cm. Sapendo che l'altezza del rettangolo supera la base di 12 cm, calcola l'area di ciascuna figura. [364 cm^2; 400 cm^2]

115 Un quadrato ha il perimetro di 192 cm. Calcola l'area del rettangolo avente la base congruente a 3/4 del lato del quadrato e l'altezza congruente alla metà della base. [648 cm^2]

116 Un quadrato è isoperimetrico a un quadrilatero avente due lati di 61 cm e 46 cm. Il terzo lato è congruente a 9/5 della differenza dei primi due e il quarto lato è il doppio del terzo. Calcola l'area del quadrato esprimendola in decimetri quadrati. [22,09 dm^2]

117 Un artista ha dipinto 3/8 di una tela quadrata di lato 64 cm. Per completare l'opera, quanti decimetri quadrati gli rimangono da dipingere? A quale frazione corrispondono? Come si chiama questa frazione? [25,6 dm^2; 5/8]

118 L'altezza di un rettangolo è 3/4 della base e il perimetro è 84 m. Calcola il perimetro del quadrato equivalente al triplo del rettangolo. [144 m]

119 Un rettangolo è formato da tre quadrati congruenti. Sapendo che il lato di ciascun quadrato misura 5,5 cm, calcola il perimetro e l'area del rettangolo. [44 cm; 90,75 cm^2]

120 In un rettangolo la base è il doppio dell'altezza e l'area è 2450 cm^2. Calcola il perimetro del rettangolo. [210 cm]

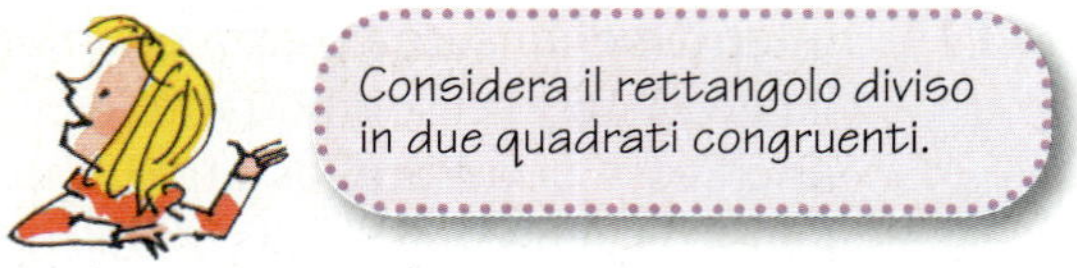

121 L'altezza di un rettangolo è il quadruplo della base. Sapendo che l'area è 1444 dm^2, calcola il perimetro del rettangolo. [190 dm]

122 Le dimensioni di un rettangolo sono una 10/3 dell'altra e la loro differenza misura 28 cm. Calcola l'area del quadrato isoperimetrico al rettangolo. [676 cm^2]

123 Una stanza rettangolare ha una dimensione di 4 m e l'altra 3/2 della prima. Il pavimento viene rivestito con piastrelle quadrate del costo di € 5 ciascuna per un totale di € 3000. Calcola la misura del lato di ogni piastrella, esprimendola in centimetri. [20 cm]

124 L'area di un rettangolo è 300 cm^2 e una dimensione è 3/4 dell'altra. Calcola la misura della base e dell'altezza del rettangolo e il perimetro. [20 cm; 15 cm; 70 cm]

▶▶▶ **PROBLEMA GUIDATO**

Suddividiamo il rettangolo in $3 \cdot 4 = 12$ quadratini congruenti (dato che le dimensioni sono una 3/4 dell'altra). L'area di ogni quadratino sarà quindi $300/12 = 25$ (cm^2) ed estraendone la radice quadrata otteniamo...

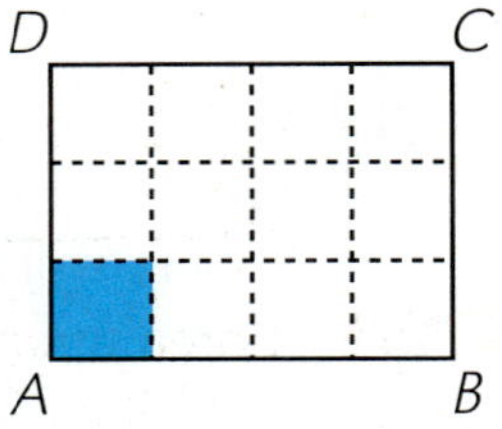

125 Un rettangolo ha l'area di 1815 dm^2 e la base è 3/5 dell'altezza. Calcola il perimetro del rettangolo. [176 dm]

126 Un quadrato ha il perimetro di 112 cm ed è equivalente a un rettangolo avente l'altezza congruente a 4/7 del lato del quadrato. Calcola il perimetro del rettangolo. [130 cm]

127 In una piazza rettangolare c'è una fontana quadrata avente l'area di 29,16 m^2. Sapendo che le dimensioni della piazza sono 7/2 e 13/9 del lato del quadrato, calcola l'area della superficie della piazza non occupata dalla fontana. [118,26 m^2]

128 Un quadrato è equivalente a 14/3 di un rettangolo. Sapendo che le dimensioni del rettangolo sono una 7/6 dell'altra e che il perimetro è 156 m, calcola la misura del lato del quadrato. [84 m]

129 Un campo sportivo avente le dimensioni di 40 m e 20 m sorge su un terreno di forma quadrata e ne occupa 2/25. Volendo recintare il terreno con una rete metallica che costa € 8,70 al metro, quale sarà la spesa? [€ 3480]

130 Diminuendo di 13 cm la dimensione maggiore di un rettangolo si ottiene un quadrato avente l'area di 1369 cm^2. Calcola il perimetro e l'area del rettangolo. [174 cm; 1850 cm^2]

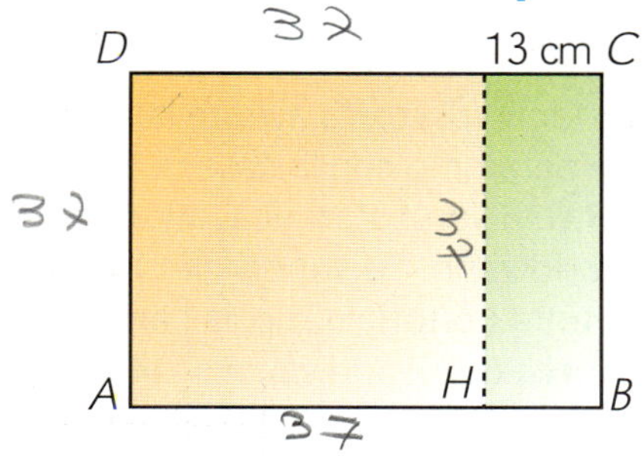

131 L'area di un quadrato di lato lungo 7,2 m equivale alla somma delle aree di due rettangoli che sono l'uno 4/5 dell'altro. Sapendo che la base del rettangolo maggiore misura 64 dm e quella del minore 36 dm, calcola il perimetro di ciascun rettangolo. [218 dm; 200 dm]

132 Un campo quadrato di lato 60 m è coltivato per 2/5 a frumento e per 1/3 del rimanente terreno a fragole. Se ogni ettaro di terreno produce in media 1200 q di frumento e 900 q di fragole, quanti quintali dei due tipi di coltura sono stati raccolti? [172,8 q; 64,8 q]

Area del parallelogramma

[**U1.6** ▸ p. 12]

RICORDA

- L'**area** del **parallelogrammo** si ottiene moltiplicando la misura della base per la misura dell'altezza relativa alla base:

$A = b \cdot h$ da cui $b = \frac{A}{h}$ $h = \frac{A}{b}$

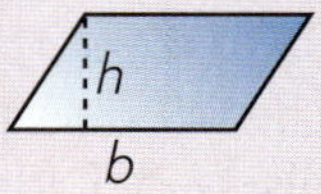

133 Completa le seguenti tabelle, relative a un insieme di parallelogrammi (*A* indica l'area, *b* e *h* le misure della base e dell'altezza).

b (cm)	*h* (cm)	*A* (cm^2)
25	13	....
30	....	630
....	19	608
4,5	8	....

l (cm)	2*p* (cm)	*A* (cm^2)
20	3,5	....
....	2,6	16,9
4,2	....	31,5
2,8	3,2	....

Risolvi i seguenti esercizi sul piano cartesiano.

134 Su un piano cartesiano disegna il parallelogrammo avente i vertici: *A*(1; 3), *B*(8; 3), *C*(11; 7), *D*(4; 7). Calcola l'area ed esprimila nell'unità di misura prefissata. [28 u^2]

135 Su un piano cartesiano disegna il parallelogrammo avente i vertici: *A*(1; 2), *B*(7; 2), *C*(9; 10), *D*(3; 10). Traccia l'altezza relativa al lato *AB*, scrivi le coordinate del suo piede e determina la sua misura, esprimendola in centimetri. Calcola l'area del parallelogrammo. [48 cm^2]

136 Su un piano cartesiano considera il quadrilatero avente per vertici i punti dati: *A*(3; 3), *B*(11; 3), *C*(14; 7), *D*(6; 7). Dopo avere individuato il tipo di quadrilatero che hai ottenuto, calcola l'area e il perimetro, quest'ultimo anche in modo approssimato. [32 u^2]

APPLICAZIONE

Risolvi i seguenti problemi.

137 Un parallelogrammo ha la base di 42 cm e l'altezza relativa 8 cm. Calcola l'area. [336 cm²]

138 Calcola l'area di un parallelogrammo che ha la base di 5,6 cm e l'altezza relativa di 4,5 cm. [25,2 cm²]

139 Un parallelogrammo ha l'altezza di 20 dm e la base è 5/4 dell'altezza. Calcola l'area. [500 dm²]

140 Calcola l'area di un parallelogrammo avente la base di 42 cm che sono 6/5 dell'altezza. [1470 cm²]

141 Calcola la misura dell'altezza di un parallelogrammo che ha l'area di 133 m² e la base di 7 m. [19 m]

142 In un parallelogrammo l'altezza è il triplo della base e la loro somma è 64 cm. Calcola l'area. [768 cm²]

143 L'area di un parallelogrammo è 216 cm², l'altezza misura 8 cm e il lato obliquo 15 cm. Calcola il perimetro. [84 cm]

144 Un parallelogrammo ha l'area di 147 cm² e un lato di 35 cm. Calcola la misura dell'altezza relativa a quel lato. [4,2 cm]

145 In un parallelogrammo le altezze relative ai lati misurano 16 cm e 18 cm. Calcola il perimetro del parallelogrammo sapendo che l'area è 576 cm². [136 cm]

146 In un parallelogrammo la base e la relativa altezza sono congruenti fra loro. Calcola le loro misure, sapendo che l'area del parallelogrammo è 729 cm². [27 cm]

147 Un contadino possiede un campo a forma di parallelogrammo con la base e l'altezza di 54 m e 40 m. Sapendo che 4/9 del campo sono coltivati a girasoli e la parte rimanente a mais, calcola l'area di entrambe le coltivazioni. [960 m²; 1200 m²]

148 Da un taglio di stoffa avente la forma di un parallelogrammo con la base di 5 m e l'altezza di 3,6 m sono stati ricavati: una tenda e un copridivano. La superficie della tenda è 2/9 di tutta la stoffa. Calcola l'area della tenda e quella del copridivano. [4 m²; 14 m²]

149 Calcola l'area di un parallelogrammo che ha la base di 9 cm e l'altezza che supera di 6 cm il doppio della base. [216 cm²]

150 La base di un parallelogrammo misura 30 cm e l'altezza supera di 3 cm i suoi 6/5. Calcola l'area. [1170 cm²]

151 La somma della base e dell'altezza di un parallelogrammo misura 189 cm e la loro differenza è 65 cm. Calcola l'area del parallelogrammo ed esprimila in decimetri quadrati. [78,74 dm²]

152 Due lati consecutivi di un parallelogrammo misurano 25 cm e 16 cm. Sapendo che l'altezza relativa al secondo lato misura 24 cm, calcola la misura dell'altezza relativa al primo lato. [15,36 cm]

153 L'area di un parallelogrammo è 990 cm² e le altezze relative a due lati consecutivi misurano 22 cm e 33 cm. Calcola il perimetro del parallelogrammo. [150 cm]

154 In un parallelogrammo un lato supera il suo consecutivo di 14 cm. Sapendo che il perimetro è 196 cm e l'area è 1470 cm², calcola la misura delle due altezze del parallelogrammo. [35 cm; 26,25 cm]

155 Calcola il perimetro di un parallelogrammo avente l'area di 432 cm², sapendo che le distanze fra i lati opposti misurano 18 cm e 12 cm. [120 cm]

156 In un parallelogrammo la distanza fra il punto di intersezione delle diagonali e la base misura 18 cm. Calcola l'area, sapendo che la base misura 57 cm. [2052 cm²]

157 La somma di due lati consecutivi di un parallelogramma misura 80 dm e uno di essi è il quadruplo dell'altro. Sapendo che l'area è 448 dm^2, calcola la misura delle due altezze del parallelogrammo. [28 dm; 7 dm]

158 Un quadrato ha il perimetro di 68 m. Calcola la misura dell'altezza relativa al lato maggiore di un parallelogrammo, sapendo che esso è equivalente al quadrato e che il suo lato maggiore è il doppio del lato del quadrato. [8,5 m]

159 Dato il parallelogramma *ABCD*, calcola la misura dell'altezza *DK*, sapendo che l'altezza *DH* misura 8 cm, il lato maggiore supera il minore di 2,1 cm e il perimetro del parallelogrammo è 60,2 cm. [9,2 cm]

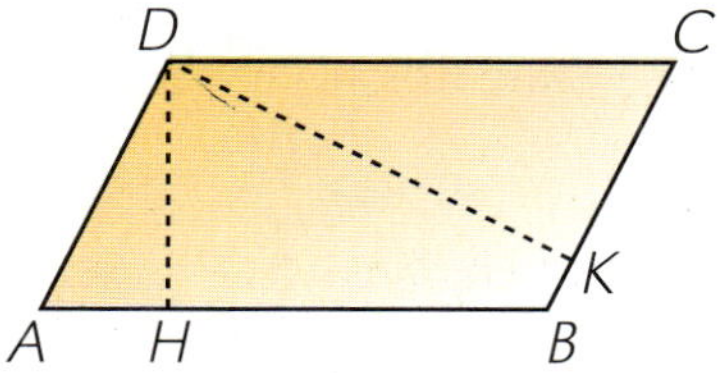

160 La misura dell'altezza di un parallelogrammo è tripla di quella della base a essa relativa. Sapendo che l'area del parallelogrammo è 243 m^2, calcola le loro misure. [9 m; 27 m]

161 La differenza fra la base e l'altezza di un parallelogrammo misura 90 cm e la prima è 8/3 della seconda. Calcola l'area. [7776 cm^2]

162 Il perimetro di un parallelogrammo è 44 m e il lato maggiore è 7/4 del minore. Calcola la misura di ciascuna delle due altezze del parallelogrammo, sapendo che la sua area è 84 m^2. [6 m; 10,5 m]

163 Calcola l'area di un parallelogrammo, sapendo che il perimetro è 144 cm, l'altezza relativa al lato minore misura 20,8 cm e il lato maggiore è 13/5 del lato minore. [416 cm^2]

164 In un parallelogrammo due lati consecutivi sono tali che uno è il triplo dell'altro. Sapendo che il perimetro è 280 cm e che l'altezza relativa al lato maggiore è 2/5 del lato minore, calcola l'area del parallelogrammo e la misura dell'altezza relativa al lato minore. [1470 cm^2; 42 cm]

165 L'area di un parallelogrammo è 588 cm^2 e la base è 4/3 dell'altezza. Calcola la misura della base e dell'altezza del parallelogrammo. [28 cm; 21 cm]

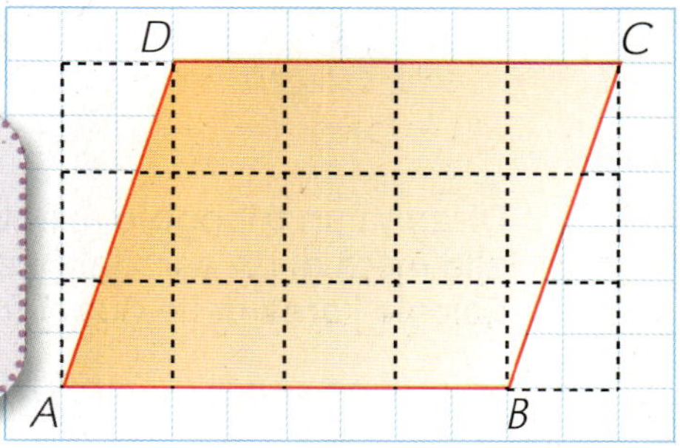

166 Calcola la misura delle due altezze di un parallelogrammo, sapendo che il perimetro è 80 dm, che un lato è 3/7 dell'altro e che l'area è 252 dm^2. [9 dm; 21 dm]

167 Calcola il perimetro di un parallelogrammo avente l'area di 70,4 m^2, sapendo che la somma delle due altezze misura 20,8 m e che una di esse è 2/11 dell'altra. [52 m]

168 Un parallelogrammo e un rettangolo sono equivalenti. Nel rettangolo un lato è 25/8 dell'altro e il perimetro è 132 m. Nel parallelogrammo le due altezze misurano 25 m e 20 m. Calcola il perimetro del parallelogrammo. [144 m]

169 Il perimetro di un parallelogrammo è 84 m, un lato misura 15 m e l'altezza relativa è 3/5 del lato. Calcola:

a. l'area del parallelogrammo;
b. la misura dell'altezza relativa all'altro lato;
c. il perimetro del quadrato equivalente a 15/4 del parallelogrammo;
d. il perimetro di un rettangolo avente l'altezza di 2,7 m ed equivalente alla metà del parallelogrammo.

[135 m^2; 5 m; 90 m; 55,4 m]

170 Il valore della seguente espressione dà il perimetro di un parallelogrammo, espresso in metri.

$$\left\{\frac{1}{2}-\left[\left(\frac{3}{8}+\frac{5}{6}\right):\frac{29}{4}+\frac{3}{2}\cdot\left(1-\frac{2}{3}\right)^2\right]+4\right\}\cdot\left(18+\frac{6}{5}\right)$$

Sapendo che il lato minore è 9/11 del lato maggiore e che l'area del parallelogrammo è 198 m^2, calcola la misura delle altezze relative ai due lati. [9 m; 11 m]

Area del triangolo

[U1.7 ▸ p. 14]

RICORDA

- L'**area** del **triangolo** si ottiene moltiplicando la misura della base per la misura dell'altezza e dividendo il prodotto per 2:

$$A = \frac{b \cdot h}{2} \quad \text{da cui} \quad b = \frac{2 \cdot A}{h} \quad h = \frac{2 \cdot A}{b}$$

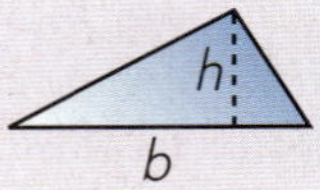

171 Disegna un triangolo avente la base di 3 cm e l'altezza di 2 cm e verifica che è equivalente alla metà di un parallelogrammo avente la stessa base e la stessa altezza del triangolo. Calcola l'area delle due figure.

172 Spiega perché i seguenti triangoli sono equivalenti tra loro.

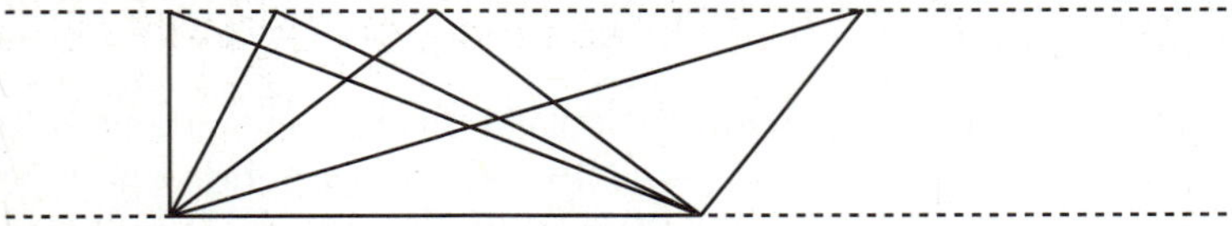

173 Completa le seguenti tabelle, relative a un insieme di triangoli (A indica l'area, b e h le misure della base e dell'altezza).

b (cm)	h (cm)	A (cm²)
17	15	127,5
30	14	210
13	28	182
42	12	252

b (cm)	h (cm)	A (cm²)
4,3	5,2	....
21	....	94,5
....	3,4	11,05
5,6	4,5	....

Risolvi i seguenti esercizi sul piano cartesiano.

174 Segna su un piano cartesiano i punti $A(0; 5)$, $B(6; 5)$, $C(3; 9)$. Uniscili nell'ordine dato e calcola l'area e il perimetro del triangolo che hai ottenuto. [12 u^2; 16 u]

175 In un sistema di riferimento cartesiano disegna il triangolo di vertici $A(1; 2)$, $B(9; 2)$, $C(4; 7)$. Traccia l'altezza relativa al lato AB, scrivi le coordinate del suo piede e determinane la misura, esprimendola in centimetri. Calcola l'area del triangolo. [20 cm²]

Risolvi i seguenti problemi.

176 Calcola l'area di un triangolo avente la base e l'altezza rispettivamente di 26 cm e 45 cm ed esprimila in decimetri quadrati. [5,85 dm²]

177 In un triangolo la base misura 4,6 m e l'altezza 3,4 m. Calcola l'area del triangolo. [7,82 m²]

178 La base e l'altezza di un triangolo misurano, rispettivamente, 14 cm e 125 mm. Calcola l'area del triangolo. [87,5 cm²]

179 La base di un triangolo misura 42 dm e l'altezza è 4/7 della base. Calcola l'area del triangolo. [504 dm²]

180 L'area di un triangolo ABC è 225 m² e il lato BC misura 25 m. Calcola la misura dell'altezza relativa a BC.

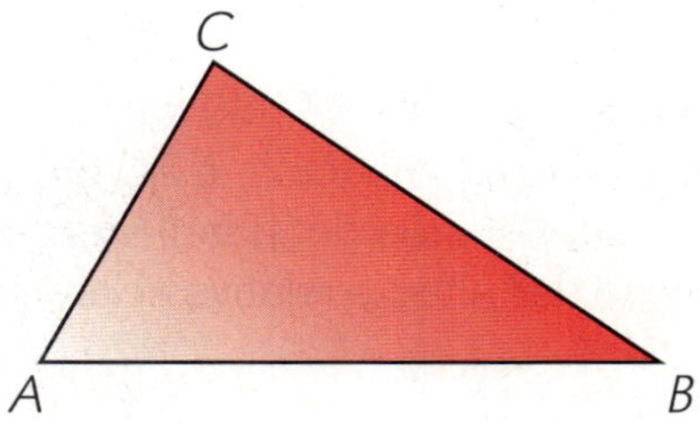

[18 m]

181 Due lati consecutivi di un triangolo misurano 15 cm e 20 cm. Calcola le misure delle altezze che cadono su ciascuno dei due lati, sapendo che l'area del triangolo è 120 cm^2. [16 cm; 12 cm]

182 Due lati consecutivi di un triangolo misurano 52 cm e 65 cm. Sapendo che l'altezza relativa al primo lato è di 15 cm, calcola la lunghezza dell'altezza relativa all'altro lato. [12 cm]

183 Il perimetro di un triangolo isoscele è 180 cm, la base e l'altezza misurano, rispettivamente, 80 cm e 30 cm. Calcola la misura dell'altezza relativa al lato obliquo. [48 cm]

184 L'altezza di un triangolo supera la base di 8 cm e la loro somma misura 72 cm. Calcola l'area del triangolo. [640 cm^2]

185 Un giardino ha la forma di un triangolo isoscele. L'altezza relativa alla base è formata da una siepe che costa € 8 al metro per un totale di € 72. Se l'area del triangolo è 54 m^2, quanto misura la base? [12 m]

186 L'area di un triangolo isoscele è 300 cm^2 e l'altezza misura 20 cm. Sapendo che il lato obliquo è 5/6 della base, calcola il perimetro del triangolo. [80 cm]

187 Il perimetro di un triangolo equilatero è 126 cm. Calcola il perimetro e l'area di un quadrato avente il lato congruente a 3/7 del lato del triangolo. [72 cm; 324 cm^2]

188 Il perimetro di un triangolo equilatero è 45 cm. Un rettangolo ha l'altezza congruente al lato del triangolo equilatero e la base 7/5 dell'altezza. Calcola il perimetro e l'area del rettangolo. [72 cm; 315 cm^2]

189 Un triangolo isoscele ha:
a. la base di 42 cm;
b. l'altezza uguale a 2/3 della base;
c. il lato congruente alla metà della somma della base e dell'altezza.

Calcola il perimetro e l'area del triangolo. [112 cm; 588 cm^2]

190 Un triangolo e un rettangolo sono equivalenti. Le dimensioni del rettangolo misurano 15 m e 24 m e la misura della base del triangolo è 16 m. Calcola la misura dell'altezza del triangolo. [45 m]

191 Il perimetro di un rettangolo è 176 cm e un lato è il triplo del suo consecutivo. Calcola la misura dell'altezza del triangolo equivalente al rettangolo, sapendo che la sua base misura 24 cm. [121 cm]

192 La somma dell'altezza e della base di un triangolo è 119 cm e la base supera l'altezza di 7 cm. Calcola l'area del triangolo e il perimetro del quadrato a esso equivalente. [1764 cm^2; 168 cm]

193 Un triangolo isoscele ha la base di 36 cm e l'altezza uguale a 2/3 della base. Sapendo che l'altezza relativa al lato obliquo misura 28,8 cm, calcola il perimetro del triangolo. [96 cm]

194 Un triangolo ha la base di 108 m ed è equivalente a un rettangolo le cui dimensioni sono una 2/3 dell'altra e il cui perimetro è 450 m. Calcola la misura dell'altezza del triangolo. [225 m]

195 Due triangoli sono equivalenti. Il primo ha l'altezza e la base rispettivamente di 21 cm e 14 cm; la base del secondo è congruente a 3/7 della base del primo. Calcola la misura dell'altezza del secondo triangolo. [49 cm]

196 L'area di un triangolo è 120 cm^2 e la base misura 16 cm. Calcola l'area di un rettangolo che ha una dimensione congruente all'altezza del triangolo e l'altra 4/5 di questa. [180 cm^2]

197 Un quadrato è equivalente a un triangolo. Sapendo che la differenza tra l'altezza e la base del triangolo misura 28 dm e che la prima è 9/2 della seconda, calcola il perimetro del quadrato. [48 dm]

198 Un triangolo avente la base di 15 dm è equivalente a 5/16 di un altro triangolo la cui area è 336 dm^2. Calcola la misura dell'altezza del primo triangolo. [14 dm]

199 Il perimetro di un quadrato è 156 cm. Sapendo che un triangolo è equivalente a 2/3 del quadrato e che la sua altezza è il doppio del lato del quadrato, calcola la misura della base del triangolo. [26 cm]

200 Un rettangolo, le cui dimensioni sono una 1/4 dell'altra, è equivalente a un triangolo avente la base di 50 cm e l'altezza di 36 cm. Calcola il perimetro del rettangolo. [150 cm]

APPLICAZIONE

201 Calcola l'area del seguente poligono, considerando le misure indicate.

$DH \cong 1/4\,DL$
$DL = 32$ cm
$2p_{ABCE} = 71$ cm
$A = ?$

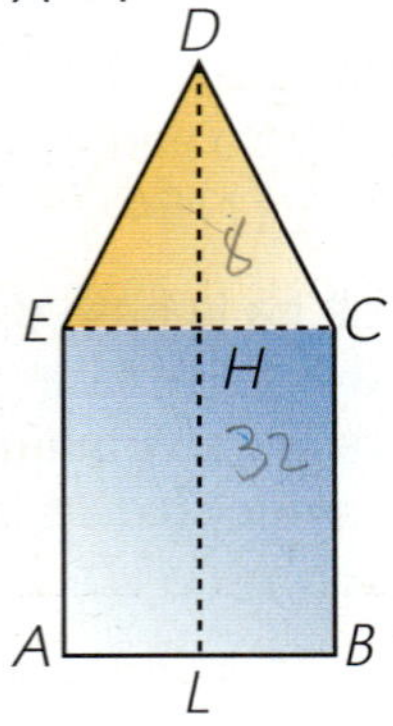

[322 cm²]

202 La misura dell'altezza di un triangolo isoscele è data, in centimetri, dal risultato della seguente espressione:

$$\frac{29}{4}+\frac{2}{15}\cdot\left[\left(\frac{2}{3}\right)^2+\left(3+\frac{1}{4}\right):\left(\frac{7}{2}-\frac{4}{3}\right)\right]\cdot\left(5+\frac{7}{4}\right)$$

Sapendo che il lato obliquo misura 15 cm e che la base è lunga 24 cm, calcola la misura dell'altezza relativa al lato obliquo. [14,4 cm]

203 In una piazza di forma quadrata c'è un'aiuola formata da due triangoli isosceli congruenti e aventi le basi coincidenti fra loro. L'area della piazza è 9/2 di quella dell'aiuola e la differenza fra le due è 1372 m². Calcola i perimetri della piazza e dell'aiuola, sapendo che l'altezza relativa al lato obliquo di ciascun triangolo misura 24,5 m.

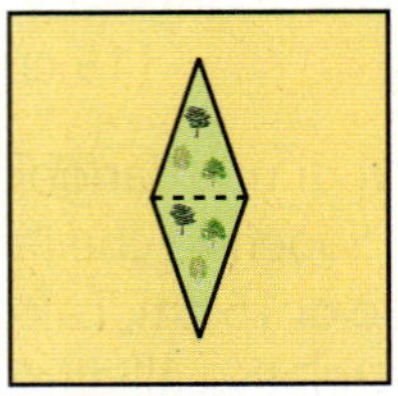

[168 m; 64 m]

204 Con riferimento ai dati della figura, calcola l'area del quadrilatero colorato.

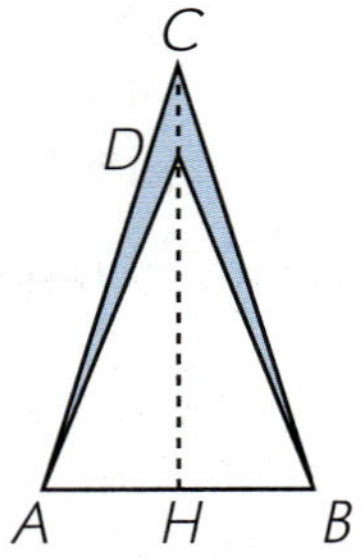

$AB = 12$ cm
$CH = 18$ cm
$CD = 2/9\,CH$

[24 cm²]

205 Un triangolo, un quadrato e un rettangolo sono equivalenti. Il quadrato ha il perimetro di 168 cm, l'altezza del triangolo è 6/7 del lato del quadrato e la base del rettangolo è 5/8 del lato del quadrato. Calcola:
a. l'area di ciascun poligono;
b. la misura della base del triangolo;
c. il perimetro del rettangolo.
[1764 cm²; 98 cm; 186,9 cm]

Area del triangolo rettangolo

[U1.8 ▸ p. 16]

RICORDA • L'**area** del **triangolo rettangolo** si ottiene moltiplicando le misure dei due cateti e dividendo il prodotto per 2:

$$A=\frac{c_1\cdot c_2}{2} \quad \text{da cui} \quad c_1=\frac{2\cdot A}{c_2} \quad c_2=\frac{2\cdot A}{c_1}$$

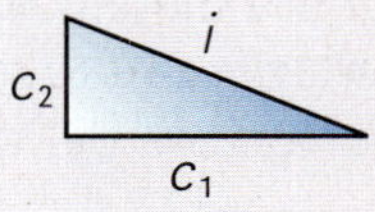

206 Fra le seguenti formule indica quella riferita al calcolo dell'altezza relativa all'ipotenusa di un triangolo rettangolo (c_1, c_2 e i indicano, rispettivamente, le misure dei due cateti e dell'ipotenusa e h quella dell'altezza a essa relativa).

A $h=\frac{c_1}{c_2}$ B $h=\frac{c_2\cdot i}{c_1}$ C $h=\frac{c_1\cdot c_2}{i}$ D $h=\frac{i\cdot c_1}{c_2}$

207 Completa le seguenti tabelle, relative a un insieme di triangoli rettangoli (A indica l'area, c_1 e c_2 rispettivamente la misura del cateto maggiore e del cateto minore del triangolo).

c_1 (cm)	c_2 (cm)	A (cm^2)
16	12	....
24	....	216
....	25	450
2,4	2,2	....

c_1 (cm)	c_2 (cm)	A (cm^2)
3,8	2,5	....
13	....	27,3
....	3,6	9,54
8,5	....	25,5

208 Facendo riferimento al triangolo rettangolo in figura, calcola le misure incognite.

a. $a = 3$ cm
$b = 4$ cm
$c = 5$ cm
$h = ?$
$A = ?$

b. $a = 9$ cm
$h = 7{,}2$ cm
$A = 54$ cm^2
$b = ?$
$c = ?$

c. $b = 24$ cm
$c = 30$ cm
$A = 216$ cm^2
$a = ?$
$h = ?$

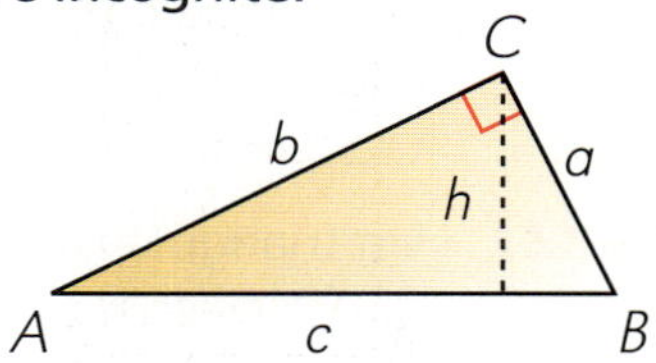

Risolvi i seguenti esercizi sul piano cartesiano.

209 Segna su un piano cartesiano i punti $A(1;\ 1)$, $B(6;\ 1)$, $C(1;\ 13)$ e uniscili nell'ordine dato. Verifica che la figura che hai ottenuto è un triangolo rettangolo. Calcola l'area e il perimetro (usa un righello per misurare l'ipotenusa) ed esprimili nell'unità di misura prefissata. [30 u^2]

210 Su un piano cartesiano rappresenta il triangolo di vertici $A(2;\ 2)$, $B(11;\ 2)$, $C(2;\ 8)$. Dopo avere individuato il tipo di triangolo ottenuto, calcola l'area e il perimetro, quest'ultimo anche in modo approssimato. [27 u^2]

Risolvi i seguenti problemi.

211 In un triangolo rettangolo i cateti misurano 18 cm e 24 cm. Calcola l'area. [216 cm^2]

212 I cateti di un triangolo rettangolo misurano 3,8 cm e 2,5 cm. Calcola l'area. [4,75 cm^2]

213 I cateti di un triangolo rettangolo misurano 15 cm e 20 cm e l'ipotenusa 25 cm. Calcola la misura dell'altezza relativa all'ipotenusa. [12 cm]

214 In un triangolo rettangolo il cateto minore è 5/6 del maggiore, che è lungo 42 cm. Calcola l'area del triangolo. [735 cm^2]

215 Il cateto minore di un triangolo rettangolo misura 16 m ed è 4/7 del cateto maggiore. Calcola l'area del triangolo. [224 m^2]

216 In un triangolo rettangolo un cateto misura 35 dm e l'area è 490 dm^2. Calcola la misura dell'altro cateto. [28 dm]

217 I cateti di un triangolo rettangolo misurano 27 cm e 36 cm. Sapendo che l'ipotenusa è 5/3 del cateto minore, calcola la misura dell'altezza a essa relativa. [21,6 cm]

218 Calcola l'area di un triangolo rettangolo sapendo che un cateto supera l'altro di 21 cm e che la loro somma misura 69 cm. [540 cm^2]

219 L'area di un triangolo rettangolo è 96 cm^2 e l'altezza relativa all'ipotenusa misura 9,6 cm. Calcola la misura dell'ipotenusa. [20 cm]

220 Un cateto di un triangolo rettangolo misura 48 cm e l'altro cateto è 4/3 del primo. Calcola l'area del triangolo e la misura dell'altezza relativa all'ipotenusa, sapendo che quest'ultima è 80 cm. [1536 cm^2; 38,4 cm]

221 Calcola il perimetro di un triangolo rettangolo avente l'area di 600 cm^2, un cateto di 40 cm e l'altezza relativa all'ipotenusa di 24 cm. [120 cm]

222 La somma dei cateti di un triangolo rettangolo misura 68 cm e uno è 5/12 dell'altro. Calcola l'area del triangolo. [480 cm^2]

223 La differenza fra i cateti di un triangolo rettangolo misura 14 dm e uno di essi è 8/15 dell'altro. Calcola l'area del triangolo. [240 dm^2]

224 Un triangolo rettangolo isoscele ha uno dei due cateti di 26 cm. Calcola l'area del triangolo. [338 cm^2]

225 L'area di un triangolo rettangolo isoscele è 242 dm^2. Calcola la misura di ciascun cateto. [22 dm]

226 Un triangolo rettangolo ha un angolo di 45° e un cateto di 44 cm. Calcola l'area del triangolo. [968 cm^2]

227 Un triangolo isoscele ha gli angoli alla base di 45° ciascuno. Sapendo che il lato misura 1,8 cm, calcola l'area del triangolo. [1,62 cm^2]

228 Con riferimento ai dati della figura, calcola il perimetro del triangolo *ABC*.

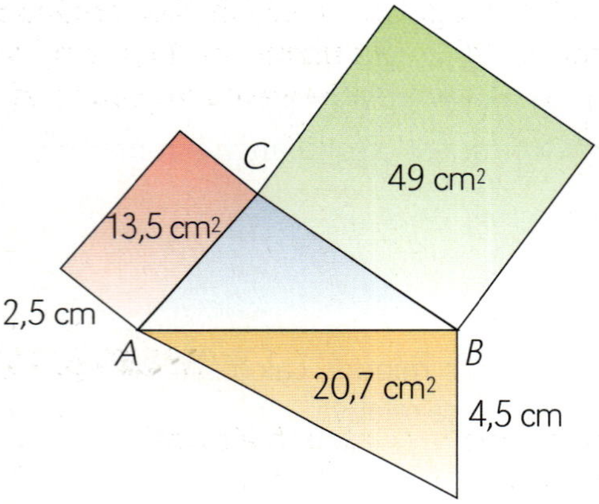

[21,6 cm]

229 Calcola la misura dell'ipotenusa di un triangolo rettangolo isoscele avente l'area di 225 cm^2. [30 cm]

▶▶▶ **PROBLEMA GUIDATO**

Se costruiamo sull'ipotenusa il quadrato BDEC osserviamo che il triangolo ABC (come ogni triangolo rettangolo isoscele) è congruente a 1/4 del quadrato avente per lato la misura dell'ipotenusa del triangolo ABC. Per cui BC è il lato di un quadrato di area $A = 225 \cdot 4 = 900$ (cm^2) e $BC = \sqrt{\ldots\ldots} = \ldots\ldots$

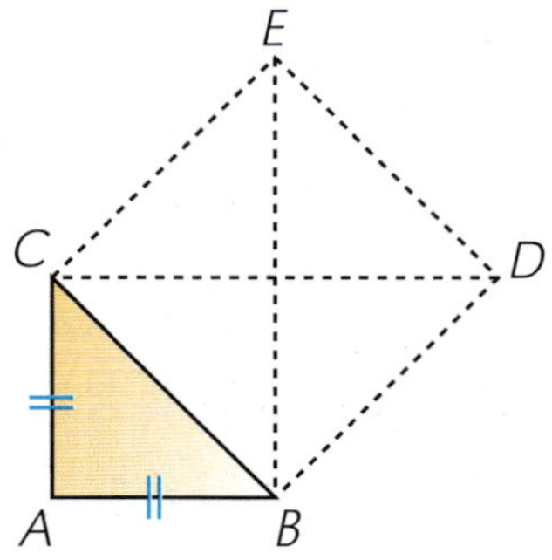

230 Calcola la misura dell'ipotenusa di un triangolo rettangolo isoscele la cui area è 72,25 m^2. [17 m]

231 Un triangolo rettangolo isoscele ha l'area di 100 dm^2. Calcola la misura dell'ipotenusa e dell'altezza a essa relativa. [20 dm; 10 dm]

232 Calcola l'area di un triangolo rettangolo avente un angolo acuto di 45° e l'ipotenusa di 4,2 cm. [4,41 cm^2]

233 Calcola il perimetro di un triangolo rettangolo isoscele avente l'area di 256 m^2, approssimandone la misura a meno di un centesimo. [77,25 m]

234 In un triangolo rettangolo un cateto è 3/2 dell'altro e l'area è 108 cm^2. Calcola la misura di ciascuno dei due cateti. [18 cm; 12 cm]

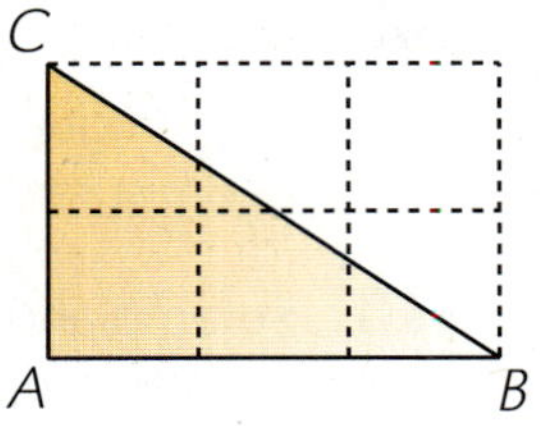

235 Calcola la misura dei cateti di un triangolo rettangolo, sapendo che uno è la metà dell'altro e che l'area è 289 cm^2. [17 cm; 34 cm]

236 In un triangolo rettangolo un cateto è triplo dell'altro e l'area è 121,5 cm^2. Calcola la misura di ciascuno dei due cateti. [9 cm; 27 cm]

237 L'area di un triangolo rettangolo è 360 cm^2 e un cateto è 4/5 dell'altro. Calcola la misura dei due cateti. [24 cm; 30 cm]

238 L'area di un triangolo rettangolo è 4,8 cm^2 e un cateto è 5/3 dell'altro. Calcola la misura di ciascun cateto. [4 cm; 2,4 cm]

239 Calcola l'area della parte colorata della figura, tenendo conto delle misure date.

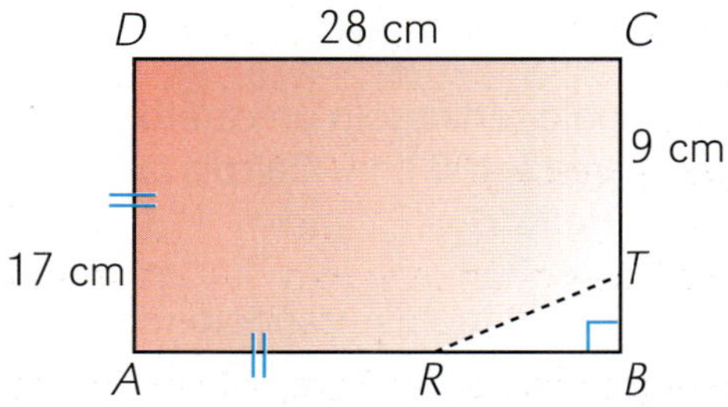

[432 cm^2]

240 Calcola la misura della base e dell'altezza di un triangolo rettangolo, sapendo che una è 2/5 dell'altra e che l'area è 125 cm^2.
[10 cm; 25 cm]

241 Un triangolo *ABC* è formato da due triangoli rettangoli aventi in comune il cateto maggiore la cui misura è 24 cm. La base del triangolo *ABC* misura 25 cm e i cateti che la costituiscono sono uno 7/18 dell'altro. Calcola l'area di ciascuno dei due triangoli rettangoli.

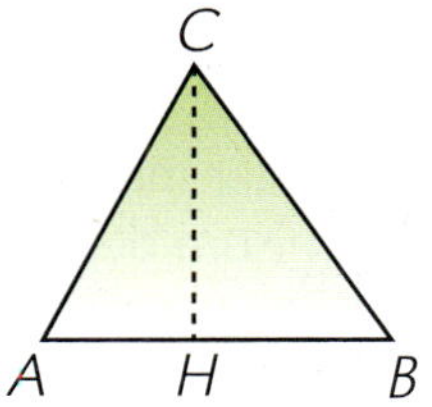

[84 cm^2; 216 cm^2]

242 Un triangolo rettangolo avente un cateto di 12 cm e l'ipotenusa di 13 cm è isoperimetrico a un rettangolo di base 6 cm e area 54 cm^2. Calcola:
a. la misura dell'altro cateto del triangolo rettangolo;
b. l'area del triangolo rettangolo;
c. la misura dell'altezza relativa all'ipotenusa approssimata al decimo.
[5 cm; 30 cm^2; 4,6 cm]

243 Considera i seguenti dati e calcola l'area del quadrilatero *ABCM*.

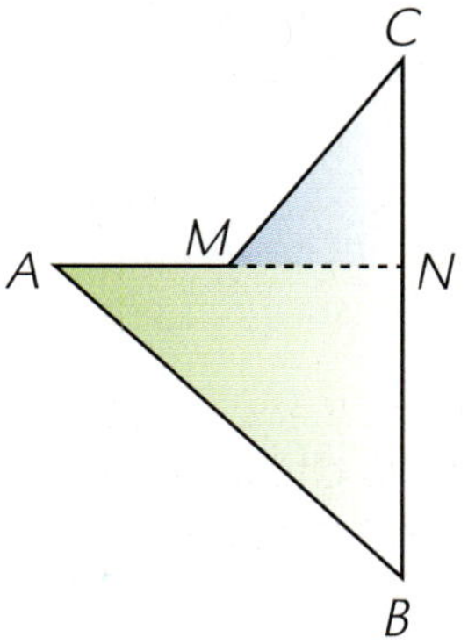

$BN = 12{,}6$ cm
$CN = 2/3\,BN$
$MN = 6$ cm
M è il punto medio di *AN*

[100,8 cm^2]

244 Un triangolo rettangolo ha l'area di 13,44 cm^2 e il cateto maggiore di 9,6 cm. Aumentando la misura di quest'ultimo di 11,4 cm, di quanto si dovrà diminuire l'altro cateto affinché l'area non cambi? [1,52 cm]

La formula di Erone

[**U1.8** ▸ p. 16]

245 **Completa la formula di Erone per il calcolo dell'area di un triangolo di lati *a*, *b* e *c* noti.**

$A = \sqrt{\ldots p \ldots \cdot (p - \ldots a \ldots) \cdot (\ldots p \ldots - \ldots b \ldots) \cdot (\ldots p \ldots - c)}$

246 **Completa la seguente tabella, relativa a un insieme di triangoli (*a*, *b*, *c* indicano le misure dei tre lati, 2*p* il perimetro e *A* l'area del triangolo).**

a (cm)	*b* (cm)	*c* (cm)	2*p* (cm)	*A* (cm^2)
13	14	15	....42....	....84....
32	20	34	....86....	....
60	36	....	144	....
....	42	45	126	....
5,2	8	....	21,6	....
4	2,6	....	10,8	....

Risolvi i seguenti problemi.

247 Calcola l'area di un triangolo i cui lati misurano 8 m, 15 m, 17 m. [60 m^2]

248 Un triangolo ha i lati di 7 cm, 24 cm, 25 cm. Calcola l'area. [84 cm^2]

249 Calcola l'area di un triangolo avente i lati di 13 cm, 20 cm, 21 cm. [126 cm²]

250 Calcola l'area di un triangolo i cui lati misurano 25 cm, 39 cm e 40 cm. [468 cm²]

251 Il perimetro di un triangolo è 48 cm e due lati misurano 12 cm e 16 cm. Calcola l'area. [96 cm²]

252 Il perimetro di un triangolo è 54 dm e due suoi lati misurano 12 cm e 25 cm. Calcola l'area del triangolo. [90 cm²]

253 Un triangolo isoscele ha il perimetro di 32 cm e il lato obliquo misura 8,5 cm. Calcola l'area del triangolo. [30 cm²]

254 Le misure dei lati di un triangolo sono, rispetto al centimetro, tre numeri naturali consecutivi. Il perimetro del triangolo è 42 cm. Calcola l'area. [84 cm²]

255 Il perimetro di un triangolo isoscele è 25,2 m e il lato obliquo è 5/8 della base. Calcola l'area del triangolo e la misura dell'altezza relativa alla base. [23,52 m²; 4,2 m]

256 Il lato obliquo di un triangolo isoscele misura 45 m ed è 5/8 della base. Calcola l'area del triangolo. [972 m²]

257 In un triangolo il perimetro è 90 dm. Sapendo che il secondo e il terzo lato superano il primo, rispettivamente, di 4 dm e 11 dm, calcola l'area del triangolo. [360 dm²]

258 Il perimetro di un triangolo equilatero è 18 cm. Calcola l'area e la misura dell'altezza approssimando i risultati al centesimo. [15,59 cm²; 5,20 cm]

259 I lati di un triangolo misurano 5 cm, 4,8 cm e 1,4 cm. Calcola la misura della base di un rettangolo che ha l'altezza di 2,1 cm ed è equivalente al triangolo. [1,6 cm]

260 I lati di un triangolo sono di 14 cm, 48 cm, 50 cm. Calcola il lato del quadrato avente l'area congruente a 3/7 di quella del triangolo. [12 cm]

Area del rombo

[**U1.9** ▸ p. 18]

RICORDA

- L'**area** del **rombo** si ottiene moltiplicando le misure delle due diagonali e dividendo il prodotto per 2:

$$A = \frac{d_1 \cdot d_2}{2} \quad \text{da cui} \quad d_1 = \frac{2 \cdot A}{d_2} \quad d_2 = \frac{2 \cdot A}{d_1}$$

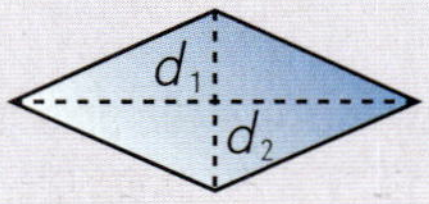

261 Osserva i disegni e calcola le misure incognite.

$b = 12$ cm
$h = 11$ cm
$A = ?$

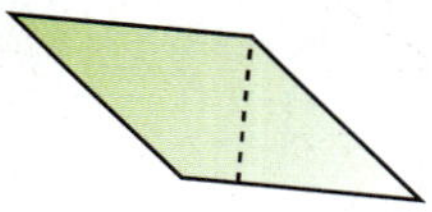

$d_1 = 10$ cm
$d_2 = 3$ cm
$A = ?$

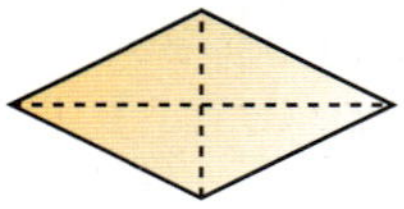

$A = 169$ cm²
$d_2 = 13$ cm
$d_1 = ?$

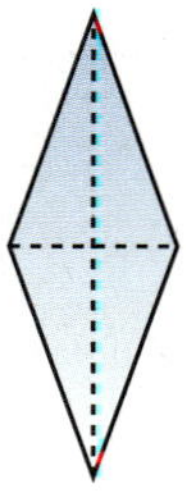

262 Completa le seguenti tabelle, relative a un insieme di rombi (d_1 e d_2 indicano le misure delle due diagonali e A l'area del rombo).

d_1 (cm)	d_2 (cm)	A (cm²)
15	8	....
....	13	130
24	....	216
4,6	3	....

d_1 (cm)	d_2 (cm)	A (cm²)
2,9	1,5	....
10,5	....	73,5
8,4	....	21
....	5	11,5

Risolvi i seguenti esercizi sul piano cartesiano.

263 Determina l'area del rombo i cui vertici sono i punti $A(9; 4)$, $B(16; 8)$, $C(9; 12)$, $D(2; 8)$ di un piano cartesiano ed esprimila nell'unità di misura prefissata. [56 u^2]

264 Sono date le coordinate di tre punti in un riferimento cartesiano: $A(4; 0)$, $B(8; 6)$, $C(4; 12)$. Individua la posizione di un quarto punto in modo che il quadrilatero che si ottiene congiungendo nell'ordine i quattro punti sia un rombo. Calcola l'area del rombo ed esprimila nell'unità di misura prefissata. [48 u^2]

Risolvi i seguenti problemi.

265 Le diagonali di un rombo misurano 25 cm e 16 cm. Calcola l'area del rombo. [200 cm^2]

266 Le diagonali di un rombo misurano 36 cm e 54 cm. Calcola l'area del rombo esprimendola in decimetri quadrati. [9,72 dm^2]

267 In un rombo una diagonale misura 32 cm e l'altra i suoi 3/4. Calcola l'area del rombo. [384 cm^2]

268 La diagonale maggiore di un rombo misura 42 cm ed è 7/5 della minore. Calcola l'area del rombo. [630 cm^2]

269 Le dimensioni di un rettangolo misurano 18 cm e 46 cm. Calcola l'area del rombo che si ottiene congiungendo i punti medi dei lati del rettangolo. [414 cm^2]

270 Calcola la misura della diagonale minore di un rombo che ha l'area di 252 cm^2 e la diagonale maggiore di 36 cm. [14 cm]

271 La diagonale minore di un rombo misura 27 m e l'area è 459 m^2. Calcola la misura della diagonale maggiore. [34 m]

272 Calcola l'area di un rombo che ha il lato e l'altezza a esso relativa, rispettivamente, di 9,5 cm e 8 cm.

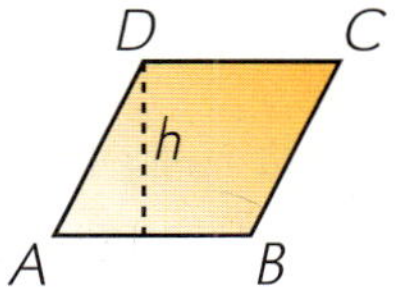

Ricorda che il rombo è un parallelogrammo particolare avente i lati congruenti.

[76 cm^2]

273 Il lato di un rombo misura 28 cm e l'altezza relativa è 5/7 del lato. Calcola l'area del rombo. [560 cm^2]

274 Calcola l'area di un rombo sapendo che la somma del lato e dell'altezza misura 29 cm e che il perimetro è 68 cm. [204 cm^2]

275 Un rombo ha il perimetro di 100 cm e le diagonali di 30 cm e 40 cm. Calcola la misura dell'altezza del rombo. [24 cm]

276 Il perimetro di un rombo è 64 cm e l'altezza è 4/5 del lato. Calcola l'area del rombo. [204,8 cm^2]

277 Il lato, l'altezza e una diagonale di un rombo misurano, rispettivamente, 65 mm, 62,4 mm e 78 mm. Calcola la misura dell'altra diagonale del rombo. [104 mm]

278 La distanza fra due lati opposti di un rombo misura 12 m. Sapendo che il lato e la diagonale maggiore misurano, rispettivamente, 15 m e 20 m, calcola l'area del rombo e la misura della diagonale minore. [180 m^2; 18 m]

279 Calcola l'area di un rombo avente il lato di 35 cm, sapendo che l'altezza relativa all'ipotenusa di ciascun triangolo rettangolo da cui è formato misura 16,8 cm. [1176 cm^2]

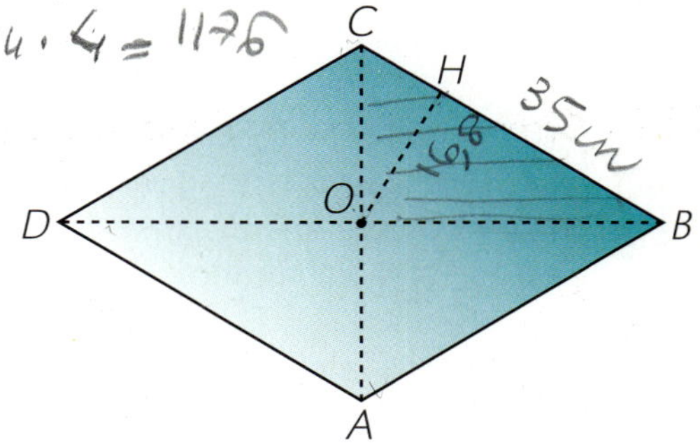

280 Un'aiuola a forma di rombo ha l'area di 96 m^2 e una diagonale lunga 12 m. Sapendo che il perimetro è 5/2 dell'altra diagonale, calcola la misura dell'altezza relativa al lato dell'aiuola. [9,6 m]

281 Le diagonali di un rombo misurano 32 cm e 24 cm. Calcola l'altezza, sapendo che il lato misura 20 cm. [19,2 cm]

APPLICAZIONE

282 Calcola l'area di un quadrato che ha la diagonale di 24 cm. [288 cm²]

Il quadrato è un rombo particolare, perciò $A = \frac{d^2}{2} = \dots\dots$

283 L'area di un quadrato è 512 cm². Calcola la misura della diagonale. [32 cm]

284 Un rombo ha l'area di 224 cm² e la diagonale minore di 14 cm. Calcola la misura della diagonale maggiore. [32 cm]

285 La somma delle diagonali di un rombo misura 33 cm e la diagonale maggiore è 7/4 della minore. Calcola l'area del rombo. [126 cm²]

286 La diagonale maggiore di un rombo misura 54 cm ed è 9/5 della minore. Calcola l'area del rombo. [810 cm²]

287 In un rombo la somma delle diagonali misura 96 m e una di esse è 5/3 dell'altra. Calcola l'area del rombo. [1080 m²]

288 Le due diagonali di un rombo sono una 11/7 dell'altra. Sapendo che la loro somma è 90 cm, calcola l'area del rombo. [962,5 cm²]

289 La differenza fra le diagonali di un rombo misura 35 cm e una di esse è 12/5 dell'altra. Calcola l'area del rombo. [750 cm²]

290 In un rombo la diagonale maggiore supera la minore di 13 dm e la loro somma è 35 dm. Calcola l'area del rombo. [132 dm²]

291 La somma e la differenza delle diagonali di un rombo misurano, rispettivamente, 38 cm e 8 cm. Calcola l'area del rombo. [172,5 cm²]

292 Le diagonali di un rombo sono una 2/5 dell'altra e la loro somma misura 56 cm. Calcola:
a. l'area del rombo in decimetri quadrati;
b. il perimetro del quadrato avente per lato la semisomma delle diagonali del rombo;
c. l'area del triangolo isoscele isoperimetrico al quadrato e avente il lato obliquo e l'altezza, rispettivamente, di 40 cm e 36 cm.
[3,2 dm²; 112 cm; 576 cm²]

293 Un rombo ha l'area di 144 cm². Sapendo che la misura della diagonale minore è data, in centimetri, dal risultato della seguente espressione:

$$\left\{\left(\frac{7}{2}-\frac{1}{6}\right)\cdot\frac{3}{5}+\left[\left(2-\frac{7}{4}\right)+\left(\frac{3}{2}-\frac{5}{9}+1\right):\frac{7}{9}\right]\cdot\frac{6}{11}\right\}+\frac{25}{2}$$

calcola la misura della diagonale maggiore. [18 cm]

294 L'area di un rombo è 160 cm². Sapendo che la diagonale maggiore è 5/4 della minore, calcola la misura di ciascuna di esse. [20 cm; 16 cm]

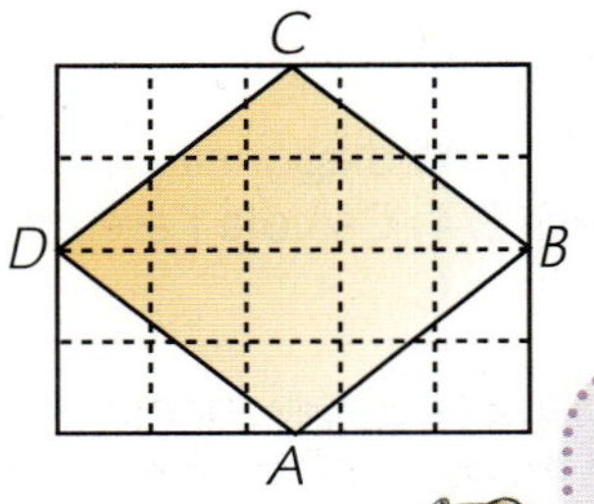

Considera il rombo come la metà di un rettangolo che ha per dimensioni le sue diagonali.

295 La diagonale minore di un rombo è 3/7 della maggiore e l'area è 42 m². Calcola la misura di ciascuna diagonale. [6 m; 14 m]

296 L'area di un rombo è 108 dm² e una sua diagonale è 3/8 dell'altra. Calcola la misura di ciascuna diagonale. [9 dm; 24 dm]

297 Calcola la misura delle diagonali di un rombo che ha l'area di 162 cm² e la diagonale maggiore quadrupla della minore. [9 cm; 36 cm]

298 L'altezza di un rettangolo è 3/4 della base e il perimetro è 168 m. Calcola l'area del rombo che si ottiene congiungendo i punti medi dei lati del rettangolo. [864 m²]

299 In un rombo la diagonale minore misura 5 m. Sapendo che il rombo è equivalente a un rettangolo le cui dimensioni misurano 55 dm e 2,8 m, calcola la misura della diagonale maggiore in metri. [6,16 m]

300 Un rombo ha i vertici nei punti medi dei lati di un rettangolo la cui area è 576 cm^2. Sapendo che le diagonali del rombo sono una 1/4 dell'altra, calcola la loro misura. [12 cm; 48 cm]

301 Un rombo è equivalente a un quadrato che ha il perimetro di 104 cm. Se una diagonale del rombo misura 40 cm, quanto misura l'altra diagonale? [33,8 cm]

302 Un rombo e un quadrato hanno lo stesso perimetro. Sapendo che l'area del quadrato è 625 dm^2 e che l'altezza del rombo è 4/5 del lato del quadrato, calcola l'area del rombo. [500 dm^2]

303 Un rombo ha l'area di 221 cm^2 e la diagonale minore di 17 cm.
Calcola:
a. la misura della diagonale maggiore;
b. il perimetro e l'area di un quadrato che ha il lato congruente a 12/13 della diagonale maggiore del rombo.
[26 cm; 96 cm; 576 cm^2]

304 Un rombo è equivalente a un rettangolo avente il semiperimetro di 39 cm e la dimensione minore uguale a 4/9 della maggiore. Sapendo che una diagonale del rombo misura 36 cm calcola la misura dell'altra diagonale. [18 cm]

305 Un triangolo è equivalente a 2/3 di un rombo avente le diagonali lunghe 45 dm e 72 dm. Calcola l'altezza del triangolo relativa a un lato che misura 27 dm. [80 dm]

306 I cateti di un triangolo rettangolo misurano 24 cm e 30 cm. Calcola le misure delle diagonali di un rombo equivalente al triangolo e avente una diagonale uguale a 1/5 dell'altra. [12 cm; 60 cm]

307 In un cortile rettangolare vi è un'aiuola a forma di rombo che occupa 1/12 del cortile. Sapendo che le dimensioni di quest'ultimo misurano 30 m e 56 m e che la diagonale minore dell'aiuola è 1/4 della dimensione maggiore del cortile, calcola:
a. l'area del cortile rimasta libera;
b. la misura della diagonale maggiore dell'aiuola. [1540 m^2; 20 m]

308 Un parallelogrammo ha l'area di 294 dm^2 e la base è 2/3 dell'altezza.
Calcola:
a. la misura della base e dell'altezza del parallelogrammo;
b. la misura della base di un triangolo equivalente al doppio del parallelogrammo e avente l'altezza di 49 dm;
c. il perimetro di un rombo equivalente al parallelogrammo e avente l'altezza di 12,25 dm.
[14 dm; 21 dm; 24 dm; 96 dm]

309 Un triangolo isoscele ha la base di 42 cm e il lato di 29 cm. Calcola la misura della diagonale minore del rombo equivalente al triangolo e avente la diagonale maggiore congruente al doppio dell'altezza relativa alla base del triangolo. [21 cm]

Ricorda la formula di Erone.

310 Un rombo è formato da due triangoli isosceli congruenti aventi le basi coincidenti. Calcola l'area del rombo sapendo che la base e il lato obliquo di ciascun triangolo misurano rispettivamente 9 cm e 7,5 cm. [54 cm^2]

APPLICAZIONE

Area di un quadrilatero con le diagonali perpendicolari

[U1.10 ▸ p. 20]

RICORDA • L'area di un **quadrilatero con le diagonali perpendicolari** si ottiene moltiplicando le misure delle diagonali e dividendo il prodotto per 2:

$$A = \frac{d_1 \cdot d_2}{2} \quad \text{da cui} \quad d_1 = \frac{2 \cdot A}{d_2} \qquad d_2 = \frac{2 \cdot A}{d_1}$$

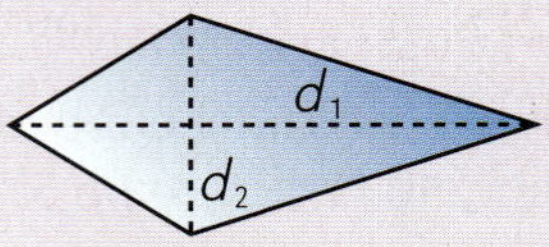

311 Completa le seguenti tabelle, relative ad alcuni quadrilateri con le diagonali perpendicolari (d_1 e d_2 indicano le misure delle due diagonali e A l'area del quadrilatero).

d_1 (cm)	d_2 (cm)	A (cm²)
12	20	120
9	16	72
14	18	126
10,5	12	....

d_1 (cm)	d_2 (cm)	A (cm²)
5	8,6	....
....	3,5	4,9
15	....	147
6,2	7,5	....

Risolvi il seguente esercizio sul piano cartesiano.

312 Sono date le coordinate di tre punti in un riferimento cartesiano: $A(4;\ 5)$, $B(4;\ 11)$, $C(1;\ 8)$. Individua la posizione di un quarto punto in modo che il quadrilatero che si ottiene congiungendo nell'ordine i quattro punti sia un quadrilatero con le diagonali perpendicolari. Calcola l'area del quadrilatero ed esprimila nell'unità di misura prefissata.

Risolvi i seguenti problemi.

313 Le diagonali AC e BD di un quadrilatero $ABCD$ sono fra loro perpendicolari e misurano 25 cm e 16 cm. Calcola la sua area. [200 cm²]

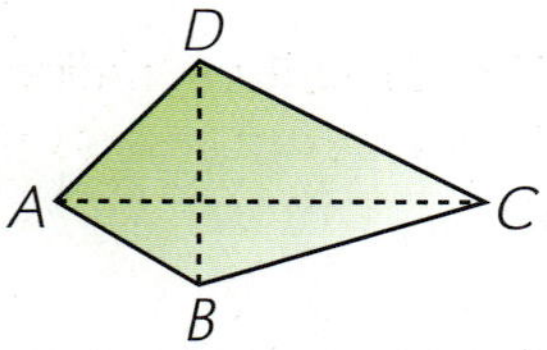

314 Calcola l'area di un quadrilatero che ha le diagonali perpendicolari tra loro, sapendo che esse misurano 20,4 cm e 15 cm. [153 cm²]

315 Calcola l'area di un quadrilatero con le diagonali perpendicolari, sapendo che la diagonale minore misura 30 cm ed è 5/6 della maggiore. [540 cm²]

316 Calcola l'area di un deltoide, sapendo che la diagonale maggiore misura 40 cm e che la diagonale minore è 3/5 di essa. [480 cm²]

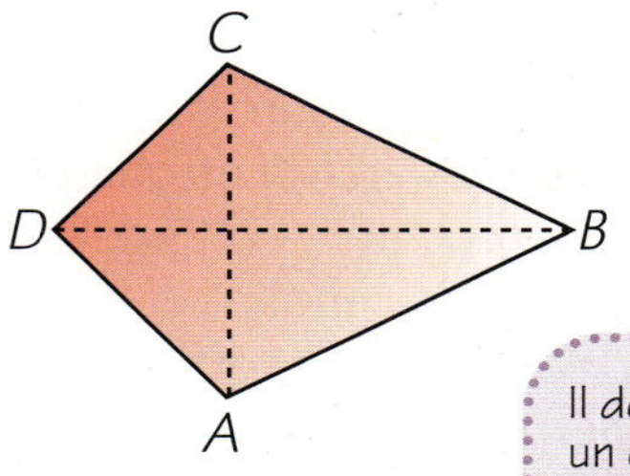

317 L'area di un deltoide è 728 m² e la diagonale maggiore misura 52 m. Calcola la misura della diagonale minore. [28 m]

318 La somma delle diagonali di un deltoide misura 76 cm e una diagonale è 9/10 dell'altra. Calcola l'area del deltoide. [720 cm²]

319 La somma e la differenza delle diagonali di un deltoide misurano 63 dm e 15 dm. Calcola l'area del deltoide. [468 dm²]

Area del trapezio

[**U1.11** ▸ p. 22]

RICORDA

- L'**area** del **trapezio** si ottiene moltiplicando la somma della misura delle due basi per la misura dell'altezza e dividendo il prodotto per 2:

$$A = \frac{(b_1 + b_2) \cdot h}{2} \quad \text{da cui} \quad b_1 + b_2 = \frac{2 \cdot A}{h} \quad h = \frac{2 \cdot A}{b_1 + b_2}$$

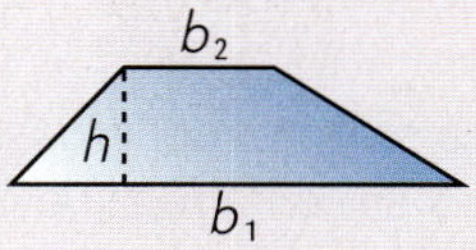

320 Costruisci il parallelogrammo equivalente al doppio di ciascun trapezio, calcola l'area di entrambi esprimendola in centimetri quadrati e verifica che l'area del trapezio è la metà di quella del parallelogrammo.

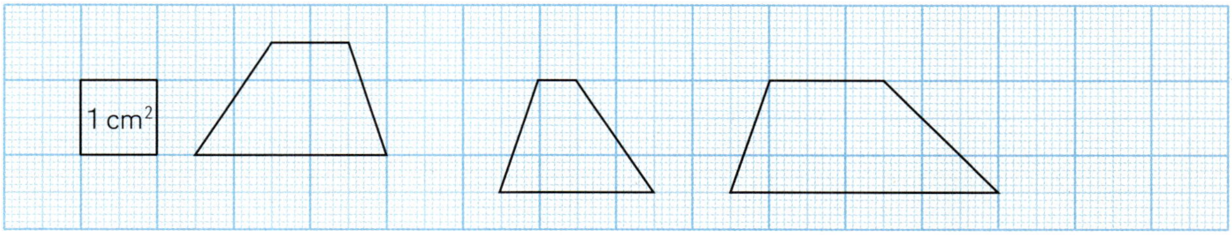

321 Completa le seguenti tabelle, relative a un insieme di trapezi (A indica l'area e b_1, b_2, h, rispettivamente, le misure della base maggiore, della base minore e dell'altezza del trapezio).

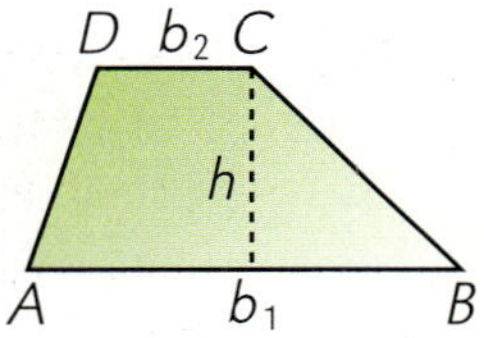

b_1 (cm)	b_2 (cm)	h (cm)	A (cm²)
16	7	4	....
....	15	6	114
20	....	10	160
....	19	12	246

b_1 (cm)	b_2 (cm)	h (cm)	A (cm²)
3,6	2,4	8	....
2,8	....	1,5	3,9
....	1,7	2,6	8,06
15	6,4	....	107

Risolvi i seguenti esercizi sul piano cartesiano.

322 Segna su un piano cartesiano i punti $A(0; 4)$, $B(15; 4)$, $C(9; 12)$, $D(6; 12)$ e uniscili nell'ordine dato. Verifica che la figura che hai ottenuto è un trapezio isoscele. Calcola l'area e il perimetro (usa un righello per misurare il lato obliquo) ed esprimili nell'unità di misura prefissata. [72 u^2; 39 u]

323 Segna su un piano cartesiano i punti $A(0; 2)$, $B(18; 2)$, $C(3; 10)$, $D(0; 10)$ e uniscili nell'ordine dato. Verifica che la figura che hai ottenuto è un trapezio rettangolo. Calcola l'area e il perimetro (usa un righello per misurare il lato obliquo) ed esprimili nell'unità di misura prefissata. [84 u^2; 46 u]

324 In altrettanti sistemi di riferimento cartesiano disegna i trapezi di cui sono date le coordinate dei vertici. Descrivi il tipo di trapezio che hai ottenuto e calcolane l'area.

a. $A(1; 3)$ • $B(14; 3)$ • $C(8; 7)$ • $D(4; 7)$

b. $A(0; 0)$ • $B(8; 0)$ • $C(6; 3)$ • $D(2; 3)$

c. $A(3; 4)$ • $B(12; 4)$ • $C(8; 8)$ • $D(3; 8)$

[34 u^2; 18 u^2; 28 u^2]

APPLICAZIONE

Risolvi i seguenti problemi.

325 Le basi di un trapezio misurano 27 cm e 15 cm e l'altezza è di 12 cm. Calcola l'area del trapezio. [252 cm²]

326 La somma delle basi di un trapezio misura 36 cm e l'altezza è di 13 cm. Calcola l'area del trapezio. [234 cm²]

327 In un trapezio le basi misurano 9,5 cm e 3,7 cm. Sapendo che l'altezza è 0,15 dm, calcola l'area esprimendola in centimetri quadrati. [9,90 cm²]

328 Sul terrazzo rettangolare di una villa di campagna, lungo 12 m e largo 8 m, ci sono 6 pannelli solari. Ciascun pannello ha la forma di un trapezio isoscele avente le basi di 4 m e 2,4 m e l'altezza di 1,5 m. Calcola l'area della superficie libera del terrazzo. [67,2 m²]

329 La base maggiore e la base minore di un trapezio misurano 25 m e 15 m e l'altezza è 2/3 della base minore. Calcola l'area del trapezio. [200 m²]

330 La base maggiore di un trapezio misura 48 cm, la base minore è 3/8 della maggiore e l'altezza è 20 cm. Calcola l'area del trapezio. [660 cm²]

331 Calcola la misura dell'altezza di un trapezio sapendo che la somma delle basi misura 41 dm e l'area è 533 dm². [26 dm]

332 Calcola la misura della base minore di un trapezio, sapendo che la base maggiore è 23 cm, l'altezza è 16 cm e l'area 296 cm². [14 cm]

333 Calcola l'area di un trapezio sapendo che le basi misurano 6,7 cm e 5,3 cm e che l'altezza è 5/4 della loro somma. [90 cm²]

334 In un trapezio le misure delle basi sono una il doppio dell'altra, l'area è 375 cm² e l'altezza misura 12,5 cm. Calcola la misura di ciascuna base. [20 cm; 40 cm]

335 La base minore di un trapezio è 4/7 della maggiore, l'area è 550 cm² e l'altezza misura 20 cm. Calcola la misura di ciascuna base. [20 cm; 35 cm]

336 La somma e la differenza delle basi di un trapezio misurano 85 cm e 23 cm. Se l'altezza misura 14 cm, calcola l'area e la misura di ciascuna base. [595 cm²; 54 cm; 31 cm]

337 La differenza tra la base maggiore e la base minore di un trapezio misura 17,5 cm e la prima è 18/11 della seconda. Sapendo che l'altezza misura 36 cm, calcola l'area del trapezio. [1305 cm²]

338 La base maggiore di un trapezio supera di 8 cm il doppio della base minore, l'altezza misura 15 cm e l'area è 510 cm². Calcola la misura di ciascuna base. [20 cm; 48 cm]

339 La somma delle basi di un trapezio misura 42 m e la loro differenza misura 18 m. Sapendo che l'altezza è 7/4 della base minore, calcola l'area del trapezio. [441 m²]

340 In un trapezio rettangolo la base minore e la base maggiore misurano 13 cm e 27 cm, e l'altezza è 3/2 della loro differenza. Calcola l'area del trapezio. [420 cm²]

341 Il perimetro di un trapezio è 66 m, i lati obliqui misurano 18 m e 20 m e l'altezza misura 8 m. Calcola l'area del trapezio. [112 m²]

342 Il perimetro di un trapezio isoscele è 192 cm, l'altezza e il lato obliquo misurano, rispettivamente, 48 cm e 80 cm. Calcola l'area del trapezio. [768 cm²]

343 Il perimetro di un trapezio rettangolo è 124 dm, il lato obliquo misura 40 dm e l'altezza è 3/5 del lato obliquo. Calcola l'area del trapezio. [720 dm²]

344 In un trapezio isoscele la differenza tra la base maggiore e la base minore misura 12 cm. Il perimetro è 86 cm, il lato obliquo 22 cm e l'altezza 21 cm. Calcola l'area del trapezio. [441 cm^2]

345 L'area di un trapezio isoscele è 198 cm^2, il perimetro è 74 cm e l'altezza misura 9 cm. Calcola la misura di ciascuno dei lati obliqui. [15 cm]

346 In un trapezio isoscele la proiezione del lato obliquo sulla base maggiore misura 7 cm, l'altezza misura 24 cm e la base minore 11 cm. Calcola l'area del trapezio.

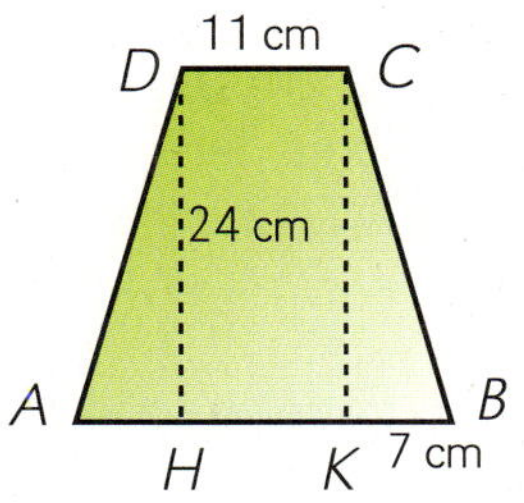

[432 cm^2]

347 In un trapezio rettangolo la base maggiore misura 36 cm, l'altezza 30 cm e la proiezione del lato obliquo sulla base maggiore 16 cm. Calcola l'area del trapezio. [840 cm^2]

348 La base minore di un trapezio isoscele è 1/5 della maggiore, la proiezione del lato obliquo sulla base maggiore misura 26 cm e l'altezza è 10 cm. Calcola l'area del trapezio. [390 cm^2]

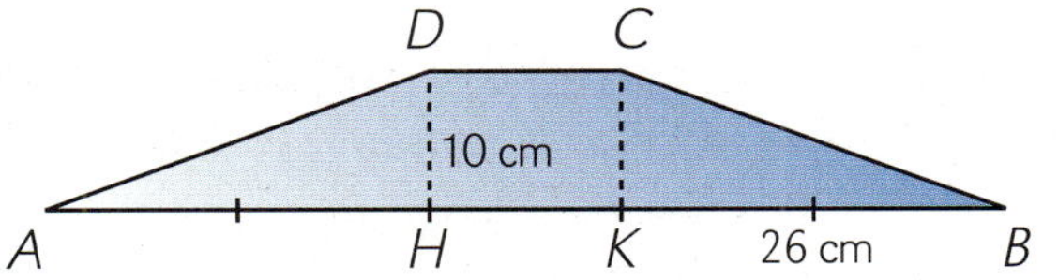

349 L'altezza di un trapezio rettangolo è congruente alla base minore. Sapendo che quest'ultima è 3/7 della maggiore e che l'area del trapezio è 240 cm^2, calcola la misura di ciascuna delle due basi e la misura dell'altezza. [28 cm; 12 cm; 12 cm]

350 La misura della base maggiore di un trapezio è data, in centimetri, dal risultato della seguente espressione:

$$\left\{\frac{7}{8}-\frac{1}{12}+\left[\frac{5}{4}\cdot\frac{4}{15}+\frac{1}{3}:\left(1+\frac{1}{3}\right)\right]\right\}+\left(5+\frac{1}{8}\right)$$

Calcola l'area del trapezio, sapendo che la base minore è 3 cm e che l'altezza è 4/5 della somma delle basi. [36,1 cm^2]

351 La somma delle basi di un trapezio è 12/7 della somma dei due lati obliqui. Sapendo che l'altezza misura 28 cm e che l'area è 840 cm^2, calcola il perimetro del trapezio. [95 cm]

352 In un trapezio rettangolo la base minore e l'altezza sono congruenti fra loro. Sapendo che l'area è 378 cm^2 e che la base maggiore è 4/3 della minore, calcola la misura di ciascuna delle due basi e quella dell'altezza. [24 cm; 18 cm; 18 cm]

353 Un trapezio è equivalente a un rettangolo le cui dimensioni misurano 13 cm e 16 cm. Calcola la misura delle basi del trapezio sapendo che una è 2/3 dell'altra e che l'altezza misura 8 cm. [20,8 cm; 31,2 cm]

354 Un rombo è equivalente a un trapezio avente le basi di 31 dm e 15 cm e l'altezza di 20 dm. Sapendo che una diagonale del rombo misura 26 dm, calcola la misura dell'altra diagonale. [25 dm]

355 Un trapezio è equivalente a 5/8 di un triangolo rettangolo avente i cateti di 36 cm e 48 cm. Calcola la misura dell'altezza del trapezio sapendo che le basi misurano 43 cm e 47 cm. [12 cm]

356 In un trapezio una base è 5/7 dell'altra e la loro differenza misura 8 cm. Sapendo che il trapezio è equivalente a un rombo le cui diagonali misurano 24 cm e 32 cm, calcola la misura dell'altezza del trapezio. [16 cm]

357 Calcola l'area di un trapezio sapendo che le basi misurano 74 cm e 23 cm e i lati obliqui sono lunghi 20 cm e 37 cm. [582 cm²]

PROBLEMA GUIDATO

Dati
$AB = 74$ cm $CD = 23$ cm
$BC = 37$ cm $AD = 20$ cm

Incognita
$A = ?$

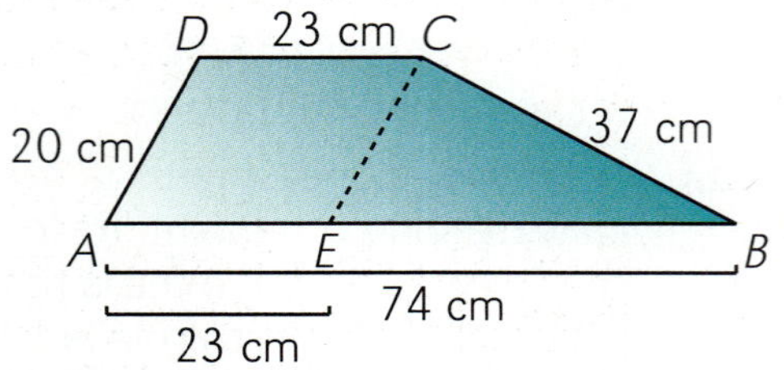

Conducendo dal vertice C la parallela CE al lato obliquo DA, si ottengono un parallelogrammo e un triangolo di cui conosciamo le misure dei lati.
EB lo ricaviamo facilmente:
$\overline{EB} = \overline{AB} - \overline{AE} = 74 - 23 = 51$ (cm).
Applicando la formula di Erone al triangolo EBC troviamo la sua area. Quindi...

358 Calcola l'area di un trapezio le cui basi misurano 57 m e 15 m e i cui lati obliqui misurano 26 m e 40 m. [864 m²]

359 I lati obliqui di un trapezio sono lunghi 10,2 cm e 15 cm. Sapendo che le misure delle basi sono 23,8 cm e 7 cm, calcola l'area del trapezio. [138,6 cm²]

360 Un poligono $ABCD$ è formato da un quadrato e da un trapezio isoscele avente la base maggiore coincidente con il lato del quadrato. Il trapezio ha il perimetro di 68 cm, il lato obliquo e la base minore misurano, rispettivamente, 15 cm e 10 cm. Sapendo che la distanza tra la base minore del trapezio e il lato AD del quadrato è di 40 cm, calcola il perimetro e l'area del poligono.

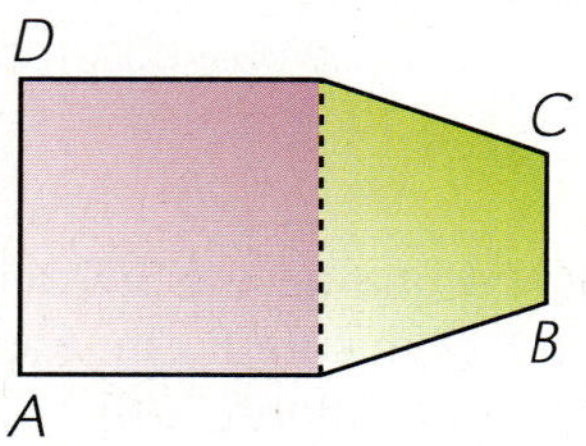

[124 cm; 1012 cm²]

361 Un trapezio rettangolo $ABCD$ viene diviso dall'altezza CH in un quadrato e in un triangolo rettangolo. Calcola l'area e il perimetro del trapezio, sapendo che la base minore misura 52 cm, che il lato obliquo è 5/4 della base minore e che la proiezione del lato obliquo sulla base maggiore misura 39 cm. [3718 cm²; 260 cm]

362 Un trapezio è composto da un rettangolo e da un triangolo rettangolo. Sapendo che il triangolo è 3/4 del rettangolo, che l'altezza del trapezio misura 7,2 cm e che la base minore è 24 cm, calcola l'area del trapezio. [302,4 cm²]

363 Un trapezio ha l'area di 2100 cm² e l'altezza di 25 cm. Calcola l'area del quadrato avente il lato congruente a 7/12 della somma delle basi del trapezio. [9604 cm²]

364 Un triangolo e un trapezio sono equivalenti. Sapendo che il triangolo ha l'altezza di 18 dm e la base congruente a 4/9 dell'altezza, calcola:

a. l'area delle due figure geometriche;
b. la misura delle basi del trapezio, sapendo che sono una il triplo dell'altra e che l'altezza è 5/2 della base del triangolo.

[72 dm²; 1,8 dm; 5,4 dm]

365 La base maggiore di un trapezio rettangolo forma con il lato obliquo un angolo di 45°. Sapendo che le basi misurano 18 cm e 12 cm, calcola l'area del trapezio. [90 cm²]

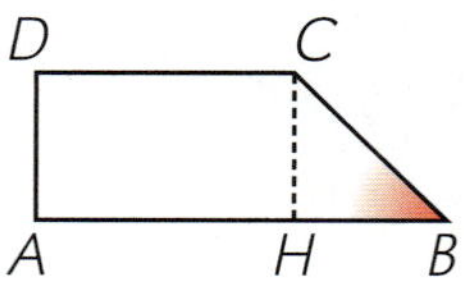

Considera il triangolo HBC tenendo conto che $\hat{H} = 90°$ e $\hat{B} = 45°$.

366 Calcola la misura di ciascuna delle due basi di un trapezio rettangolo, sapendo che il lato obliquo forma con la base maggiore un angolo di 45°, che l'altezza misura 9 cm e che l'area è 112,5 cm². [8 cm; 17 cm]

367 Calcola l'area di un trapezio isoscele avente gli angoli alla base maggiore di 45°, sapendo che le basi misurano 34 m e 20 m. [189 m²]

368 In un trapezio isoscele gli angoli adiacenti alla base maggiore misurano ciascuno 45°, mentre la base minore e l'altezza sono lunghe 28 dm e 15 dm. Calcola l'area del trapezio. [645 dm^2]

369 L'area di un trapezio isoscele, avente gli angoli adiacenti alla base maggiore di 45°, è 299 cm^2. Sapendo che l'altezza misura 13 cm, calcola la misura di ciascuna delle due basi. [10 cm; 36 cm]

370 Un trapezio è formato da un quadrato la cui area è 484 m^2 e da un triangolo rettangolo isoscele. Calcola l'area del trapezio. [726 m^2]

371 Calcola l'area di un trapezio, sapendo che è formato da un quadrato avente il perimetro di 56 dm e da un triangolo rettangolo isoscele. [294 dm^2]

372 Un trapezio è formato da un quadrato e da due triangoli rettangoli isosceli. Calcola la misura delle basi del trapezio, sapendo che la sua area è 5408 cm^2. [52 cm; 156 cm]

373 In un trapezio rettangolo il lato obliquo forma con la base maggiore un angolo di 45°. Sapendo che la somma delle basi misura 135 cm e che una è 5/4 dell'altra, calcola l'area del trapezio. [1012,5 cm^2]

374 Un trapezio rettangolo avente l'angolo acuto di 45° è equivalente a un rombo le cui diagonali misurano 64 cm e 150 cm. Calcola la misura delle basi del trapezio, sapendo che la sua altezza è 60 cm. [50 cm; 110 cm]

375 In un trapezio rettangolo con l'angolo acuto di 45° l'altezza è il triplo della base minore, il lato obliquo misura 8,48 cm e il perimetro è 24,48 cm. Calcola l'area del trapezio. [30 cm^2]

Area di una qualsiasi figura piana

[**U1.12** ▸ p. 24]

Risolvi i seguenti problemi.

376 Calcola l'area del seguente poligono irregolare, sapendo che $EC = 4$ cm, $DK = AB = 1{,}5$ cm, $AH \cong 2 \cdot DK$.

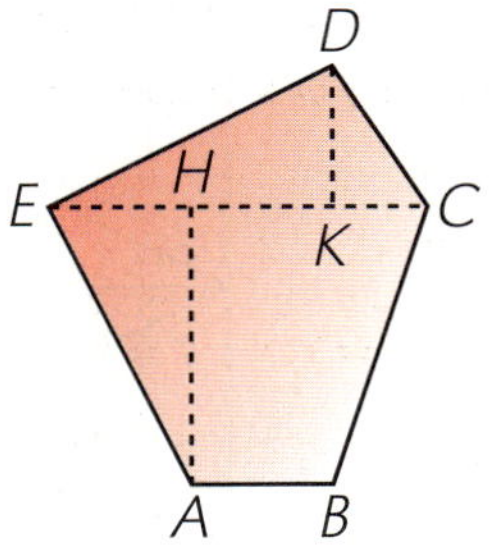

[11,25 cm^2]

377 Calcola l'area del poligono *ABCDE* composto da tre triangoli.

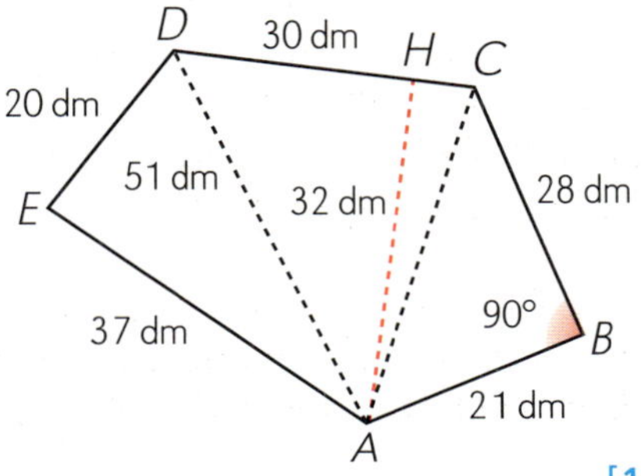

[1080 dm^2]

378 Calcola l'area del poligono *ABCDE*, sapendo che: $DG = 40$ m, $DF \cong 2/3 \cdot FG$, l'area di *EFCD* è 160 m^2. [720 m^2]

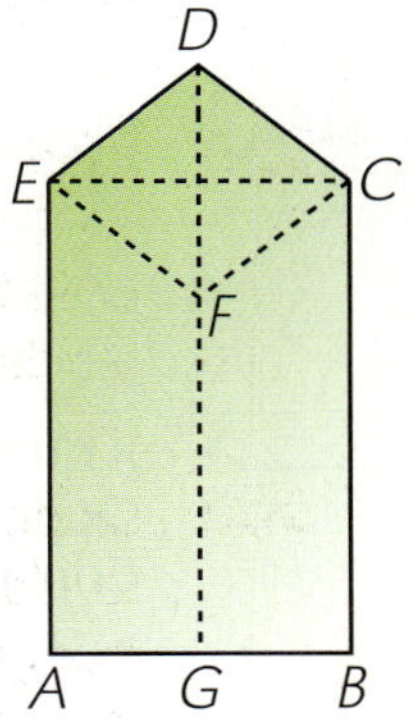

379 Calcola il valore approssimato dell'area di ciascuna figura. L'unità di misura è 1 u^2.

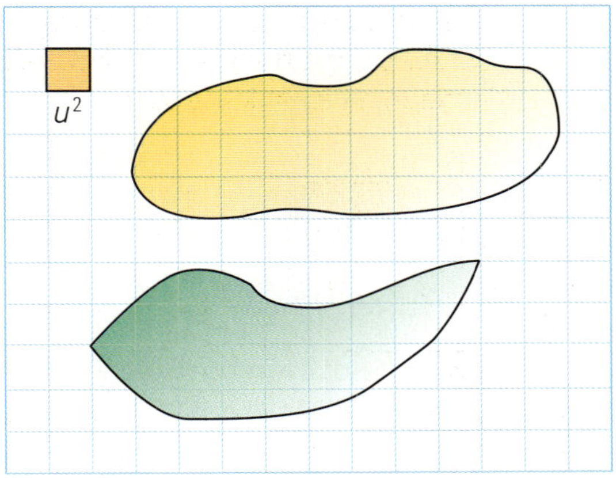

RIEPILOGO E CONSOLIDAMENTO

1 Scrivi la definizione di due figure congruenti e di due figure equivalenti.

2 Due figure equivalenti possono non essere equiscomponibili? Per verificare l'esattezza della risposta, esegui alcuni disegni.

3 Componendo le figure *A* e *B* disegna sul tuo quaderno due poligoni equivalenti ma non congruenti.

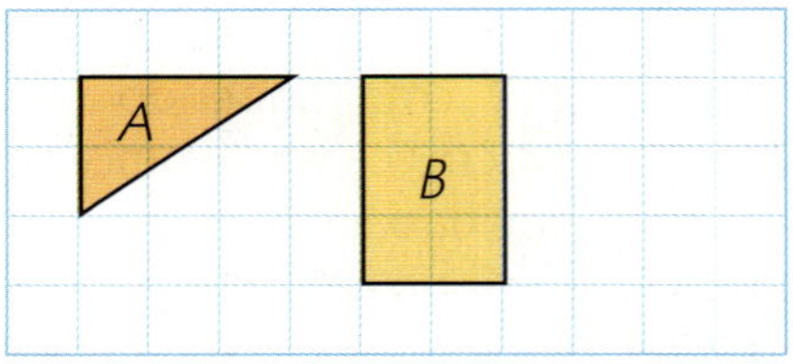

4 Osserva le seguenti figure e classificale compilando una tabella a seconda che siano: equicomposte, equivalenti, congruenti.

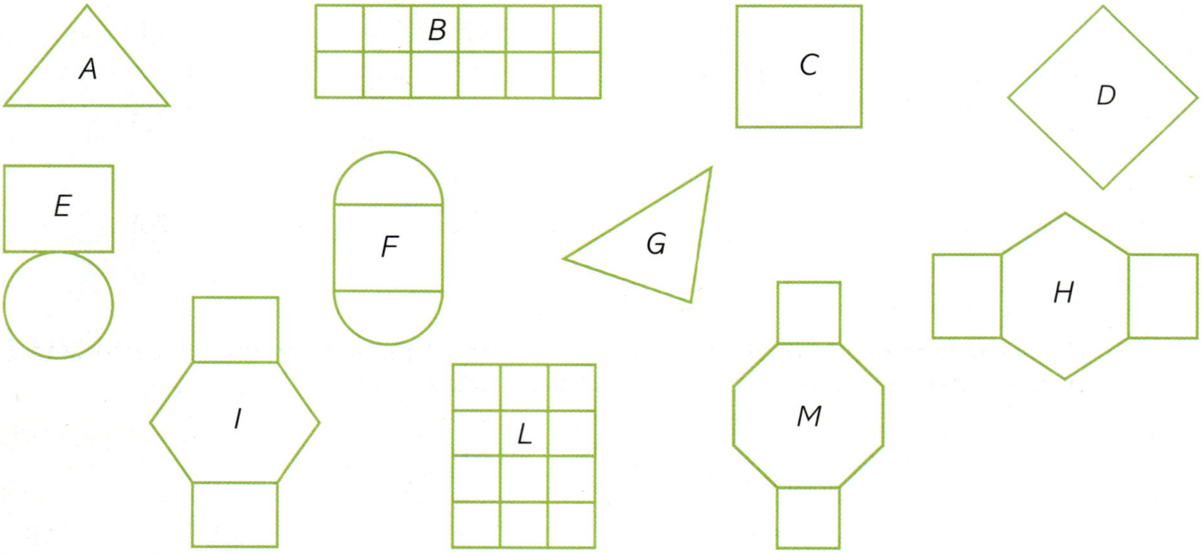

5 Il quadrato qui a fianco è stato scomposto in quattro triangoli congruenti. Qual è l'area del quadrato se il lato è di 6 cm? Con le quattro parti componi nei riquadri qui sotto:

a. un rombo
b. un triangolo rettangolo
c. un trapezio isoscele

Rombo	Triangolo rettangolo	Trapezio isoscele

Il quadrato, il rombo, il triangolo rettangolo, il trapezio isoscele sono .... perché sono ....

Qual è l'area di ciascuna delle figure che hai ottenuto?

a. .... b. .... c. ....

6 Disegna un rettangolo e un quadrato, ciascuno equivalente alla figura data.

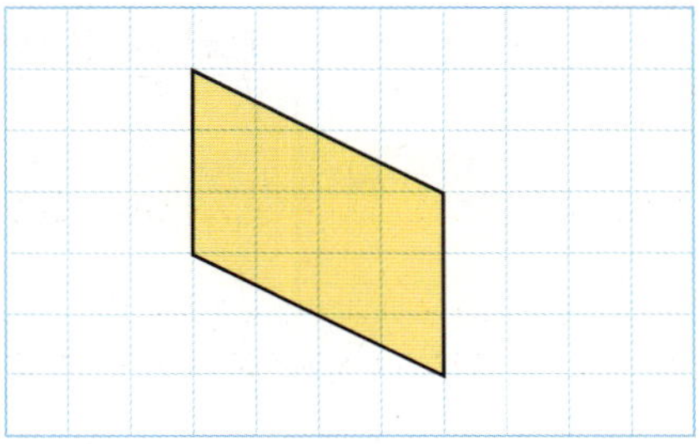

7 Disegna un rettangolo e trasformalo in un rombo a esso equivalente.

8 Disegna un parallelogrammo e trasformalo in un esagono a esso equivalente.

9 Completa la seguente tabella che si riferisce a un insieme di rettangoli *ABCD*.

AB (cm)	*BC* (cm)	*A* (cm²)	2*p* (cm)
14	....	....	44
40	3/5 · *AB*	....	....
$AB \cong 2 \cdot BC$	....	....	138
....	$BC \cong 2 \cdot AB$	....	51
$AB \cong 3 \cdot BC$	....	....	208
....	$BC \cong 4/7 \cdot AB$	....	154

10 Completa le seguenti tabelle, relative a un insieme di parallelogrammi (*b* e *h* indicano, rispettivamente, le misure della base e dell'altezza, *A* l'area).

b (cm)	*h* (cm)	*A* (cm²)
22	18	....
....	12	756
14	....	378
25	....	625

b (cm)	*h* (cm)	*A* (cm²)
3,6	2,4	....
....	2,5	15
1,7	....	5,78
2,6	....	10,92

11 Supponi di dover scrivere una e-mail a un compagno in modo che possa disegnare la seguente figura. Quale delle frasi sceglieresti: *a*, *b* o *c*?

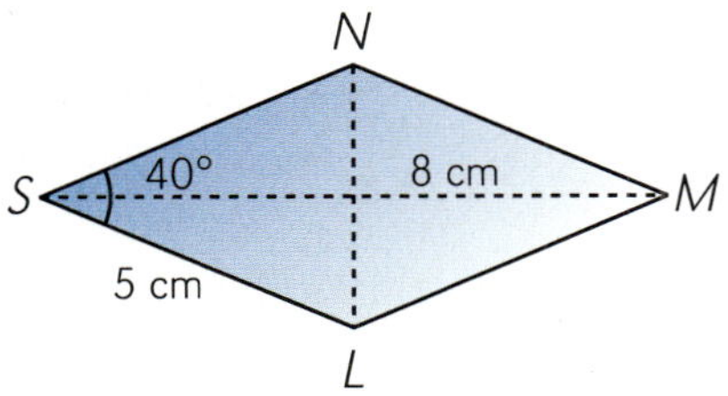

a. Disegna il quadrilatero *LMNS* avente le diagonali perpendicolari e i lati congruenti a due a due.
b. Disegna il quadrilatero *LMNS* avente le diagonali perpendicolari, la diagonale maggiore di 8 cm, tutti i lati congruenti e l'angolo $N\hat{S}L = 40°$.
c. Disegna il quadrilatero *LMNS* avente le diagonali perpendicolari, tutti i lati congruenti di 5 cm ciascuno.

12 Completa la seguente tabella, che si riferisce a un insieme di triangoli *ABC* di base *AB* e altezza *CH*.

AB **(cm)**	***CH*** **(cm)**	***A*** **(cm²)**
18	26	....
16	7/4 *AB*	....
....	17	102
35	....	350
$AB \cong 1/3\,CH$	84	....

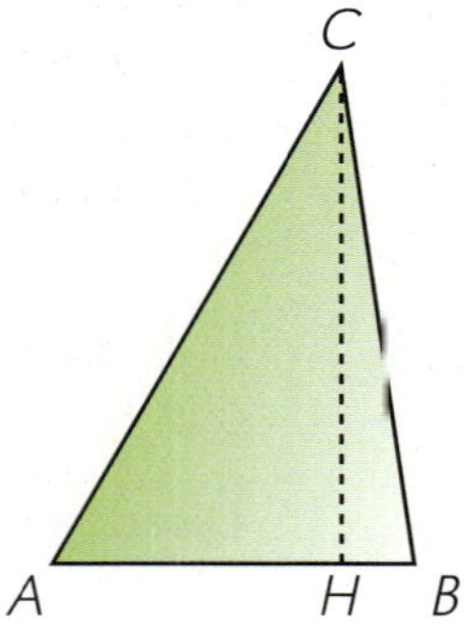

13 Completa la seguente tabella contenente alcuni triangoli e i relativi dati, indicando il valore dell'incognita di ogni triangolo e la formula che hai usato per determinarla.

triangolo		**incognita**	**formula**
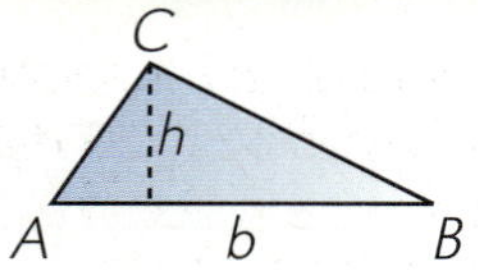	$b = 18$ cm $h = 13$ cm $A = ?$	....	....
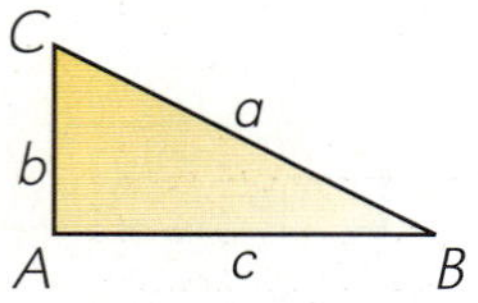	$c = 28$ cm $A = 294$ cm² $b = ?$	....	....
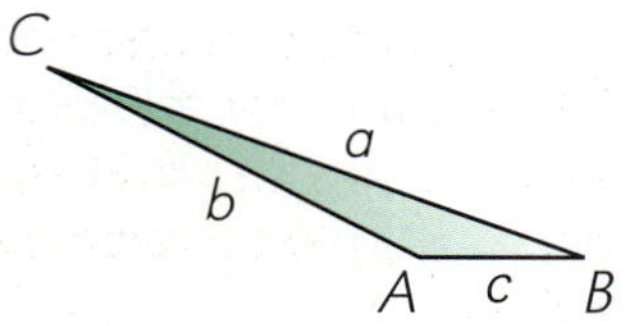	$a = 40$ cm $b = 37$ cm $c = 13$ cm $A = ?$	....	....

14 Completa la seguente tabella che riguarda un insieme di trapezi *ABCD* di altezza *CH*. Fai attenzione alle unità di misura.

AB	***CD***	***CH***	A_{ABCD}
15 cm	9 cm	6 cm	.... cm²
5,2 m	.... m	30 dm	14,55 m²
18 cm	56 mm	.... cm	41,3 cm²
48 mm	36 mm	2,8 cm	.... mm²

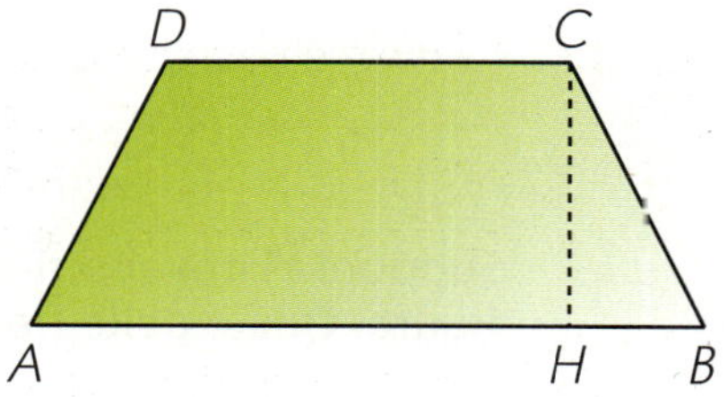

Risolvi i seguenti problemi.

15 Calcola la misura della base di un rettangolo che ha l'area di 315 m² e l'altezza di 21 m. [15 m]

16 Calcola il perimetro e l'area di un rettangolo che ha le dimensioni di 5,2 cm e 45 mm. [19,4 cm; 23,4 cm²]

17 L'area di un rettangolo è 216 cm² e la base misura 9 cm. Calcola il perimetro del rettangolo. [66 cm]

18 Calcola il perimetro e l'area di un poster rettangolare, sapendo che una dimensione è il triplo dell'altra che misura 1,2 m. [9,6 m; 4,32 m²]

19 Una tenda rettangolare ha l'area di 14 m^2 e una dimensione di 3,5 m. Quanto misura l'altra dimensione? Se la spesa per acquistarla è stata di € 224, quanto costa un metro quadrato di quella tenda? [4 m; € 16]

20 Una dimensione di un rettangolo misura 45 cm e l'altra è i suoi 3/5. Calcola il perimetro e l'area del rettangolo. [144 cm; 1215 cm^2]

21 Un rettangolo ha l'area di 53,35 cm^2 e una dimensione misura 55 mm. Calcola il perimetro del rettangolo. [304 mm]

22 Una piazza rettangolare ha le dimensioni di 70 m e 48 m. Quante mattonelle occorrono per la sua pavimentazione se ciascuna di esse ha l'area di 56 dm^2? [6000]

23 Un libro è formato da 450 pagine, ciascuna con le dimensioni di 20 cm e 26 cm. Quanti metri quadrati di carta sono stati utilizzati per stampare quel libro? Se in una "tiratura" sono state pubblicate 1500 copie, quanti ettometri quadrati di carta sono occorsi? [23,4 m^2; 3,51 hm^2]

24 Un rettangolo ha il perimetro di 108 cm e l'altezza è il doppio della base. Calcola l'area del rettangolo. [648 cm^2]

25 La base e l'altezza di un rettangolo misurano 30 cm e 24 cm. Calcola la misura dell'altezza di un altro rettangolo equivalente al primo e avente la base di 25 cm. [28,8 cm]

26 Il perimetro di un rettangolo è 66 cm e la base supera l'altezza di 7 cm. Calcola l'area del rettangolo. [260 cm^2]

27 Le dimensioni di un rettangolo sono una 7/2 dell'altra. Sapendo che la loro differenza misura 75 cm, calcola l'area del rettangolo. [3150 cm^2]

28 Nel disegno è riprodotta la pianta di una villa le cui dimensioni sono espresse in metri. Calcola l'area dell'edificio e la spesa sostenuta per acquistarlo se per ogni metro quadrato si spendono € 625. [268 m^2; € 167.500]

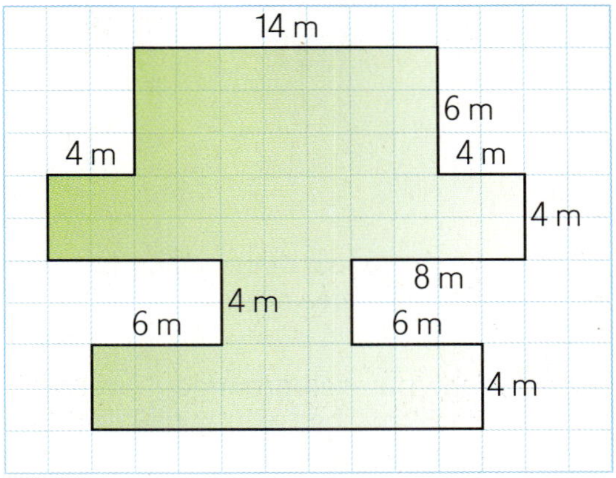

29 Calcola il perimetro di un rettangolo che ha l'area di 2535 cm^2 e la base 5/3 dell'altezza (osserva la figura).

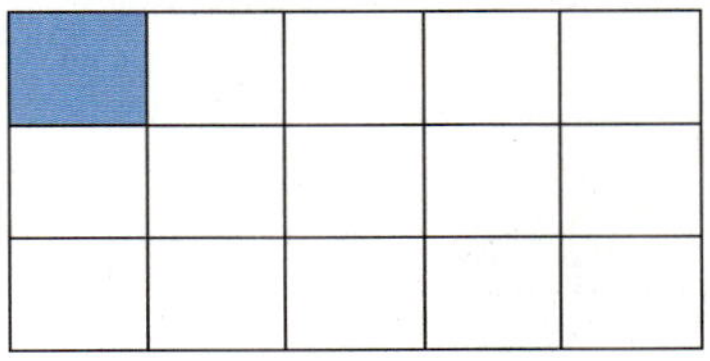

[208 cm]

30 Disegna un quadrato e traccia una sua diagonale. Successivamente costruisci un altro quadrato che ha per lato la diagonale del primo e verifica che è equivalente al doppio del primo quadrato.

31 Un quadrato e un rettangolo sono equivalenti. Calcola la misura del lato del quadrato e il suo perimetro sapendo che il rettangolo ha le dimensioni di 45 cm e 20 cm. [30 cm; 120 cm]

32 Il pavimento di una stanza ha la forma di un quadrato avente il perimetro di 21,6 m. Quante piastrelle quadrate di lato uguale a 60 cm sono contenute in esso? Qual è la spesa che si dovrà sopportare per piastrellare il pavimento se ogni piastrella costa € 6,20? [81; € 502,20]

33 La misura del lato di un quadrato è data, in centimetri, dalla radice quadrata del valore della seguente espressione:

$$\left\{\frac{11}{16}+\left[\left(\frac{9}{4}+\frac{1}{2}\right)\cdot\left(\frac{3}{2}-\frac{4}{11}\right)+\frac{3}{16}\right]\right\}:\frac{1}{6^2}$$

Calcola l'area del rettangolo isoperimetrico al quadrato e avente la base di 14 cm. [140 cm^2]

34 Calcola l'area della figura a fianco. [280 m^2]

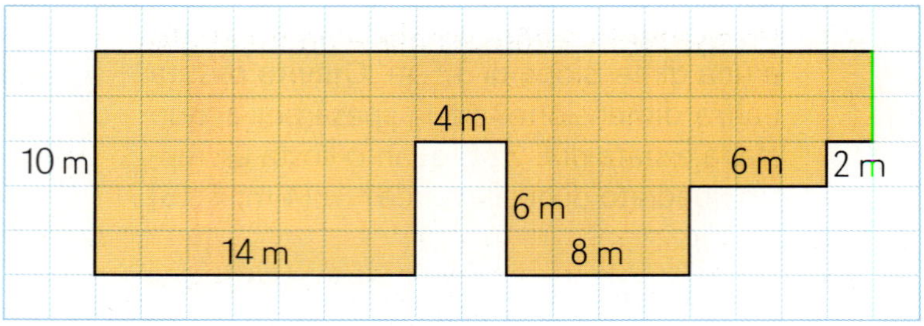

35 La diagonale di un quadrato misura 16 cm. Calcola l'area del quadrato. [128 cm^2]

36 Un parallelogrammo, avente l'area di 31,5 cm^2, ha l'altezza di 9 cm. Calcola la misura della base. [3,5 cm]

37 Un lato di un parallelogrammo misura 8 dm e il perimetro è 26 dm. Sapendo che l'area è 20 dm^2, calcola la misura di ciascuna delle due altezze. [4 dm; 2,5 dm]

38 **Chi guadagna di più?**
Due contadini, Luigi e Nicola, possiedono un orto ciascuno.
Il primo, coltivato a mais, ha la forma di un parallelogrammo avente l'area di 4500 m^2 e la base di 60 m. Esso produce 5 kg di mais per metro quadrato. Il secondo, di forma rettangolare è equivalente a 2/5 del primo e produce 24 kg di frumento per metro quadrato.
Luigi vende il mais prodotto a € 45 il kilogrammo, invece Nicola vende il frumento a € 27 il kilogrammo. Chi guadagna di più?

☐ Luigi ☐ Nicola

39 Calcola la misura della base di un triangolo che ha l'area di 52,7 cm^2 e l'altezza di 8,5 cm. [12,4 cm]

40 Con riferimento ai dati riportati nella seguente figura, calcola l'area del quadrilatero *ABCD*.

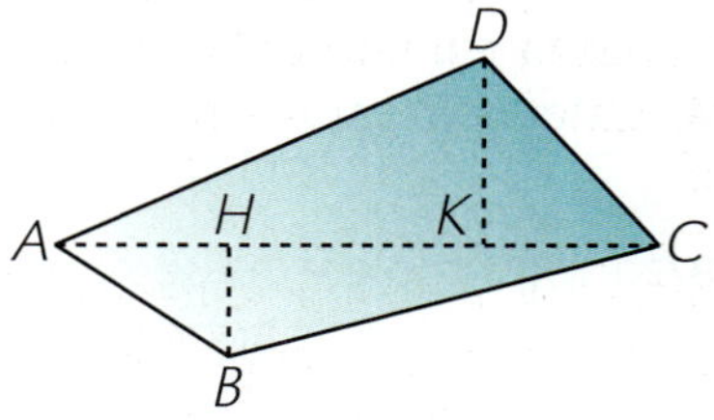

$AH = 24{,}8$ cm
$CH = 5/2\,AH$
$BH = 15$ cm
$DK = 20$ cm

[1519 cm^2]

41 Un triangolo isoscele ha il perimetro di 112 cm, l'altezza di 28 cm e il lato obliquo di 35 cm. Calcola l'area del triangolo. [588 cm^2]

42 Calcola il perimetro di un triangolo la cui area è 1872 cm^2 e le cui altezze misurano 48 cm, 72 cm, 104 cm. [166 cm]

43 In un triangolo isoscele la base supera il lato obliquo di 15 cm e il perimetro è 240 cm. Calcola l'area del triangolo in decimetri quadrati, sapendo che l'altezza misura 60 cm. [27 dm^2]

44 L'area di un triangolo è 338 cm^2 e la base e l'altezza sono congruenti. Calcola la misura della base e dell'altezza. [26 cm]

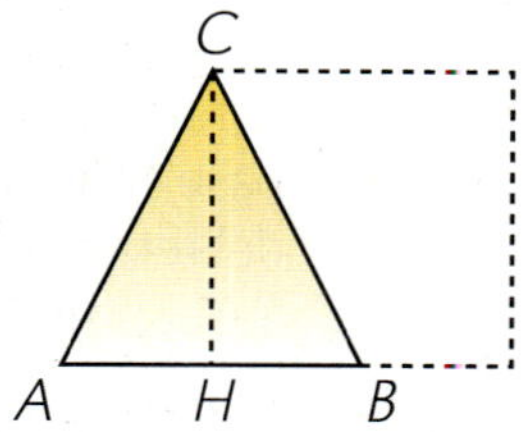

45 La somma della base e dell'altezza di un triangolo misura 51 cm e la base è 8/9 dell'altezza. Calcola l'area del triangolo. [324 cm^2]

46 Un triangolo è equivalente a un quadrato avente il lato di 36 cm. Calcola la misura della base del triangolo, sapendo che l'altezza misura 54 cm. [48 cm]

47 In un triangolo l'altezza supera il doppio della base di 17 cm e la loro somma è 113 cm. Calcola l'area del triangolo e la misura del lato del quadrato a esso equivalente. [1296 cm^2; 36 cm]

48 La differenza tra la base e l'altezza di un triangolo isoscele misura 16 cm, la base è 3/2 dell'altezza e il lato obliquo è 5/4 dell'altezza. Calcola il perimetro e l'area del triangolo. [128 cm; 768 cm^2]

49 Calcola l'area di un triangolo rettangolo che ha il perimetro di 112 cm, l'ipotenusa di 50 cm e un cateto 7/24 dell'altro. [336 cm^2]

50 Un cateto di un triangolo rettangolo misura 16 cm e uno degli angoli acuti è 45°. Calcola l'area del triangolo. [128 cm^2]

51 Calcola la misura dell'altezza relativa all'ipotenusa di un triangolo rettangolo, sapendo che i cateti e l'ipotenusa misurano, rispettivamente, 18 cm, 24 cm e 30 cm. [14,4 cm]

52 Calcola l'area di un triangolo, sapendo che i lati misurano 7 cm, 24 cm e 25 cm. [84 cm^2]

53 Calcola l'area di un triangolo i cui lati misurano 40 cm, 37 cm e 13 cm. [240 cm^2]

54 Calcola l'area di un triangolo isoscele che ha la base e il lato obliquo lunghi, rispettivamente, 64 cm e 68 cm. [1920 cm^2]

55 Calcola le misure delle tre altezze di un triangolo isoscele, sapendo che la base e il lato obliquo misurano, rispettivamente, 60 cm e 78 cm. Approssima i risultati al centesimo. [72 cm; 55,38 cm; 55,38 cm]

56 Una figura geometrica è formata da quattro triangoli isosceli congruenti con il vertice in comune. L'area della figura è 1200 cm^2 e la distanza tra le basi opposte di due triangoli misura 40 cm. Calcola l'area e il perimetro di ciascun triangolo, sapendo che il lato obliquo misura 25 cm.

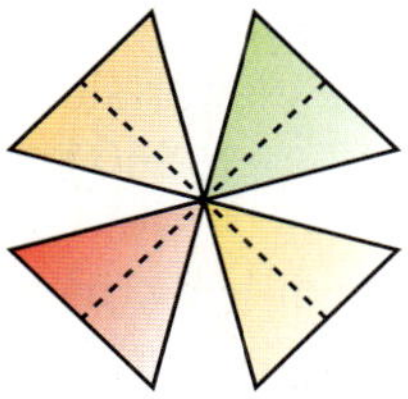

[300 cm^2; 80 cm]

57 Calcola l'area di un rombo avente il lato di 22 cm e l'altezza a esso relativa di 14 cm. [308 cm^2]

58 Un rombo ha l'area di 819 cm^2 e il lato di 39 cm. Calcola la misura della sua altezza. [21 cm]

59 Calcola il perimetro di un rombo avente l'area di 364 dm^2 e l'altezza di 13 dm. [112 dm]

60 Calcola la misura della diagonale di un quadrato che ha l'area di 96 cm^2 approssimando il risultato al centesimo. [13,8 cm]

61 Calcola l'area di un rombo le cui diagonali misurano 16 cm e 34 cm. [272 cm^2]

62 Calcola l'area di un rombo, sapendo che le sue diagonali misurano 7,2 cm e 13 cm. [46,8 cm^2]

63 Vincenzo vuole costruire un aquilone utilizzando due assi lunghe 3,6 m e 4,5 m. Qual è l'area della superficie dell'aquilone? [8,1 m^2]

64 L'area di un rombo è 170 dm^2 e la diagonale minore misura 17 dm. Calcola la misura della diagonale maggiore. [20 dm]

65 La diagonale maggiore di un rombo misura 28 cm e la diagonale minore è 3/4 della diagonale maggiore. Calcola l'area e il perimetro del rombo, sapendo che l'altezza relativa al lato misura 17,5 cm. [294 cm^2; 67,2 cm]

66 In un rombo la somma delle diagonali misura 176 cm e una è uguale a 5/6 dell'altra. Calcola:
a. l'area del rombo;
b. il perimetro del quadrato avente il lato congruente alla diagonale minore del rombo. [3840 cm^2; 320 cm]

67 Un rombo ha l'area di 150 cm^2 e una diagonale è 3/4 dell'altra. Calcola la misura di ciascuna diagonale. [15 cm; 20 cm]

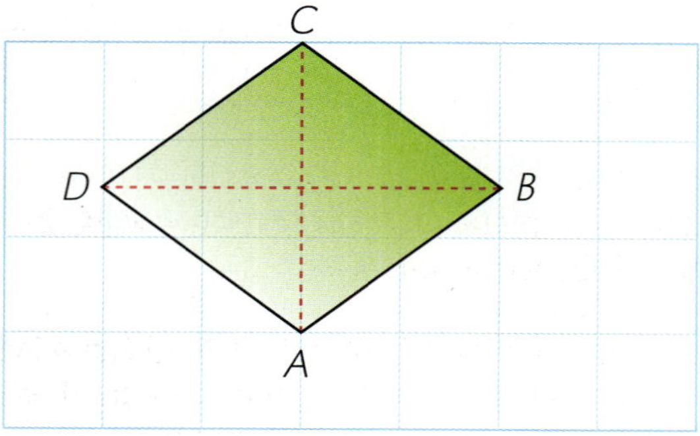

68 L'area di un deltoide è 234 cm^2 e una diagonale misura 18 cm. Calcola la misura dell'altra diagonale. [26 cm]

69 Un quadrato avente la diagonale di 18 cm è equivalente a un rettangolo la cui base misura 27 cm. Calcola la misura dell'altezza del rettangolo. [6 cm]

70 Con quale formula si ottiene l'area di un trapezio? Scrivila e, dopo aver disegnato un trapezio qualsiasi, spiega come si ricava.

71 Un trapezio ha le basi lunghe 36 cm e 21 cm e l'altezza 4/9 della base maggiore. Calcola l'area del trapezio. [456 cm^2]

72 Calcola l'area di un trapezio in cui la base minore misura 27 cm, l'altezza misura 12,4 cm e la base maggiore è 3/2 della minore. [418,5 cm^2]

73 L'area di un trapezio è 840 cm^2, l'altezza misura 30 cm e la base minore è 2/5 dell'altezza. Calcola la misura della base maggiore. [44 cm]

74 Il perimetro di un trapezio isoscele è 98 cm, l'altezza misura 24 cm e l'area è 576 cm^2. Quanto misura ciascun lato obliquo? [25 cm]

75 In un trapezio rettangolo, il lato obliquo misura 20 cm, la base minore 9 cm e la base maggiore è 7/3 della minore. Calcola il perimetro del trapezio, sapendo che la sua area è 240 cm^2. [66 cm]

76 Il proprietario di un appezzamento di terreno, avente la forma di un trapezio rettangolo, ne vende 2/5 a € 130 il metro quadrato e ricava € 81.900. Quanto misura l'altezza del campo se le basi sono 28 m e 42 m? [45 m]

77 La base maggiore di un trapezio misura 15 cm ed è 5/7 dell'altezza, mentre la base minore misura 12 cm. Calcola:
a. l'area del trapezio;
b. la misura della base di un rettangolo equivalente al trapezio e avente l'altezza congruente all'altezza del trapezio. [283,5 cm^2; 13,5 cm]

78 In un trapezio rettangolo, la somma delle basi misura 44 cm e una è 8/3 dell'altra. L'altezza è 3/4 della base maggiore. Calcola l'area di ciascuno dei due triangoli in cui il trapezio viene diviso dalla diagonale maggiore. [384 cm^2; 144 cm^2]

79 Un trapezio è equivalente a un quadrato avente il perimetro di 108 cm. L'altezza del trapezio è 5/9 del lato del quadrato e la base maggiore è il triplo della minore. Calcola la misura di ciascuna base. [24,3 cm; 72,9 cm]

80 Le basi di un trapezio rettangolo sono una il doppio dell'altra. Sapendo che l'altezza misura 21 cm e che il lato obliquo forma con la base maggiore un angolo di 45°, calcola l'area del trapezio. [661,5 cm^2]

81 In un trapezio rettangolo il lato obliquo forma con la base maggiore un angolo di 45°. L'altezza e la base maggiore del trapezio misurano, rispettivamente, 10 cm e 22 cm. Calcola l'area del trapezio. [170 cm^2]

82 Un rettangolo avente la base di 18 cm è equivalente a un trapezio isoscele il cui perimetro è 66 cm e le cui basi sono lunghe 27 cm e 9 cm. Sapendo che l'altezza del trapezio è uguale a 4/5 del lato obliquo, calcola il perimetro del rettangolo. [60 cm]

83 Un trapezio isoscele avente l'area di 720 cm^2 ha le basi che sono l'una il triplo dell'altra e l'altezza di 18 cm. Calcola:
a. la misura di ciascuna delle due basi del trapezio;
b. la misura della base di un parallelogrammo equivalente a 5/6 del trapezio sapendo che l'altezza a essa relativa è congruente alla base minore del trapezio. [20 cm; 60 cm; 30 cm]

84 Un giardino ha l'area di 168 m^2. Esso è formato da un trapezio rettangolo avente la base maggiore coincidente con il lato più lungo di un parallelogrammo. La base maggiore, la base minore e l'altezza del trapezio misurano rispettivamente 12 m, 4 m e 6 m. L'altro lato del parallelogrammo è 4/5 della sua altezza. Calcola l'area e il perimetro del parallelogrammo. [120 m^2; 40 cm]

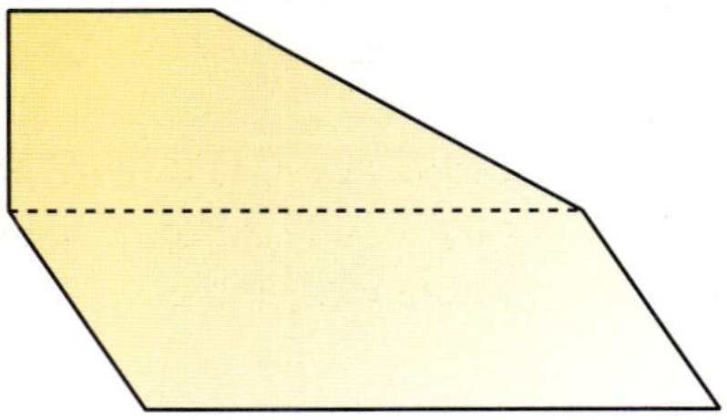

Risolvi i seguenti esercizi sul piano cartesiano.

85 I vertici di un quadrilatero *ABCD*, rappresentati su un piano cartesiano, sono: *A*(4; 2), *B*(11; 2), *C*(14; 8), *D*(7; 8). Di che tipo di quadrilatero si tratta? Qual è la sua area? [42 u^2]

86 In un sistema di riferimento cartesiano rappresenta i punti: *A*(0; 1) e *B*(10; 1). Individua la posizione di un terzo punto *C* in modo che il triangolo *ABC* che si ottiene congiungendo i tre punti sia un triangolo isoscele di base *AB* e altezza a essa relativa di 6 *u*. Calcola l'area del triangolo. [30 u^2]

87 Sono date le coordinate di tre punti in un riferimento cartesiano: *A*(5; 1), *B*(9; 4), *C*(5; 7). Individua la posizione di un quarto punto in modo che il quadrilatero che si ottiene congiungendo nell'ordine i quattro punti sia un rombo. Calcola il perimetro e l'area del rombo ed esprimili nell'unità di misura prefissata. [20 *u*; 24 u^2]

88 Su un piano cartesiano segna i punti *A*(1; 3), *D*(5; 8), *C*(7; 8) e trova la posizione del punto *B* in modo che congiungendo nell'ordine i punti *A*, *B*, *C*, *D* si ottenga un trapezio isoscele. Calcola la sua area. Ora sposta il punto *A* in modo da ottenere un trapezio rettangolo e determina le sue coordinate. Calcola la differenza tra l'area del primo e l'area del secondo trapezio. [30 u^2; 10 u^2]

89 In un sistema di riferimento cartesiano rappresenta i punti: *A*(2; 3), *B*(8; 3), *C*(12; 5), *D*(12; 7), *E*(8; 9), *F*(2; 9). Unisciliu nell'ordine dato in modo da formare un poligono. Calcola l'area e il perimetro, approssimato al centesimo, ed esprimili nell'unità di misura prefissata. [52 u^2; 28,94 *u*]

SINTESI DELL'UNITÀ 1

In questo **schema** (o **mappa**) è sintetizzato il tuo percorso di apprendimento. Verifica se hai assimilato il contenuto di questa unità completando la mappa anche solo oralmente.

DUE FIGURE PIANE SI DICONO EQUIVALENTI SE...

Due figure piane si dicono **equicomposte** se ....

L'**area** è quel numero che indica ....

L'area di un **rettangolo** si calcola ....
Formula: ....

L'area di un **quadrato** si calcola ....
Formula: ....

L'area di un **parallelogrammo** si calcola ....
Formula: ....

L'area di un **rombo** si calcola ....
Formula: ....

L'area di un **trapezio** si calcola ....
Formula: ....

L'area di un **triangolo** si calcola ....
Formula: ....

TEST DI AUTOVERIFICA

Indica la risposta esatta, individuandola tra quelle proposte: A, B o C.

1 Due figure piane si dicono equivalenti se:
- A hanno la stessa forma
- B occupano la stessa superficie
- C sono equidistanti

2 Due figure congruenti:
- A non sono equivalenti
- B sono anche equivalenti
- C non sono isoperimetriche

3 Due figure equiscomponibili:
- A non sono equivalenti
- B sono necessariamente congruenti
- C sono equivalenti

4 Due figure equiscomponibili sono composte da figure:
- A congruenti
- B non congruenti
- C equivalenti

5 L'area della figura A rispetto a u^2 è:

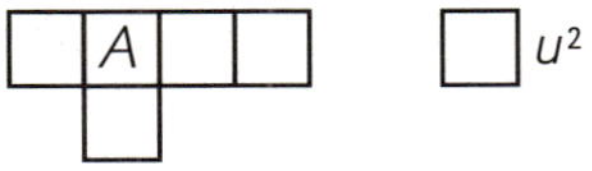

A $5\ \text{cm}^2$ B 5 C $5\ u^2$

6 $56\ \text{cm}^2$ equivalgono a:

A $5{,}6\ \text{dm}^2$ B $5600\ \text{dm}^2$ C $0{,}56\ \text{dm}^2$

7 L'area di un rettangolo si trova con la formula:

A $A = b \cdot h$ B $A = b + h$ C $A = (b \cdot h) : 2$

8 Se l'area di un rettangolo è $135\ \text{cm}^2$ e la base misura 9 cm, allora l'altezza è:

A 12 cm B 15 cm C 20 cm

9 Per calcolare l'area di un quadrato si usa la formula:

A $A = l \cdot 4$ B $A = l : 4$ C $A = l^2$

10 Se l'area di un quadrato è $196\ \text{cm}^2$, il lato misura:

A 14 cm B 17 cm C 16 cm

11 Un parallelogrammo è equivalente a un:
- A quadrato avente lo stesso perimetro
- B rettangolo avente la stessa base e la stessa altezza
- C rettangolo avente lo stesso perimetro

12 Qual è la formula per il calcolo della base di un parallelogrammo, nota l'area?

A $b = A \cdot h$ B $b = \dfrac{A}{h}$ C $b = \dfrac{A \cdot 2}{h}$

13 L'area di un triangolo si calcola:
- A addizionando la misura della base alla misura dell'altezza
- B moltiplicando la misura della base per la misura dell'altezza
- C moltiplicando la misura della base per la misura dell'altezza e dividendo il prodotto per 2

14 L'area di un triangolo è $39\ \text{cm}^2$ e la base misura 13 cm. Quanto vale la misura dell'altezza?

A 6 cm B 12 cm C 3 cm

15 La formula di Erone per il calcolo dell'area di un triangolo è:
- A $A = \sqrt{p \cdot (p-a) \cdot (p-b) \cdot (p-c)}$
- B $A = \sqrt{p \cdot (p+a) \cdot (p+b) \cdot (p+c)}$
- C $A = \sqrt{p \cdot (p \cdot a) \cdot (p \cdot b) \cdot (p \cdot c)}$

16 La formula per il calcolo dell'area di un rombo è:

A $A = d_1 + d_2$ B $A = \dfrac{d_1 + d_2}{2}$ C $A = \dfrac{d_1 \cdot d_2}{2}$

17 L'area di un rombo è $110\ \text{cm}^2$ e una diagonale misura 20 cm. Quanto misura l'altra diagonale?

A 15 cm B 11 cm C 5,5 cm

18 La formula per il calcolo dell'area di un trapezio è:
- A $A = (b_1 + b_2) \cdot h$
- B $A = \dfrac{(b_1 - b_2) \cdot h}{2}$
- C $A = \dfrac{(b_1 + b_2) \cdot h}{2}$

19 L'area di un trapezio è $42\ \text{cm}^2$. L'altezza misura 6 cm e la base maggiore 9 cm. Quanto misura la base minore?

A 7 cm B 5 cm C 14 cm

20 Un trapezio ha una base di 28 cm e l'altra è i suoi 2/7, l'altezza misura 15 cm. Qual è l'area?

A $540\ \text{cm}^2$ B $1008\ \text{cm}^2$ C $270\ \text{cm}^2$

Esercizio	1	2	3	4	5	6	7	8	9	10	11	12	13	14	15	16	17	18	19	20
Risposta																				

Confronta le tue risposte con quelle riportate in fondo al volume. Per ogni risposta esatta annerisci un quadratino del "misuratore" riportato qui sotto. I colori evidenziano il tuo livello di preparazione e la votazione otttenuta.

Voto		1		2		3		4		5		6		7		8		9		10

RECUPERO E RIPASSO

Se non hai superato con successo il test per l'autoverifica, o se devi prepararti sugli argomenti di questa unità, prova a rispondere alle domande nella prima colonna. Se non ci riesci, trovi la risposta nella seconda colonna. La terza colonna ti propone alcuni esercizi da risolvere per applicare le tue conoscenze.

Domanda	Risposta	Esercizi
Che cosa si intende per estensione o **superficie** di una figura piana?	È la parte di piano occupata dalla figura. Nell'esempio è di 6 quadretti. 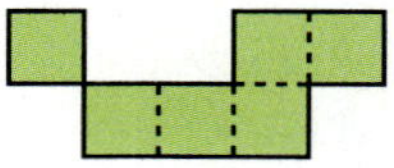	**1.** Disegna una figura che abbia una superficie di 7 quadretti aventi ciascuno il lato di 1 cm. **2.** Disegna una figura che abbia una superficie di 20 quadretti del tuo quaderno.
Perché le figure *A* e *B* si dicono **equivalenti**?	Perché occupano una stessa superficie che, in questo esempio, è di 8 quadretti. 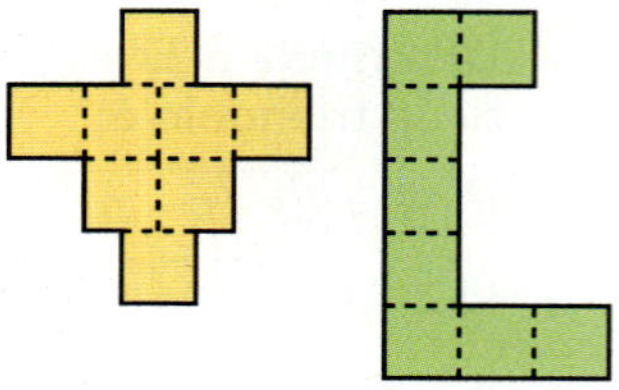	**3.** I poligoni *A* e *B* sono equivalenti? Motiva la risposta. 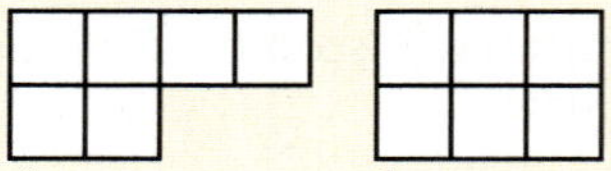 *A* *B* **4.** Disegna due figure equivalenti, ciascuna con 12 quadretti del tuo quaderno.
Le figure *A* e *B* sono equivalenti per il principio di **equiscomponibilità**. In che cosa consiste tale principio?	Se due figure piane sono composte da uno stesso numero di parti congruenti, sono equivalenti. 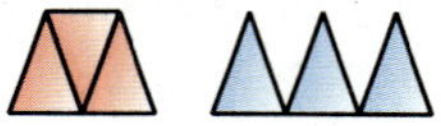	**5.** Scomponi un rettangolo in quattro triangoli e con essi forma altre figure geometriche equivalenti al rettangolo.
Che cosa si intende per **area** di una superficie?	L'area è la misura della superficie rispetto all'unità di misura scelta. Nell'esempio, l'area della figura *A* è 10 u^2. *A* 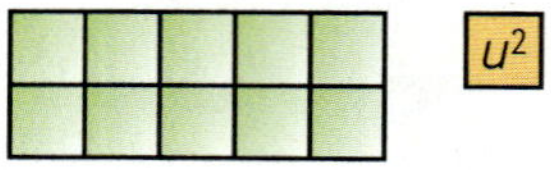	**6.** Determina l'area delle figure date rispetto all'unità di misura u^2. 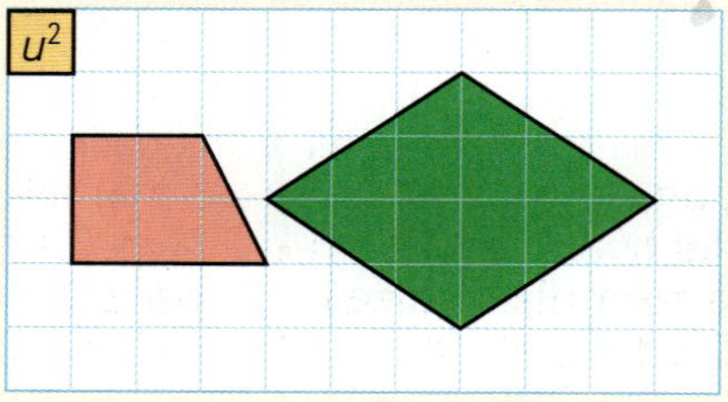
Qual è l'**unità fondamentale** di misura delle superfici?	È il **metro quadrato** (m^2). I suoi multipli e sottomultipli sono: km^2 • hm^2 • dam^2 • **m^2** • dm^2 • cm^2 • mm^2 Per passare da un'unità a un'altra di ordine inferiore si moltiplica la misura data per 100, 10.000, ... Viceversa, per passare da un'unità a un'altra di ordine superiore si divide per 100, 10.000, ... 23 m^2 = 2300 dm^2 564 dm^2 = 5,64 m^2	**7.** Esegui le seguenti equivalenze. 48 m^2 = ... dm^2 357 dm^2 = ... m^2 2 cm^2 = ... mm^2 76 dam^2 = ... hm^2 15 dm^2 = ... cm^2 3,4 cm^2 = ... dm^2 120 dm^2 = ... m^2 0,5 cm^2 = ... mm^2 11,4 dm^2 = ... cm^2 0,9 dam^2 = ... m^2

Domanda	Risposta	Esercizi

Domanda

Come si calcolano le **aree del rettangolo** e del **parallelogrammo**? Quali sono le formule dirette? E le formule inverse?

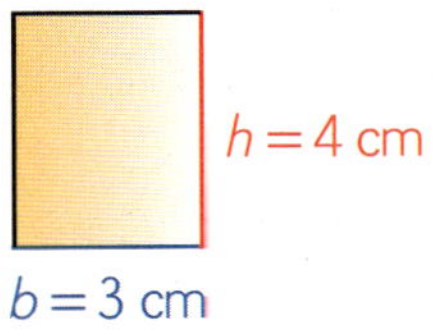

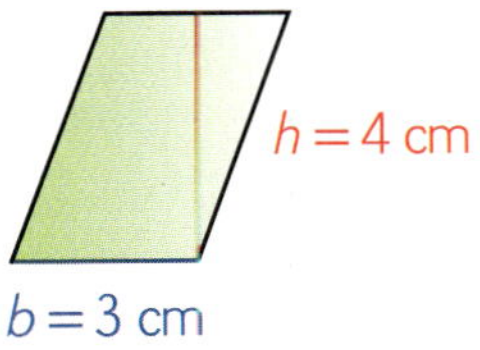

Risposta

Si calcolano allo stesso modo, cioè si moltiplica la misura della **base** per la misura dell'**altezza**.
Le formule dirette e inverse sono:

$A = \mathbf{b} \cdot \mathbf{h} \qquad \mathbf{b} = \frac{A}{\mathbf{h}} \qquad \mathbf{h} = \frac{A}{\mathbf{b}}$

In figura, l'area del rettangolo e del parallelogrammo è:
$A = \mathbf{b} \cdot \mathbf{h} = \mathbf{3} \cdot \mathbf{4} = 12\ (cm^2)$

Viceversa, per calcolare la misura della **base**:

$\mathbf{b} = \frac{A}{\mathbf{h}} = \frac{12}{\mathbf{4}} = 3\ (cm)$

Esercizi

8. Ricopia e completa la tabella.

b **(cm)**	***h*** **(cm)**	***A*** **(cm^2)**
19	13	....
....	8	136
9	....	198

9. Calcola il perimetro di un rettangolo, sapendo che l'area è 104 cm^2 e la base misura 13 cm. [42 cm]

10. La base di un rettangolo misura 32 cm e l'altezza è 7/8 della base. Calcola l'area del rettangolo. [896 cm^2]

11. Calcola l'area di un parallelogrammo che ha la base di 23 cm e l'altezza di 12 cm. [276 cm^2]

12. Calcola la misura dell'altezza di un parallelogrammo che ha l'area di 210 cm^2 e la base di 15 cm. [14 cm]

Domanda

Come si calcola l'**area del quadrato**? Qual è la formula diretta? E la formula inversa?

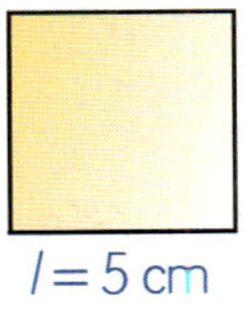

Risposta

Si moltiplica la misura del **lato** per se stessa.
Le formule dirette e inverse sono:

$A = \mathbf{l}^2 \qquad \mathbf{l} = \sqrt{A}$

In figura, l'area del quadrato è:
$A = \mathbf{l}^2 = \mathbf{5}^2 = 25\ (cm^2)$

Viceversa,

$\mathbf{l} = \sqrt{A} = \sqrt{25} = 5\ (cm)$

Esercizi

13. Completa la tabella.

l **(cm)**	**2*p*** **(cm)**	***A*** **(cm^2)**
13	....	....
....	....	81
....	72	....

14. L'area di un quadrato è 400 cm^2. Qual è il suo perimetro? [80 cm]

Domanda

Come si calcola l'**area del triangolo**? Qual è la formula diretta? E le formule inverse?

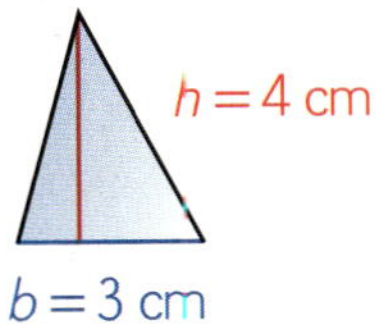

Risposta

Si moltiplica la misura della **base** per la misura dell'**altezza** e si divide il prodotto per 2.
Le formule dirette e inverse sono:

$A = \frac{\mathbf{b} \cdot \mathbf{h}}{2} \qquad \mathbf{b} = \frac{2 \cdot A}{\mathbf{h}} \qquad \mathbf{h} = \frac{2 \cdot A}{\mathbf{b}}$

In figura, l'area del triangolo è:

$A = \frac{\mathbf{b} \cdot \mathbf{h}}{2} = \frac{\mathbf{3} \cdot \mathbf{4}}{2} = 6\ (cm^2)$

Viceversa, per calcolare la misura della **base**:

$\mathbf{b} = \frac{2 \cdot A}{\mathbf{h}} = \frac{12}{\mathbf{4}} = 3\ (cm)$

Esercizi

15. Completa la tabella.

b **(cm)**	***h*** **(cm)**	***A*** **(cm^2)**
12	10	....
26	....	182
....	18	40,5

16. Un triangolo ha l'area di 56 cm^2 e la base di 7 cm. Quanto misura l'altezza? [16 cm]

17. La base di un triangolo misura 30 cm e l'altezza è 3/5 della base. Calcola l'area del triangolo. [270 cm^2]

RECUPERO E RIPASSO

Domanda	Risposta	Esercizi

Domanda

Come si calcola l'**area del rombo**? Qual è la formula diretta? E le formule inverse?

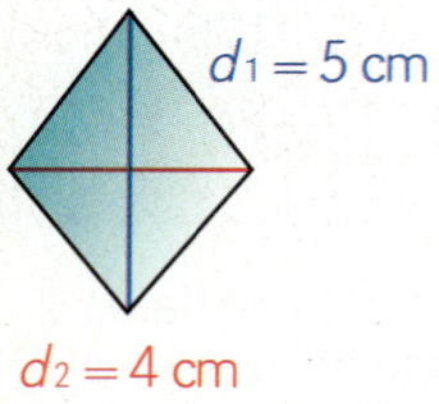

Risposta

Si moltiplicano le misure delle diagonali e si divide il prodotto per 2.
Le formule dirette e inverse sono:

$$A = \frac{d_1 \cdot d_2}{2} \qquad d_1 = \frac{2 \cdot A}{d_2} \qquad d_2 = \frac{2 \cdot A}{d_1}$$

In figura, l'area del rombo è:

$$A = \frac{d_1 \cdot d_2}{2} = \frac{5 \cdot 4}{2} = 10\ (\text{cm}^2)$$

Viceversa, per calcolare la misura della **diagonale maggiore**:

$$d_1 = \frac{2 \cdot A}{d_2} = \frac{2 \cdot 10}{4} = 5\ (\text{cm}^2)$$

Esercizi

18. Ricopia e completa la tabella.

d_1 (cm)	d_2 (cm)	A (cm²)
15	20	....
25	....	375
....	12,5	42,5

19. Calcola l'area di un rombo le cui diagonali misurano 18 cm e 21 cm. [189 cm²]

20. Un rombo ha l'area di 522 cm² e la diagonale minore misura 29 cm. Quanto misura l'altra diagonale? [36 cm]

Domanda

Come si calcola l'**area del trapezio**? Qual è la formula diretta? E le formule inverse?

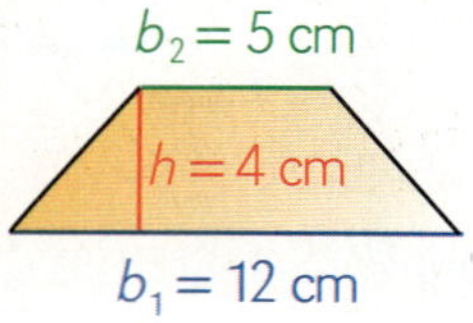

Risposta

Si sommano le misure delle basi, si moltiplica tale somma per la misura dell'altezza e si divide il prodotto per 2.
Le formule dirette e inverse sono:

$$A = \frac{(b_1 + b_2) \cdot h}{2}$$

$$b_1 + b_2 = \frac{2 \cdot A}{h} \qquad h = \frac{2 \cdot A}{b_1 + b_2}$$

In figura, l'area del trapezio è:

$$A = \frac{(b_1 + b_2) \cdot h}{2} = \frac{(12 + 5) \cdot 4}{2} = 34\ (\text{cm}^2)$$

Per calcolare la misura dell'**altezza**:

$$h = \frac{2 \cdot A}{b_1 + b_2} = \frac{2 \cdot 34}{12 + 5} = \frac{68}{17} = 4\ (\text{cm})$$

Esercizi

21. Calcola l'area di un trapezio le cui basi misurano 30 cm e 48 cm e l'altezza è la metà della base maggiore. [936 cm²]

22. Calcola la misura dell'altezza di un trapezio avente l'area di 504 cm² e le basi di 28 cm e 35 cm. [16 cm]

23. Calcola la misura della base minore di un trapezio, sapendo che l'area è 952 cm², la base maggiore misura 42 cm e l'altezza è 2/3 della base maggiore. [26 cm]

unità 2

Il teorema di Pitagora

Conoscenze
- il teorema di Pitagora
- due facili dimostrazioni del teorema di Pitagora
- le terne pitagoriche
- applicazioni del teorema di Pitagora

Abilità
- enunciare il teorema di Pitagora
- riconoscere e costruire una terna pitagorica
- applicare il teorema di Pitagora alle principali figure geometriche

TEST SUI PREREQUISITI

Conosci il triangolo rettangolo?

a. i lati di un triangolo rettangolo si dicono:

A cateti e ipotenusa B base, altezza e lato obliquo C retti e obliqui D cateti

Sai quando due figure piane si dicono equivalenti?

b. due figure piane equiscomponibili sono:

A equidistanti B isometriche C equivalenti D isoperimetriche

c. un rettangolo equivalente a un quadrato di lato 6 cm ha l'area di:

A 6 cm^2 B 24 cm^2 C 36 cm^2 D 12 cm^2

Sai calcolare la radice quadrata di un numero?

d. la radice quadrata di 324 è:

A 12 B 18 C 24 D 16

e. il lato di un quadrato che ha l'area di 625 cm^2 misura:

A 25 cm B 15 cm C 2,5 cm D 30 cm

GEOMETRIA E REALTÀ

Pitagora di Samo fu un famoso matematico e filosofo greco, vissuto nel VI secolo a.C. Fondò a Crotone la scuola che porta il suo nome.

APPRENDO...

Il teorema di Pitagora

Disegniamo un triangolo rettangolo *ABC*, avente i cateti 3 u e 4 u e l'ipotenusa 5 u. Costruiamo su ciascun lato un quadrato, indicandoli rispettivamente con Q_1, Q_2 e Q. Dividiamo poi ogni quadrato in quadratini aventi per lato l'unità di misura prefissata u.

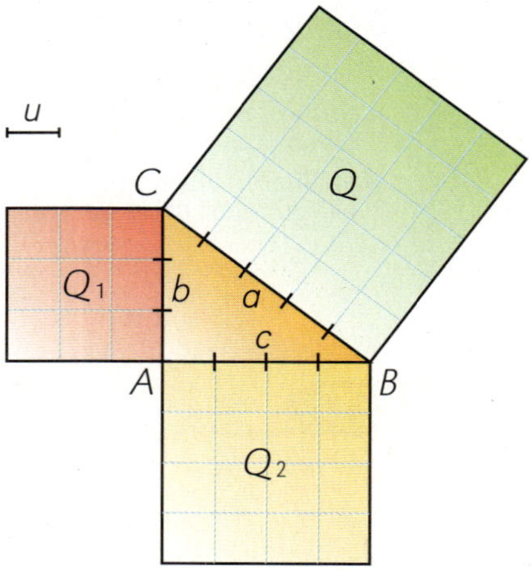

I discepoli di Pitagora continuarono l'opera del maestro, considerando il numero come l'essenza principale di tutte le cose.

Osservando la figura notiamo che:

- i quadrati Q_1 e Q_2 costruiti sui cateti sono formati, rispettivamente, da 9 e da 16 quadratini;
- il quadrato Q costruito sull'ipotenusa è formato da 25 quadratini;
- il numero dei quadratini contenuti nel quadrato Q è uguale alla somma dei numeri dei quadratini contenuti nei quadrati Q_1 e Q_2.

Pertanto risulta: $$Q \doteq Q_1 + Q_2 \qquad [1]$$

(si legge: Q è equivalente alla somma $Q_1 + Q_2$).

La precedente relazione è valida per tutti i triangoli rettangoli; infatti Pitagora e i suoi discepoli dimostrarono che essa si estende a un qualsiasi triangolo rettangolo ed enunciarono quello che si chiama **teorema di Pitagora**:

▶▶▶ **In ogni triangolo rettangolo il quadrato costruito sull'ipotenusa è equivalente alla somma dei quadrati costruiti sui cateti.**

Indicando con a, b, c, rispettivamente, le misure dell'ipotenusa e dei cateti di un triangolo rettangolo, la relazione [1] si può scrivere nel seguente modo:

$$a^2 = b^2 + c^2$$

Quindi il teorema di Pitagora può essere anche enunciato così:

▶▶▶ **In ogni triangolo rettangolo l'area del quadrato costruito sull'ipotenusa è uguale alla somma delle aree dei quadrati costruiti sui cateti.**

1 Considera il triangolo rettangolo *ABC* della figura sottostante e scrivi il numero dei quadratini che rappresentano:

a. il quadrato costruito sul cateto *AB* .... ;

b. il quadrato costruito sul cateto *AC* .... ;

c. il quadrato costruito sull'ipotenusa *BC* ....

Verifica poi la validità della relazione: $Q \doteq Q_1 + Q_2$.

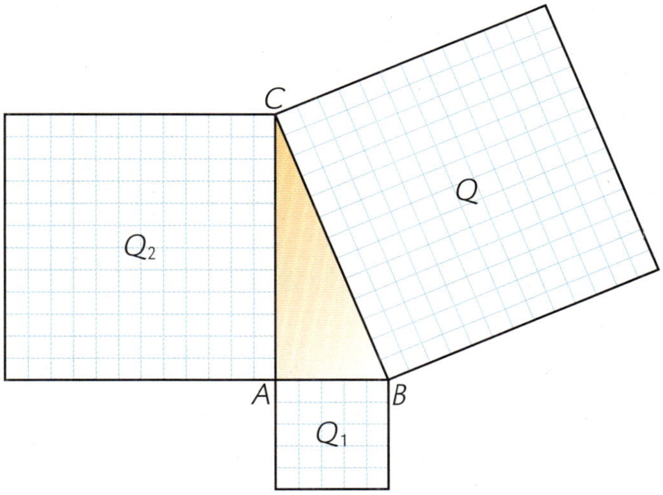

2 Enuncia oralmente il teorema di Pitagora e completa la seguente frase.

In ogni triangolo .... il .... costruito sull'ipotenusa è .... alla .... dei quadrati costruiti sui ....

3 Verifica, mediante l'applicazione del teorema di Pitagora, che i triangoli rappresentati sono triangoli rettangoli.

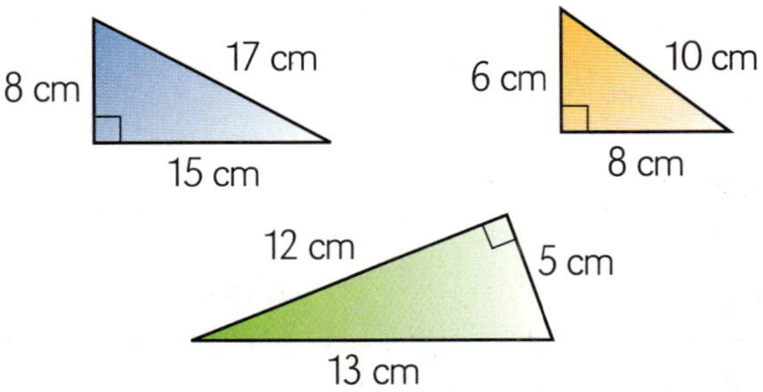

ESEMPIO

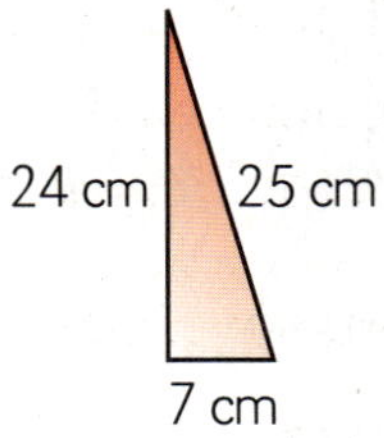

$25^2 = 7^2 + 24^2$

$625 = 49 +$ ....

4 Completa.

a. Se in un triangolo i lati misurano 9 cm, 12 cm e 15 cm, allora il triangolo è .... perché $15^2 =$ ....

b. Se i lati di un triangolo sono lunghi 5 cm, 12 cm e 14 cm, allora il triangolo non è .... perché $14^2 \neq$ ....

5 I lati di un triangolo *ABC* misurano 18 cm, 24 cm e 30 cm. Verifica che si tratta di un triangolo rettangolo mediante l'applicazione del teorema di Pitagora.

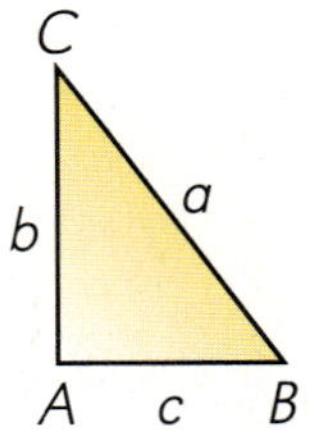

$a^2 =$ ....

ESERCIZI ▸ p. 94

APPRENDO...

Due facili dimostrazioni del teorema di Pitagora

Occorre più colore per dipingere il quadrato Q_1 o i quadrati Q_2 e Q_3 messi insieme?

• *La stessa quantità di colore, perché l'area di Q_1 è uguale alla somma delle aree di Q_2 e Q_3.*

Il teorema di Pitagora è stato dimostrato in molti modi.
Tra i tanti ne illustreremo due, presentandoli come prove pratiche che potrai eseguire a casa oppure a scuola con la guida del tuo insegnante.

1. Su uno stesso cartoncino disegna i quadrati costruiti sui lati di un triangolo rettangolo e ritagliali. Poi, servendoti di una bilancia di precisione, verifica che il peso del quadrato più grande è uguale al peso complessivo degli altri due.
2. Su uno stesso cartoncino disegna:
   - 9 triangoli rettangoli congruenti;
   - 1 quadrato Q avente il lato uguale all'ipotenusa di uno dei triangoli;
   - 1 quadrato Q_1 avente il lato uguale al cateto minore di uno dei triangoli;
   - 1 quadrato Q_2 avente il lato uguale al cateto maggiore di uno dei triangoli.

   Colora i triangoli tutti con uno stesso colore e i quadrati con colori diversi, quindi ritagliali e disponili come nelle figure sottostanti.

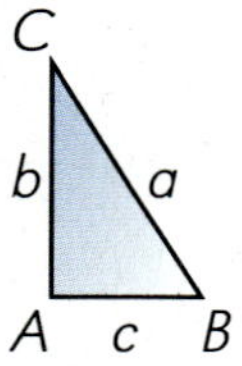

figura 1

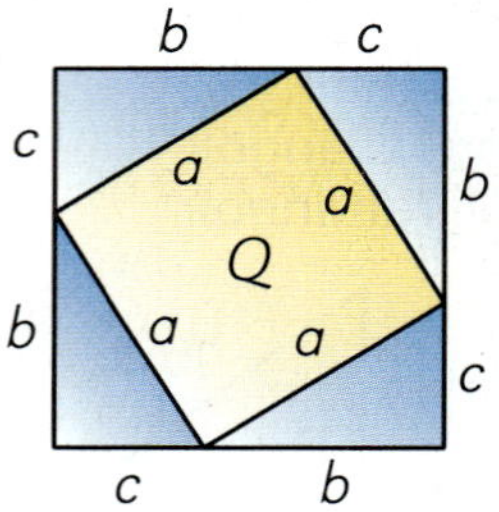

figura 2

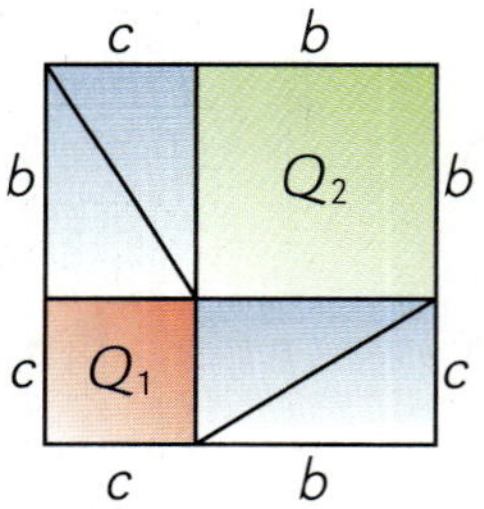

figura 3

Osserva che:

- i quadrati delle figure 2 e 3 sono congruenti perché entrambi hanno il lato uguale alla somma dei cateti b e c del triangolo della figura 1;
- togliendo da ciascun quadrato congruente i quattro triangoli rettangoli congruenti, si ottengono il quadrato Q, nel caso della figura 2, e i quadrati Q_1 e Q_2, nel caso della figura 3;
- le figure ottenute, rappresentate da Q e da $Q_1 + Q_2$, sono equivalenti perché differenze di figure congruenti.

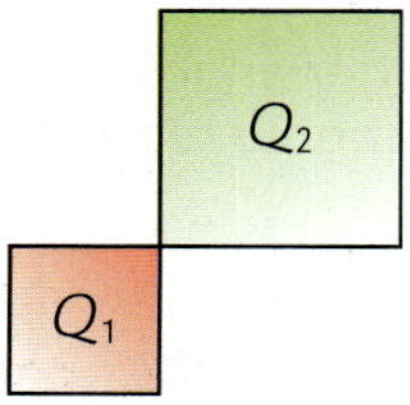

Abbiamo quindi dimostrato che $\boldsymbol{Q \doteq Q_1 + Q_2}$.

1 Descrivi un metodo pratico mediante il quale si può dimostrare il teorema di Pitagora.

2 Nella figura si riconosce un'altra dimostrazione del teorema di Pitagora basata sull'equivalenza di figure equicomposte. Scrivi le tue osservazioni.

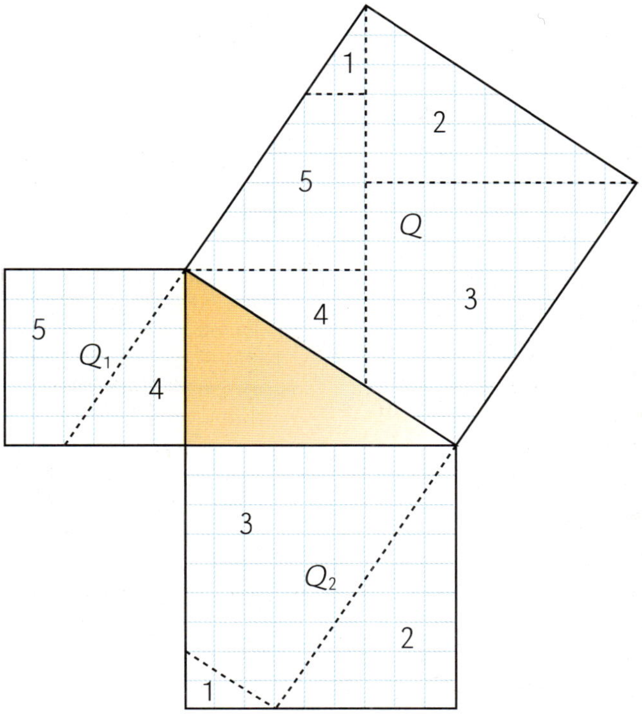

3 Quando un triangolo rettangolo si dice isoscele?

4 Osserva la figura e spiega in che modo si può dimostrare il teorema di Pitagora in un triangolo rettangolo isoscele.

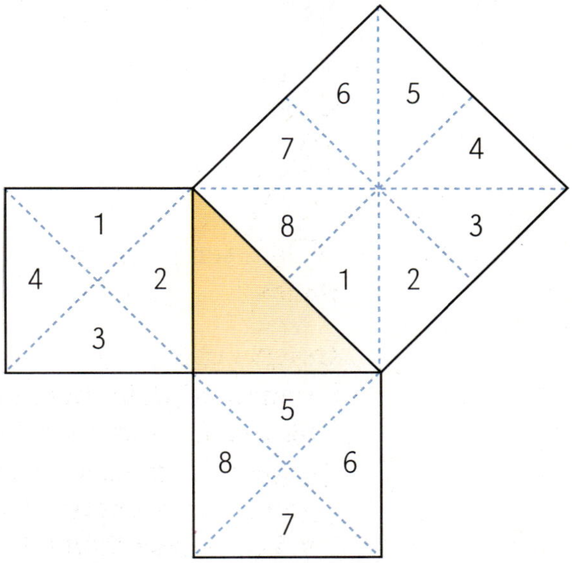

5 Completa la tabella (Q_1 e Q_2 indicano le aree dei quadrati costruiti sui due cateti di un triangolo rettangolo, Q indica l'area del quadrato costruito sull'ipotenusa).

Q_1	Q_2	Q
36 cm^2	64 cm^2	....
25 dm^2	144 dm^2	....
225 m^2	....	625 m^2
....	225 mm^2	289 mm^2

ESEMPIO $Q \doteq Q_1 + Q_2$

Le terne pitagoriche

APPRENDO...

Consideriamo tre numeri naturali a, b, c. Essi formano una **terna pitagorica** se soddisfano la relazione pitagorica $a^2 = b^2 + c^2$ (dove a è il maggiore dei tre numeri).

Gli antichi Egizi conoscevano la terna 3, 4 e 5 e ne sfruttavano le proprietà nella misurazione dei campi e nella costruzione di templi e piramidi.

ESEMPIO La terna formata dai numeri naturali 8, 15, 17 è una terna pitagorica perché:

$17^2 = 8^2 + 15^2$

$289 = 64 + 225$

$289 = 289$

Una terna pitagorica si dice **primitiva** se i numeri naturali che la compongono sono primi tra loro. Sono, per esempio, terne primitive le seguenti:

3, 4, 5 • 5, 12, 13 • 8, 15, 17 • 7, 24, 25

Moltiplicando o dividendo ciascun numero di una terna pitagorica primitiva per uno stesso numero intero o decimale (diverso da zero) si ottiene ancora una terna pitagorica che si dice **terna pitagorica derivata**. Per esempio, moltiplicando per 2 i numeri della terna 3, 4, 5, si ottiene la terna 6, 8, 10 che è ancora una terna pitagorica, come puoi facilmente verificare.
Esistono vari metodi per formare un numero infinito di terne pitagoriche. Qui di seguito ne illustriamo due.

1. Fissato un numero dispari d maggiore di 1, i numeri di una terna pitagorica si ottengono applicando le seguenti formule:

$$a = d \qquad b = \frac{d^2 - 1}{2} \qquad c = \frac{d^2 + 1}{2}$$

Per esempio, se $d = 7$, abbiamo:

$$a = 7 \qquad b = \frac{7^2 - 1}{2} = \frac{49 - 1}{2} = 24 \qquad c = \frac{7^2 + 1}{2} = \frac{49 + 1}{2} = 25$$

I numeri della terna pitagorica sono 7, 24 e 25. Infatti:

$25^2 = 7^2 + 24^2 \qquad 625 = 49 + 576 \qquad 625 = 625$

2. Fissato un numero pari p, una terna pitagorica è data dalle formule:

$$a = p \qquad b = \frac{p^2 - 4}{4} \qquad c = \frac{p^2 + 4}{4}$$

Per esempio, se fissiamo il numero pari $p = 6$, abbiamo:

$$a = 6 \qquad b = \frac{6^2 - 4}{4} = \frac{36 - 4}{4} = 8 \qquad c = \frac{6^2 + 4}{4} = \frac{36 + 4}{4} = 10$$

I numeri della terna pitagorica sono 6, 8 e 10. Infatti:

$10^2 = 6^2 + 8^2 \qquad 100 = 36 + 64 \qquad 100 = 100$

1 Completa.

Se tre numeri naturali soddisfano il teorema di Pitagora, si dice che formano una ....

2 Verifica che la terna di numeri 9, 12, 15 è una terna pitagorica. Completa: $15^2 =$ ....

3 Completa la tabella, specificando se le terne indicate sono terne pitagoriche.

a	*b*	*c*	verifica	i numeri formano una terna pitagorica?
7	24	25	$25^2 = 7^2 + 24^2$ $625 = 49 + 576$	sì
16	30	34	....	....
18	24	30	....	....
1,6	6,3	6,5	....	....

4 Individua tra le seguenti terne di numeri quelle che sono terne pitagoriche, motivando la risposta.

a. 3 4 5 ☐ sì ☐ no perché ....

b. 5 13 15 ☐ sì ☐ no perché ....

c. 8 15 17 ☐ sì ☐ no perché ....

d. 21 28 35 ☐ sì ☐ no perché ....

e. 1,5 2 2,5 ☐ sì ☐ no perché ....

5 Una terna di numeri si dice terna pitagorica primitiva quando i numeri naturali che la formano sono .... tra loro.

6 Stabilisci quali delle seguenti terne pitagoriche sono primitive.

A 7, 24, 25
B 20, 21, 29
C 10, 24, 26
D 9, 12, 15
E 9, 40, 41
F 12, 16, 20

7 Data una terna pitagorica primitiva, puoi ottenerne infinite altre? Come?

8 Come si chiamano le terne pitagoriche che si ottengono da quelle primitive?

9 Scrivi la terna pitagorica derivata dalla terna primitiva 3, 4, 5 moltiplicando per 3 ciascun numero naturale della terna data.

10 Data la terna pitagorica primitiva 12, 35, 37, scrivi quattro terne pitagoriche derivate.

11 Data la terna pitagorica derivata 40, 42, 58, scrivi quella primitiva che le corrisponde dividendo per 2 ciascun numero della terna.

12 Completa la tabella in modo da formare una terna pitagorica, partendo dal numero dato.

numero	*a*	*b*	*c*
5	5 dispari	$b = \frac{5^2 - 1}{2} =$	$c = \frac{5^2 + 1}{2} =$ ....
12	....	....	....
3	....	....	....
11	....	....	....
8	....	....	....

ESERCIZI ▸ p. 95

APPRENDO...

Calcolo delle misure dei lati di un triangolo rettangolo

Consideriamo il triangolo rettangolo della figura.

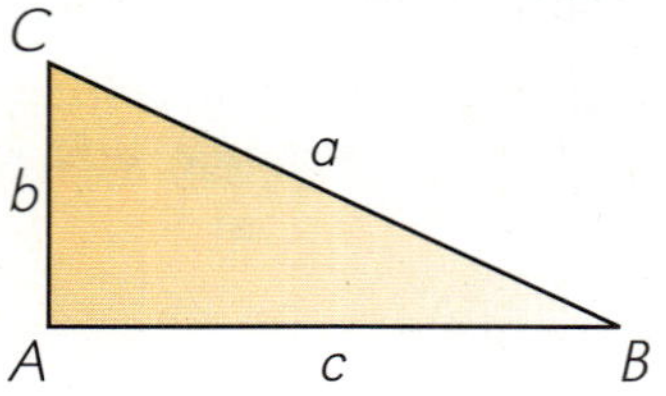

Indichiamo con a, b, c rispettivamente le misure dell'ipotenusa e dei due cateti e scriviamo la *relazione pitagorica*:

$$\boldsymbol{a^2 = b^2 + c^2} \quad [1]$$

da cui ricaviamo:

$$b^2 = a^2 - c^2 \quad [2]$$
$$c^2 = a^2 - b^2 \quad [3]$$

Estraendo la radice quadrata dei due membri delle uguaglianze [1], [2], [3] otteniamo:

$$\boldsymbol{a = \sqrt{b^2 + c^2}}$$
$$\boldsymbol{b = \sqrt{a^2 - c^2}}$$
$$\boldsymbol{c = \sqrt{a^2 - b^2}}$$

▶▶▶ Per calcolare la **misura dell'ipotenusa** di un triangolo rettangolo si estrae la radice quadrata della somma dei quadrati delle misure dei due cateti.

Per calcolare la **misura di un cateto** di un triangolo rettangolo si estrae la radice quadrata della differenza tra il quadrato della misura dell'ipotenusa e il quadrato della misura dell'altro cateto.

La vela di una barca ha la forma di un triangolo rettangolo. Se i due cateti misurano 18 dm e 24 dm, quanto misura l'ipotenusa?

- $a = \sqrt{b^2 + c^2} = \sqrt{18^2 + 24^2} =$
$= \sqrt{324 + 576} = \sqrt{900} = 30$ (dm)

ESEMPIO 1. *Calcola la misura dell'ipotenusa di un triangolo rettangolo che ha i cateti di 6 cm e 8 cm.*

$a = \sqrt{b^2 + c^2} = \sqrt{6^2 + 8^2} = \sqrt{36 + 64} =$
$= \sqrt{100} = 10$ (cm)

2. *Calcola la misura di un cateto di un triangolo rettangolo, sapendo che l'ipotenusa misura 13 cm e che l'altro cateto è 12 cm.*

$b = \sqrt{a^2 - c^2} = \sqrt{13^2 - 12^2} = \sqrt{169 - 144} = \sqrt{25} = 5$ (cm)

1 Quale delle seguenti formule si deve applicare per calcolare la misura dell'ipotenusa del triangolo rettangolo *ABC* in figura?

A $b = \sqrt{a^2 - c^2}$ **B** $a = \sqrt{b^2 + c^2}$ **C** $c = \sqrt{a^2 - b^2}$ **D** $a = \sqrt{c^2 - b^2}$

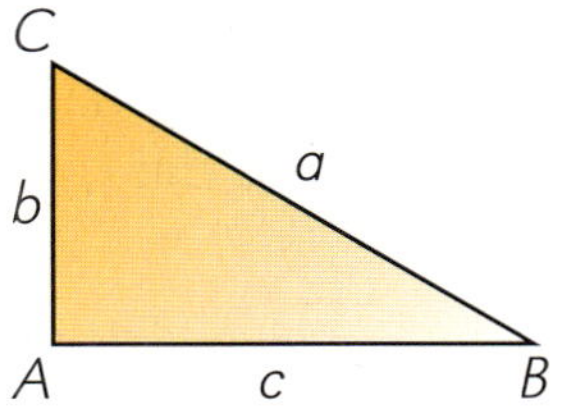

2 Fai riferimento alla figura dell'esercizio 1 e scrivi le formule per il calcolo della misura del cateto *AB* e del cateto *AC*.

$AB = \sqrt{\dots\dots}$ $AC = \sqrt{\dots\dots}$

3 Per ciascun triangolo rettangolo scrivi le tre relazioni pitagoriche che riguardano i cateti e l'ipotenusa, con riferimento alle lettere usate per indicarne le misure. Fai attenzione alla loro posizione nella figura.

$a = \dots\dots$
$b = \dots\dots$
$c = \dots\dots$

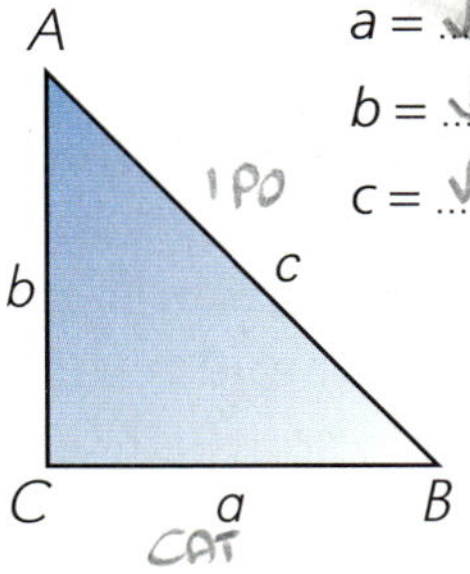

$r = \dots\dots$
$s = \dots\dots$
$t = \dots\dots$

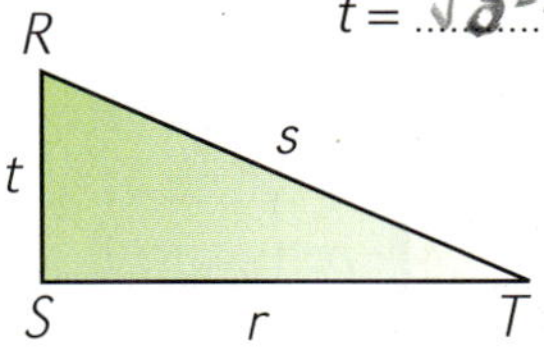

$p = \dots\dots$
$q = \dots\dots$
$r = \dots\dots$

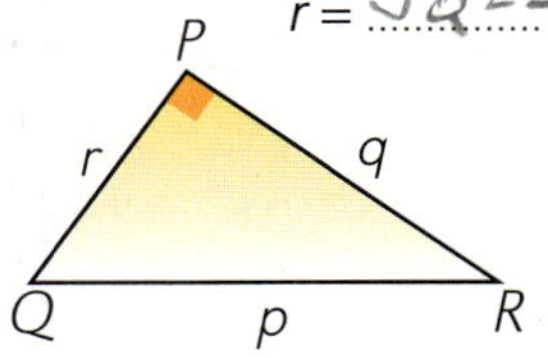

4 Disegna sul tuo quaderno un triangolo rettangolo avente i cateti di 5 cm e 12 cm e misura con un righello la sua ipotenusa. Calcola poi la misura dell'ipotenusa mediante l'applicazione del teorema di Pitagora. Hai ottenuto lo stesso risultato?

5 In ciascuno dei seguenti triangoli rettangoli la misura di un lato è incognita. Determinala mediante l'applicazione del teorema di Pitagora.

$\overline{BC} = \sqrt{\dots\dots}$

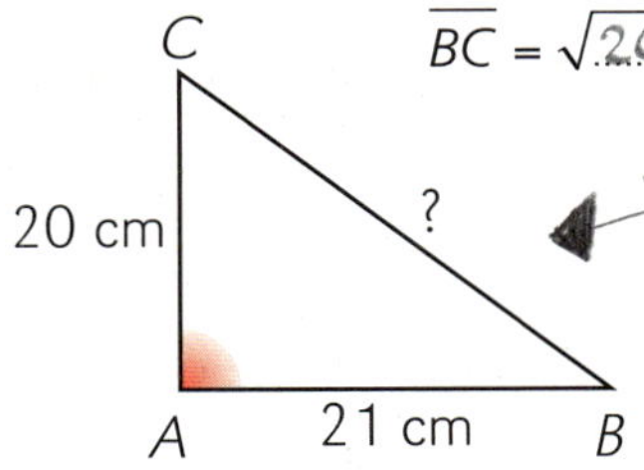

$\overline{AB} = \sqrt{\dots\dots}$

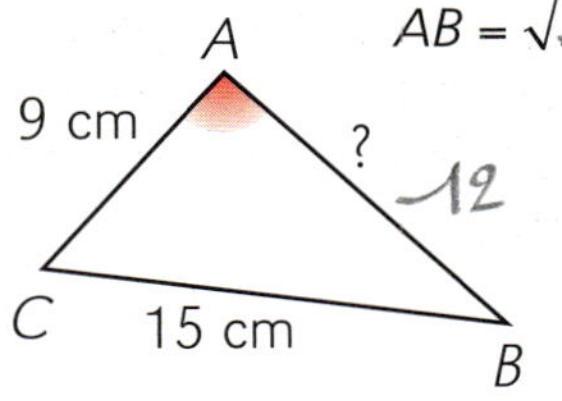

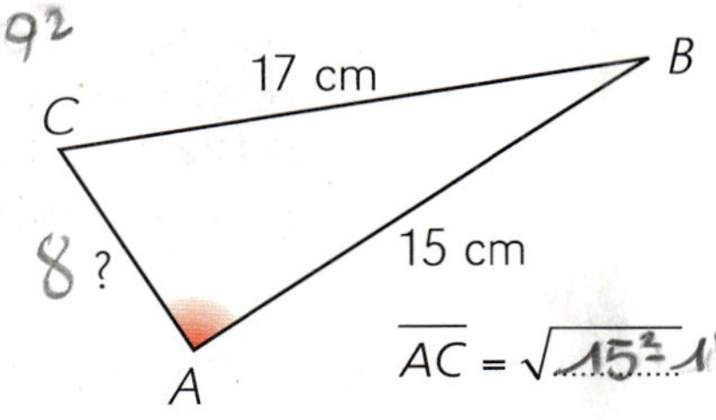

$\overline{AC} = \sqrt{\dots\dots}$

6 Se in un triangolo rettangolo i cateti misurano 18 cm e 24 cm, la misura dell'ipotenusa è:

A 15 cm **B** 40 cm **C** 30 cm

7 L'ipotenusa di un triangolo rettangolo misura 15 cm e uno dei due cateti è 12 cm. La misura dell'altro cateto è:

A 9 cm **B** 10 cm **C** 3 cm

8 Marco e Andrea decidono di costruire un triangolo rettangolo. Marco dispone di tre cordicelle lunghe 7 cm, 12 cm e 15 cm, mentre Andrea ha tre listelli di cartone di 50 cm, 48 cm e 14 cm. Chi dei due potrà raggiungere lo scopo prefissato usando tutto il materiale di cui dispone? ☐ Marco ☐ Andrea
Perché?

ESERCIZI ▸ p. 96

Applicazioni del teorema di Pitagora ad alcuni quadrilateri

APPRENDO...

Il teorema di Pitagora può essere applicato tutte le volte che in una figura geometrica, tracciando particolari segmenti come un'altezza, una diagonale, una bisettrice, un raggio..., si ottiene un triangolo rettangolo. Iniziamo dai quadrilateri.

Un campo da calcio ha i lati di 32 m e 24 m. Se Dario l'attraversa in diagonale, quanti metri percorre?

- $d = \sqrt{b^2 + h^2} = \sqrt{32^2 + 24^2} = \sqrt{1024 + 576} = \sqrt{1600} = 40$ (m)

Rettangolo

Disegniamo un rettangolo *ABCD* e tracciamo una delle diagonali. Osserviamo che il rettangolo risulta diviso in due triangoli rettangoli congruenti.

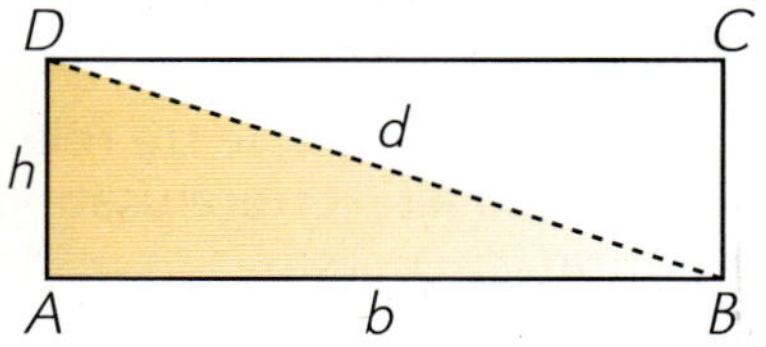

Ciascun triangolo rettangolo ha per cateti le dimensioni del rettangolo e per ipotenusa la diagonale. Indichiamo con *b* e *h* le misure delle dimensioni e con *d* la misura della diagonale del rettangolo, poi applichiamo il teorema di Pitagora a uno dei due triangoli rettangoli:

$$\boldsymbol{d = \sqrt{b^2 + h^2}} \qquad \boldsymbol{b = \sqrt{d^2 - h^2}} \qquad \boldsymbol{h = \sqrt{d^2 - b^2}}$$

ESEMPIO

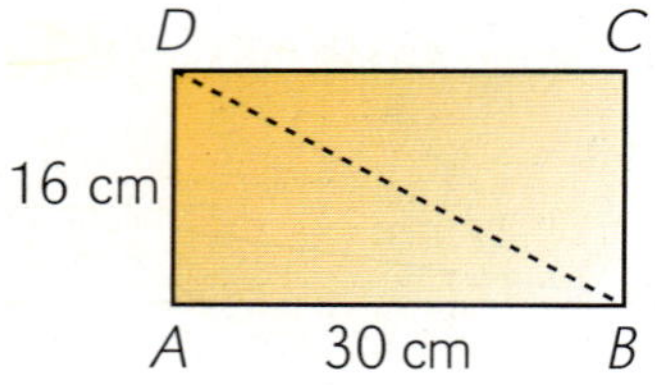

1. *Calcola la misura della diagonale di un rettangolo, sapendo che le sue dimensioni sono 16 cm e 30 cm.*
   Applicando il teorema di Pitagora al triangolo rettangolo ABD, *scriviamo:*

   $$\overline{BD} = \sqrt{\overline{AB}^2 + \overline{AD}^2} = \sqrt{30^2 + 16^2} = \sqrt{900 + 256} = \sqrt{1156} = 34 \text{ (cm)}$$

2. *Calcola la misura dell'altezza di un rettangolo sapendo che la diagonale e la base sono rispettivamente 25 m e 24 m.*

   $$h = \sqrt{d^2 - b^2} = \sqrt{25^2 - 24^2} = \sqrt{625 - 576} = \sqrt{49} = 7 \text{ (m)}$$

Parallelogrammo

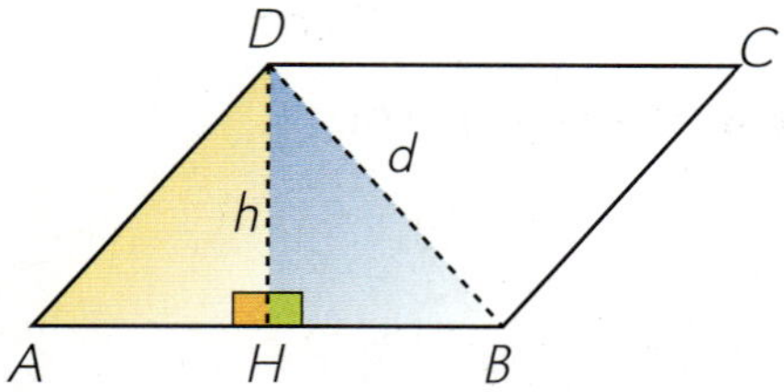

Tracciamo la diagonale minore di un parallelogrammo e l'altezza relativa alla base.

Osserviamo che possiamo applicare il teorema di Pitagora sia al triangolo *AHD* sia al triangolo *HBD*:

$$AD = \sqrt{AH^2 + DH^2} \qquad AH = \sqrt{AD^2 - DH^2} \qquad DH = \sqrt{AD^2 - AH^2}$$

$$DB = \sqrt{HB^2 + DH^2} \qquad HB = \sqrt{DB^2 - DH^2} \qquad DH = \sqrt{DB^2 - HB^2}$$

segue...

1 Completa.

Per poter applicare il teorema di Pitagora al rettangolo, occorre tracciare una delle due ....

Fai un disegno e individua i triangoli rettangoli che si vengono a formare, colorandoli con colori diversi.

2 Essendo note le misure della base (b) e dell'altezza (h) di un rettangolo, scrivi la formula per il calcolo della diagonale (d). $d = \sqrt{\dots\dots}$

3 Essendo note le misure della diagonale (d) e della base (b) di un rettangolo, scrivi la formula per il calcolo dell'altezza (h). $h = \sqrt{\dots\dots}$

4 Disegna un rettangolo avente le dimensioni di 8 cm e 15 cm, traccia poi la sua diagonale e misurane la lunghezza con un righello. Determina quindi la misura della diagonale mediante l'applicazione del teorema di Pitagora. Hai ottenuto lo stesso risultato?

5 Calcola la misura della diagonale della pagina di un libro di cui sono date le misure dei lati.

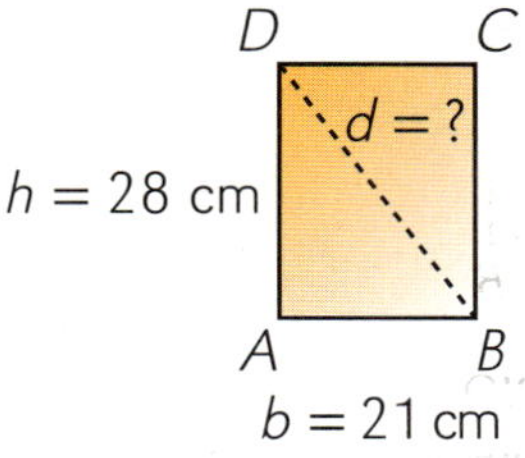

$d = \sqrt{\dots\dots} = \dots\dots$

6 Calcola la misura dell'altezza della lavagna *ABCD*:

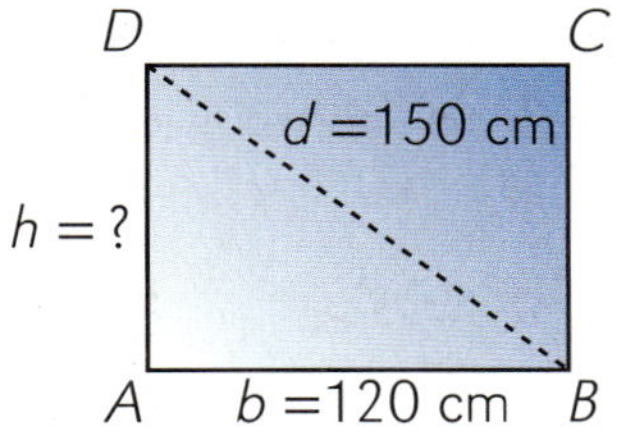

$h = \sqrt{\dots\dots} = \dots\dots$

7 Completa la seguente tabella, relativa a un insieme di rettangoli, scrivendo ogni volta la formula corretta per il calcolo dell'incognita.

base (b)	altezza (h)	diagonale (d)
9 cm	12 cm	$d = \sqrt{b^2 + h^2} = \sqrt{9^2 + \dots\dots} = \dots\dots$
12 cm	35 cm	....
....	24 dm	30 dm
16 mm	30 mm	....
2 m	....	2,5 m

8 Il perimetro di un rettangolo avente la base di 21 cm e la diagonale di 35 cm è:

A 84 cm **B** 112 cm **C** 98 cm **D** 56 cm

9 L'area di un rettangolo che ha l'altezza di 12 cm e la diagonale di 15 cm è:

A 108 cm² **B** 180 cm² **C** 90 cm² **D** 135 cm

10 Dato il parallelogrammo *ABCD*, indica i cateti e l'ipotenusa di ogni triangolo rettangolo che puoi individuare. Calcola poi la misura del lato *AD*, sapendo che $AH = 15$ cm e $DH = 20$ cm. [25 cm]

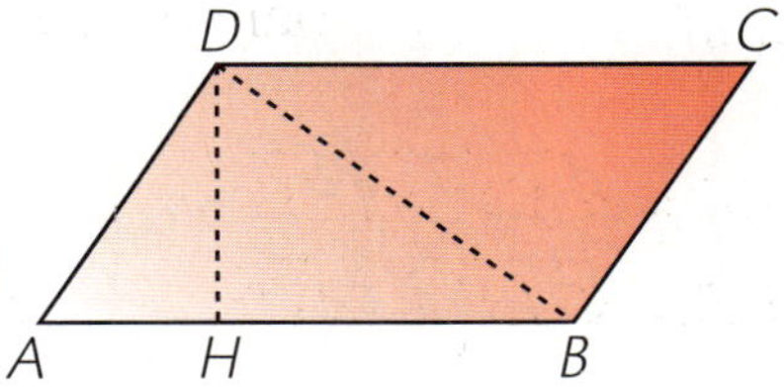

Quadrato

Disegniamo un quadrato *ABCD* e tracciamo una delle due diagonali.

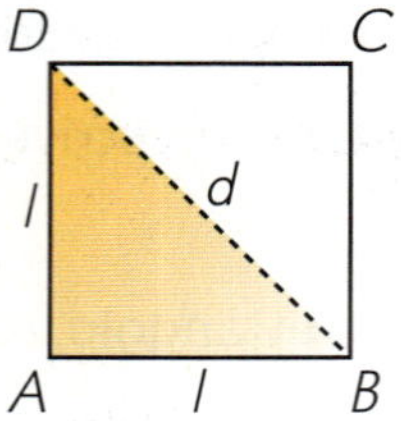

La diagonale *BD* divide il quadrato in due triangoli rettangoli isosceli congruenti.

Osserviamo che il quadrato risulta scomposto in due triangoli rettangoli isosceli congruenti e che ciascun triangolo ha per cateti i lati del quadrato e per ipotenusa la diagonale.
Indichiamo con l la misura del lato del quadrato, con d la misura della diagonale e applichiamo il teorema di Pitagora a uno dei due triangoli rettangoli:

$$d = \sqrt{l^2 + l^2} = \sqrt{2 \cdot l^2} = \sqrt{2} \cdot \sqrt{l^2} = \sqrt{2} \cdot l = l \cdot \sqrt{2}$$

In definitiva, la formula che consente di calcolare la misura della diagonale di un quadrato, conoscendo la misura del lato, è:

Un giardino di forma quadrata ha il lato di 15 m. Quanto misura la siepe che congiunge due vertici opposti?

- *La siepe è lunga* (15 · 1,414) m $\simeq$ 21 m.

$$\boldsymbol{d = l \cdot \sqrt{2}}$$ formula diretta

Ricordando che $\sqrt{2}$ è un numero irrazionale e che il suo valore approssimato per difetto a meno di un millesimo è 1,414, si ha:

$$d = l \cdot 1{,}414$$

La misura della diagonale di un quadrato si ottiene moltiplicando la misura del suo lato per la radice quadrata di 2.

Dalla formula scritta sopra si ricava la seguente formula inversa:

$$\boldsymbol{l = \frac{d}{\sqrt{2}}} \quad \text{ossia} \quad l = \frac{d}{1{,}414}$$ formula inversa

La misura del lato di un quadrato si ottiene dividendo la misura della diagonale per la radice quadrata di 2.

ESEMPIO **1.** *Calcola la misura della diagonale di un quadrato, sapendo che il suo lato misura 5 cm.*

$d = l \cdot \sqrt{2} = 5 \cdot 1{,}414 = 7{,}07$ (cm) **oppure** $d = l \cdot \sqrt{2} = 5 \cdot \sqrt{2}$ (cm)

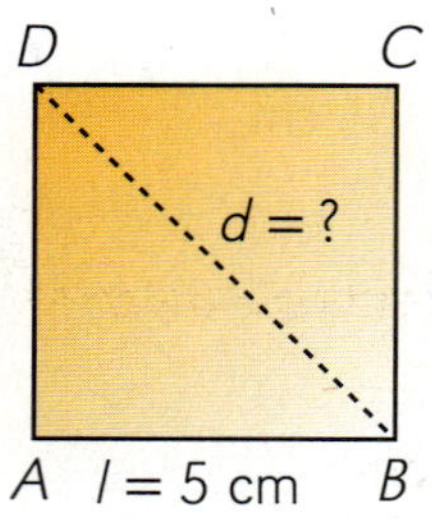

2. *Calcola la misura del lato di un quadrato, sapendo che la sua diagonale è lunga* $7 \cdot \sqrt{2}$ *cm.*

$$l = \frac{d}{\sqrt{2}} = \frac{7 \cdot \cancel{\sqrt{2}}}{\cancel{\sqrt{2}}} = 7 \text{ (cm)}$$

11 Tracciando una delle due diagonali di un quadrato, quali figure geometriche si ottengono? Fai un disegno e indicale, colorandole con colori diversi.

La diagonale di un quadrato lo divide in due ....

12 Scrivi la formula che consente di calcolare la misura della diagonale (d) di un quadrato, conoscendo la misura del lato (l).

$d =$ ....

13 Con quale delle seguenti formule si calcola la misura l del lato di un quadrato di diagonale d?

A $l = d \cdot \sqrt{2}$ **B** $l = \frac{d}{\sqrt{2}}$ **C** $l = d - \sqrt{2}$

Quale valore assegniamo alla $\sqrt[0,001]{2}$? ....

14 Il lato di un quadrato misura 20 cm. Calcola la lunghezza della diagonale ed esprimila nei due modi possibili. Quale ti sembra più facile? Perché? [28,28 cm; $20 \cdot \sqrt{2}$ cm]

15 Calcola la misura della diagonale di ciascuno dei seguenti quadrati nei due modi possibili. Scrivi sul tuo quaderno ogni volta la formula diretta.

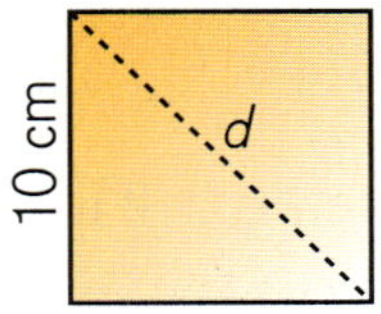

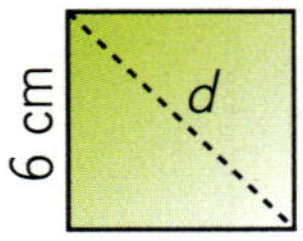

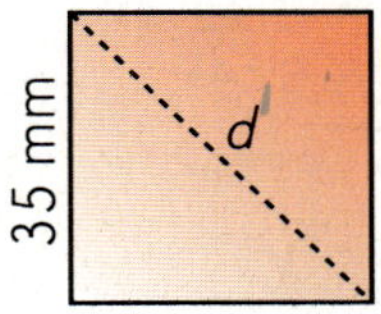

16 Calcola la misura del lato di ciascuno dei seguenti quadrati, di cui è data la misura della diagonale. Scrivi sul tuo quaderno ogni volta la formula inversa.

ESEMPIO

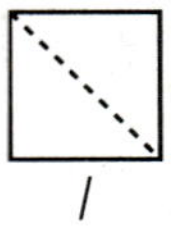

$d = 6 \cdot \sqrt{2}$ cm $\quad l = \frac{d}{\sqrt{2}} = \frac{6 \cdot \cancel{\sqrt{2}}}{\cancel{\sqrt{2}}} = 6$ (cm)

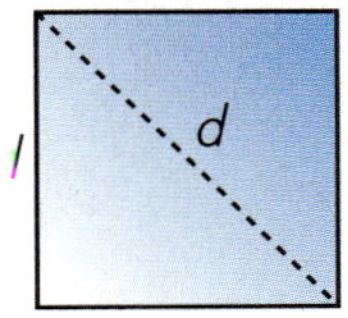

$d = 8 \cdot \sqrt{2}$ cm

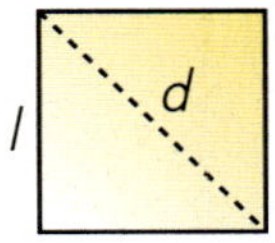

$d = 12 \cdot \sqrt{2}$ cm

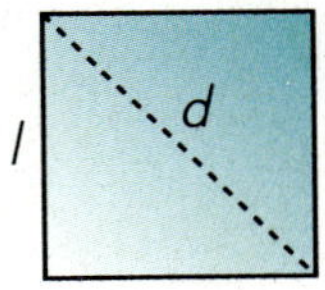

$d = 21,21$ cm

17 Disegna un quadrato di lato 7 cm e misura con un righello la sua diagonale. Calcola poi tale diagonale applicando la formula $d = l \cdot \sqrt{2}$ e verifica che i due risultati si approssimano l'uno all'altro.

18 Un quadrato ha la diagonale di $15 \cdot \sqrt{2}$ cm. Quanto misura il lato? Indica la risposta corretta.

A 15 cm **B** 7,5 cm **C** $15 \cdot \sqrt{2}$

19 Il perimetro di un quadrato è 84 cm. Calcola la misura della sua diagonale. [$21 \cdot \sqrt{2}$ cm]

PROBLEMA GUIDATO

Calcola la misura del lato: $l =$ .... Quindi, $d =$ ....

20 Se un quadrato ha l'area di 900 cm², la misura della sua diagonale è:

A 30 cm **B** 21,21 cm **C** 42,42 cm

APPRENDO...

Applicazioni del teorema di Pitagora ai triangoli

La cerniera che apre e chiude l'ingresso di una tenda canadese rappresenta l'altezza di un triangolo isoscele da essa diviso in due triangoli rettangoli congruenti.

Triangolo isoscele

Disegniamo un triangolo isoscele *ABC* e tracciamo l'altezza *CH* relativa alla base.
Notiamo che l'altezza divide il triangolo *ABC* in due triangoli rettangoli congruenti, ciascuno dei quali ha per cateti l'altezza e la metà della base del triangolo isoscele e per ipotenusa il lato obliquo.

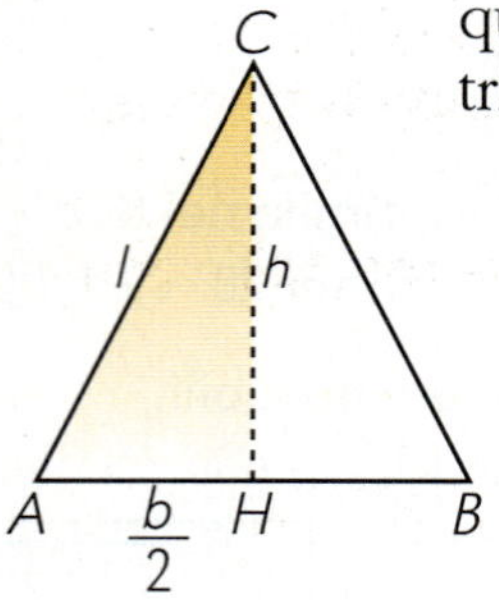

L'altezza *CH* divide il triangolo isoscele *ABC* nei triangoli rettangoli congruenti *AHC* e *BHC*.

Indicando con h, $\frac{b}{2}$ ed l, rispettivamente, le misure dei cateti e dell'ipotenusa di ciascun triangolo rettangolo e applicando il teorema di Pitagora, si ha:

$$\boldsymbol{l = \sqrt{h^2 + \left(\frac{b}{2}\right)^2}}$$ per calcolare la misura del lato

$$\boldsymbol{h = \sqrt{l^2 - \left(\frac{b}{2}\right)^2}}$$ per calcolare la misura dell'altezza

$$\boldsymbol{\frac{b}{2} = \sqrt{l^2 - h^2}}$$ per calcolare la misura di metà base

ESEMPIO **1.** *Calcola la misura del lato di un triangolo isoscele in cui la base e l'altezza misurano, rispettivamente, 18 cm e 12 cm.*

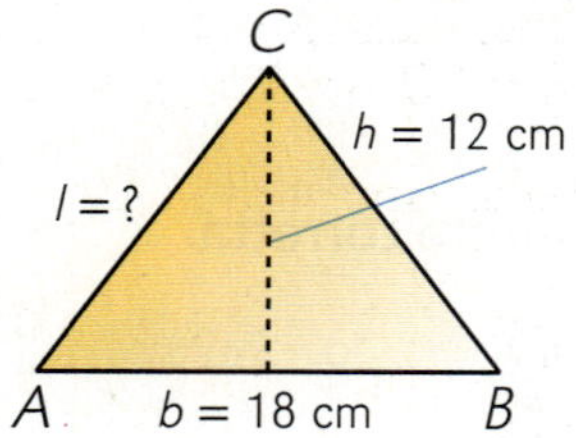

$$l = \sqrt{h^2 + \left(\frac{b}{2}\right)^2} = \sqrt{12^2 + \left(\frac{18}{2}\right)^2} = \sqrt{12^2 + 9^2} = \sqrt{144 + 81} =$$

$$= \sqrt{225} = 15 \text{ (cm)}$$

2. *Il lato e la base di un triangolo isoscele misurano, rispettivamente, 13 cm e 10 cm. Calcola la misura dell'altezza.*

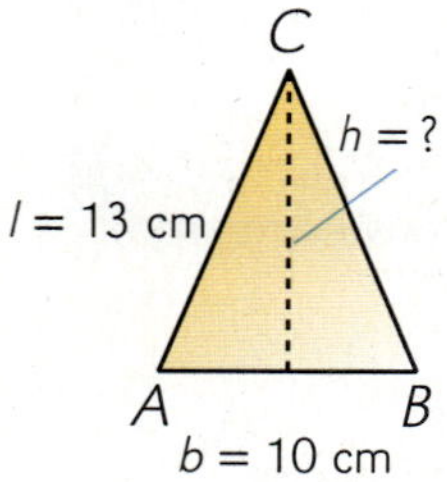

$$h = \sqrt{l^2 - \left(\frac{b}{2}\right)^2} = \sqrt{13^2 - \left(\frac{10}{2}\right)^2} = \sqrt{169 - 25} = \sqrt{144} = 12 \text{ (cm)}$$

segue...

1 In un triangolo isoscele, tracciando l'altezza relativa alla base, esso risulta diviso in due ....
Sul tuo quaderno fai il disegno e colora le due parti con colori diversi.

2 Considera il triangolo rettangolo *HBC*, ottenuto tracciando l'altezza relativa alla base del triangolo isoscele *ABC*, e individua i cateti e l'ipotenusa. A quali elementi del triangolo isoscele corrispondono rispettivamente?

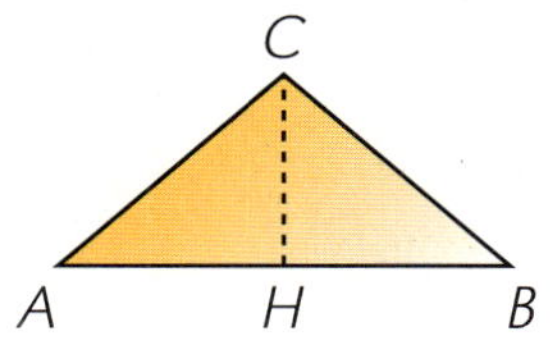

Il cateto .... corrisponde alla metà della ....

Il cateto .... corrisponde all' ....

L'ipotenusa .... corrisponde al ....

3 Disegna sul tuo quaderno un triangolo isoscele avente la base di 6 cm e l'altezza di 4 cm. Misura con un righello il lato del triangolo e poi calcola la sua misura applicando la formula che hai studiato. Coincidono le due misure?

4 Calcola la misura del lato di ciascun triangolo isoscele, scrivendo sul tuo quaderno ogni volta la formula corretta.

ESEMPIO

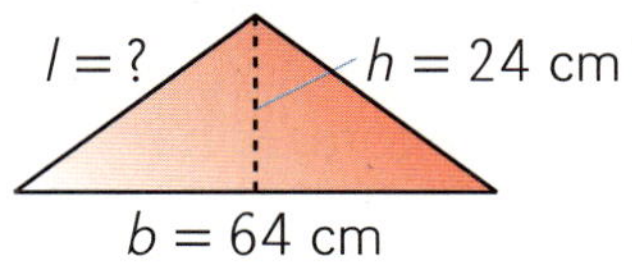

$$l = \sqrt{h^2 + \left(\frac{b}{2}\right)^2} = \sqrt{24^2 + \left(\frac{64}{2}\right)^2} = \sqrt{24^2 + 32^2} = \sqrt{\ldots\ldots\ldots} = \ldots\ldots\ldots$$

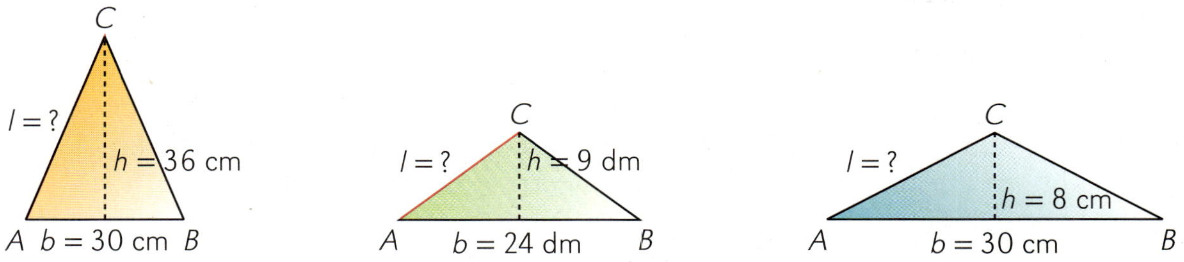

5 Calcola la misura dell'altezza di ciascun triangolo isoscele, scrivendo sul tuo quaderno ogni volta la formula corretta.

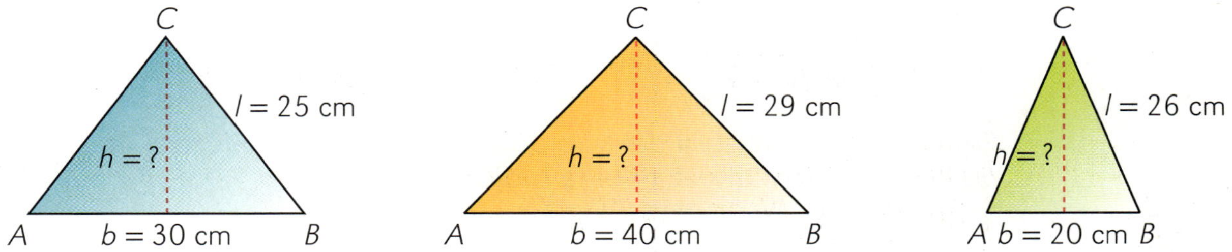

6 Calcola la misura della base di ciascun triangolo isoscele, scrivendo sul tuo quaderno ogni volta la formula corretta.

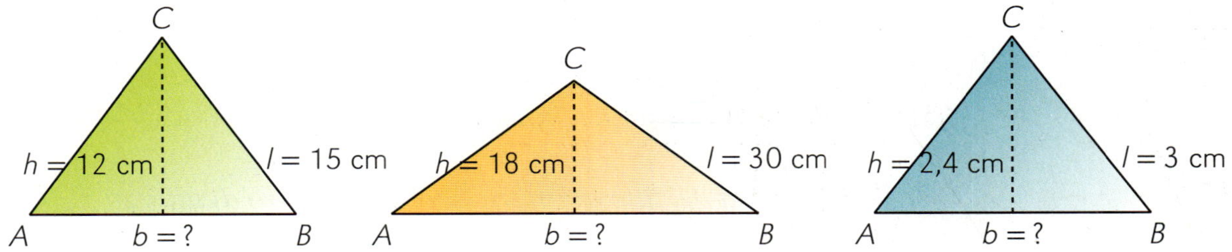

7 Martina ha calcolato il perimetro di un triangolo isoscele avente l'altezza di 20 cm e la base di 30 cm. Ha ottenuto come risultato 80 cm. È corretto oppure no? ☐ sì ☐ no

ESERCIZI ▸ p. 104

APPRENDO...

Il triangolo equilatero è usato nella segnaletica stradale per indicare diverse situazioni. Qual è l'altezza di ogni segnale se il lato del triangolo misura 34 cm?

- $h = \frac{34}{2} \cdot 1{,}732... = 29{,}4...$ (cm)

Triangolo equilatero

Disegniamo un triangolo equilatero *ABC* e tracciamo l'altezza *CH* relativa al lato *AB*.
Il triangolo risulta diviso in due triangoli rettangoli congruenti i cui cateti sono l'altezza e la metà del lato del triangolo equilatero e l'ipotenusa è il lato del triangolo *ABC*.

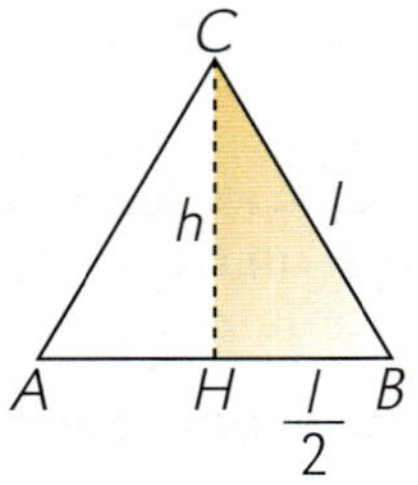

Indicando con h, $\frac{l}{2}$, l, rispettivamente, le misure dei cateti e dell'ipotenusa del triangolo rettangolo *HBC* e applicando il teorema di Pitagora, si ha:

$$h = \sqrt{l^2 - \left(\frac{l}{2}\right)^2} = \sqrt{l^2 - \frac{l^2}{4}} = \sqrt{\frac{4l^2 - l^2}{4}} = \sqrt{\frac{3l^2}{4}} = \frac{\sqrt{3}}{\sqrt{4}} \cdot l = \frac{l}{2} \cdot \sqrt{3}$$

ossia $\mathbf{h = \frac{l}{2} \cdot \sqrt{3}}$ formula diretta

Poiché $\sqrt[0{,}001]{3} = 1{,}732$, si ha che $h = \frac{l}{2} \cdot 1{,}732$.

La misura dell'altezza di un triangolo equilatero si ottiene moltiplicando la metà della misura del suo lato per la radice quadrata di 3.

Dalla formula precedente si ricava quella inversa:

$\mathbf{l = \frac{2 \cdot h}{\sqrt{3}}}$ formula inversa

Per calcolare la misura del lato di un triangolo equilatero si divide il doppio della misura dell'altezza per la radice quadrata di 3.

ESEMPIO 1. *Calcola la misura dell'altezza di un triangolo equilatero il cui lato misura 15 cm.*

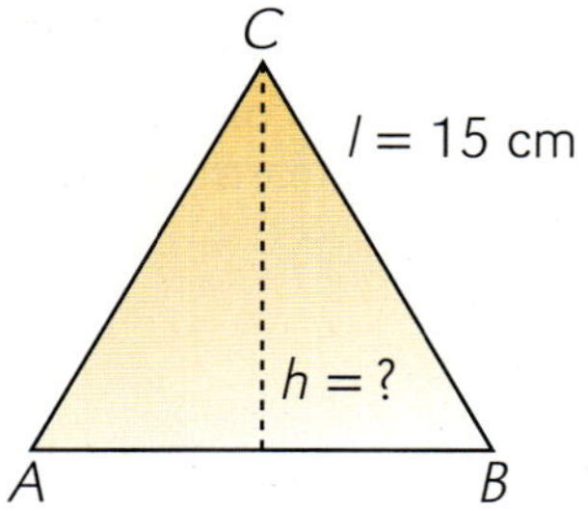

$$h = \frac{l}{2} \cdot \sqrt{3} = \frac{15}{2} \cdot 1{,}732 = 12{,}99 \text{ (cm)}$$

oppure

$$h = \frac{l}{2} \cdot \sqrt{3} = \frac{15}{2} \cdot \sqrt{3} = 7{,}5 \cdot \sqrt{3} \text{ (cm)}$$

2. *Calcola la misura del lato di un triangolo equilatero di altezza* $7 \cdot \sqrt{3}$ *(cm).*

$$l = \frac{2 \cdot h}{\sqrt{3}} = \frac{2 \cdot 7 \cdot \cancel{\sqrt{3}}}{\cancel{\sqrt{3}}} = 14 \text{ (cm)}$$

8 Completa le seguenti frasi.

a. Tracciando l'altezza relativa a un lato di un triangolo equilatero, quest'ultimo viene diviso in due .... Fai il disegno e colora le due parti con colori diversi. Poi in ciascuna indica i cateti e l'ipotenusa.

b. La misura dell'altezza di un triangolo equilatero si ottiene moltiplicando la ....

c. Alla $\sqrt[0{,}001]{3}$ assegniamo il valore di .... Scrivi la formula per il calcolo della misura del lato di un triangolo equilatero, essendo nota la misura dell'altezza. l = ...

9 **Disegna un triangolo equilatero avente il lato di 8 cm e traccia l'altezza relativa a un suo lato. Misura con un righello tale altezza e calcola poi la sua misura applicando la formula che hai studiato. Confronta i due risultati approssimati a meno di un decimo. Sono coincidenti?**

10 **Un triangolo equilatero ha il lato di 6 cm. Calcola la misura dell'altezza ed esprimila nei due modi possibili. Quale ti sembra più facile? Perché?** [5,196 cm; $3 \cdot \sqrt{3}$ cm]

11 **Completa la seguente tabella, relativa a un insieme di triangoli equilateri, scrivendo ogni volta la formula corretta per il calcolo dell'incognita.**

l (cm)	h (cm)	$2p$ (cm)
8	$h = \frac{l}{2} \cdot \sqrt{3} = \frac{8}{2} \cdot \sqrt{3} =$	....
....	$50 \cdot \sqrt{3}$	....
....	....	18
....	$10 \cdot \sqrt{3}$	....

12 **Calcola la misura del lato di un triangolo equilatero di altezza 8,66 cm.** [$\simeq$ 10 cm]

13 **Calcola l'area di ciascun triangolo equilatero, usando la formula data qui a fianco.**

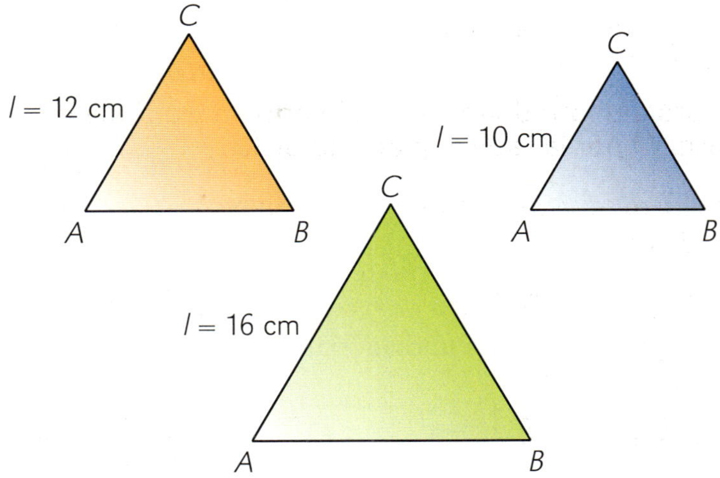

Per calcolare l'area di un triangolo equilatero, basta sostituire nella formula $A = \frac{b \cdot h}{2}$ al posto di b la misura l e al posto di h la misura $\frac{l}{2} \cdot \sqrt{3}$. Quindi $A = \frac{l^2 \cdot \sqrt{3}}{4}$.

[$36 \cdot \sqrt{3}$ cm^2; $25 \cdot \sqrt{3}$ cm^2; $64 \cdot \sqrt{3}$ cm^2]

14 **Il perimetro di un triangolo equilatero avente l'altezza di $16 \cdot \sqrt{3}$ cm è:**

A 96 cm B $32 \cdot \sqrt{3}$ cm C 32 cm

15 **Verifica che il perimetro di un triangolo equilatero la cui altezza è 2,598 m corrisponde a 9 m.**

ESERCIZI ▸ p. 106

APPRENDO...

Applicazioni del teorema di Pitagora al rombo

Misurando le semidiagonali di un rombo, si può calcolare la misura del suo lato?

- *Sì, perché al triangolo rettangolo avente come misure le semidiagonali del rombo si applica il teorema di Pitagora.*

Disegniamo un rombo *ABCD* e tracciamo le sue diagonali. Osserviamo che il rombo risulta diviso in quattro triangoli rettangoli congruenti.

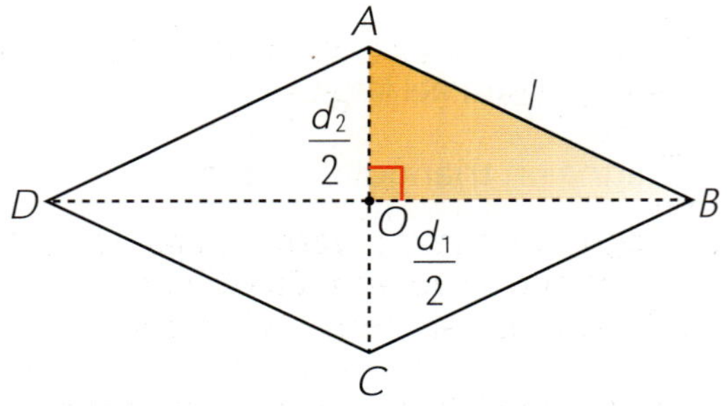

Ogni triangolo ha per cateti le semidiagonali del rombo e per ipotenusa il lato.
Indicando con d_1 e d_2 le misure delle diagonali del rombo e con *l* la misura del lato, applichiamo il teorema di Pitagora al triangolo rettangolo *AOB*:

$$\boldsymbol{l = \sqrt{\left(\frac{d_1}{2}\right)^2 + \left(\frac{d_2}{2}\right)^2}}$$ per calcolare la misura del lato

$$\boldsymbol{\frac{d_1}{2} = \sqrt{l^2 - \left(\frac{d_2}{2}\right)^2}}$$ per calcolare la misura della semidiagonale maggiore

$$\boldsymbol{\frac{d_2}{2} = \sqrt{l^2 - \left(\frac{d_1}{2}\right)^2}}$$ per calcolare la misura della semidiagonale minore

ESEMPIO 1. *Calcola la misura del lato di un rombo che ha le diagonali lunghe 16 cm e 12 cm.*

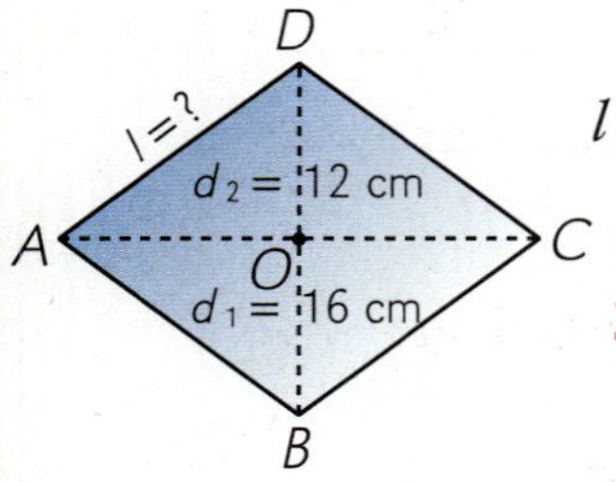

$$l = \sqrt{\left(\frac{d_1}{2}\right)^2 + \left(\frac{d_2}{2}\right)^2} = \sqrt{\left(\frac{16}{2}\right)^2 + \left(\frac{12}{2}\right)^2} = \sqrt{8^2 + 6^2} = \sqrt{64 + 36} = \sqrt{100} = 10 \text{ (cm)}$$

2. *Calcola l'area di un rombo sapendo che il lato misura 13 cm e la diagonale minore 10 cm.*
Calcoliamo prima la misura della semidiagonale maggiore:

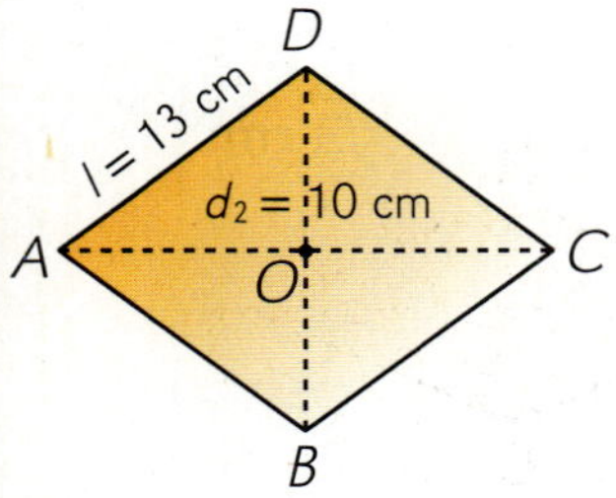

$$\frac{d_1}{2} = \sqrt{l^2 - \left(\frac{d_2}{2}\right)^2} = \sqrt{13^2 - \left(\frac{10}{2}\right)^2} = \sqrt{169 - 25} = \sqrt{144} = 12 \text{ (cm)}$$

Quindi: $d_1 = 12 \cdot 2 = 24$ (cm)

$$A = \frac{d_1 \cdot d_2}{2} = \frac{24 \cdot 10}{2} = 120 \text{ (cm}^2\text{)}$$

1 Indica quali sono i cateti e l'ipotenusa del triangolo rettangolo *AOB* e specifica a quali elementi del rombo corrispondono.

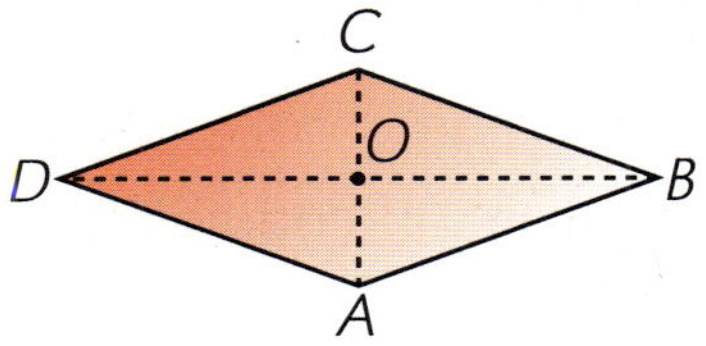

Il cateto .... corrisponde alla ....

Il cateto .... corrisponde alla ....

L'ipotenusa .... corrisponde al ....

2 Scrivi la formula per il calcolo della misura del lato (l) di un rombo, essendo note le misure delle due diagonali (d_1 e d_2).

l = ...

3 Disegna sul tuo quaderno un rombo avente le diagonali di 12 cm e 16 cm e misura con un righello il suo lato. Calcola poi la misura del lato mediante l'applicazione del teorema di Pitagora. Hai ottenuto lo stesso risultato?

4 Come si calcola la misura di una delle due semidiagonali di un rombo, se sono note le misure del lato e dell'altra diagonale? Scrivine la formula. ....

5 Calcola la misura incognita di ciascun rombo, scrivendo ogni volta la formula corretta per il calcolo dell'incognita.

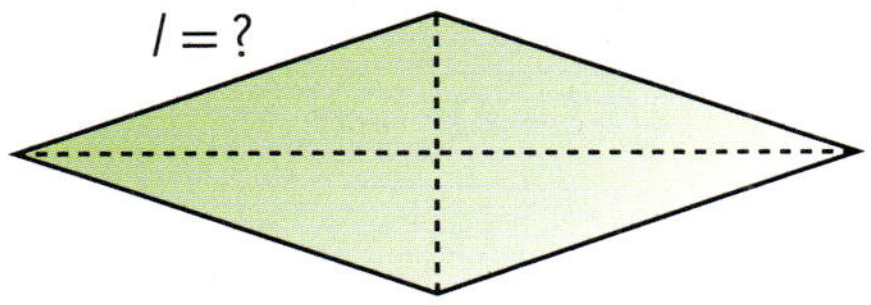

$d_1 = 30$ cm
$d_2 = 16$ cm
$l = \sqrt{\ldots\ldots}$

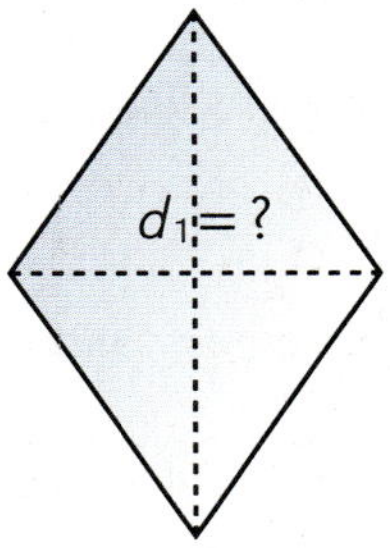

$l = 15$ cm
$d_2 = 18$ cm
$\frac{d_1}{2} = \sqrt{\ldots\ldots}$

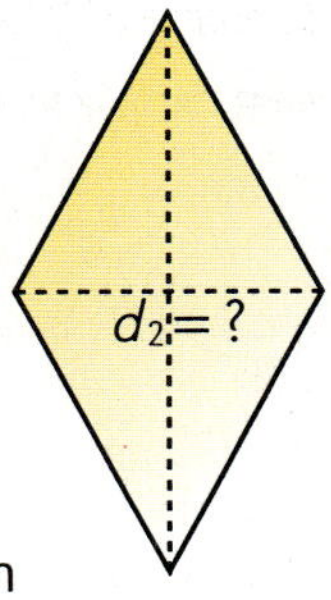

$l = 20$ cm
$d_1 = 32$ cm
$\frac{d_2}{2} = \sqrt{\ldots\ldots}$

6 Completa le seguenti tabelle, relative a un insieme di rombi (l, d_1, d_2 indicano, rispettivamente, le misure in centimetri del lato e delle diagonali).

a.

l (cm)	d_1 (cm)	d_2 (cm)
....	48	20
....	32	24
17	....	16

b.

l (cm)	d_1 (cm)	d_2 (cm)
34	....	32
30	36	....
26	....	20

7 Se il lato di un rombo misura 20 cm e una diagonale 24 cm, quanto misura l'altra diagonale? Indica la risposta corretta.

A 48 cm **B** 32 cm **C** 16 cm

8 Verifica eseguendo i calcoli che il perimetro di un rombo *ABCD*, le cui diagonali misurano 8 m e 1,8 m, è uguale a 16,4 m.

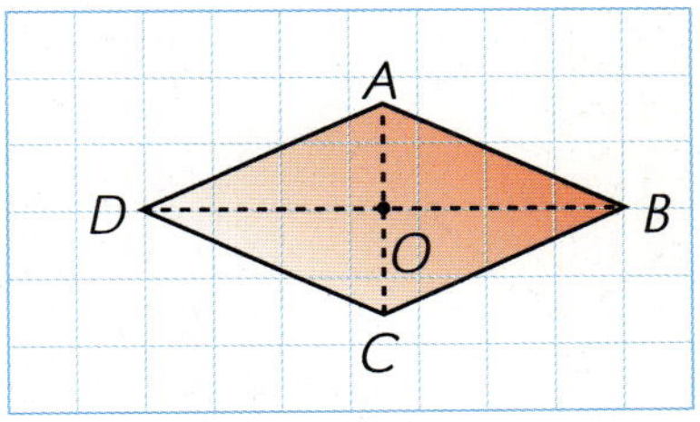

ESERCIZI ▸ p. 107

Applicazioni del teorema di Pitagora ai trapezi

Trapezio rettangolo

Disegniamo un trapezio rettangolo *ABCD* e dal vertice *C* conduciamo l'altezza *CH* relativa alla base maggiore.
Osserviamo che il trapezio risulta diviso nel rettangolo *AHCD* e nel triangolo rettangolo *BHC*.

Misurando le basi e l'altezza di un trapezio rettangolo, si può conoscere la misura del lato?

• *Sì, mediante l'applicazione del teorema di Pitagora al triangolo che si viene a formare tracciando l'altezza.*

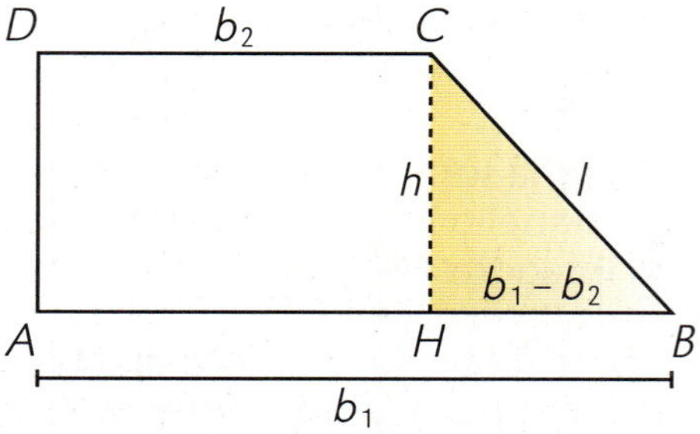

I cateti del triangolo rettangolo *BHC* sono l'altezza (h) e la differenza delle basi ($b_1 - b_2$), mentre l'ipotenusa è il lato obliquo (l) del trapezio.
Quindi, applicando il teorema di Pitagora, otteniamo le seguenti formule:

$$\boldsymbol{l = \sqrt{h^2 + (b_1 - b_2)^2}}$$

$$\boldsymbol{h = \sqrt{l^2 - (b_1 - b_2)^2}}$$

$$\boldsymbol{b_1 - b_2 = \sqrt{l^2 - h^2}}$$

ESEMPIO **1.** *La base maggiore, la base minore e l'altezza di un trapezio rettangolo misurano, rispettivamente, 20 cm, 12 cm e 15 cm. Calcola la misura del lato obliquo del trapezio.*

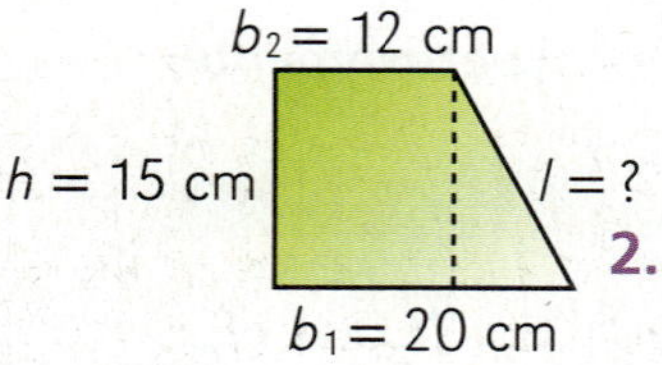

$$l = \sqrt{h^2 + (b_1 - b_2)^2} = \sqrt{15^2 + (20 - 12)^2} = \sqrt{225 + 64} = \sqrt{289} = 17 \text{ (cm)}$$

2. *Calcola la misura dell'altezza di un trapezio rettangolo, sapendo che il suo lato obliquo misura 29 cm e le basi 24 cm e 4 cm.*

$$h = \sqrt{l^2 - (b_1 - b_2)^2} = \sqrt{29^2 - (24 - 4)^2} = \sqrt{841 - 400} = \sqrt{441} = 21 \text{ (cm)}$$

Infine, osserviamo che, se nel trapezio rettangolo *ABCD* tracciamo la diagonale *BD*, si ottiene il triangolo rettangolo *BAD*, mentre tracciando la diagonale *AC* si forma il triangolo rettangolo *ACD*. In ciascuno di tali triangoli possiamo applicare il teorema di Pitagora, considerando le opportune misure.

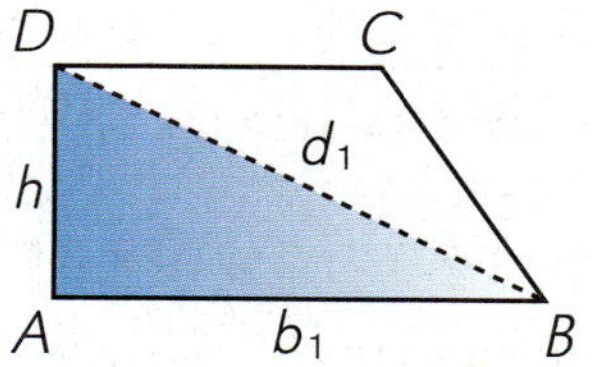

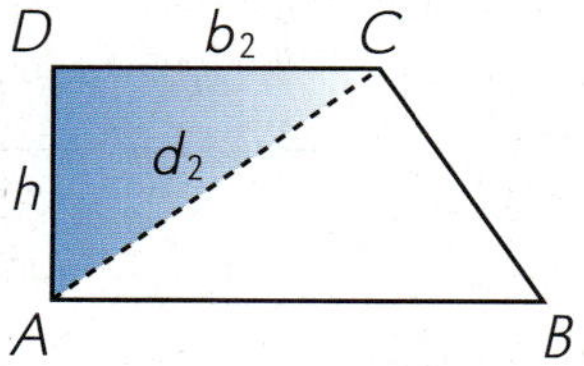

segue...

1 Indica quali sono i cateti e l'ipotenusa del triangolo rettangolo *BHC* ottenuto tracciando l'altezza relativa alla base maggiore del trapezio rettangolo *ABCD* e specifica a quali elementi del trapezio corrispondono.

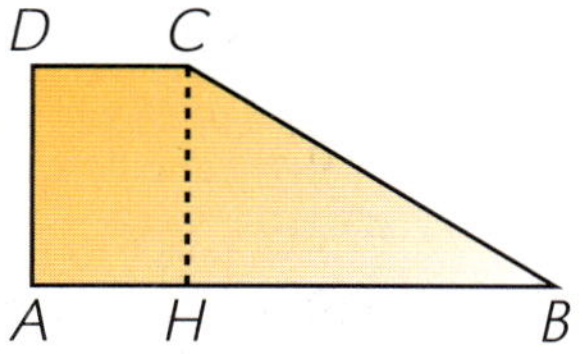

Il cateto *CH* .... corrisponde all' ....

Il cateto .... corrisponde alla ....

L'ipotenusa .... corrisponde al ....

2 Disegna un trapezio rettangolo e traccia l'altezza relativa alla base maggiore. Misura con un righello la base maggiore, la base minore, il lato obliquo e l'altezza di tale trapezio. Verifica poi che la misura del lato obliquo è la stessa (approssimata a meno di un decimo) di quella che si ottiene mediante il teorema di Pitagora.

3 Calcola la misura incognita di ciascun trapezio rettangolo, scrivendo ogni volta la formula corretta per il calcolo dell'incognita.

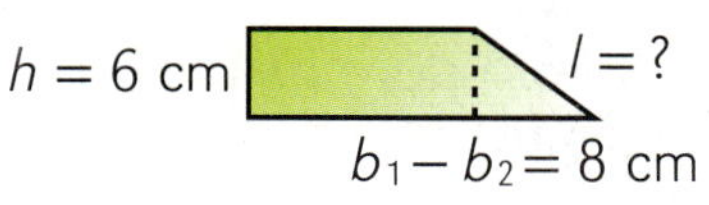

$l = \sqrt{\dots\dots}$

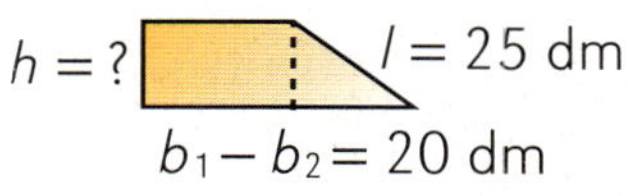

$h = \sqrt{\dots\dots}$

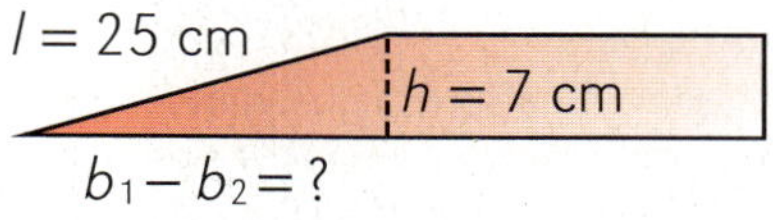

$b_1 - b_2 = \sqrt{\dots\dots}$

4 Completa la seguente tabella, relativa a un insieme di trapezi rettangoli (l, h, $b_1 - b_2$ indicano, rispettivamente, le misure del lato obliquo, dell'altezza e della differenza tra le basi). Scrivi ogni volta la formula corretta.

l (cm)	h (cm)	$b_1 - b_2$ (cm)
$l = \sqrt{h^2 + (\dots\dots)^2} = \sqrt{16^2 + \dots\dots} = \dots\dots$	16 cm	12 cm
10	8	....
15	....	9
25	24	....
....	1,2	3,5
5	....	1,4

5 Calcola il perimetro e l'area di un trapezio rettangolo avente la base maggiore di 23 cm, la base minore di 7 cm e il lato obliquo di 20 cm.

PROBLEMA GUIDATO

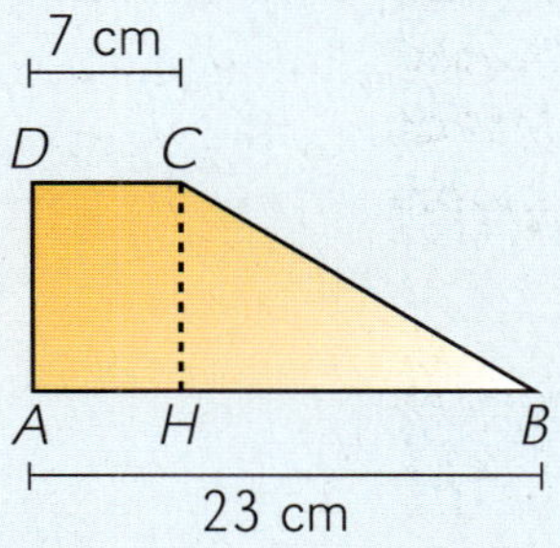

Dati
$AB = 23$ cm
$CD = 7$ cm
$BC = 20$ cm

Incognite
$2p = ?$
$A = ?$

Calcoliamo dapprima la misura della differenza delle basi, usando le lettere della figura.

$\overline{HB} = \overline{AB} - \overline{CD} = 23 - 7 = 16$ (cm)

$\overline{CH} = \sqrt{\overline{CB}^2 - \overline{HB}^2} = \sqrt{20^2 - \dots\dots}$

Applichiamo il teorema di Pitagora al triangolo rettangolo *BHC* e calcoliamo la misura *CH*.

$2p = \dots\dots$

$A = \dots\dots$

[62 cm; 180 cm²]

ESERCIZI ▸ p. 109

Trapezio isoscele

Disegniamo un trapezio isoscele *ABCD* e conduciamo dai vertici *C* e *D* le altezze *CH* e *DK*. Osserviamo che il trapezio risulta formato dal rettangolo *CHKD* e dai due triangoli congruenti *AKD* e *BHC*.

Simona afferma che, conoscendo le misure delle basi e dell'altezza di un trapezio isoscele, si può conoscere la misura del lato mediante l'applicazione del teorema di Pitagora. È vero o falso?

• *È vero.*

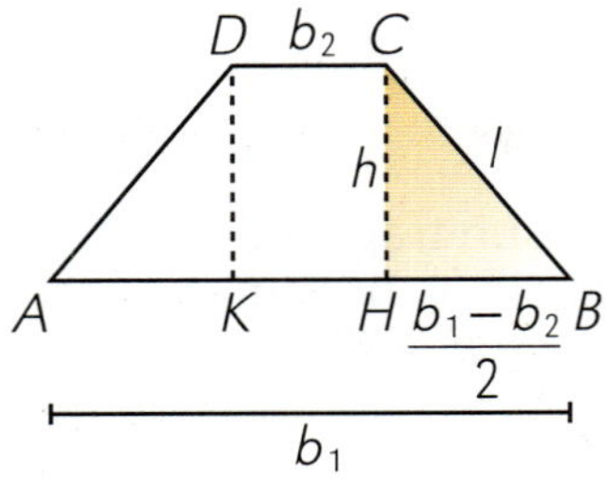

Applichiamo il teorema di Pitagora a uno dei due triangoli rettangoli, per esempio *BHC*, tenendo conto che i cateti hanno per misure l'altezza h e la metà della differenza delle basi $\frac{b_1-b_2}{2}$ e l'ipotenusa ha come misura quella del lato obliquo (l).

Otteniamo le formule:

$$\boldsymbol{l=\sqrt{h^2+\left(\frac{b_1-b_2}{2}\right)^2}} \qquad \boldsymbol{h=\sqrt{l^2-\left(\frac{b_1-b_2}{2}\right)^2}} \qquad \boldsymbol{\frac{b_1-b_2}{2}=\sqrt{l^2-h^2}}$$

ESEMPIO *La base maggiore, la base minore e l'altezza di un trapezio isoscele misurano rispettivamente 18 cm, 8 cm e 12 cm. Calcola la misura del lato del trapezio.*

$$l=\sqrt{h^2+\left(\frac{b_1-b_2}{2}\right)^2}=\sqrt{12^2+\left(\frac{18-8}{2}\right)^2}=$$

$$=\sqrt{12^2+5^2}=\sqrt{144+25}=\sqrt{169}=13\ (\text{cm})$$

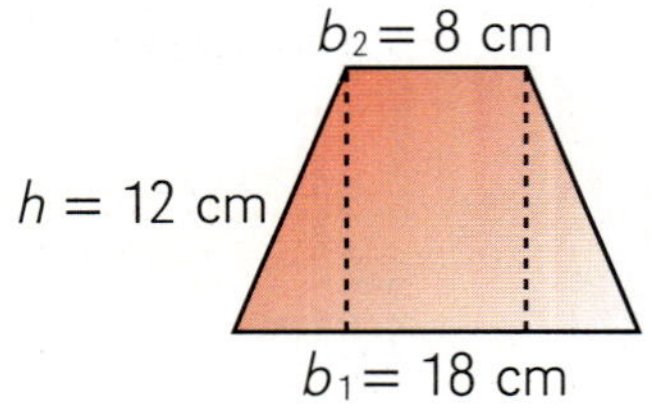

Possiamo infine osservare che, se nel trapezio isoscele *ABCD* tracciamo, oltre all'altezza, anche una delle diagonali, per esempio *BD*, otteniamo il triangolo rettangolo *BKD* a cui possiamo applicare il teorema di Pitagora, considerando opportunamente le misure dei cateti e dell'ipotenusa.

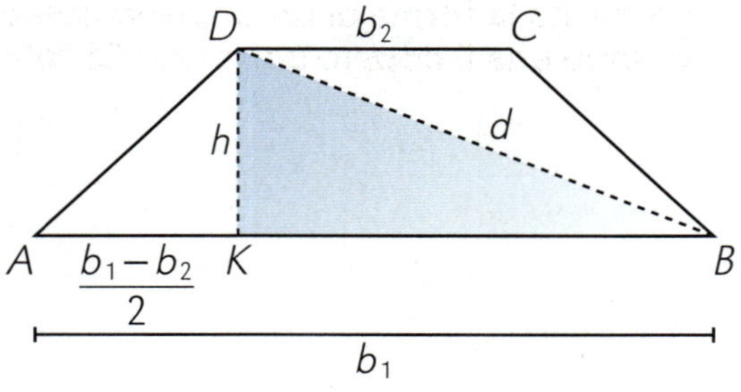

6 In quante figure geometriche risulta scomposto un trapezio isoscele se tracciamo le altezze relative alla base maggiore? A quali si può applicare il teorema di Pitagora? Prima di rispondere fai il disegno sul tuo quaderno.

7 Individua i cateti e l'ipotenusa del triangolo rettangolo *BHC* e completa le relative frasi.

a. I cateti sono i segmenti .... e .... ; essi corrispondono, rispettivamente, ... del trapezio ....

b. L'ipotenusa è il segmento .... e corrisponde al .... obliquo del trapezio ....

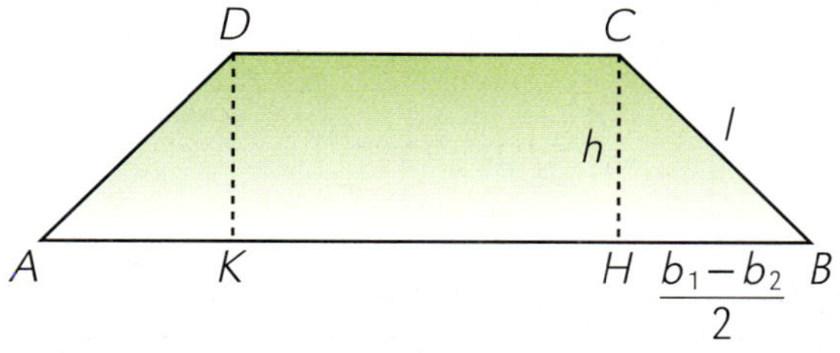

8 Disegna un trapezio isoscele e traccia l'altezza. Servendoti di un righello, misura le basi, il lato obliquo e l'altezza di tale trapezio. Verifica poi che la misura dell'altezza è la stessa (approssimata a meno di un decimo) di quella che si ottiene mediante l'applicazione del teorema di Pitagora.

9 Determina le misure incognite di ciascuna figura.

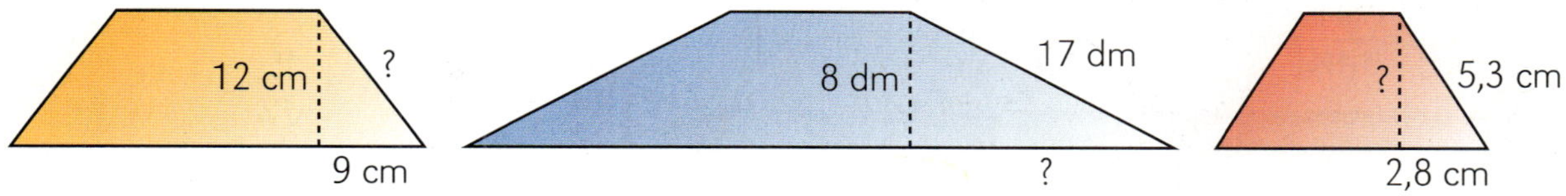

10 Completa la seguente tabella, che si riferisce a un insieme di trapezi isosceli. Ricorda che l'area del trapezio si calcola con la formula: $A = \frac{(b_1 + b_2) \cdot h}{2}$.

base maggiore (cm)	base minore (cm)	altezza (cm)	lato obliquo (cm)	perimetro (cm)	area (cm²)
26	2	5	....	....	....
15	....	8	10	....	....
41	9	....	34	....	....
....	13	....	25	90	....
....	6	9	....	....	162

11 La falda del tetto di uno *chalet* di montagna ha la forma di un trapezio isoscele. Il perimetro è 34 m, il lato obliquo misura 5 m e le basi sono una il doppio dell'altra. Calcola l'area. [36 m²]

Applicazioni del teorema di Pitagora ai triangoli rettangoli

Triangolo rettangolo con angoli acuti di 45°

Le formule che abbiamo trovato per il quadrato valgono anche per il triangolo rettangolo avente gli angoli acuti di 45°.
Vediamo insieme il perché, esaminando la figura.

Un faro emette fasci di luce. Se un raggio forma con il livello del mare un angolo di 45° ed è lungo 144 m, qual è la distanza dal faro di una barca illuminata da quel raggio?

- $l = \frac{d}{\sqrt{2}} = \frac{144}{1{,}414}\,m \simeq 101{,}84\ m$

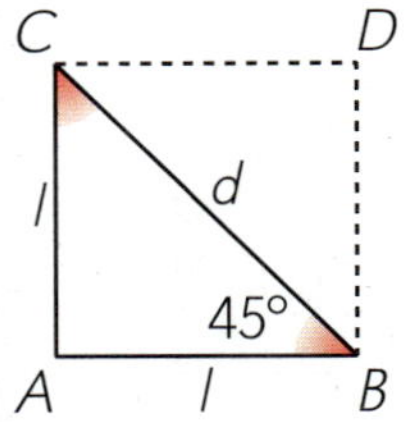

Il triangolo rettangolo *ABC*, che ha gli angoli acuti di 45°, è la metà del quadrato *ABDC* avente per lato un cateto del triangolo rettangolo e per diagonale l'ipotenusa. Quindi, indicando con *l* e *d*, rispettivamente, la misura del cateto e quella dell'ipotenusa, si ottengono le stesse formule già viste per il quadrato:

$$\boldsymbol{d = l \cdot \sqrt{2}} \qquad \boldsymbol{l = \frac{d}{\sqrt{2}}} \qquad \text{dove } \sqrt[0{,}001]{2} = 1{,}414$$

Triangolo rettangolo con angoli acuti di 30° e 60°

Le formule che abbiamo trovato per il triangolo equilatero valgono per il triangolo rettangolo avente gli angoli acuti di 30° e 60°.
Infatti, si può constatare che il triangolo rettangolo *ABC* con gli angoli $A\hat{C}B$ e $A\hat{B}C$, rispettivamente, di 30° e 60°, è la metà del triangolo equilatero *DBC* avente per lato l'ipotenusa di *ABC*.

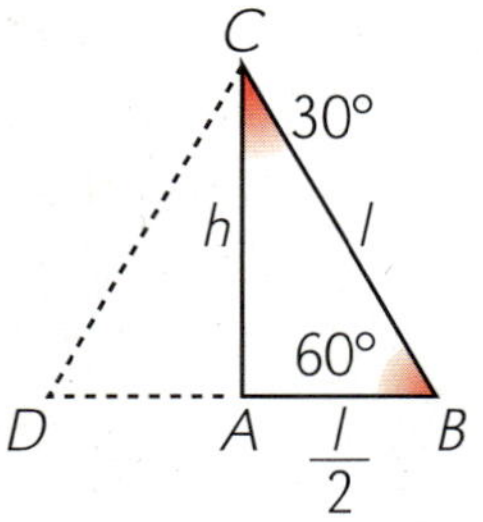

In un triangolo rettangolo con gli angoli acuti di 30° e 60° il cateto opposto all'angolo di 30° è la metà dell'ipotenusa.

I due cateti del triangolo *ABC* sono quindi congruenti, rispettivamente, all'altezza e alla metà del lato del triangolo equilatero. Indicando con *l* la misura dell'ipotenusa, con *h* la misura del cateto *AC* e con $\frac{l}{2}$ la misura del cateto *AB*, si ottengono le stesse formule trovate per il triangolo equilatero:

$$\boldsymbol{h = \frac{l}{2} \cdot \sqrt{3}} \qquad \boldsymbol{l = \frac{2 \cdot h}{\sqrt{3}}} \qquad \text{dove } \sqrt[0{,}001]{3} = 1{,}732$$

1 Un quadrato è diviso dalla diagonale in due triangoli rettangoli congruenti. Di che tipo di triangoli si tratta? Quanto misurano gli angoli acuti di ciascuno di essi? Quali sono i cateti e qual è l'ipotenusa di tali triangoli? Esegui il disegno sul tuo quaderno.

2 Per un triangolo rettangolo isoscele sono valide le relazioni che abbiamo trovato per il quadrato? Perché?

3 Calcola la misura incognita di ciascuna figura, approssimando i risultati a meno di un centesimo. Scrivi sul tuo quaderno di volta in volta la formula corretta.

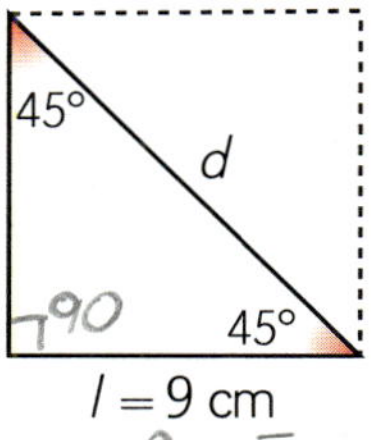

$l = 9$ cm

$d =$ $9 \times \sqrt{2}$ = 12,69

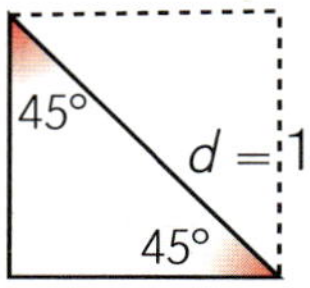

$l =$ $\frac{d}{\sqrt{2}} = \frac{14,14}{\sqrt{2}}$

$l = 2,4$ dm

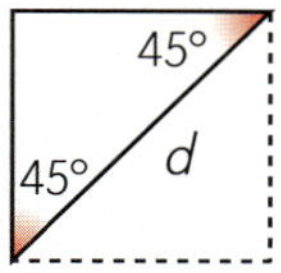

$d =$ $l \times \sqrt{2}$ = $2,4 \times \sqrt{2}$

4 Il lato di un triangolo rettangolo con un angolo acuto di 45° misura 25 cm. Quanto misura l'ipotenusa? Segna la risposta corretta.

A 30 cm B 45,45 cm C 35,35 cm

5 Per un triangolo rettangolo con gli angoli acuti di 30° e 60° valgono le relazioni trovate per il triangolo equilatero? Perché?

6 Completa.

In un triangolo rettangolo con gli angoli acuti di 30° e 60° il cateto opposto all'angolo di 30° è la ....METÀ.... dell'ipotenusa.

7 Calcola le misure incognite di ciascuna figura, approssimando i risultati a meno di un centesimo.

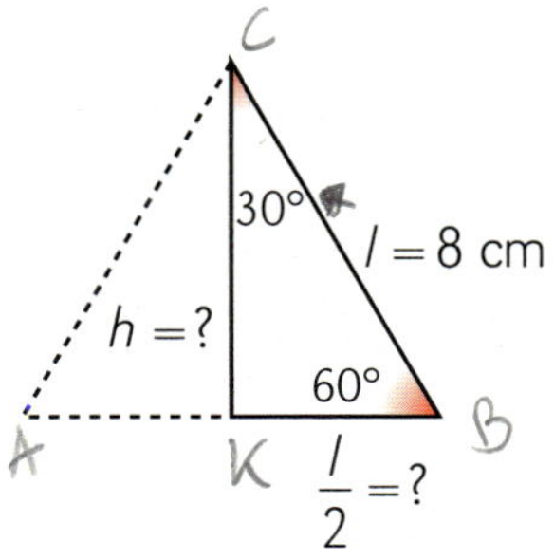

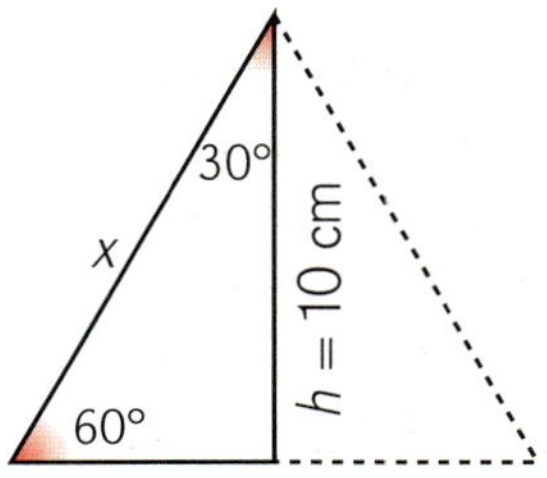

$\frac{2 \times 10}{\sqrt{3}} = 11,54$

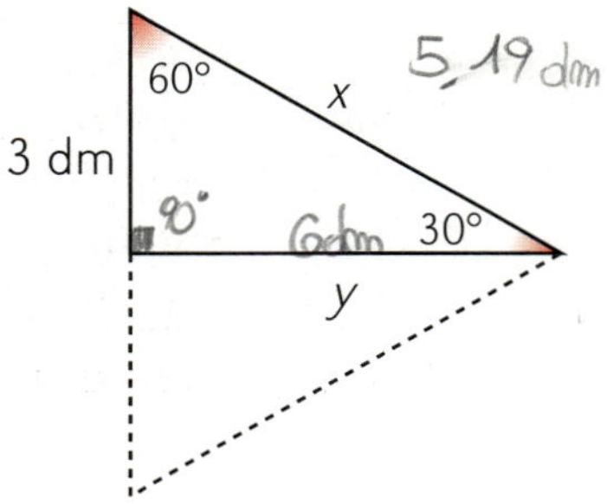

8 Calcola le misure dei cateti di un triangolo rettangolo con gli angoli acuti di 30° e 60°, sapendo che l'ipotenusa misura 10 cm. Fai riferimento alle indicazioni letterali della figura a fianco.

Dati
$\overline{BC} = 10$ cm

Incognite
$\overline{AB} = ?$
$\overline{AC} = ?$

$\overline{AB} = \frac{\overline{BC}}{2} = \frac{\dots}{2} = \dots$ (cm)

$\overline{AC} = \dots$

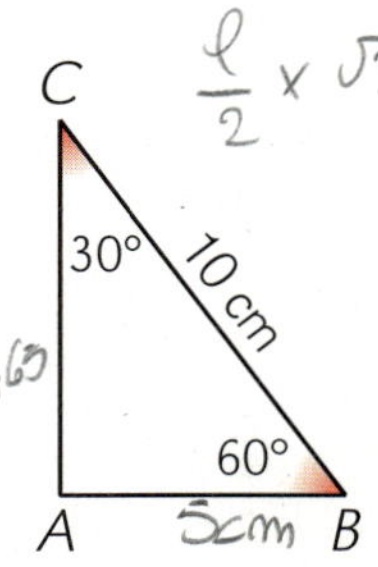

9 Calcola la misura dell'ipotenusa di un triangolo rettangolo con gli angoli acuti di 30° e 60°, sapendo che il cateto maggiore misura 20 cm. Hai ottenuto 23,09 cm? ☐ sì ☐ no

10 Indica la risposta corretta.

Se l'altezza di un triangolo equilatero misura $6 \cdot \sqrt{3}$ cm, allora il lato misurerà:

A 12 cm B $12 \cdot \sqrt{3}$ cm C 15 cm

ESERCIZI ▸ p. 113

ESERCIZI E PROBLEMI

APPLICAZIONE

Il teorema di Pitagora. Due facili dimostrazioni del teorema di Pitagora.

[**U2.1** ▸ p. 70 **U2.2** ▸ p. 72]

1 **Completa le seguenti frasi.**

Il teorema di Pitagora afferma che:

a. in ogni triangolo rettangolo il .... costruito sull'.............................. è equivalente ....

....

b. indicando con a, b, c, rispettivamente, le misure dell'ipotenusa e dei cateti di un triangolo rettangolo, la relazione pitagorica è: ....

2 **Con riferimento alla figura, completa le frasi che seguono. Determina il numero dei quadratini che sono contenuti rispettivamente nei quadrati Q, Q_1 e Q_2 supponendo che:**

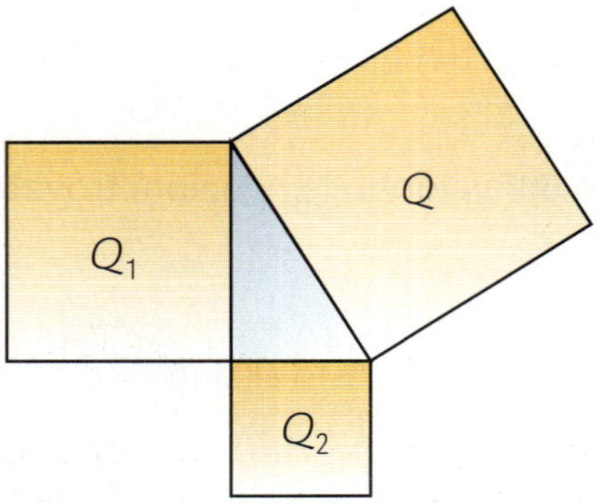

a. Q_1 sia formato da 64 quadratini uguali e Q_2 da 36 quadratini uguali.
Q avrà .... quadratini.

b. Q sia composto da 169 quadratini uguali e Q_2 da 25 quadratini uguali.
Q_1 avrà .... quadratini.

c. Q sia composto da 225 quadratini uguali e Q_1 da 144 quadratini uguali.
Q_2 avrà .... quadratini.

3 **Disegna un triangolo rettangolo *ABC* avente i lati di 6 *u*, 8 *u*, 10 *u* e costruisci su di essi i relativi quadrati. Determina l'area di ciascun quadrato e verifica che l'area di quello maggiore è uguale alla somma delle aree dei quadrati minori.**

4 **Se a, b, c indicano, rispettivamente, le misure dell'ipotenusa e dei cateti di un triangolo rettangolo, scrivi la relazione che consente di calcolare a^2, essendo note le misure di b e c.**

5 **Tra i seguenti triangoli rettangoli c'è un "intruso". Qual è? Scoprilo mediante l'applicazione del teorema di Pitagora.**

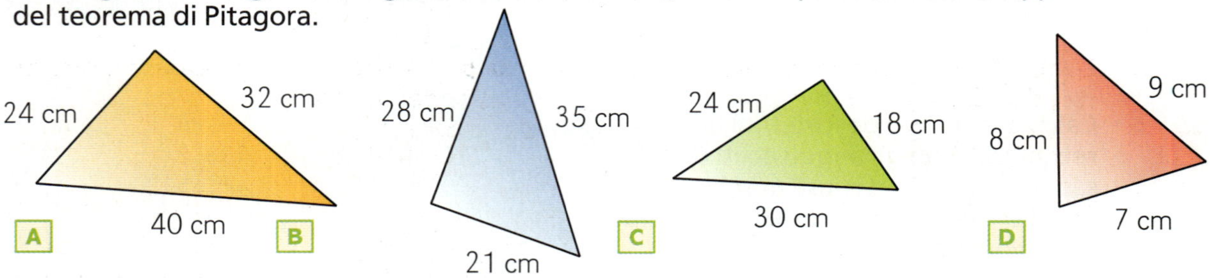

6 **Con riferimento alla figura a fianco, completa la seguente tabella.**

$\overline{AB}$ (cm)	$\overline{AC}$ (cm)	$\overline{BC}$ (cm²)
6	8	$\overline{BC}^2 = \overline{AB}^2 + \overline{AC}^2 =$ ....
7	24	....
12	16	....
20	37,5	....

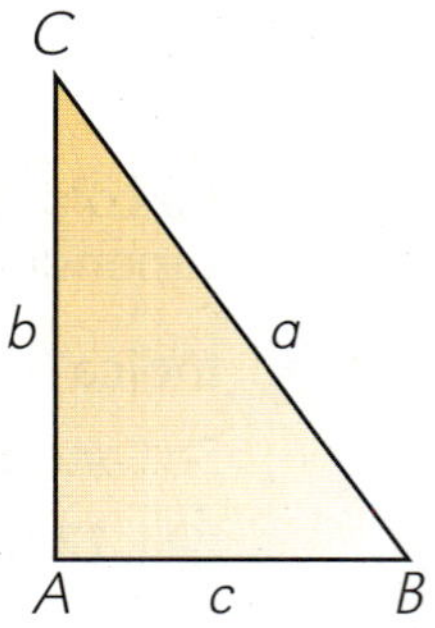

Le terne pitagoriche

[**U2.3** p. 74]

Ricorda che il quadrato del numero maggiore deve essere uguale alla somma dei quadrati dei numeri minori.

7 Verifica che le seguenti terne di numeri sono terne pitagoriche.

a. 15 • 20 • 25
b. 9 • 12 • 15
c. 16 • 30 • 34
d. 12 • 16 • 20
e. 42 • 56 • 70
f. 7,5 • 4,5 • 6

8 A fianco di ciascuna delle seguenti terne di numeri indica se è una terna pitagorica.

a. 21 • 28 • 35 ☐ sì ☐ no
b. 19 • 27 • 40 ☐ sì ☐ no
c. 30 • 40 • 50 ☐ sì ☐ no
d. 1,5 • 2 • 2,5 ☐ sì ☐ no

9 Le misure dei tre lati di un triangolo sono date (in centimetri) dalle seguenti terne di numeri. Quali rappresentano i lati di un triangolo rettangolo? Perché?

a. 20 • 21 • 29
b. 6 • 9 • 12
c. 6 • 8 • 10
d. 7 • 24 • 25
e. 8 • 15 • 17
f. 16 • 63 • 65
g. 4 • 9 • 11
h. 39 • 80 • 89

RICORDA
- Una terna pitagorica si dice **terna pitagorica primitiva** se i numeri naturali che la compongono sono primi fra loro.
- Moltiplicando o dividendo i numeri di una terna pitagorica primitiva per uno stesso numero intero o decimale (diverso da zero) si ottiene ancora una terna pitagorica che si dice **terna pitagorica derivata**.

10 Scrivi quattro terne derivate partendo dalla terna pitagorica primitiva 3, 4, 5 e moltiplicandola di volta in volta per 2, 6, 1,5 e 3,4.

11 Scrivi quattro terne derivate partendo dalla terna pitagorica primitiva 8, 15, 17, moltiplicandola di volta in volta per 2 e per 3 e dividendola per 2 e per 5.

12 Completa le seguenti tabelle costruendo la terna pitagorica per ogni numero indicato con *d* se dispari (prima tabella) e con *p* se pari (seconda tabella).

numero dato (*d*)	terna pitagorica *a*, *b*, *c*		
5	$a = d = 5$	$b = \frac{d^2 - 1}{2} =$	$c = \frac{d^2 + 1}{2} =$ ....
11	....	....	....
9	....	....	....

numero dato (*p*)	terna pitagorica *a*, *b*, *c*		
6	$a = p =$	$b = \frac{p^2 - 4}{4} =$	$c = \frac{p^2 + 4}{4} =$ ....
14	....	....	....
4	....	....	....

APPLICAZIONE

13 Completa la tabella scrivendo la terna pitagorica per ogni numero indicato, ponendo attenzione al fatto che il numero dato sia pari o dispari.

numero dato	terna pitagorica *a*, *b*, *c*		
7	....	....	....
3	....	....	....
15	....	....	....
8	....	....	....
2	....	....	....
12	....	....	....
13	....	....	....
10	....	....	....
17	....	....	....

14 I lati di un triangolo misurano 32 cm, 60 cm e 68 cm. Si tratta di un triangolo rettangolo? ☐ sì ☐ no Motiva la risposta.

15 Le misure dei lati di un triangolo sono 15 cm, 36 cm e 43 cm. Si tratta di un triangolo rettangolo? ☐ sì ☐ no Motiva la risposta.

16 Verifica su almeno dieci terne pitagoriche primitive le seguenti proprietà, scoperte dall'autrice di questo libro.
In ogni terna pitagorica primitiva si verifica quanto segue:
- i numeri che rappresentano le misure dei cateti sono sempre uno pari e l'altro dispari;
- uno e uno solo dei numeri che rappresentano le misure dei cateti è sempre multiplo di 3;
- il numero che rappresenta la misura dell'ipotenusa è sempre dispari e mai multiplo di 3.

17 Sulla base delle proprietà citate nell'esercizio precedente, spiega perché le seguenti terne non sono sicuramente terne pitagoriche primitive.

a. 5 • 8 • 11
b. 12 • 15 • 19
c. 7 • 24 • 27
d. 13 • 75 • 78
e. 7 • 16 • 21
f. 12 • 17 • 20
g. 6 • 7 • 8
h. 12 • 60 • 61
i. 9 • 21 • 23
l. 8 • 15 • 18

18 Utilizzando la relazione pitagorica o le proprietà enunciate precedentemente, stabilisci se le seguenti affermazioni sono vere o false, motivando la risposta.

a. 5, 12, 13 è una terna pitagorica. V F
b. 14, 27, 36 non è una terna pitagorica. V F
c. 20, 21, 29 è una terna pitagorica. V F
d. 8, 15, 17 non è una terna pitagorica. V F
e. 13, 20, 31 è una terna pitagorica. V F

Calcolo delle misure dei lati di un triangolo rettangolo

[U2.4 ▸ p. 76]

19 Indicando con *a*, *b*, *c* rispettivamente le misure dell'ipotenusa e dei cateti di un triangolo rettangolo, specifica quale misura del triangolo si trova con l'applicazione di ciascuna delle seguenti formule:

a. $b=\sqrt{a^2-c^2}$ ....
b. $a=\sqrt{b^2+c^2}$ ....
c. $c=\sqrt{a^2-b^2}$ ....

20 Di seguito sono date le misure dei cateti di alcuni triangoli rettangoli. Disegnali di volta in volta sul tuo quaderno e misura con un righello la lunghezza dell'ipotenusa. Verifica, anche solo in modo approssimato, che le misure dei lati del triangolo soddisfano la relazione del teorema di Pitagora.

- a. 6 cm • 8 cm
- b. 5 cm • 12 cm
- c. 9 cm • 12 cm
- d. 4,5 cm • 6 cm
- e. 7,5 cm • 10 cm

Ricorda la relazione pitagorica: $a^2 = b^2 + c^2$

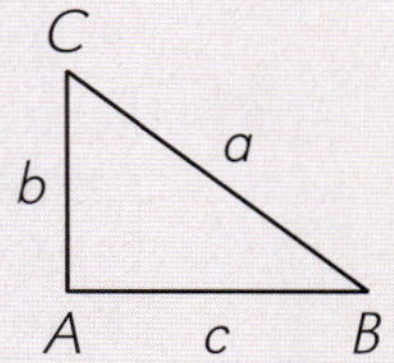

Utilizzando il teorema di Pitagora, completa le seguenti tabelle (*a*, *b*, *c* indicano, rispettivamente, le misure dell'ipotenusa e dei cateti di un triangolo rettangolo, espresse in centimetri).

21

a	b	c
....	30	40
....	11	60
....	20	21
....	12	35

a	b	c
20	12	....
34	16	....
25	7	....
35	28	....

22

a	b	c
....	1,6	3
4,1	....	4
4,5	2,7	....
8,5	....	8,4

a	b	c
1,7	....	1,5
....	1,8	8
11,3	1,5	....
14,5	10	....

23 Se *l*, *m*, *n* indicano le misure dei lati di un triangolo rettangolo, stabilisci, in base alla seguente uguaglianza, quale lettera si riferisce alla misura dell'ipotenusa e fai il disegno. $m = \sqrt{l^2 - n^2}$

Risolvi i seguenti problemi.

24 I cateti di un triangolo rettangolo misurano 21 cm e 28 cm. Calcola la misura dell'ipotenusa e il perimetro del triangolo. [35 cm; 84 cm]

25 La vela di una barca ha la forma di un triangolo rettangolo. Se i lati che formano l'angolo retto misurano 3,6 m e 2,7 m quanto misura l'altro lato, ossia l'ipotenusa del triangolo? [4,5 m]

26 Giulio, per prendere un libro da alcuni scaffali della sua libreria, la cui altezza dal pavimento è di 2 m, appoggia una scala a 1,5 m dalla base del mobile che li contiene. Osserva il disegno e calcola la lunghezza della scala. [2,5 m]

27 In un triangolo rettangolo i cateti misurano 15 cm e 20 cm. Calcola la misura dell'ipotenusa, il perimetro e l'area del triangolo. [25 cm; 60 cm; 150 cm²]

28 Per superare una barriera architettonica è stato costruito uno "scivolo" la cui sezione è rappresentata in figura. Se *AB* misura 56 cm e *BC* 70 cm, qual è l'altezza dello scivolo?

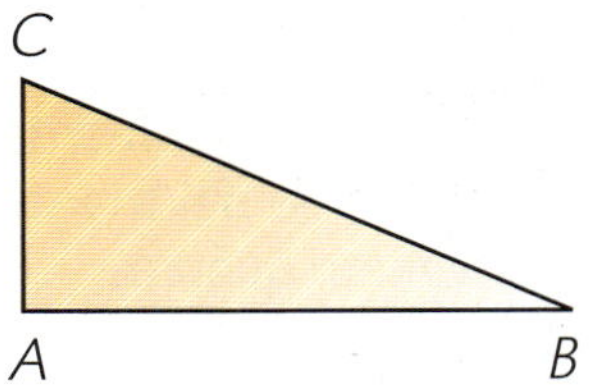

[42 cm]

29 Durante un incendio arrivano i pompieri e, per raggiungere una finestra distante 24 m dal suolo, sistemano una scala di 26 m. A quale distanza dalla base dell'edificio è posta la scala? [10 m]

APPLICAZIONE

30 Un elettricista deve sistemare una lampada a muro e appoggia una scala, lunga 5 m, a una distanza di 3 m dal muro. A quanti metri da terra si trova la lampada? [4 m]

31 In un campeggio all'incrocio di due vialetti perpendicolari *AC* e *BC* c'è un chioschetto. Se Stefano si trova nel punto A, quanti metri dovrà percorrere per arrivare al chioschetto? [48 m]

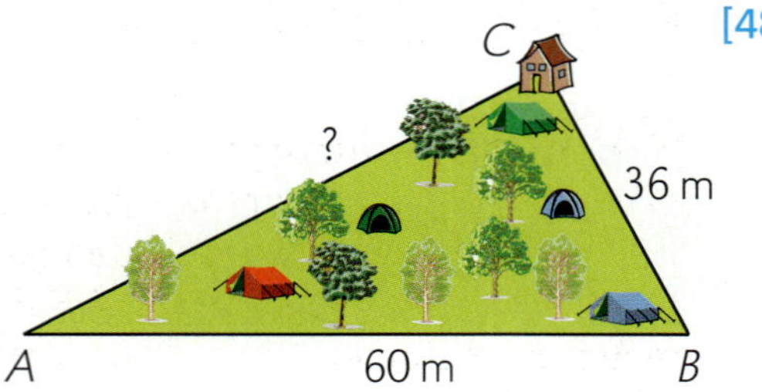

32 Una rampa di lancio ha le dimensioni date in figura. Qual è la sua altezza dal suolo? [5 m]

33 I cateti di un triangolo rettangolo misurano 4,5 cm e 6 cm. Calcola il perimetro del triangolo. [18 cm]

34 In un triangolo rettangolo il cateto maggiore e l'ipotenusa misurano rispettivamente 21 cm e 29 cm. Calcola la misura del cateto minore. [20 cm]

35 Calcola il perimetro e l'area di un triangolo rettangolo che ha un cateto di 15 cm e l'ipotenusa di 39 cm. [90 cm; 270 cm²]

36 In un triangolo rettangolo l'ipotenusa e un cateto misurano, rispettivamente, 40 cm e 2,4 dm. Calcola l'area del triangolo, esprimendola in decimetri quadrati. [3,84 dm²]

37 In un triangolo rettangolo i cateti misurano 24 cm e 32 cm. Calcola l'area, il perimetro e la misura dell'altezza relativa all'ipotenusa del triangolo. [384 cm²; 96 cm; 19,2 cm]

Puoi applicare la formula $h = \dfrac{cateto_1 \cdot cateto_2}{ipotenusa}$ dove *h* è l'altezza relativa all'ipotenusa.

38 In un triangolo rettangolo l'ipotenusa misura 35 cm e un cateto è 3/5 dell'ipotenusa. Calcola il perimetro e l'area del triangolo [84 cm; 294 cm²]

39 Calcola il perimetro e l'area di un triangolo rettangolo sapendo che un cateto è 3/4 dell'altro e che il cateto minore misura 15 cm. [60 cm; 150 cm²]

40 In un triangolo rettangolo un cateto misura 18 cm e l'altro è i suoi 4/3. Calcola le misure dell'ipotenusa e dell'altezza a essa relativa. [30 cm; 14,4 cm]

41 Un cateto di un triangolo rettangolo misura 44 cm ed è 4/5 dell'ipotenusa. Calcola il perimetro, l'area e la misura dell'altezza relativa all'ipotenusa. [132 cm; 726 cm²; 26,4 cm]

42 La somma dei cateti di un triangolo rettangolo misura 51 cm e uno dei cateti è 5/12 dell'altro. Calcola il perimetro e l'area del triangolo. [90 cm; 270 cm²]

43 In un triangolo rettangolo la somma dei cateti misura 56 dm e uno di essi è 3/4 dell'altro. Calcola la misura dell'altezza relativa all'ipotenusa. [19,2 dm]

44 La differenza fra i cateti di un triangolo rettangolo è 28 cm e uno di essi è 12/5 dell'altro. Calcola il perimetro e l'area del triangolo. [120 cm; 480 cm²]

45 La somma dell'ipotenusa e di un cateto di un triangolo rettangolo è 80 cm e la loro differenza è 20 cm. Calcola il perimetro e l'area del triangolo. [120 cm; 600 cm²]

46 La somma dei due cateti di un triangolo rettangolo misura 46 cm e la loro differenza è 14 cm. Calcola il perimetro e l'area del triangolo. Esprimi quest'ultima in decimetri quadrati. [80 cm; 2,4 dm²]

47 Calcola il perimetro di un triangolo rettangolo che ha l'area di 210 dm² e un cateto di 35 dm. [84 dm]

48 Calcola il perimetro di un triangolo rettangolo di area 15 cm² e avente un cateto di 7,5 cm. [20 cm]

49 Calcola il perimetro, l'area e la misura dell'altezza relativa all'ipotenusa di un triangolo rettangolo sapendo che la somma e la differenza dell'ipotenusa e di un cateto misurano rispettivamente 14,4 cm e 3,6 cm. [21,6 cm; 19,44 cm²; 4,32 cm]

50 In un triangolo rettangolo la differenza tra l'ipotenusa e un cateto misura 27 m e l'ipotenusa è 17/8 del cateto. Calcola il perimetro e l'area del triangolo. [120 m; 540 m^2]

51 In un triangolo rettangolo la somma dei cateti misura 63 cm e uno di essi è 4/3 dell'altro. Calcola il perimetro, l'area e la misura dell'altezza relativa all'ipotenusa del triangolo. [108 cm; 486 cm^2; 21,6 cm]

52 Un triangolo rettangolo ha l'area di 216 cm^2 e un cateto è 4/3 dell'altro. Calcola la misura dell'ipotenusa del triangolo. [30 cm]

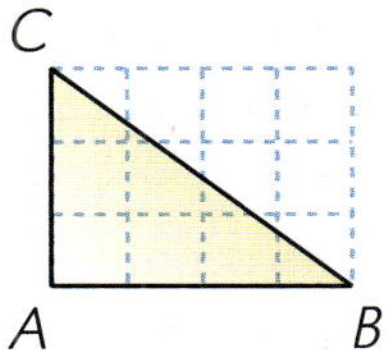

53 L'area di un triangolo rettangolo è 480 cm^2 e un cateto è 5/12 dell'altro. Calcola il perimetro del triangolo. [120 cm]

54 I cateti del triangolo *ABC* misurano 12 cm e 16 cm. Calcola le misure delle loro proiezioni determinate dal piede dell'altezza relativa all'ipotenusa. [7,2 cm; 12,8 cm]

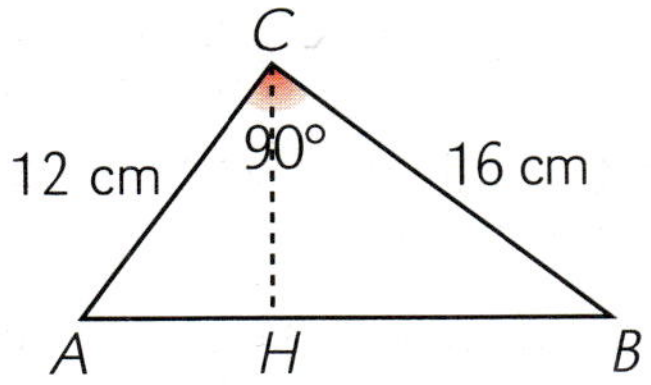

55 L'ipotenusa e un cateto di un triangolo rettangolo misurano 25 cm e 15 cm. Calcola la misura dell'altezza relativa all'ipotenusa e le misure delle proiezioni dei cateti su di essa. [12 cm; 9 cm; 16 cm]

56 L'ipotenusa e un cateto di un triangolo rettangolo misurano 60 cm e 36 cm. Calcola la misura dell'altezza relativa all'ipotenusa e di ciascun segmento in cui l'altezza divide l'ipotenusa. [28,8 cm; 21,6 cm; 38,4 cm]

57 In un triangolo rettangolo i cateti misurano 2 cm e 1,5 cm. Calcola il perimetro dei due triangoli rettangoli che si ottengono tracciando l'altezza relativa all'ipotenusa. [4,8 cm; 3,6 cm]

58 Un triangolo scaleno ha i due lati che comprendono l'angolo ottuso rispettivamente di 37 dm e di 13 dm. Calcola il perimetro del triangolo, sapendo che l'altezza relativa al terzo lato misura 12 dm. [90 dm]

59 Calcola il perimetro di un triangolo scaleno, sapendo che i lati che comprendono l'angolo ottuso sono lunghi 82 cm e 30 cm e che l'altezza relativa al terzo lato misura 18 cm. [216 cm]

60 In un triangolo rettangolo un cateto è 4/3 dell'altro e la loro somma misura 35 cm. Calcola la misura del lato del quadrato avente il perimetro congruente a 14/5 del perimetro del triangolo. [42 cm]

61 In un triangolo rettangolo uno dei cateti è 3/5 dell'ipotenusa e l'ipotenusa è congruente al lato di un triangolo equilatero di perimetro 150 cm. Calcola le misure dell'altezza relativa all'ipotenusa e delle proiezioni dei cateti su di essa. [24 cm; 18 cm; 32 cm]

62 I cateti di un triangolo rettangolo misurano 13 mm e 84 mm. Calcola la misura della mediana relativa all'ipotenusa del triangolo. [42,5 mm]

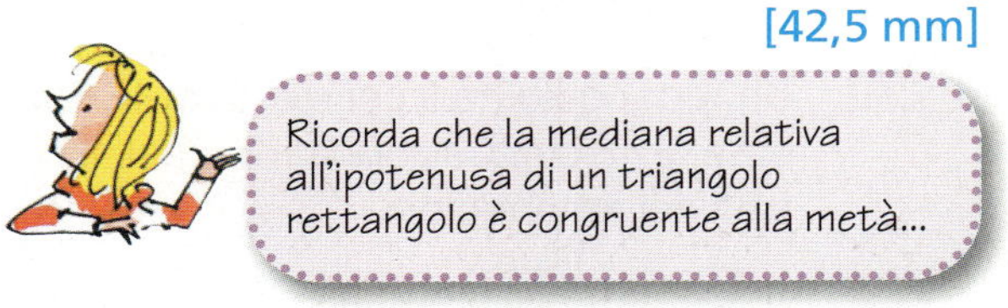

63 Un cateto di un triangolo rettangolo è 24/7 dell'altro e la loro differenza misura 10,2 cm. Calcola la misura dell'altezza e della mediana relative all'ipotenusa. [4,032 cm; 7,5 cm]

64 Un cartoncino è formato da un quadrato di perimetro 32 cm e da un triangolo rettangolo avente un cateto coincidente con il lato del quadrato. Se l'ipotenusa misura 17 cm, qual è l'area del cartoncino? [124 cm^2]

65 Un terreno ha la forma della figura. L'area del quadrato è 576 m^2. Il terreno costa € 104.400 cioè € 150 al metro quadrato. Qual è il suo perimetro? Quanto si spende per recintarlo con una rete metallica che costa € 12 al metro?

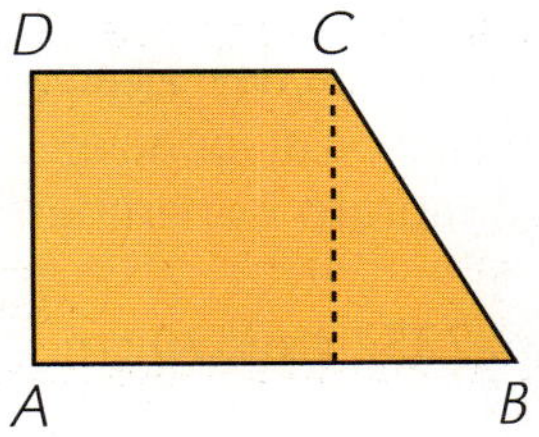

[108 m; € 1296]

Applicazioni del teorema di Pitagora ad alcuni quadrilateri: rettangolo

[U2.5 ▸ p. 78]

66 In ciascuna figura calcola le misure incognite.

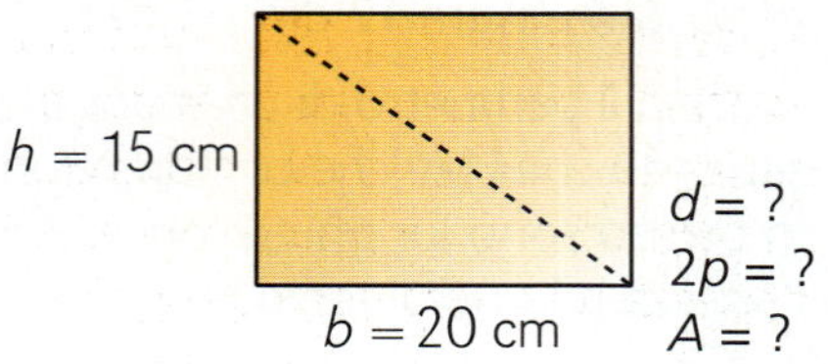

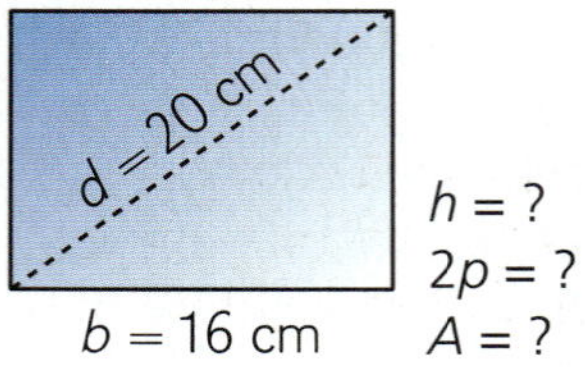

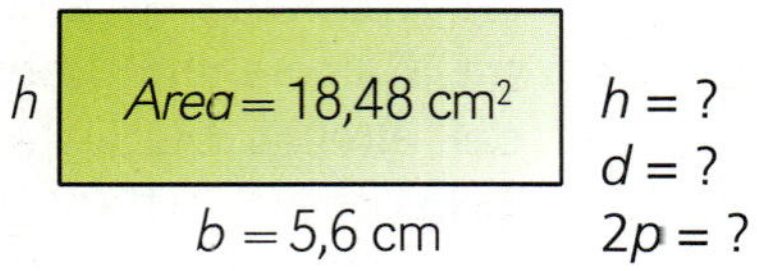

Risolvi i seguenti problemi.

67 In un rettangolo la base e l'altezza misurano 24 cm e 32 cm. Calcola la misura della diagonale del rettangolo. [40 cm]

68 Un rettangolo ha la diagonale di 26 m e l'altezza di 24 m. Calcola la misura della base e il perimetro del rettangolo. [10 m; 68 m]

69 Calcola l'area di un rettangolo che ha la diagonale e la base rispettivamente di 37 cm e 12 cm. [420 cm^2]

70 Un rettangolo ha il perimetro di 136 cm e la base di 48 cm. Calcola la misura della diagonale del rettangolo. [52 cm]

71 Un rettangolo ha l'area di 480 cm^2 e l'altezza misura 30 cm. Calcola la misura della diagonale del rettangolo. [34 cm]

72 In un rettangolo, la base misura 12 cm e la diagonale supera di 25 cm la misura della base. Calcola il perimetro e l'area del rettangolo. [94 cm; 420 cm^2]

73 In un rettangolo le dimensioni sono una 7/24 dell'altra e la loro differenza misura 51 cm. Calcola la misura della diagonale e il perimetro del rettangolo. [75 cm; 186 cm]

74 Un rettangolo ha la base di 42 cm e l'altezza supera la base di 14 cm.
Calcola:
a. il perimetro e l'area del rettangolo;
b. la misura della sua diagonale;
c. l'area del quadrato isoperimetrico al rettangolo.
[196 cm; 2352 cm^2; 70 cm; 2401 cm^2]

75 In un rettangolo l'altezza misura 15 cm e la diagonale è 5/3 dell'altezza. Calcola la misura del lato del quadrato avente lo stesso perimetro del rettangolo. [17,5 cm]

76 Le dimensioni di un rettangolo misurano 4 cm e 7,5 cm. Calcola l'area del quadrato che ha per lato la diagonale del rettangolo. [72,25 cm^2]

77 In un rettangolo il perimetro è 138 mm e la base è 15/8 dell'altezza. Calcola la misura della diagonale e l'area del rettangolo. [51 mm; 1080 mm^2]

78 Un rettangolo ha il perimetro di 280 cm e la base è 4/3 dell'altezza. Calcola la misura della diagonale del rettangolo e il perimetro del quadrato equivalente alla terza parte del rettangolo. [100 cm; 160 cm]

79 In un rettangolo la somma della base e della diagonale misura 90 cm e la prima è 5/13 della seconda. Calcola l'area del rettangolo in decimetri quadrati. [15 dm^2]

80 Il rapporto tra l'altezza e la base di un rettangolo è 12/35. Se il perimetro è 28,2 m, quanto misura la diagonale? [11,1 m]

81 Il semiperimetro di un rettangolo è 42 dm e la base è 3/4 dell'altezza. Calcola l'area e la misura della diagonale. [432 dm^2; 30 dm]

82 Un rettangolo ha la base di 6 dm e l'area di 660 cm^2. Calcola il perimetro, la misura della diagonale del rettangolo e il perimetro di un quadrato equivalente a 5/33 del rettangolo. [142 cm; 61 cm; 40 cm]

83 Un rettangolo è isoperimetrico a un quadrato di area 784 cm^2. Una dimensione del rettangolo supera l'altra di 8 cm. Calcola l'area del rettangolo e la misura della sua diagonale. [768 cm^2; 40 cm]

84 Il semiperimetro di un rettangolo è 62 cm e una dimensione è 24/7 dell'altra. Calcola il perimetro e, in decimetri quadrati, l'area del quadrato che ha per lato la diagonale del rettangolo. [200 cm; 25 dm^2]

85 Una dimensione di un rettangolo è 3/4 dell'altra e l'area è 300 cm^2. Calcola la misura della diagonale. [25 cm]

86 Con riferimento ai dati della figura, calcola l'area del pentagono *ABCDE* e la misura dell'altezza *DH*.

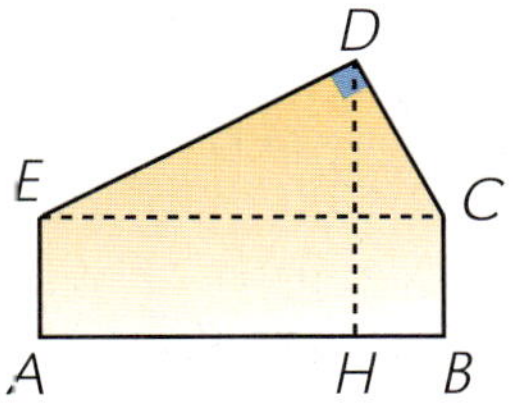

$BC = 18$ cm
$DC = 27$ cm
$DE = 36$ cm

[1296 cm^2; 39,6 cm]

87 Calcola il perimetro del tappeto riprodotto in figura, sapendo che il lato del quadrato centrale misura 72 cm e la diagonale *BD* del rettangolo *ABCD* misura 153 cm.

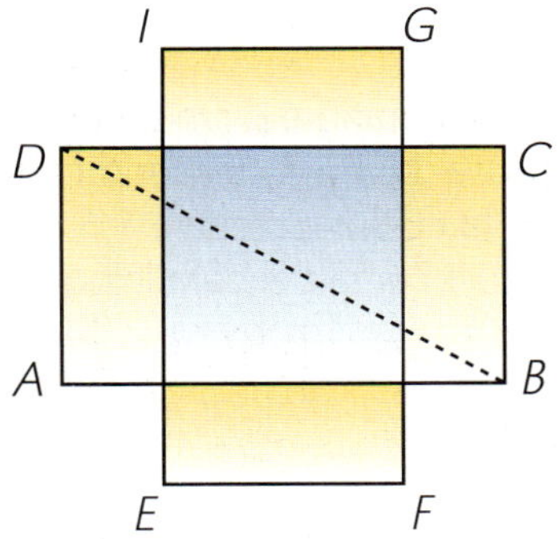

[540 cm]

88 Un rettangolo e un triangolo rettangolo sono equivalenti. Il triangolo rettangolo ha il cateto maggiore di 36 cm e l'ipotenusa di 45 cm. Il rettangolo ha l'altezza congruente al doppio del cateto minore del triangolo rettangolo. Calcola la misura della diagonale del rettangolo, approssimandola ai decimi. [$\simeq$ 54,7 cm]

89 La somma della diagonale e della base di un rettangolo misura 100 cm e una è 29/21 dell'altra. Calcola il perimetro, l'area del rettangolo e, inoltre, il perimetro di un quadrato che ha il lato congruente a 3/5 della dimensione minore del rettangolo.
[164 cm; 1680 cm^2; 96 cm]

90 L'area di un rettangolo è 240 cm^2 e una dimensione è 12/5 dell'altra. Calcola l'area del quadrato il cui lato è congruente a 3/13 della diagonale del rettangolo. [36 cm^2]

91 La base di un rettangolo è 16 cm e la misura, in centimetri, dell'altezza è data dal valore della seguente espressione:

$$\left(7+\frac{2}{3}\right)\cdot\left[\left(1-\frac{6}{13}\right):\left(\frac{15}{26}-\frac{7}{52}\right)\cdot\left(\frac{23}{7}-\frac{7}{4}\right)\right]\cdot\frac{36}{43}$$

Calcola la misura della diagonale, il perimetro e l'area del rettangolo.
[20 cm; 56 cm; 192 cm^2]

92 Il lato di un quadrato è congruente a 1/4 della diagonale di un rettangolo avente l'area di 3840 cm^2 e una dimensione 12/5 dell'altra. Calcola l'area del quadrato.
[676 cm^2]

93 Nel rettangolo *ABCD* la differenza tra la base e l'altezza misura 23 cm e il perimetro è 94 cm. Calcola:
a. la misura della diagonale e l'area del rettangolo;
b. il perimetro di un quadrato che ha il lato doppio della diagonale del rettangolo;
c. la misura dell'altezza di un triangolo equivalente a 3/4 del rettangolo e avente la base di 21 cm.

[37 cm; 420 cm^2; 296 cm; 30 cm]

Applicazioni del teorema di Pitagora ad alcuni quadrilateri: parallelogrammo

[**U2.5** ▸ p. 78]

94 Calcola il perimetro e l'area di ciascun parallelogrammo.

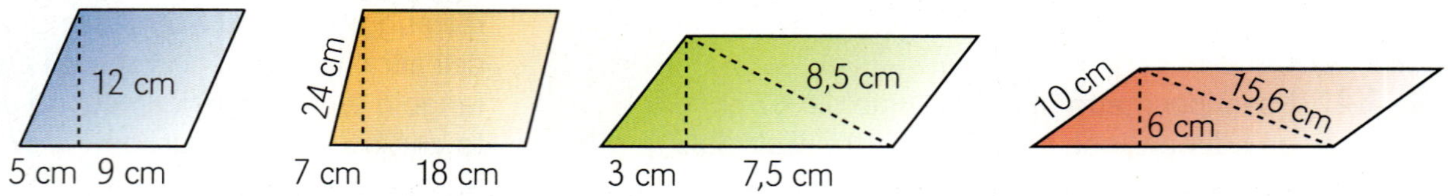

95 Calcola il perimetro e l'area di ciascun parallelogrammo, utilizzando i dati posti a fianco di ogni figura.

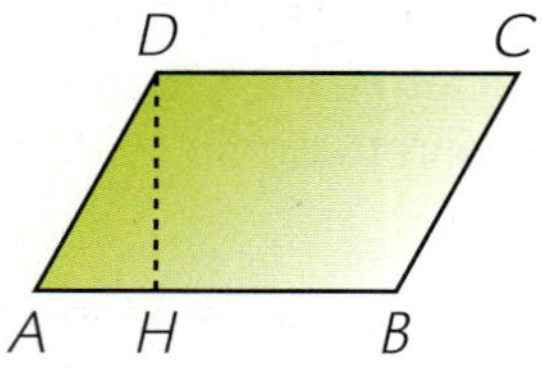

$AB = 48$ cm
$BH = 2 \cdot AH$
$DH = 30$ cm [164 cm; 1440 cm²]

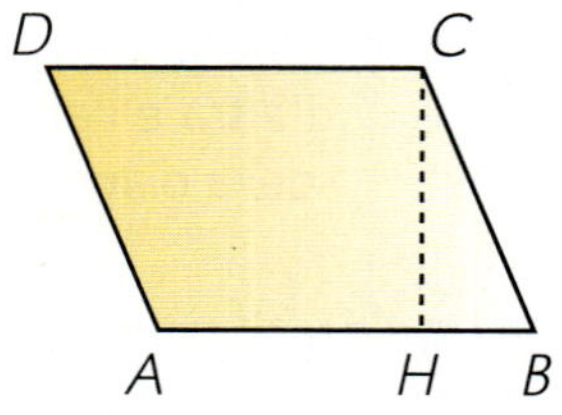

$AB = 50$ cm
$BH = 3/7 \cdot AH$
$CH = 12/5 \cdot BH$
[178 cm; 1800 cm²]

$AD + DH = 40$ cm
$AD - DH = 10$ cm
$BH = 3/2 \cdot AH$ [150 cm; 750 cm²]

Risolvi i seguenti problemi.

96 Calcola il perimetro e l'area di un parallelogrammo sapendo che il lato, l'altezza relativa alla base e la diagonale minore misurano, rispettivamente, 15 cm, 9 cm, 41 cm. [134 cm; 468 cm²]

97 In un parallelogrammo la base e il lato misurano, rispettivamente, 42 cm e 40 cm. Sapendo che l'area è 1008 cm², calcola la misura della diagonale minore. [26 cm]

98 Un parallelogrammo ha l'area di 12 dm² e il perimetro di 190 cm. La differenza tra il lato maggiore e il lato minore misura 55 cm. Calcola la misura di ciascuna diagonale del parallelogrammo approssimando al centesimo. [65 cm; 88,5 cm]

99 In un parallelogrammo un lato è 9/5 del consecutivo, l'altezza relativa al lato maggiore misura 8 cm e il perimetro è 56 cm. Calcola la misura della diagonale minore del parallelogrammo. [14,4 cm]

100 In un parallelogrammo la proiezione della diagonale minore sulla base misura 24 cm, l'altezza è 7 cm e l'area è 204,75 cm². Calcola la misura della diagonale minore e il perimetro del parallelogrammo. [25 cm; 76 cm]

101 La diagonale minore di un parallelogrammo, che misura 10 m, è perpendicolare al lato obliquo, la cui lunghezza è 7,5 m. Calcola il perimetro e l'area del parallelogrammo. [40 m; 75 m²]

102 L'area di un parallelogrammo è 768 cm², mentre la base misura 40 cm. Sapendo che la diagonale minore è perpendicolare al lato obliquo e misura 32 cm, calcola il perimetro del parallelogrammo e la misura dell'altezza relativa al lato minore. [128 cm; 32 cm]

103 In un parallelogrammo, la diagonale minore è perpendicolare al lato obliquo, il perimetro è 112 cm e la base supera il lato di 14 cm. Calcola la misura della diagonale minore e quella della sua proiezione sulla base. [28 cm; 22,4 cm]

Applicazioni del teorema di Pitagora ad alcuni quadrilateri: quadrato

[U2.5 ▸ p. 80]

RICORDA • La misura della **diagonale** di un **quadrato** si ottiene moltiplicando la misura del suo lato per la radice quadrata di 2.

$d = l \cdot \sqrt{2}$ da cui $l = \frac{d}{\sqrt{2}}$ dove ${}^{0,001}\sqrt{2} = 1,414$

104 Ricopia e completa la seguente tabella, relativa a un insieme di quadrati.

lato (cm)	diagonale (cm)
15	....
....	$8 \cdot \sqrt{2}$
....	$17 \cdot \sqrt{2}$
21	....

Risolvi i seguenti problemi.

105 Un quadrato ha il lato di 13 cm. Calcola il perimetro e la misura della diagonale del quadrato. [52 cm; $13 \cdot \sqrt{2}$ cm]

106 Calcola il perimetro di un quadrato la cui diagonale misura 3,4 cm. [$\simeq$ 9,62 cm]

107 Calcola il perimetro e l'area di un quadrato avente la diagonale di $14 \cdot \sqrt{2}$ cm. [56 cm; 196 cm^2]

108 Il perimetro di un quadrato è 60 mm. Calcola la misura della diagonale e l'area del quadrato. [21,21 mm; 225 mm^2]

109 L'area di un quadrato è 1296 dm^2. Calcola il perimetro e la misura della diagonale. [144 dm; $36 \cdot \sqrt{2}$ dm]

110 Calcola l'area e il perimetro di un quadrato avente la diagonale di 28,28 cm. [$\simeq$ 400 cm^2; $\simeq$ 80 cm]

111 La diagonale di un campo quadrato misura $94 \cdot \sqrt{2}$ m. Quanto si spende per recintarlo con una rete metallica che costa € 4,25 al metro? [€ 1598]

112 Un quadrato e un parallelogrammo sono equivalenti; del primo si conosce la misura della diagonale che è $16 \cdot \sqrt{2}$ cm, del secondo la misura della base che è il doppio del lato del quadrato. Calcola la misura dell'altezza del parallelogrammo. [8 cm]

113 Un quadrato è equivalente a un rettangolo che ha la base di 60 cm e l'altezza 1/4 della base. Calcola il perimetro e la misura della diagonale del quadrato. [120 cm; $30 \cdot \sqrt{2}$ cm]

114 Un quadrato e un rettangolo sono isoperimetrici. Il rettangolo ha l'area di 588 cm^2 e la base di 21 cm. Calcola le misure della diagonale del rettangolo e del quadrato. [35 cm; $24,5 \cdot \sqrt{2}$ cm]

115 Calcola la misura della diagonale di un quadrato equivalente a un rettangolo avente la base di 27 cm e l'altezza uguale a 1/9 della base. [$9 \cdot \sqrt{2}$ cm]

116 Un rettangolo ha l'altezza di 12 cm ed è equivalente a 15/7 di un quadrato la cui diagonale misura $14 \cdot \sqrt{2}$ cm. Calcola la misura della diagonale del rettangolo. [37 cm]

117 Un rettangolo ha l'area di 48 cm^2 e la base di 15 cm. Calcola il perimetro e l'area di un quadrato che ha la diagonale congruente all'altezza del rettangolo. Approssima le misure ai centesimi. [9,05 cm; 5,12 cm^2]

118 In un parallelogrammo la diagonale minore è perpendicolare al lato obliquo, il perimetro è 160 cm, mentre la base è 5/3 del lato obliquo. Calcola l'area del quadrato la cui diagonale è uguale all'altezza relativa alla base del parallelogrammo. [288 cm^2]

119 Un quadrato e un rettangolo sono isoperimetrici. La diagonale del quadrato misura $28 \cdot \sqrt{2}$ cm e la base del rettangolo è il triplo dell'altezza. Calcola la misura della diagonale del rettangolo, approssimandola a meno di 0,01. [44,27 cm]

Applicazioni del teorema di Pitagora ai triangoli: triangolo isoscele

[**U2.6** ▸ p. 82]

120 Scrivi tutte le formule relative all'applicazione del teorema di Pitagora al triangolo isoscele.

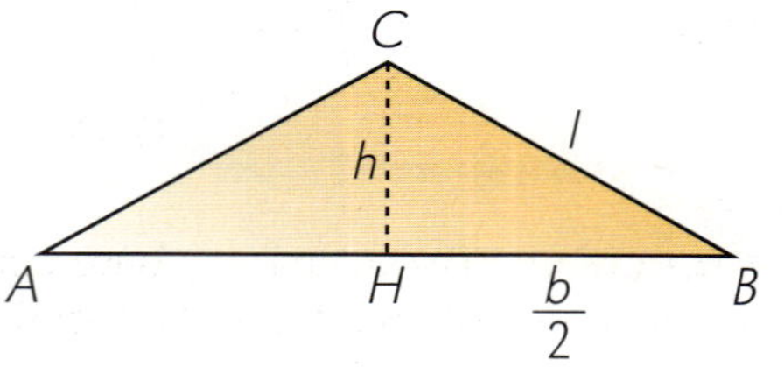

$l =$ ....

$h =$ ....

$\frac{b}{2} =$ ....

121 Calcola il perimetro e l'area di ciascun triangolo isoscele.

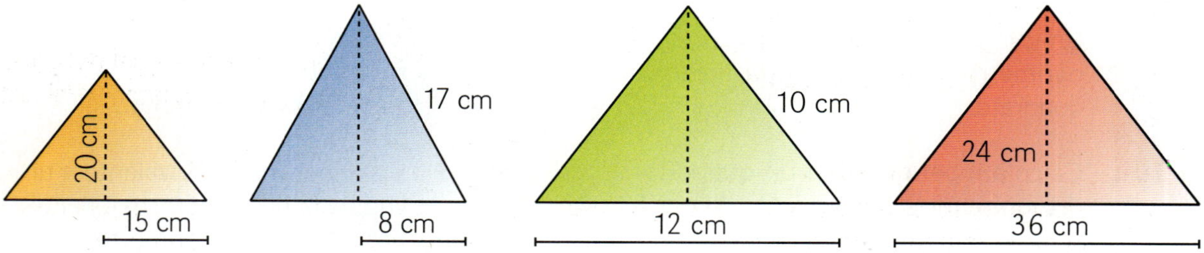

122 Completa le tabelle (*b*, *h*, *l* indicano, rispettivamente, le misure della base, dell'altezza e del lato di un triangolo isoscele).

***b* (cm)**	***h* (cm)**	***l* (cm)**
24	16	....
....	12	13
8,8	3,3	....

***b* (cm)**	***h* (cm)**	***l* (cm)**
....	4,5	7,5
40	....	52
3	....	2,5

Risolvi i seguenti problemi.

123 In un triangolo isoscele la base e l'altezza misurano, rispettivamente, 40 cm e 21 cm. Calcola il perimetro del triangolo. [98 cm]

124 La base e il lato obliquo di un triangolo isoscele misurano, rispettivamente, 12,8 cm e 8 cm. Calcola l'area del triangolo. [30,72 cm^2]

125 La base di un triangolo isoscele misura 36 cm e il lato obliquo è 5/6 della base. Calcola l'area del triangolo. [432 cm^2]

126 Calcola l'area di un triangolo isoscele, sapendo che il lato misura 8,5 dm e che il perimetro è 32 dm. [30 dm^2]

127 La base di un triangolo isoscele misura 40 dm e l'altezza è 3/8 della base. Calcola il perimetro. [90 dm]

128 Il perimetro di un triangolo isoscele è 15 dm e il lato obliquo misura 51 cm. Calcola l'area del triangolo in centimetri quadrati. [1080 cm^2]

129 L'area di un triangolo isoscele è 24,48 dm^2 e l'altezza misura 144 cm. Calcola il perimetro del triangolo in centimetri. [324 cm]

130 Calcola il perimetro e l'area di un triangolo isoscele sapendo che la base misura 30 cm ed è 6/5 del lato obliquo. [80 cm; 300 cm^2]

131 In un triangolo isoscele il lato è 13/10 della base e il perimetro è 72 cm. Calcola l'area del triangolo. [240 cm^2]

132 In un triangolo isoscele il lato supera l'altezza di 6 cm e il primo è 5/4 della seconda. Calcola il perimetro e l'area del triangolo. [96 cm; 432 cm^2]

133 La somma della base e dell'altezza di un triangolo isoscele misura 88 cm e la base è 8/3 dell'altezza. Calcola la misura dell'altezza relativa a uno dei lati congruenti. [38,4 cm]

134 L'area di un triangolo isoscele è 1200 mm^2 e la base misura 6 cm. Calcola in centimetri la misura dell'altezza relativa a uno dei lati congruenti. [4,8 cm]

135 Un quadrilatero *ABCD* è formato da due triangoli isosceli aventi la base in comune. Calcola l'area del quadrilatero sapendo che il perimetro è 108 cm e che il lato e l'altezza relativa alla base di uno dei triangoli misurano rispettivamente 20 cm e 12 cm.

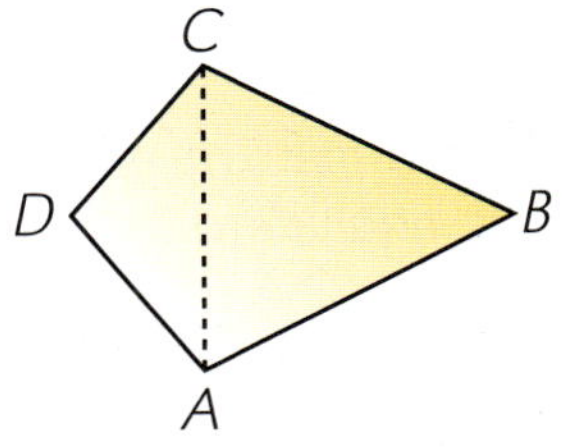

[672 cm^2]

136 Un giardino è formato da un quadrato di area 196 m^2 e da quattro triangoli isosceli congruenti la cui altezza è 12/7 del lato del quadrato. Calcola il perimetro e l'area del giardino.

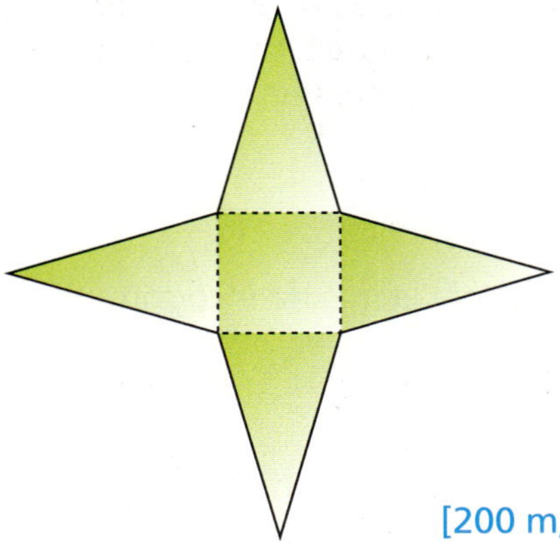

[200 m; 868 m^2]

137 Un triangolo isoscele ha la base coincidente con la base di un rettangolo. Il perimetro del rettangolo è 126 cm, la base supera l'altezza di 9 cm e l'altezza del triangolo è 2/3 della base del rettangolo.
Calcola:
a. il perimetro e l'area del poligono *ABCDE*;
b. la misura della diagonale del rettangolo.

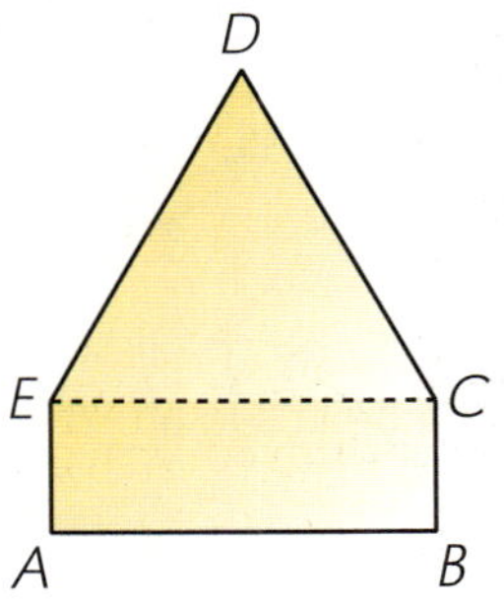

[150 cm; 1404 cm^2; 45 cm]

138 Il poligono *ABCDEF* è formato da un rettangolo avente l'area di 1,2 dm^2 e la base di 8 cm e da due triangoli isosceli congruenti. Calcola il perimetro e l'area del poligono sapendo che il lato di ciascun triangolo è 17/30 dell'altezza del rettangolo.

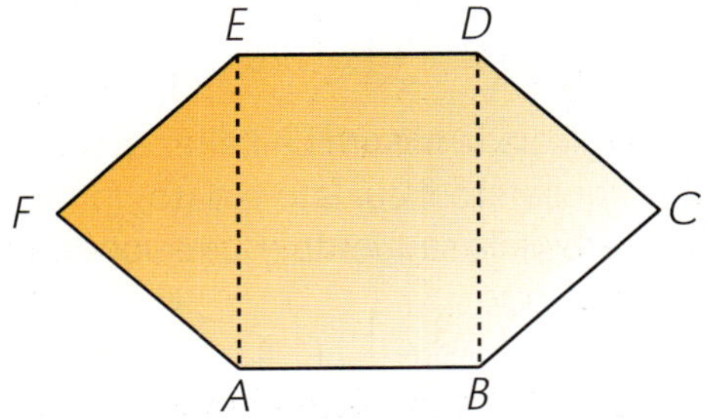

[50 cm; 180 cm^2]

Applicazioni del teorema di Pitagora ai triangoli: triangolo equilatero

[**U2.6** ▸ p. 84]

RICORDA • La misura dell'**altezza** di un **triangolo equilatero** si ottiene moltiplicando la metà della misura del suo lato per la radice quadrata di 3.

$h = \frac{l}{2} \cdot \sqrt{3}$ da cui $l = \frac{2 \cdot h}{\sqrt{3}}$, quindi $A = \frac{l^2}{4} \cdot \sqrt{3}$ dove $\sqrt[0{,}001]{3} = 1{,}732$

139 Calcola la misura incognita di ciascun triangolo equilatero.

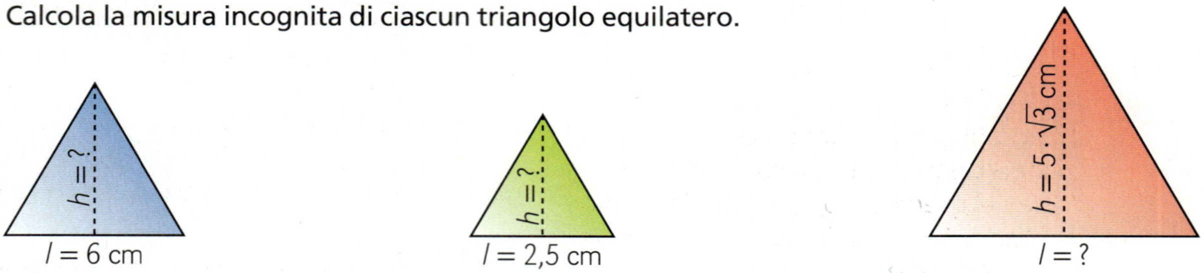

140 Un triangolo equilatero ha il perimetro di 48 cm. Calcola, utilizzando il teorema di Pitagora, la misura di una sua altezza e verifica che si trova lo stesso risultato con la formula $h = \frac{l}{2} \cdot \sqrt{3}$. [$\simeq$ 13,86 cm]

Risolvi i seguenti problemi.

Negli esercizi seguenti a $\sqrt{3}$ è stato dato il valore approssimato di 1,732.

141 Un triangolo equilatero ha il lato di 12 cm. Calcola la misura della sua altezza. [$6 \cdot \sqrt{3}$ cm]

142 In un triangolo equilatero l'altezza misura $15 \cdot \sqrt{3}$ cm. Quanto è lungo il lato del triangolo? Qual è la sua area? [30 cm; $225 \cdot \sqrt{3}$ cm²]

143 Calcola la misura dell'altezza di un triangolo equilatero che ha il perimetro di 150 cm. [43,3 cm]

144 L'altezza di un triangolo equilatero misura 34,64 dm. Calcola il perimetro e l'area del triangolo. [$\simeq$ 120 dm; $\simeq 400 \cdot \sqrt{3}$ dm²]

145 Calcola la misura dell'altezza di un triangolo equilatero il cui lato è dato, in metri, dal valore della seguente espressione:

$$\left[\frac{11}{3} : \left(\frac{5}{3} - \frac{4}{5} - \frac{1}{2}\right) + \left(4 - \frac{1}{3}\right) \cdot \frac{15}{2}\right] \cdot \left(\frac{2}{5}\right)^2$$

[$3 \cdot \sqrt{3}$ m]

146 Un triangolo equilatero e un triangolo isoscele sono isoperimetrici. Sapendo che la base e l'altezza del triangolo isoscele misurano, rispettivamente, 32 cm e 63 cm, calcola la misura dell'altezza del triangolo equilatero. [$27 \cdot \sqrt{3}$ cm]

147 Un triangolo equilatero e un quadrato sono equivalenti. Sapendo che la diagonale del quadrato misura $12 \cdot \sqrt{2}$ cm, calcola il perimetro del triangolo. [$\simeq$ 54,71 cm]

148 Un quadrilatero è formato da due triangoli equilateri congruenti e aventi un lato in comune. Sapendo che il perimetro del quadrilatero è 24 cm, calcolane l'area. [$18 \cdot \sqrt{3}$ cm²]

149 Un pentagono è formato da un rettangolo e da un triangolo equilatero (esterno a esso) avente il lato in comune con una dimensione del rettangolo. Sapendo che l'altra dimensione del rettangolo misura 42 cm e che la diagonale è 70 cm, calcola il perimetro e l'area del pentagono. [252 cm; $\simeq$ 3709 cm²]

150 Un trapezio è formato da tre triangoli equilateri congruenti aventi, a due a due, un lato in comune. Sapendo che l'altezza di ogni triangolo misura $16 \cdot \sqrt{3}$ m, calcola il perimetro e l'area del trapezio.

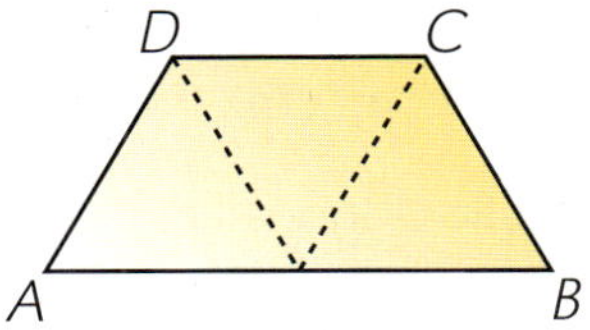

[160 m; $768 \cdot \sqrt{3}$ m²]

151 Un quadrilatero è costituito da un triangolo equilatero e da un triangolo isoscele avente il lato obliquo in comune con un lato del triangolo equilatero. Calcola il perimetro e l'area del quadrilatero, sapendo che la base e l'altezza del triangolo isoscele misurano rispettivamente 18 cm e 12 cm. [63 cm; 205,425 cm²]

152 Un triangolo equilatero è equivalente a 5/12 di un rettangolo le cui dimensioni sono direttamente proporzionali ai numeri 3 e 4. Sapendo che il perimetro del rettangolo è 56 cm, calcola la misura del lato del triangolo. [≃ 13,6 cm]

153 Calcola la misura del lato di un triangolo equilatero che ha l'altezza di $\frac{27}{\sqrt{3}}$ cm. [18 cm]

Sai che $l = \frac{2 \cdot h}{\sqrt{3}}$.
Applicando la proprietà invariantiva, puoi **"razionalizzare"** il denominatore della frazione moltiplicandone i termini per $\sqrt{3}$.
Osserva il risultato della trasformazione:

$$l = \frac{2 \cdot h}{\sqrt{3}} = \frac{2 \cdot h \cdot \sqrt{3}}{(\sqrt{3})^2} = \frac{2 \cdot h \cdot \sqrt{3}}{3}$$

154 L'altezza di un triangolo equilatero misura $\frac{84}{\sqrt{3}}$ cm. Calcola il perimetro. [168 cm]

155 In un triangolo equilatero l'altezza misura $\frac{36}{\sqrt{3}}$ cm. Calcola l'area del quadrato isoperimetrico al triangolo. [324 cm²]

Applicazioni del teorema di Pitagora al rombo

[**U2.7** ▸ p. 86]

156 **Completa la seguente tabella, relativa a un insieme di rombi (d_1, d_2, l, $2p$ e A indicano, rispettivamente, la misura della diagonale maggiore, della diagonale minore, del lato, il perimetro e l'area).**

d_1 (cm)	d_2 (cm)	l (cm)	$2p$ (cm)	A (cm²)
60	....	....	136	....
....	20	26	....	....
40	....	....	....	600
....	9,6	8	....	....
7,2	....	....	18	....

Risolvi i seguenti problemi.

157 Le diagonali di un rombo misurano 16 cm e 30 cm. Calcola il perimetro del rombo. [68 cm]

158 Le diagonali di un rombo sono lunghe 40 cm e 30 cm. Calcola il perimetro e l'area del rombo. [100 cm; 600 cm²]

159 La diagonale maggiore di un rombo misura 60 cm e il lato è 34 cm. Calcola l'area del rombo. [960 cm²]

160 Il perimetro di un rombo è 40 cm e una diagonale misura 16 cm. Calcola l'area del rombo. [96 cm²]

161 Un rombo ha l'area di 4704 cm² e una diagonale di 84 cm. Calcola il perimetro del rombo. [280 cm]

162 Le diagonali di un rombo sono una 3/4 dell'altra e la loro somma misura 84 cm. Calcola l'area e il perimetro del rombo. [864 cm²; 120 cm]

163 Calcola la misura del lato e quella dell'altezza di un rombo avente le diagonali di 72 dm e 54 dm. [45 dm; 43,2 dm]

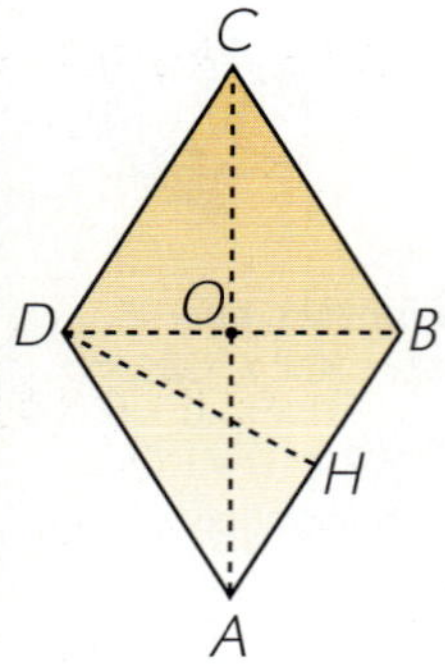

164 La somma delle diagonali di un rombo misura 70 cm e una è 4/3 dell'altra. Calcola il perimetro del rombo e la misura della sua altezza. [100 cm; 24 cm]

165 L'area di un rombo è 864 cm^2 e una delle diagonali è 48 cm. Calcola il perimetro del rombo e la misura della sua altezza. [120 cm; 28,8 cm]

166 Una piazza quadrata, con il lato di 60 m, ha al centro una vasca a forma di rombo la cui superficie è 1/15 di quella della piazza. Una diagonale del rombo misura 16 m. Quanto si spende per recintare la vasca con uno steccato che costa € 7,50 al metro? [€ 510]

167 Il rapporto tra le diagonali di un rombo è 8/15 e la loro somma misura 46 m. Calcola il perimetro e l'area del rombo. [68 m; 240 m^2]

168 Le diagonali di un rombo sono una 4/3 dell'altra e la loro differenza misura 5 cm. Calcola il perimetro, l'area e la misura dell'altezza del rombo. [50 cm; 150 cm^2; 12 cm]

169 La diagonale minore di un rombo misura 8 m. Sapendo che l'area è 60 m^2, calcola il perimetro del rombo e la lunghezza della diagonale del quadrato isoperimetrico al rombo. [34 m; $8{,}5 \cdot \sqrt{2}$ m]

170 La diagonale maggiore di un rombo misura 104 cm e il perimetro è i suoi 5/2. Calcola la misura dell'altezza del rombo. [62,4 cm]

171 Un rombo e un rettangolo sono equivalenti. Il perimetro del rombo e una sua diagonale sono, rispettivamente, 80 cm e 24 cm, mentre la base del rettangolo è lunga 96 cm. Calcola la misura dell'altezza del rettangolo. [4 cm]

172 Calcola l'area del quadrato isoperimetrico al rombo di area 1176 cm^2 e avente la diagonale minore di 42 cm. [1225 cm^2]

173 La somma delle diagonali di un rombo misura 182 cm e la loro differenza è 26 cm. Calcola la misura dell'altezza di ciascuno dei quattro triangoli in cui il rombo è diviso dalle diagonali. [31,2 cm]

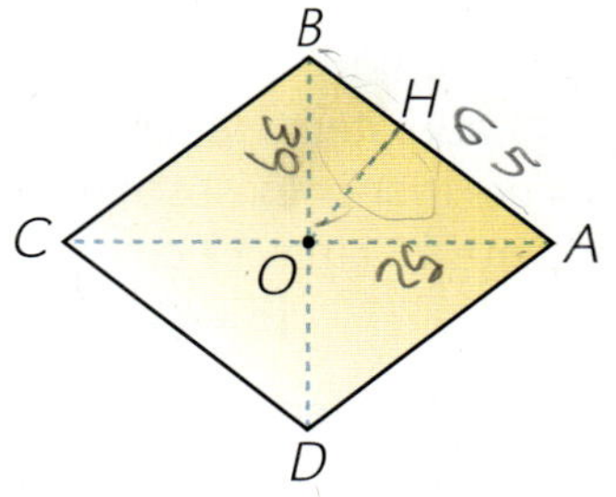

174 L'area di un rombo è 600 cm^2 e il lato misura 25 cm. Calcola la misura dell'altezza del rombo e la misura di ciascuna delle due parti in cui l'altezza stessa divide il lato su cui cade. [24 cm; 7 cm; 18 cm]

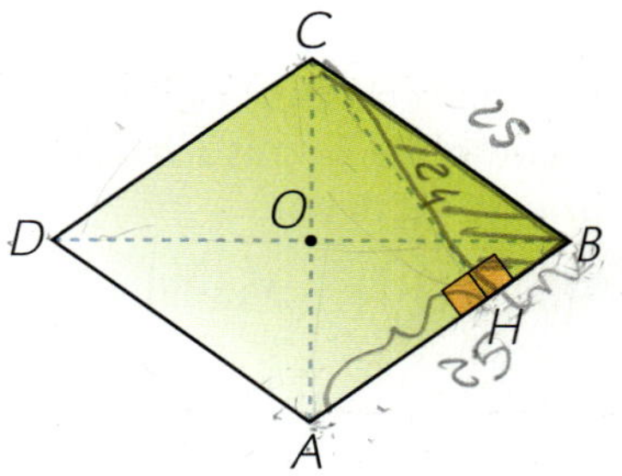

175 La diagonale maggiore di un rombo misura 144 cm e il perimetro è 388 cm. Calcola la misura della base del triangolo isoscele equivalente a 2/3 del rombo e avente l'altezza di 80 cm. [156 cm]

176 In un rombo una diagonale è 4/3 dell'altra. Sapendo che l'area è 150 dm^2, quanto misura il perimetro del rombo? E la sua altezza? [50 dm; 12 dm]

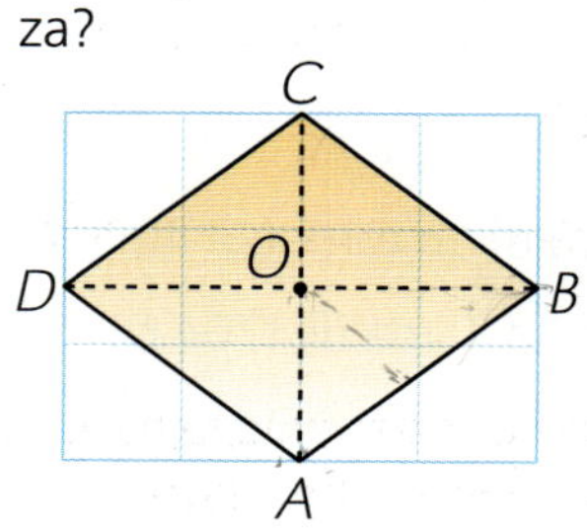

177 In un rombo l'area è 1014 m^2 e le diagonali stanno tra loro come 4 sta a 3. Calcola il perimetro del rombo e la misura dell'altezza di ciascuno dei quattro triangoli in cui il rombo è diviso dalle due diagonali. [130 m; 15,6 m]

178 Un rombo avente una diagonale di 36 cm è equivalente a 72/5 di un triangolo isoscele il cui perimetro è 36 cm e la cui base misura 10 cm. Calcola il perimetro del rombo. [120 cm]

Applicazioni del teorema di Pitagora ai trapezi: trapezio rettangolo

[**U2.8** ▸ p. 88]

Negli esercizi che seguono, calcola la misura incognita di ciascuna figura.

179

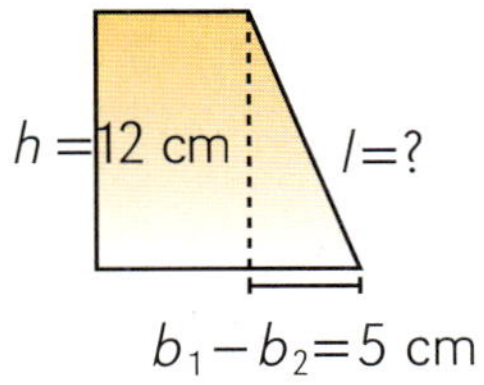

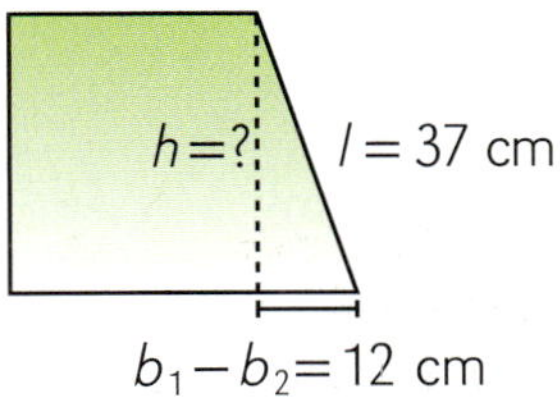

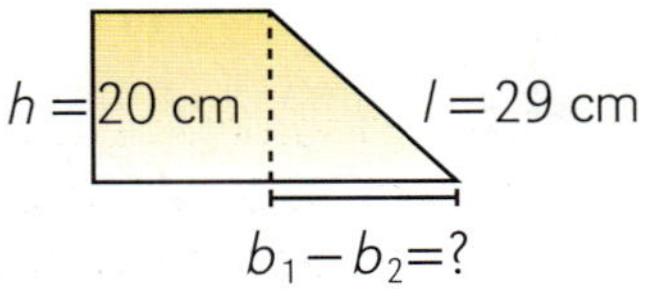

180

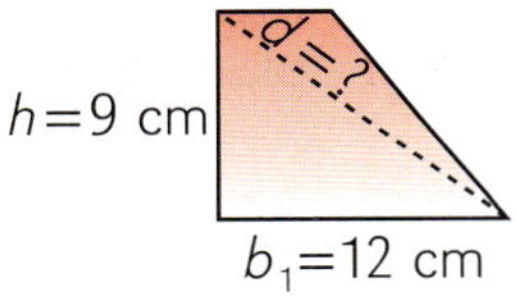

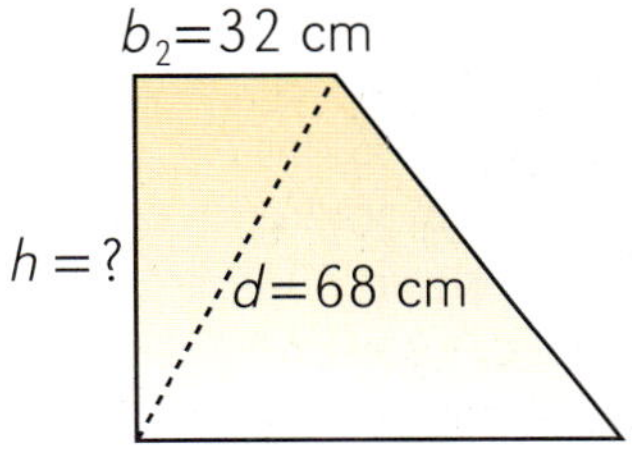

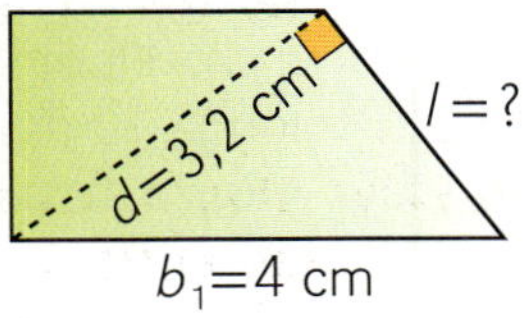

181 **Indica quale fra le tre opzioni proposte è la soluzione del problema indicato a fianco.**

trapezio rettangolo		incognita
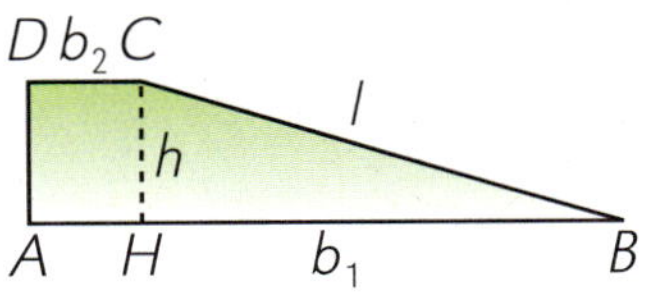	$l = 68$ cm $b_1 = 74$ cm $b_2 = 14$ cm $h = ?$	**A** 32 cm **B** 34 cm **C** 90 cm
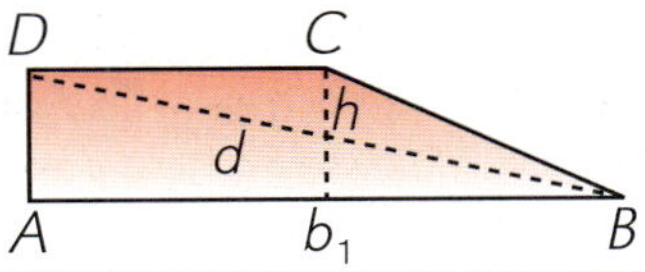	$b_1 = 80$ cm $h = 18$ cm $d = ?$	**A** 98 cm **B** 62 cm **C** 82 cm

Risolvi i seguenti problemi.

182 Le basi di un trapezio rettangolo misurano 53 cm e 17 cm, l'altezza è 48 cm. Calcola il perimetro del trapezio. [178 cm]

183 Il lato obliquo di un trapezio rettangolo misura 58 cm e le basi sono lunghe 65 cm e 23 cm. Calcola l'area del trapezio. [1760 cm^2]

184 In un trapezio rettangolo la base maggiore supera la minore di 28 cm. Calcola la misura dell'altezza del trapezio, sapendo che il lato obliquo è 35 cm. [21 cm]

APPLICAZIONE

185 In un trapezio rettangolo l'altezza e il lato obliquo misurano rispettivamente 4,5 cm e 7,5 cm. Calcola la misura della proiezione del lato obliquo sulla base maggiore. [6 cm]

186 La base maggiore, l'altezza e il lato obliquo di un cartoncino a forma di trapezio rettangolo misurano rispettivamente 40 cm, 24 cm e 26 cm. Calcola il perimetro e l'area del cartoncino. [120 cm; 840 cm^2]

187 Un trapezio rettangolo ha l'area di 620 cm^2, l'altezza di 40 cm e la base maggiore di 20 cm. Calcolane il perimetro. [112 m]

188 L'area di un trapezio rettangolo è 72,8 cm^2, la base maggiore misura 11 cm e l'altezza 9,1 cm. Calcola il perimetro del trapezio. [36 cm]

189 Un trapezio rettangolo è formato da un quadrato e da un triangolo rettangolo. Sapendo che il lato del quadrato misura 6 dm e che l'ipotenusa del triangolo rettangolo è lunga 10 dm, calcola l'area del trapezio e la misura della diagonale maggiore. [60 dm^2; $\simeq$ 15,23 dm]

190 È dato il trapezio rettangolo *ABCD*. Di esso si conoscono i dati indicati. Calcola l'area del trapezio.

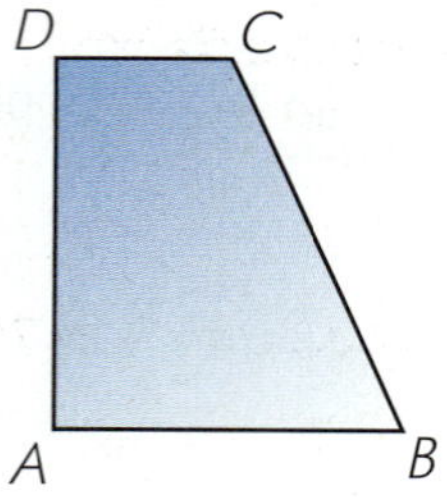

$DC = 16$ cm
$AB = 2\,DC$
$BC = DC + 18$ cm

[720 cm^2]

191 Le basi di un trapezio rettangolo misurano 56 cm e 40 cm e l'altezza è lunga 30 cm. Calcola le misure del lato obliquo e della diagonale minore del trapezio. [34 cm; 50 cm]

192 In un trapezio rettangolo la base maggiore è doppia della minore. Sapendo che l'area è 630 cm^2 e che l'altezza misura 35 cm, calcola il perimetro del trapezio. [108 cm]

193 Di un trapezio rettangolo si conoscono le misure della base maggiore (48 cm), della diagonale maggiore (60 cm) e del lato obliquo (45 cm). Quanto misura la base minore del trapezio? E qual è la sua area? [21 cm; 1242 cm^2]

194 La diagonale minore di un trapezio rettangolo misura 20 m e la base minore e il lato obliquo sono lunghi rispettivamente 16 m e 37 m. Calcola il perimetro e l'area del trapezio. [116 m; 402 m^2]

195 Calcola la misura di ciascuna delle basi di un trapezio rettangolo avente il lato obliquo, l'altezza e la diagonale maggiore rispettivamente di 30 dm, 18 dm e 82 dm. [80 dm; 56 dm]

196 Calcola il perimetro e la misura della diagonale maggiore di un trapezio rettangolo avente l'area di 96 cm^2 e le basi di 15 cm e 9 cm. [42 cm; 17 cm]

197 Un tappeto ha la forma di un trapezio rettangolo. Calcola il perimetro e l'area di tale tappeto.

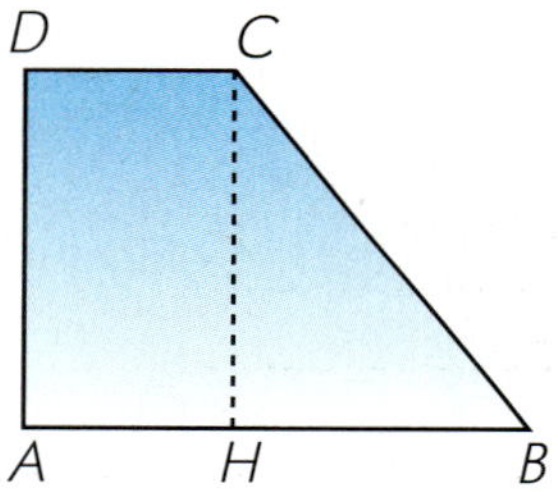

$AB = 3{,}2$ m
$CD = 1{,}4$ m
$CH = 3/4 \cdot AB$
$2p = ?$
$A = ?$

[10 m; 5,52 m^2]

198 In un trapezio rettangolo la somma delle basi misura 192 cm e il loro rapporto è 11/5. Sapendo che l'altezza è 65 cm, calcola il perimetro e la misura della diagonale minore del trapezio. [354 cm; $\simeq$ 88,5 cm]

199 La base maggiore di un trapezio rettangolo supera la minore di 9 m e la prima è 10/7 della seconda. Sapendo che il lato obliquo misura 15 m, calcola il perimetro e l'area del trapezio. [78 m; 306 m^2]

200 La base minore di un trapezio rettangolo misura 45 cm, l'altezza 24 cm mentre il lato obliquo è 5/4 dell'altezza. Calcola il perimetro, l'area e le misure delle due diagonali del trapezio. [162 cm; 1296 cm^2; 51 cm; $\simeq$ 67,4 cm]

201 La diagonale minore di un trapezio rettangolo è perpendicolare al lato obliquo. Sapendo che la prima misura 20 cm e che il secondo è 15 cm, calcola il perimetro e l'area del trapezio. [68 cm; 246 cm^2]

202 Un trapezio rettangolo avente l'altezza e il lato obliquo rispettivamente di 28 m e 53 m è equivalente a un quadrato di lato 42 m. Calcola le misure delle basi del trapezio. [40,5 m; 85,5 m]

203 Il perimetro di un trapezio rettangolo è 184 cm, l'altezza 60 cm e il lato obliquo 17/15 dell'altezza. Calcola l'area e la misura della diagonale minore del trapezio. [1680 cm^2; $\simeq$ 61,19 cm]

204 Un trapezio rettangolo è equivalente a un rombo avente il perimetro di 40 cm e la diagonale minore di 12 cm. Sapendo che il lato obliquo e l'altezza del trapezio misurano 5 cm e 3 cm, calcola le misure delle basi del trapezio. [30 cm; 34 cm]

205 In un trapezio rettangolo il lato obliquo misura 90 dm e la sua proiezione sulla base maggiore è 72 dm. Sapendo che la base maggiore è 17/9 dell'altezza, calcola la misura del lato di un rombo isoperimetrico al trapezio. [69 dm]

206 Un trapezio rettangolo è equivalente a un parallelogrammo avente il lato, la diagonale minore e l'altezza relativa alla base rispettivamente di 18 cm, 24 cm e 14,4 cm. L'altezza del trapezio misura 9 cm e la differenza delle basi è 40 cm. Calcola il perimetro del trapezio. [146 cm]

Applicazioni del teorema di Pitagora ai trapezi: trapezio isoscele

[**U2.8** ▸ p. 90]

207 Calcola la misura incognita di ciascuna figura.

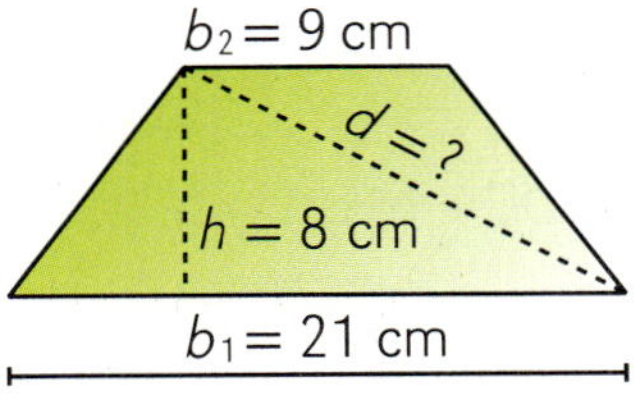

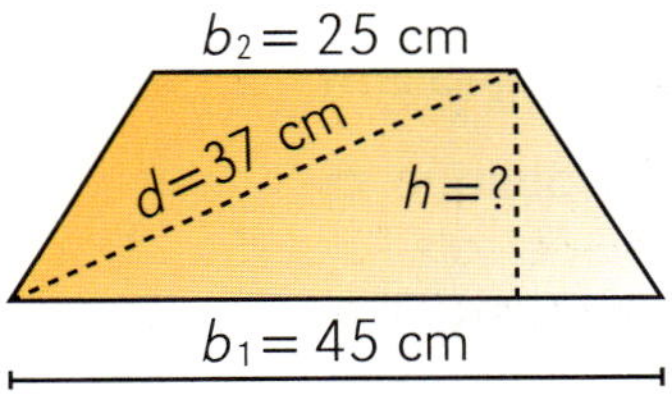

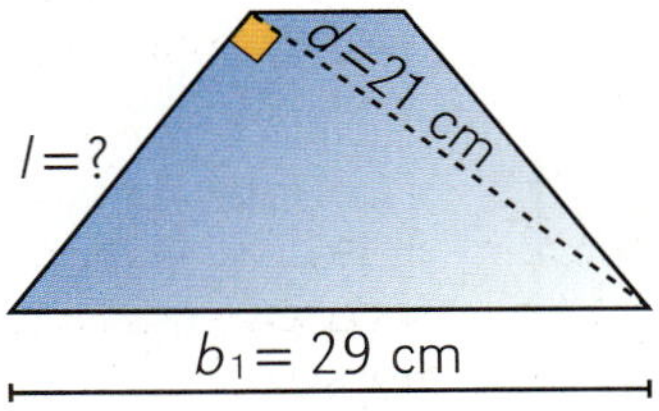

208 Indica quale fra le tre opzioni proposte è la soluzione del problema indicato a fianco.

trapezio isoscele		incognita		
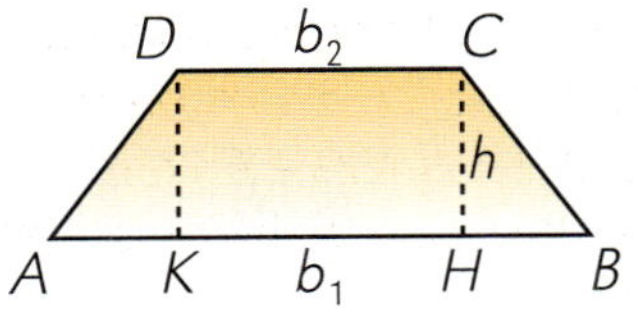	$b_1 = 38$ cm $b_2 = 20$ cm $h = 12$ cm $2p = ?$	A 58 cm	B 88 cm	C 70 cm
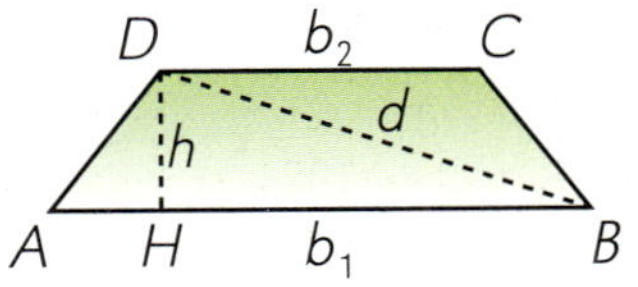	$d = 37$ cm $b_1 = 44$ cm $b_2 = 26$ cm $h = ?$	A 7 cm	B 12 cm	C 35 cm
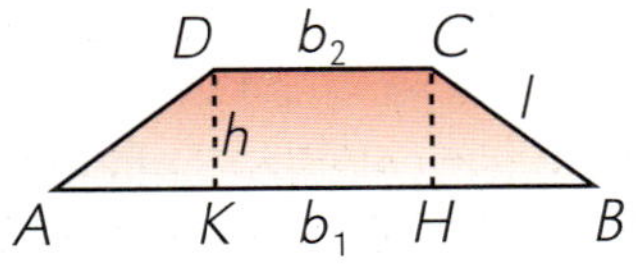	$b_1 = 80$ cm $l = 30$ cm $h = 18$ cm $b_2 = ?$	A 50 cm	B 62 cm	C 32 cm

APPLICAZIONE

209 Indica la risposta corretta. Un trapezio isoscele ha il lato obliquo di 29 cm e le basi di 43 cm e 3 cm. Qual è la misura dell'altezza?

A 23 cm   B 21 cm   C 20 cm   D 24 cm

210 Filippo afferma che il perimetro di un trapezio isoscele, avente le basi di 68 cm e 12 cm e l'altezza di 21 cm, è 150 cm, mentre Tommaso dice che è 122 cm. Chi ha ragione?

☐ Filippo ☐ Tommaso

Risolvi i seguenti problemi.

211 Calcola l'area di un trapezio isoscele avente le basi di 35 cm e 15 cm e il lato obliquo di 26 cm. [600 cm^2]

212 In un trapezio isoscele il lato obliquo misura 20 cm e la sua proiezione sulla base maggiore è 12 cm. Calcola l'area del trapezio sapendo che la base minore è congruente all'altezza. [448 cm^2]

213 Il perimetro di un trapezio isoscele è 144 dm e le basi misurano 65 dm e 0,9 m. Calcola l'area del trapezio esprimendola in metri quadrati. [7,77 m^2]

214 In un trapezio isoscele la diagonale misura 25 cm e le basi 28 cm e 12 cm. Calcola la misura dell'altezza del trapezio. [15 cm]

215 Un trapezio isoscele ha il lato obliquo di 5 cm e le basi di 15,6 cm e 6 cm. Calcola l'area del trapezio e la lunghezza della sua diagonale. [15,12 cm^2; $\simeq$ 10,9 cm]

216 Calcola l'area e il perimetro di un trapezio isoscele che ha la base minore, il lato obliquo e l'altezza rispettivamente di 10 cm, 39 cm e 36 cm. [900 cm^2; 128 cm]

217 Un trapezio isoscele ha l'area di 4,2 dm^2 e le basi misurano 51 cm e 19 cm. Calcola in centimetri il perimetro del trapezio e la misura della sua diagonale. [110 cm; 37 cm]

218 Calcola l'area di un trapezio isoscele sapendo che la somma delle basi misura 110 m, che una è 19/3 dell'altra e che il perimetro è 192 m. [495 m^2]

219 Calcola il perimetro di un trapezio isoscele che ha l'area di 660 cm^2, l'altezza di 12 cm e una base 2/9 dell'altra. [184 cm]

220 In un trapezio isoscele la differenza tra le basi misura 20 cm, l'altezza 24 cm e la diagonale 40 cm. Calcola il perimetro e l'area del trapezio. [116 cm; 768 cm^2]

221 Calcola il perimetro e l'area del trapezio isoscele in figura, sapendo che:

$DC = 6$ cm

$AB = 2DC$

$AD = BC = DC - 1$ cm

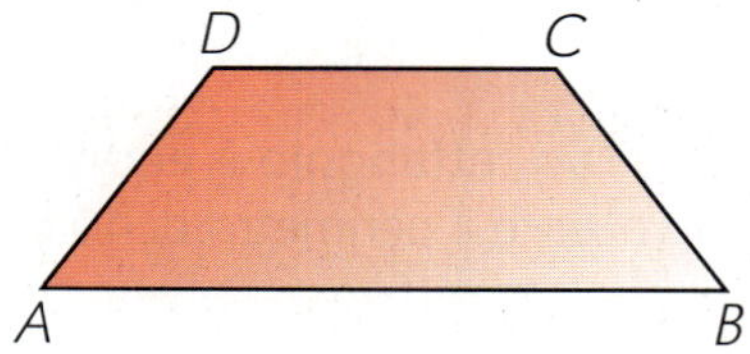

[28 cm; 36 cm^2]

222 Calcola il perimetro e l'area dello schienale di una sedia che ha la forma di un trapezio isoscele. Le misure sono:

$AB = 45$ cm

$DC = 7/15\,AB$

$AD = BC = DC + 16$ cm

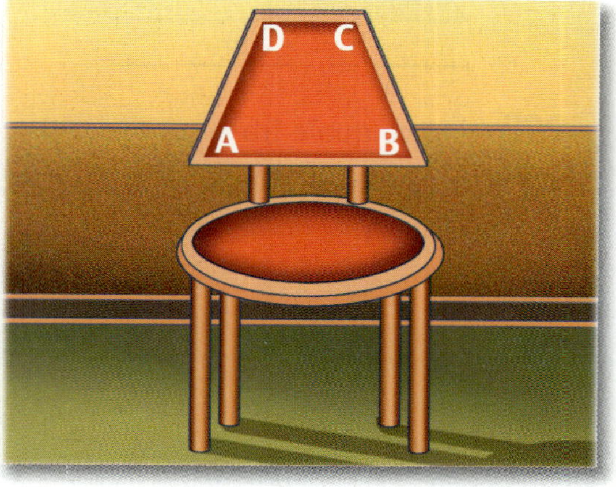

[140 cm; 1155 cm^2]

223 L'area di un trapezio isoscele è 920 cm^2, l'altezza misura 40 cm e una base è 7/16 dell'altra. Calcola il perimetro del trapezio e la misura della sua diagonale approssimata al centesimo. [128 cm; 46,14 cm]

224 Un trapezio isoscele ha l'area di 1248 cm^2, l'altezza di 24 cm e la base minore congruente a 5/6 dell'altezza. Calcola il perimetro del trapezio. [184 cm]

225 In un trapezio isoscele la diagonale è perpendicolare al lato obliquo. L'area del trapezio è 768 dm^2, l'altezza misura 24 dm e la base minore 14 dm. Calcola la misura della diagonale. [40 dm]

226 Calcola il perimetro e la misura della diagonale di un trapezio isoscele che ha l'altezza di 20 cm, l'area di 600 cm^2 e una base tripla dell'altra. [110 cm; $\simeq$ 36 cm]

227 In un trapezio isoscele la somma dell'altezza e del lato obliquo è 36 cm e il loro rapporto è 5/13. Calcola perimetro e area del trapezio, sapendo che la base maggiore misura 65 cm. [134 cm; 410 cm^2]

228 Un rettangolo e un trapezio isoscele sono isoperimetrici. Del trapezio isoscele si conoscono la misura della base minore (16 cm), del lato obliquo (37 cm) e dell'altezza (12 cm); del rettangolo si sa che una dimensione misura 48 cm. Calcola l'area di ciascuna delle due figure. [612 cm^2; 1920 cm^2]

229 Calcola le misure del lato e della diagonale di un quadrato isoperimetrico a un trapezio isoscele le cui basi misurano 31 m e 7 m e l'altezza 5 m. [16 m; $16 \cdot \sqrt{2}$ m]

230 Un quadrato ha l'area di 100 dm^2. Un trapezio isoscele ha il lato obliquo congruente al perimetro del quadrato, la base minore uguale a 3/5 del lato obliquo e la base maggiore uguale al triplo della base minore. Calcola l'area del trapezio. [1536 dm^2]

231 Un poligono *ABCDEF* è composto da un rettangolo e da un trapezio isoscele avente la base coincidente con la base del rettangolo. Con riferimento ai dati posti a fianco della figura, calcola il perimetro e l'area del poligono. Calcola, inoltre, la misura della diagonale di un quadrato equivalente al poligono dato. [138 cm; 1296 cm^2; $36 \cdot \sqrt{2}$ cm]

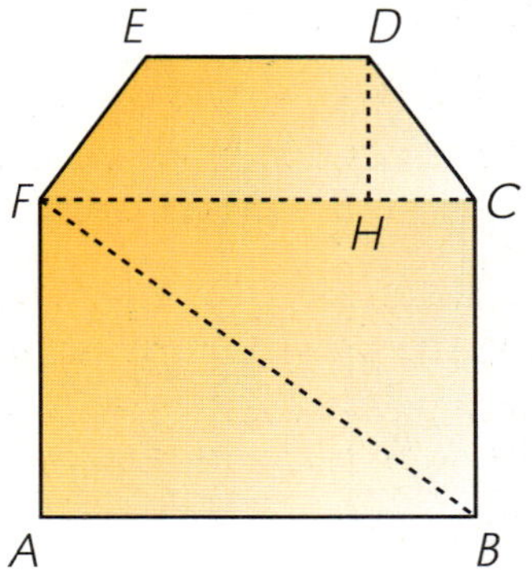

$AB + BC = 63$ cm
$AB = 4/3\,BC$
$DH = 12$ cm
$DC = 1/3\,BF$

232 Un trapezio isoscele è sormontato da un triangolo rettangolo avente l'ipotenusa in comune con la base minore del trapezio. Sapendo che i cateti del triangolo rettangolo misurano 64 cm e 48 cm e che l'altezza e la base maggiore del trapezio misurano, rispettivamente, 20 cm e 110 cm, calcola l'area e il perimetro della figura composta. Calcola, inoltre, la misura del segmento *EH*. [3436 cm^2; 272 cm; 58,4 cm]

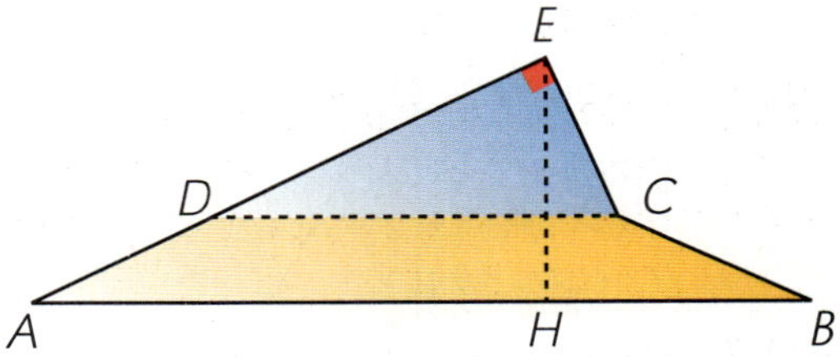

Applicazioni del teorema di Pitagora ai triangoli rettangoli: triangolo rettangolo con angoli acuti di 45°, triangolo rettangolo con angoli acuti di 30° e 60°

[**U2.9** ▸ p. 92]

RICORDA
- Un triangolo rettangolo con gli angoli acuti di 45° è la metà di un quadrato.
- Un triangolo rettangolo con gli angoli acuti di 30° e 60° è la metà di un triangolo equilatero.

233 Completa.

a. Un triangolo rettangolo che ha gli angoli acuti di 45° si dice .... ed è la metà di un .... avente per lato il .... del triangolo.

b. Un triangolo rettangolo che ha gli angoli acuti di 30° e 60° è la metà di un .... equilatero che ha per lato l' .... del triangolo e per altezza .... del triangolo; il cateto opposto all'angolo di 30° è la .... dell'ipotenusa.

APPLICAZIONE

234 **Calcola il perimetro e l'area dei seguenti triangoli rettangoli *ABC*. Osserva le figure: sono state completate con il tratteggio in modo da ottenere un quadrato.**

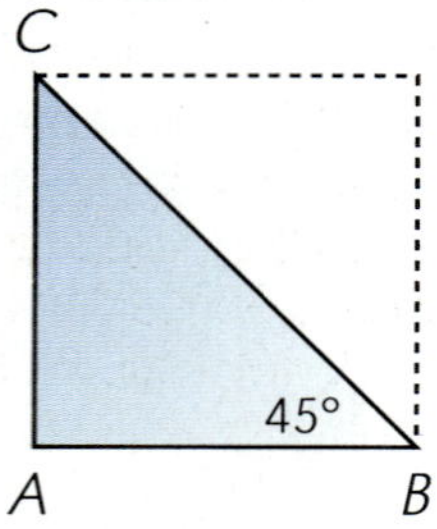

$BC = 21{,}21$ cm

a. [51,21 cm; 112,5 cm²]

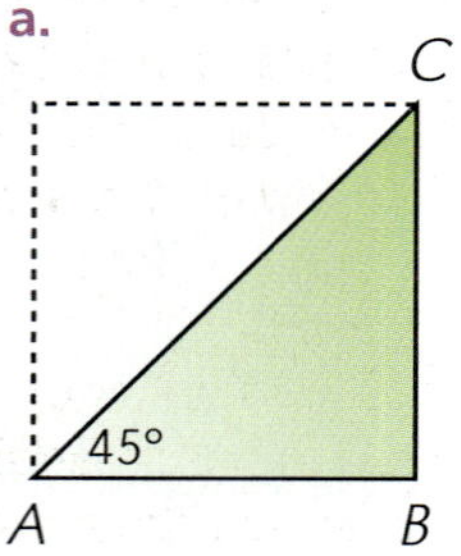

$AC = 5 \cdot \sqrt{2}$ cm

b. [17,07 cm; 12,5 cm²]

235 **Calcola il perimetro e l'area dei seguenti triangoli rettangoli *ABC*. Osserva le figure: sono state completate con il tratteggio in modo da ottenere un triangolo equilatero.**

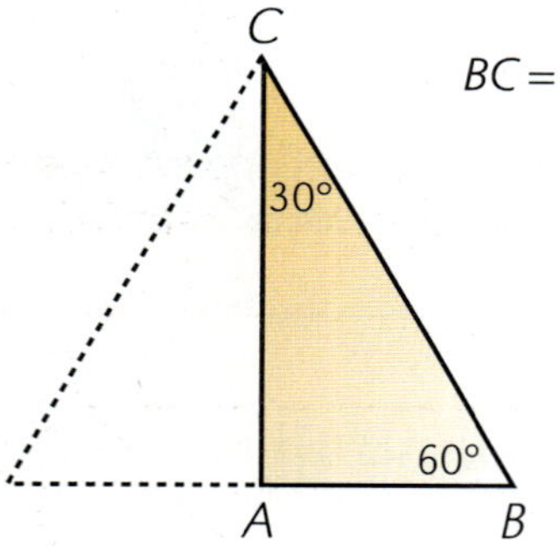

$BC = 20$ cm

a. [47,32 cm; 86,6 cm²]

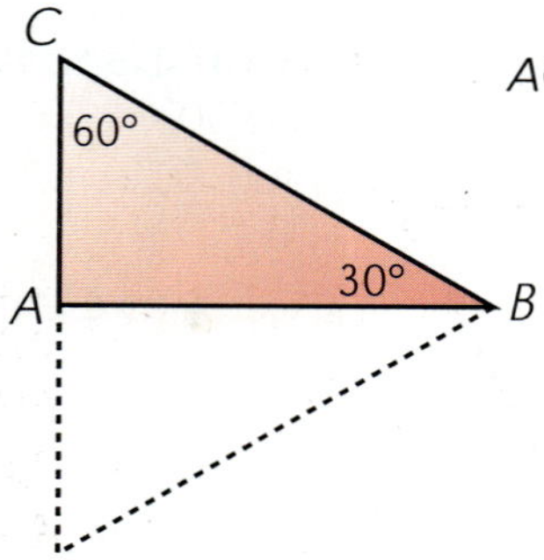

$AC = 25$ cm

b. [118,3 cm; 541,25 cm²]

Risolvi i seguenti problemi.

236 Un triangolo rettangolo ha un angolo di 45° e l'ipotenusa lunga $16 \cdot \sqrt{2}$ cm. Calcola l'area del triangolo. [128 cm²]

Alcuni risultati sono stati approssimati ai centesimi.

237 Un triangolo rettangolo avente un angolo di 45° ha un cateto di 30 cm. Calcola la misura dell'ipotenusa del triangolo. [≃ 42,43 cm]

238 Calcola la misura dei cateti di un triangolo rettangolo isoscele avente l'ipotenusa di 20 cm. [≃ 14,14 cm]

239 Un quadrato è isoperimetrico a un triangolo rettangolo isoscele. Sapendo che l'ipotenusa del triangolo misura 35,35 m, calcola l'area del quadrato. [≃ 455 m²]

240 Due lati consecutivi di un parallelogrammo formano un angolo acuto di 45°. Calcola l'area del parallelogrammo, sapendo che la base misura 16 dm e il lato 7,07 dm.

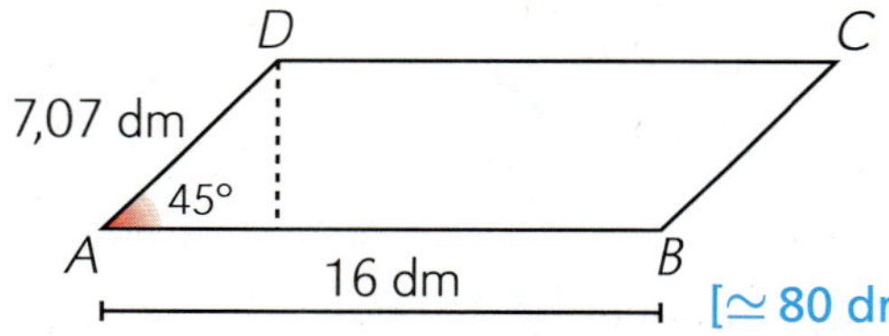

[≃ 80 dm²]

241 L'ampiezza di ciascuno degli angoli adiacenti alla base di un trapezio isoscele è 45°. Sapendo che l'altezza del trapezio misura 10 m e l'area è 120 m², calcola la misura di ciascuna base e il perimetro del trapezio. [22 m; 2 m; 52,28 m]

242 La misura, in centimetri, di un cateto di un triangolo rettangolo isoscele è data dal valore della seguente espressione:

$$\left[\left(\frac{5}{9}:\frac{2}{3}+2\right)\cdot\frac{3}{5}-\left(\frac{4}{3}\cdot\frac{6}{5}-\frac{3}{8}\right)+2\right]:\frac{11}{40}$$

Calcola il perimetro e l'area del triangolo. [$(18 + 9 \cdot \sqrt{2})$ cm; 40,5 cm²]

243 Un triangolo rettangolo ha un angolo di 30° e l'ipotenusa di 14 cm. Calcola la misura del cateto opposto all'angolo di 30° e la misura del cateto opposto all'angolo di 60°. [7 cm; $7 \cdot \sqrt{3}$ cm]

244 Calcola la misura di ciascuno dei cateti di un triangolo rettangolo avente un angolo acuto di 60°, sapendo che l'ipotenusa misura 18 dm. [9 dm; 15,59 dm]

245 In un triangolo rettangolo, il cateto opposto a un angolo acuto di 30° misura 1,2 cm. Calcola il perimetro del triangolo. [$\simeq$ 5,67 cm]

246 Calcola la misura dell'altezza relativa all'ipotenusa di un triangolo rettangolo avente un angolo acuto di 60°, sapendo che il cateto maggiore misura 8,66 cm. [4,33 cm]

247 L'angolo al vertice di un triangolo isoscele *ABC* misura 120° e l'altezza relativa alla base è di 25 cm. Calcola:

a. la misura della base;
b. il perimetro del triangolo;
c. l'area del triangolo.

[86,6 cm; 186,6 cm; 1082,5 cm^2]

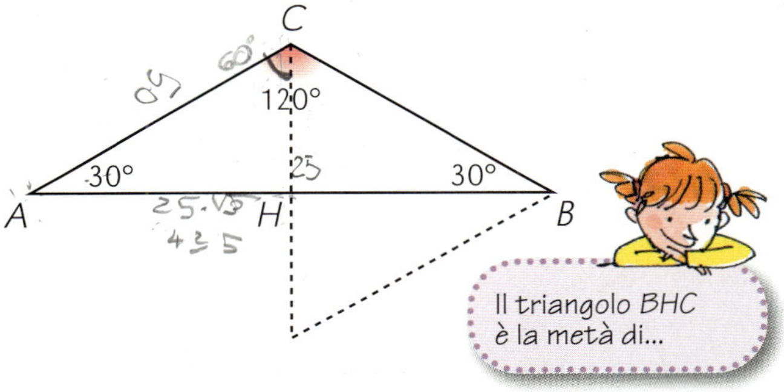

248 Un triangolo isoscele ha l'angolo al vertice di 120° e ciascun lato obliquo misura 16 m. Calcola il perimetro e l'area del triangolo. [$\simeq 59{,}71$ m; $64\cdot\sqrt{3}$ m^2]

249 In un rombo l'ampiezza di ciascun angolo acuto è 60°. Calcola l'area sapendo che il perimetro è 80 cm. [$200\cdot\sqrt{3}$ cm^2]

250 Uno degli angoli ottusi di un rombo è ampio 120°. Sapendo che il lato misura 8 cm, calcola l'area del rombo approssimandola al centesimo. [$\simeq$ 55,43 cm^2]

251 La base minore e l'altezza di un trapezio isoscele, avente l'angolo adiacente alla base maggiore di 30°, misurano, rispettivamente, 5 cm e 3 cm. Calcola il perimetro e l'area del trapezio. [$(22+6\cdot\sqrt{3}$ cm); $\simeq 30{,}59$ cm^2]

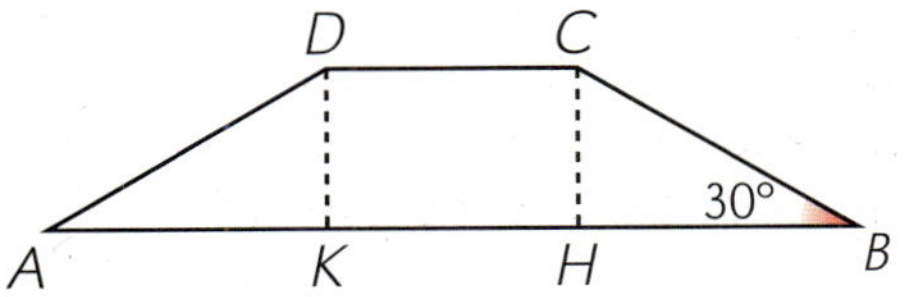

252 Gli angoli adiacenti alla base maggiore di un trapezio isoscele hanno un'ampiezza di 60° ciascuno. Sapendo che l'altezza e la base minore sono congruenti fra loro e che il lato obliquo misura 2,5 dm, calcola il perimetro del trapezio. [11,83 dm]

253 L'angolo compreso tra due lati consecutivi di un parallelogrammo ha un'ampiezza di 60°. Sapendo che i lati che formano tale angolo misurano 55 cm e 8 cm, calcola l'area del parallelogrammo. [381,04 cm^2]

254 L'angolo acuto di un parallelogrammo è ampio 30°. Sapendo che l'area è 672 cm^2 e che la base misura 16 cm, calcola la misura del lato obliquo e il perimetro del parallelogrammo. [84 cm; 200 cm]

255 Gli angoli che i lati obliqui di un trapezio scaleno formano con la base maggiore sono ampi 45° e 30°. Sapendo che la base minore e l'altezza misurano rispettivamente 10 m e 6 m, calcola il perimetro e l'area del trapezio. [$\simeq$ 56,88 m; $\simeq$ 109,18 m^2]

256 Il rapporto tra le basi di un trapezio rettangolo è 2/3 e la loro somma è 100 cm. Sapendo che il lato obliquo forma con la base maggiore un angolo di 60°, calcola il perimetro e l'area del trapezio.

[$(140+20\cdot\sqrt{3})$ cm; $1000\cdot\sqrt{3}$ cm^2]

257 Con riferimento ai dati posti a fianco di ciascun parallelogrammo, calcola le misure richieste.

a.

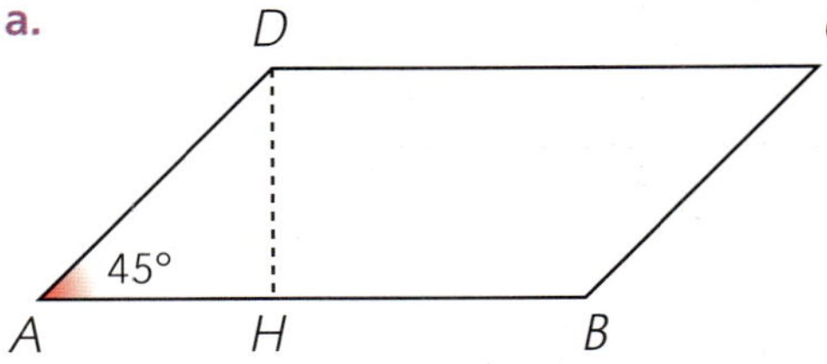

$\hat{A} = 45°$
$AH = 15$ cm
$BH = 4/3DH$
$2p = ?$
$A = ?$

[$(70+30\cdot\sqrt{2})$ cm; 525 cm^2]

b.

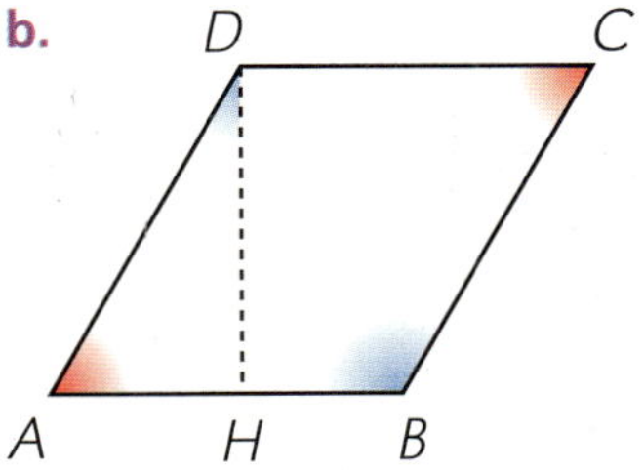

$\hat{A} = 1/2\,\hat{B}$
$AD = 18$ cm
$BH = 5/6AH$
$2p = ?$
$A = ?$

[69 cm; $\simeq$257 cm^2]

RIEPILOGO E CONSOLIDAMENTO

1 La terna di numeri 8, 15, 17 rappresenta le misure, in centimetri, dei lati di un triangolo rettangolo. Spiegane il motivo.

2 Quando una terna pitagorica si dice "primitiva"? Come si ottengono le terne pitagoriche derivate? Data la terna pitagorica primitiva 12, 35, 37, formane tre derivate.

3 Completa la tabella (*c* indica la misura dell'ipotenusa di un triangolo rettangolo, *a* e *b* le misure dei cateti).

a (cm)	*b* (cm)	*c* (cm)
24	18	....
....	16	65
12,6	3,2	....
17,5	....	62,5

4 Calcola le misure incognite di ciascuna figura.

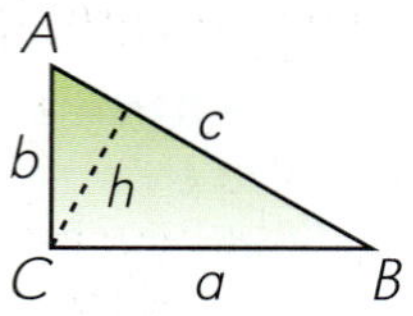

$a = 32$ cm
$b = 24$ cm
$2p = ?$
$h = ?$
$A = ?$

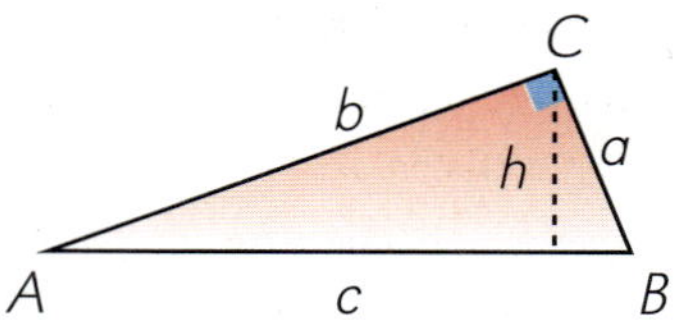

$c = 34$ cm
$a = 16$ cm
$h = ?$
$2p = ?$
$A = ?$

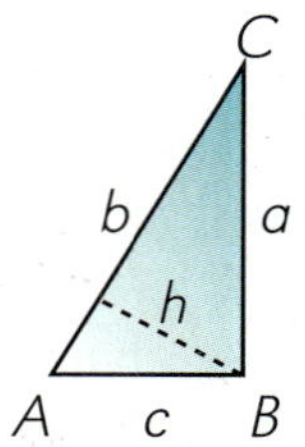

$h = 12$ cm
$A = 150$ cm^2
$c = 15$ cm
$2p = ?$

Risolvi i seguenti problemi.

5 Un bastone di 5 m è appoggiato a una parete e dista 3 m dalla sua base. A quale altezza dal suolo si trova il punto d'appoggio del bastone?

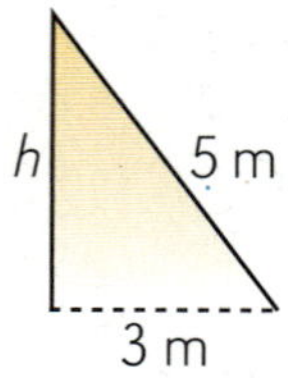

[4 m]

6 Calcola la misura dell'ipotenusa di un triangolo rettangolo i cui cateti misurano 35 cm e 120 cm. [125 cm]

7 L'ipotenusa di un triangolo rettangolo misura 3,7 dm e il cateto minore 12 cm. Calcola il perimetro del triangolo, esprimendolo in decimetri. [8,4 dm]

8 Calcola il perimetro e l'area di un triangolo rettangolo che ha l'ipotenusa di 85 cm e un cateto di 75 cm. [200 cm; 15 dm^2]

9 In un triangolo rettangolo *ABC* i cateti *AC* e *BC* misurano rispettivamente 27 cm e 36 cm. Calcola:

a. il perimetro del triangolo;
b. l'area del triangolo;
c. la misura dell'altezza relativa all'ipotenusa;
d. le misure delle proiezioni dei cateti sull'ipotenusa.

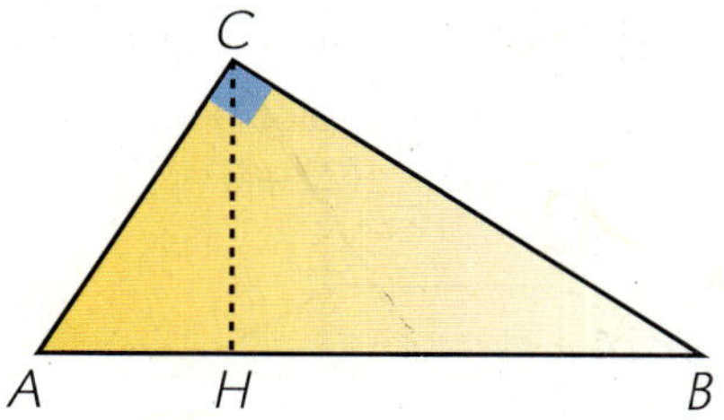

[108 cm; 486 cm^2; 21,6 cm; 16,2 cm; 28,8 cm]

10 La differenza tra i cateti di un triangolo rettangolo misura 28 dm e uno è 5/12 dell'altro. Calcola il perimetro e l'area del triangolo. [120 dm; 480 dm^2]

11 Calcola la misura dell'altezza relativa all'ipotenusa di un triangolo rettangolo di cui conosci:

a. l'area, che è di 150 cm^2;

b. la misura di un cateto, espressa in centimetri, che è data dal valore dell'incognita della seguente proporzione:

$$\left(2+\frac{1}{2}\right)^2 : \left(3\cdot\frac{1}{4}+\frac{3}{2}\right) = x : \left(6+\frac{6}{5}\right)$$

[12 cm]

12 I cateti di un triangolo rettangolo misurano 19,5 cm e 26 cm. Calcola la misura dell'altezza relativa all'ipotenusa. [15,6 cm]

13 In un triangolo rettangolo l'ipotenusa misura 17 cm e un cateto è i suoi 4/5. Calcola la misura dell'altezza relativa all'ipotenusa. [8,16 cm]

14 Nel triangolo rettangolo *ABC*, tracciando l'altezza *CH*, si vengono a formare due triangoli rettangoli di area 105,84 cm^2 e 188,16 cm^2. Sapendo che AH = 12,6 cm, calcola il perimetro del triangolo *ABC*.

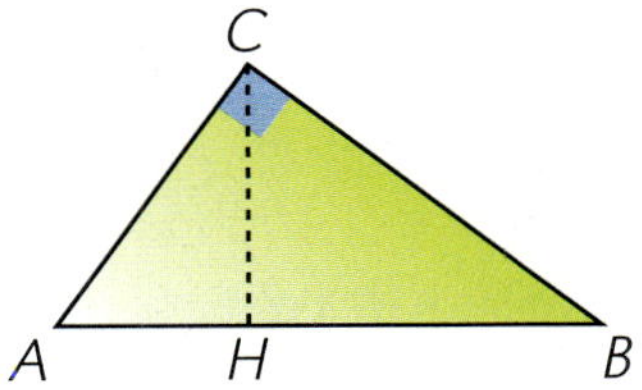

[84 cm]

15 L'area di un triangolo rettangolo è 216 cm^2 e un cateto misura 24 cm. Calcola la misura dell'altezza relativa all'ipotenusa. [14,4 cm]

16 In un triangolo rettangolo l'ipotenusa misura 60 cm ed è 5/4 del cateto maggiore. Calcola il perimetro, l'area e la misura dell'altezza relativa all'ipotenusa. [144 cm; 864 cm^2; 28,8 cm]

17 L'area di un triangolo rettangolo è 294 cm^2 e un cateto è 3/4 dell'altro. Calcola il perimetro del triangolo e la misura dell'altezza relativa all'ipotenusa. [84 cm; 16,8 cm]

18 I cateti di un triangolo rettangolo misurano 27 cm e 36 cm. Calcola la misura dell'ipotenusa e le misure delle proiezioni dei cateti su di essa. [45 cm; 16,2 cm; 28,8 cm]

19 La somma e la differenza dei cateti di un triangolo rettangolo misurano 42 cm e 6 cm. Calcola il perimetro, la misura dell'altezza relativa all'ipotenusa e l'area del triangolo. [72 cm; 14,4 cm; 216 cm^2]

20 **Calcola le misure incognite di ciascuna figura.**

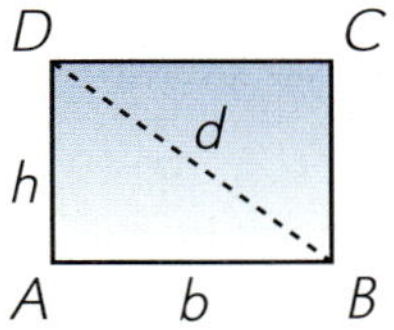

$d = 70$ (cm)
$b = 56$ (cm)
$2p = ?$
$A_{ABCD} = ?$

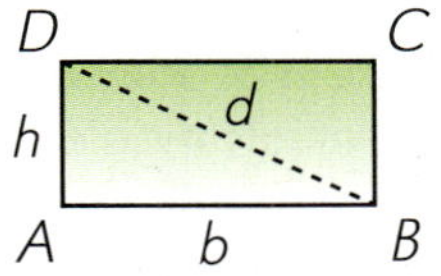

$2p = 204$ (cm)
$h = 30$ (cm)
$d = ?$

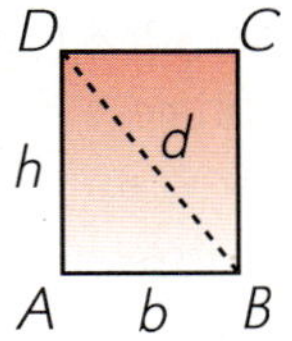

$A_{ABCD} = 2700$ (cm^2)
$b = 3/4 \cdot h$
$d = ?$
$2p = ?$

21 **Completa la seguente tabella, relativa a un insieme di parallelogrammi. Fai riferimento alle indicazioni letterali della figura.**

$\overline{AH}$ (cm)	$\overline{DH}$ (cm)	$\overline{AD}$ (cm)	$\overline{HB}$ (cm)	$\overline{DB}$ (cm)	$2p$ (cm)	A (cm^2)
7	24	25	18	30	86 100	432 623
12	16	20	30	34	84	800
24	32	40	60	68	200	2400
15	20	25	21	29	122	420

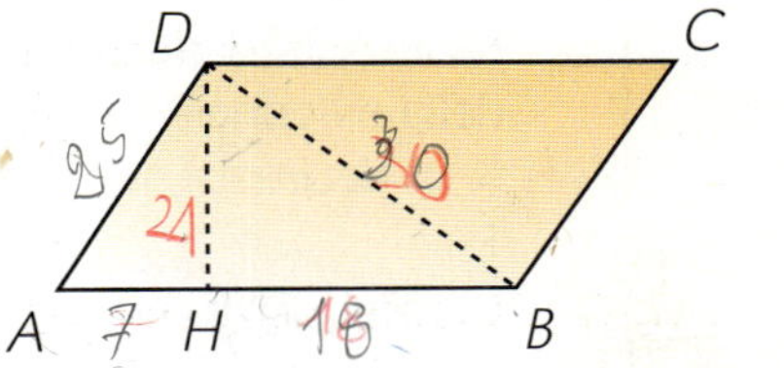

RIEPILOGO E CONSOLIDAMENTO

22 Come si calcola la misura della diagonale di un quadrato, nota la misura del lato? Scrivi la tua risposta in parole, aiutandoti con un disegno, e in formula. Scrivi poi la formula inversa che permette di calcolare la misura del lato nota quella della diagonale.

Risolvi i seguenti problemi.

23 Calcola la misura della diagonale di un rettangolo che ha le dimensioni di 35 cm e 12 cm. [37 cm]

24 Calcola la misura della diagonale di un rettangolo avente l'area di 129,6 dm^2 e la base di 5,4 dm. [24,6 dm]

25 La diagonale e l'altezza di un rettangolo misurano 34 cm e 16 cm. Calcola il perimetro e l'area del rettangolo. [92 cm; 480 cm^2]

26 Il perimetro di un rettangolo è 48 cm e una dimensione è doppia dell'altra. Calcola la misura della diagonale del rettangolo, approssimandola ai decimi. [$\simeq$ 17,9 cm]

27 L'altezza di un rettangolo è 4/3 della base. Sapendo che il perimetro è 112 cm, calcola la misura della diagonale del rettangolo. [40 cm]

28 In un rettangolo la diagonale misura 11 cm e una dimensione è 3/5 di essa. Calcola il perimetro e l'area del rettangolo. [30,8 cm; 58,08 cm^2]

29 In un rettangolo una dimensione supera l'altra di 8,4 cm e il perimetro è 4,08 dm. Calcola la misura della diagonale. [15,6 cm]

30 Il semiperimetro di un rettangolo è 9,8 m e la base è 9/40 dell'altezza. Calcola la misura della diagonale, esprimendola in centimetri. [820 cm]

31 Il perimetro di un rettangolo è 124 cm e la base è 7/24 dell'altezza. Calcola la misura della diagonale e l'area del rettangolo espressa in decimetri quadrati. [50 cm; 6,72 dm^2]

32 La differenza tra la diagonale e la base di un rettangolo misura 10 cm e la prima è 17/15 della seconda. Calcola il perimetro del rettangolo. [230 cm]

33 In un rettangolo le dimensioni sono una 7/24 dell'altra e la loro differenza misura 51 cm. Calcola l'area di un triangolo rettangolo che ha l'ipotenusa congruente a 1/5 della diagonale del rettangolo e un cateto di 9 cm. [54 cm^2]

34 La differenza delle dimensioni di un rettangolo misura 1,4 dm e il perimetro è 19,6 dm. Calcola la misura dell'altezza di un triangolo equivalente al rettangolo e avente la base congruente alla diagonale del rettangolo. [6,72 dm]

35 In un rettangolo una dimensione è doppia dell'altra e il perimetro è 78 cm.
Calcola:
a. la misura della diagonale, approssimandola ai centesimi, e l'area del rettangolo;
b. l'area di un quadrato avente il lato congruente alla dimensione minore del rettangolo;
c. la misura della base di un triangolo equivalente al rettangolo e che ha l'altezza di 10 cm.
[29,07 cm; 338 cm^2; 169 cm^2; 67,6 cm]

36 Calcola la misura dell'altezza relativa al lato *AB* e quella della diagonale *DB* di un parallelogrammo, sapendo che l'area è 60,48 cm^2 e la base e il lato misurano 12,6 cm e 10,2 cm. [4,8 cm; 6 cm]

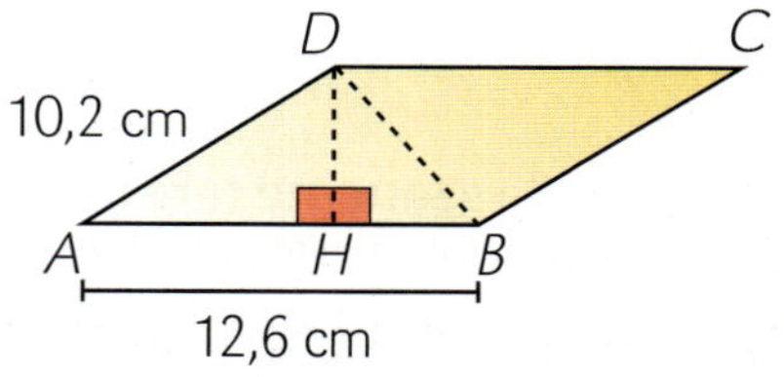

37 In un parallelogrammo l'area è 108 cm^2. Sapendo che il lato maggiore supera il minore di 6 cm e l'altezza relativa al lato maggiore è 7,2 cm, calcola la misura di ciascuna diagonale del parallelogrammo. [12 cm; 21,6 cm]

38 In un parallelogrammo, il lato maggiore costituisce la base e misura 25 cm; la diagonale minore e l'altezza relativa alla base misurano, rispettivamente, 20 cm e 12 cm. Calcola il perimetro del parallelogrammo. [80 cm]

39 In un parallelogrammo la diagonale minore e il lato obliquo sono perpendicolari tra loro. La diagonale minore misura 28 cm e il lato obliquo 21 cm. Calcola il perimetro e l'area del parallelogrammo. [112 cm; 588 cm^2]

40 Una piazza di forma quadrata ha l'area di 144 m^2. Calcola la misura della sua diagonale. [$\simeq$ 16,97 m]

41 Calcola il perimetro di un quadrato avente la diagonale di $17 \cdot \sqrt{2}$ cm. [68 cm]

42 Un giardino ha la forma di un quadrato. Se la diagonale misura 21,21 m, qual è il suo perimetro? [60 m]

43 Calcola l'area di un quadrato avente la diagonale congruente alla base di un rettangolo di altezza 9 cm e perimetro 68 cm. [312,5 cm^2]

44 Un quadrato è equivalente a un rettangolo avente una diagonale di 34 cm e la base di 16 cm. Calcola la misura della diagonale del quadrato. [$21{,}9 \cdot \sqrt{2}$ cm]

45 **Calcola la misura incognita di ciascun triangolo.**

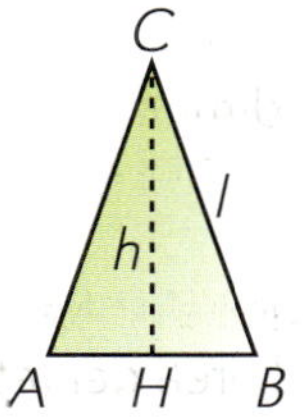

$l = 51$ cm
$h = 45$ cm
$b = ?$ [48 cm]

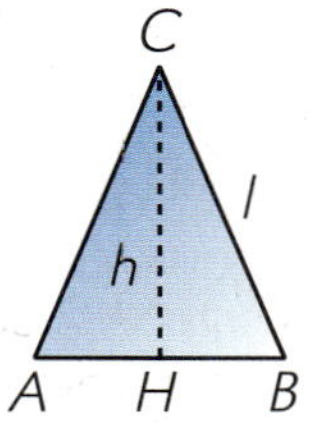

$b = 30$ cm
$h = 36$ cm
$2p = ?$ [108 cm]

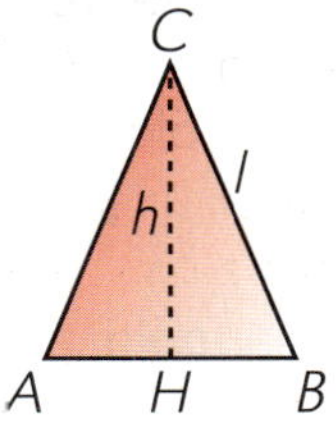

$A = 432$ cm^2
$b = 36$ cm
$l = ?$ [30 cm]

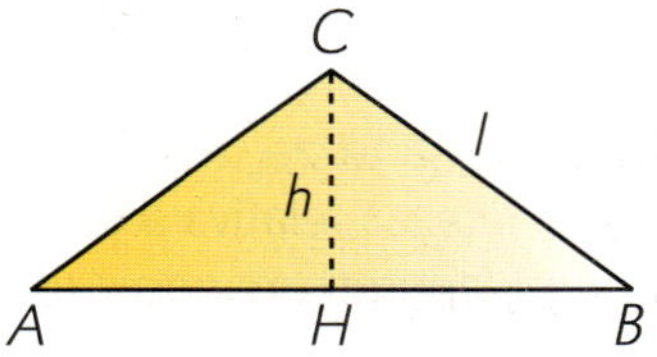

$2p = 57{,}6$ cm
$l = 16$ cm
$A = ?$ [122,88 cm^2]

46 **Completa la seguente tabella, relativa a un insieme di triangoli isosceli (*b*, *h*, *l*, 2*p*, *A* indicano, rispettivamente, la misura della base, dell'altezza, del lato, il perimetro, in centimetri, e l'area, in centimetri quadrati).**

b (cm)	*h* (cm)	*l* (cm)	2*p* (cm)	*A* (cm^2)
16	6	....	....	....
....	8	17	....	....
....	....	25	64	....
....	21	....	....	420
22	....	....	144	....

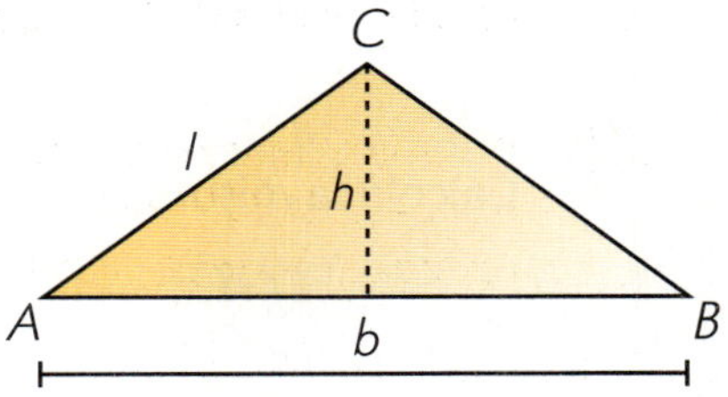

47 **Come si calcola la misura dell'altezza di un triangolo equilatero, nota la misura del lato? Scrivi la tua risposta in parole, aiutandoti con un disegno, e in formula. Scrivi poi la formula inversa che permette di calcolare la misura del lato nota quella dell'altezza.**

Risolvi i seguenti problemi.

48 La base di un un triangolo isoscele misura 24 cm e l'altezza 35 cm. Calcola il perimetro. [98 cm]

49 Quanto misura la base di un triangolo isoscele se il lato e l'altezza misurano rispettivamente 65 cm e 52 cm? [78 cm]

50 Il lato obliquo e l'altezza di un triangolo isoscele hanno rispettivamente la misura di 39 cm e di 15 cm. Calcola il perimetro e l'area del triangolo. [150 cm; 540 cm^2]

51 La base di un triangolo isoscele è 24 cm e il perimetro è 49 cm. Calcola l'area del triangolo. [42 cm^2]

52 Un triangolo isoscele ha l'area di 12 dm^2 e l'altezza di 40 cm. Calcola il perimetro e la misura dell'altezza relativa a ciascun lato obliquo del triangolo. [160 cm; 48 cm]

53 Il perimetro di un triangolo isoscele è 384 mm e il lato misura 12 cm. Calcola l'area del triangolo. [69,12 cm^2]

54 In un triangolo isoscele ciascuno dei lati obliqui è 61/22 della base e il perimetro è 288 cm. Calcola l'area del triangolo. [26,4 dm^2]

55 In un triangolo isoscele, la somma della base e dell'altezza a essa relativa è 20,3 cm. Sapendo che la base supera l'altezza di 13,3 cm, calcola la misura dell'altezza relativa a ciascuno dei lati congruenti, approssimando il risultato ai decimi. [6,5 cm]

56 La base di un triangolo isoscele misura 72 cm e l'altezza è i suoi 2/3. Calcola il perimetro e l'area del triangolo. [192 cm; 1728 cm^2]

57 L'altezza di un triangolo isoscele misura 40 cm ed è 20/9 della base. Calcola il perimetro e l'area del triangolo. [100 cm; 360 cm^2]

58 Un triangolo *ABC* ha i lati *AB* di 15 cm, *BC* di 13 cm e *CA* di 14 cm. Calcola la misura dell'altezza relativa al lato *AB* e le misure di *AH* e *HB*.

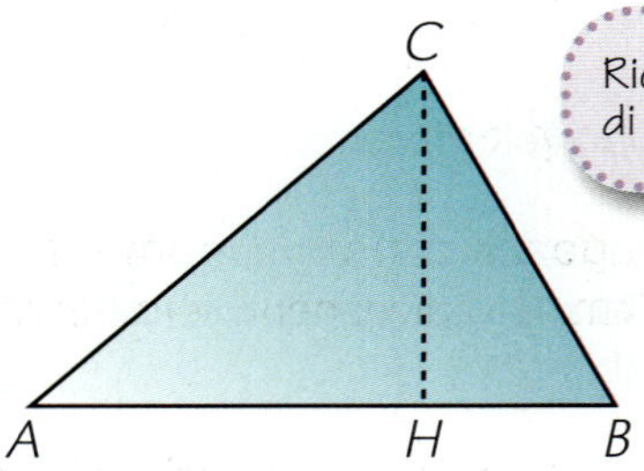

[11,2 cm; 8,4 cm; 6,6 cm]

59 Il lato di un triangolo isoscele misura 26 cm e il perimetro è 72 cm. Calcola l'area del triangolo. [240 cm^2]

60 Calcola il perimetro di un triangolo equilatero sapendo che l'altezza misura 8,66 cm. [$\simeq$ 30 cm]

61 Calcola l'area di un triangolo equilatero che ha il perimetro di 15 cm. [$6{,}25 \cdot \sqrt{3}$ cm^2]

62 Il perimetro di un triangolo equilatero è 54 cm. Calcola la misura dell'altezza e l'area del triangolo. [$9 \cdot \sqrt{3}$ cm; $81 \cdot \sqrt{3}$ cm^2]

63 Calcola il perimetro di un triangolo equilatero, sapendo che l'altezza misura 24,248 cm. [$\simeq$ 84 cm]

64 **Calcola la misura incognita di ciascun rombo.**

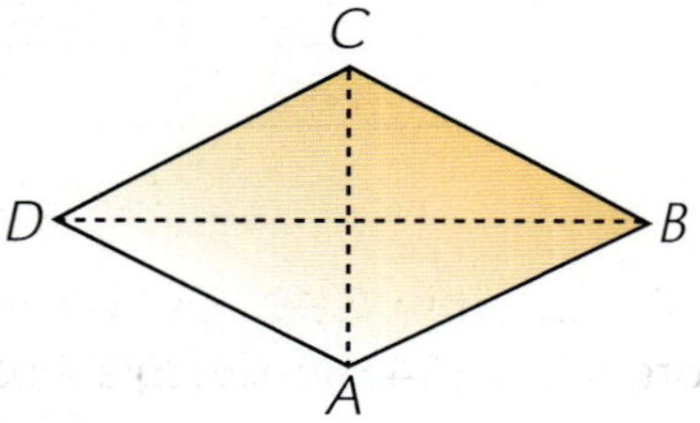

$d_1 = 24$ (cm)
$d_2 = 18$ (cm)
$2p = ?$

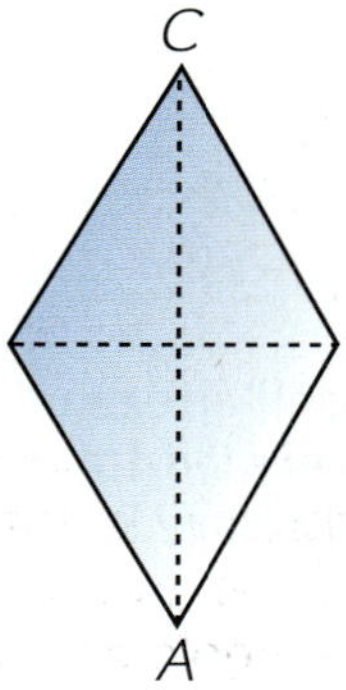

$2p = 208$ (cm)
$d_1 = 96$ (cm)
$A_{ABCD} = ?$

65 Calcola la misura incognita di ciascun trapezio.

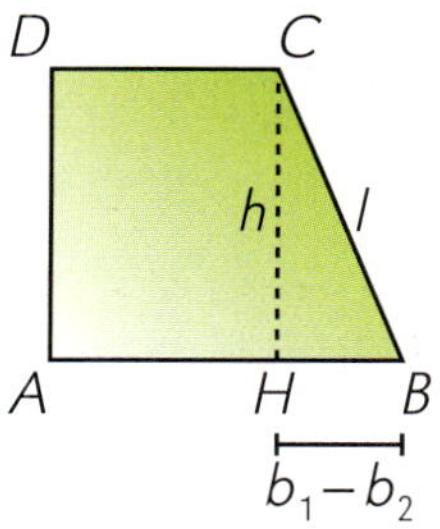

$h = 24$ cm
$b_1 - b_2 = 10$ cm
$l = ?$

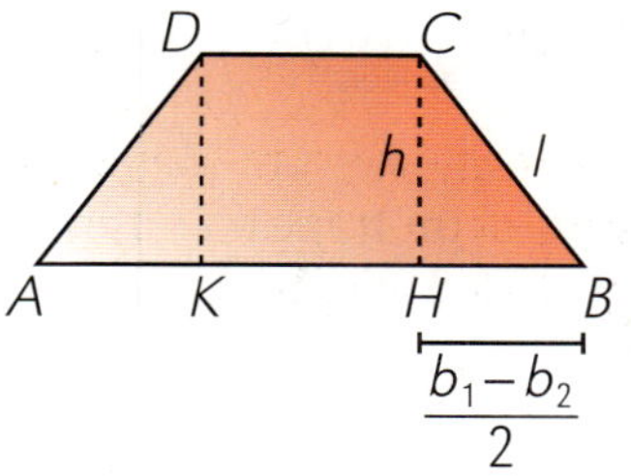

$l = 20$ cm
$h = 16$ cm
$\frac{b_1 - b_2}{2} = ?$

Risolvi i seguenti problemi.

66 Le diagonali di un rombo misurano 64 cm e 48 cm. Calcola il perimetro del rombo. [160 cm]

67 Calcola la misura in metri della diagonale minore di un rombo, sapendo che l'altra diagonale misura 144 dm e il lato 9 m. [10,8 m]

68 Calcola il perimetro in decimetri di un rombo di area 336 cm^2 e avente la diagonale maggiore di 4,8 dm. [10 dm]

69 In un rombo la diagonale minore misura 60 cm e l'altra è i suoi 4/3. Calcola il perimetro e l'area del rombo. [200 cm; 2400 cm^2]

70 Calcola la misura del lato di un quadrato equivalente a un rombo il cui perimetro è 100 cm e una diagonale misura 30 cm. [$\simeq$ 24,5 cm]

71 La differenza tra le diagonali di un rombo misura 56 cm e una è 12/5 dell'altra. Calcola il perimetro e l'area del rombo. [208 cm; 1920 cm^2]

72 Il perimetro di un rombo è 104 cm e una diagonale è 10/13 del lato. Calcola l'area e la misura dell'altezza del rombo. [480 cm^2; 18,46 cm]

73 Calcola il perimetro di un rombo le cui diagonali misurano 12 cm e 6,4 cm. [27,2 cm]

74 La somma e la differenza delle diagonali di un rombo misurano, rispettivamente, 194 cm e 142 cm. Calcola il perimetro del rombo e il perimetro del rettangolo equivalente al rombo e avente una dimensione di 91 cm. [340 cm; 230 cm]

75 In un rombo una diagonale misura 64 cm e l'altra è i suoi 3/4. Calcola il perimetro e l'area del rombo. [160 cm; 1536 cm^2]

76 La somma delle diagonali di un rombo misura 85 cm e una è 5/12 dell'altra. Calcola il perimetro e l'area del rombo. [130 cm; 750 cm^2]

77 In un rombo il perimetro è 140 cm e una diagonale misura 42 cm. Calcola l'area e la misura dell'altezza del rombo. [1176 cm^2; 33,6 cm]

78 Un rombo ha l'area di 864 cm^2 e il perimetro di 120 cm. Calcola la misura di ciascuna diagonale.

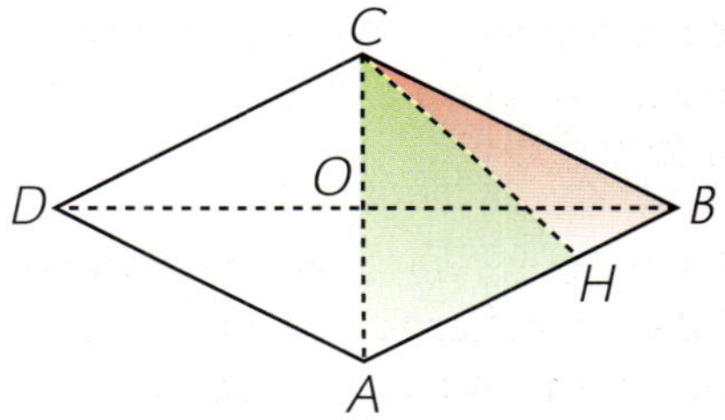

[36 cm; 48 cm]

79 L'area di un rombo è 336 dm^2 e la diagonale minore misura 14 dm. Calcola il perimetro del rombo. [10 m]

80 In un trapezio rettangolo la differenza delle basi misura 24 cm e l'altezza 10 cm. Calcola la lunghezza del lato obliquo del trapezio. [26 cm]

81 Le basi e l'altezza di un trapezio rettangolo misurano rispettivamente 21 cm, 13 cm e 15 cm. Calcola il perimetro del trapezio. [66 cm]

82 Calcola il perimetro di un trapezio rettangolo le cui basi misurano 105 cm e 60 cm e la cui altezza è 28 cm. [246 cm]

83 Calcola il perimetro e l'area di un trapezio rettangolo avente le basi di 39 cm e 15 cm e il lato obliquo di 40 cm. [126 cm; 864 cm^2]

84 La somma delle basi di un trapezio rettangolo misura 184 cm e la base maggiore supera di 96 cm la base minore. Calcola il perimetro e l'area del trapezio sapendo che l'altezza misura 28 cm. [312 cm; 25,76 dm^2]

85 In un trapezio rettangolo il lato obliquo forma con la base maggiore un angolo di 30°, l'altezza e la base minore misurano, rispettivamente, 20 cm e 15 cm. Calcola la misura della diagonale minore del trapezio, il perimetro e l'area. [25 cm; 124,64 cm; 646,4 cm^2]

86 In un trapezio rettangolo l'area è 2120 cm^2, la somma delle basi misura 106 cm e l'altezza supera di 8 cm la base minore. Calcola il perimetro del trapezio. [204 cm]

87 In un trapezio rettangolo, la cui area è 552 dm^2, la diagonale minore e l'altezza misurano rispettivamente 250 cm e 240 cm. Calcola il perimetro e la misura della diagonale maggiore. [110 dm; ≃45,8 dm]

88 Calcola l'area di un trapezio isoscele avente la base minore di 7 cm, l'altezza di 9 cm e il lato obliquo di 15 cm. [171 cm^2]

89 La base maggiore di un trapezio isoscele misura 40 cm, la base minore 7,6 cm e l'altezza 21,6 cm. Calcola il perimetro del trapezio. [101,6 cm]

90 Calcola la misura di una delle due diagonali di un trapezio isoscele avente le basi di 27 cm e 11 cm e l'altezza di 12 cm. [22,47 cm]

91 La diagonale, la base minore e l'altezza di un trapezio isoscele misurano rispettivamente 78 cm, 32 cm e 30 cm. Calcola il perimetro e, in decimetri quadrati, l'area del trapezio. [244 cm; 21,6 dm^2]

92 In un trapezio isoscele il perimetro è 132 cm, la base maggiore supera la minore di 42 cm e la loro somma è 62 cm. Calcola l'area del trapezio. [868 cm^2]

93 In un trapezio isoscele una delle due diagonali misura 32 cm e forma un angolo retto con il lato obliquo, la cui misura è 24 cm. Calcola il perimetro e l'area del trapezio. [99,2 cm; 491,52 cm^2]

94 In un trapezio isoscele le basi sono una 18/5 dell'altra e la loro somma misura 46 cm. Sapendo che il perimetro è 216 cm, calcola l'area del trapezio. [1932 cm^2]

95 **Calcola la misura incognita di ciascun triangolo.**

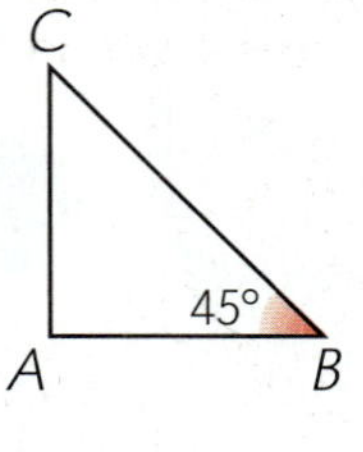

$AB = 15$ cm
$2p = ?$

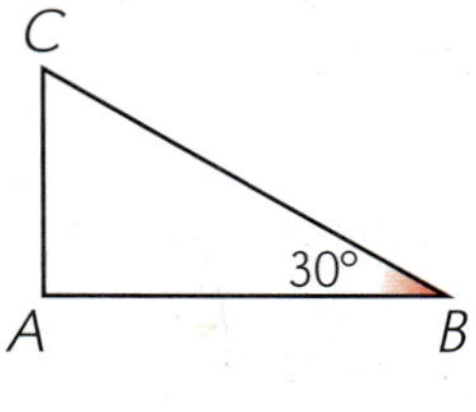

$AC = 12$ cm
$2p = ?$

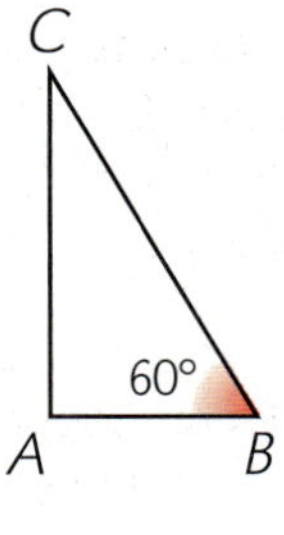

$BC = 18$ cm
$A = ?$

Risolvi i seguenti problemi.

96 Un triangolo ABC ha:
a. l'angolo $\hat{A} = 30°$
b. l'angolo $\hat{B} = 45°$
c. l'altezza $CH = 20$ mm
Calcola il perimetro e l'area del triangolo. Approssima i risultati ai centesimi.

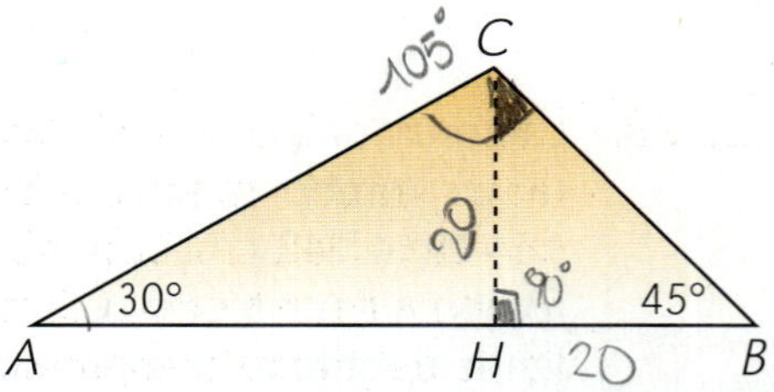

[122,92 mm; 546,41 mm^2]

97 Ciascun cateto di un triangolo rettangolo isoscele misura 15 cm. Calcola la misura dell'ipotenusa, approssimando il risultato ai decimi. [21,2 cm]

98 Calcola il perimetro e l'area di un triangolo rettangolo avente un angolo acuto di 45°, sapendo che l'ipotenusa misura $16 \cdot \sqrt{2}$ cm. [$(32+16 \cdot \sqrt{2})$ cm; 128 cm^2]

99 L'ipotenusa di un triangolo rettangolo isoscele misura 4,8 cm. Calcola il perimetro e l'area del triangolo. Approssima i risultati ai centesimi. [11,59 cm; 5,75 cm^2]

100 In un trapezio rettangolo il lato obliquo forma un angolo di 45° con la base maggiore, la base minore misura 6 cm e l'altezza 4 cm. Calcola il perimetro del trapezio. [25,66 cm]

101 Calcola il perimetro e l'area di un triangolo rettangolo avente gli angoli acuti di 30° e 60°, sapendo che l'ipotenusa misura 34 cm. [$\simeq$ 80,4 cm; $144,5 \cdot \sqrt{3}$ cm^2]

102 Gli angoli alla base maggiore di un trapezio isoscele sono di 45° ciascuno. La somma delle basi misura 42 cm e una è doppia dell'altra. Calcola il perimetro e l'area del trapezio. [$\simeq$ 61,8 cm; 147 cm^2]

103 Gli angoli adiacenti alla base maggiore di un trapezio isoscele sono ampi 60° ciascuno. Una base è 7/3 dell'altra e la loro differenza misura 20 cm. Calcola il perimetro e l'area del trapezio. [90 cm; $250 \cdot \sqrt{3}$ cm^2]

104 In un trapezio rettangolo l'angolo adiacente alla base maggiore misura 45°. Calcola il perimetro del trapezio, sapendo che la base maggiore e l'altezza misurano rispettivamente 16 cm e 5 cm. [39,07 cm]

105 L'ipotenusa di un triangolo rettangolo misura 26 cm. Sapendo che questa forma un angolo di 60° con il cateto minore, calcola le misure dei cateti del triangolo. [13 cm; $13 \cdot \sqrt{3}$ cm]

106 L'angolo adiacente alla base maggiore di un trapezio rettangolo misura 60°. La base minore e il lato obliquo misurano rispettivamente 8 cm e 12 cm. Calcola il perimetro e l'area del trapezio approssimando i risultati al centesimo. [44,39 cm; 114,31 cm^2]

107 Un quadrilatero è formato da un triangolo rettangolo isoscele ABC di area 112,5 cm^2 e da un triangolo equilatero, esterno a esso e con il lato coincidente con il lato del triangolo ABC. Calcola il perimetro e l'area del quadrilatero e le misure dei suoi angoli.

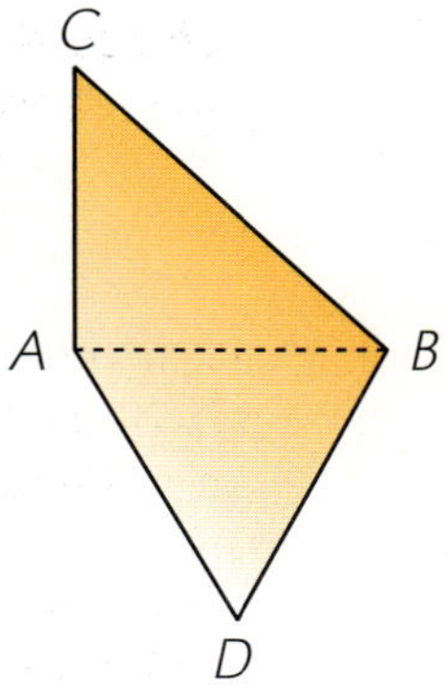

[66,21 cm; 209,925 cm^2; 45°; 150°; 60°; 105°]

108 Un trapezio è formato da cinque triangoli equilateri congruenti tra loro. Se il perimetro del trapezio è 126 cm, qual è la sua area?

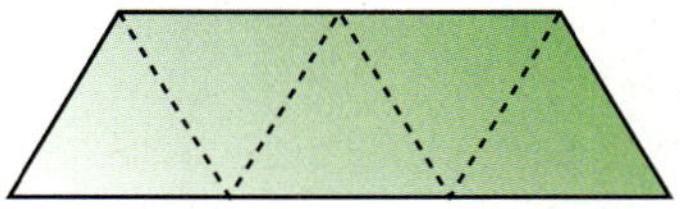

[$405 \cdot \sqrt{3}$ cm^2]

109 Un trapezio rettangolo è formato da tre triangoli. Sapendo che $AD = 64$ cm, $AB = 18$ cm, $AE = 3/5\,DE$, $EC = 58$ cm, calcola il perimetro e l'area del triangolo ottusangolo BEC.

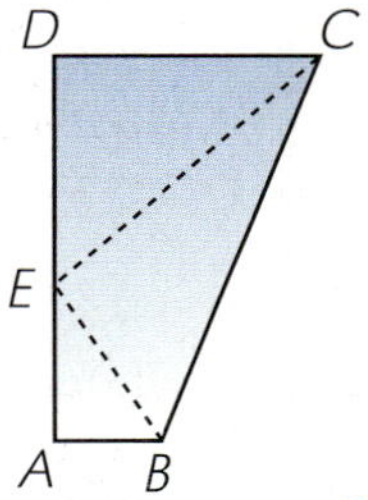

[$\simeq$ 156,3 cm; 864 cm^2]

110 Il pentagono in figura è formato da un trapezio isoscele, un rombo, un parallelogrammo e un triangolo rettangolo.
Calcola il perimetro e l'area del pentagono $ABCDE$, tenendo conto dei seguenti dati:

a. l'area del rombo è 96 cm^2;
b. la diagonale minore del rombo è di 12 cm;
c. il lato ED del parallelogrammo è 9/8 della diagonale maggiore del rombo.

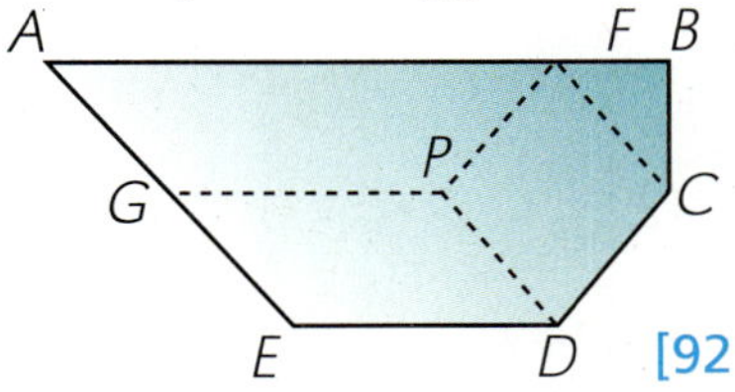

[92 cm; 456 cm^2]

111 Un triangolo rettangolo avente un angolo acuto di 30° ha l'ipotenusa coincidente con la dimensione maggiore di un rettangolo avente l'area di 432 cm^2 e una dimensione 3/4 dell'altra. Calcola il perimetro e l'area della figura composta approssimando i risultati al centesimo. [92,785 cm; 556,704 cm^2]

SINTESI DELL'UNITÀ 2

In questo **schema** (o **mappa**) è sintetizzato il tuo percorso di apprendimento. Verifica se hai assimilato il contenuto di questa unità completando la mappa anche solo oralmente.

Relazione pitagorica:
a^2 = ...
dove a indica ....
....

Terne pitagoriche:
si dicono *primitive* se ....
Esempio: ....
si dicono *derivate* se ....
Esempio: ....

IL TEOREMA DI PITAGORA AFFERMA CHE ...
....
....
....

Applicazione del teorema di Pitagora a

- Rettangolo
- Parallelogrammo
- Quadrato
- Trapezio rettangolo
- Trapezio isoscele
- Triangolo isoscele
- Triangolo equilatero
- Rombo

TEST DI AUTOVERIFICA

Indica la risposta esatta, individuandola tra quelle proposte: A, B o C.

1 Il teorema di Pitagora afferma che in ogni triangolo rettangolo il quadrato costruito sull'ipotenusa è equivalente:

A alla differenza dei quadrati costruiti sui cateti
B al prodotto dei quadrati costruiti sui cateti
C alla somma dei quadrati costruiti sui cateti

2 Se *a* indica la misura dell'ipotenusa, *b* e *c* le misure dei cateti, allora:

A $a^2 = b^2 + c^2$ B $b^2 = a^2 + c^2$ C $c^2 = a^2 + b^2$

3 Se d è un numero dispari, per ottenere una terna pitagorica primitiva *a*, *b*, *c* si applicano le formule:

A $a = 2d$ • $b = d^2 - 1$ • $c = \frac{d^2+1}{2}$

B $a = d$ • $b = \frac{d^2-1}{2}$ • $c = \frac{d^2+1}{2}$

C $a = d$ • $b = d^2 - 1$ • $c = d^2 + 1$

4 Una terna pitagorica si dice primitiva se i numeri che la compongono sono:

A primi tra loro B pari C dispari

5 Se in un triangolo i lati misurano 8 cm, 15 cm e 17 cm, allora il triangolo è:

A isoscele B equilatero C rettangolo

6 In un triangolo rettangolo i cateti misurano 27 cm e 36 cm. Quanto misura l'ipotenusa?

A 38 cm B 45 cm C 40 cm

7 Se l'ipotenusa di un triangolo rettangolo misura 29 cm e un cateto 21 cm, allora l'altro cateto misura:

A 30 cm B 23 cm C 20 cm

8 Conoscendo la misura della base (*b*) e dell'altezza (*h*) di un rettangolo, la misura della diagonale (*d*) si trova con la formula:

A $d = \sqrt{b^2 + h^2}$ B $d = \sqrt{b^2 - h^2}$

C $d = \sqrt{h^2 - b^2}$

9 L'area di un rettangolo avente la base di 18 cm e la diagonale di 30 cm è:

A 270 cm^2 B 540 cm^2 C 432 cm^2

10 La diagonale di un quadrato avente il lato di 8 cm misura:

A $4 \cdot \sqrt{2}$ cm B $8 \cdot \sqrt{2}$ cm C 4 cm

11 La formula per calcolare la misura della base di un triangolo isoscele di altezza *h* e lato *l* è:

A $b = 2 \cdot \sqrt{l^2 - h^2}$ B $b = \sqrt{l^2 - h^2}$

C $b = 2 \cdot \sqrt{l^2 + h^2}$

12 Quanto misura l'altezza di un triangolo equilatero di lato 10 cm?

A $10 \cdot \sqrt{3}$ cm B $5 \cdot \sqrt{3}$ cm C $5 \cdot \sqrt{2}$ cm

13 Le diagonali di un rombo misurano 12 cm e 16 cm. Il perimetro è:

A 28 cm B 56 cm C 40 cm

14 Il lato di un rombo e una diagonale misurano 15 cm e 24 cm. Quanto misura l'altra diagonale?

A 18 cm B 20 cm C 39 cm

15 Conoscendo le misure delle basi (b_1 e b_2) e dell'altezza (*h*) di un trapezio rettangolo, la misura del lato (*l*) si trova con la formula:

A $l = \sqrt{h^2 - (b_1 + b_2)^2}$ B $l = \sqrt{h^2 + (b_1 - b_2)^2}$

C $l = \sqrt{h^2 + (b_1 + b_2)^2}$

16 Le basi e l'altezza di un trapezio isoscele misurano, rispettivamente, 17 cm, 3 cm e 24 cm. Il perimetro è:

A 44 cm B 70 cm C 25 cm

17 Se in un triangolo rettangolo un angolo acuto misura 45°, allora il triangolo è la metà di un:

A rettangolo B trapezio C quadrato

18 Se in un triangolo rettangolo gli angoli acuti misurano 30° e 60°, allora il triangolo è la metà di un:

A triangolo equilatero
B triangolo isoscele
C parallelogrammo

19 In un triangolo rettangolo isoscele un cateto misura 30 cm. Quanto misura l'ipotenusa?

A 42,42 cm B 60 cm C 25,98 cm

20 L'ipotenusa di un triangolo rettangolo con gli angoli acuti di 30° e 60° misura 50 cm. Quanto misura il cateto maggiore?

A 25 cm B 35,35 cm C 43,3 cm

Esercizio	1	2	3	4	5	6	7	8	9	10	11	12	13	14	15	16	17	18	19	20
Risposta																				

Confronta le tue risposte con quelle riportate in fondo al volume. Per ogni risposta esatta annerisci un quadratino del "misuratore" riportato qui sotto. I colori evidenziano il tuo livello di preparazione e la votazione ottenuta.

Voto		1		2		3		4		5		6		7		8		9		10

RECUPERO E RIPASSO

Se non hai superato con successo il test per l'autoverifica, o se devi prepararti sugli argomenti di questa unità, prova a rispondere alle domande nella prima colonna. Se non ci riesci, trovi la risposta nella seconda colonna. La terza colonna ti propone alcuni esercizi da risolvere per applicare le tue conoscenze.

Domanda	Risposta	Esercizi
Che cosa afferma il **teorema di Pitagora**?	In ogni triangolo rettangolo il **quadrato** costruito sull'**ipotenusa** è equivalente alla **somma dei quadrati** costruiti sui **cateti**. 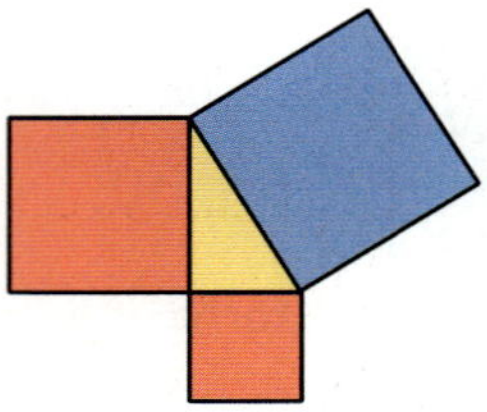	**1.** Ricopia sul tuo quaderno il triangolo rettangolo dato e completa il disegno che illustra il teorema di Pitagora. 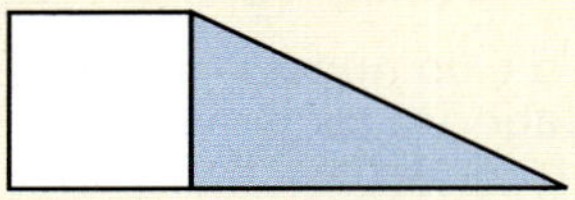
Qual è la **relazione pitagorica**, se *a* indica la misura dell'ipotenusa, *b* e *c* le misure dei cateti?	$a^2 = b^2 + c^2$ N.B.: quando scrivi la relazione pitagorica, devi prestare attenzione alla posizione delle lettere nella figura. Non sempre alla lettera *a* corrisponde la misura dell'ipotenusa o alle lettere *b* e *c* le misure dei cateti!	**2.** Scrivi la relazione pitagorica, con riferimento a ciascuno dei seguenti triangoli rettangoli. 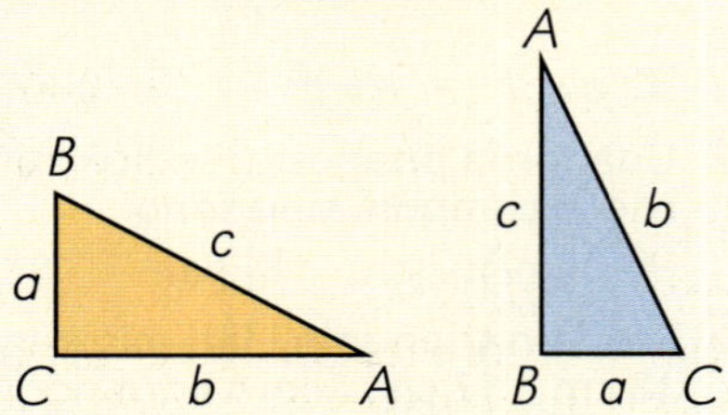
Quando una **terna** di numeri naturali si dice **pitagorica**?	Quando il quadrato del numero maggiore è uguale alla somma dei quadrati degli altri due. 8, 15, 17 è una terna pitagorica perché: $17^2 = 15^2 + 8^2$ $289 = 225 + 64$	**3.** Eseguendo i calcoli, stabilisci quali tra le seguenti terne di numeri sono pitagoriche. **a.** 9, 12, 15 **c.** 5, 12, 13 **b.** 6, 8, 11 **d.** 9, 40, 41
Come si calcola la misura dell'ipotenusa di un **triangolo rettangolo**, note le misure dei cateti?	Si estrae la radice quadrata della somma dei quadrati delle misure dei due cateti. In figura: 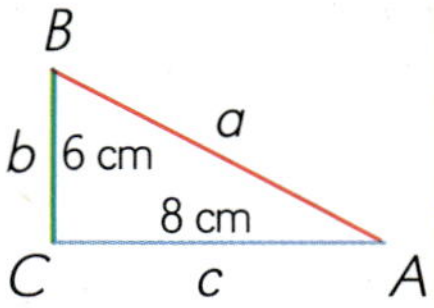 $a = \sqrt{b^2 + c^2} = \sqrt{6^2 + 8^2} =$ $= \sqrt{36 + 64} = \sqrt{100} = 10\ (\text{cm})$	**4.** Calcola la misura dell'ipotenusa dei seguenti triangoli rettangoli. 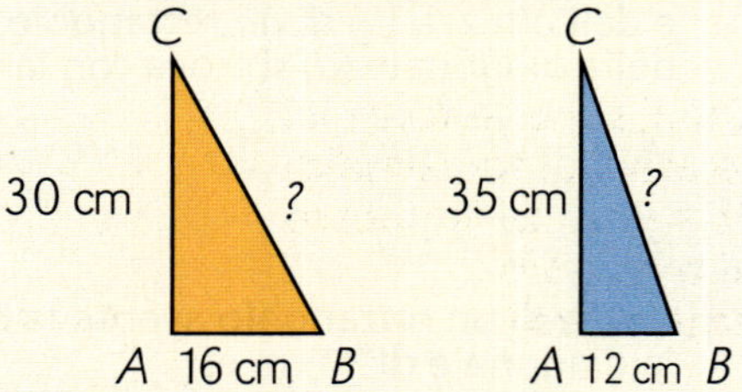 **5.** Calcola il perimetro di un triangolo rettangolo che ha i cateti di 24 cm e 32 cm. [96 cm]
Come si calcola la misura di uno dei due cateti di un triangolo rettangolo, note le misure dell'ipotenusa e dell'altro cateto?	Si estrae la radice quadrata della differenza tra il quadrato della misura dell'ipotenusa e il quadrato della misura dell'altro cateto. In figura: 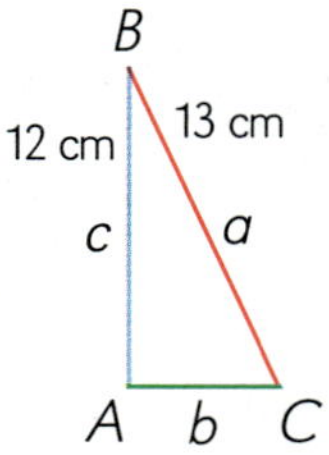 $b = \sqrt{a^2 - c^2} = \sqrt{13^2 - 12^2} =$ $= \sqrt{169 - 144} = \sqrt{25} = 5\ (\text{cm})$	**6.** Calcola la misura del cateto incognito dei seguenti triangoli rettangoli. 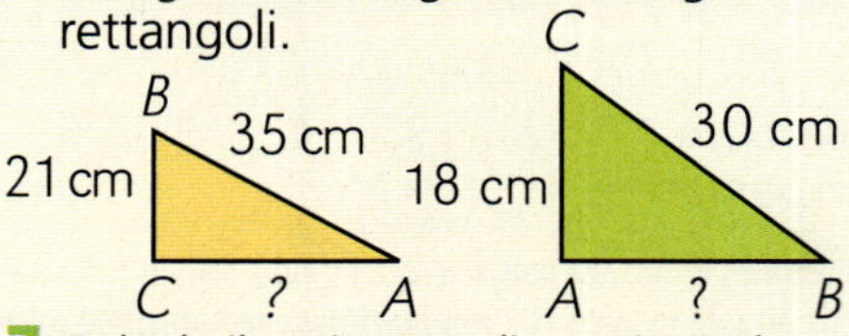 **7.** Calcola il perimetro di un triangolo rettangolo che ha l'ipotenusa di 15 cm e un cateto di 9 cm. [36 cm]

Domanda | **Risposta** | **Esercizi**

Quali sono le formule relative al teorema di Pitagora da applicare al **rettangolo**? E al **parallelogrammo**?

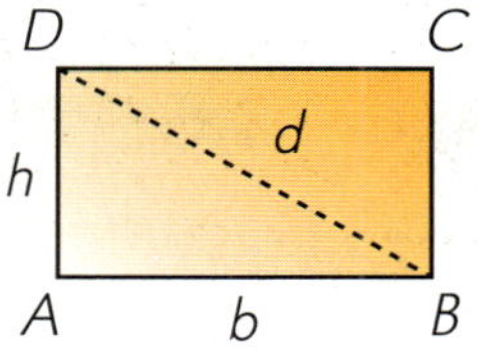

$$\boldsymbol{d} = \sqrt{\boldsymbol{b}^2 + \boldsymbol{h}^2}$$
$$\boldsymbol{b} = \sqrt{\boldsymbol{d}^2 - \boldsymbol{h}^2}$$
$$\boldsymbol{h} = \sqrt{\boldsymbol{d}^2 - \boldsymbol{b}^2}$$

Nel parallelogrammo si considerano i triangoli rettangoli *AHD* e *BHD*.

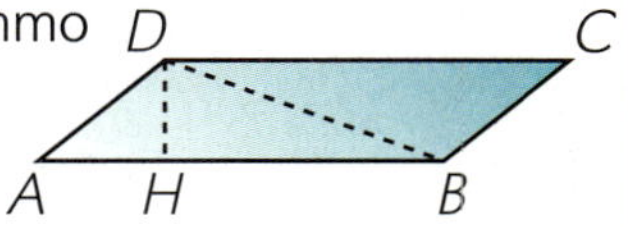

8. Con riferimento alle indicazioni letterali del rettangolo a fianco, completa la tabella.

b **(cm)**	***h*** **(cm)**	***d*** **(cm)**
9	12	....
15	....	25
....	24	30

9. Calcola il perimetro di un rettangolo avente la diagonale di 40 cm e una dimensione di 32 cm. [112 cm]

Quali sono le formule relative al teorema di Pitagora da applicare al **quadrato**?

$$\boldsymbol{d} = \boldsymbol{l} \cdot \sqrt{2}$$
$$\boldsymbol{l} = \frac{\boldsymbol{d}}{\sqrt{2}}$$

$\left[{}^{0,001}\sqrt{2} = 1,414\right]$

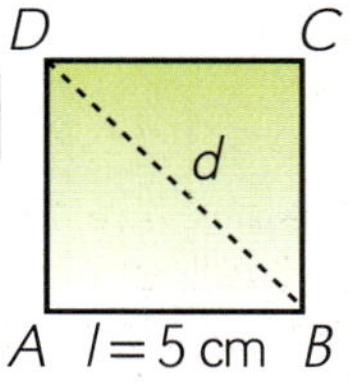

In figura:

$d = l \cdot \sqrt{2} = 5 \cdot 1,414 = 7,07$ (cm)

10. Calcola la misura della diagonale di un quadrato avente il perimetro di 48 cm. [16,97 cm]

11. Se la diagonale di un quadrato misura 9 cm, quanto misura il suo lato? [6,36 cm]

Come si applica il teorema di Pitagora al **triangolo isoscele**?

Si considera uno dei due triangoli rettangoli formati dal lato, dall'altezza e dalla metà della base del triangolo.
In figura:

$$\boldsymbol{l} = \sqrt{\boldsymbol{h}^2 + \left(\frac{\boldsymbol{b}}{\boldsymbol{2}}\right)^2} =$$
$$= \sqrt{20^2 + 15^2} =$$
$$= \sqrt{400 + 225} =$$
$$= \sqrt{625} = 25 \text{ (cm)}$$

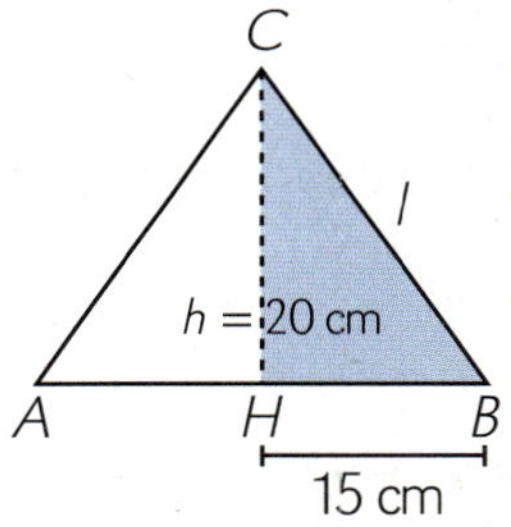

12. Con riferimento alle indicazioni letterali della figura a fianco, completa la tabella.

l **(cm)**	***h*** **(cm)**	***b*** **(cm)**
....	21	40
10	....	16
41	9	....

Quali sono le formule relative al teorema di Pitagora da applicare al **triangolo equilatero**?

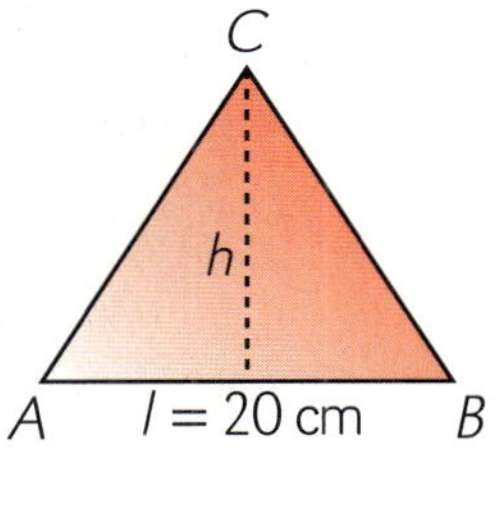

$$\boldsymbol{h} = \frac{\boldsymbol{l}}{\boldsymbol{2}} \cdot \sqrt{\boldsymbol{3}}$$
$$\boldsymbol{l} = \frac{\boldsymbol{2} \cdot \boldsymbol{h}}{\sqrt{\boldsymbol{3}}}$$

$\left[{}^{0,001}\sqrt{3} = 1,732\right]$

In figura:

$h = \frac{l}{2} \cdot \sqrt{3} = 10 \cdot 1,732 = 17,32$ (cm)

13. Calcola la misura incognita di ciascuna figura. Approssima i risultati ai decimi.

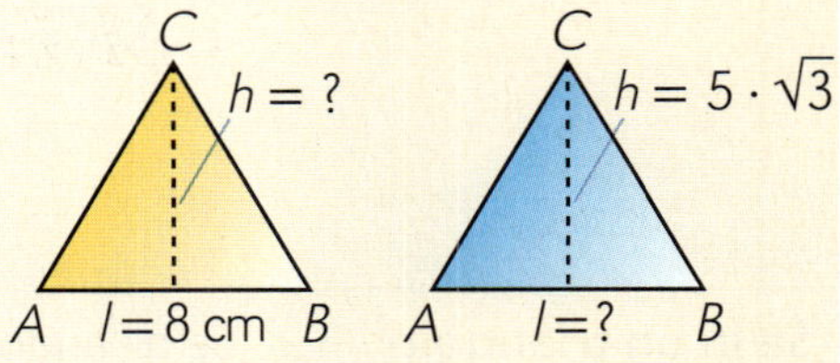

14. Calcola la misura dell'altezza di un triangolo equilatero avente il perimetro di 30 cm. [8,66 cm]

RECUPERO E RIPASSO

Domanda	Risposta	Esercizi

Come si applica il teorema di Pitagora al rombo?

Si considera uno dei quattro triangoli rettangoli formati dalle semidiagonali e dal lato del rombo.
In figura:

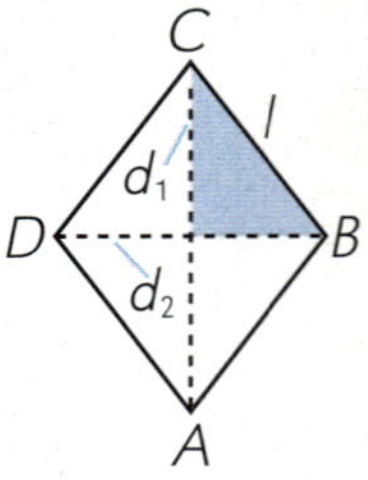

$d_1 = 8$ cm
$d_2 = 6$ cm

$$l = \sqrt{\left(\frac{d_1}{2}\right)^2 + \left(\frac{d_2}{2}\right)^2} =$$
$$= \sqrt{4^2 + 3^2} = \sqrt{16+9} =$$
$$= \sqrt{25} = 5 \text{ (cm)}$$

15. Completa la tabella.

l (cm)	d_1 (cm)	d_2 (cm)
....	16	30
15	18	....
40	....	64

16. Calcola il perimetro di un rombo le cui diagonali misurano 12 cm e 16 cm. [40 cm]

Come si applica il teorema di Pitagora al trapezio rettangolo?

Si considera il triangolo rettangolo formato dal lato obliquo, dall'altezza e dalla differenza delle basi del trapezio.
In figura:

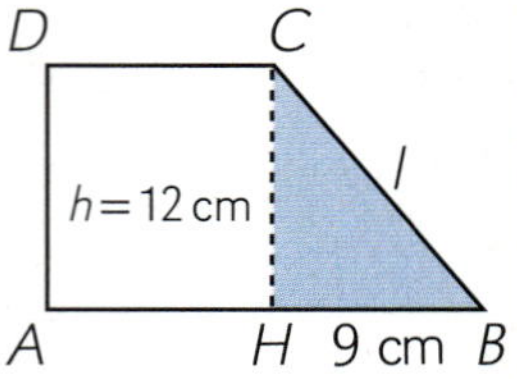

$$l = \sqrt{h^2 + (b_1 - b_2)^2} = \sqrt{12^2 + 9^2} =$$
$$= \sqrt{144+81} = \sqrt{225} = 15 \text{ (cm)}$$

17. Completa la tabella.

l (cm)	h (cm)	b_1 (cm)	b_2 (cm)
....	28	27	6
40	....	36	12
61	11	....	3

18. Calcola il perimetro di un trapezio rettangolo avente le basi e l'altezza di 17 cm, 10 cm e 24 cm. [76 cm]

Come si applica il teorema di Pitagora al trapezio isoscele?

Si considera uno dei due triangoli rettangoli formati dal lato obliquo, dall'altezza e dalla metà della differenza delle basi del trapezio.
In figura:

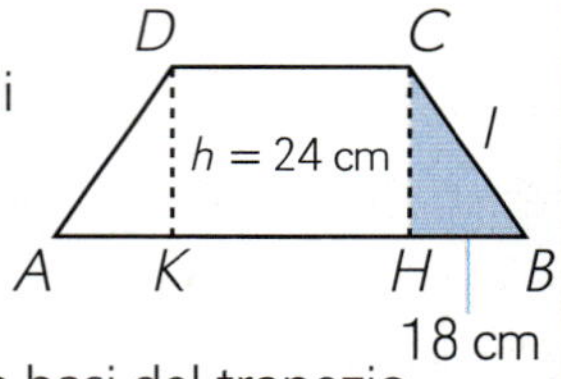

$$l = \sqrt{h^2 + \left(\frac{b_1 - b_2}{2}\right)^2} = \sqrt{24^2 + 18^2} =$$
$$= \sqrt{576+324} = \sqrt{900} = 30 \text{ (cm)}$$

19. Calcola il perimetro della seguente figura.

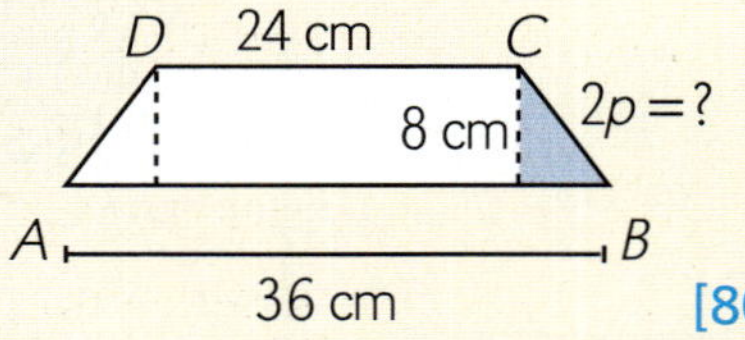

[80 cm]

20. Calcola l'area di un trapezio isoscele che ha le basi di 45 cm e 3 cm e il lato obliquo di 35 cm. [672 cm²]

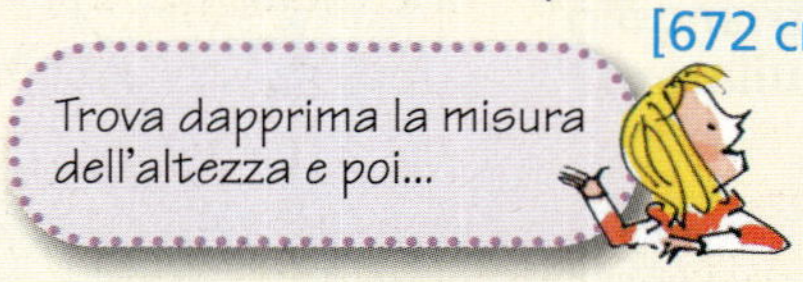

Se in un triangolo rettangolo un angolo acuto misura 45°, quali formule si applicano? E se gli angoli acuti misurano 30° e 60°?

Se gli angoli acuti misurano 45°, significa che il triangolo è la **metà di un quadrato** che ha per lato un cateto del triangolo e per diagonale l'ipotenusa. Quindi, si applicano le stesse formule trovate per il quadrato.
Se gli angoli acuti misurano 30° e 60°, significa che il triangolo è la **metà di un triangolo equilatero**. Quindi, si applicano le stesse formule trovate per il triangolo equilatero.

21. Calcola la misura incognita di ogni figura, approssimando i risultati ai decimi.

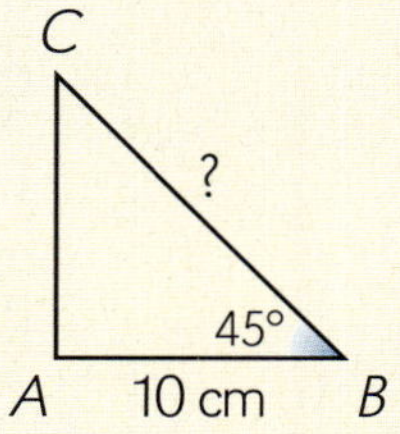

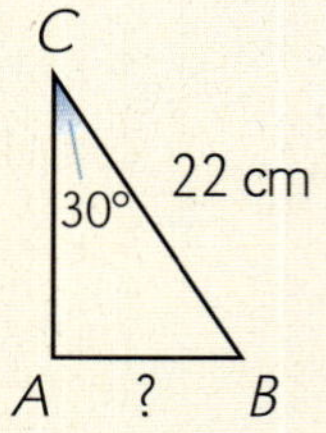

unità 3

Il piano cartesiano

Conoscenze
- il piano cartesiano
- coordinate dei punti del piano
- distanza tra due punti
- punto medio di un segmento
- rappresentazione cartesiana di una figura piana

Abilità
- costruire un sistema di riferimento cartesiano
- individuare le coordinate dei punti del piano
- applicare la formula per determinare la distanza tra due punti
- calcolare le coordinate del punto medio di un segmento
- rappresentare una figura sul piano cartesiano e calcolarne il perimetro e l'area

TEST SUI PREREQUISITI

Sai che cosa s'intende per distanza tra due punti?

a. la distanza tra due punti è:

A la retta che li congiunge
B la semiretta che li divide
C il segmento che li unisce
D la semiretta che li congiunge

Sai calcolare la radice quadrata di un numero?

b. la radice quadrata di 784 è:

A 84 B 24 C 28 D 29

c. la radice quadrata di 13,69 è:

A 37 B 3,7 C 14 D 2,8

Conosci il teorema di Pitagora?

d. i cateti di un triangolo rettangolo misurano 24 cm e 45 cm. L'ipotenusa misura:

A 51 cm C 54 cm
B 39 cm D 69 cm

e. l'ipotenusa e un cateto di un triangolo rettangolo misurano, rispettivamente, 65 cm e 25 cm.
L'altro cateto misura:

A 69 cm C 62 cm
B 60 cm D 40 cm

GEOMETRIA E REALTÀ

Gigi e Claudia giocano alla battaglia navale utilizzando il piano cartesiano.

Il piano cartesiano: richiami

René Descartes (1596-1650), noto come **Cartesio**, fu un grande filosofo, ma anche un illustre matematico.
Con la pubblicazione del *Discorso sul metodo* creò una nuova corrente filosofica e nella parte intitolata *La Geometria* introdusse il concetto di coordinate.

Disegniamo su un foglio quadrettato due semirette perpendicolari.
La semiretta orizzontale si chiama **asse delle ascisse** (o **asse *x***), quella verticale **asse delle ordinate** (o **asse *y***) e il punto *O* **origine degli assi**.

Le due semirette prendono il nome di **assi cartesiani ortogonali** e formano un **sistema di riferimento cartesiano**; il piano su cui giacciono si chiama **piano cartesiano**.

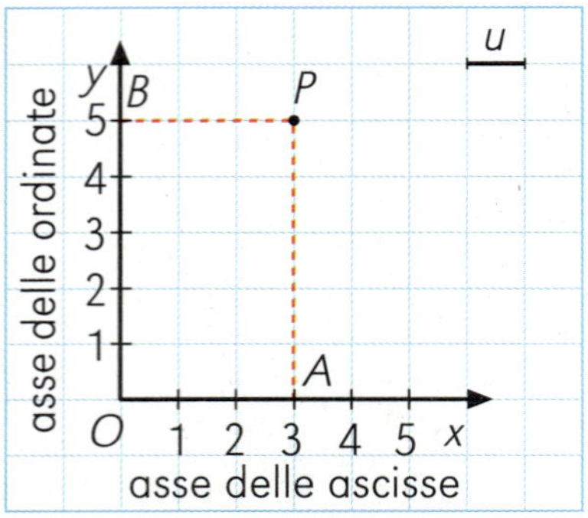

Stabilito il verso di ciascuna semiretta, scegliamo un'unità di misura *u* (che può essere uguale per i due assi oppure diversa) e riportiamola sugli assi consecutivamente a partire dall'origine.

Ora fissiamo un punto *P* su un piano cartesiano e osserviamo attentamente le posizioni dei punti *A* e *B* ottenuti tracciando le perpendicolari da *P* ai due assi.

Il numero 3, che corrisponde al punto *A* sull'asse *x*, rappresenta l'**ascissa** del punto *P*, mentre il numero 5, che corrisponde al punto *B* sull'asse *y*, rappresenta l'**ordinata** del punto *P*.
I numeri della *coppia ordinata* (3; 5) si chiamano **coordinate cartesiane ortogonali**, o più semplicemente **coordinate** del punto *P*.
Si scrive *P*(3; 5) e si legge "*P* di coordinate 3 e 5".
Il primo numero rappresenta sempre l'ascissa, mentre il secondo numero sempre l'ordinata.
L'origine *O* degli assi *x* e *y* ha coordinate *O*(0; 0).
Tutti i punti situati sull'asse *x* hanno ordinata 0, mentre tutti i punti situati sull'asse *y* hanno ascissa 0. Per esempio *A*(2; 0) si trova sull'asse *x*, mentre *B*(0; 3) si trova sull'asse *y*.

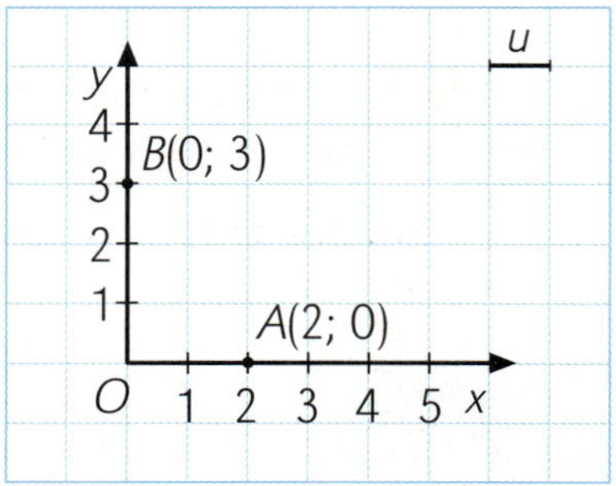

Viceversa, per individuare sul piano cartesiano la posizione di un punto, per esempio *C*(4; 3), si conducono le rette parallele agli assi rispettivamente per il punto *D*(4; 0) e per il punto *E*(0; 3).
Il punto *C* di intersezione di tali rette è l'**immagine geometrica** della coppia ordinata di numeri 4 e 3.
Dalle osservazioni che abbiamo fatto scaturisce che:

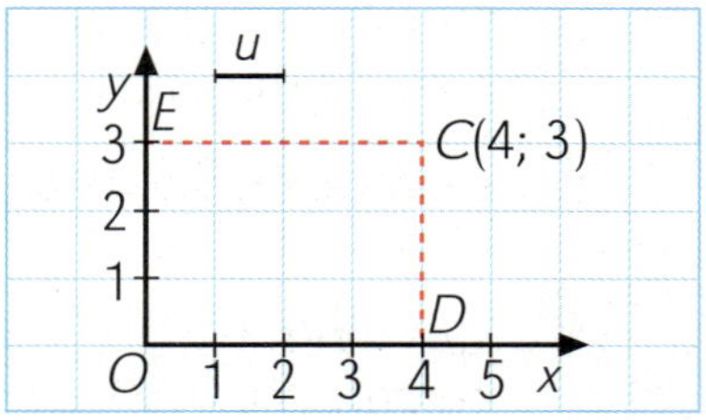

▶▶▶ **A ogni punto del piano corrisponde un'unica coppia ordinata di numeri e, viceversa, a ogni coppia ordinata di numeri corrisponde un unico punto del piano.**

segue...

1 Con riferimento alla figura, completa le seguenti frasi.

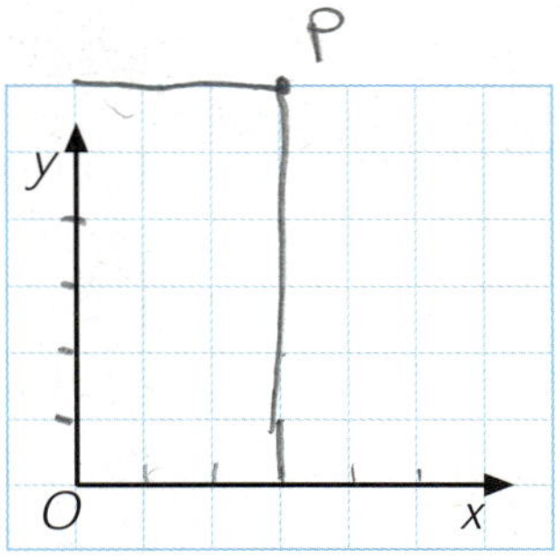

a. Le semirette *x* e *y* sono tra loro ......PERPENDICOLARI; il punto di incontro si chiama ...ORIGINE DELLE ASSI.

b. Le semirette *x* e *y* si dicono assi e, precisamente, quello orizzontale si chiama asse delle ....ASCISSE.............. o asse ....X................, quello verticale asse delle ...ORDINATE.................. o asse ..Y..................

c. Il piano su cui giacciono gli assi si chiama .....PIANO..... CARTESIANO........

2 Se un punto *P* del piano è individuato dalla coppia ordinata (3; 6), quale dei due numeri è l'ascissa? E qual è l'ordinata? Che cosa significa "coppia ordinata di numeri"? Quali sono le coordinate del punto *P*? Con quale scrittura si indica la sua posizione sul piano cartesiano?

3; 6; (3, 6); P = (3, 6)

3 Scrivi l'ascissa e l'ordinata di ciascuno dei seguenti punti del piano cartesiano. Come si chiama tale coppia ordinata di numeri?

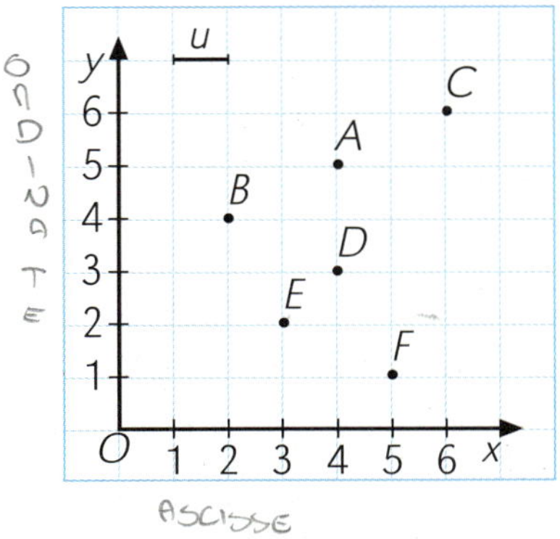

A (4, 5.........)
B (2, 4.........)
C (6, 6.........)
D (4, 3.........)
E (3, 2.........)
F (5, 1.........)

Ogni punto del piano è individuato da una coppia ordinata di numeri. Ma non fare confusione: **il primo di essi è sempre l'ascissa, il secondo è sempre l'ordinata.**

4 Un punto *P* ha come coordinate i numeri 5 e 3. Sai rappresentarlo? SI

5 Con riferimento alla rappresentazione grafica a fianco, scrivi quali sono le immagini geometriche delle seguenti coppie ordinate di numeri.

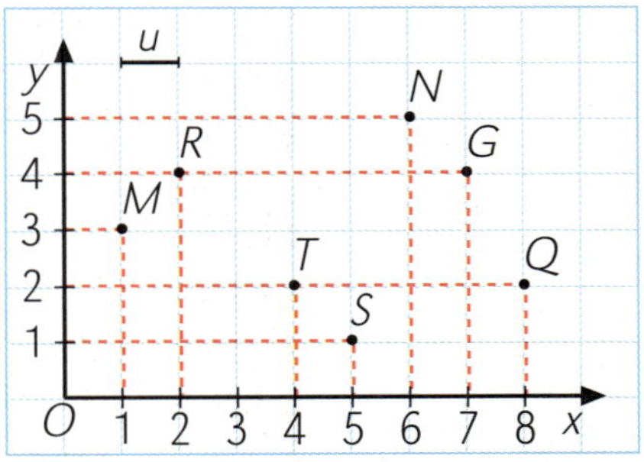

ESEMPIO Al posto dei puntini ... (7; 4) si scrive la lettera *G*.

..S.. (5; 1)	..M.. (1; 3)	..Q.. (8; 2)
..R.. (2; 4)	..N.. (6; 5)	..T.. (4; 2)

6 Rappresenta su un piano cartesiano i seguenti punti.

A(4; 3) • *B*(2; 5) • *C*(6; 1) • *D*(2; 4)
E(5; 8) • *F*(1; 6) • *G*(4; 2) • *H*(1; 5)

7 Quali sono le coordinate dell'origine degli assi cartesiani? ....

8 Verifica, mediante una rappresentazione sul piano cartesiano, che i punti situati sull'asse *x* hanno ordinata 0. è l'asse delle origini

9 Verifica, mediante una rappresentazione sul piano cartesiano, che i punti situati sull'asse *y* hanno ascissa 0.

10 Carlo afferma che a un punto *P* del piano cartesiano corrispondono infinite coppie ordinate di numeri, mentre Filippo dice che a un punto *P* del piano corrisponde una sola coppia ordinata di numeri. Secondo te chi ha ragione?

☐ Carlo ☒ Filippo

Motiva la risposta, illustrandola con un disegno.

ESERCIZI ▸ p. 140

APPRENDO...

Punti particolari

I punti $A(1; 2)$, $B(4; 2)$, $C(5; 2)$ aventi tutti la stessa ordinata, che nell'esempio è 2, si trovano su una stessa retta *parallela* all'asse x. L'ordinata 2 rappresenta la distanza tra la retta e l'asse x.

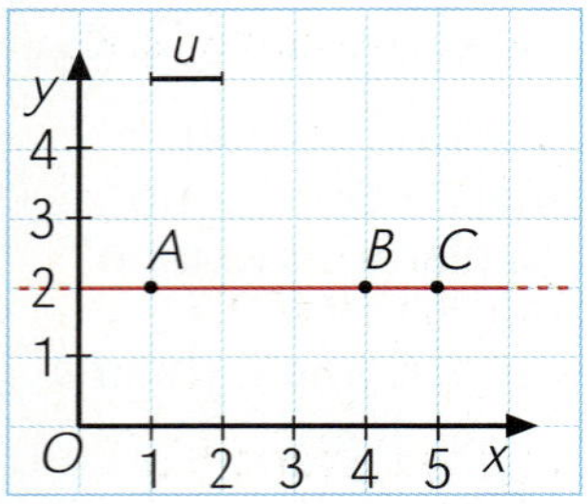

Sul piano cartesiano si trovano punti particolari?

- *Certamente sì: sono quelli allineati su una stessa retta.*

I punti che hanno uguale ordinata sono situati su una stessa retta parallela all'asse *x*.
L'ordinata indica la distanza fra tale retta e l'asse *x*.

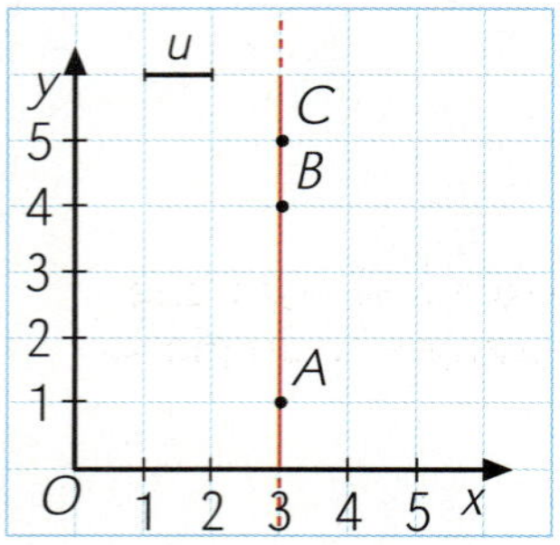

Nella figura a fianco osserviamo che i punti $A(3; 1)$, $B(3; 4)$, $C(3; 5)$, aventi tutti la stessa ascissa 3, sono situati su una retta *parallela* all'asse y.
L'ascissa 3 rappresenta la distanza tra la retta e l'asse y.

I punti che hanno uguale ascissa sono situati su una stessa retta parallela all'asse *y*.
L'ascissa indica la distanza fra tale retta e l'asse *y*.

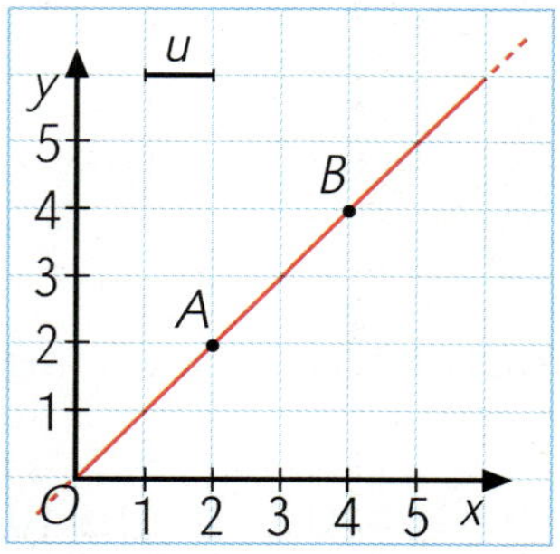

I punti $A(2; 2)$, $B(4; 4)$, che hanno ciascuno ascissa e ordinata uguali, si trovano su una stessa retta passante per l'origine e, se le unità di misura scelte per i due assi sono uguali ($u_x = u_y$), allora si trovano sulla bisettrice dell'angolo formato dai due assi cartesiani.

I punti che hanno ciascuno ascissa e ordinata uguali sono situati su una stessa retta che è la bisettrice dell'angolo formato dagli assi cartesiani ($u_x = u_y$).

11 Scrivi le coordinate dei punti dati nella figura a fianco.
Che cosa osservi? Dove si trovano tali punti?

A= 1,3
B= 3,3
C= 4,3

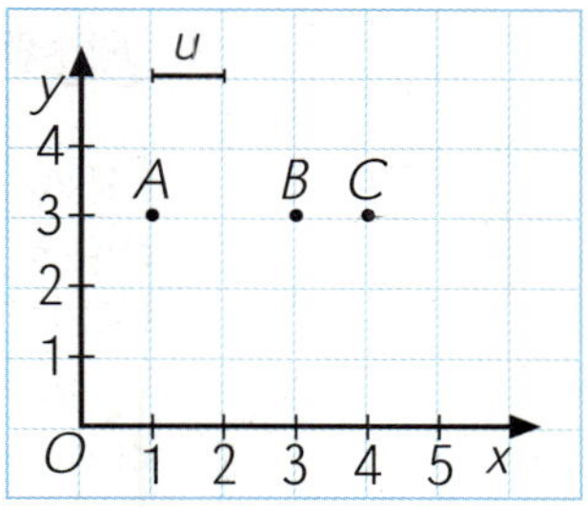

12 Qual è la caratteristica dei punti $A(3; 6)$, $B(5; 6)$, $C(8; 6)$? Rappresentali su un piano cartesiano.

hanno lo stesso ORDINATA

13 Che cosa caratterizza i punti $A(5; 3)$, $B(5; 8)$, $C(5; 2)$? Dove sono situati?
Illustra graficamente la situazione e verifica quanto hai osservato.

hanno lo stesso ASCISSA

14 Verifica con una rappresentazione cartesiana che i punti $A(1; 4)$, $B(3; 4)$, $C(5; 4)$ distano 4 u dall'asse delle ascisse.

15 Verifica con una rappresentazione cartesiana che i punti $A(5; 2)$, $B(5; 4)$, $C(5; 7)$ distano 5 u dall'asse delle ordinate.

16 Completa scrivendo per ciascun punto dato almeno altri tre punti allineati a esso e tali che appartengano a una stessa retta parallela all'asse x; poi fai la rappresentazione su un piano cartesiano.

ESEMPIO $A(2; 3)$ $B(...; 3)$ $C(...; 3)$ $D(...; 3)$

a. $A(4; 7)$ ....

b. $A(3; 5)$ ....

c. $A(1; 4)$ ....

17 Completa scrivendo per ciascun punto dato almeno altri tre punti allineati a esso e tali che appartengano a una stessa retta parallela all'asse y; poi fai la rappresentazione su un piano cartesiano.

ESEMPIO $A(1; 6)$ $B(1; ...)$ $C(1; ...)$ $D(1; ...)$

a. $A(3; 8)$ ....

b. $A(2; 6)$ ....

c. $A(4; 2)$ ....

18 Dati i punti $A(4; 4)$, $B(6; 6)$, $C(8; 8)$, rappresentali sul piano cartesiano. Qual è la loro caratteristica?

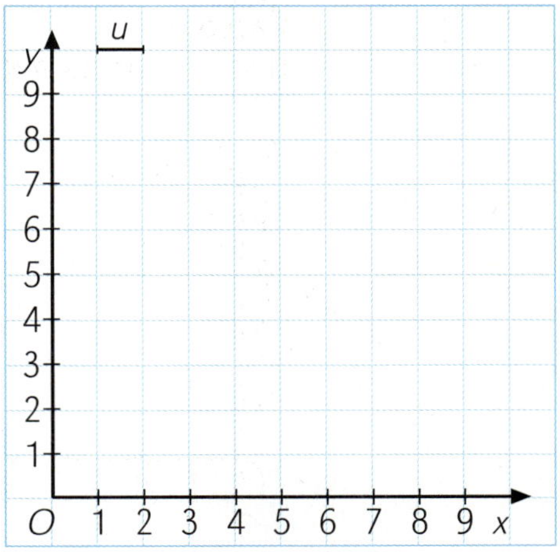

19 Completa.

I punti che hanno ciascuno ascissa e ordinata uguali sono situati su una ....RETTA.... retta che è la ....BISETTRICE.... dell'angolo formato dagli .... Fai almeno tre esempi considerando le coppie di punti $A(3; 3)$ e $B(4; 4)$, $C(1; 1)$ e $D(2; 2)$, $E(5; 5)$ ed $F(3; 3)$.

ESERCIZI ▸ p. 140

APPRENDO...

Distanza tra due punti

Fissiamo sul piano cartesiano i punti $A(2; 2)$ e $B(6; 5)$. Congiungendoli, otteniamo il segmento AB che rappresenta la loro **distanza**. Per determinare la misura di AB, basta applicare il teorema di Pitagora al triangolo rettangolo ACB, i cui cateti AC e CB si ottengono conducendo da A e da B le parallele agli assi come nel disegno sotto.

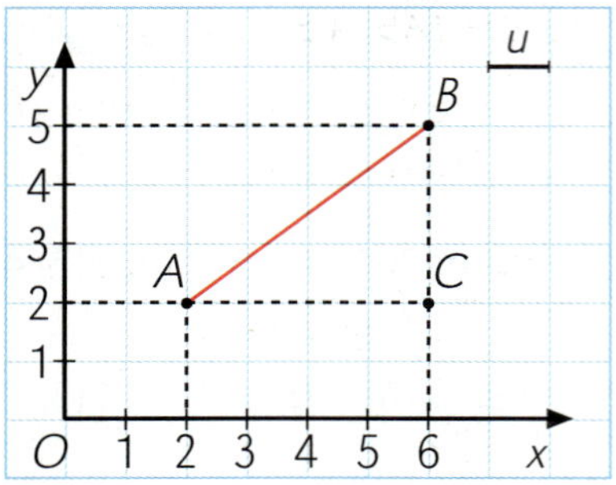

Dalla figura risulta che il segmento AC è uguale a $(6 - 2)\,u = 4\,u$, cioè alla differenza tra l'ascissa di C e l'ascissa di A, e che BC è uguale a $(5 - 2)\,u = 3\,u$, cioè alla differenza tra l'ordinata di B e l'ordinata di C. Quindi si ha che:

$$\overline{AB} = \sqrt{\overline{AC}^2 + \overline{BC}^2} = \sqrt{(6-2)^2 + (5-2)^2} =$$
$$= \sqrt{4^2 + 3^2} = \sqrt{16+9} = \sqrt{25} = 5(u)$$

Indicando con x_B e x_A rispettivamente l'ascissa del punto B e l'ascissa del punto A e con y_B e y_A l'ordinata di B e l'ordinata di A, si ha la formula generica per la misura della distanza tra due punti:

$$AB = \sqrt{(x_B - x_A)^2 + (y_B - y_A)^2}$$

ascissa di **B** | ascissa di **A** | ordinata di **B** | ordinata di **A**

La misura della distanza tra due punti del piano cartesiano è uguale alla radice quadrata della somma dei quadrati delle differenze tra le ascisse e tra le ordinate dei due punti.

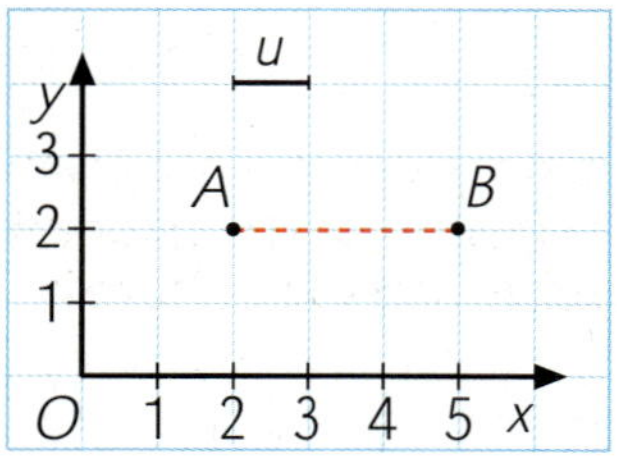

Nel caso in cui il segmento AB sia **parallelo all'asse x**, i due punti A e B hanno la stessa ordinata, pertanto la formula scritta sopra diventa:

$$\overline{AB} = x_B - x_A = 5 - 2 = 3\ (u)$$

ascissa di **B** | ascissa di **A**

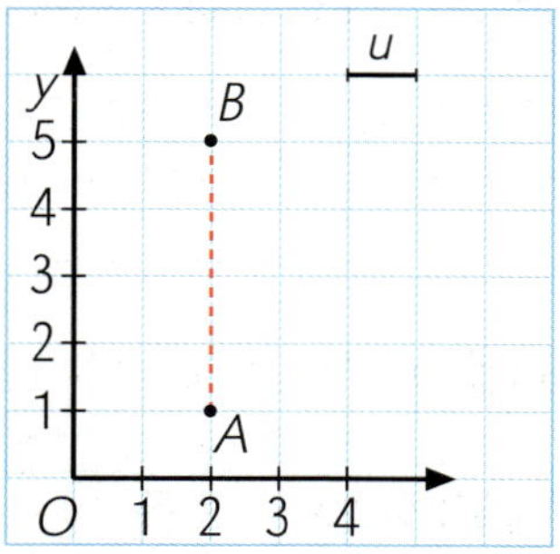

Infine, se il segmento AB è **parallelo all'asse y**, i due punti A e B hanno la stessa ascissa, pertanto la formula assume la seguente forma:

$$\overline{AB} = y_B - y_A = 5 - 1 = 4\ (u)$$

ascissa di **B** | ascissa di **A**

Riepilogando:

- se il segmento AB è parallelo all'asse x, la misura della distanza tra A e B è uguale alla **differenza tra le ascisse** dei punti B e A;
- se il segmento AB è parallelo all'asse y, la misura della distanza tra A e B è uguale alla **differenza tra le ordinate** dei punti B e A.

1 Completa.

a. La misura della distanza tra due punti A e B si trova con la formula generica:

$AB =$ ....

b. La misura della distanza tra i punti $R(9; 2)$ ed $S(15; 10)$ rispetto all'unità di misura u è uguale a: $\overline{RS} = \sqrt{(15 - ......)^2 + (...... - 2)^2} =$

$=$ ....

Quanto dista l'aereo A dal punto C della pista? Completa.

- $\overline{AC} = \sqrt{\overline{AB}^2 + \overline{BC}^2} =$
$=$ ....

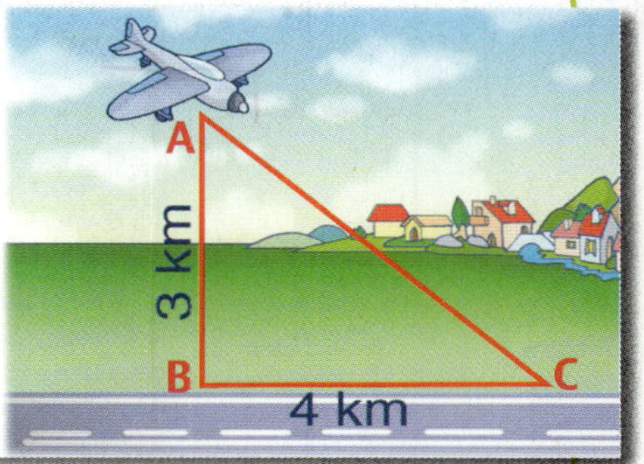

2 **Completa il procedimento risolutivo per il calcolo della distanza tra i punti $A(2; 5)$ e $B(14; 10)$, dopo averli rappresentati su un piano cartesiano (u = 1 cm).**

[13 cm]

$\overline{AB} = \sqrt{(x_B - ......)^2 + (...... - y_A)^2} =$
$= \sqrt{(14 - 2)^2 + (10 - ......)^2} =$ ......

3 Completa la tabella.

coppia di punti	distanza tra i due punti (cm)
$A(3; 2)$ e $B(9; 10)$	$\overline{AB} = \sqrt{......}$ = ...
$A(4; 1)$ e $B(9; 13)$	......
$A(1; 3)$ e $B(7; 11)$	......
$A(3; 5)$ e $B(7; 8)$	......
$A(2; 3)$ e $B(11; 15)$	......
$A(4; 0)$ e $B(11; 24)$	......
$A(0; 0)$ e $B(5; 12)$	......

4 **Disegna su un piano cartesiano il segmento AB avente per estremi i punti $A(3; 2)$ e $B(18; 10)$ e misurane la lunghezza con un righello. Calcola poi la misura di AB mediante l'applicazione della formula della distanza tra due punti. Hai ottenuto lo stesso risultato?**

5 Completa.

a. La misura della distanza tra due punti aventi la stessa ordinata è uguale alla differenza tra ....

....

b. La misura della distanza tra due punti aventi la stessa ascissa è uguale alla ....

....

6 **Rappresenta su un piano cartesiano le seguenti coppie di punti e calcola la loro distanza (u = 1 cm). Che cosa puoi osservare?**

a. $A(4; 8)$ e $B(6; 8)$ b. $C(9; 5)$ e $D(12; 5)$ c. $E(4; 6)$ ed $F(13; 6)$ [2 cm; 3 cm; 9 cm]

7 **Calcola (u = 1 cm) la distanza tra i punti del piano cartesiano di ciascuna delle seguenti coppie, dopo averli rappresentati sul piano. Che cosa puoi osservare?**

a. $A(2; 8)$ e $B(2; 11)$ b. $C(5; 3)$ e $D(5; 9)$ c. $E(3; 1)$ ed $F(3; 8)$ [3 cm; 6 cm; 7 cm]

ESERCIZI ▸ p. 141

Coordinate del punto medio di un segmento

Disegniamo sul piano cartesiano il segmento AB di estremi $A(2; 4)$ e $B(8; 6)$ e consideriamo il suo punto medio M di cui vogliamo trovare le coordinate.

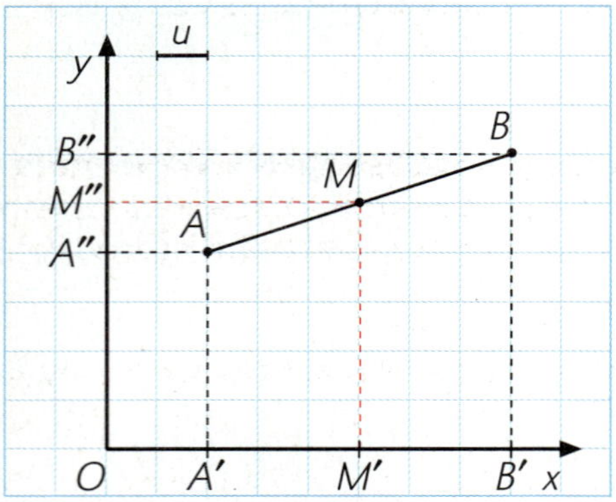

Tracciamo le proiezioni del punto M rispettivamente sull'asse x e sull'asse y. I punti M' ed M'' che abbiamo ottenuto sono rispettivamente i punti medi dei segmenti $A'B'$ e $A''B''$, pertanto l'ascissa di M' è uguale alla semisomma delle ascisse di A' e B' e l'ordinata di M'' è uguale alla semisomma delle ordinate di A'' e B''.
Indicando con x_m e y_m le coordinate del punto medio M, possiamo scrivere:

$$OM' = x_m = \frac{8+2}{2} = 5; \quad OM' = y_m = \frac{6+4}{2} = 5$$

Dunque, si ha $M(5; 5)$.

Le coordinate del punto medio di un segmento si ottengono calcolando la semisomma delle ascisse e la semisomma delle ordinate degli estremi del segmento.

Se conosco le coordinate dei punti A e B, posso calcolare quelle del punto medio M applicando la formula generica:

$$M = \left(\frac{x_A + x_B}{2} ; \frac{y_A + y_B}{2} \right)$$

In generale, le coordinate del punto medio di un segmento AB di estremi $A(x_A; y_A)$ e $B(x_B; y_B)$ si ottengono applicando la formula:

$$M = \left(\frac{x_A + x_B}{2} ; \frac{y_A + y_B}{2} \right)$$

ESEMPIO Calcoliamo le coordinate del punto medio del segmento AB di estremi $A(1; 2)$ e $B(7; 5)$.

- L'ascissa del punto medio M è:

$$x_m = \frac{x_A + x_B}{2} = \frac{1+7}{2} = \mathbf{4}$$

- L'ordinata del punto medio M è:

$$y_m = \frac{y_A + y_B}{2} = \frac{2+5}{2} = \mathbf{3,5}$$

Quindi, le coordinate del punto medio sono:
$M(4; 3,5)$

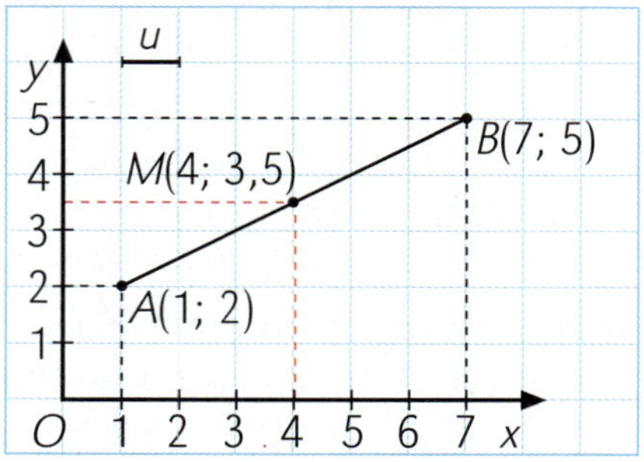

1 Traccia sull'asse *x* e sull'asse *y* le proiezioni del punto medio *M* del segmento *AB* ed evidenzia con il colore rosso i punti *M′* ed *M″* che hai ottenuto.
Che cosa rappresentano tali punti rispetto alle proiezioni del segmento *AB* sugli assi?
Scrivi la formula generica per il calcolo delle coordinate di *M*.

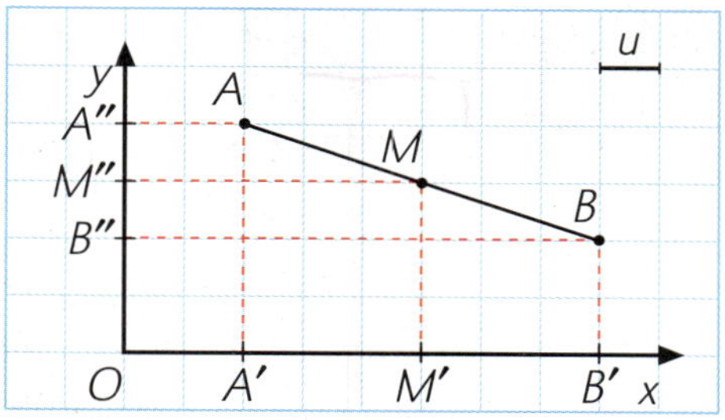

2 Scrivi le coordinate del punto medio di ciascun segmento, sulla base delle indicazioni fornite dai disegni.

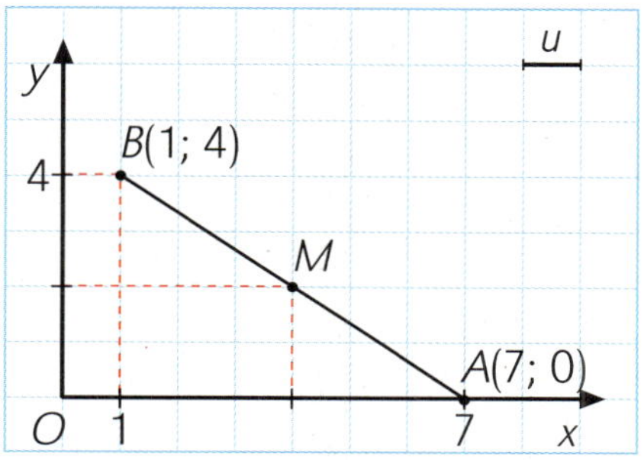

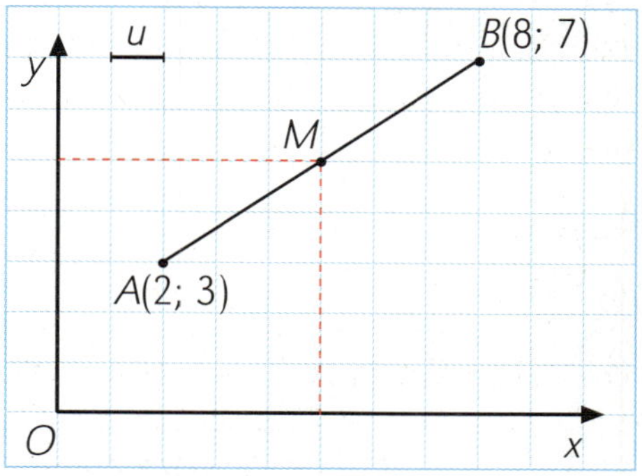

3 Completa la tabella.

coppie di punti	coordinate del punto medio del segmento *AB*
A(4; 1) e *B*(2; 9)	....
A(3; 1) e *B*(11; 7)	....
A(5; 10) e *B*(5; 6)	....
A(5; 4) e *B*(3; 8)	....
A(3; 4) e *B*(6; 4)	....

4 Disegna su un piano cartesiano il segmento *AB* avente per estremi i punti *A*(2; 5) e *B*(16; 11), misurane la lunghezza con un righello e segna il punto medio.
Verifica poi che le sue coordinate corrispondono a quelle che si trovano mediante l'applicazione delle formule che hai studiato in questa lezione.

5 Le coordinate del punto medio del segmento *AB* avente per estremi i punti *A*(5; 4) e *B*(7; 2) sono:

A *M*(12; 6) **B** *M*(2; 2) **C** *M*(6; 3)

6 Rappresenta su un piano cartesiano ciascuno dei seguenti segmenti, di cui sono date le coordinate degli estremi, e determina le coordinate del punto medio.

a. *A*(0; 9) e *B*(8; 3)
b. *A*(3; 1) e *B*(7; 3)
c. *A*(6; 2) e *B*(2; 10)
d. *A*(4; 4) e *B*(8; 8)
e. *A*(6; 5) e *B*(9; 3)

APPRENDO...

Poligoni sul piano cartesiano

Se rappresentiamo sul piano cartesiano i punti $A(1; 1)$, $B(7; 1)$, $C(4; 5)$ e li congiungiamo ordinatamente, otteniamo il triangolo *ABC*.
Di quale tipo di triangolo si tratta? Qual è il suo perimetro e qual è la sua area?

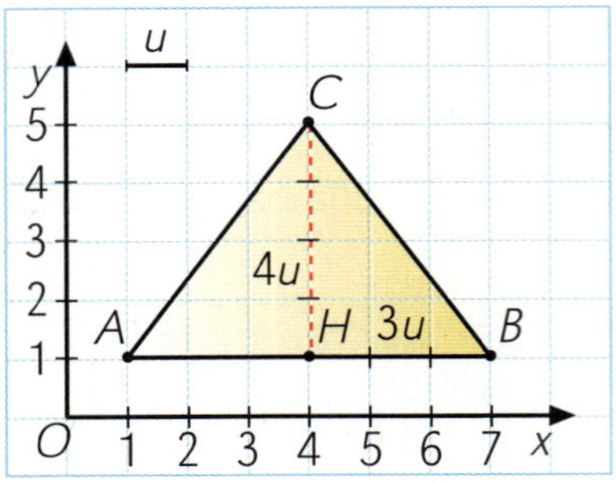

Per rispondere a tali domande, occorre calcolare le seguenti misure:

$\overline{AB} = 7 - 1 = 6\ (u)$
$\overline{BH} = 7 - 4 = 3\ (u)$
$\overline{AH} = 4 - 1 = 3\ (u)$
$\overline{CH} = 5 - 1 = 4\ (u)$
$\overline{BC} = \sqrt{\overline{BH}^2 + \overline{CH}^2} = \sqrt{3^2 + 4^2} = \sqrt{9 + 16} = \sqrt{25} = 5\ (u)$
$\overline{AC} = \sqrt{\overline{AH}^2 + \overline{CH}^2} = \sqrt{3^2 + 4^2} = \sqrt{9 + 16} = \sqrt{25} = 5\ (u)$

Il triangolo considerato è **isoscele** perché ha i lati obliqui congruenti.
Il perimetro e l'area del triangolo sono:

$2p = \overline{AB} + \overline{BC} + \overline{AC} = 6 + 5 + 5 = 16\ (u)$ $\quad A = \dfrac{\overline{AB} \cdot \overline{CH}}{2} = \dfrac{6 \cdot 4}{2} = 12\ (u^2)$

Rappresentiamo ora sul piano cartesiano i punti $A(7; 5)$, $B(4; 9)$, $C(1; 5)$, $D(4; 1)$ e calcoliamo il perimetro e l'area del quadrilatero *ABCD* che si ottiene congiungendoli come in figura.
Calcoliamo le misure dei lati *AB*, *BC*, *CD*, *AD*:

$\overline{AB} = \sqrt{3^2 + 4^2} = \sqrt{9 + 16} = \sqrt{25} = 5\ (u)$
$\overline{BC} = \sqrt{3^2 + 4^2} = \sqrt{9 + 16} = \sqrt{25} = 5\ (u)$
$\overline{CD} = \sqrt{3^2 + 4^2} = \sqrt{9 + 16} = \sqrt{25} = 5\ (u)$
$\overline{AD} = \sqrt{3^2 + 4^2} = \sqrt{9 + 16} = \sqrt{25} = 5\ (u)$

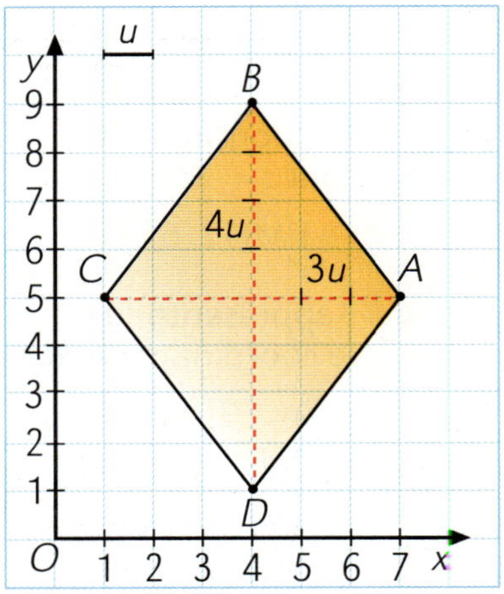

Il quadrilatero *ABCD* è un **rombo** perché ha i lati congruenti e gli angoli opposti a due a due congruenti (puoi verificarlo con un goniometro). Il perimetro è $2p = 4 \cdot l = 4 \cdot 5 = 20\ (u)$.
Per calcolare l'area del rombo occorrono le misure delle diagonali e cioè:

$\overline{BD} = 9 - 1 = 8\ (u)$ $\quad \overline{AC} = 7 - 1 = 6\ (u)$

Quindi: $A = \dfrac{\overline{BD} \cdot \overline{AC}}{2} = \dfrac{8 \cdot 6}{2} = 24\ (u^2)$

1 Completa la figura rappresentando sul piano cartesiano il triangolo di vertici $A(1; 2)$, $B(9; 2)$, $C(5; 5)$. Verifica che si tratta di un triangolo isoscele e calcola il perimetro e l'area.

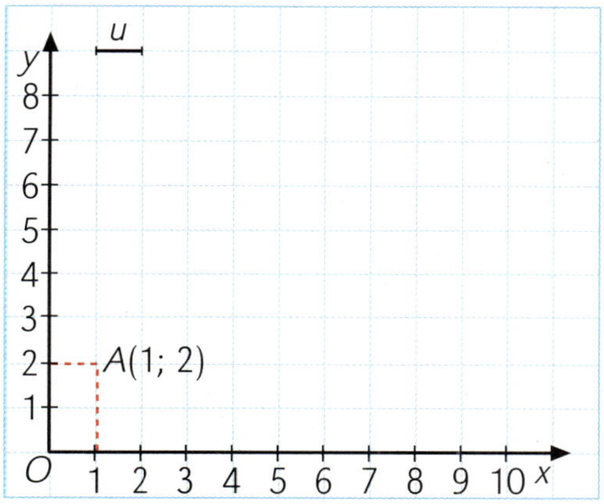

[18 u; 12 u^2]

2 Rappresenta su un piano cartesiano il poligono di vertici $A(2; 2)$, $B(14; 2)$, $C(14; 7)$, $D(2; 7)$. Di quale tipo di poligono si tratta? Calcola il perimetro e l'area (poni $u = 1$ cm). Verifica poi che una diagonale misura 13 cm. [34 cm; 60 cm²]

3 Disegna su un piano cartesiano il quadrilatero $ABCD$ di vertici $A(3; 9)$, $B(11; 3)$, $C(19; 9)$, $D(11; 15)$. Di quale tipo di quadrilatero si tratta? Indica la risposta corretta e motivala con i calcoli.

A parallelogrammo **B** quadrato **C** rombo

4 Calcola il perimetro e l'area di ciascuna figura.

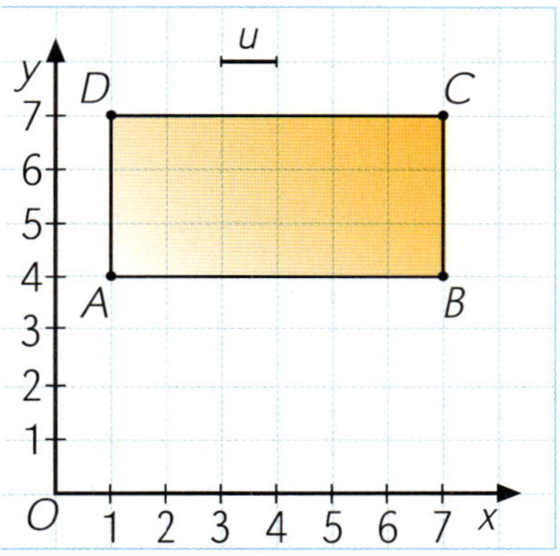

[18 u; 18 u^2]

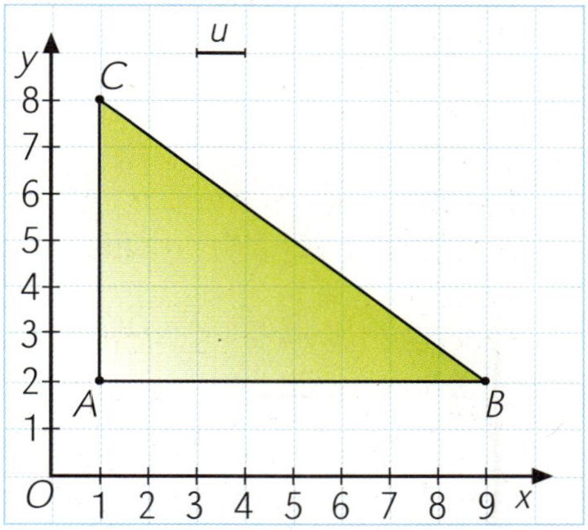

[24 u; 24 u^2]

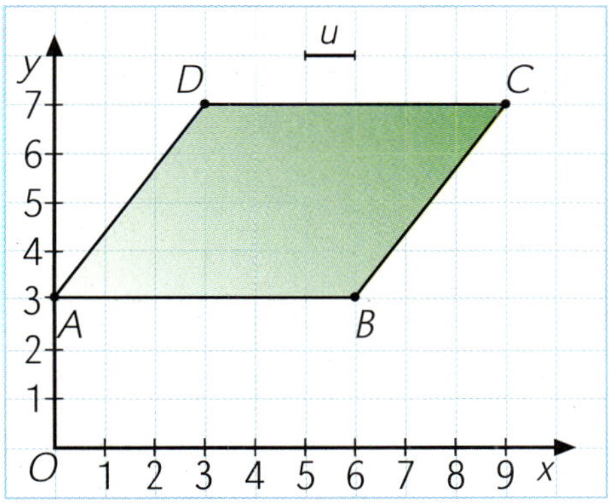

[22 u; 24 u^2]

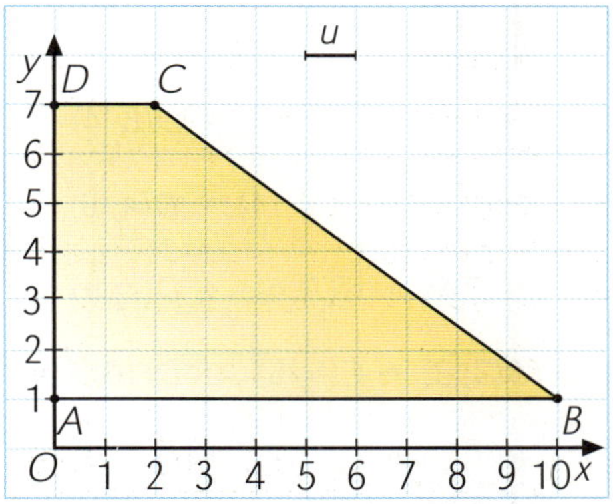

[28 u; 36 u^2]

ESERCIZI ▸ p. 143

ESERCIZI E PROBLEMI

APPLICAZIONE

Il piano cartesiano: richiami
Punti particolari

[**U3.1** ▶ pp. 130, 132]

1 Determina le coordinate dei punti segnati sui piani cartesiani.

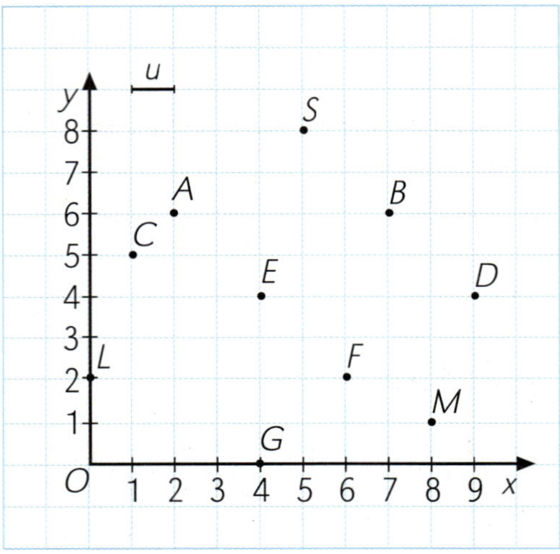

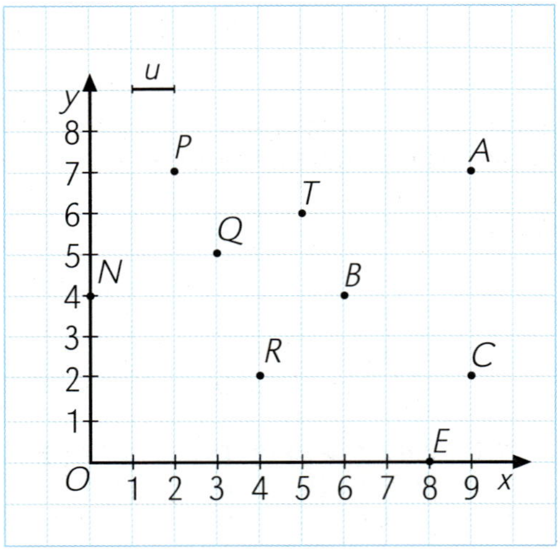

Rappresenta su altrettanti piani cartesiani i gruppi di punti dati nei seguenti esercizi.

2 $A(6; 4)$ • $B(5; 2)$ • $C(7; 4)$ • $D(3; 6)$

3 $A(2; 9)$ • $B(7; 0)$ • $C(9; 5)$ • $D(8; 4)$

4 $A(4; 3)$ • $B(8; 5)$ • $C(0; 8)$ • $D(1; 9)$

5 $A(2; 2)$ • $B(7; 3)$ • $C(0; 9)$ • $D(6; 1)$

6 $A(3; 7)$ • $B(10; 5)$ • $C(4; 11)$ • $D(3; 11)$

7 $A\left(\frac{1}{2}; \frac{3}{2}\right)$ • $B\left(\frac{3}{4}; \frac{1}{4}\right)$ • $\left(\frac{1}{3}; \frac{4}{3}\right)$ • $D\left(\frac{1}{5}; \frac{2}{5}\right)$

Rappresenta su altrettanti piani cartesiani i gruppi di punti dati e scrivi le tue considerazioni.

8 $A(3; 6)$ • $B(4; 6)$ • $C(8; 6)$ • $D(11; 6)$

9 $A(4; 5)$ • $B(2; 5)$ • $C(7; 5)$ • $D(9; 5)$

10 $A(2; 4)$ • $B(6; 4)$ • $C(3; 4)$ • $D(8; 4)$

11 $A(4; 6)$ • $B(4; 7)$ • $C(4; 11)$ • $D(4; 3)$

12 $A(7; 2)$ • $B(7; 6)$ • $C(7; 4)$ • $D(7; 9)$

13 $A(6; 6)$ • $B(3; 3)$ • $C(5; 5)$ • $D(10; 10)$

14 $A(1; 3)$ • $B(1; 5)$ • $C(1; 9)$ • $D(1; 7)$

15 $A(2; 2)$ • $B(7; 7)$ • $C(4; 4)$ • $D(8; 8)$

Distanza tra due punti

[**U3.2** ▸ p. 134]

RICORDA • La misura della **distanza tra due punti** del piano cartesiano è uguale alla radice quadrata della somma dei quadrati delle differenze tra le ascisse e tra le ordinate dei due punti.

$$\overline{AB} = \sqrt{(x_B - x_A)^2 + (y_B - y_A)^2}$$

(x_B: ascissa di *B*; x_A: ascissa di *A*; y_B: ordinata di *B*; y_A: ordinata di *A*)

Negli esercizi che seguono, rappresenta le coppie di punti assegnate su un piano cartesiano e calcola la misura del segmento avente per estremi tali punti (u = 1 cm).

ESEMPIO *A*(2; 5) e *B*(5; 9)

$$\overline{AB} = \sqrt{(5-2)^2 + (9-5)^2} = \sqrt{3^2 + 4^2} = \sqrt{9+16} = \sqrt{25} = 5 \text{ (cm)}$$

16 *A*(4; 1) e *B*(10; 9) • *C*(4; 5) e *D*(7; 9) • *E*(5; 2) ed *F*(5; 7) [10 cm; 5 cm; 5 cm]

17 *A*(6; 2) e *B*(13; 26) • *C*(0; 0) e *D*(12; 9) • *E*(4; 4) ed *F*(13; 4) [25 cm; 15 cm; 9 cm]

18 *A*(2; 1) e *B*(9; 25) • *C*(3; 6) e *D*(12; 18) • *E*(4; 1) ed *F*(14; 25) [25 cm; 15 cm; 26 cm]

19 *A*(3; 1) e *B*(11; 7) • *C*(2; 3) e *D*(5; 7) • *E*(3; 3) ed *F*(18; 11) [10 cm; 5 cm; 17 cm]

20 *A*(0; 0) e *B*(8; 15) • *C*(7; 0) e *D*(7; 10) • *E*(0; 5) ed *F*(6; 13) [17 cm; 10 cm; 10 cm]

21 In un sistema di riferimento cartesiano calcola la distanza tra i punti *A*(5; 8) e *B*(10; 15), approssimandola per difetto a meno di 0,1 (u = 1 cm). [8,6 cm]

22 Determina le coordinate degli estremi dei segmenti *AB*, *CD*, *EF*, *RS*, *PQ*, *LM* e calcola la misura di ciascun segmento (u = 1 cm).

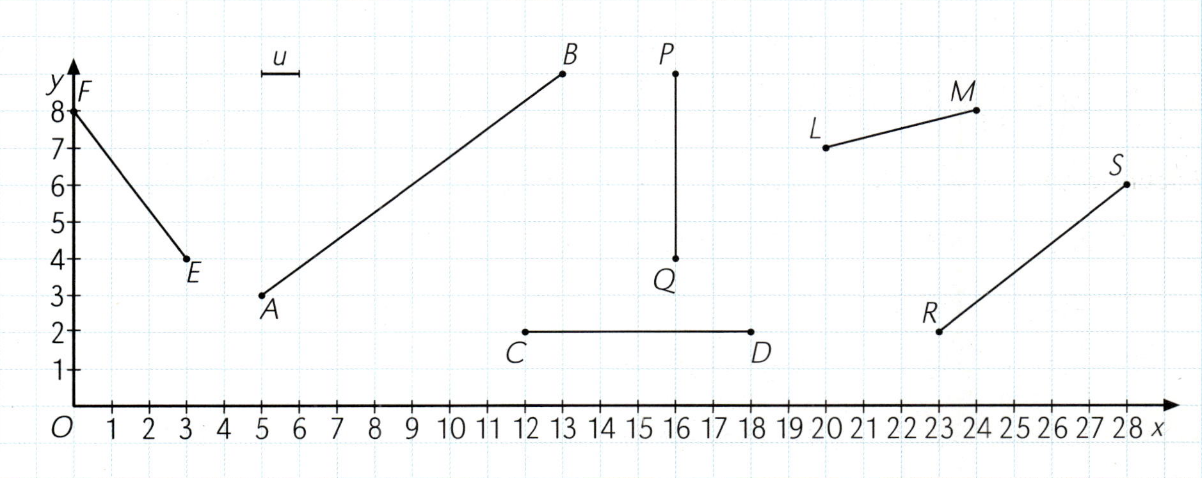

Negli esercizi che seguono, rappresenta su un piano cartesiano le coppie di punti assegnate e calcola la loro distanza.

23 *A*(7; 3) e *B*(11; 3) • *C*(4; 9) e *D*(6; 9) • *E*(8; 5) ed *F*(2; 5)

24 *A*(2; 6) e *B*(2; 12) • *C*(7; 1) e *D*(7; 6) • *E*(1; 4) ed *F*(1; 10)

25 $A(3; 13)$ e $B(7; 13)$ • $C(9; 10)$ e $D(9; 12)$ • $E(2; 8)$ ed $F(6; 8)$

26 Disegna su un piano cartesiano due segmenti, uno parallelo all'asse x e l'altro parallelo all'asse y, e determina le coordinate dei loro estremi. Scrivi poi le tue osservazioni.

Coordinate del punto medio di un segmento

[U3.3 ▸ p. 136]

RICORDA
- Le coordinate del **punto medio** di un segmento si ottengono calcolando la semisomma delle ascisse e la semisomma delle ordinate degli estremi del segmento.

$$M=\left(\frac{x_A+x_B}{2};\ \frac{y_A+y_B}{2}\right)$$

27 Completa la tabella, calcolando le coordinate dei punti medi M dei segmenti AB i cui estremi hanno le coordinate assegnate.

coordinate di *A* e *B*	calcolo	coordinate di *M*
$A(5; 7)$, $B(11; 13)$	$M\left(\frac{5+11}{2}; \frac{7+13}{2}\right)$	$M(8; 10)$
$A(4; 6)$, $B(12; 2)$	....	....
$A(5; 9)$, $B(11; 9)$	....	....
$A(7; 5)$, $B(13; 7)$	....	....
$A(3; 12)$, $B(5; 16)$	....	....

Rappresenta le coppie di punti assegnati su un piano cartesiano e determina le coordinate del punto medio dei segmenti aventi per estremi tali punti.

28 $A(9; 4)$ e $B(9; 10)$ • $C(5; 8)$ e $D(7; 12)$ • $E(10; 12)$ ed $F(4; 6)$

29 $L(3; 11)$ ed $M(9; 15)$ • $P(2; 0)$ e $Q(8; 14)$ • $R(0; 5)$ ed $S(12; 13)$

30 $T(6; 6)$ e $P(10; 0)$ • $G(11; 4)$ e $I(3; 11)$ • $D(15; 6)$ ed $E(2; 7)$

31 In un sistema di riferimento cartesiano ($u = 1$ cm) segna i punti $A(2; 7)$ e $B(14; 7)$ e congiungili.
- **a.** Calcola le coordinate del punto medio M di AB.
- **b.** Trova il punto Q che ha la stessa ascissa di M e per ordinata 4.
- **c.** Calcola la lunghezza dei segmenti AB ed MQ. [12 cm; 3 cm]

32 Su un piano cartesiano ($u = 1$ cm) congiungi i punti $A(6; 1)$ e $B(6; 11)$.
- **a.** Determina le coordinate del punto medio M di AB.
- **b.** Individua il punto T che ha la stessa ordinata di M e per ascissa 13.
- **c.** Calcola la lunghezza dei segmenti AB ed MT. [10 cm; 7 cm]

33 Un segmento AB misura 8 u ed è parallelo all'asse x. Quali sono le coordinate del punto medio se $A(5; 3)$?

34 Un segmento AB misura 6 u ed è parallelo all'asse y. Quali sono le coordinate del punto medio se $A(2; 9)$?

Poligoni sul piano cartesiano

[U3.4 ▸ p. 138]

Rappresenta su un piano cartesiano i gruppi di punti assegnati e, dopo averli uniti ordinatamente, calcola la misura della spezzata che ottieni ($u = 1$ cm).

ESERCIZIO SVOLTO

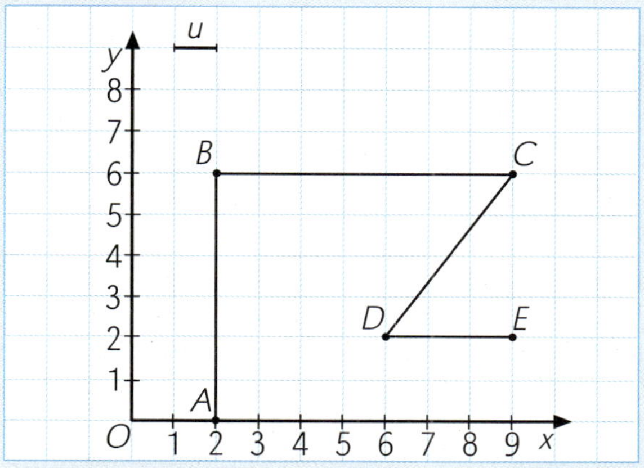

Dati i punti $A(2; 0)$, $B(2; 6)$, $C(9; 6)$, $D(6; 2)$, $E(9; 2)$, rappresentiamo la spezzata sul piano cartesiano, congiungendoli nell'ordine dato.

Calcoliamo ora le misure:

$\overline{AB} = 6$ (cm), $\overline{BC} = 7$ (cm), $\overline{DE} = 3$ (cm)

$\overline{CD} = \sqrt{(9-6)^2 + (6-2)^2} = \sqrt{3^2 + 4^2} = 5$ (cm)

La spezzata misura:

$\overline{AB} + \overline{BC} + \overline{CD} + \overline{DE} = 6 + 7 + 5 + 3 = 21$ (cm)

35 $A(3; 2)$ • $B(6; 6)$ • $C(10; 6)$ • $D(10; 3)$ • $E(14; 0)$ [17 cm]

36 $A(0; 2)$ • $B(3; 6)$ • $C(6; 2)$ • $D(11; 2)$ [15 cm]

37 $A(1; 3)$ • $B(4; 3)$ • $C(4; 7)$ • $D(11; 7)$ • $E(14; 11)$ [19 cm]

38 $A(2; 9)$ • $B(17; 1)$ • $C(17; 6)$ • $D(15; 6)$ • $E(15; 10)$ [28 cm]

39 $A(3; 8)$ • $B(6; 8)$ • $C(18; 3)$ • $D(18; 7)$ • $E(21; 3)$ [25 cm]

40 $A(2; 3)$ • $B(3; 3)$ • $C(3; 6)$ • $D(11; 6)$ • $E(14; 2)$ • $F(17; 6)$ [22 cm]

Determina le coordinate degli estremi dei segmenti rappresentati su ciascun piano cartesiano e calcola la lunghezza della spezzata approssimandola per difetto a meno di 0,1 ($u = 1$ cm).

41

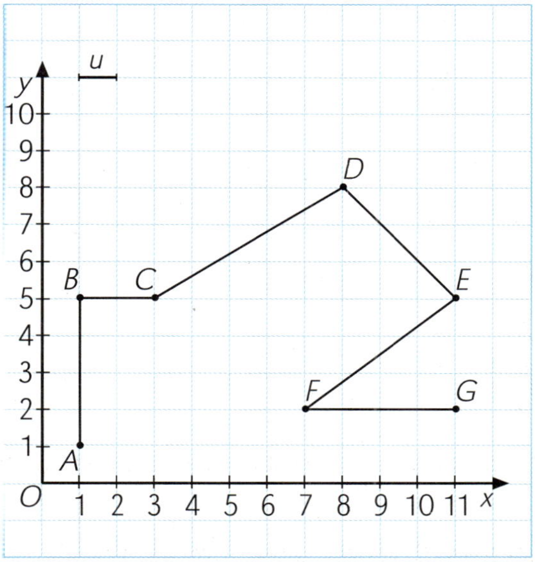

[25 cm]

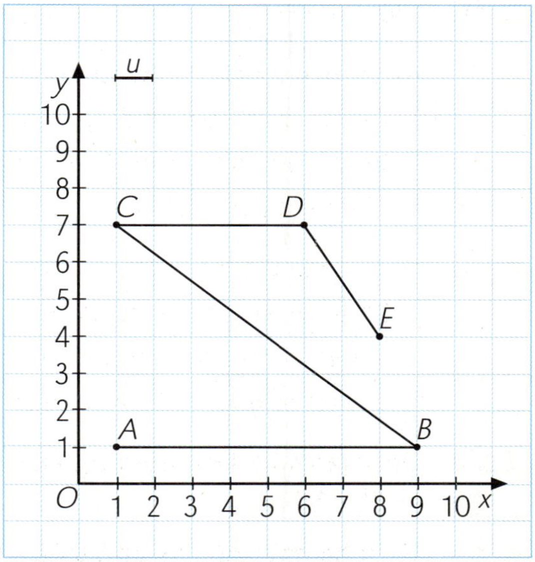

[26,6 cm]

APPLICAZIONE

42

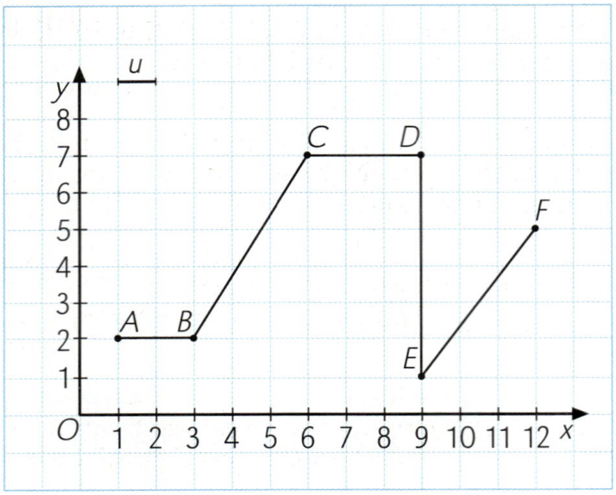

[21,8 cm]

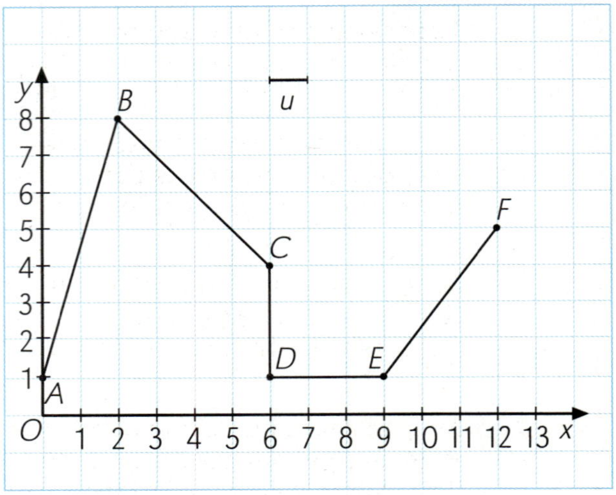

[23,9 cm]

Su un piano cartesiano rappresenta le figure che si ottengono congiungendo nell'ordine i punti assegnati e l'ultimo punto con il primo. Di ciascuna di esse descrivi le caratteristiche e calcola il perimetro e l'area ($u = 1$ cm).

43 $A(2; 2)$ • $B(10; 2)$ • $C(6; 5)$ [18 cm; 12 cm^2]

44 $A(3; 3)$ • $B(18; 3)$ • $C(6; 7)$ • $D(21; 7)$ [40 cm; 60 cm^2]

45 $A(2; 1)$ • $B(12; 1)$ • $C(8; 4)$ • $D(6; 4)$ [22 cm; 18 cm^2]

46 $A(2; 3)$ • $B(12; 3)$ • $C(7; 15)$ [36 cm; 60 cm^2]

47 $A(2; 1)$ • $B(17; 1)$ • $C(2; 9)$ [40 cm; 60 cm^2]

48 $A(4; 0)$ • $B(7; 4)$ • $C(4; 8)$ • $D(1; 4)$ [20 cm; 24 cm^2]

49 Rappresenta su un piano cartesiano ($u = 1$ cm) il quadrilatero $ABCD$ di vertici $A(2; 6)$, $B(14; 6)$, $C(14; 1)$, $D(2; 1)$. Definisci il tipo di quadrilatero e calcola la misura di ciascuna dimensione, della diagonale, il perimetro e l'area. [13 cm; 34 cm; 60 cm^2]

50 In un sistema di riferimento cartesiano rappresenta i punti $A(4; 1)$, $B(9; 13)$, $C(9; 1)$ e determina il perimetro e l'area del triangolo che si ottiene congiungendoli nell'ordine dato ($u = 1$ cm). Di quale tipo di triangolo si tratta? [30 cm; 30 cm^2]

51 Su un piano cartesiano ($u = 1$ cm) rappresenta il rettangolo $ABCD$ congiungendo i punti $A(3; 0)$, $B(11; 0)$, $C(11; 6)$, $D(3; 6)$ e D con A. Di esso calcola:

a. il perimetro;

b. l'area;

c. la misura di una delle due diagonali. [28 cm; 48 cm^2; 10 cm]

52 Descrivi la figura geometrica che si ottiene congiungendo i punti $A(11; 5)$, $B(8; 9)$, $C(5; 5)$, $D(8; 1)$ nell'ordine dato e poi congiungendo D con A; calcola il perimetro e l'area di tale figura ($u = 1$ cm). [20 cm; 24 cm^2]

53 In un sistema di riferimento cartesiano ($u = 1$ cm) congiungi i punti $A(1; 8)$ e $B(17; 8)$. Determina le coordinate del punto medio M di AB e disegna il punto P che ha la stessa ascissa di M e per ordinata 2. Calcola la lunghezza dei segmenti AB ed MP, il perimetro e l'area del triangolo MBP. [16 cm; 6 cm; 24 cm; 24 cm^2]

54 Rappresenta su un piano cartesiano il triangolo di vertici $A(1; 3)$, $B(15; 3)$, $C(6; 15)$. Calcola il perimetro e l'area ($u = 1$ cm). Di quale tipo di triangolo si tratta? Perché? [42 cm; 84 cm^2]

55 In un sistema di riferimento cartesiano rappresenta i punti $A(2; 2)$, $B(8; 2)$, $C(8; 8)$, $D(2; 8)$ e congiungili nell'ordine dato e il primo punto con l'ultimo. Determina il perimetro, l'area e la misura della diagonale della figura che hai ottenuto ($u = 1$ cm). [24 cm; 36 cm^2; $6 \cdot \sqrt{2}$ cm]

56 In un sistema di riferimento cartesiano costruisci il trapezio $ABCD$ congiungendo i punti $A(1; 2)$, $B(10; 2)$, $C(7; 6)$, $D(1; 6)$ nell'ordine dato e A con D. Di quale tipo di trapezio si tratta? Determina il perimetro e l'area ($u = 1$ cm). [24 cm; 30 cm^2]

57 Rappresenta su un piano cartesiano il triangolo isoscele ABC che ha la base di vertici $A(0; 3)$, $B(24; 3)$ e per altezza il segmento $CH = 5$ cm. Determina le coordinate dei punti C e H, il perimetro e l'area del triangolo ($u = 1$ cm). [50 cm; 60 cm^2]

58 In un sistema di riferimento cartesiano costruisci il quadrilatero $ABCD$ congiungendo i punti $A(1; 2)$, $B(13; 2)$, $C(10; 6)$, $D(4; 6)$ nell'ordine dato e A con D. Quale figura hai ottenuto? Determina il perimetro e l'area ($u = 1$ cm). [28 cm; 36 cm^2]

59 In un sistema di riferimento cartesiano costruisci il quadrilatero $ABCD$ congiungendo i punti $A(2; 4)$, $B(10; 4)$, $C(13; 8)$, $D(5; 8)$ nell'ordine dato e A con D. Descrivi il tipo di quadrilatero che hai ottenuto e determina il perimetro e l'area ($u = 1$ cm). [26 cm; 32 cm^2]

60 Su un piano cartesiano ($u = 1$ cm) sono dati i punti $R(0; 4)$, $P(16; 4)$, $Q(8; 10)$. Dimostra che il triangolo RPQ è isoscele e calcolane perimetro e area. [36 cm; 48 cm^2]

61 Siano $A(14; 11)$, $B(14; 2)$, $C(2; 2)$ i vertici di un triangolo su un piano cartesiano ($u = 1$ cm). Dopo aver stabilito di che tipo di triangolo si tratta, calcolane il perimetro e l'area. Calcola poi le coordinate del punto D che, unito ad A e C, forma il rettangolo $ABCD$ di cui AC è una diagonale. [36 cm; 54 cm^2]

Dapprima trova le coordinate dei vertici delle seguenti figure e dopo calcola il perimetro e l'area di ciascuna di esse.

62

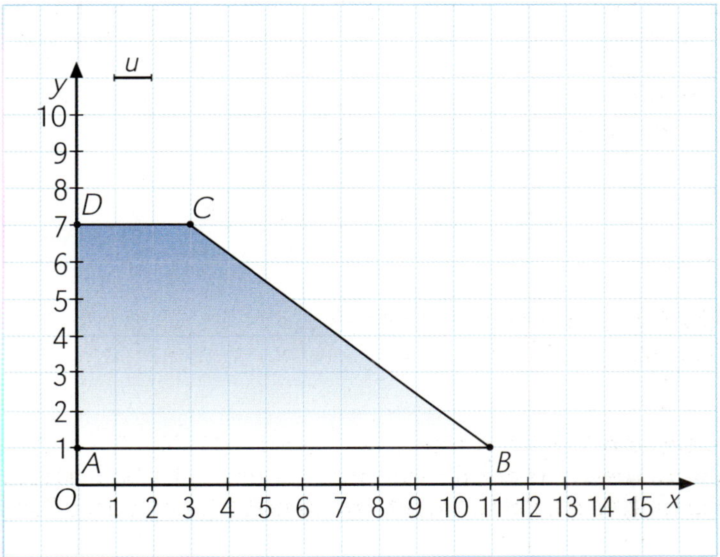

[30 u; 42 u^2]

63

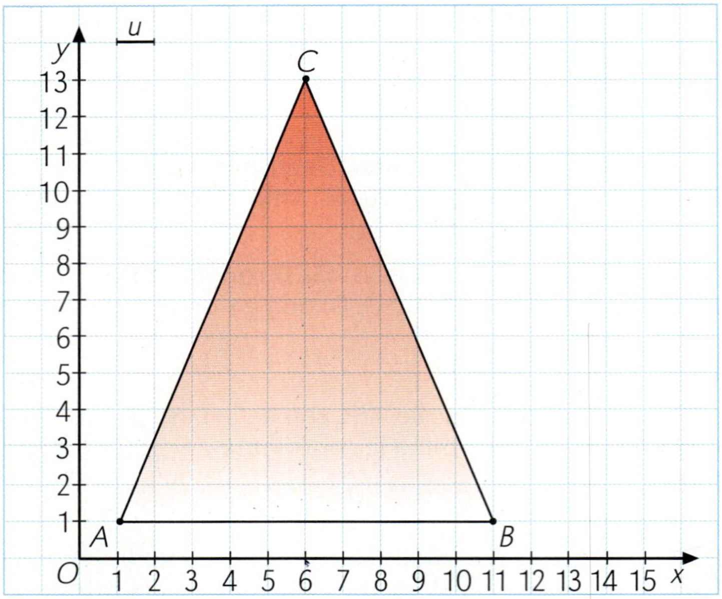

[36 u; 60 u^2]

64

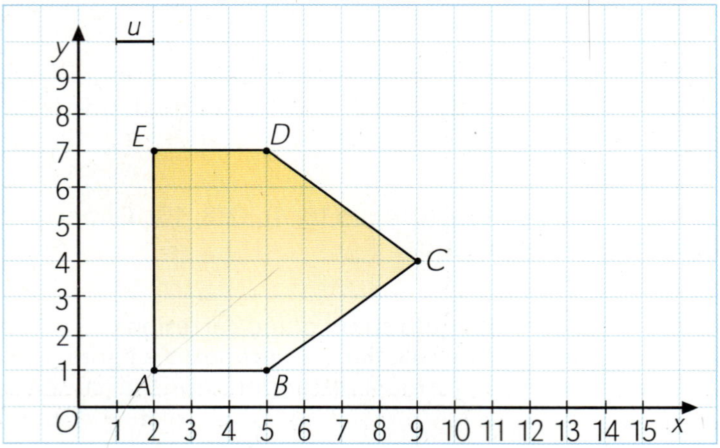

[22 u; 30 u^2]

Dopo aver scomposto opportunamente le figure che seguono in poligoni a te noti, scrivi le coordinate dei vertici di tali poligoni e calcola il perimetro e l'area di ciascuna figura ($u = 1$ cm).

65

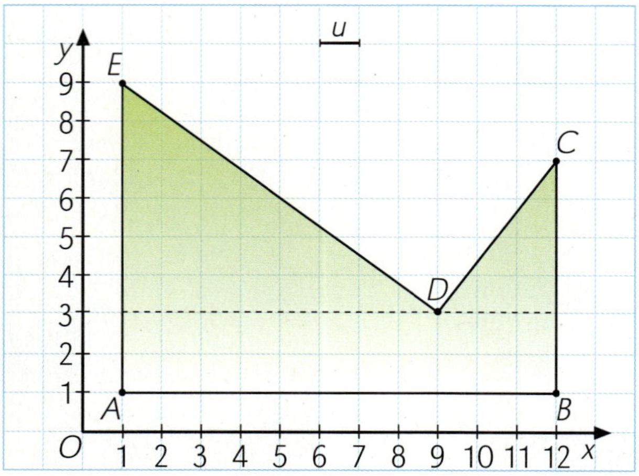

[40 cm; 52 cm²]

66

La figura dell'esercizio 65 si può scomporre in un rettangolo e in due triangoli rettangoli.

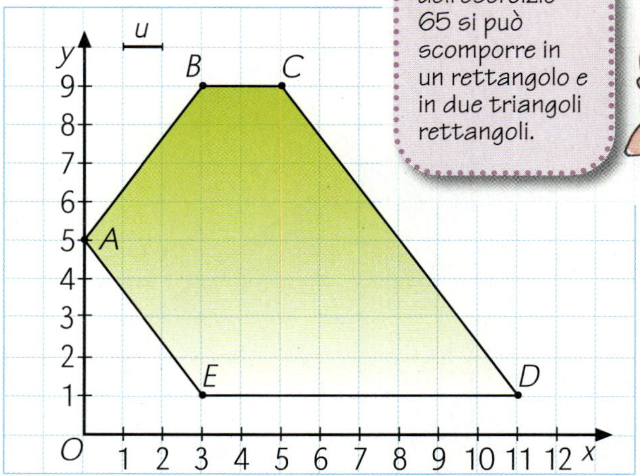

[30 cm; 52 cm²]

67

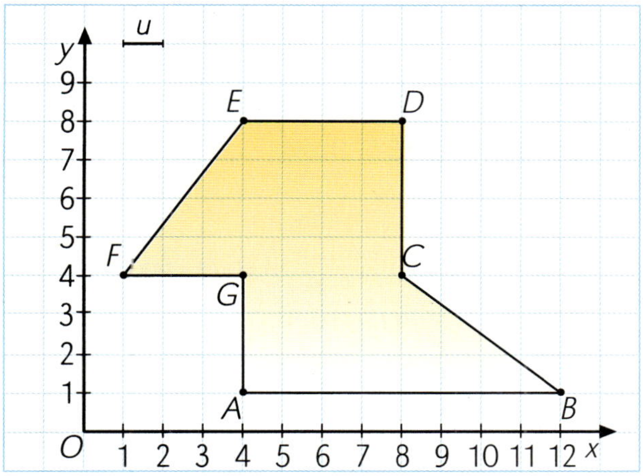

[32 cm; 40 cm²]

68

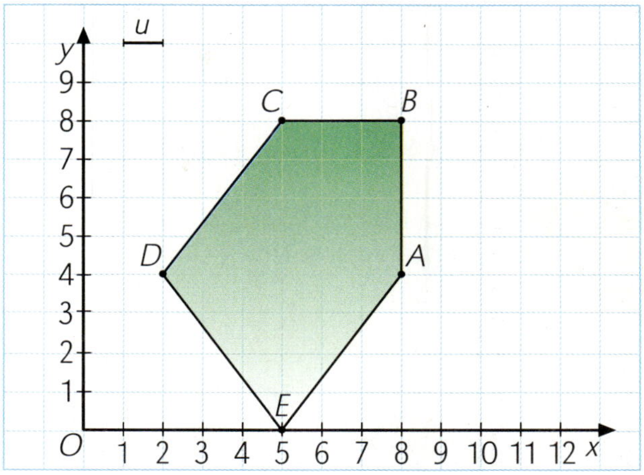

[22 cm; 30 cm²]

69

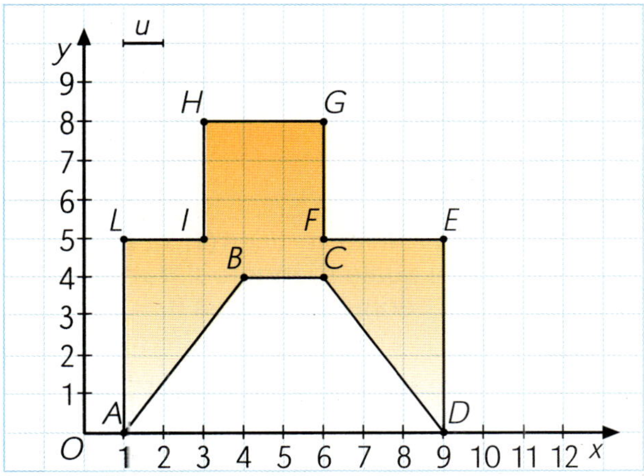

[36 cm; 29 cm²]

70

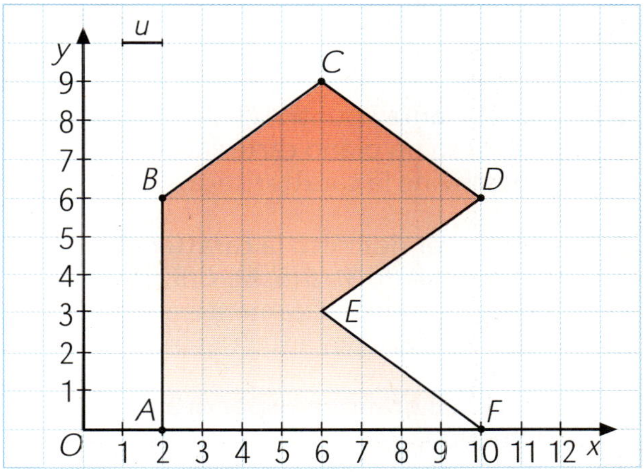

[34 cm; 48 cm²]

Su un piano cartesiano rappresenta le figure che si ottengono congiungendo nell'ordine i punti assegnati e l'ultimo punto con il primo. Di ciascuna di esse calcola il perimetro e l'area ($u = 1$ cm).

71 *A*(2; 2) • *B*(6; 5) • *C*(6; 7) • *D*(4; 7) • *E*(4; 5) • *F*(2; 5) [16 cm; 10 cm²]

72 *A*(1; 0) • *B*(11; 0) • *C*(7; 3) • *D*(4; 7) • *E*(1; 3) [28 cm; 36 cm²]

RIEPILOGO E CONSOLIDAMENTO

1 Indica l'ascissa e l'ordinata di ciascuno dei seguenti punti e rappresentali su un piano cartesiano.
$A(3; 2)$ • $B(1; 4)$ • $C(6; 3)$ • $D(0; 5)$ • $E(8; 0{,}4)$ • $F(7; 6)$
$G(5; 9)$ • $H(3; 0)$ • $L(4; 11)$ • $R(0{,}5; 5)$ • $S(9; 7{,}5)$ • $T(6{,}5; 9)$

2 Determina le coordinate dei punti rappresentati qui sotto.

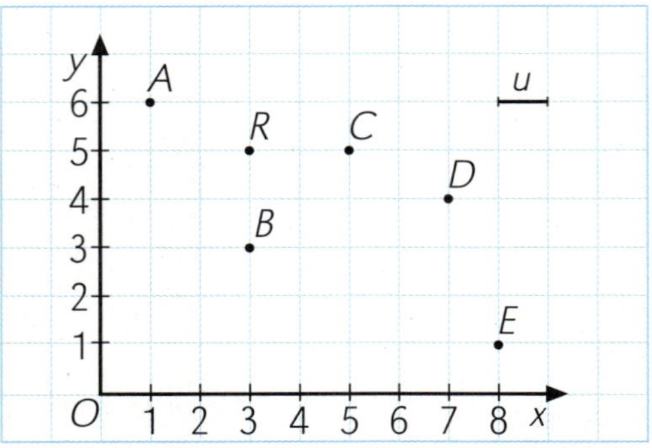

3 Rappresenta i punti $A(3; 4)$, $B(6; 4)$, $C(8; 4)$ su un piano cartesiano e descrivine la caratteristica.

4 Dopo aver descritto la caratteristica dei punti $A(5; 3)$, $B(5; 6)$, $C(5; 9)$, rappresentali graficamente e verifica la correttezza della tua descrizione.

5 Osserva il grafico e rispondi alle domande.

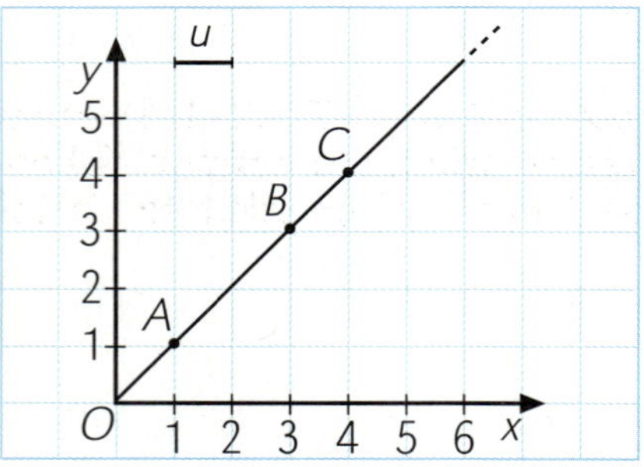

a. Quali sono le coordinate dei punti A, B, C?
b. Qual è la loro caratteristica?
c. Che cosa rappresenta la retta su cui sono allineati?

6 Rappresenta sul piano cartesiano le seguenti coppie di punti e calcola la loro distanza (in cm).
$A(2; 4)$ e $B(5; 8)$ • $C(2; 5)$ e $D(10; 20)$
• $E(6; 10)$ ed $F(27; 30)$
[5 cm; 17 cm; 29 cm]

7 Completa la tabella.

coppie di punti	distanza tra A e B (cm)
$A(0; 5)$ e $B(12; 10)$	....
$A(3; 7)$ e $B(11; 13)$	....
$A(2; 1)$ e $B(10; 16)$	....

Nei seguenti esercizi determina le coordinate dei punti medi dei segmenti AB, aventi come estremi i punti assegnati.

8 $A(3; 4)$ $B(11; 7)$

9 $A(9; 3)$ $B(13; 5)$

10 $A(1; 6)$ $B(9; 12)$

11 $A(2; 5)$ $B(8; 3)$

12 Rappresenta su un piano cartesiano il triangolo ABC di vertici $A(1; 1)$, $B(9; 1)$, $C(1; 7)$. Di quale triangolo si tratta? Calcola il perimetro e l'area ($u = 1$ cm). [24 cm; 24 cm^2]

13 In un sistema di riferimento cartesiano segna i punti $A(4; 1)$, $B(8; 4)$, $C(4; 7)$, $D(0; 4)$. Calcola il perimetro e l'area del quadrilatero che ottieni congiungendo ordinatamente i quattro punti e A con D ($u = 1$ cm). [20 cm; 24 cm^2]

14 Rappresenta in un sistema di riferimento cartesiano il quadrilatero $ABCD$ che si ottiene congiungendo i punti $A(0; 2)$, $B(12; 2)$, $C(12; 11)$, $D(0; 11)$ e D con A. Che tipo di quadrilatero hai ottenuto? Calcola la misura di una delle sue diagonali rispetto all'unità di misura prefissata. [15 u]

15 Descrivi la figura geometrica che si ottiene congiungendo ordinatamente i punti $A(7; 4)$, $B(10; 8)$, $C(7; 12)$, $D(4; 8)$. Calcola il perimetro e l'area rispetto all'unità di misura prefissata. [20 u; 24 u^2]

16 Rappresenta in un sistema di riferimento cartesiano il triangolo di vertici $A(1; 1)$, $B(13; 1)$, $C(1; 6)$. Stabilisci la natura del triangolo e calcola il perimetro e l'area, esprimendoli nell'unità di misura prefissata. [30 u; 30 u^2]

17 In un sistema di riferimento cartesiano ($u = 1$ cm) sono dati i punti rappresentati in figura. Determina le loro coordinate, unisci i quattro punti in modo da formare un trapezio rettangolo e calcolane il perimetro e l'area. [46 cm; 114 cm²]

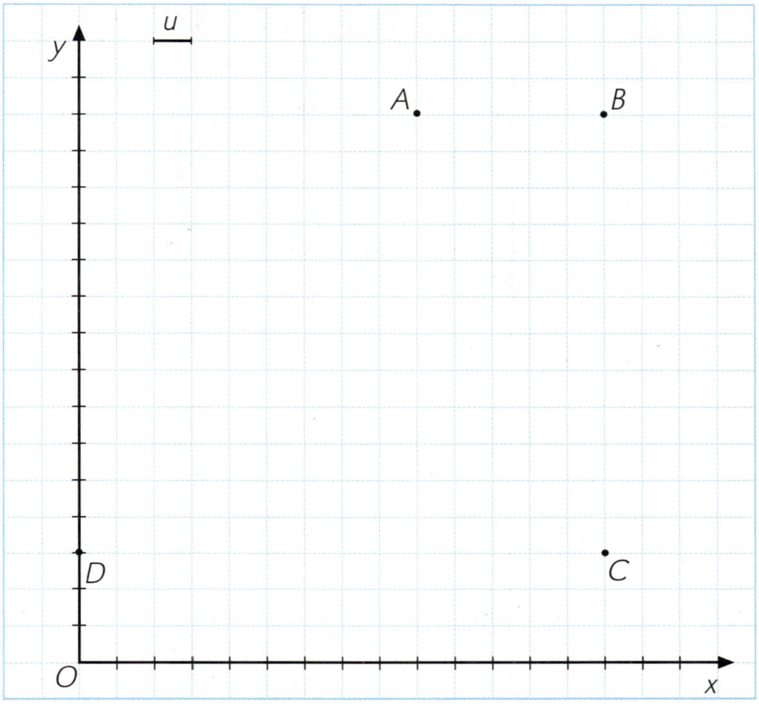

18 Rappresenta in un sistema di riferimento cartesiano il quadrato *ABCD* di vertici *A*(3; 4), *B*(10; 4), *C*(10; 11), *D*(3; 11). Calcola il perimetro, l'area e la misura della diagonale ($u = 1$ cm). [28 cm; 49 cm²; $7 \cdot \sqrt{2}$ cm]

19 Disegna su un piano cartesiano il trapezio *ABCD* avente i vertici *A*(2; 3), *B*(21; 3), *C*(13; 9), *D*(10; 9). Di quale tipo di trapezio si tratta? Calcola il perimetro, l'area e la misura della proiezione di uno dei due lati obliqui sulla base maggiore. [42 *u*; 66 *u*²; 8 *u*]

20 In un sistema di riferimento cartesiano costruisci il triangolo isoscele *ABC* avente i vertici della base in *A*(1; 2) e *B*(17; 2) e per altezza relativa alla base il segmento $CH = 15\,u$. Quali sono le coordinate dei punti *C* e *H*? Qual è il perimetro del triangolo? E la sua area? [50 *u*; 120 *u*²]

21 In un sistema di riferimento cartesiano ($u = 1$ cm) siano *A*(3; 1), *B*(11; 7), *C*(11; 1) i tre vertici di un triangolo. Dopo aver calcolato il perimetro e l'area del triangolo, conduci dal punto medio *M* di *AB* la perpendicolare ad *AC* e sia *D* il punto d'incontro con tale lato. Calcola il perimetro e l'area del triangolo *AMD*. [24 cm; 24 cm²; 12 cm; 6 cm²]

22 Su un piano cartesiano ($u = 1$ cm) sono dati i punti *A*, *B*, *C*, *D* rappresentati in figura. Determina le coordinate dei punti, unisci poi i punti nell'ordine dato in modo da formare un quadrilatero. Calcola la misura della diagonale *BD* approssimandola al centesimo. Verifica che il punto medio *M* di *AC* è anche punto medio di *BD*. [2,82 cm]

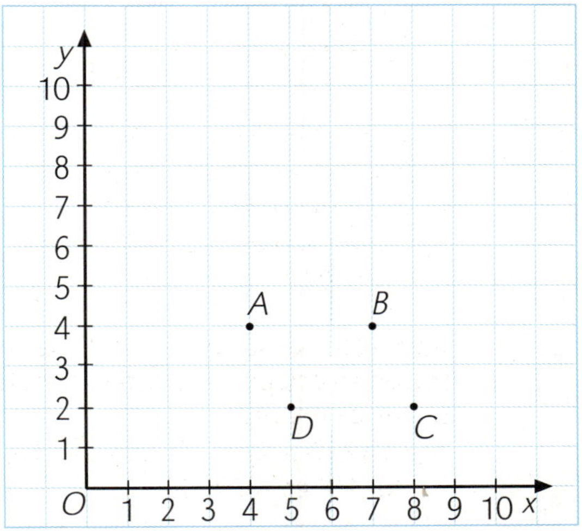

SINTESI DELL'UNITÀ 3

In questo **schema** (o **mappa**) è sintetizzato il tuo percorso di apprendimento. Verifica se hai assimilato il contenuto di questa unità completando la mappa anche solo oralmente.

IL PIANO CARTESIANO

Le **coordinate cartesiane** di un punto si chiamano rispettivamente ....
....
Esempio: ....

Punti particolari ....
....
Esempio: ....

La misura della **distanza** tra due punti del piano cartesiano è uguale alla ....
....
....
La formula è ....
....

Le coordinate del **punto medio** di un segmento si ottengono ....
....
....
La formula è ....

Figure sul **piano cartesiano**
....
....
....

Indica la risposta esatta, individuandola tra quelle proposte: A, B o C.

TEST DI AUTOVERIFICA

1 In un piano cartesiano l'asse x è la semiretta:
A verticale B orizzontale C obliqua

2 Gli assi cartesiani sono tra loro:
A paralleli B sghembi C perpendicolari

3 I numeri della coppia ordinata (6; 4) si dicono:
A coordinate cartesiane
B coordinate artesiane
C coppia pitagorica

4 L'ascissa di un punto è la sua distanza:
A dall'asse delle ordinate
B dall'origine degli assi
C dall'asse delle ascisse

5 Il punto $A(7; 3)$ ha:
A ascissa 3 B ascissa 7 C non ha l'ascissa

6 L'ordinata del punto $D(4; 5)$ è:
A 4 B 9 C 5

7 L'origine degli assi ha coordinate:
A $O(0; 1)$ B $O(0; 0)$ C $O(1; 0)$

8 Tutti i punti situati sull'asse x hanno:
A l'ordinata uguale a zero
B l'ascissa uguale a zero
C l'ascissa uguale all'ordinata

9 Tutti i punti che si trovano sull'asse y hanno:
A l'ascissa uguale all'ordinata
B l'ordinata uguale a zero
C l'ascissa uguale a zero

10 Il punto $A(6; 0)$ si trova:
A sull'asse x B sull'asse y C nell'origine degli assi

11 L'immagine geometrica della coppia ordinata di numeri (3; 2) è il punto:
A Q
B S
C T

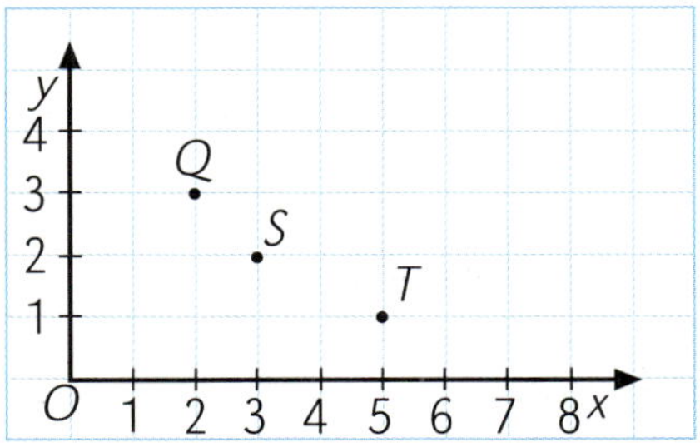

12 I punti $A(4; 1)$ e $B(6; 1)$ sono situati su una stessa retta:
A parallela all'asse y
B perpendicolare all'asse x
C parallela all'asse x

13 I punti $A(7; 2)$ e $B(7; 5)$ sono situati su una stessa retta:
A parallela all'asse x
B parallela all'asse y
C perpendicolare all'asse y

14 Qual è la distanza tra i punti $A(5; 9)$ e $B(5; 3)$ espressa nell'unità di misura u?
A 6 u B 5 u C 9 u

15 I punti $R(4; 4)$ ed $S(8; 8)$ si trovano sulla:
A stessa retta parallela all'asse x
B stessa retta parallela all'asse y
C bisettrice dell'angolo formato dagli assi cartesiani

16 Che cosa si calcola con la seguente formula?

$$AB = \sqrt{(x_B - x_A)^2 + (y_B - y_A)^2}$$

A la distanza tra i punti A e B
B la somma tra i punti A e B
C la differenza tra i punti A e B

17 Se $A(2; 4)$ e $B(10; 19)$, qual è la loro distanza espressa in centimetri?
A 15 cm B 17 cm C 18 cm

18 Le coordinate del punto medio M del segmento AB di estremi $A(4; 1)$ e $B(2; 4)$ sono:
A $M(3; 2)$ B $M(3; 3)$ C $M(3; 2{,}5)$

19 Il rettangolo di vertici $A(3; 1)$, $B(8; 1)$, $C(8; 7)$, $D(3; 7)$ ha il perimetro (in cm) di:
A 20 cm B 11 cm C 22 cm

20 Il triangolo di vertici $A(3; 2)$, $B(7; 2)$, $C(3; 5)$ ha il perimetro (in cm) di:
A 12 cm B 24 cm C 11 cm

Esercizio	1	2	3	4	5	6	7	8	9	10	11	12	13	14	15	16	17	18	19	20
Risposta																				

Confronta le tue risposte con quelle riportate in fondo al volume. Per ogni risposta esatta annerisci un quadratino del "misuratore" riportato qui sotto. I colori evidenziano il tuo livello di preparazione e la votazione ottenuta.

Voto		1		2		3		4		5		6		7		8		9		10

RECUPERO E RIPASSO

Se non hai superato con successo il test per l'autoverifica, o se devi prepararti sugli argomenti di questa unità, prova a rispondere alle domande nella prima colonna. Se non ci riesci, trovi la risposta nella seconda colonna. La terza colonna ti propone alcuni esercizi da risolvere per applicare le tue conoscenze.

Domanda	Risposta	Esercizi
Come si ottiene un piano cartesiano? 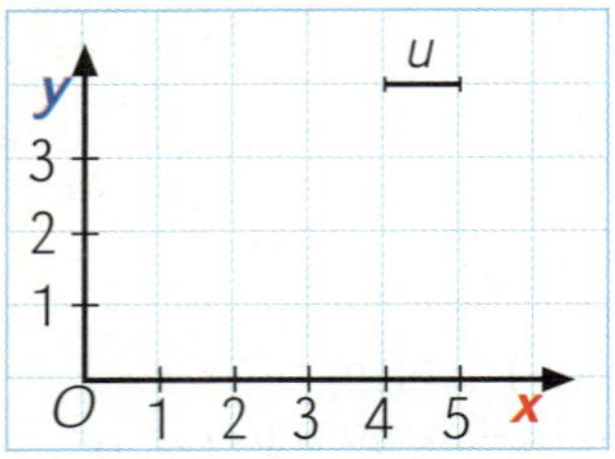	Si ottiene tracciando sul piano due semirette perpendicolari: una orizzontale chiamata **asse delle ascisse** (o **asse *x***) e l'altra verticale, detta **asse delle ordinate** (o **asse *y***). Si dice che le due semirette formano un *sistema di riferimento cartesiano*.	**1.** Disegna un sistema di riferimento cartesiano e indica l'asse orizzontale e l'asse verticale. Come si chiamano rispettivamente?
Come si individua la **posizione** di un punto *P* su un piano cartesiano? 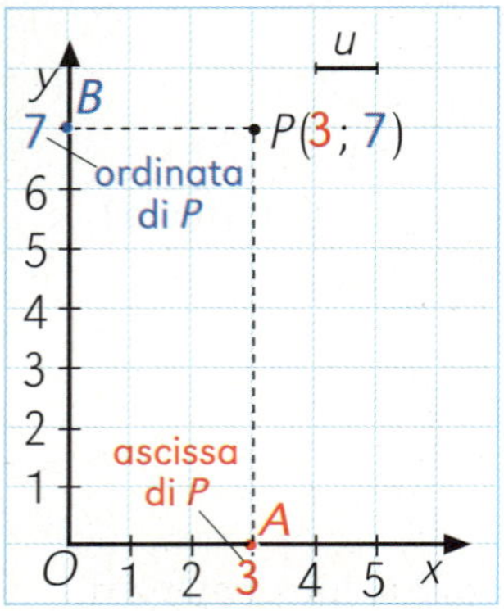	Si fissa il punto *P* e da esso si tracciano le perpendicolari agli assi. In figura, l'**ascissa** di *P* è il numero **3** che corrisponde al punto ***A***, l'**ordinata** è il numero **7** che corrisponde al punto ***B***. Si scrive: *P*(**3**; **7**). I numeri 3 e 7 si dicono **coordinate** del punto *P*.	**2.** Scrivi le coordinate dei punti rappresentati sul piano cartesiano. 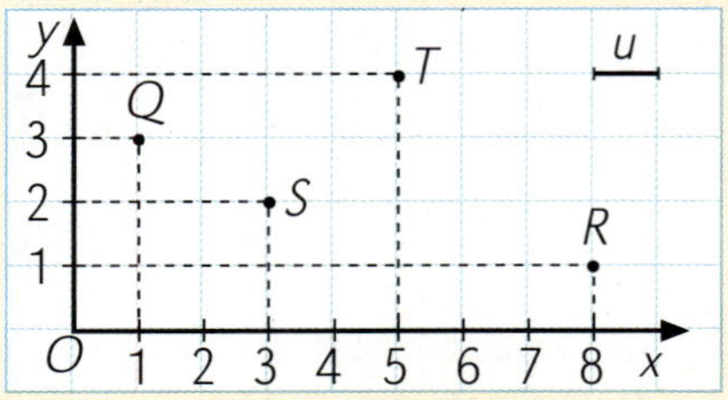 **3.** Segna su un piano cartesiano i punti: *A*(3; 6) *B*(4; 1) *C*(9; 7) Indica in ciascun caso l'ascissa e l'ordinata.
Dove si trovano i punti *A* e *B*? Perché? 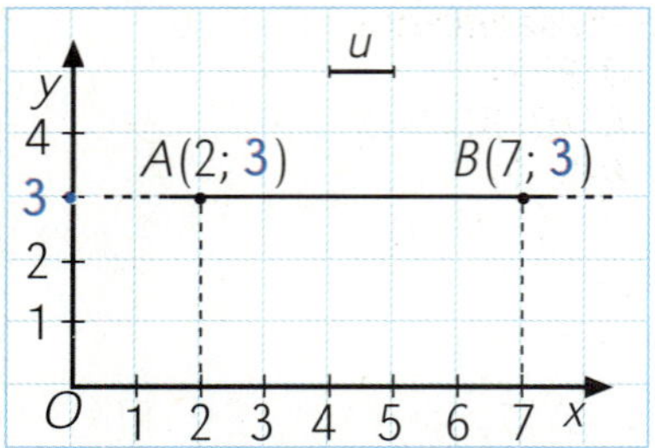	Si trovano su una stessa retta parallela all'asse *x* perché hanno uguale ordinata. *A*(2; **3**), *B*(7; **3**)	**4.** Su un piano cartesiano fissa i punti: *A*(4; 6) *B*(1; 6) *C*(3; 6) Che cosa puoi osservare? Perché?
Dove si trovano i punti *A* e *B*? Perché? 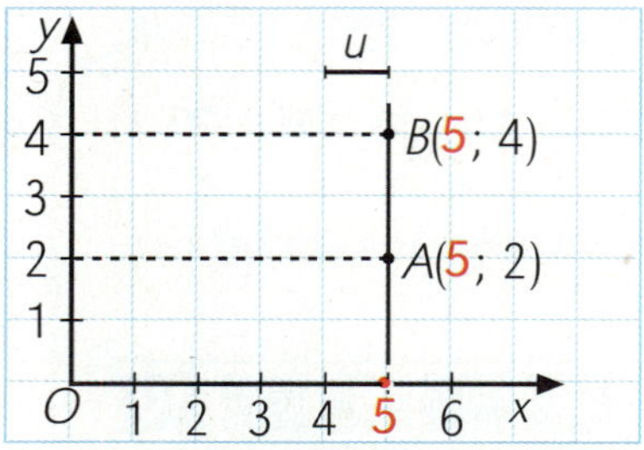	Si trovano su una stessa retta parallela all'asse *y* perché hanno uguale ascissa. *A*(**5**; 2) e *B*(**5**; 4)	**5.** In un sistema di riferimento cartesiano segna i punti: *A*(3; 2) *B*(3; 5) *C*(3; 8) Che cosa puoi osservare? Perché?

Domanda	Risposta	Esercizi
Dove si trovano i punti *A* e *B*? Perché? 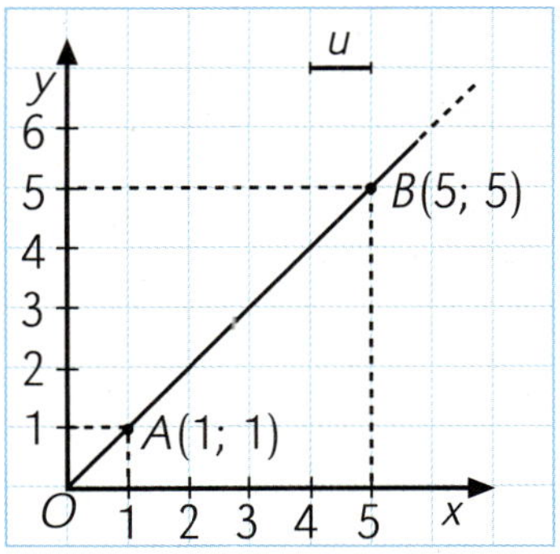	Si trovano sulla bisettrice dell'angolo $x\hat{O}y$ perché hanno uguale ascissa e uguale ordinata. $A(1; 1)$ e $B(5; 5)$	**6.** Segna su un piano cartesiano i punti: $A(3; 3)$ $B(4; 4)$ $C(6; 6)$ Scrivi le tue osservazioni.
Come si calcola la misura della distanza tra i punti $A(3; 2)$ e $B(6; 6)$? 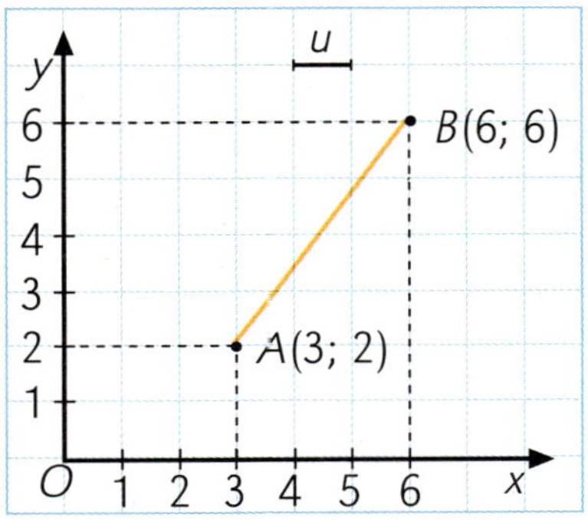	Si applica la **formula della distanza** tra due punti: $AB = \sqrt{(x_B - x_A)^2 + (y_B - y_A)^2} =$ $= \sqrt{(6-3)^2 + (6-2)^2} =$ $= \sqrt{3^2 + 4^2} = \sqrt{9+16} = \sqrt{25} = 5\ (u)$	**7.** Segna ogni coppia di punti su un piano cartesiano e calcola la loro distanza. $A(4; 6)$ e $B(8; 9)$ [5 *u*] $C(3; 5)$ e $D(9; 13)$ [10 *u*] $E(1; 3)$ ed $F(9; 18)$ [17 *u*]
Come si calcola la misura della distanza tra due punti che hanno la stessa ordinata? 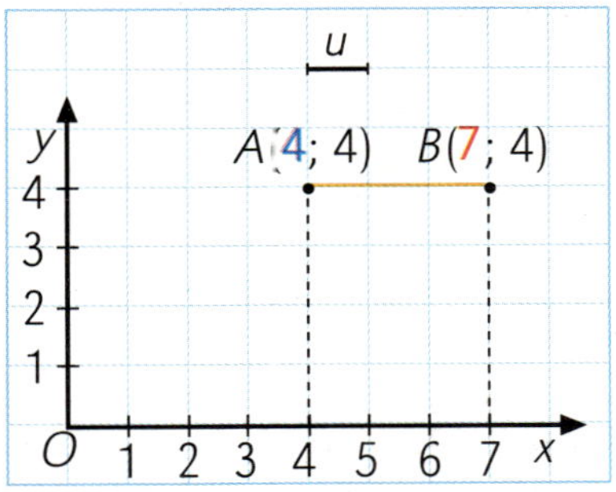	Se due punti hanno la stessa ordinata, significa che il segmento che li congiunge è parallelo all'asse *x*. Pertanto, basta calcolare la differenza tra le ascisse. $\overline{AB} = x_B - x_A = 7 - 4 = 3\ (u)$ **ascissa di *B*** **ascissa di *A***	**8.** Rappresenta ciascuna coppia di punti dei seguenti esercizi su un piano cartesiano e calcola la misura della loro distanza. Scrivi le tue osservazioni. $A(4; 6)$ e $B(8; 6)$ $A(7; 3)$ e $B(10; 3)$ $A(6; 1)$ e $B(9; 1)$

RECUPERO E RIPASSO

Domanda	Risposta	Esercizi

Domanda: Come si calcola la misura della **distanza** tra due punti che hanno la stessa ascissa?

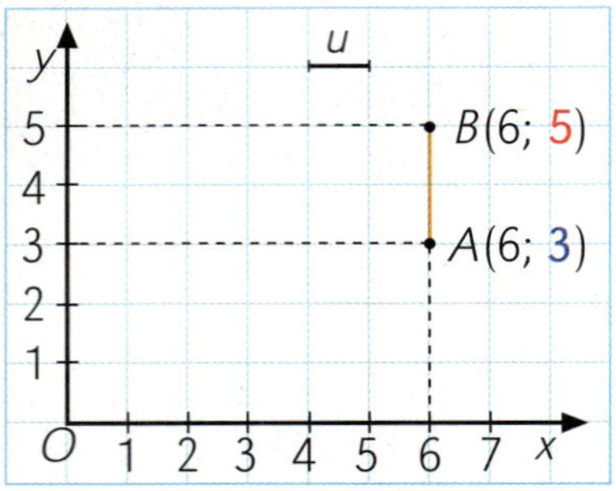

Risposta: Se due punti hanno la stessa ascissa, significa che il segmento che li congiunge è parallelo all'asse *y*. Pertanto, basta calcolare la differenza tra le ordinate.

$$\overline{AB} = y_B - y_A = 5 - 3 = 2\ (u)$$

y_A: **ordinata di *A***

y_B: **ordinata di *B***

Esercizi:

9. Rappresenta ciascuna coppia di punti dei seguenti esercizi su un piano cartesiano e calcola la misura della loro distanza. Scrivi le tue osservazioni.
$A(3; 4)$ e $B(3; 11)$
$A(4; 7)$ e $B(4; 10)$
$A(1; 6)$ e $B(1; 13)$

Domanda: Come si trovano le coordinate del **punto medio** del segmento *AB* di estremi $A(3; 1)$ e $B(7; 5)$?

Risposta: Si applica la **formula**:

$$x_m = \frac{x_A + x_B}{2} = \frac{3+7}{2} = \frac{10}{2} = 5$$

$$y_m = \frac{y_A + y_B}{2} = \frac{1+5}{2} = \frac{6}{2} = 3$$

Quindi: $M(5; 3)$.

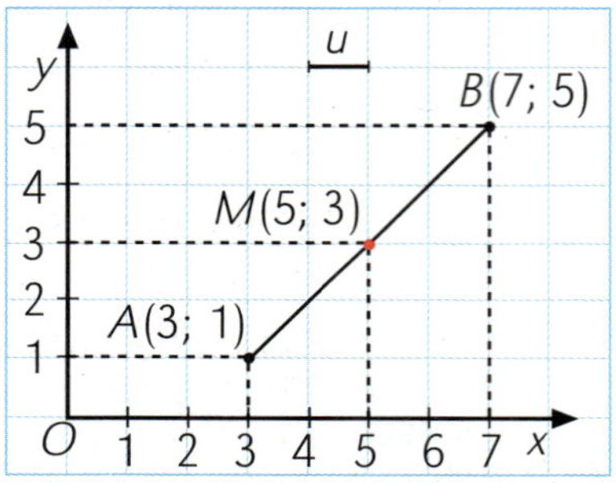

Esercizi:

10. Traccia su un piano cartesiano il segmento avente per estremi $A(5; 7)$ e $B(9; 11)$ e calcola le coordinate del punto medio.

11. Su un piano cartesiano disegna un segmento a piacere e calcola:
a. le coordinate dei suoi estremi;
b. le coordinate del punto medio;
c. la distanza tra *A* e *B* approssimandola ai decimi, se non è esatta.

Domanda: In un sistema di riferimento cartesiano, come si calcolano il perimetro e l'area di una figura geometrica?

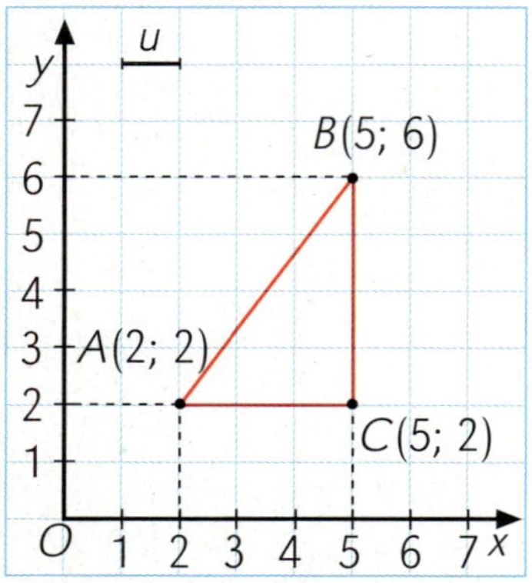

Risposta: Per trovare le misure dei lati, dell'altezza, della diagonale di un poligono, si applicano le formule che abbiamo visto sopra.
Per la determinazione delle aree, occorre ricordare le formule che hai studiato nelle precedenti unità.

In figura:
$\overline{AC} = 3\ (u)$; $\overline{BC} = 4\ (u)$

$$\overline{AB} = \sqrt{(x_B - x_A)^2 + (y_B - y_A)^2} =$$

$$= \sqrt{(5-2)^2 + (6-2)^2} =$$

$$= \sqrt{3^2 + 4^2} = \sqrt{9+16} = \sqrt{25} = 5\ (u)$$

$$A_{ABC} = \frac{b \cdot h}{2} = \frac{3 \cdot 4}{2} = \frac{12}{2} = 6\ (u^2)$$

Esercizi:

12. Rappresenta su un piano cartesiano il triangolo di vertici:
$A(2; 2)$ $B(8; 2)$ $C(5; 6)$
Calcola il perimetro e l'area ($u = 1$ cm). [16 cm; 12 cm²]

13. Calcola il perimetro e l'area del quadrilatero di vertici:
$A(3; 2)$ $B(11; 2)$
$C(14; 6)$ $D(6; 6)$
[26 u; 32 u²]

unità 4

Omotetia e similitudine

Conoscenze
- concetto di omotetia
- omotetia diretta e inversa
- concetto di similitudine
- i triangoli simili e i criteri di similitudine
- proprietà dei poligoni simili
- i teoremi di Euclide
- il teorema di Talete

Abilità
- riconoscere e disegnare figure in omotetia diretta e inversa
- riconoscere e disegnare figure simili e individuarne le proprietà
- applicare i criteri di similitudine dei triangoli
- applicare i teoremi di Euclide
- applicare il teorema di Talete

TEST SUI PREREQUISITI

Sai che cosa s'intende per rapporto tra due numeri o tra due grandezze?

a. il rapporto tra 18 e 12 è espresso dalla frazione:

A 2/3 B 3/2 C 8/3 D 4/3

b. il rapporto tra 26 m e 13 m è uguale a:

A 2 m B 4 m C 2 D 5

Sai quando due grandezze si dicono direttamente o inversamente proporzionali?

c. la misura del lato di un quadrato e il suo perimetro sono grandezze:

A direttamente proporzionali

B inversamente proporzionali

C proporzionali

D non proporzionali

Sai risolvere una proporzione?

d. il valore di x che rende vera la proporzione $20 : 5 = 16 : x$ è:

A 4 B 3 C 5 D 2

e. il valore di x che rende vera la proporzione continua $9 : x = x : 81$ è:

A 30 B 3 C 9 D 27

GEOMETRIA E REALTÀ

Il pantografo è uno strumento molto antico che permette di rimpicciolire o ingrandire una figura. La figura ottenuta è simile a quella originale. Prova a costruirne uno, utilizzando quattro aste di legno, come in figura.

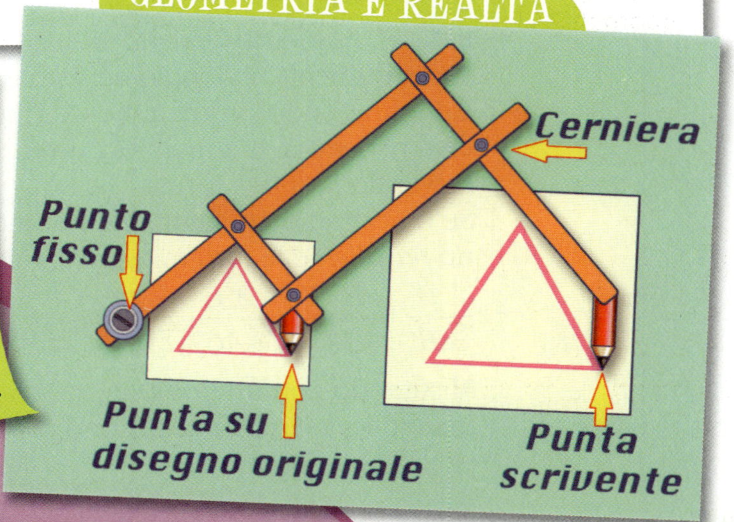

L'omotetia diretta

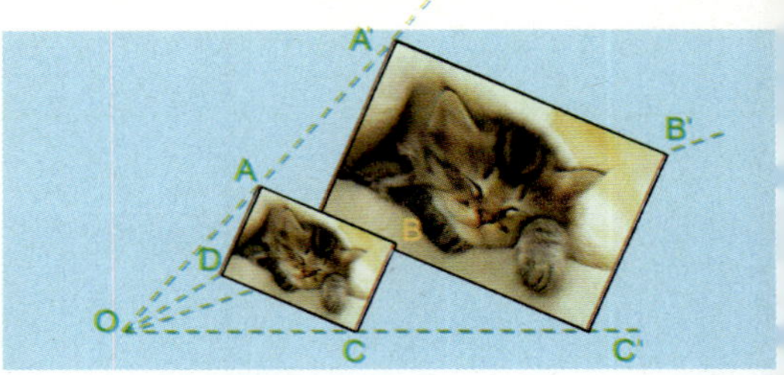

Quante volte è stata ingrandita la fotografia?

• 2 volte, perché $\frac{A'B'}{AB} = \frac{C'B'}{CB} = 2$.

Sappiamo che l'isometria è una trasformazione geometrica che fa corrispondere a una figura piana un'altra figura a essa congruente.

Ora ci proponiamo di studiare un altro tipo di trasformazione geometrica: l'**omotetia**, che fa corrispondere a una figura piana un'altra figura della stessa forma, *ingrandita* o *rimpicciolita*.
L'omotetia può essere *diretta* o *inversa*: in questa lezione studieremo le omotetie dirette, mentre nella prossima ci occuperemo di quelle inverse.

Vediamo innanzitutto come si ottengono due *punti omotetici*. Fissiamo sul piano un punto O, disegniamo una retta r passante per O e consideriamo due punti P e P' appartenenti a r, situati dalla stessa parte rispetto a O e tali che OP' sia uguale, per esempio, a $3 \cdot OP$.

In questo modo, comunque si scelga P, esiste sempre un punto P' che gli corrisponde: P' è infatti quel punto sulla semiretta OP tale che $OP' = 3 \cdot OP$.
Questo tipo di trasformazione geometrica si chiama **omotetia diretta** di centro O e *rapporto* o *caratteristica* k.
Nel nostro esempio il valore k è dato dal rapporto $\frac{OP'}{OP} = k = 3$.

▶▶▶ **Si dice omotetia di centro O e caratteristica k la trasformazione geometrica che a ogni punto P fa corrispondere un punto P' in modo che O, P e P' siano allineati e che il rapporto fra OP' e OP sia uguale a k.**

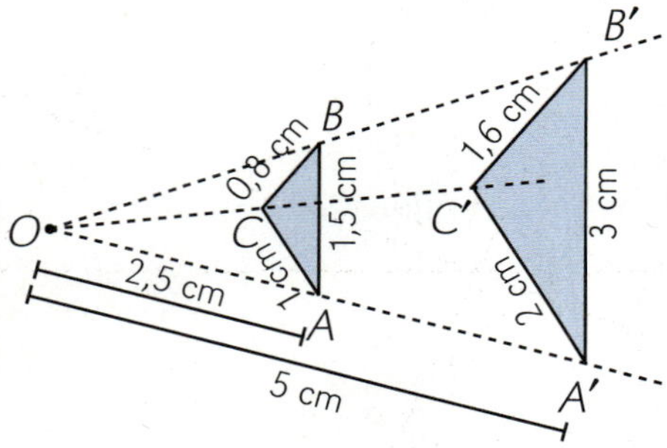

Dato il triangolo ABC vediamo ora come si costruisce il suo corrispondente in un'omotetia diretta di centro O esterno a esso e rapporto $k = 2$.
Dal punto O tracciamo le semirette passanti per A, B, C e su di esse individuiamo i punti A', B', C', corrispondenti di A, B, C, in modo che i segmenti OA', OB', OC' siano, rispettivamente, il doppio dei loro corrispondenti OA, OB, OC (ricorda che $k = 2$).
Congiungendo ordinatamente i punti A', B', C' otteniamo il triangolo $A'B'C'$ che, rispetto al triangolo di partenza ABC, risulta **ingrandito** due volte pur conservando la stessa forma.
Se osserviamo attentamente i due triangoli notiamo che i lati corrispondenti sono *paralleli* e le loro misure sono in un *rapporto costante* che è uguale a 2:

$$\frac{A'B'}{AB} = \frac{B'C'}{BC} = \frac{A'C'}{AC} = 2$$

Misurando con un goniometro le ampiezze degli angoli corrispondenti dei due triangoli, osserviamo che sono *congruenti*:

$$\hat{A}' = \hat{A} \qquad \hat{B}' = \hat{B} \qquad \hat{C}' = \hat{C}$$

1 Completa.

L'omotetia è una trasformazione .... che ingrandisce o .... una figura piana.

2 Completa, scrivendo per ciascuna figura il centro e il rapporto di omotetia diretta.

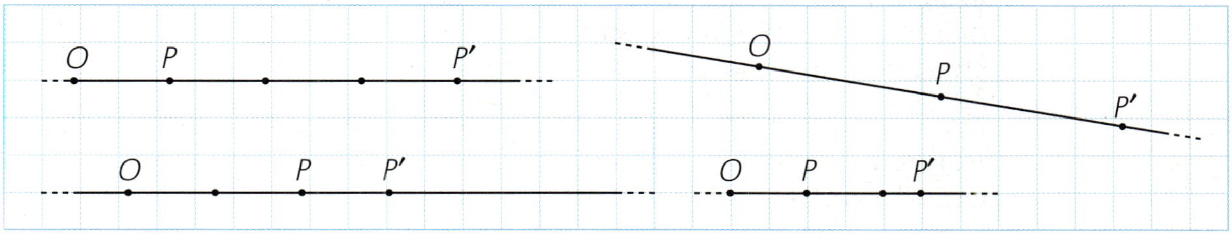

3 Completa il disegno, costruendo il punto P' corrispondente del punto P in un'omotetia diretta di centro O e caratteristica $k = 7$.

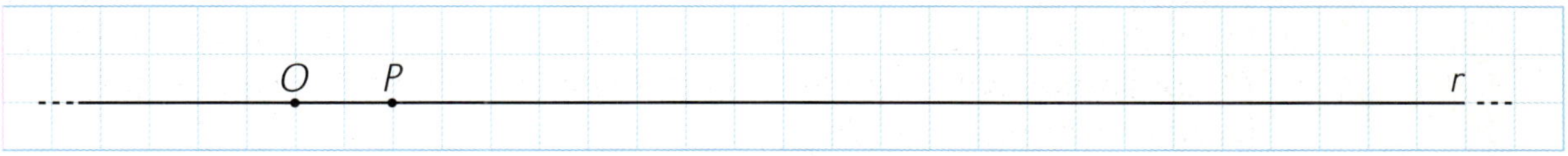

4 Osserva la figura e individua quali sono le coppie di punti che si corrispondono in un'omotetia diretta di centro O e rapporto $k = 3$.

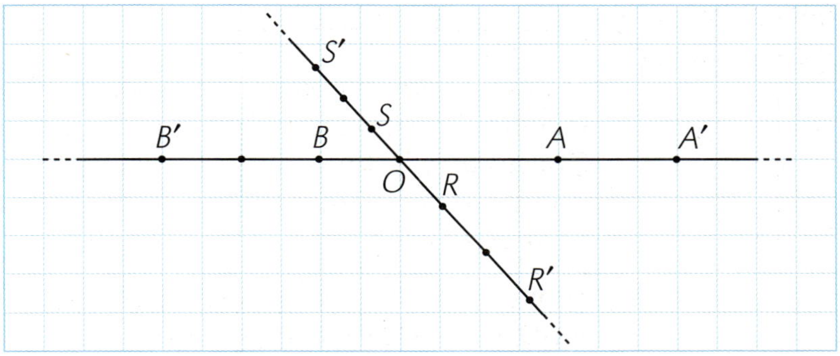

5 Con riferimento alla figura a fianco, stabilisci la caratteristica di ciascuna delle coppie di punti che si corrispondono in un'omotetia diretta di centro O.

$k = \frac{OA'}{OA} =$ ....

....

....

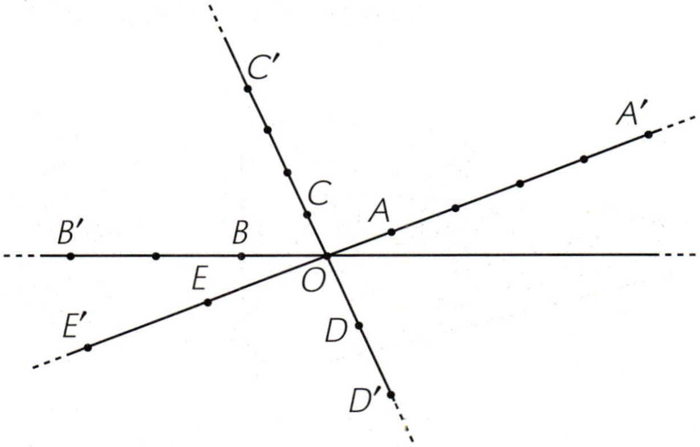

6 Dato il segmento AB, costruisci sul tuo quaderno il suo corrispondente in un'omotetia diretta di centro O e $k = 2$.

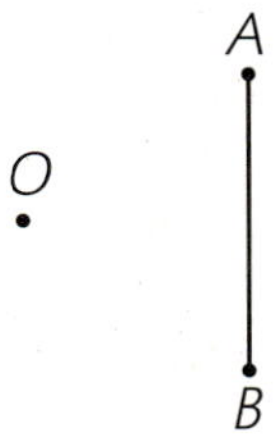

7 Riporta sul tuo quaderno il triangolo disegnato qui di fianco e riproducilo ingrandendolo 3 volte.

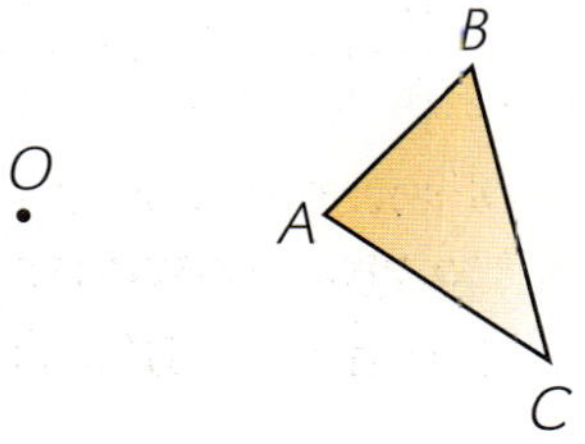

ESERCIZI ▸ p. 174

L'omotetia inversa

Le figure F ed F' si corrispondono in un'omotetia inversa di centro O?

- Certamente sì, perché si trovano da parti opposte rispetto al centro O!

Disegniamo una retta r e fissiamo su di essa un punto O e due punti P e P' situati da *parti opposte* rispetto a O, tali che il segmento OP' sia uguale a $3 \cdot OP$.

Anche in questo caso possiamo stabilire tra i punti del piano una corrispondenza che viene chiamata **omotetia inversa**.
Il punto O è il **centro di omotetia** e, comunque scegliamo P nel piano, il suo corrispondente è il punto P' appartenente alla semiretta opposta a OP e tale che $OP' = 3 \cdot OP$.

Generalmente la caratteristica di un'omotetia inversa è preceduta dal segno "–". Noi la indicheremo normalmente con la lettera k, specificando di volta in volta se si tratta di un'omotetia diretta o inversa. Nel nostro esempio $\frac{OP'}{OP} = k = 3$.

Dato un triangolo ABC, costruiamo ora il suo corrispondente in un'omotetia inversa con $k = 1/2$.

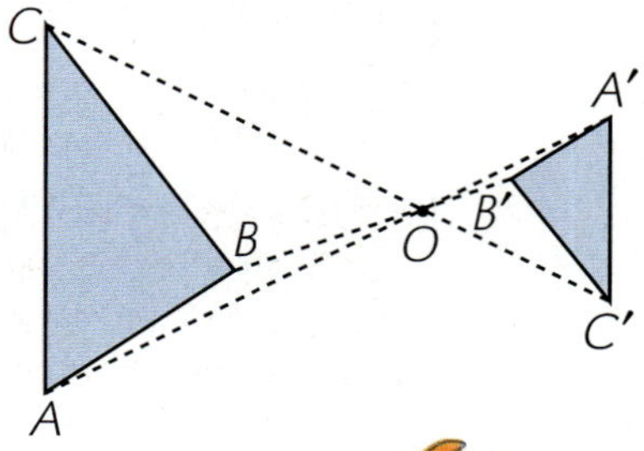

Fissiamo un punto O, esterno al triangolo, come centro di omotetia, e congiungiamolo con i vertici A, B, C. Prolunghiamo i segmenti ottenuti dalla parte opposta di ABC rispetto a O, e su tali prolungamenti fissiamo i punti A', B', C' in modo tale che i segmenti OA', OB', OC' siano, rispettivamente, la metà dei segmenti OA, OB, OC. Congiungendo ordinatamente i punti A', B', C' otteniamo il triangolo $A'B'C'$ che, pur conservando la stessa forma del triangolo ABC, è rimpicciolito di 1/2.

Ogni lato di $A'B'C'$ è 1/2 del lato corrispondente di ABC.

Anche nell'omotetia inversa, come in quella diretta:

- i *segmenti corrispondenti* sono *paralleli*;
- i *punti corrispondenti* (A e A', B e B', C e C') sono *allineati* con il centro di omotetia;
- gli *angoli* sono *ordinatamente congruenti:* $\hat{A}' = \hat{A}$ $\quad \hat{B}' = \hat{B}$ $\quad \hat{C}' = \hat{C}$
- i *lati corrispondenti* sono *in proporzione*: $\frac{A'B'}{AB} = \frac{B'C'}{BC} = \frac{A'C'}{AC} = \frac{1}{2}$

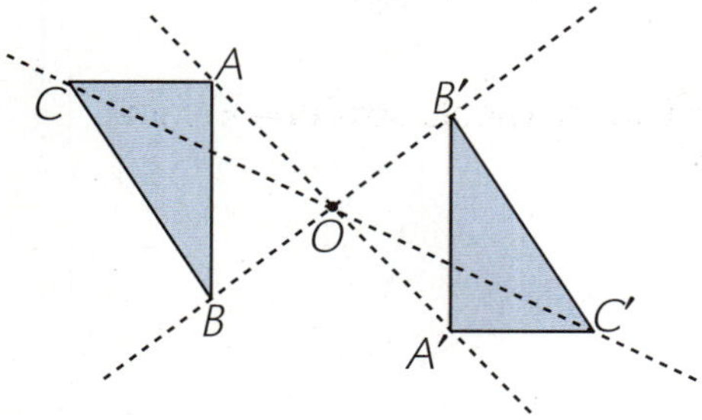

Osserviamo infine che:

- se $k > 1$ la figura omotetica a quella data è *ingrandita*;
- se $k < 1$ la figura omotetica a quella data è *rimpicciolita*;
- se $k = 1$, l'omotetia diretta è un'*identità*, mentre l'omotetia inversa è una *simmetria centrale*, come mostrato nella figura a fianco.

1 Completa, scrivendo per ciascuna figura il centro e il rapporto di omotetia inversa.

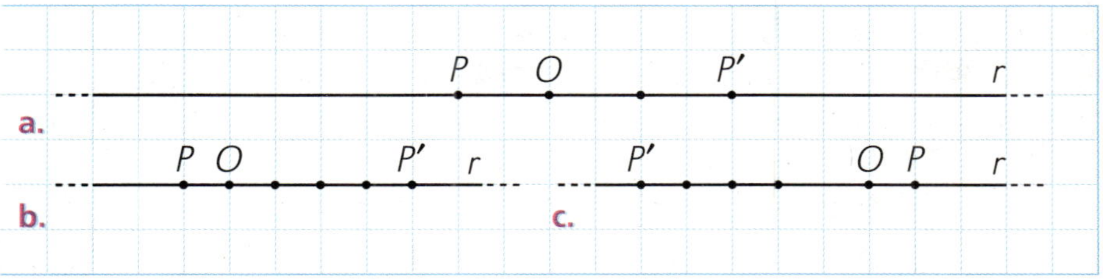

ESEMPIO $\frac{OP'}{OP}$ = ...

Il centro è *O*,
il rapporto ....

2 Stabilisci quali coppie di punti si corrispondono in un'omotetia inversa di centro *O* e $k = 2$.

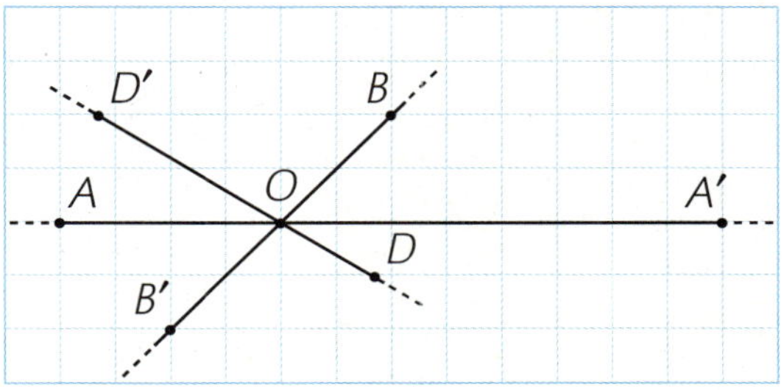

3 Stabilisci se nella figura è rappresentata un'omotetia diretta o inversa, motivando la risposta. Determina, inoltre, il valore del rapporto di omotetia.

$\frac{A'B'}{AB}$ = ...

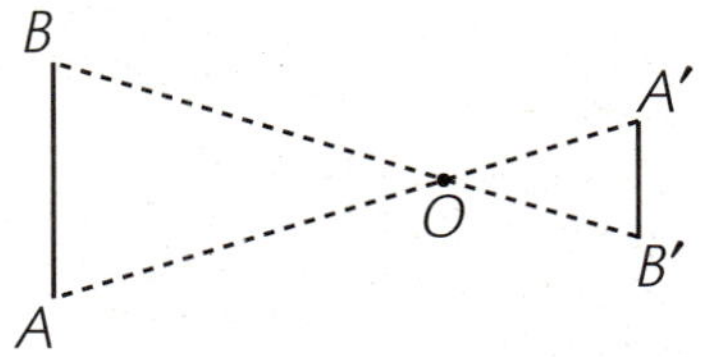

4 Le coppie di punti rappresentate si corrispondono in un'omotetia di centro *O*. Indica per ciascuna di esse se si tratta di un'omotetia diretta o inversa e trova il rapporto di omotetia.

ESEMPIO omotetia inversa $\frac{OA'}{OA}$ = ...

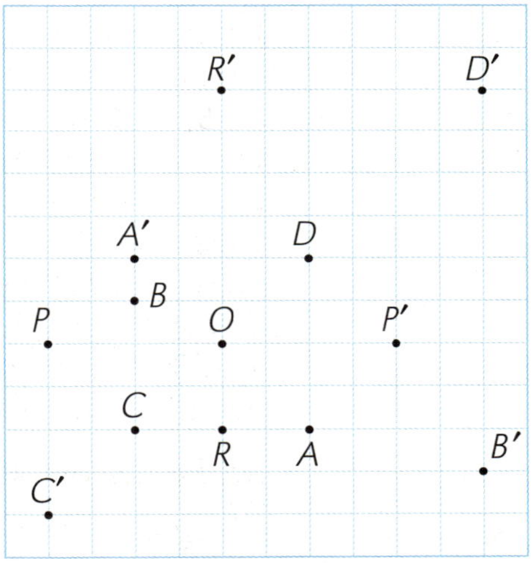

5 Disegna una retta *r*, fissa su di essa due punti *O* e *P* e trova il punto *P′* corrispondente di *P* in un'omotetia inversa di centro *O* e rapporto $k = 4$.

6 Segna tre punti *O*, *P*, *P′* in modo tale da rappresentare un'omotetia inversa di rapporto $k = 5$.

7 Disegna il punto *P′* corrispondente di *P* in un'omotetia inversa di centro *O* e rapporto $k = 1/2$.

8 Trova il centro di omotetia e il valore *k* relativi alla coppia di figure omotetiche disegnate a fianco.

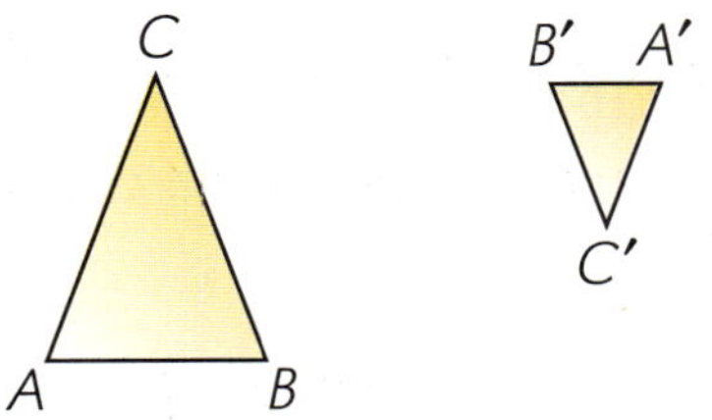

9 Francesco afferma che due figure omotetiche hanno la stessa forma, Nicola sostiene invece che questa affermazione è errata. Secondo te, chi ha ragione?

☐ Francesco ☐ Nicola

Motiva la risposta.

ESERCIZI ▸ p. 175

APPRENDO...

La similitudine

Poligoni simili

Consideriamo due poligoni omotetici F ed F', per esempio due trapezi rettangoli, e applichiamo al poligono F' una traslazione di vettore $\vec{v}$.

Il poligono F'', ottenuto da F' per traslazione è **simile** a F.

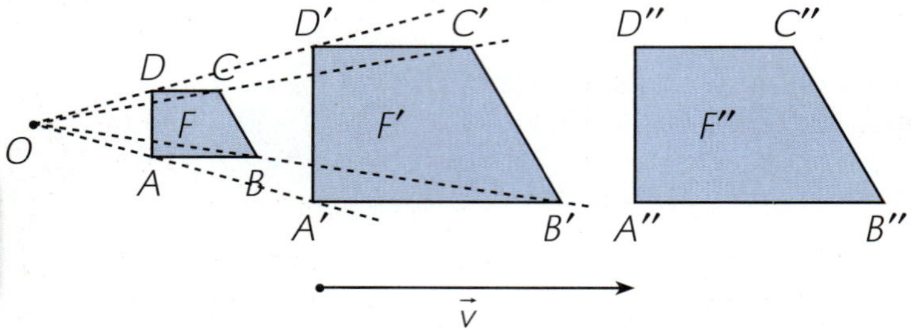

In generale, come posso riconoscere due figure simili?

• Non puoi sbagliare: due figure simili hanno la stessa forma, ma diversa superficie; una è più piccola, l'altra è più grande.

Il poligono F'' che abbiamo così ottenuto è il risultato di un'omotetia e di un'isometria. Questo tipo di trasformazione si chiama **similitudine**. I poligoni F'' ed F si dicono **simili**.

▶▶▶ **La similitudine è una trasformazione geometrica che si ottiene componendo un'omotetia con un'isometria o viceversa.**

Osserviamo ora con attenzione i due trapezi simili della figura.

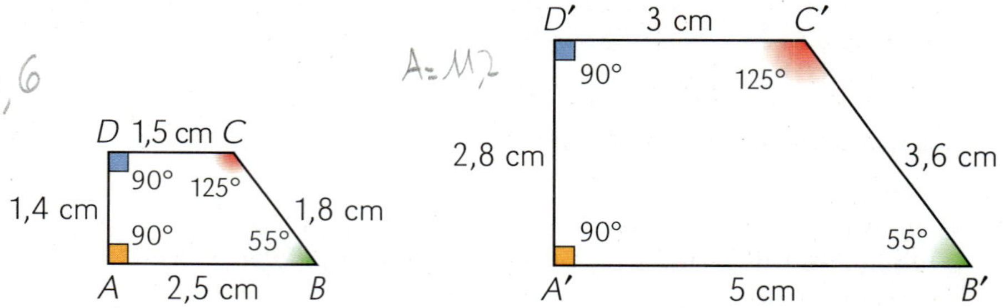

Essi hanno:

- la *stessa forma*, ma non la stessa estensione;
- gli *angoli corrispondenti* congruenti:
  $\hat{A} \cong \hat{A}'$, $\hat{B} \cong \hat{B}'$, $\hat{C} \cong \hat{C}'$, $\hat{D} \cong \hat{D}'$;
- il *rapporto* tra le misure di due lati corrispondenti *costante*. Questo rapporto è detto **rapporto di similitudine**.

Attenzione! Nel rapporto di similitudine scriveremo sempre al numeratore le misure della prima figura, al denominatore quelle della seconda, salvo diversa indicazione.

In figura, il rapporto di similitudine tra $ABCD$ e $A'B'C'D'$ è:

$$\frac{AB}{A'B'} = \frac{BC}{B'C'} = \frac{CD}{C'D'} = \frac{AD}{A'D'} = \frac{\mathbf{1}}{\mathbf{2}}$$

mentre il rapporto di similitudine tra $A'B'C'D'$ e $ABCD$ è:

$$\frac{A'B'}{AB} = \frac{B'C'}{BC} = \frac{C'D'}{CD} = \frac{A'D'}{AD} = \mathbf{2}$$

▶▶▶ **Due poligoni sono simili se hanno gli angoli corrispondenti congruenti e se il rapporto tra le misure di due lati corrispondenti è costante.**

Nelle figure simili i vertici e i lati corrispondenti si dicono **omologhi**, gli angoli congruenti sono opposti ai lati omologhi e viceversa.

1 **Completa.**

a. La similitudine è una trasformazione geometrica che si ottiene componendo un'omotetia con una .... o viceversa.

b. Due figure simili hanno la stessa .... ma non la stessa ....

2 **Verifica che le seguenti coppie di poligoni sono simili (misura con un righello i lati corrispondenti e usa un foglio di carta trasparente per confrontare gli angoli).**

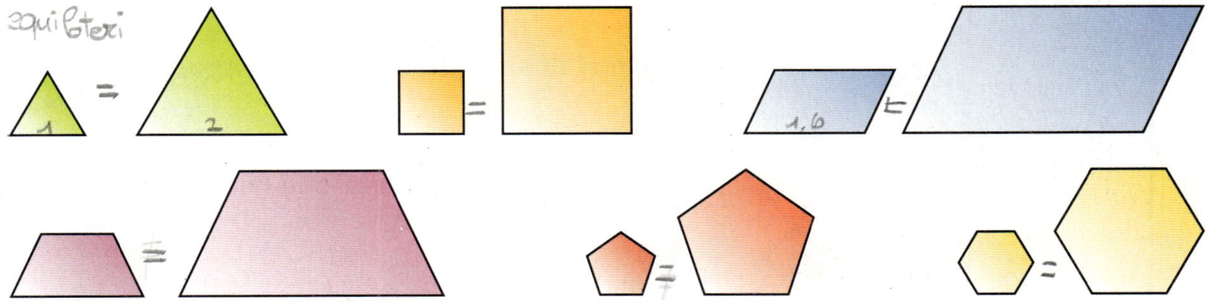

3 **Come si dicono i vertici e i lati corrispondenti di due figure simili?**

4 **Scrivi le coppie di angoli e di lati omologhi dei seguenti triangoli simili.**

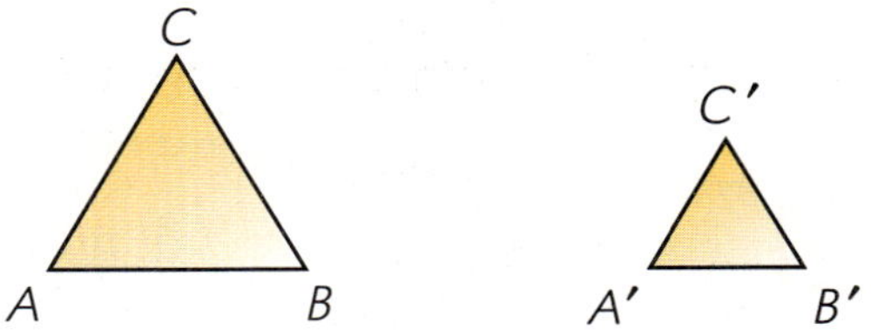

5 **Completa.**

a. Gli angoli corrispondenti di due figure simili sono ....

b. Il rapporto di similitudine tra due figure simili è il .... tra le misure di due .... Esso è ....

6 **Calcola il rapporto di similitudine di ciascuna coppia di figure.**

ESEMPIO $\frac{AB}{A'B'} = \frac{10}{16} = ...$

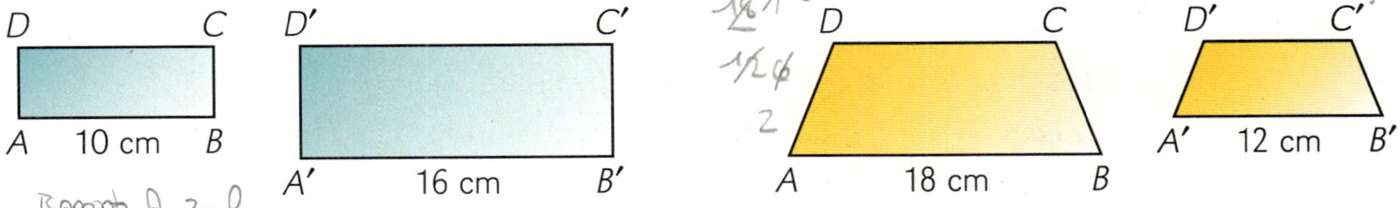

7 **Calcola il rapporto di similitudine di ciascuna coppia di poligoni e determina le misure incognite *x* e *y*.**

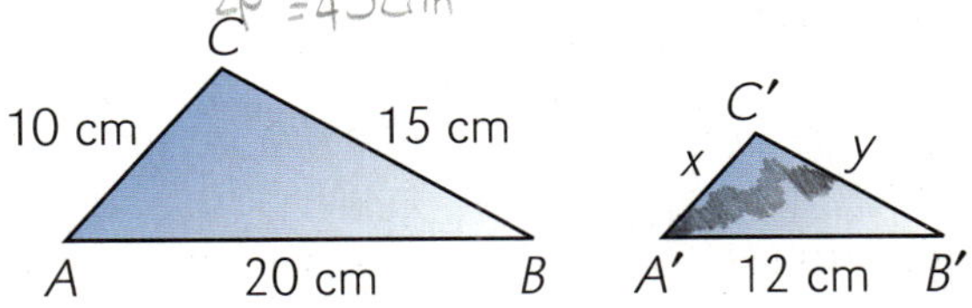

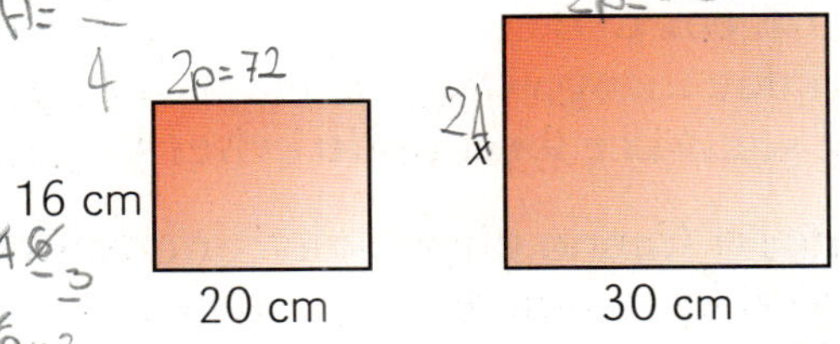

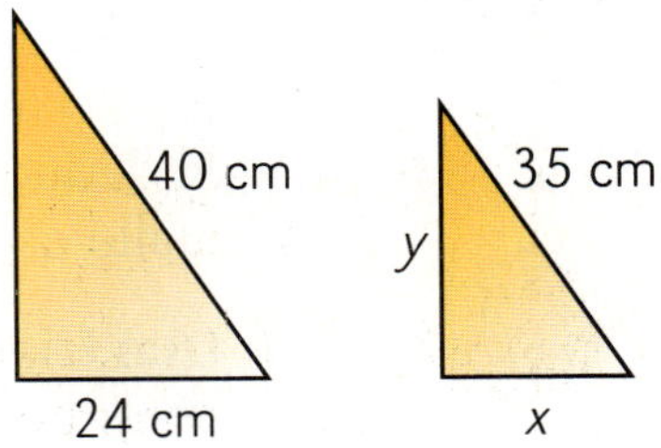

APPRENDO...

Criteri di similitudine dei triangoli

Per stabilire la similitudine di due triangoli si applicano tutte le condizioni di similitudine?

- *No, perché esistono i cosiddetti criteri di similitudine dei triangoli.*

Per affermare che due triangoli sono simili non è necessario che siano soddisfatte entrambe le condizioni di similitudine, ovvero:

- congruenza degli angoli corrispondenti;
- rapporto costante tra le misure di due lati corrispondenti.

Basta che si verifichino solo alcune condizioni stabilite dai **criteri di similitudine dei triangoli**. Tali criteri sono tre.

Primo criterio di similitudine

Consideriamo due triangoli che abbiano gli angoli ordinatamente congruenti.

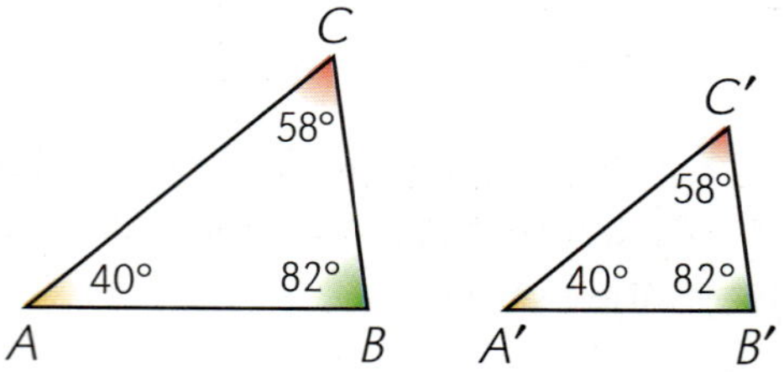

Servendoci di un righello, misuriamo i lati omologhi e verifichiamo che il loro rapporto è costante. Quindi possiamo affermare che i due triangoli ABC e $A'B'C'$ sono simili ed enunciare il **primo criterio di similitudine**:

Due triangoli sono simili se hanno gli angoli ordinatamente congruenti.

Secondo criterio di similitudine

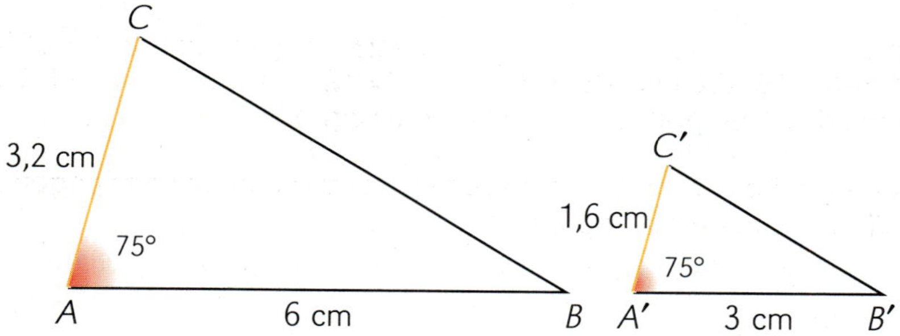

Disegniamo i triangoli ABC e $A'B'C'$ aventi gli angoli $\hat{A}$ e $\hat{A}'$ congruenti e i lati che formano tali angoli in proporzione. In particolare:

$$\hat{A} \cong \hat{A}' = 75° \qquad \text{e} \qquad AB : A'B' = AC : A'C' = 2$$

Servendoci di un goniometro verifichiamo che $\hat{B} \cong \hat{B}'$ e $\hat{C} \cong \hat{C}'$. Ora, con un righello misuriamo i lati BC e $B'C'$ e constatiamo che anche $BC : B'C' = 2$.
Si deduce, quindi, che i due triangoli sono simili.
Dalle osservazioni fatte scaturisce il **secondo criterio di similitudine**:

Due triangoli sono simili se hanno un angolo congruente e i lati che lo comprendono in proporzione.

segue...

1 A quali figure geometriche si applicano i criteri di similitudine?

2 Completa.

a. I criteri di similitudine consentono di stabilire se due .... sono .... senza ....

b. Due triangoli sono simili per il primo criterio di similitudine se .... Fai un disegno esplicativo.

3 Indica le coppie di triangoli simili in base al primo criterio di similitudine.

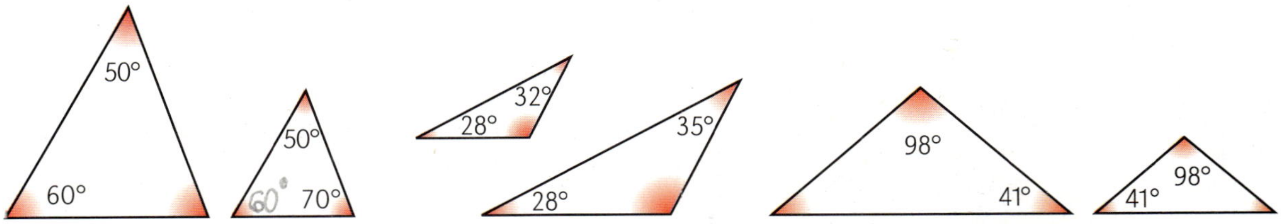

☐ sì ☐ no ☐ sì ☐ no ☐ sì ☐ no

4 Stabilisci se le ampiezze indicate sono relative agli angoli di due triangoli simili. In caso di risposta affermativa specifica in base a quale criterio.

a. $\hat{A} = 36°$ • $\hat{B} = 62°$ • $\hat{C} = 82°$

b. $\hat{A}' = 36°$ • $\hat{B}' = 62°$ • $\hat{C}' = 82°$

5 Completa.

Due triangoli sono simili per il secondo criterio di similitudine se .... Fai un disegno esplicativo.

6 Un triangolo ABC di base AB ha $AB = 5$ cm, $AC = 4$ cm, $\hat{A} = 78°$, mentre un triangolo $A'B'C'$ di base $A'B'$ ha $A'B' = 2{,}5$ cm, $A'C' = 2$ cm, $\hat{A}' = 78°$. I due triangoli sono simili? Perché? (Aiutati con un disegno.)

7 Sulla base di quale criterio di similitudine puoi affermare che i triangoli ABC e $A'B'C'$ sono simili se $\hat{A} \cong \hat{A}' = 40°$, $AB = 20$ cm, $A'B' = 60$ cm, $AC = 12{,}5$ cm, $A'C' = 37{,}5$ cm? Qual è il rapporto di similitudine dei due triangoli? (Aiutati con un disegno.)

8 Servendoti di un righello e di un goniometro verifica che i seguenti triangoli sono simili. Quale criterio di similitudine hai applicato?

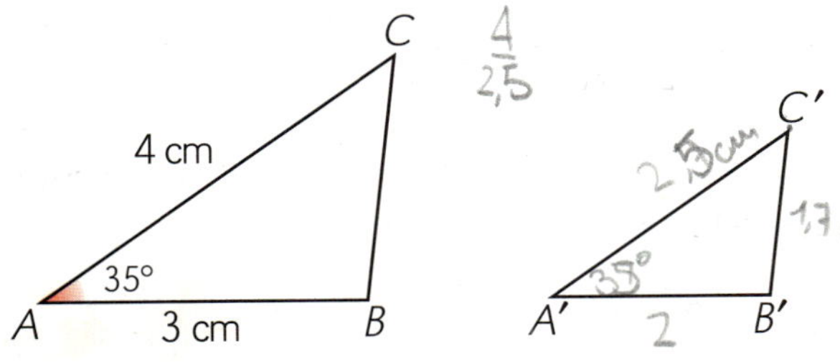

9 Disegna due triangoli isosceli, aventi l'angolo al vertice di 40°. Sono simili? Secondo quale criterio di similitudine? Perché?

10 Carla e Stefano si pongono il quesito: "Due triangoli rettangoli aventi un angolo acuto congruente sono simili oppure no?". Carla afferma di sì, mentre Stefano asserisce il contrario. Tu a chi dai ragione? Motiva la risposta, aiutandoti con i disegni.

☐ Carla ☐ Stefano

ESERCIZI ▸ p. 180

Terzo criterio di similitudine

Disegniamo i triangoli ABC e $A'B'C'$ in modo che i lati corrispondenti siano in proporzione:

$$\frac{AB}{A'B'} = \frac{BC}{B'C'} = \frac{AC}{A'C'} = \frac{2}{3}$$

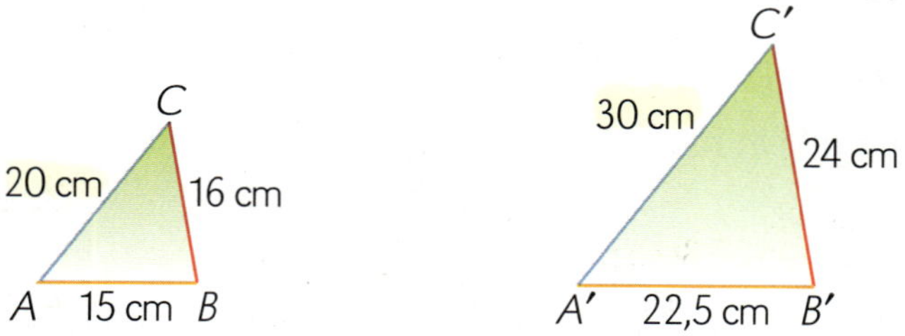

Ingrandendo il disegno di un triangolo con la fotocopiatrice, si ottiene un triangolo simile.

Verifichiamo con un goniometro che gli angoli dei due triangoli sono ordinatamente congruenti:

$$\hat{A} \cong \hat{A}' = 52°, \hat{B} \cong \hat{B}' = 80°, \hat{C} \cong \hat{C}' = 48°$$

e che, di conseguenza, i due triangoli sono simili.
Enunciamo ora il **terzo criterio di similitudine**:

Due triangoli sono simili se hanno i lati corrispondenti proporzionali.

Relazione tra le altezze di due triangoli simili

Consideriamo due triangoli simili ABC e $A'B'C'$ e tracciamo le altezze CH e $C'H'$ relative ai lati omologhi AB e $A'B'$.

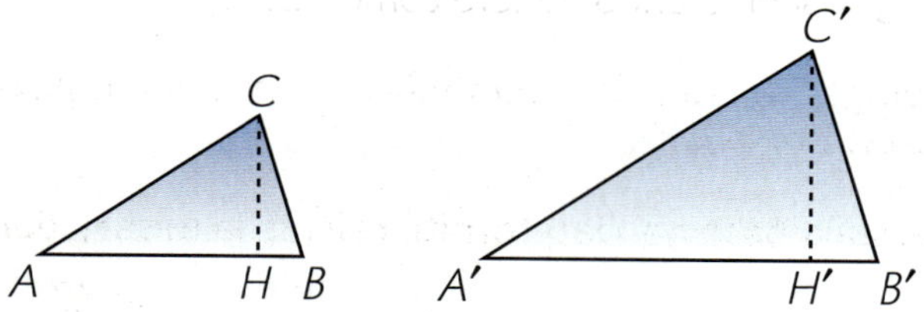

I due triangoli rettangoli AHC e $A'H'C'$ sono simili per il primo criterio di similitudine, avendo entrambi un angolo retto e $\hat{A} \cong \hat{A}'$ (perché angoli corrispondenti dei triangoli simili ABC e $A'B'C'$). Quindi possiamo scrivere la proporzione:

$$CH : C'H' = AC : A'C'$$

In due triangoli simili il rapporto di due altezze corrispondenti è uguale al rapporto di due lati corrispondenti.

Nell'esempio, misuriamo con un righello CH, $C'H'$, AC e $A'C'$ e verifichiamo che:

$$\frac{CH}{C'H'} = \frac{AC}{A'C'} = \frac{2}{3}$$

11 **Completa.**

Due triangoli sono simili per il terzo criterio di similitudine se ....

....

12 **Stabilisci quali sono le coppie di triangoli simili tra loro per il terzo criterio di similitudine e scrivi il rapporto di similitudine.**

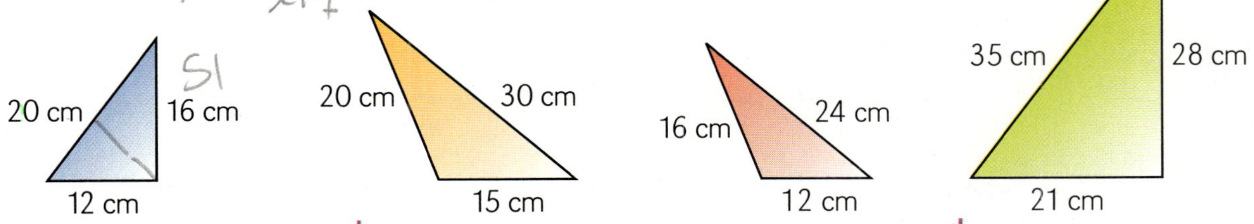

a. b. c. d.

13 **I triangoli *ABC* e *A'B'C'* hanno i lati omologhi in proporzione. Secondo quale criterio di similitudine sono simili? Qual è il rapporto di similitudine?**

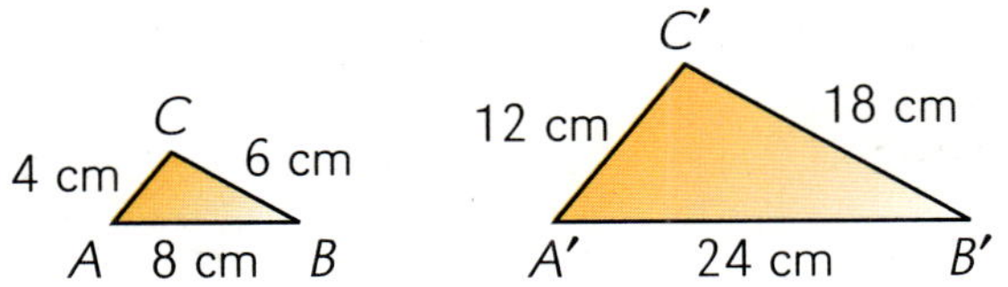

14 **Considera i rapporti** $\frac{AB}{A'B'} = \frac{BC}{B'C'} = \frac{AC}{A'C'} = \frac{1}{3}$ **relativi a due triangoli *ABC* e *A'B'C'*. Secondo quale criterio di similitudine i due triangoli sono simili? Sapresti disegnarli?**

15 **Completa.**

Le altezze omologhe di due triangoli simili stanno tra loro come ....

16 **Se il rapporto tra due lati omologhi di due triangoli simili è** $\frac{4}{5}$**, qual è il rapporto tra due altezze omologhe degli stessi triangoli?**

17 **Osserva i due triangoli simili e, sulla base dei dati forniti, calcola la misura dell'altezza *C'H'*.**

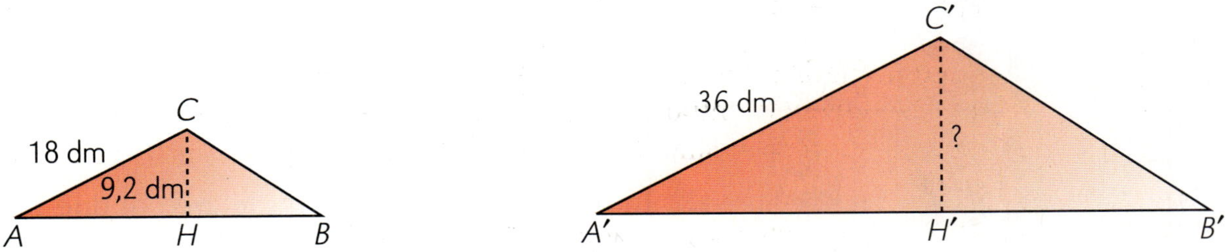

18 **Stabilisci secondo quale criterio di similitudine i triangoli *ABC* e *A'B'C'* sono simili e determina la misura dell'altezza relativa ad *A'B'*.**

$$\frac{AB}{A'B'} = \frac{BC}{B'C'} = \frac{AC}{A'C'} = \frac{8}{5}$$

$C'H' =$ ....

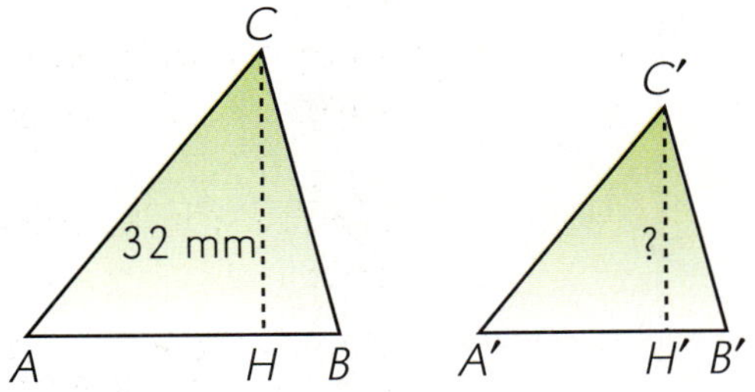

APPRENDO...

Relazione tra i perimetri e le aree di due poligoni simili

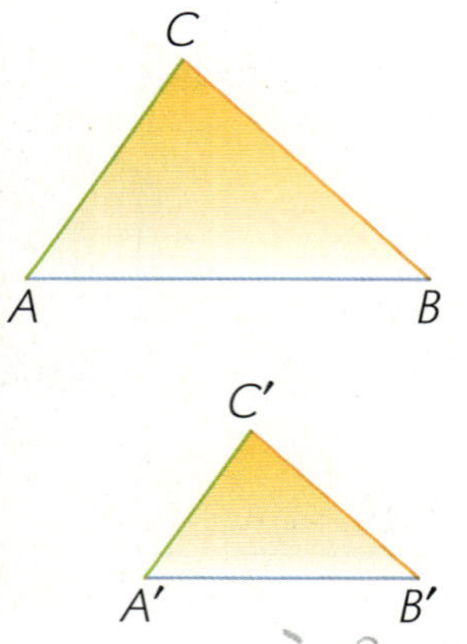

Consideriamo due triangoli simili, quindi con i lati omologhi in proporzione:

$$AB : A'B' = BC : B'C' = AC : A'C'$$

Se applichiamo la proprietà del comporre alla catena di rapporti scritti sopra, otteniamo:

$$(AB + BC + AC) : (A'B' + B'C' + A'C') = AB : A'B'$$

Osserviamo che $AB + BC + AC = 2p$ (perimetro del triangolo ABC) e che $A'B' + B'C' + A'C' = 2p'$ (perimetro del triangolo $A'B'C'$), pertanto possiamo scrivere:

$$2p : 2p' = AB : A'B'$$

▸▸▸ **In due triangoli simili il rapporto tra i perimetri è uguale al rapporto tra le misure di due lati corrispondenti.**

La proprietà che abbiamo appena trovato si estende a tutti i poligoni simili.

▸▸▸ **In due poligoni simili i perimetri sono proporzionali a due lati corrispondenti.**

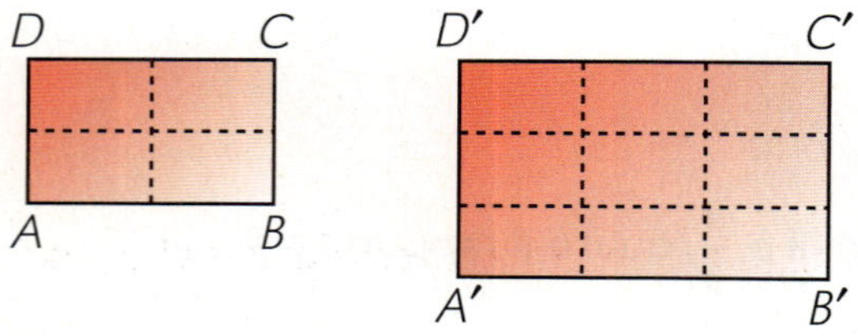

Consideriamo due poligoni simili, per esempio due rettangoli.

Osserviamo che, se il rapporto tra due lati omologhi è $\frac{2}{3}$, quello delle aree è $\left(\frac{2}{3}\right)^2 = \frac{4}{9}$.

Nel giardino di nonno Pio ci sono due aiuole quadrate. Il lato della più grande è il doppio di quello della più piccola. Anche le loro superfici sono una doppia dell'altra?

• *No: la superficie dell'aiuola più grande è 4 volte quella della più piccola!*

Indicando con A e A' le aree dei due rettangoli, possiamo scrivere:

$$A : A' = 2^2 : 3^2$$

In generale, il rapporto tra le aree di due rettangoli è uguale al *quadrato* del loro rapporto di similitudine. Poiché questa proprietà è valida per tutti i poligoni simili, possiamo affermare che:

▸▸▸ **Il rapporto tra le aree di due poligoni simili è uguale al quadrato del loro rapporto di similitudine.**

1 Determina il rapporto tra i perimetri e tra le aree dei triangoli simili rappresentati.
È necessario conoscere le misure di tutti i lati?

$\frac{2p}{2p'} = \ldots\ldots\ldots$ $\frac{A}{A'} = \ldots\ldots\ldots$

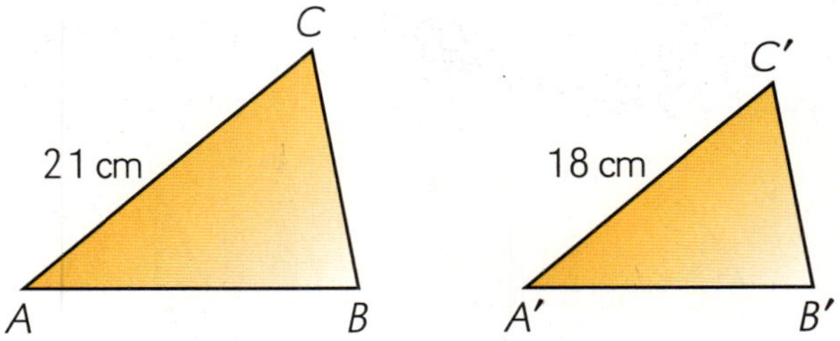

2 Completa la tabella.

poligoni simili	relazione tra i lati omologhi	relazione tra i perimetri	relazione tra le aree
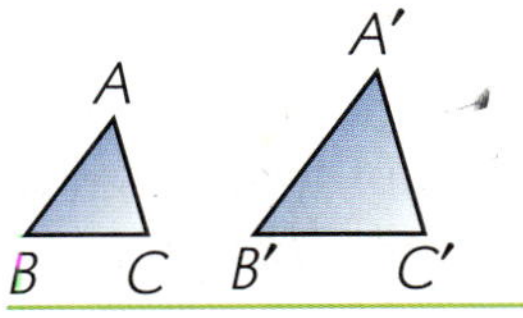	$AB : \ldots = BC : \ldots$	$2p : \ldots = AC : \ldots$	$A : \ldots = AB^2 : \ldots$
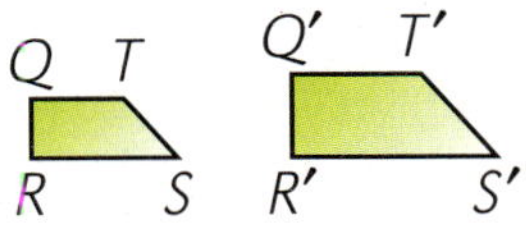	$\ldots : R'S' = \ldots : \ldots$	$\ldots : 2p' = \ldots : \ldots$	$\ldots : A' = \ldots : \ldots$
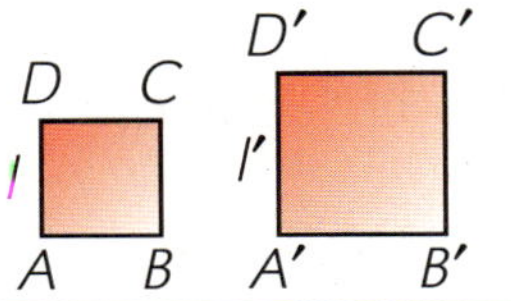	$AD : \ldots = \ldots : \ldots$	$4l : \ldots = DC : \ldots$	$\ldots : \ldots = AD^2 : \ldots$
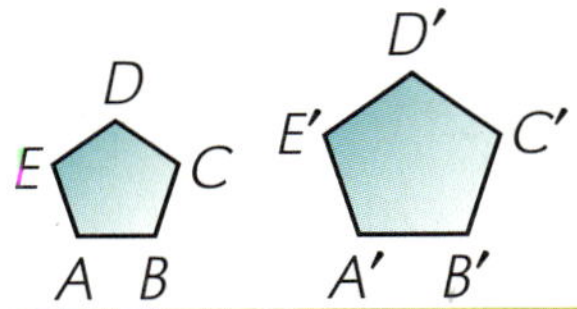	$AB : \ldots = AE : \ldots$	$\ldots : 5l' = BC : \ldots$	$A : \ldots = \ldots : \ldots$

3 Due poligoni sono simili. Se due lati omologhi misurano 3,2 cm e 8 cm e il perimetro del primo poligono è 24 cm, il perimetro del secondo è:

A 40 cm B 60 cm C 18 cm

4 Il rapporto tra le aree di due triangoli simili, con $A = 27\ cm^2$ e $A' = 48\ cm^2$, è:

A 3/4 B 9/16 C 9/4

5

PROBLEMA GUIDATO

Due triangoli rettangoli sono simili.
L'ipotenusa e un cateto del primo triangolo misurano rispettivamente 39 cm e 15 cm.
Il perimetro del secondo triangolo è 60 cm.
Calcola la misura dell'ipotenusa del secondo triangolo.
Inserisci i dati e l'incognita. [26 cm]

Dati	Incognita
....	....

$\overline{AC} = \sqrt{\ldots\ldots\ldots}$

$2p_{(ABC)} = \ldots\ldots\ldots$

$2p : 2p' = BC : \ldots\ldots\ldots$

da cui

$B'C' = \ldots\ldots\ldots$

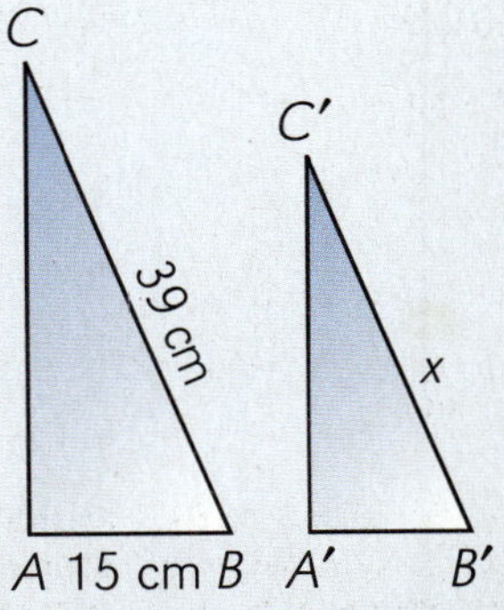

Il primo teorema di Euclide

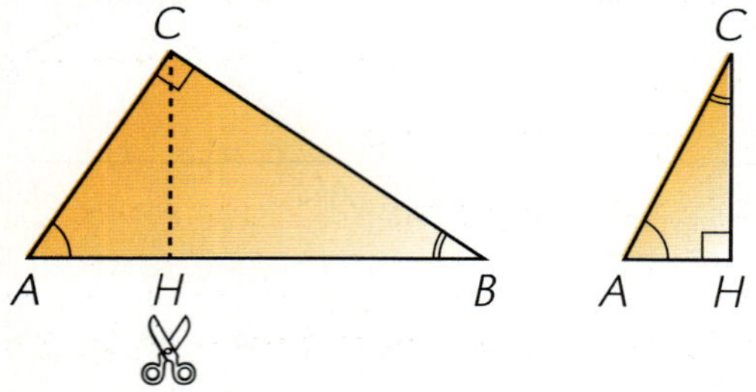

Disegniamo un triangolo rettangolo ABC, retto in $\hat{C}$, e tracciamo l'altezza CH relativa all'ipotenusa.

I triangoli rettangoli ABC e AHC sono simili per il primo criterio di similitudine. Infatti essi hanno gli angoli ordinatamente congruenti:

$\hat{C} = \hat{H}$ perché entrambi angoli retti
$\hat{A} = \hat{A}$ perché è lo stesso angolo
$\hat{B} = \hat{C}$ di conseguenza

Mettendo in proporzione i lati omologhi, ossia i lati opposti agli angoli congruenti, scriviamo:

$$AB : AC = AC : AH \qquad [1]$$

In pratica, possiamo dire che l'ipotenusa (AB) del primo triangolo sta all'ipotenusa (AC) del secondo triangolo come il cateto minore (AC) del primo triangolo sta al cateto minore (AH) del secondo triangolo.
Da un ragionamento analogo per i triangoli ABC e BHC, scaturisce la proporzione:

$$AB : BC = BC : BH \qquad [2]$$

Ricordando che i segmenti AH e BH sono le *proiezioni sull'ipotenusa* dei cateti AC e BC traduciamo le proporzioni [1] e [2] nel **primo teorema di Euclide**:

In ogni triangolo rettangolo ciascun cateto è medio proporzionale tra l'ipotenusa e la proiezione del cateto stesso sull'ipotenusa.

ESEMPIO *Un cateto di un triangolo rettangolo misura 15 cm e la sua proiezione sull'ipotenusa 9 cm. Calcola la misura dell'ipotenusa.*
Con riferimento alla figura sopra, scriviamo la proporzione:
$AB : AC = AC : AH$
$AB : 15 = 15 : 9$

$$\overline{AB} = \frac{15^2}{9} = \frac{225}{9} = 25 \text{ (cm)}$$

Applicando alle proporzioni [1] e [2] la proprietà fondamentale otteniamo le seguenti uguaglianze:

$$AC^2 = AB \cdot AH \qquad BC^2 = AB \cdot BH$$

Esse ci consentono di enunciare il primo teorema di Euclide in un'altra forma:

In ogni triangolo rettangolo il quadrato costruito su un cateto è equivalente al rettangolo avente per dimensioni l'ipotenusa e la proiezione del cateto stesso sull'ipotenusa.

1 Considera il triangolo rettangolo *ABC*, retto in $\hat{C}$, e individua in esso l'altezza relativa all'ipotenusa e le proiezioni dei cateti sull'ipotenusa.

....

....

....

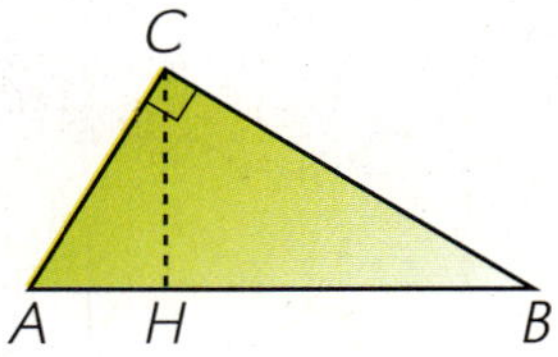

figura 1

2 Spiega secondo quale criterio di similitudine i triangoli *ABC* e *AHC* della figura 1 sono simili.

1° 2° 3° ....

Spiega secondo quale criterio di similitudine i triangoli *ABC* e *BHC* della figura 1 sono simili.

1° 2° 3° ....

3 Enuncia il primo teorema di Euclide.

In ogni triangolo ....

4 Scrivi la proporzione che esprime il primo teorema di Euclide relativamente al cateto *AC* e al cateto *BC* di un triangolo rettangolo *ABC*. Traduci poi in parole ciascuna proporzione:

....

5 Completa le seguenti proporzioni che si riferiscono al primo teorema di Euclide. Per le indicazioni letterali, fai riferimento alla figura 1.

$AB : AC = AC :$ ..... $AB : BC = BC :$ .... $: AC = AC : AH$

$AB :$ ..... $=$ ..... $: BH$ $AB :$ ..... $=$ ..... $: AH$

6

PROBLEMA GUIDATO

In un triangolo rettangolo *ABC*, l'ipotenusa e la proiezione del cateto maggiore su di essa misurano 50 cm e 32 cm. Calcola la misura del cateto maggiore del triangolo. Considerando la figura qui a fianco scrivi la proporzione:

$AB : AC =$ ..... $:$ .....

$50 : AC =$ ..... $:$ .....

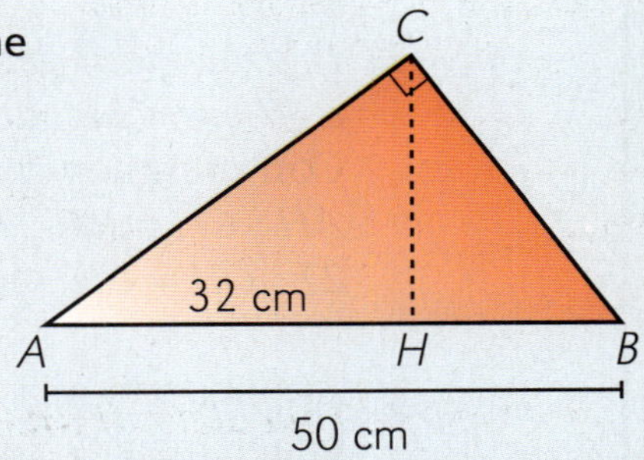

7 Con riferimento ai dati delle seguenti figure, calcola le misure incognite.

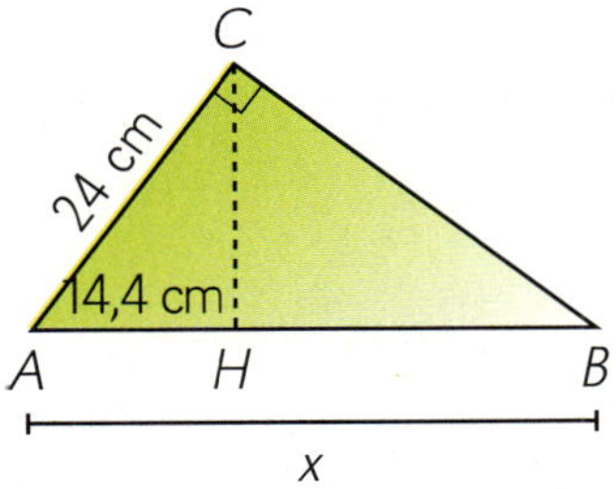

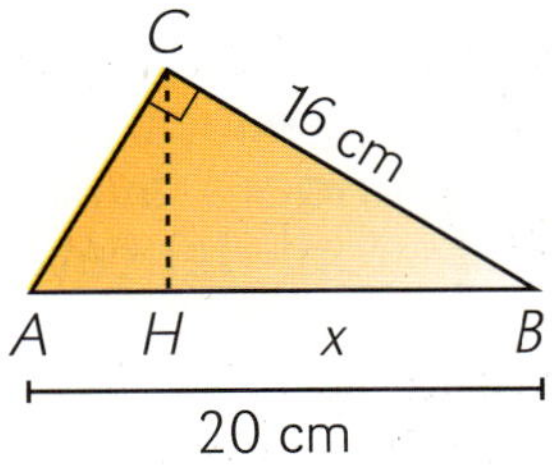

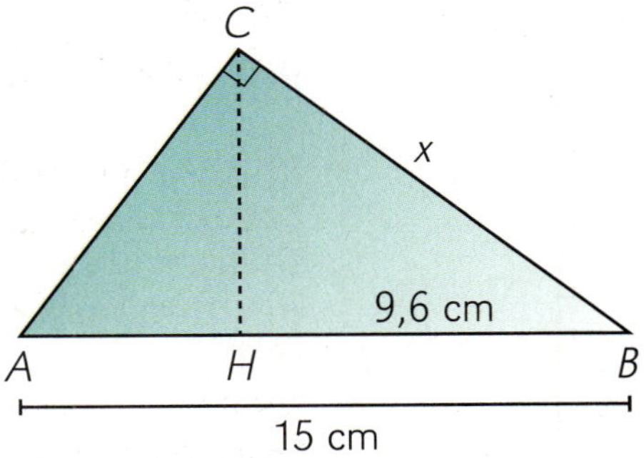

[40 cm; 12,8 cm; 12 cm]

8 In un triangolo rettangolo l'ipotenusa e un cateto misurano 25 cm e 15 cm. Calcola la misura della proiezione del cateto dato sull'ipotenusa e verifica che è di 9 cm.

9 La proporzione $AB : AC = AC : AH$ relativa al primo teorema di Euclide si può interpretare geometricamente? In quale modo? Fai il disegno.

ESERCIZI ▸ p. 184

APPRENDO...

Il secondo teorema di Euclide

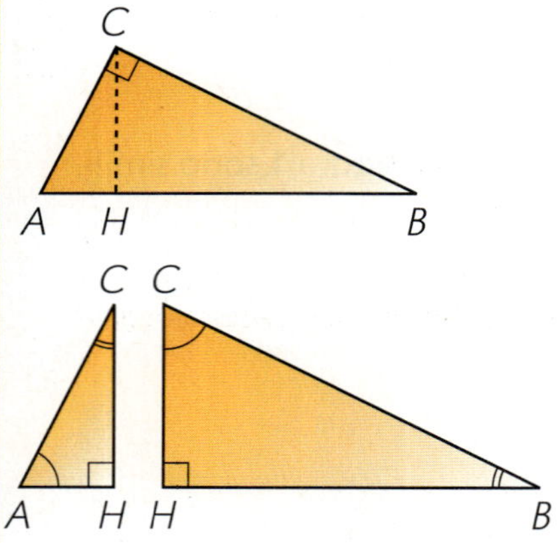

Disegniamo un triangolo rettangolo ABC, retto in $\hat{C}$, e tracciamo l'altezza relativa all'ipotenusa.

Osserviamo che il triangolo rettangolo ABC è diviso nei triangoli rettangoli AHC e BHC che sono simili per il primo criterio di similitudine. Infatti essi hanno gli angoli ordinatamente congruenti:

- $\hat{H} = \hat{H}$ perché retti;
- $\hat{A} = \hat{C}$ perché complementari dello stesso angolo $A\hat{C}H$;
- $\hat{C} = \hat{B}$ di conseguenza.

Quindi, mettendo i lati omologhi in proporzione, possiamo scrivere:

$$AH : CH = CH : BH \qquad [1]$$

In pratica: il cateto minore (AH) del primo triangolo sta al cateto minore (CH) del secondo triangolo come il cateto maggiore (CH) del primo triangolo sta al cateto maggiore (BH) del secondo triangolo.

La proporzione scritta sopra esprime il **secondo teorema di Euclide**:

In ogni triangolo rettangolo l'altezza relativa all'ipotenusa è media proporzionale tra le proiezioni dei cateti sull'ipotenusa.

ESEMPIO *Le proiezioni dei cateti sull'ipotenusa di un triangolo rettangolo misurano 27 cm e 48 cm. Calcola la misura dell'altezza relativa all'ipotenusa.*
Con riferimento alla figura sopra, scriviamo la proporzione:

$AH : CH = CH : BH$

$27 : CH = CH : 48$

$\overline{CH} = \sqrt{27 \cdot 48} = \sqrt{1296} = 36$ (cm)

Applicando alla [1] la proprietà fondamentale delle proporzioni, otteniamo l'uguaglianza:

$$CH^2 = AH \cdot BH \qquad [2]$$

Mediante la [2] il teorema di Euclide si può enunciare anche così:

In ogni triangolo rettangolo il quadrato costruito sull'altezza relativa all'ipotenusa è equivalente al rettangolo avente per dimensioni le proiezioni dei cateti sull'ipotenusa.

Il quadrato Q è equivalente al rettangolo R.

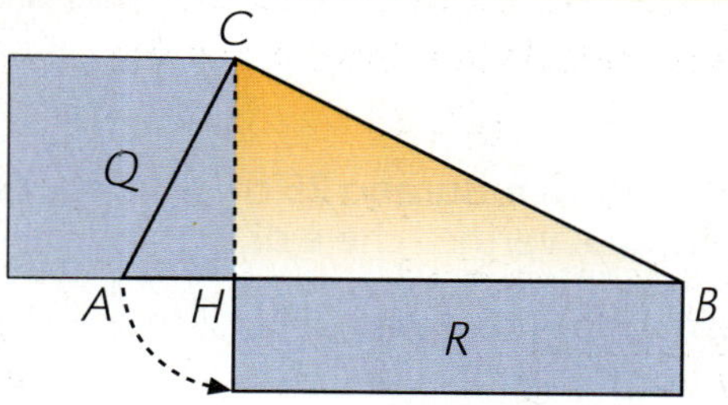

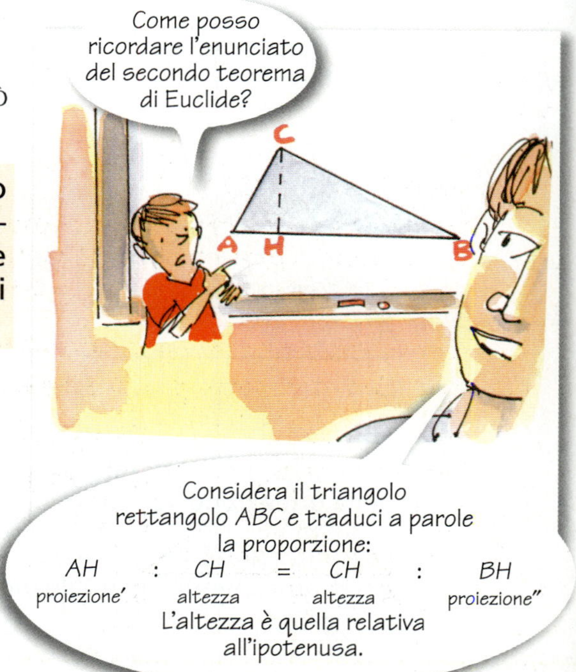

1 Individua nel triangolo rettangolo *ABC* la coppia di triangoli che si forma tracciando l'altezza relativa all'ipotenusa. In base a quale criterio di similitudine puoi affermare che i due triangoli sono simili tra loro? Perché?

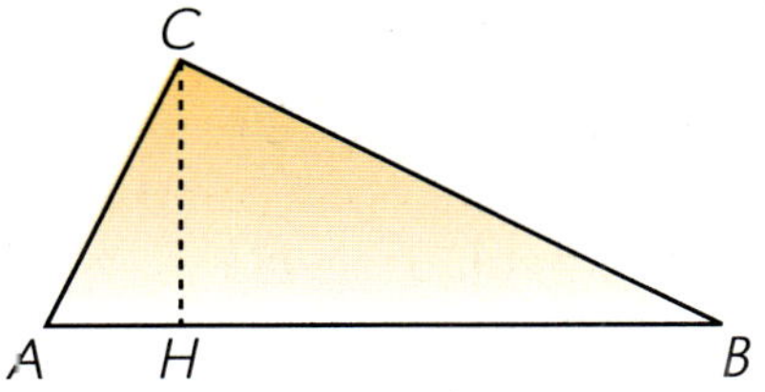

....

....

....

1° CRITERIO   2° CRITERIO   3° CRITERIO

2 Illustra la seguente proporzione (relativa alla figura precedente) e stabilisci a quale teorema si riferisce.

$AH : CH = CH : HB$

3 Traduci in parole la proporzione dell'esercizio 2. ....

....

4 Enuncia il secondo teorema di Euclide.

In ogni triangolo ....

....

5 Completa la tabella.

triangolo rettangolo	proporzione
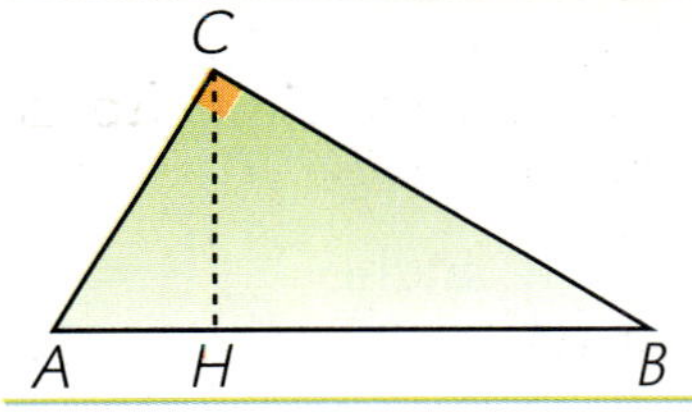	$AH : CH = CH :$ .....
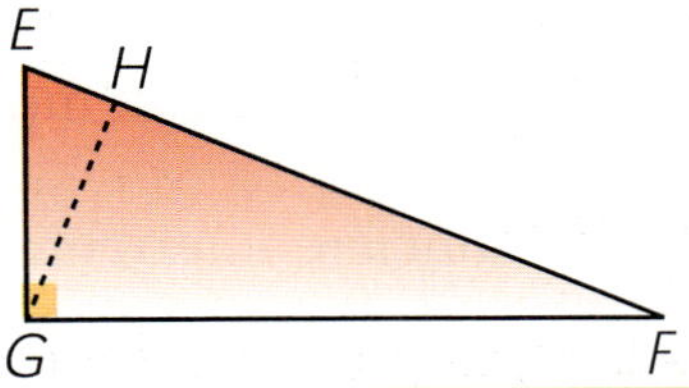	..... $: GH = GH :$ .....
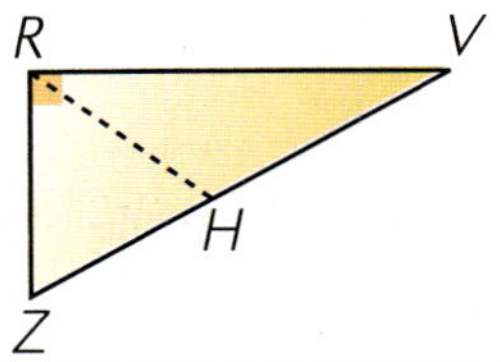	$ZH :$ ..... = ... $: HV$

6

PROBLEMA GUIDATO

L'altezza relativa all'ipotenusa di un triangolo rettangolo misura 60 cm e la proiezione del cateto minore è 45 cm. Quanto misura la proiezione sull'ipotenusa del cateto maggiore?
Con riferimento alla figura dell'esercizio 1 scrivi la proporzione:
$AH : CH$ = ... : .... **: 60 =** ..... **:** .....

7 Con riferimento ai dati delle seguenti figure, calcola le misure incognite.

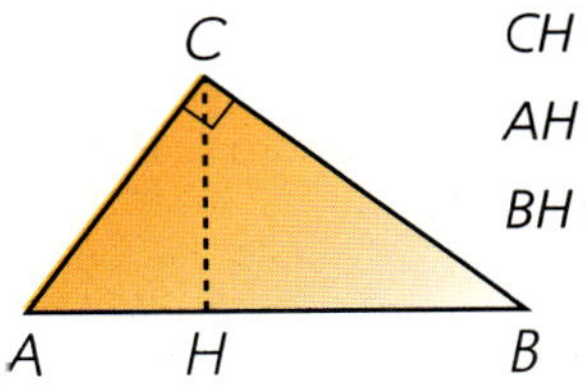

$CH = 12$ cm
$AH = 9$ cm
$BH = ?$

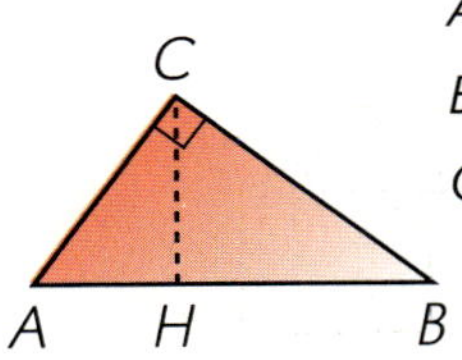

$AH = 3{,}6$ cm
$BH = 6{,}4$ cm
$CH = ?$

$AH = 5{,}4$ cm
$CH = 7{,}2$ cm
$BH = ?$

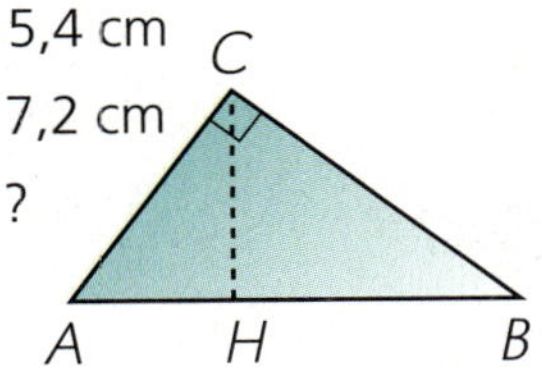

ESERCIZI ▸ p. 185

Il teorema di Talete

Consideriamo un fascio di rette parallele a, b, c, d... tagliate da due rette trasversali t e t'.

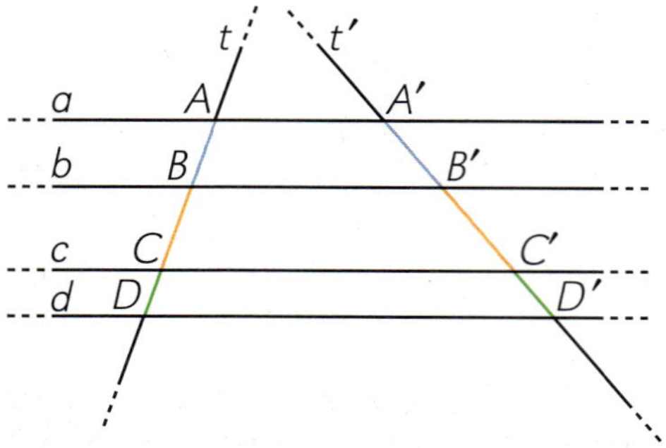

Talete di Mileto (VII-VI sec. a.C.) fu un matematico, filosofo e astronomo greco.

Sulla trasversale t si formano i segmenti AB, BC, CD... e sulla trasversale t' i segmenti corrispondenti, od omologhi, $A'B'$, $B'C'$, $C'D'$... Tra ogni coppia di segmenti omologhi si stabilisce una corrispondenza tale che ad AB corrisponde $A'B'$, a BC corrisponde $B'C'$ e così via.
Servendoci di un righello, misuriamo due segmenti che si trovano sulla trasversale t, per esempio AB e BC, e i due segmenti corrispondenti situati sulla trasversale t', cioè $A'B'$ e $B'C'$. Osserviamo che, se il rapporto tra i primi due segmenti considerati è uguale a 3/4, allora anche il rapporto tra i segmenti omologhi è 3/4.

Quindi, se $\frac{AB}{BC} = \frac{3}{4}$ anche $\frac{A'B'}{B'C'} = \frac{3}{4}$.

Possiamo verificare che le osservazioni precedenti sono valide per ogni coppia di segmenti: il loro rapporto è sempre uguale al rapporto dei segmenti corrispondenti.
Possiamo quindi enunciare il **teorema di Talete**:

Un fascio di rette parallele determina su due rette trasversali segmenti corrispondenti in proporzione.

ESEMPIO *Un fascio di rette parallele determina su due rette trasversali i segmenti $AB = 16$ cm, $CD = 24$ cm, $A'B' = 10$ cm. Quanto misura il segmento $C'D'$?*

$AB : CD = A'B' : C'D'$

$16 : 24 = 10 : x$

$x = \frac{24 \cdot 10}{16} = 15$ (cm)

Il segmento $C'D'$ misura 15 cm.

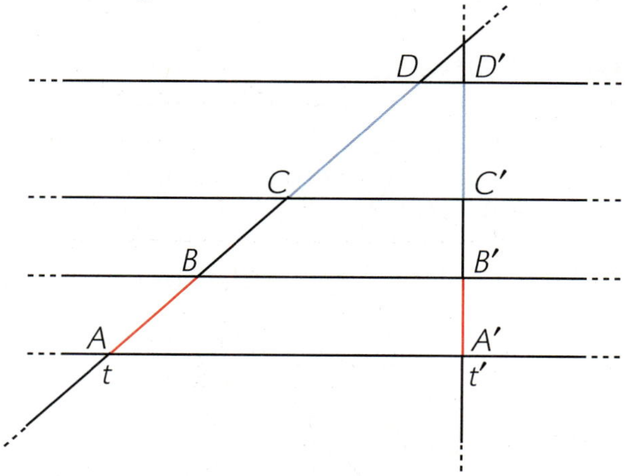

1 Completa le uguaglianze, relative alla figura, e illustra il teorema di Talete.

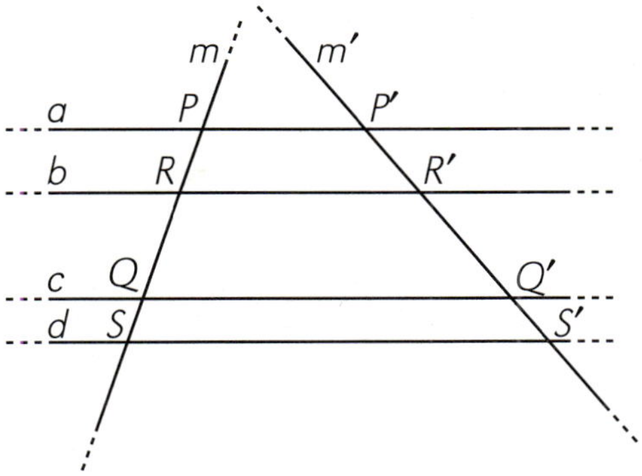

$$\frac{PR}{QS} = \frac{\dots\dots}{\dots\dots}$$

$$\frac{\dots\dots}{RQ} = \frac{P'R'}{\dots\dots}$$

2 Disegna un fascio di rette parallele tagliate da due trasversali e misura con un righello i segmenti corrispondenti. Come sono i rapporti tra due segmenti omologhi? In base a quale teorema?

3 Disegna tre rette parallele tagliate da due trasversali e, detti *A*, *B*, *C* i punti d'intersezione delle rette parallele con la prima trasversale e *A′*, *B′*, *C′* quelli con la seconda, verifica con un righello che $\frac{AB}{BC} = \frac{A'B'}{B'C'}$.

4 Tre rette parallele sono tagliate da due trasversali. Sapendo che $AB = 8$ cm, $BC = 6$ cm, $A'B' = 10$ cm, calcola la misura di $B'C'$. [7,5 cm]

5 Tre rette parallele sono tagliate da due trasversali. Sapendo che $\frac{AB}{A'B'} = \frac{4}{5}$ e che $BC = 20$ cm, calcola la misura di $B'C'$. [25 cm]

6 Considera un fascio di rette parallele tagliate da due trasversali. Sapendo che i segmenti *AB* e *CD* misurano rispettivamente 12 cm e 18 cm, e che $C'D' = 9$ cm, determina la misura di $A'B'$. [6 cm]

7 Considera il triangolo *ABC* tagliato dalla retta *f* parallela alla base *AB*. Individua le rette trasversali e scrivi le proporzioni che si ottengono applicando il teorema di Talete.

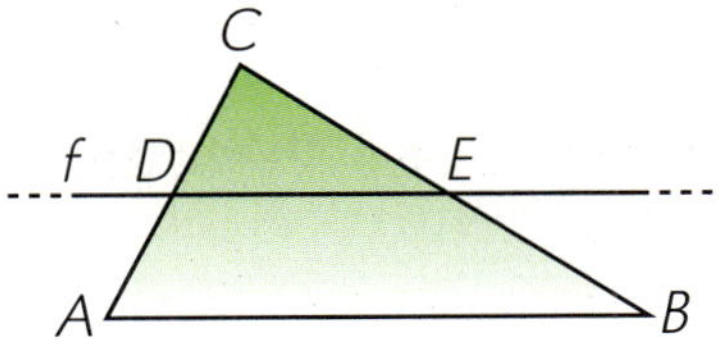

8 Considera le figure e calcola la misura incognita.

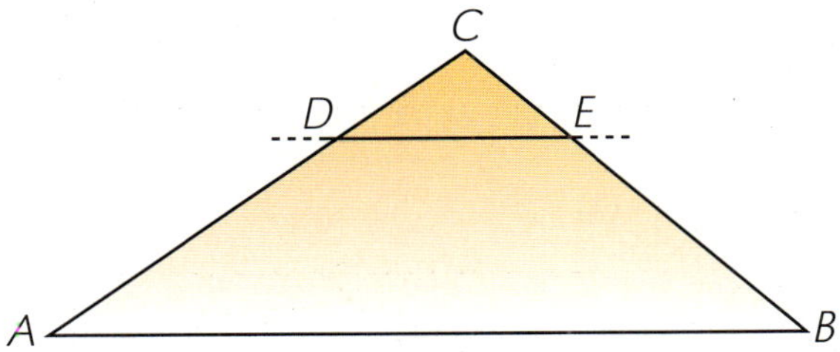

$CD = 15$ cm
$CE = 12$ cm
$EB = 27$ cm
$AD = ?$ [33,75 cm]

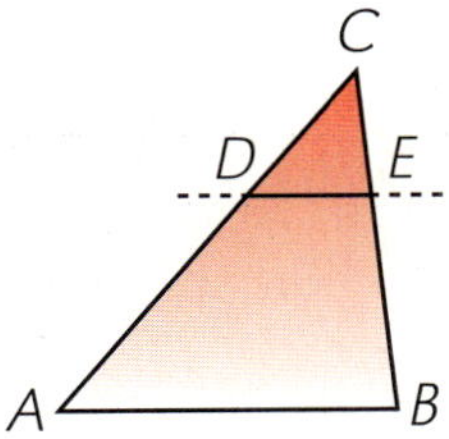

$AC = 60$ m
$DC = 20$ m
$DE = 15$ m
$AB = ?$ [45 m]

ESERCIZI E PROBLEMI

L'omotetia diretta

[U4.1 ▸ p. 156]

1 Segna sul tuo quaderno due punti O e P e costruisci il punto P' corrispondente di P in un'omotetia diretta di centro O e rapporto $k = 5$.

2 Ricopia ciascuna coppia di punti A e A' e trova il centro di omotetia diretta di ciascuna di esse, sapendo che $k = 3$.

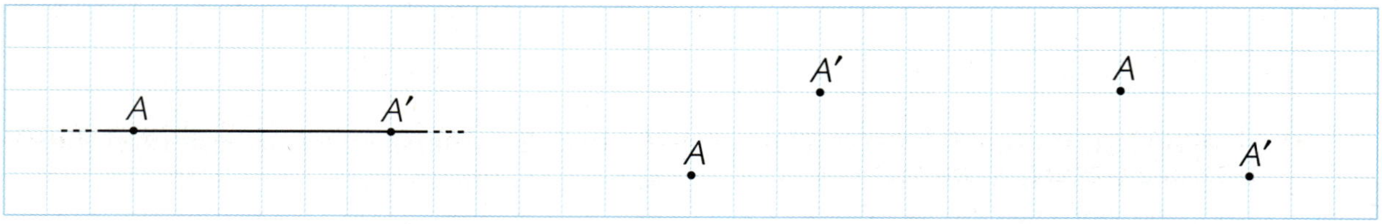

3 Disegna un segmento AB e fissa un punto O esterno ad AB. Costruisci poi il segmento $A'B'$ corrispondente di AB in un'omotetia diretta di centro O e $k = 4$.

4 Calcola il rapporto di omotetia nella trasformazione omotetica della figura F nella figura F'. La figura F' è ingrandita o rimpicciolita rispetto a F? Perché?

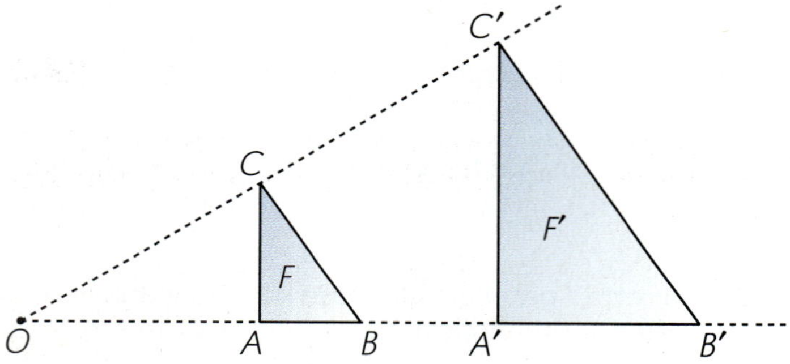

Nei seguenti esercizi, ricopia sul tuo quaderno ciascuna figura e costruisci la sua immagine in un'omotetia diretta di centro O e caratteristica k di volta in volta assegnati.

5

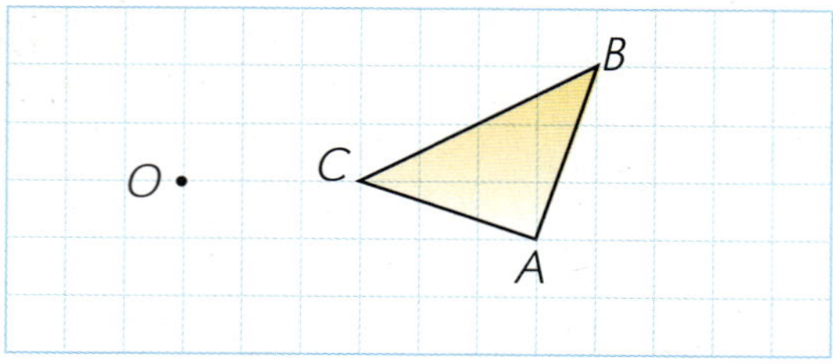

$k = 2$

6

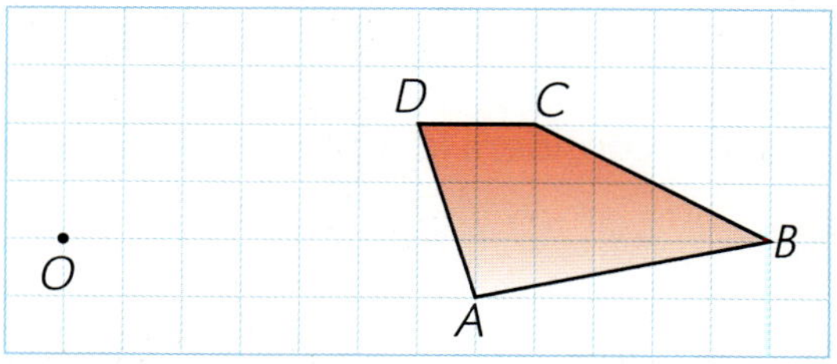

$k = 3$

7

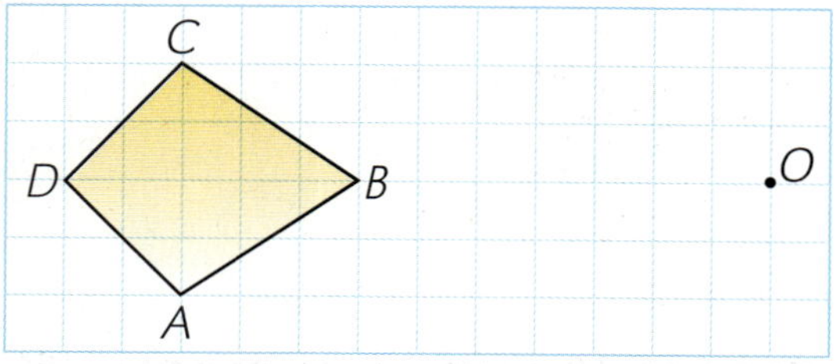

$k = 2$

8

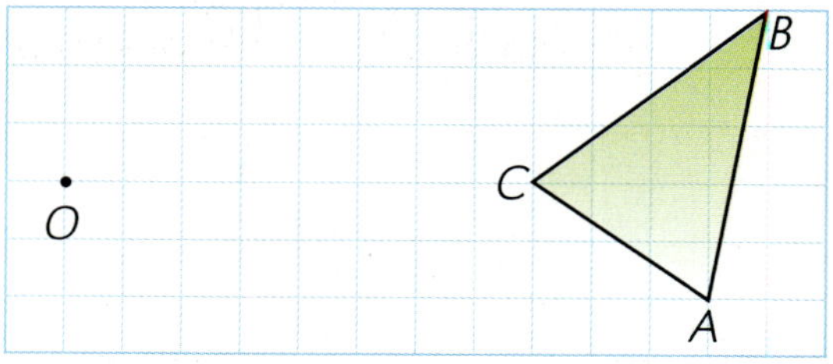

$k = 1/2$

9 Disegna sul tuo quaderno i triangoli rettangoli corrispondenti a quelli dati in un'omotetia diretta di centro *O* e caratteristica *k* di volta in volta assegnati.

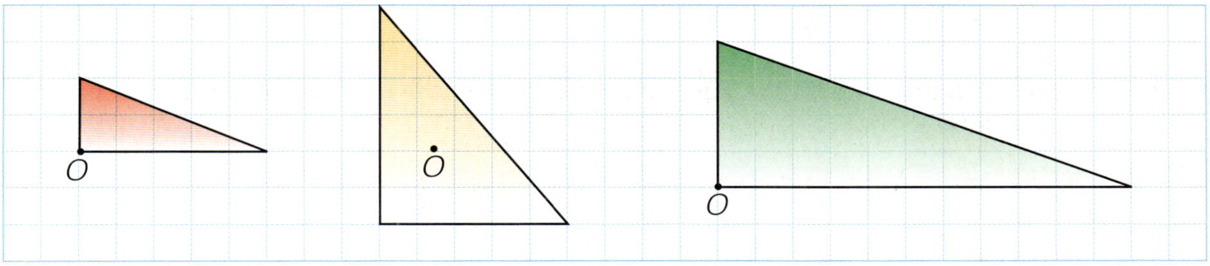

$k = 1{,}5$ $k = 2/3$ $k = 1/3$

10 Disegna un triangolo e costruisci il suo corrispondente in un'omotetia diretta di centro *O*, scelto a piacere, e caratteristica 2.

11 Disegna un rettangolo *ABCD* e fissa un punto *O*, esterno a esso. Costruisci ora il rettangolo *A′B′C′D′* corrispondente a quello dato in un'omotetia diretta di centro *O* e caratteristica 4.

12 Disegna un rettangolo e assumi come centro di omotetia il punto di incontro delle diagonali. Costruisci un rettangolo omotetico a quello dato in un'omotetia diretta di centro *O* e caratteristica 5/2.

L'omotetia inversa

[U4.2 ▸ p. 158]

13 Osserva le seguenti coppie di figure e stabilisci se si corrispondono in un'omotetia diretta o inversa. In ciascuno dei casi determina il rapporto di omotetia che fa corrispondere *F′* a *F*.

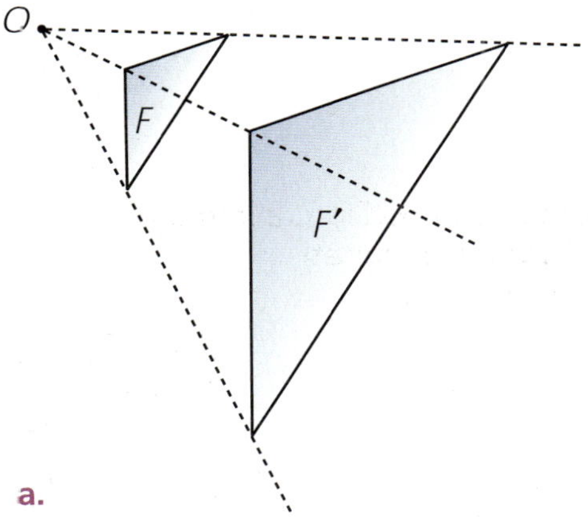

a.

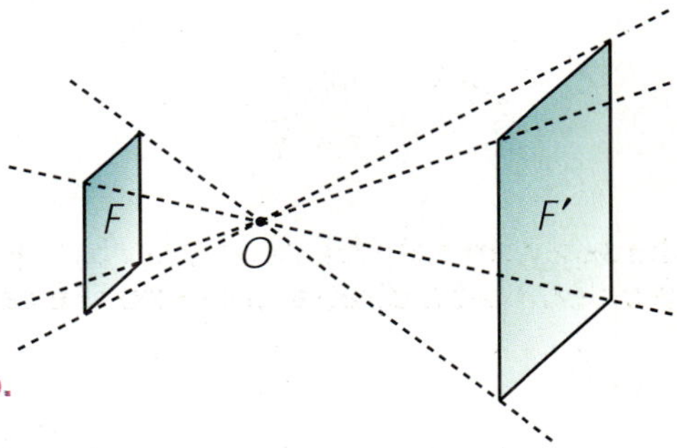

b.

14 Determina il rapporto di omotetia nella trasformazione omotetica della figura *F* nella figura *F′*. La figura *F′* rispetto alla figura *F* è ingrandita o rimpicciolita? Perché? Si tratta di un'omotetia diretta o inversa?

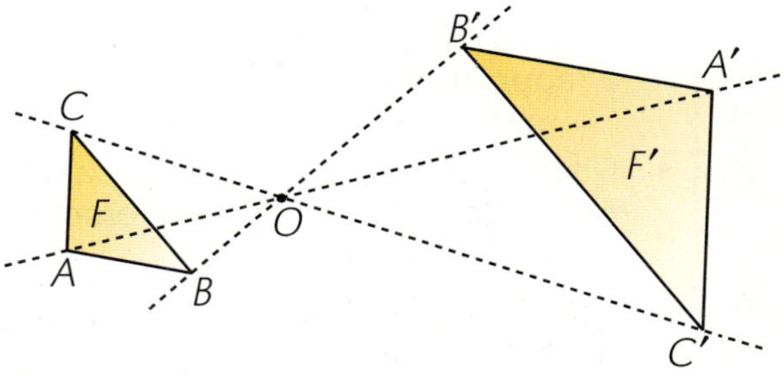

15 Disegna un segmento *AB* e fissa un punto *O* esterno ad *AB*. Costruisci il segmento *A′B′* corrispondente di *AB* in un'omotetia inversa di centro *O* e caratteristica 2/3.

16 Osserva attentamente le figure *F* ed *F'*, corrispondenti in un'omotetia inversa di centro *O* e caratteristica 1/3, poi rispondi ai seguenti quesiti.

a. La figura *F'* è ingrandita o rimpicciolita rispetto alla figura *F*? Motiva la risposta.

b. Il rapporto di omotetia, in questo caso, è maggiore o minore dell'unità?

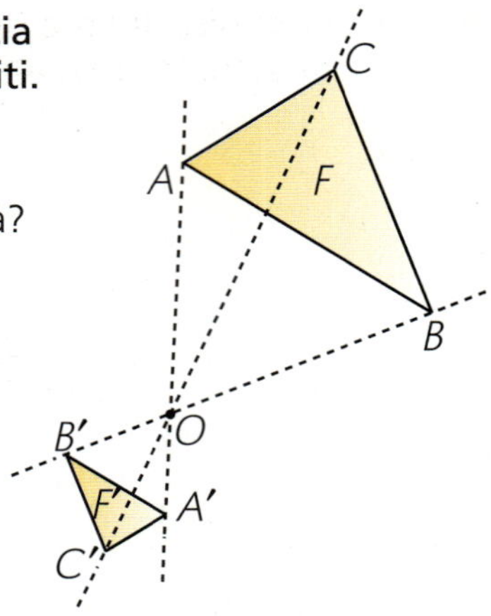

Nei seguenti esercizi, costruisci sul tuo quaderno l'immagine di ciascuna figura in un'omotetia inversa di centro *O* e caratteristica *k* di volta in volta assegnati.

17

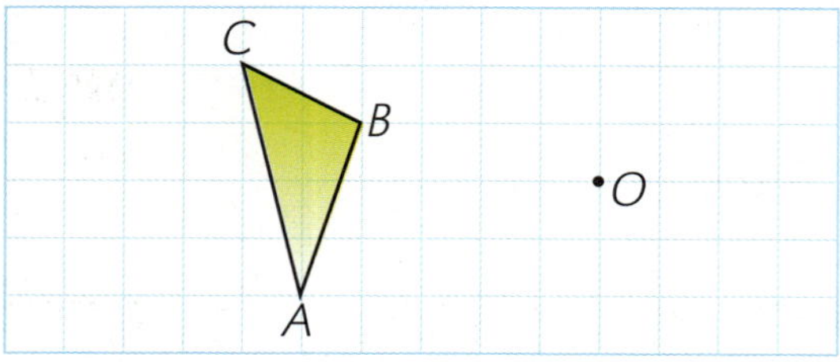

$k = 3$

18

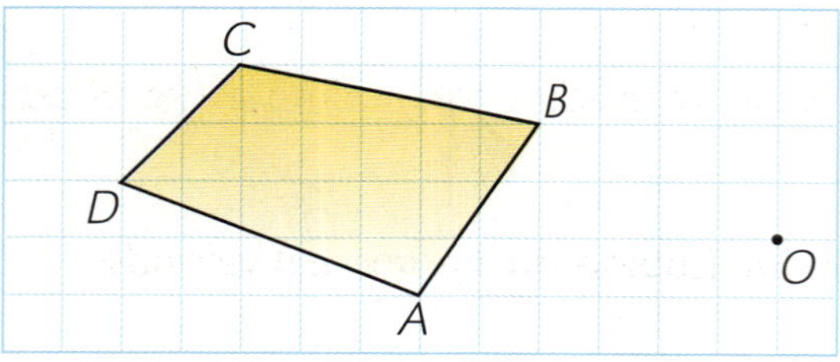

$k = 2$

19

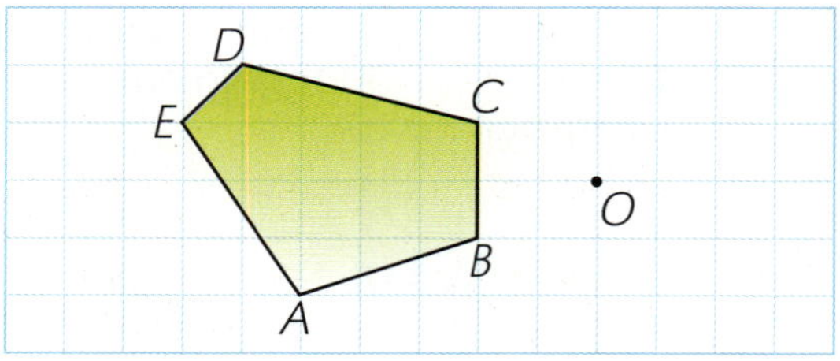

$k = 1/2$

20

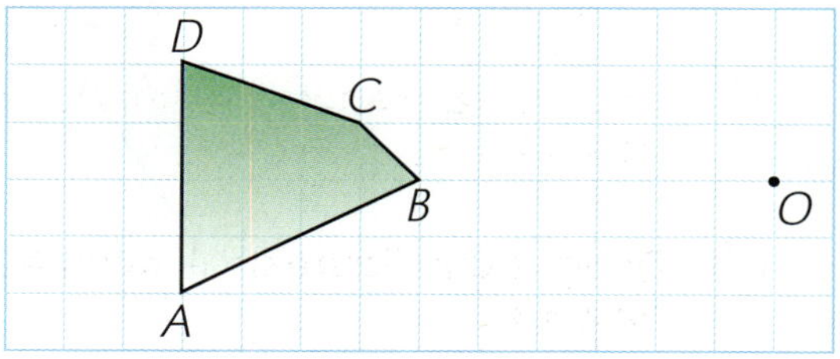

$k = 3/4$

21 Disegna un triangolo rettangolo *ABC* e considera un punto *O* esterno a esso. Costruisci il triangolo *A'B'C'* corrispondente di *ABC* in un'omotetia inversa di centro *O* e rapporto $k = 3$.

22 Disegna un triangolo *ABC* e fissa un punto *O* al suo interno. Costruisci il triangolo *A'B'C'* corrispondente di *ABC* in un'omotetia inversa di centro *O* e caratteristica 2.

23 Fissato un punto *O* esterno a un trapezio rettangolo *ABCD*, costruisci il trapezio *A'B'C'D'* corrispondente di *ABCD* in un'omotetia inversa di centro *O* e caratteristica 1/3.

24 Disegna un quadrato e assumi come centro *O* di omotetia il punto di incontro delle diagonali. Costruisci un quadrato omotetico al primo in un'omotetia inversa di centro *O* e caratteristica 1/4.

25 Costruisci sul tuo quaderno le figure omotetiche di quelle date, sapendo che si tratta di un'omotetia diretta e di una inversa, entrambe di centro O e $k = 1/3$.

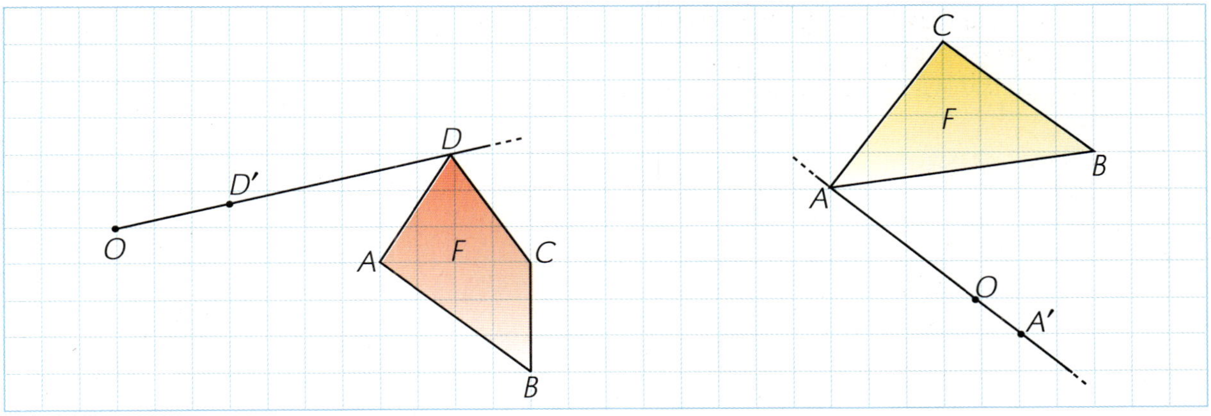

La similitudine

[U4.3 ▸ p. 160]

26 Fra le seguenti figure individua quelle simili tra loro.

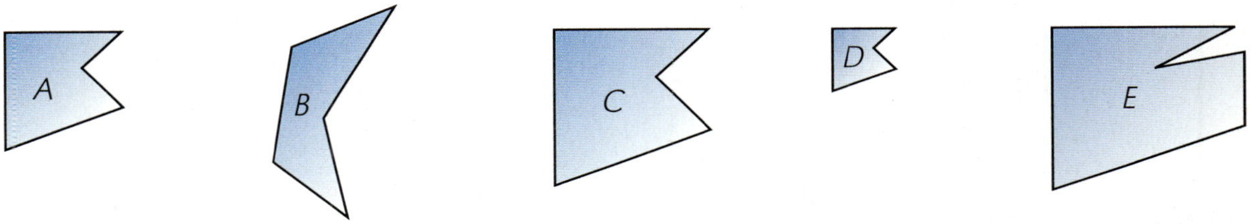

27 Disegna due rettangoli simili tali che il rapporto di similitudine tra il primo e il secondo sia $k = 2$.

28 Disegna due figure simili tali che il rapporto di similitudine tra il primo e il secondo sia $k = 3$.

29 Disegna un quadrato *ABCD* di lato 3 cm. Costruisci poi un quadrato *A'B'C'D'* simile al precedente, tale che il rapporto di similitudine tra il primo quadrato e il secondo sia uguale a 1/2. Quanto misurerà ciascun lato del secondo quadrato?

30 Disegna un rettangolo avente la base di 4 cm e l'altezza di 3 cm e un altro rettangolo di base 12 cm e altezza 9 cm. I due rettangoli sono simili? In caso di risposta affermativa, qual è il rapporto di similitudine tra il primo e il secondo poligono? E il rapporto di similitudine tra il secondo poligono e il primo?

31 Disegna un rettangolo avente le dimensioni di 2 cm e 3 cm. Quale tra le seguenti coppie di misure è quella che si riferisce alle dimensioni di un rettangolo simile a quello dato? Dopo averla individuata, disegna il rettangolo e indica il rapporto di similitudine tra il primo e il secondo.

a. 3 cm e 7 cm
b. 8 cm e 12 cm
c. 4 cm e 3 cm

APPLICAZIONE

32 Determina per ciascuna delle seguenti coppie di poligoni simili il rapporto di similitudine tra il primo poligono e il secondo.

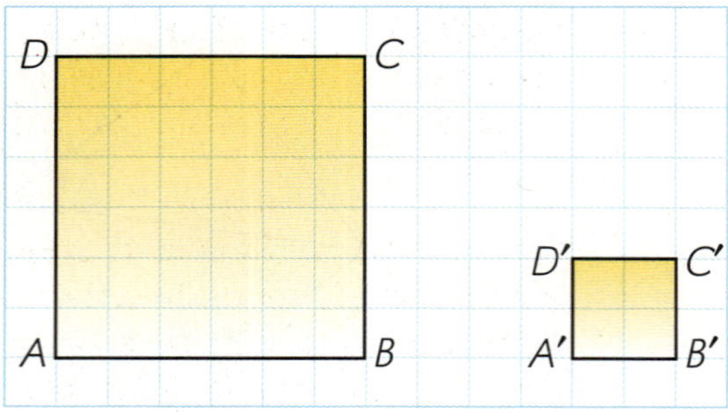

a.

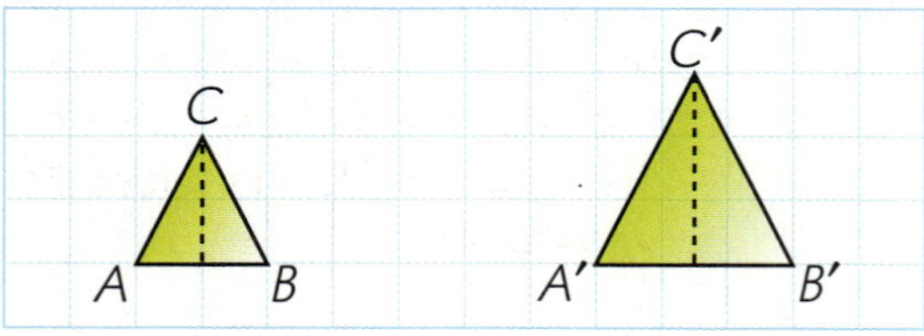

b.

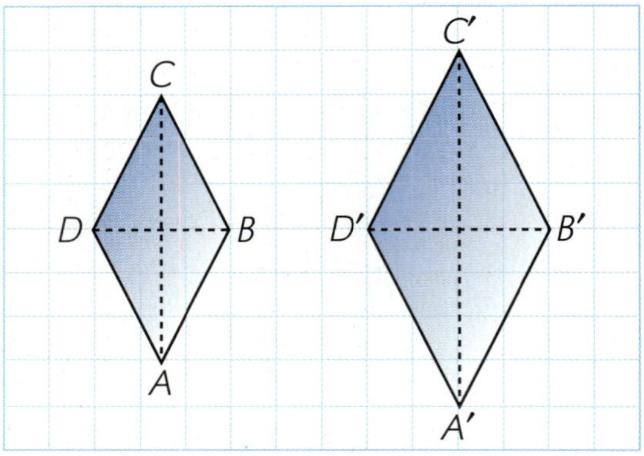

c.

33 Ricopia sul tuo quaderno le seguenti figure e per ognuna costruiscine un'altra simile secondo un rapporto di similitudine $k = 2$.

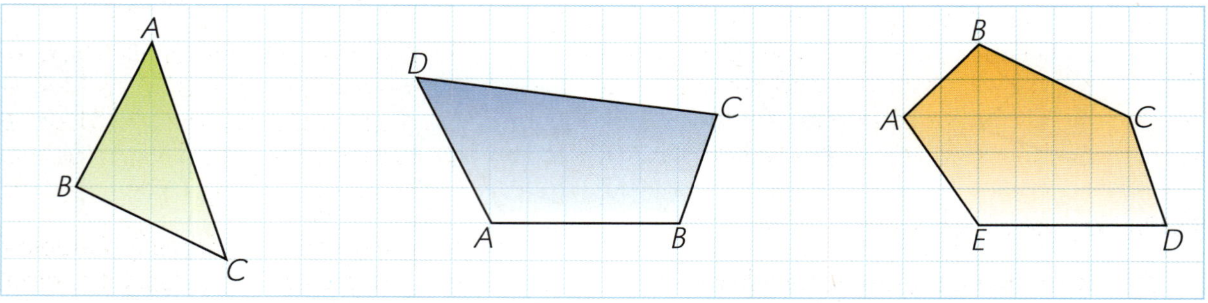

34 Completa la seguente tabella, relativa a due triangoli simili *ABC* e *A′B′C′*.

AB (cm)	*BC* (cm)	*CA* (cm)	*A′B′* (cm)	*B′C′* (cm)	*C′A′* (cm)	rapporto di similitudine tra *ABC* e *A′B′C′*
12	16	18	....	....	9	....
8	15	17	16	....	....	....
18	24	39	....	....	26	....
3	....	....	15	20	25	....
28	14	20	....	35	....	....
....	90	....	32	72	80	....
12,6	16,8	25,2	....	24	....	....
42	48	36	....	....	....	2/3
....	....	21	24	42	63	....
....	....	....	70	85	100	4/5

Risolvi i seguenti esercizi sul piano cartesiano.

35 In un sistema di riferimento cartesiano disegna a tuo piacere un triangolo rettangolo e poi costruiscine uno a esso simile, tale che il rapporto di similitudine tra il primo e il secondo sia $k = 2$. Scrivi le coordinate dei vertici dei due triangoli.

36 Su un piano cartesiano disegna a piacere un triangolo isoscele e poi costruiscine uno a esso simile, tale che il rapporto di similitudine tra il primo e il secondo sia $k = 1/2$. Scrivi le coordinate dei vertici dei due triangoli.

37 In un sistema di riferimento cartesiano disegna a piacere due rettangoli, tali che il rapporto di similitudine tra il primo e il secondo sia $k = 3$. Scrivi le coordinate dei vertici dei due rettangoli.

38 Su un piano cartesiano disegna il quadrilatero di vertici $A(1; 2)$, $B(2; 4)$, $C(5; 4)$, $D(4; 2)$. Di quale quadrilatero si tratta? Disegna poi sullo stesso piano un quadrilatero simile a quello dato, tale che il rapporto di similitudine tra il primo e il secondo sia $k = 1/2$ e $A'(7; 4)$. Scrivi le coordinate dei suoi vertici.

Risolvi i seguenti problemi.

39 In un triangolo ABC le misure dei lati sono $AB = 15$ cm, $BC = 28$ cm, $AC = 20$ cm. Calcola le misure dei lati di un triangolo simile ad ABC, sapendo che $A'B' = 22{,}5$ cm. [42 cm; 30 cm]

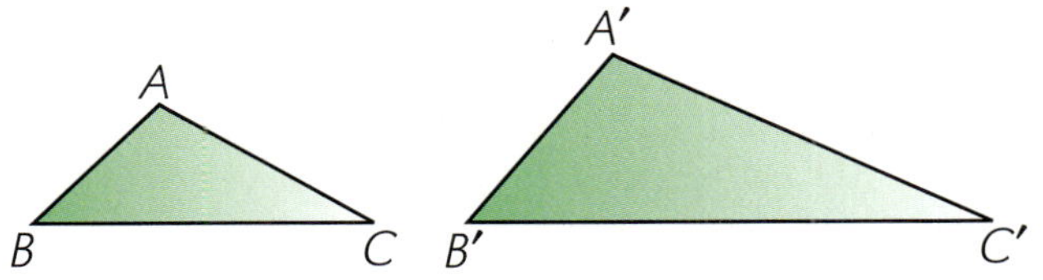

40 I lati di un triangolo misurano 7 cm, 9 cm, 13 cm. Calcola la misura dei lati di un triangolo simile a quello dato, sapendo che il lato maggiore misura 143 cm. [77 cm; 99 cm]

41 Il rapporto di similitudine di due triangoli simili è 2/3 e i lati del primo triangolo misurano 12 cm, 22 cm e 28 cm. Quanto misura ciascun lato del secondo triangolo? [18 cm; 33 cm; 42 cm]

42 La base e l'altezza di un parallelogrammo misurano 24 cm e 18 cm. Calcola la misura della base di un parallelogrammo simile a quello dato e avente l'altezza di 15 cm. [20 cm]

43 Il rapporto di similitudine di due rettangoli simili è 7/4. Sapendo che la base e l'altezza del primo misurano 35 cm e 14 cm, calcola il perimetro del secondo rettangolo. [56 cm]

44 Calcola il rapporto di similitudine tra due rombi simili, sapendo che l'area e la diagonale minore del primo sono 96 cm^2 e 12 cm e che la diagonale maggiore del secondo misura 40 cm. [2/5]

45 Il rapporto di similitudine tra due trapezi è 2/3. Calcola l'area del secondo trapezio, sapendo che nel primo l'altezza misura 12 cm e le due basi sono lunghe 24 cm e 14 cm. [513 cm^2]

46 Due triangoli sono simili. L'area e l'altezza del primo sono 168 cm^2 e 7 cm, mentre la base del secondo misura 192 cm. Calcola la misura dell'altezza del secondo triangolo. [28 cm]

47 I cateti di un triangolo rettangolo misurano 20 cm e 15 cm. Calcola il perimetro di un triangolo rettangolo simile a quello dato, sapendo che il rapporto di similitudine fra il primo e il secondo è 5/4. [48 cm]

48 In un triangolo isoscele l'altezza relativa alla base misura 9 dm e l'area è 60,75 dm^2. Calcola la misura del lato di un altro triangolo simile al precedente e avente l'altezza di 12 dm. [15 dm]

49 In un triangolo rettangolo l'ipotenusa e uno dei cateti misurano 35 cm e 21 cm. Il cateto maggiore di un triangolo simile a quello dato misura 56 cm. Calcola il perimetro e l'area del secondo triangolo. [168 cm; 1176 cm^2]

50 L'area e l'ipotenusa di un triangolo rettangolo sono 24 cm^2 e 10 cm. L'altezza relativa all'ipotenusa di un secondo triangolo simile al primo misura 14,4 cm. Qual è il rapporto di similitudine fra i due triangoli? [1/3]

51 Il rapporto di similitudine tra due triangoli rettangoli è 6/7. Sapendo che l'area del primo è 216 cm^2 e che la misura di uno dei cateti è 18 cm, calcola il perimetro del secondo triangolo. [84 cm]

52 La somma dei cateti di un triangolo rettangolo misura 46 cm e il loro rapporto è 15/8. Calcola il perimetro e l'area di un triangolo simile a quello dato, sapendo che la sua ipotenusa misura 102 cm. [240 cm; 2160 cm^2]

53 Due trapezi rettangoli sono simili: il primo ha il lato obliquo di 37 cm, il secondo ha la base maggiore, la base minore e l'altezza rispettivamente di 40 cm, 16 cm e 70 cm. Calcola le misure delle basi del primo trapezio e la sua area. [20 cm; 8 cm; 490 cm^2]

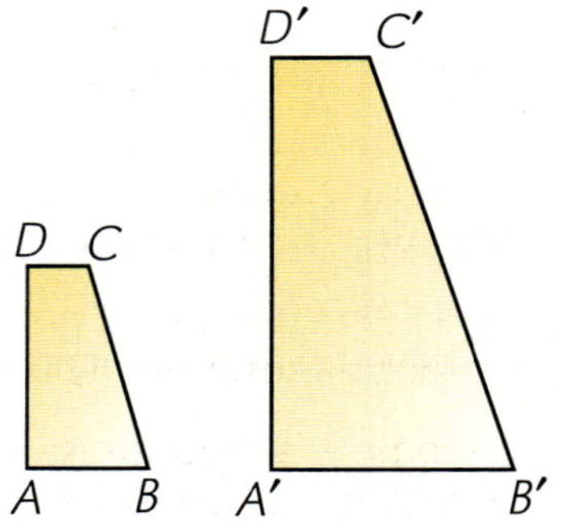

Criteri di similitudine dei triangoli
Relazione tra le altezze di due triangoli simili

[U4.4 ▸ pp. 162, 164]

RICORDA **Criteri di similitudine dei triangoli**
- 1° Due triangoli sono simili se hanno gli angoli ordinatamente congruenti.
- 2° Due triangoli sono simili se hanno un angolo congruente e i lati che lo comprendono proporzionali.
- 3° Due triangoli sono simili se hanno i lati corrispondenti proporzionali.

54 Applicando opportunamente i criteri di similitudine dei triangoli, stabilisci se i triangoli *ABC* e *A′B′C′*, di cui sono dati alcuni elementi, sono simili. In caso di risposta affermativa scrivi a fianco di ciascuna coppia di triangoli simili il criterio per cui lo sono.

elementi noti dei triangoli *ABC* e *A′B′C′*			simili	non simili	criterio di similitudine
$\hat{A} = 20°$	$\hat{B} = 90°$		☐	☐	....
$\hat{A}' = 20°$	$\hat{C}' = 70°$		☐	☐	....
$AB = 15$ cm	$BC = 10$ cm	$AC = 8$ cm	☐	☐	....
$A'B' = 22$ cm	$B'C' = 25$ cm	$A'C' = 12$ cm	☐	☐	....
$\hat{A} = 43°$	$\hat{B} = 35°$		☐	☐	....
$\hat{A}' = 43°$	$\hat{B}' = 84°$		☐	☐	....
$\hat{A} = 60°$	$AB = 20$ cm	$AC = 6$ cm	☐	☐	....
$\hat{A}' = 60°$	$A'B' = 100$ cm	$A'C' = 30$ cm	☐	☐	....
AB = 18 cm	BC = 12 cm	AC = 9 cm	☐	☐	....
$A'B' = 24$ cm	$B'C' = 16$ cm	$A'C' = 12$ cm	☐	☐	....

55 Due lati di un triangolo misurano 24 cm e 30 cm e l'angolo compreso tra essi è ampio 48°. In un altro triangolo due lati sono lunghi 36 cm e 45 cm e l'angolo compreso tra essi è 48°. Sono simili i due triangoli? In caso di risposta affermativa indica secondo quale criterio.

56 L'angolo al vertice di due triangoli isosceli misura 70°. Rispondi ai seguenti quesiti.
a. Secondo quale criterio di similitudine i due triangoli sono simili? Motiva la risposta.
b. Sapendo che il lato obliquo del primo misura 56 cm e quello del secondo 48 cm, qual è il rapporto di similitudine?

57 In un triangolo rettangolo i cateti misurano 42 cm e 56 cm. In un altro triangolo rettangolo le misure dei cateti sono 75 cm e 100 cm. Sono simili i due triangoli? Secondo quale criterio?

58 Due angoli acuti di due triangoli rettangoli misurano 77° ciascuno. I due triangoli sono simili? Perché?

59 L'angolo al vertice di due triangoli isosceli è ampio 27°. Stabilisci se i due triangoli sono simili e secondo quale criterio di similitudine.

60 Due triangoli isosceli hanno l'angolo alla base di 34°. È sufficiente questo dato per affermare che i due triangoli sono simili? Motiva la risposta.

61 Il cateto maggiore e l'ipotenusa di un triangolo rettangolo misurano 36 cm e 39 cm. Un altro triangolo rettangolo ha l'ipotenusa di 104 cm e il cateto minore di 40 cm. Sono simili i due triangoli? Secondo quale criterio?

62 I lati di un triangolo misurano 8,4 cm, 4 cm e 5,5 cm, mentre i lati di un secondo triangolo sono la metà di quelli del primo. Secondo quale criterio i due triangoli sono simili?

RICORDA • In due triangoli simili il rapporto di due altezze corrispondenti è uguale al rapporto di due lati corrispondenti.

63 Due triangoli *ABC* e *A'B'C'* sono simili. Completa la tabella calcolando le misure incognite.

$AB = 10$ cm	$CH = 16$ cm
$A'B' = 40$ cm	$C'H' =$ ....
$\frac{BC}{B'C'} = \frac{3}{4}$	$CH = 24$ cm
	$C'H' =$ ....
$CH = 85$ cm	$AC =$ ....
$C'H' = 34$ cm	$A'C' = 40$ cm
$BC = 20$ cm	$CH = 18$ cm
$B'C' = 30$ cm	$C'H' =$ ....
$CH =$	$BC = 2,4$ cm
$C'H' = 1,5$ cm	$B'C' = 4$ cm

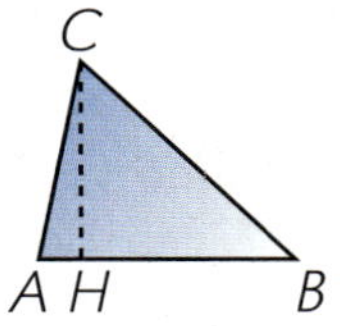

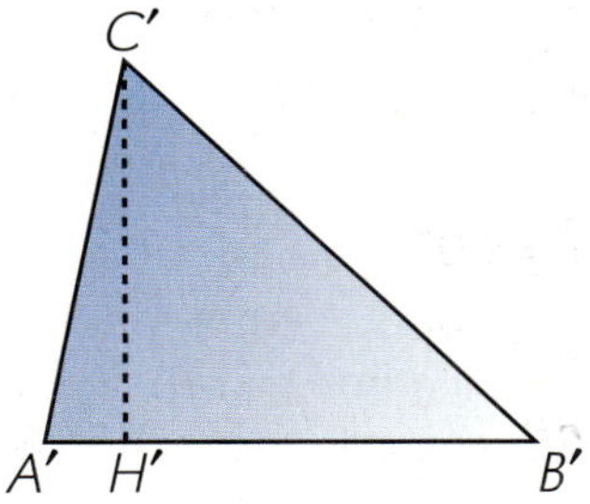

Risolvi i seguenti problemi.

64 L'ombra proiettata sul terreno da una torre è 7 m e quella di un palo alto 4,8 m è 1,4 m. Qual è l'altezza della torre?

▶▶▶ **PROBLEMA GUIDATO**

$h : h_1 = b : ....$

$h = \frac{........ \cdot ....}{........} = 24$ (m)

65 Nei pressi di una piazza c'è un campanile che a una certa ora del giorno proietta un'ombra di 48 m. Se alla stessa ora un palo di 6 m proietta un'ombra di 16 m, quanto è alto il campanile? [18 m]

66 Un lampione proietta un'ombra di 2,80 m. Valeria che è alta 1,50 m proietta un'ombra di 120 cm. Quanto è alto il lampione? [3,5 m]

Relazione tra i perimetri e le aree di due poligoni simili

[U4.5 ▸ p. 166]

RICORDA
- In due poligoni simili i **perimetri** sono proporzionali a due lati corrispondenti.
- Il rapporto tra le **aree** di due poligoni simili è uguale al quadrato del loro rapporto di similitudine.

Risolvi i seguenti esercizi sul piano cartesiano.

67 Su un piano cartesiano disegna il triangolo di vertici $A(0; 3)$, $B(16; 3)$, $C(8; 9)$ e un altro simile a quello dato, sapendo che il rapporto di similitudine è 2 e $A'(20; 3)$. Scrivi le coordinate dei vertici del triangolo che hai ottenuto e calcola il rapporto tra i perimetri e tra le aree dei due triangoli rispetto all'unità di misura usata.

68 In un sistema di riferimento cartesiano disegna il quadrato avente i vertici $A(3; 3)$, $B(8; 3)$, $C(8; 8)$, $D(3; 8)$ e trasformalo in un altro a esso simile, tale che il rapporto di similitudine sia 1/3 e $A'(11; 3)$. Scrivi le coordinate dei vertici del quadrato che hai ottenuto e calcola il rapporto tra i perimetri e tra le aree dei due quadrati rispetto all'unità di misura usata.

Risolvi i seguenti problemi.

69 Due rettangoli sono simili e il rapporto di similitudine è 3/4. Sapendo che il perimetro del primo rettangolo è 54 cm, calcola il perimetro del secondo rettangolo. [72 cm]

70 Il rapporto di similitudine di due triangoli isosceli è 2/5. Sapendo che il primo ha la base e l'altezza rispettivamente di 18 cm e 16 cm, determina l'area del secondo triangolo. [900 cm^2]

71 La base di un triangolo isoscele misura 96 m e l'altezza è i suoi 3/8. Calcola l'area e il perimetro di un triangolo simile a quello dato e avente la base di 72 m. [972 m^2; 162 m]

72 Due triangoli isosceli sono simili. Sapendo che il primo di essi ha la base di 30 cm e l'altezza di 8 cm e che l'altezza del secondo triangolo misura 12 cm, calcola l'area e il perimetro del secondo triangolo. [270 cm^2; 96 cm]

73 L'area di un triangolo è 252 cm^2 e la base misura 42 m. Calcola la misura dell'altezza di un triangolo simile al precedente, sapendo che la sua base è 28 m. [8 m]

74 Le basi di due triangoli simili misurano 14 cm e 21 cm. Sapendo che l'altezza del triangolo minore misura 10 cm, calcola la misura dell'altezza dell'altro triangolo. [15 cm]

75 I cateti di un triangolo rettangolo misurano 27,2 cm e 20,4 cm. Calcola la misura dell'altezza relativa all'ipotenusa di un triangolo simile a quello dato, sapendo che la sua ipotenusa misura 15 cm. [7,2 cm]

76 Due poligoni simili hanno il rapporto di similitudine di 5/4. Qual è il rapporto tra i loro perimetri?

77 Il rapporto di similitudine di due triangoli simili è 7/4. Sapendo che il perimetro del primo triangolo è 112 cm, calcola il perimetro del secondo triangolo. [64 cm]

78 Due poligoni sono simili e i loro perimetri sono 165 m e 88 m. Sapendo che un lato del primo poligono misura 33 m, calcola la misura del lato omologo del secondo poligono. [17,6 m]

79 Due quadrilateri sono simili: il primo ha i lati di 16 cm, 20 cm, 24 cm, 30 cm, il secondo ha il minore dei lati di 10 cm. Calcola il perimetro del secondo. [56,25 cm]

80 Il rapporto di similitudine tra due triangoli simili è 3/8. Sapendo che i lati del primo triangolo misurano 21 cm, 24 cm, 27 cm, calcola il perimetro del secondo triangolo. [192 cm]

81 Il rapporto di similitudine di due rettangoli simili è 4/9. Sapendo che la diagonale e la base del primo misurano 34 dm e 30 dm, calcola il perimetro del secondo rettangolo. [207 dm]

82 Il rapporto di similitudine di due quadrati è 2/3. Sapendo che la diagonale del primo misura $4 \cdot \sqrt{2}$ m, calcola il perimetro del secondo quadrato. [24 m]

83 Due trapezi rettangoli sono simili. Del primo si conoscono le seguenti misure: base maggiore (30 cm), lato obliquo (50 cm), altezza (48 cm). Calcola il perimetro del secondo trapezio, sapendo che la sua base minore misura 24 cm. [216 cm]

84 Due rombi sono simili e sono in rapporto di 1/3. Del primo rombo si conoscono l'area (120 cm^2) e la misura della diagonale maggiore (24 cm). Calcola il perimetro del secondo rombo. [156 cm]

85 L'area di un trapezio isoscele è 750 dm^2 e le basi misurano 70 dm e 30 dm. Calcola il perimetro di un trapezio simile a quello dato, sapendo che il rapporto di similitudine fra il primo e il secondo è 5/2. [60 dm]

86 La somma dei cateti di un triangolo rettangolo misura 13,8 cm e la loro differenza misura 4,2 cm. Calcola il perimetro di un triangolo simile al precedente, sapendo che il rapporto di similitudine fra il secondo e il primo è 4/3. [32 cm]

87 Il rapporto di similitudine tra due quadrilateri simili è 3/8. Qual è il rapporto tra le loro aree? [9/64]

88 Calcola il rapporto tra i perimetri di due quadrati, sapendo che il rapporto tra le loro aree è 25/16. [5/4]

89 Due rettangoli sono simili: la base del primo misura 2,5 cm e il rapporto tra l'area del primo e quella del secondo è 1/4. Calcola il rapporto di similitudine e la misura della base del secondo rettangolo. [1/2; 5 cm]

90 Il rapporto tra le aree di due quadrilateri simili è 16/81. Sapendo che il perimetro del primo è 76 cm, determina il perimetro del secondo. [171 cm]

91 Due rettangoli sono simili: il primo ha l'area di 48 m^2 e l'altezza di 8 m, mentre il secondo ha l'area di 300 m^2. Calcola il perimetro del secondo rettangolo. [70 m]

92 I perimetri di due trapezi simili sono 64 cm e 40 cm. Sapendo che il primo ha l'area di 384 cm^2, calcola l'area del secondo. [150 cm^2]

93 In un rombo le diagonali misurano 128 cm e 96 cm. Calcola l'area di un rombo (esprimendola in decimetri quadrati) simile al primo, sapendo che ha il perimetro di 180 cm. [19,44 dm^2]

94 La somma e la differenza tra le diagonali di un rombo misurano 9,2 cm e 2,8 cm. L'area di un rombo simile a quello dato è 86,4 cm^2. Calcola il rapporto fra le aree e quello fra i perimetri dei due rombi. [1/9; 1/3]

95 Due triangoli isosceli sono simili: il primo ha l'area di 48 m^2, mentre il secondo ha l'area di 300 m^2 e l'altezza di 20 m. Calcola il perimetro del primo triangolo e il rapporto di similitudine fra i perimetri dei due triangoli. È necessario conoscere i perimetri dei due triangoli per calcolarne il rapporto? [32 m; 2/5]

96 Due trapezi rettangoli sono simili e il rapporto tra le loro aree è 4/25. Il primo ha la base maggiore di 10 cm, la base minore di 3 cm e l'altezza di 24 cm. Calcola il perimetro del secondo trapezio. [155 cm]

97 Qual è il rapporto di similitudine tra due rettangoli, il primo di area 268,8 cm² e il secondo avente la diagonale e la base di 29 cm e 21 cm? [4/5]

98 In due triangoli isosceli simili le altezze relative alla base misurano 12 cm e 9 cm. Sapendo che l'area del primo è 192 cm², calcola l'area del secondo. [108 cm²]

99 Calcola il rapporto di similitudine tra due pentagoni regolari, sapendo che il perimetro del primo è 12,5 m e che il lato del secondo misura 3,5 m. [5/7]

100 Due ottagoni regolari hanno le aree di 21 cm² e 336 cm². Sapendo che il lato del primo misura 12 cm, quanto misura il lato del secondo? [48 cm]

101 Le basi *AB* e *CD* di un trapezio rettangolo misurano 19,5 cm e 12 cm e l'altezza 10 cm. Calcola il perimetro e l'area del triangolo *DCE* che si ottiene prolungando i lati non paralleli del trapezio e il perimetro e l'area del triangolo *ABE*.
[48 cm; 96 cm²; 78 cm; 253,5 cm²]

102 Le basi *AB* e *CD* di un trapezio isoscele misurano 88 cm e 16 cm e l'altezza 27 cm. Calcola il perimetro e l'area del triangolo *DEC* che si ottiene prolungando i lati obliqui del trapezio e il perimetro e l'area del triangolo *AEB*. [36 cm; 48 cm²; 198 cm; 1452 cm²]

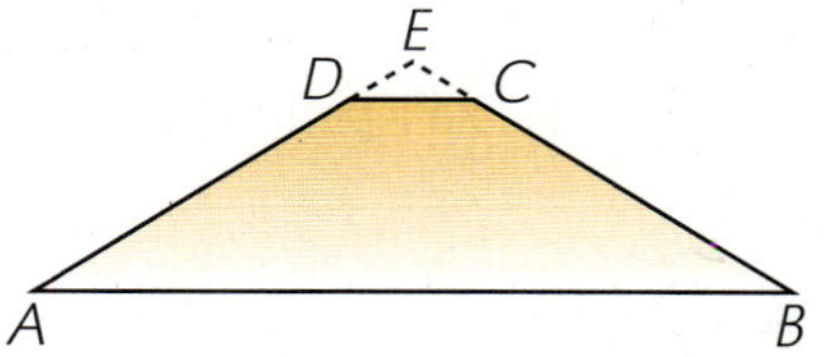

Il primo teorema di Euclide

[U4.6 ▸ p. 168]

RICORDA **1° teorema di Euclide**
In ogni triangolo rettangolo il quadrato costruito su un cateto è equivalente al rettangolo avente per lati l'ipotenusa e la proiezione del cateto stesso sull'ipotenusa: $AB : AC = AC : AH$

103 **Completa la seguente tabella relativa al triangolo rettangolo raffigurato.**

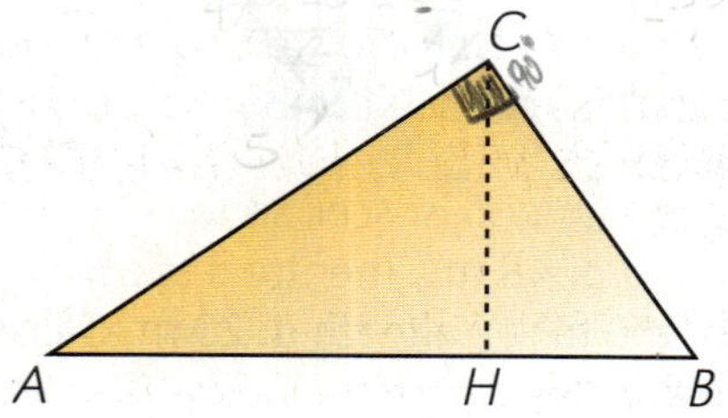

$AB = 40$ cm	$AC = 32$ cm	$AH =$ ....
$AB =$	$AC = 36$ cm	$AH = 28{,}8$ cm
$AB = 15$ cm	$BC = 9$ cm	$BH =$ ....
$AB = 30$ cm	$AC =$	$AH = 19{,}2$ cm
$AB = 65$ cm	$AC = 52$ cm	$AH =$ ....
$AB = 50$ cm	$BC =$	$BH = 18$ cm
$AB =$	$AC = 48$ cm	$AH = 38{,}4$ cm

Risolvi i seguenti problemi.

104 In un triangolo rettangolo l'ipotenusa e un cateto misurano 30 cm e 18 cm. Calcola la misura della proiezione del cateto dato sull'ipotenusa. [10,8 cm]

105 In un triangolo rettangolo un cateto e la sua proiezione sull'ipotenusa misurano 60 cm e 48 cm. Calcola la misura dell'ipotenusa del triangolo. [75 cm]

106 In un triangolo rettangolo un cateto misura 3,6 cm e la sua proiezione sull'ipotenusa misura 2,16 cm. Quanto è lunga l'ipotenusa? [6 cm]

107 Uno dei due cateti di un triangolo rettangolo misura 54 cm e l'ipotenusa è 90 cm. Calcola la misura della proiezione del cateto dato sull'ipotenusa. [32,4 cm]

108 Calcola la misura del cateto minore di un triangolo rettangolo, sapendo che la sua proiezione sull'ipotenusa misura 21,6 cm e l'ipotenusa 60 cm. [36 cm]

109 In un triangolo rettangolo i cateti misurano 51 cm e 68 cm. Calcola la misura di ciascuna delle proiezioni dei cateti sull'ipotenusa. [30,6 cm; 54,4 cm]

110 L'ipotenusa di un triangolo rettangolo misura 32 cm e la proiezione del cateto maggiore su di essa è lunga 20,48 cm. Calcola la misura di ciascun cateto del triangolo. [25,6 cm; 19,2 cm]

111 In un triangolo rettangolo, la somma e la differenza dell'ipotenusa e di un cateto misurano 60 cm e 15 cm. Calcola le misure delle proiezioni dei due cateti sull'ipotenusa. [13,5 cm; 24 cm]

112 L'ipotenusa di un triangolo rettangolo misura 40 cm e la proiezione del cateto minore su di essa è 14,4 cm. Calcola il perimetro e l'area del triangolo. [96 cm; 384 cm²]

113 Calcola il perimetro e l'area di un triangolo rettangolo, sapendo che un cateto e la sua proiezione sull'ipotenusa misurano 54 cm e 32,4 cm. [216 cm; 1944 cm²]

114 Calcola il perimetro e l'area di un triangolo rettangolo, sapendo che l'ipotenusa e la proiezione di un cateto su di essa misurano 14 cm e 5,04 cm. [33,6 cm; 47,04 cm²]

115 In un triangolo rettangolo la proiezione del cateto maggiore sull'ipotenusa misura 67,2 cm e l'ipotenusa è lunga 105 cm. Calcola la misura del cateto maggiore, il perimetro e l'area del triangolo (quest'ultima in decimetri quadrati). [84 cm; 252 cm; 26,46 dm²]

116 In un triangolo rettangolo la differenza tra l'ipotenusa e la proiezione di un cateto su di essa misura 28,8 cm e il loro rapporto è 25/9. Calcola il perimetro e l'area del triangolo. [108 cm; 486 cm²]

117 In un triangolo rettangolo la somma di un cateto e della sua proiezione sull'ipotenusa misura 32,4 cm. Sapendo che il loro rapporto è 5/4, calcola il perimetro e l'area del triangolo. [54 cm; 121,5 cm²]

118 In un triangolo rettangolo l'ipotenusa misura 75 cm e la proiezione di un cateto sull'ipotenusa misura 27 cm. Calcola:
a. il perimetro del triangolo;
b. la misura dell'altezza relativa all'ipotenusa;
c. il perimetro e l'area del quadrato avente il lato congruente all'altezza relativa all'ipotenusa.
[180 cm; 36 cm; 144 cm; 1296 cm²]

Il secondo teorema di Euclide

[**U4.7** ▸ p. 170]

RICORDA **2° teorema di Euclide**
In ogni triangolo rettangolo il quadrato costruito sull'altezza relativa all'ipotenusa è equivalente al rettangolo avente per lati le proiezioni dei cateti sull'ipotenusa: $AH : CH = CH : BH$

119 **Completa la seguente tabella relativa al triangolo rettangolo raffigurato.**

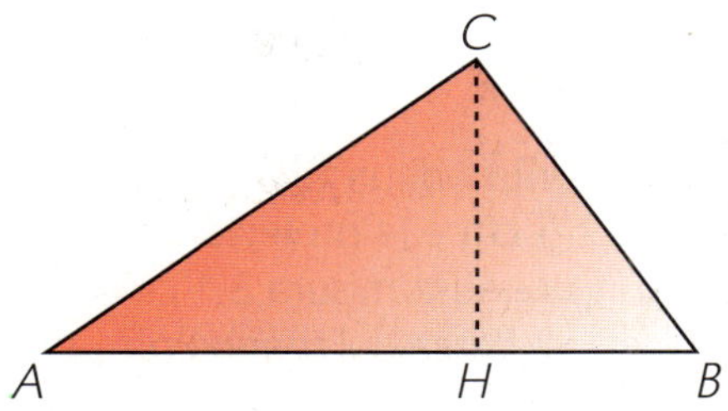

$AH = 32$ cm	$CH = 24$ cm	$BH =$ ....
$AH =$	$CH = 26,4$ cm	$BH = 19,8$ cm
$AH = 16$ cm	$CH =$	$BH = 9$ cm
$AH = 24$ cm	$CH =$	$BH = 13,5$ cm
$AH =$	$CH = 72$ cm	$BH = 54$ cm
$AH = 12$ cm	$CH = 9$ cm	$BH =$ ....
$AH = 14,4$ cm	$CH =$	$BH = 8,1$ cm

APPLICAZIONE

Risolvi i seguenti problemi.

120 In un triangolo rettangolo l'altezza relativa all'ipotenusa e la proiezione di un cateto sull'ipotenusa misurano rispettivamente 12 cm e 16 cm. Calcola la misura della proiezione dell'altro cateto sull'ipotenusa. [9 cm]

121 Calcola la misura dell'altezza relativa all'ipotenusa di un triangolo rettangolo, sapendo che le proiezioni dei cateti su di essa misurano 36 cm e 64 cm. [48 cm]

122 In un triangolo rettangolo l'altezza relativa all'ipotenusa misura 24 cm e la proiezione di un cateto su di essa è 18 cm. Calcola la misura della proiezione sull'ipotenusa dell'altro cateto. [32 cm]

123 In un triangolo rettangolo le proiezioni dei cateti sull'ipotenusa misurano 7,2 m e 12,8 m. Calcola la misura dell'altezza relativa all'ipotenusa. [9,6 m]

124 Calcola la misura della proiezione del cateto minore di un triangolo rettangolo sull'ipotenusa, sapendo che l'altra proiezione misura 25,6 m e che l'altezza relativa all'ipotenusa è 19,2 m. [14,4 m]

125 L'altezza relativa all'ipotenusa di un triangolo rettangolo la divide in due parti che misurano 32 cm e 18 cm. Calcola la misura dell'altezza, il perimetro e l'area del triangolo. [24 cm; 120 cm; 600 cm²]

126 In un triangolo rettangolo *ABC* le proiezioni dei cateti sull'ipotenusa misurano 22,4 cm e 12,6 cm. Calcola il perimetro e l'area del triangolo. [84 cm; 294 cm²]

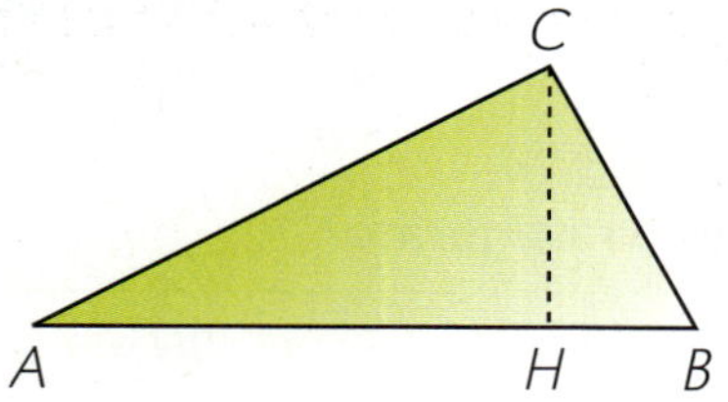

127 In un triangolo rettangolo la proiezione di un cateto sull'ipotenusa misura 57,6 cm e l'altra proiezione è i suoi 9/16. Quanto misura l'altezza relativa all'ipotenusa? [43,2 cm]

128 L'area di un triangolo rettangolo è 181,5 cm^2 e un cateto misura 22 cm. Calcola le misure delle proiezioni dei cateti sull'ipotenusa e la misura dell'altezza relativa all'ipotenusa. [9,9 cm; 17,6 cm; 13,2 cm]

129 Un cateto di un triangolo rettangolo misura 63 m e l'ipotenusa 105 m. Calcola la misura di ciascuna delle due parti in cui l'altezza divide l'ipotenusa. [37,8 m; 67,2 m]

130 Calcola il perimetro di un triangolo rettangolo, sapendo che un cateto e la sua proiezione sull'ipotenusa misurano 72 dm e 57,6 dm. [216 dm]

131 Calcola il perimetro e l'area di un triangolo rettangolo, sapendo che l'ipotenusa e la proiezione di un cateto su di essa misurano 20 m e 12,8 m. [48 m; 96 m²]

132 Un cateto di un triangolo rettangolo misura 7,5 cm e l'altezza relativa all'ipotenusa è 6 cm. Calcola il perimetro e l'area del triangolo. [30 cm; 37,50 cm²]

133 In un triangolo rettangolo le proiezioni dei cateti sull'ipotenusa misurano 90 cm e 160 cm. Calcola la misura dell'altezza relativa all'ipotenusa e il perimetro del triangolo. [120 cm; 600 cm]

134 Calcola la misura di ciascuna delle due proiezioni dei cateti di un triangolo rettangolo sull'ipotenusa, sapendo che questa misura 65 dm e che uno dei cateti è 39 dm. [23,4 dm; 41,6 dm]

135 Un triangolo rettangolo ha l'altezza relativa all'ipotenusa di 33,6 m e la proiezione di un cateto su di essa di 25,2 m. Calcola il perimetro e l'area del triangolo. [168 m; 1176 m²]

136 In un triangolo rettangolo l'altezza relativa all'ipotenusa la divide in due segmenti lunghi 51,2 cm e 28,8 cm. Calcola il perimetro e l'area del triangolo. [192 cm; 1536 cm²]

137 Calcola l'area e il perimetro di un triangolo rettangolo, sapendo che un cateto e la sua proiezione sull'ipotenusa misurano 21 dm e 12,6 dm. [294 dm²; 84 dm]

138 L'ipotenusa di un triangolo rettangolo misura 22,5 cm e la proiezione di uno dei cateti sull'ipotenusa misura 8,1 cm. Calcola il perimetro e l'area del triangolo. [54 cm; 121,50 cm²]

139 La diagonale maggiore di un rombo misura 16 cm e la distanza dal centro al lato è 4,8 cm. Calcola le misure delle proiezioni delle semidiagonali sul lato del rombo e il perimetro del rombo. [6,4 cm; 3,6 cm; 40 cm]

140 In un triangolo rettangolo l'ipotenusa, che è lunga 80 m, è divisa dall'altezza a essa relativa in due segmenti che stanno tra loro nel rapporto 9/16. Calcola la misura dell'altezza relativa all'ipotenusa e il perimetro del triangolo. [38,4 m; 192 m]

141 Calcola il perimetro e l'area di un triangolo rettangolo, sapendo che la proiezione del cateto maggiore sull'ipotenusa misura 25,6 cm ed è 4/3 dell'altezza relativa all'ipotenusa. [96 cm; 384 cm^2]

142 In un triangolo rettangolo l'altezza relativa a l'ipotenusa misura 16,8 cm e la proiezione del cateto minore sull'ipotenusa è i suoi 3/4. Calcola il perimetro e l'area del triangolo. [84 cm; 294 cm^2]

143 Il perimetro di un triangolo rettangolo è 81,6 cm, l'ipotenusa misura 34 cm e i cateti sono uno 3/4 dell'altro. Calcola le misure delle proiezioni dei cateti sull'ipotenusa e la misura dell'altezza a essa relativa. [12,24 cm; 21,76 cm; 16,32 cm]

144 La base e l'altezza di un rettangolo misurano, rispettivamente, 16 m e 12 m. Calcola la misura di ciascuno dei due segmenti in cui viene divisa la diagonale tracciando da un vertice l'altezza a essa relativa. [12,8 m; 7,2 m]

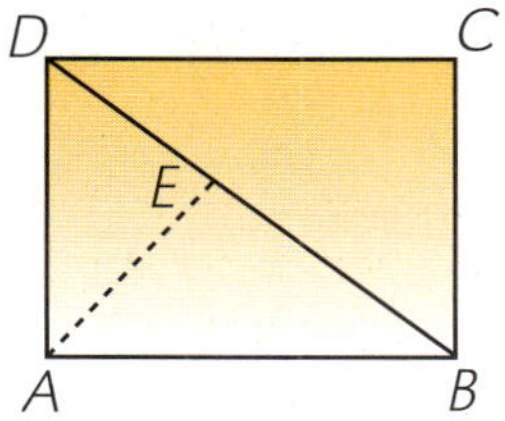

145 In un parallelogrammo la diagonale minore è perpendicolare al lato obliquo. Sapendo che la sua lunghezza è 60 cm e che la sua proiezione sulla base misura 48 cm, calcola il perimetro e l'area del parallelogrammo. [240 cm; 27 dm^2]

146 L'altezza e il lato obliquo di un trapezio isoscele misurano 12 cm e 15 cm. Sapendo che la diagonale è perpendicolare al lato obliquo, calcola il perimetro e l'area del trapezio. [62 cm; 192 cm^2]

147 In un trapezio rettangolo la diagonale minore è perpendicolare al lato obliquo. Sapendo che quest'ultimo misura 65 cm e la sua proiezione sulla base maggiore è lunga 25 cm, calcola il perimetro e l'area (in decimetri quadrati) del trapezio. [438 cm; 93,90 dm^2]

Il teorema di Talete

[U4.8 ▸ p. 172]

RICORDA **Teorema di Talete**
Un fascio di rette parallele determina su due rette trasversali segmenti corrispondenti in proporzione.

148 **Osserva la figura e i dati riportati a fianco e calcola la misura del segmento *AB*. Quale teorema ti consente di calcolare la misura richiesta? Come si enuncia?** [10 cm]

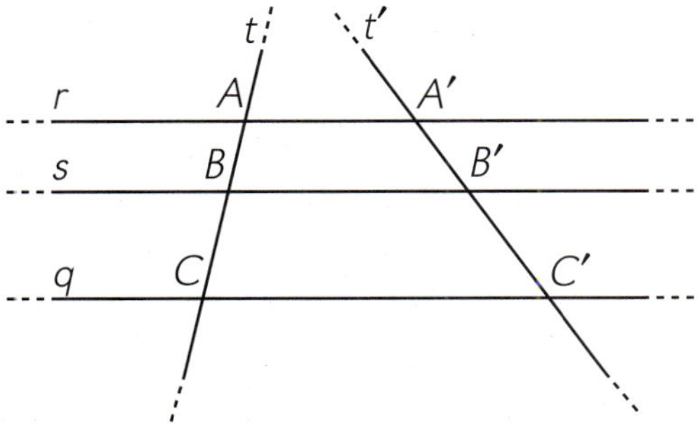

$A'B' = 12$ cm
$B'C' = 18$ cm
$BC = 15$ cm
$AB = ?$

Risolvi i seguenti problemi.

149 Tre rette parallele sono intersecate da due trasversali le quali formano i segmenti *AB* di 21 cm, *BC* di 15 cm e i corrispondenti *A'B'* di 28 cm e *B'C'*: quanto misura quest'ultimo? [20 cm]

150 Considera quattro rette parallele tagliate da due trasversali e calcola la misura di $A'B'$, $B'C'$, $C'D'$, sapendo che $A'D' = 30$ cm; $AB = 10$ cm; $BC = 22$ cm; $CD = 8$ cm. [7,5 cm; 16,5 cm; 6 cm]

151 In un triangolo rettangolo ABC i cateti AC e AB misurano rispettivamente 12,6 cm e 16,8 cm. Da un punto D situato sul cateto AC e distante 6 cm dal vertice A, traccia la parallela al cateto AB e calcola il perimetro e l'area del triangolo DEC. [26,4 cm; 29,04 cm^2]

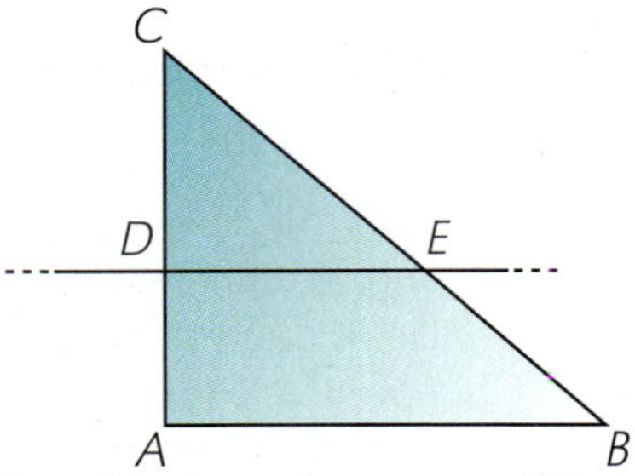

152 Un triangolo rettangolo ha il cateto maggiore AB e l'ipotenusa BC lunghi, rispettivamente, 26 cm e 32,5 cm. Una parallela al cateto maggiore taglia il cateto minore e l'ipotenusa nei punti D ed E. Calcola il perimetro del triangolo DEC, sapendo che $CA = 5/2\,AD$. [46,8 cm]

153 In un triangolo isoscele la base e l'altezza misurano, rispettivamente, 36 cm e 24 cm. Una parallela alla base del triangolo passa per il punto medio dell'altezza e divide il triangolo dato in due parti; calcola l'area di ciascuna di esse. [108 cm^2; 324 cm^2]

154 Due trasversali intersecano tre rette parallele determinando i segmenti AB, BC e i corrispondenti $A'B'$, $B'C'$. Sapendo che AB è 2/3 di BC e che $A'B' = 22$ cm, calcola la misura di $B'C'$. [33 cm]

155 Il rapporto tra i segmenti AB e BC determinati da una delle due trasversali che tagliano tre rette parallele è 4/3. Sapendo che $AC = 35$ cm e che $A'B'$, corrispondente di AB sull'altra trasversale, è 16 cm, calcola le misure di AB, BC e $B'C'$. [20 cm; 15 cm; 12 cm]

156 Un laghetto separa le città A e B. Sapendo che i segmenti AB e DE sono paralleli e che $AD = 90$ km, $DC = 2/3\,AD$, $DE = 48$ km, calcola la distanza tra A e B. [120 km]

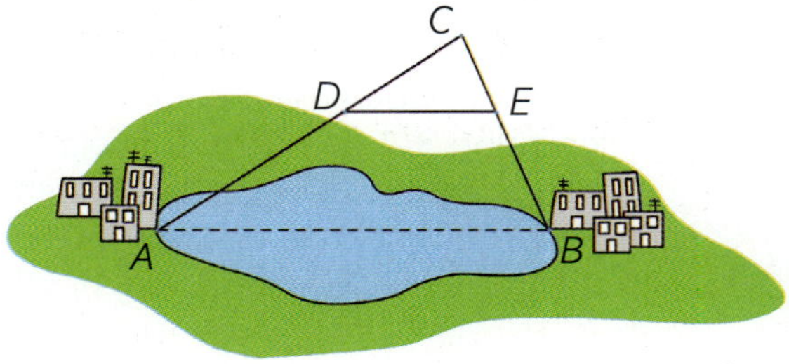

Il teorema *k* (di Montemurro)

Consideriamo il triangolo rettangolo ABC, retto in $\hat{C}$, avente l'ipotenusa di 5 cm e i cateti di 4 cm e 3 cm e calcoliamo il valore dei seguenti rapporti:

$$\frac{c+b}{a} = \frac{5+4}{3} = 3 \quad (k)$$

$$\frac{c+a}{b} = \frac{5+3}{4} = 2 \quad (k')$$

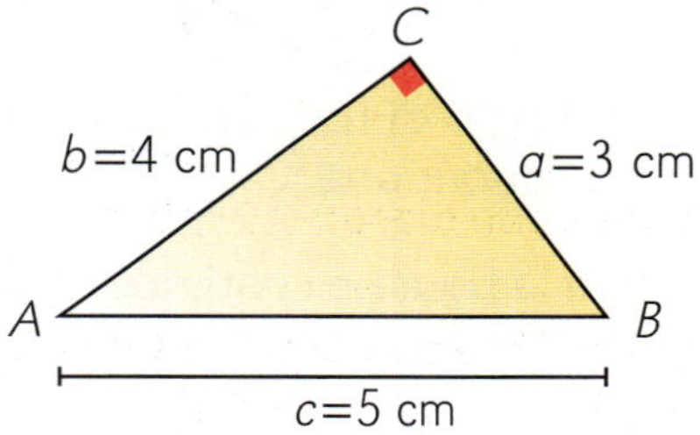

Osserviamo che, chiamato k il primo rapporto, il secondo è uguale a $\frac{k+1}{k-1}$. Infatti $k' = \frac{3+1}{3-1} = \frac{4}{2} = 2$.

Dalle osservazioni fatte, che si estendono a ogni triangolo rettangolo, scaturisce il teorema k:

In ogni triangolo rettangolo, in cui c *rappresenta la misura dell'ipotenusa,* a *e* b *le misure dei cateti, detto* k *il rapporto* $\frac{c+b}{a}$ *e* k' *il rapporto* $\frac{c+a}{b}$ *sussiste la relazione* $k' = \frac{k+1}{k-1}$.

È facile verificare che due triangoli rettangoli sono simili se hanno lo stesso valore k.

157 Considera almeno cinque triangoli rettangoli a tuo piacere e verifica la relazione relativa al teorema k.

La dimostrazione del teorema k (dell'autrice di questo libro) si trova nel sito www.teoreminuovi.it. Qui ne abbiamo dato solo l'enunciato.

RIEPILOGO E CONSOLIDAMENTO

1 Individua le coppie di figure omotetiche.

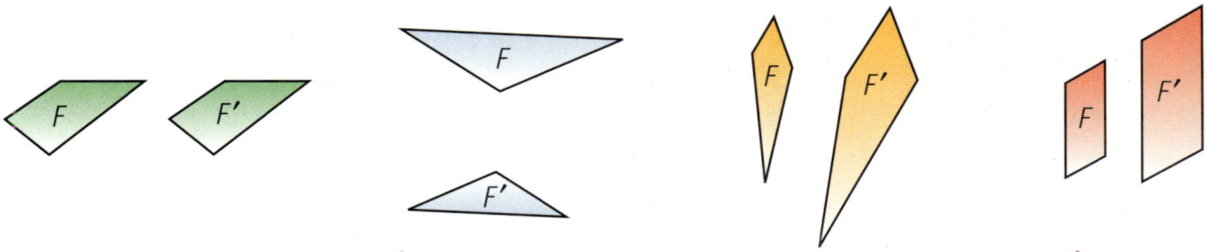

a. b. c. d.

2 Stabilisci se i quadrilateri indicati nella tabella sono simili fra loro, sapendo che gli angoli sono ordinatamente congruenti. In caso di risposta affermativa determina il rapporto di similitudine.

quadrilateri	misure dei lati	*ABCD* è simile ad *A'B'C'D'*?	rapporto di similitudine
ABCD *A'B'C'D'*	$AB = BC = CD = 6$ cm; $AD = 8$ cm $A'B' = B'C' = C'D' = 18$ cm; $A'D' = 24$ cm	☐ sì ☐ no	....
ABCD *A'B'C'D'*	$AB = 10$ cm; $BC = 15$ cm; $CD = 16$ cm; $AD = 2$ cm $A'B' = 20$ cm; $B'C' = 30$ cm; $C'D' = 8$ cm; $A'D' = 4$ cm	☐ sì ☐ no	....

3 Costruisci una figura simile a quella data e calcola il rapporto di similitudine.

4 Verifica con disegni esemplificativi che i triangoli equilateri sono sempre simili.

5 Stabilisci se sono simili i triangoli *ABC* e *A'B'C'*, sapendo che:
$\hat{A} = 28°$ $\hat{B} = 56°$
$\hat{C}' = 96°$ $\hat{B}' = 56°$
In caso di risposta affermativa, indica per quale criterio di similitudine lo sono.

6 I lati di due triangoli *ABC* e *A'B'C'* hanno le seguenti misure:
$AB = 21$ cm $BC = 28$ cm $AC = 35$ cm
$A'B' = 12$ cm $B'C' = 16$ cm $A'C' = 20$ cm
I due triangoli sono simili? In caso di risposta affermativa, per quale criterio di similitudine?

7 Individua il criterio secondo il quale i due triangoli *ABC* e *A'B'C'* sono simili e calcola il rapporto di similitudine.
$\hat{A} = 47°$ $\hat{B} = 51°$ $AB = 36$ cm
$\hat{A}' = 47°$ $\hat{B}' = 51°$ $A'B' = 96$ cm

8 A ciascuno dei seguenti triangoli rettangoli applica il teorema di Euclide che ritieni più opportuno e calcola le misure incognite.

a.

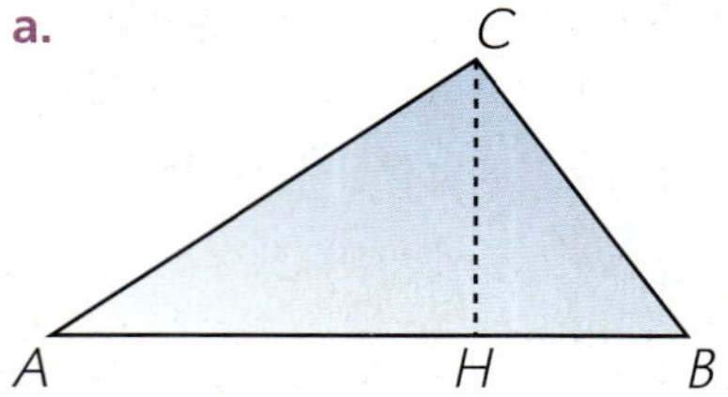

$AB = 35$ cm

$AH = 22{,}4$ cm

$AC = ?$

b.

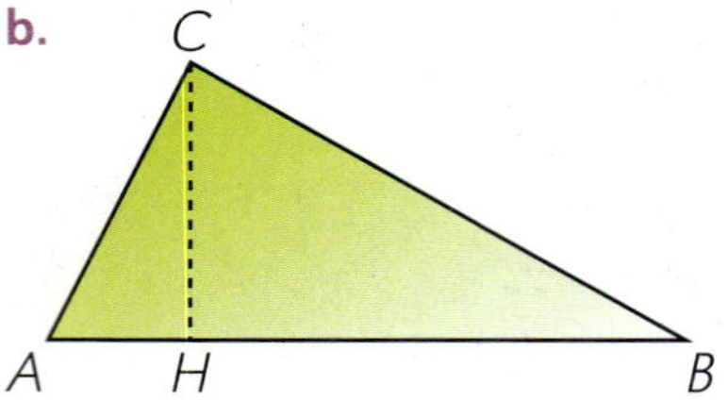

$AC = 6$ cm

$AH = 3{,}6$ cm

$AB = ?$

$2p = ?$

c.

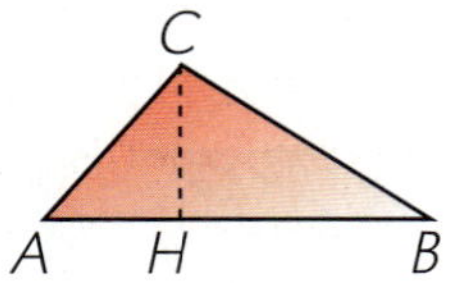

$AH = 5{,}4$ cm

$BH = 9{,}6$ cm

$CH = ?$

d.

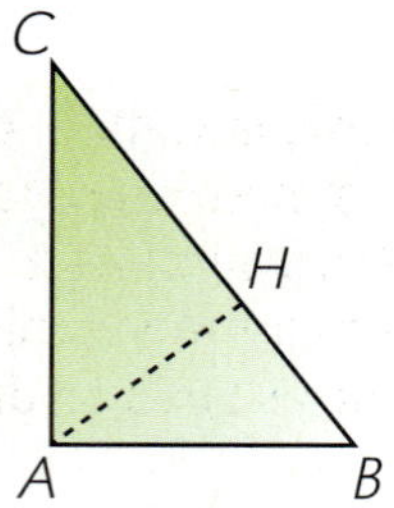

$CH = 25{,}6$ cm

$AH = 19{,}2$ cm

$BH = ?$

e.

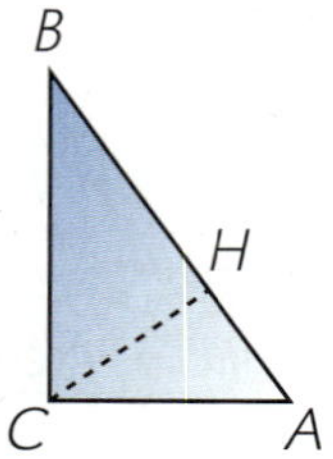

$AC = 15$ cm

$CH = 12$ cm

$AB = ?$

$2p = ?$

f.

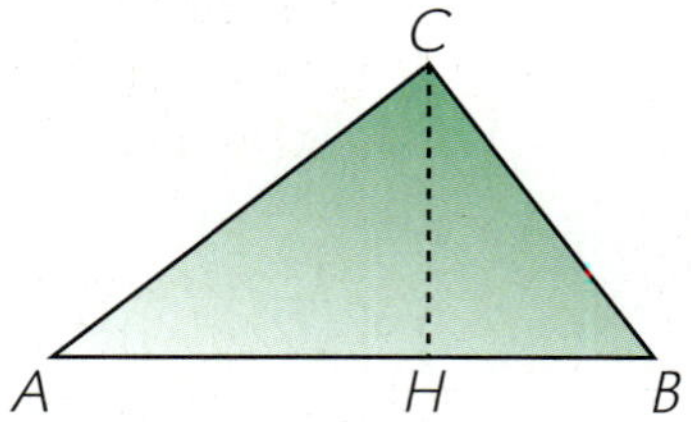

$AH = 4{,}8$ cm

$CH = 3{,}6$ cm

$2p = ?$

Risolvi i seguenti problemi.

9 Due triangoli sono simili e il loro rapporto di similitudine è 3/5. Calcola la misura della base e dell'altezza del secondo triangolo, sapendo che la base e l'altezza del primo sono lunghe 12 cm e 3,6 cm. [20 cm; 6 cm]

10 Due cateti omologhi di due triangoli rettangoli simili misurano, rispettivamente, 15 cm e 10 cm. Sapendo che l'ipotenusa del primo triangolo misura 39 cm, calcola il perimetro del secondo triangolo. [60 cm]

11 In un parallelogrammo la base e l'altezza misurano 14 cm e 8 cm. Calcola la misura dell'altezza di un parallelogrammo simile a quello dato e avente la base di 21 cm. [12 cm]

12 Il rapporto di similitudine fra due trapezi isosceli è 3/4. Sapendo che l'altezza e le basi del primo trapezio misurano, rispettivamente, 8 cm, 34 cm e 4 cm, calcola il perimetro del secondo trapezio. [96 cm]

13 Un trapezio ha l'area di 36 cm^2, l'altezza di 4 cm e la base minore 1/2 della maggiore. Calcola la misura della base maggiore di un trapezio simile a quello dato, sapendo che il rapporto di similitudine è 5/14. [33,6 cm]

14 L'angolo alla base di due triangoli isosceli misura 72°. La base del primo triangolo misura 105 cm e quella del secondo 120 cm. I due triangoli sono simili? In caso di risposta affermativa, calcola il rapporto di similitudine.

15 Le basi di due triangoli isosceli misurano, rispettivamente, 46 cm e 10 cm e l'angolo al vertice misura 20°. Stabilisci se i due triangoli sono simili e, in caso di risposta affermativa, calcola il rapporto di similitudine.

16 L'angolo al vertice di un triangolo isoscele misura 18° e l'angolo alla base di un secondo triangolo isoscele misura 81°. Secondo quale criterio i due triangoli sono simili?

17 I cateti di un triangolo rettangolo misurano 21 cm e 72 cm e i cateti di un altro triangolo rettangolo misurano 70 cm e 240 cm. I due triangoli sono simili? Motiva la risposta.

18 Calcola le misure dei lati di un triangolo simile al triangolo *ABC* avente i lati di 15 cm, 18 cm e 24 cm, sapendo che il rapporto di similitudine è 3/5. [25 cm; 30 cm; 40 cm]

19 Due triangoli sono simili. Sapendo che il perimetro del primo è 48 cm e il perimetro del secondo 72 cm, calcola il rapporto di similitudine tra i due triangoli. [2/3]

20 I cateti di un triangolo rettangolo misurano 15 cm e 20 cm. Calcola il perimetro di un triangolo simile a quello dato, sapendo che il rapporto di similitudine è 5/4. [48 cm]

21 Due lati corrispondenti di due poligoni simili misurano, rispettivamente, 32 cm e 40 cm. Calcola il perimetro del secondo poligono, sapendo che il perimetro del primo è 72 cm. [90 cm]

22 Due quadrilateri sono simili. Sapendo che il rapporto fra due lati corrispondenti è 5/3, qual è il rapporto fra i loro perimetri? Qual è il rapporto fra le loro aree?

23 Un triangolo ha la base di 84 cm e l'altezza di 48 cm. Calcola l'area di un triangolo simile a quello dato, sapendo che la base misura 35 cm. Inoltre, indica il rapporto tra le aree dei triangoli. [350 cm^2; 144/25]

24 L'area di un rettangolo è 312 cm^2 e la base misura 26 cm. Calcola il perimetro di un secondo rettangolo simile a quello dato, sapendo che il rapporto di similitudine tra il primo e il secondo rettangolo è 4/5. [95 cm]

25 I lati omologhi di due poligoni simili misurano, rispettivamente, 18 cm e 27 cm. Calcola il rapporto tra l'area del primo e l'area del secondo poligono. [4/9]

26 Il rapporto tra le aree di due quadrati è 9/16. Sapendo che l'area del quadrato minore è 729 cm^2, calcola il perimetro del quadrato maggiore. [144 cm]

27 L'ipotenusa e un cateto di un triangolo rettangolo misurano, rispettivamente, 116 cm e 84 cm. Un secondo triangolo simile al precedente ha l'area di 210 cm^2. Calcola il perimetro del secondo triangolo. [70 cm]

28 Il rapporto di similitudine di due rettangoli simili è 2/7. Le dimensioni del primo rettangolo misurano 14 cm e 18 cm. Calcola l'area di ciascun rettangolo. [252 cm^2; 3087 cm^2]

29 Due rettangoli sono simili. Sapendo che le dimensioni del primo sono una 5/4 dell'altra, che il perimetro è 27 cm e l'area del secondo è 5 cm^2, calcola il perimetro del secondo rettangolo. [9 cm]

30 In un trapezio isoscele la somma delle basi misura 32 dm e la base minore è 5/11 della maggiore, l'altezza misura 8 dm. Calcola il perimetro di un trapezio simile a quello dato, sapendo che il rapporto di similitudine è 4/3. [39 dm]

31 Il rapporto tra le aree di due triangoli equilateri è 81/16. Il lato del triangolo minore misura 24 cm. Calcola la misura del lato del triangolo maggiore. [54 cm]

32 Le diagonali di un rombo misurano 120 cm e 90 cm. Calcola l'area di un rombo, simile al primo, sapendo che ha il perimetro di 80 cm. [384 cm^2]

33 Il rapporto di similitudine tra due poligoni regolari è 3/8. Se l'area del primo è 36 cm^2, quanto misura l'area del secondo? [256 cm^2]

34 In un triangolo rettangolo *ABC* il cateto *BC* misura 32 cm e l'altezza relativa all'ipotenusa misura 19,2 cm. Calcola il perimetro e l'area del triangolo.

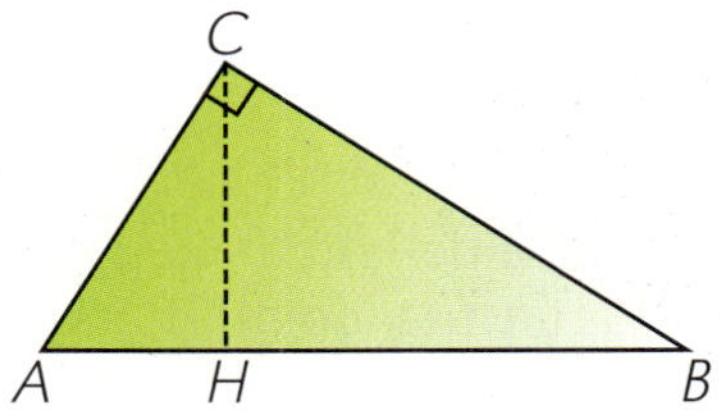

[96 cm; 384 cm^2]

35 Calcola il perimetro e l'area di un triangolo rettangolo che ha l'ipotenusa di 30 cm e la proiezione di un cateto su di essa di 10,8 cm. [72 cm; 216 cm^2]

36 Calcola il perimetro e l'area di un triangolo rettangolo che ha le proiezioni dei cateti sull'ipotenusa di 4,5 cm e 8 cm. [30 cm; 37,5 cm²]

37 Osserva la figura. La diagonale $AC = 75$ cm del rettangolo $ABCD$ è divisa dalla perpendicolare BH in due parti, tali che una è 9/16 dell'altra. Calcola il perimetro e l'area del rettangolo.

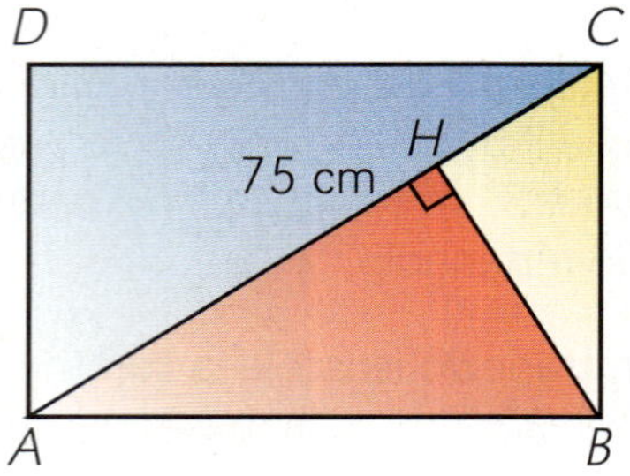

[210 cm; 2700 cm²]

38 In un triangolo rettangolo la somma dell'ipotenusa e della proiezione di un cateto su di essa misura 131,2 cm e il loro rapporto è 25/16. Calcola il perimetro e l'area del triangolo. [192 cm; 1536 cm²]

39 In un triangolo rettangolo la differenza tra un cateto e la sua proiezione sull'ipotenusa misura 18 cm. Sapendo che il loro rapporto è 5/3, calcola il perimetro e l'area del triangolo. [180 cm; 1350 cm²]

40 La somma e la differenza dell'ipotenusa e di un cateto di un triangolo rettangolo misurano, rispettivamente, 31,5 cm e 3,5 cm. Calcola le misure delle proiezioni dei due cateti sull'ipotenusa. [6,3 cm; 11,2 cm]

41 Calcola il perimetro e l'area di un triangolo rettangolo, sapendo che la proiezione del cateto minore sull'ipotenusa misura 11,16 cm ed è 3/4 dell'altezza relativa all'ipotenusa. [74,4 cm; 230,64 cm²]

42 La proiezione del cateto maggiore sull'ipotenusa di un triangolo rettangolo misura 10,88 cm e rappresenta 4/3 dell'altezza relativa all'ipotenusa. Calcola il perimetro e l'area del triangolo. [40,8 cm; 69,36 cm²]

43 In un triangolo rettangolo la somma e la differenza delle proiezioni dei cateti sull'ipotenusa misurano, rispettivamente, 8 cm e 2,24 cm. Calcola il perimetro e l'area del triangolo. [19,2 cm; 15,36 cm²]

44 In un trapezio rettangolo $ABCD$ la base minore misura 45 cm e l'altezza 60 cm. Sapendo che la diagonale minore è perpendicolare al lato obliquo, calcola il perimetro e l'area del trapezio.

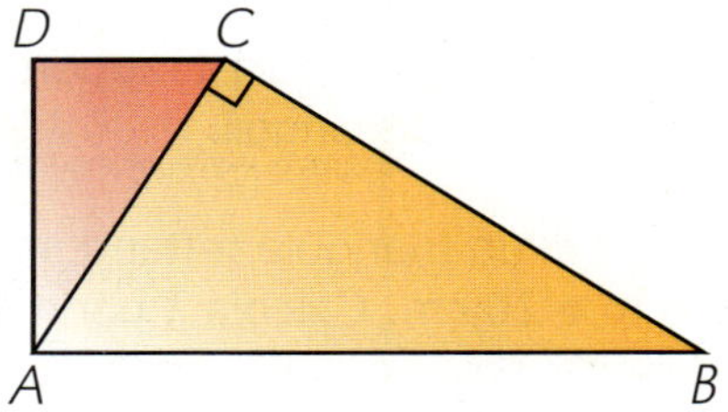

[330 cm; 5100 cm²]

45 La diagonale e l'altezza di un trapezio isoscele misurano, rispettivamente, 20 cm e 12 cm. Sapendo che la diagonale è perpendicolare al lato obliquo, calcola il perimetro e l'area del trapezio. [62 cm; 192 cm²]

46 Tre rette parallele sono tagliate da due trasversali. Se $AB = 2/7$ di BC e $A'C'$ misura 72 cm, quanto misurano $A'B'$ e $B'C'$?

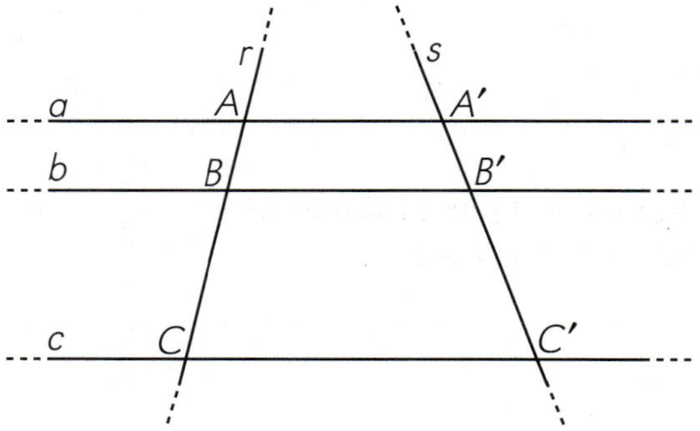

[16 cm; 56 cm]

47 Una parallela alla base AB di un triangolo isoscele interseca i due lati obliqui nei punti M ed N tali che $\frac{AM}{CM} = \frac{9}{4}$. Se l'altezza CH relativa alla base AB misura 20,8 cm e il lato obliquo misura 26 cm, calcola il perimetro e l'area del triangolo MCN. [25,6 cm; 30,72 cm²]

SINTESI DELL'UNITÀ 4

In questo **schema** (o **mappa**) è sintetizzato il tuo percorso di apprendimento. Verifica se hai assimilato il contenuto di questa unità completandola mappa anche solo oralmente.

TRASFORMAZIONI GEOMETRICHE

L'omotetia

Un'omotetia si dice diretta se ....
....
Un'omotetia si dice inversa se ....
....

La **similitudine** è una trasformazione che si ottiene
....
....

Il **teorema di Talete** afferma
....
....

Il **terzo criterio di similitudine** dei triangoli dice che ....
....

Il **primo criterio di similitudine** dei triangoli dice che ....
....
....

Il **secondo criterio di similitudine** dei triangoli dice che ....
....

Il **primo teorema di Euclide** afferma ....
....
....

Il **secondo teorema di Euclide** afferma ....
....
....

TEST DI AUTOVERIFICA

Indica la risposta esatta, individuandola tra quelle proposte: A, B o C.

1 L'omotetia è:
- **A** una trasformazione geometrica
- **B** un calcolo matematico
- **C** un teorema

2 Un'omotetia è individuata da un centro di omotetia e da:
- **A** un raggio **B** un rapporto costante
- **C** un vettore

3 Nella seguente figura qual è il rapporto k di omotetia tra OP' e OP?

A 2/3 **B** 3/2 **C** 5/2

4 Due figure omotetiche:
- **A** hanno la stessa forma
- **B** occupano la stessa superficie
- **C** hanno forme diverse

5 Due figure omotetiche hanno i lati corrispondenti:
- **A** perpendicolari **B** paralleli **C** obliqui

6 La similitudine è il prodotto:
- **A** di un'omotetia e di un'isometria
- **B** di una simmetria e di un'isometria
- **C** di un'omotetia e di una simmetria

7 Due rettangoli simili hanno le basi, rispettivamente, di 12 cm e 16 cm. Qual è il rapporto di similitudine?
- **A** 3/5 **B** 4/5 **C** 3/4

8 Due poligoni simili hanno gli angoli corrispondenti:
- **A** complementari **B** congruenti **C** supplementari

9 I lati corrispondenti di due poligoni simili si dicono:
- **A** omogenei **B** eterogenei **C** omologhi

10 Due poligoni che hanno i lati omologhi in proporzione e gli angoli omologhi congruenti sono:
- **A** congruenti **B** simili **C** equivalenti

11 Per quale criterio di similitudine sono simili due triangoli isosceli aventi un angolo alla base di 38°?
- **A** primo **B** secondo **C** terzo

12 Il secondo criterio di similitudine afferma che due triangoli sono simili se hanno:
- **A** due lati proporzionali e l'angolo tra essi compreso congruente
- **B** due lati e un angolo congruenti
- **C** un angolo congruente e un lato in proporzione

13 Il terzo criterio di similitudine afferma che due triangoli sono simili se hanno:
- **A** gli angoli ordinatamente congruenti
- **B** i lati ordinatamente congruenti
- **C** i lati ordinatamente in proporzione

14 Due triangoli equilateri:
- **A** sono sempre simili **B** sono sempre congruenti
- **C** non sono mai simili

15 Il perimetro del primo di due poligoni simili è 56 cm. Il lato $AB = 14$ cm e l'omologo $A'B' = 21$ cm. Qual è il perimetro del secondo poligono?
- **A** 28 cm **B** 64 cm **C** 84 cm

16 Indicando con A e A' le aree di due poligoni simili, se $A = 90\ cm^2$ e $A' = 250\ cm^2$, il rapporto di similitudine è:
- **A** 3/5 **B** 9/25 **C** 25/9

17 In un triangolo rettangolo ABC retto in $\hat{C}$, la proporzione $AB : AC = AC : AH$ esprime:
- **A** il 2° teorema di Euclide
- **B** il 1° teorema di Euclide
- **C** il teorema di Pitagora

18 L'ipotenusa di un triangolo rettangolo misura 60 cm e un cateto è i suoi 3/5. Quanto misura la proiezione di tale cateto sull'ipotenusa?
- **A** 20 cm **B** 21,6 cm **C** 22 cm

19 La proporzione $AH : CH = CH : BH$, riferita a un triangolo rettangolo ABC retto in $\hat{C}$, esprime che:
- **A** l'ipotenusa è media proporzionale tra i cateti
- **B** un cateto è medio proporzionale tra l'ipotenusa e la sua proiezione sull'ipotenusa
- **C** l'altezza relativa all'ipotenusa è media proporzionale tra le proiezioni dei cateti sull'ipotenusa

20 L'ipotenusa AB di un triangolo rettangolo retto in $\hat{C}$ misura 75 cm e la proiezione di un cateto su di essa misura 48 cm. Qual è l'area del triangolo?
- **A** 3600 cm^2 **B** 1800 cm^2 **C** 1350 cm^2

Esercizio	1	2	3	4	5	6	7	8	9	10	11	12	13	14	15	16	17	18	19	20
Risposta																				

Confronta le tue risposte con quelle riportate in fondo al volume. Per ogni risposta esatta annerisci un quadratino del "misuratore" riportato qui sotto. I colori evidenziano il tuo livello di preparazione e la votazione ottenuta.

Voto		1		2		3		4		5		6		7		8		9		10

RECUPERO E RIPASSO

Se non hai superato con successo il test per l'autoverifica, o se devi prepararti sugli argomenti di questa unità, prova a rispondere alle domande nella prima colonna. Se non ci riesci, trovi la risposta nella seconda colonna. La terza colonna ti propone alcuni esercizi da risolvere per applicare le tue conoscenze.

Domanda | **Risposta** | **Esercizi**

Domanda

Che cosa si intende per **omotetia**?

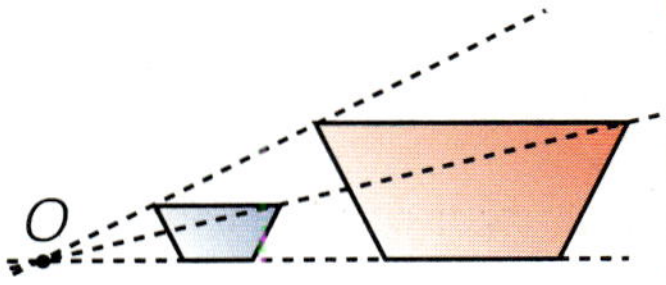

Risposta

L'omotetia è una trasformazione geometrica che trasforma una **figura piana** in un'**altra** della stessa forma, *ingrandita* o *rimpicciolita*.

Un'omotetia è individuata da un punto O detto **centro di omotetia** e da un **rapporto k**.

Nell'esempio qui sopra:

$$\frac{OP'}{OP} = \boldsymbol{k} = \mathbf{3}$$

Esercizi

1. In ciascuna figura indica il centro e il rapporto di omotetia.

a.

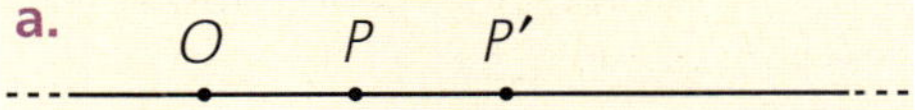

[$k = 2$]

b.

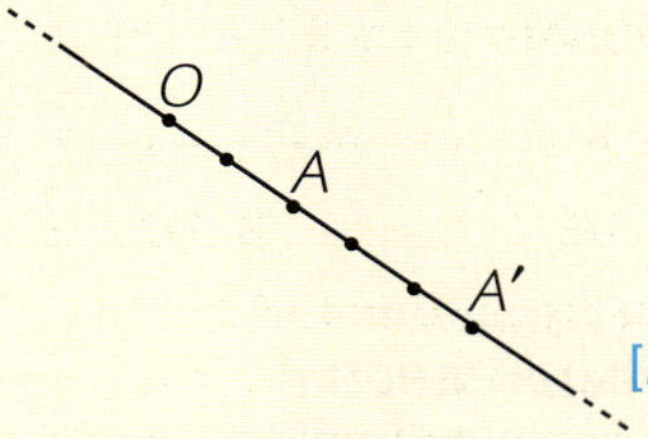

[$k = 5/2$]

c.

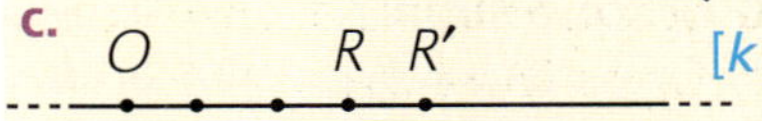

[$k = 4/3$]

Domanda

Come si costruiscono due triangoli **corrispondenti in un'omotetia diretta** di centro O e caratteristica $k = 2$?

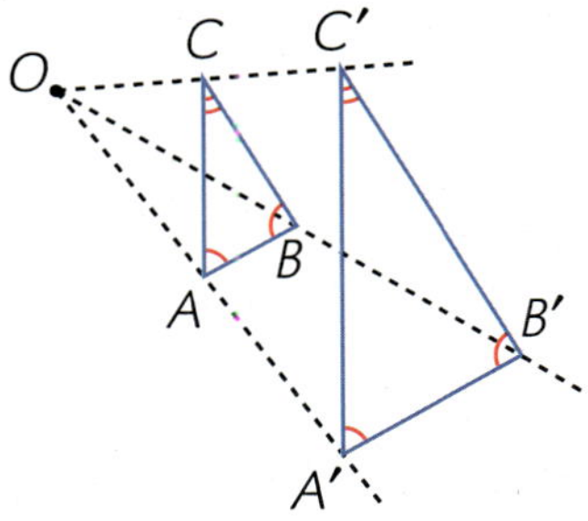

Risposta

Si disegna il triangolo ABC, si fissa il punto O che in questo caso è esterno a esso, si tracciano da O le semirette passanti per A, B, C e su di esse, dalla *stessa parte* rispetto a O, si individuano i punti A', B', C' in modo che le misure di OA', OB', OC' siano il doppio di OA, OB, OC:

$$\frac{OA'}{OA} = \frac{OB'}{OB} = \frac{OC'}{OC} = 2$$

Ogni **lato** del triangolo $A'B'C'$ è il doppio del lato corrispondente di ABC. Gli **angoli corrispondenti** sono congruenti.

Esercizi

2. Stabilisci qual è il rapporto di omotetia tra i segmenti LM ed $L'M'$. [1/2]

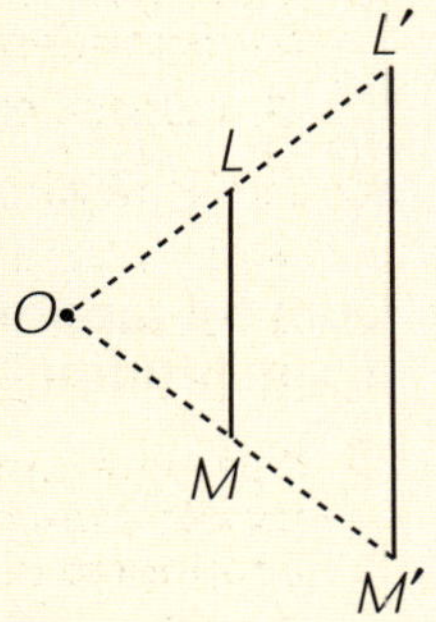

3. Dato il triangolo ABC, costruisci sul tuo quaderno il suo corrispondente in un'omotetia diretta di centro O e $k = 3$. Verifica che ciascun lato di $A'B'C'$ è 3 volte il lato corrispondente di ABC e che gli angoli sono congruenti.

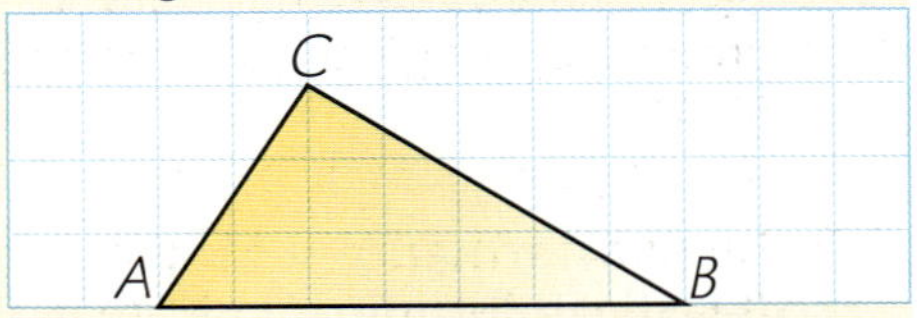

Domanda

Perché le figure F ed F' si dicono **corrispondenti in un'omotetia inversa?** Qual è il **rapporto di omotetia?**

Risposta

Perché sono situate da parti opposte rispetto a O.

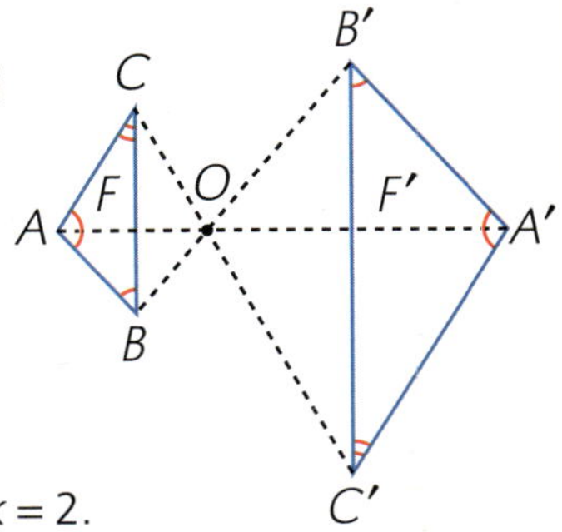

Il rapporto di omotetia è $k = 2$.

Esercizi

4. Spiega perché i punti R' ed R si corrispondono in un'omotetia inversa di centro O. Calcola il rapporto di omotetia. [$k = 1/3$]

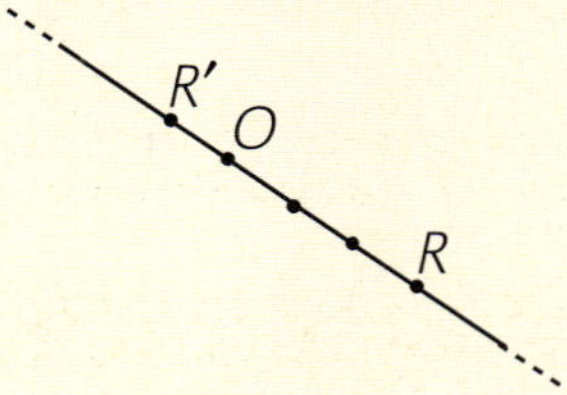

RECUPERO E RIPASSO

Domanda	Risposta	Esercizi

Che cos'è la similitudine?

La similitudine è una trasformazione geometrica che si ottiene componendo un'omotetia con un'isometria o viceversa.

5. Riporta sul tuo quaderno il segmento *RS* e disegna il segmento *R'S'* corrispondente di *RS* in un'omotetia inversa di centro *O* e rapporto $k = 1/2$.

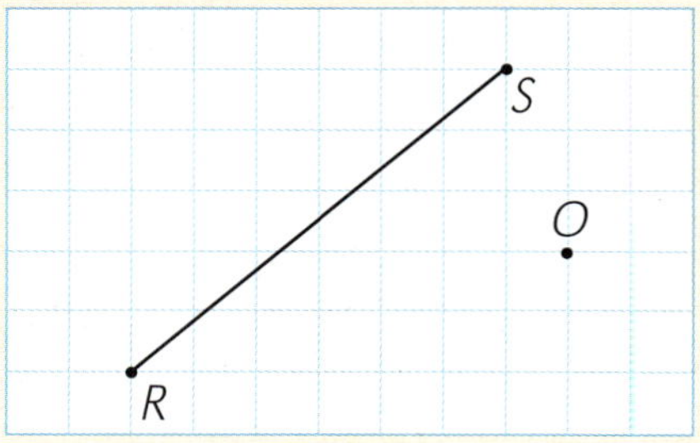

Perché i due quadrilateri *ABCD* e *A'B'C'D'* sono simili?

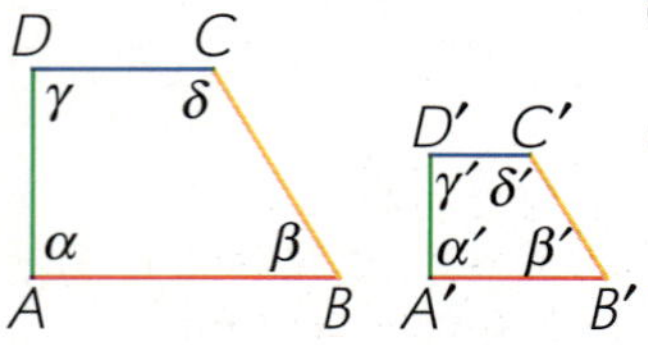

Perché hanno gli angoli corrispondenti ordinatamente congruenti e il rapporto tra le misure di due lati corrispondenti costante.

$\alpha = \alpha' \quad \beta = \beta' \quad \gamma = \gamma' \quad \delta = \delta'$

$$\frac{AB}{A'B'} = \frac{BC}{B'C'} = \frac{CD}{C'D'} = \frac{AD}{A'D'} = \mathbf{2}$$

Qual è il rapporto di similitudine?

Il rapporto di similitudine è 2.

6. Disegna sul tuo quaderno due triangoli isosceli simili.

7. Calcola il rapporto di similitudine di ciascuna coppia di figure.

a.

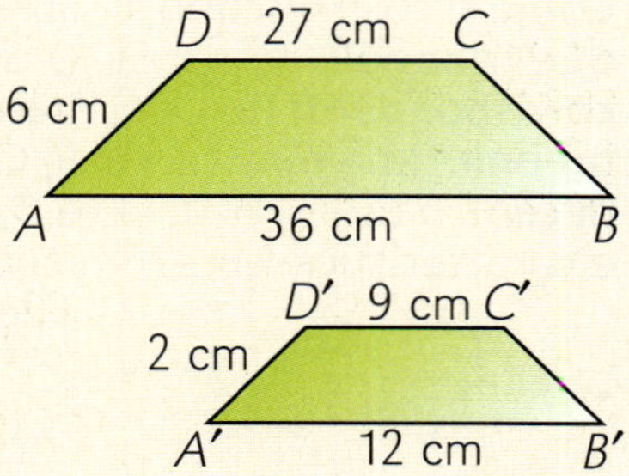

b.

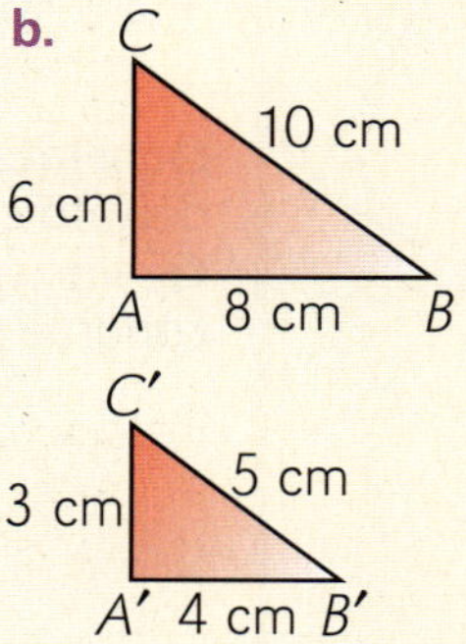

Che cosa affermano i criteri di similitudine dei triangoli?

1° Due triangoli sono simili se hanno gli angoli ordinatamente congruenti.

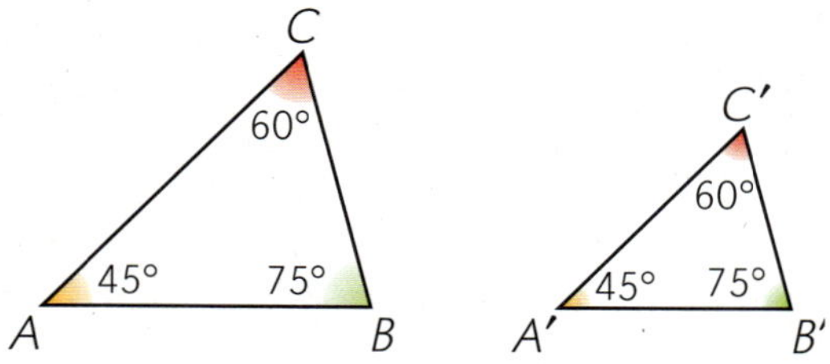

8. Spiega perché i seguenti triangoli sono simili e specifica in base a quale criterio.

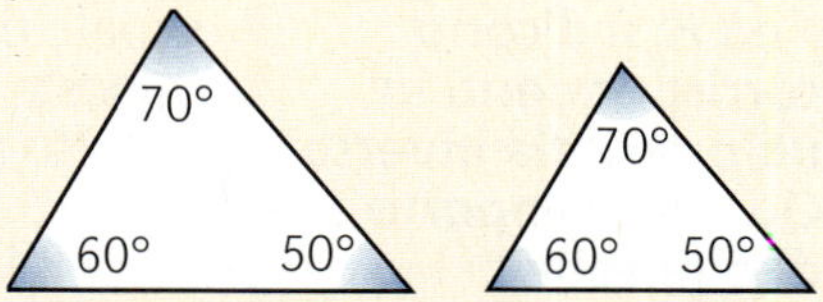

Domanda | **Risposta** | **Esercizi**

2° Due triangoli sono simili se hanno un angolo congruente e i lati che lo comprendono proporzionali.

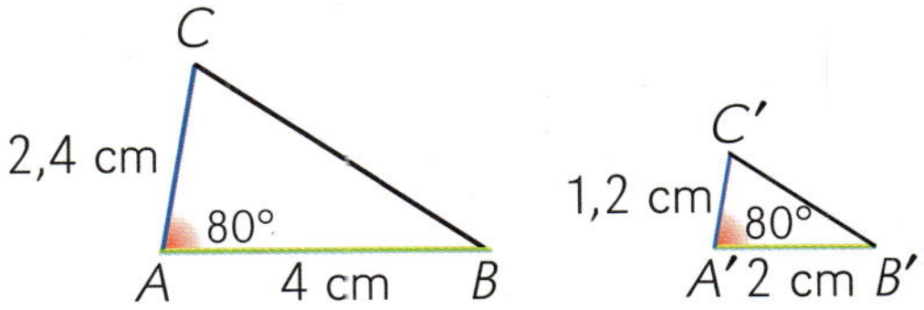

9. Un triangolo *ABC* di base *AB* ha $AB = 12$ cm, $BC = 15$ cm, $\hat{B} = 49°$. Un altro triangolo *A′B′C′* di base *A′B′* ha $A'B' = 4$ cm; $BC = 5$ cm, $\hat{B}' = 49°$. Come sono i due triangoli? Perché?

3° Due triangoli sono simili se hanno i lati corrispondenti proporzionali.

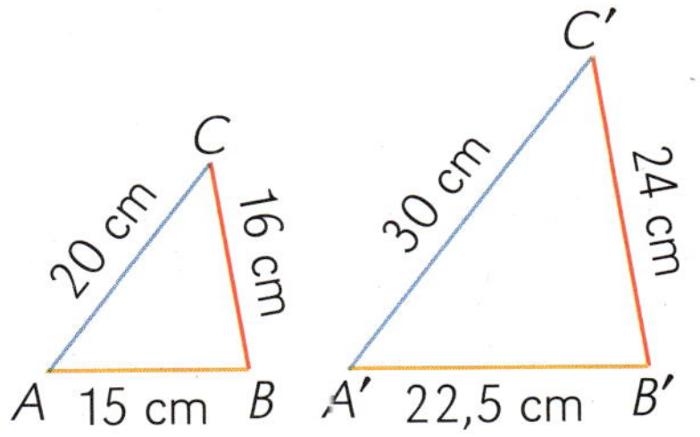

10. Disegna sul tuo quaderno due triangoli aventi i lati corrispondenti nel rapporto di 3/4. Per quale criterio i due triangoli sono simili?

Qual è la relazione che lega i perimetri e le aree di due poligoni simili?

In due poligoni simili i **perimetri** sono *proporzionali* a due lati corrispondenti.

$2p : 2p' = AB : A'B'$

In figura:
$11 : 22 = 5 : 10$
Il rapporto di similitudine è 1/2.

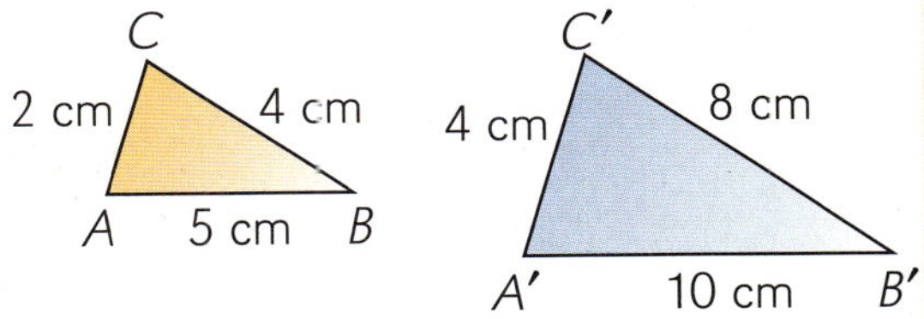

Il rapporto tra le **aree** di due poligoni simili è uguale al *quadrato* del rapporto di similitudine.

In figura:
$A : A' = 1^2 : 2^2$

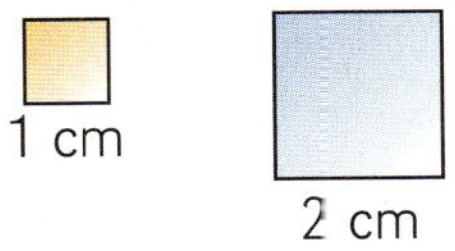

11. Calcola il rapporto di similitudine tra due lati corrispondenti dei seguenti triangoli simili. Determina poi il rapporto tra i perimetri e il rapporto tra le aree dei triangoli. Perché non sono state date tutte le misure?

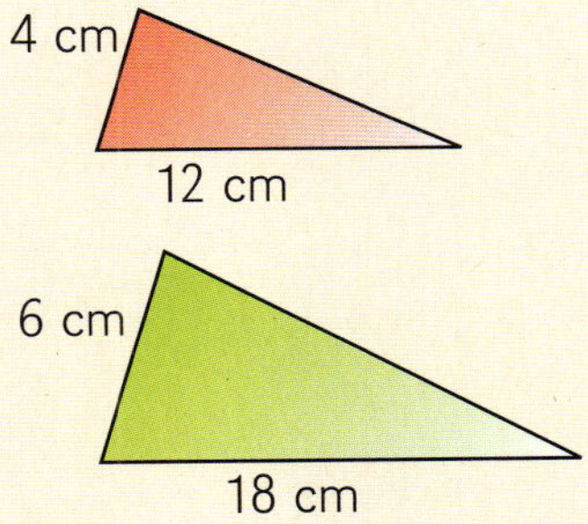

[2/3; 4/9]

12. Due poligoni sono simili e due lati corrispondenti misurano 20 cm e 15 cm. Sapendo che il perimetro del secondo poligono è 36 cm, calcola il perimetro del primo poligono.
[48 cm]

RECUPERO E RIPASSO

Domanda	Risposta	Esercizi
Come si enuncia il **primo teorema di Euclide**?	In ogni triangolo rettangolo un cateto è medio proporzionale tra l'ipotenusa e la sua proiezione su di essa.	**13.** In un triangolo rettangolo l'ipotenusa misura 30 cm. Calcola la misura del cateto, la cui proiezione su di essa è 19,2 cm. [24 cm]
		14. Calcola la misura dell'ipotenusa di un triangolo rettangolo, sapendo che un cateto e la sua proiezione sull'ipotenusa misurano 15 cm e 9 cm. [25 cm]
Come si enuncia il **secondo teorema di Euclide**?	In ogni triangolo rettangolo l'altezza relativa all'ipotenusa è media proporzionale tra le proiezioni dei cateti su di essa.	**15.** In un triangolo rettangolo l'altezza relativa all'ipotenusa misura 24 cm e la proiezione di un cateto su di essa è 32 cm. Calcola la misura della proiezione dell'altro cateto sull'ipotenusa. [18 cm]
		16. Calcola la misura dell'altezza relativa all'ipotenusa di un triangolo rettangolo, sapendo che le proiezioni dei cateti su di essa misurano 96 cm e 54 cm. [72 cm]

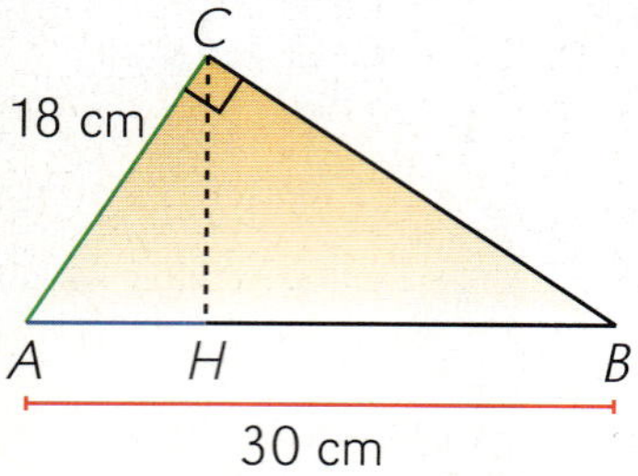

$AB : AC = AC : AH$

ipotenusa : cateto = cateto : proiezione di AC

In figura:

$AB : AC = AC : AH$

$30 : 18 = 18 : x$

$$x = \frac{18^2}{30} = \frac{324}{30} = 10{,}8 \text{ (cm)}$$

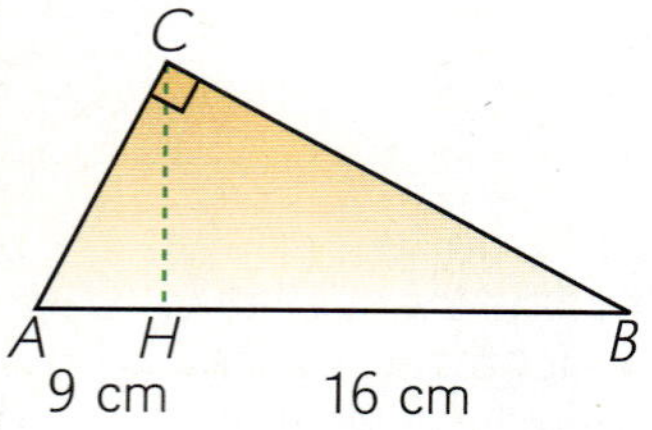

$AH : CH = CH : BH$

proiezione′ : altezza = altezza : proiezione″

In figura:

$AH : CH = CH : BH$

$9 : x = x : 16$

$$x = \sqrt{9 \cdot 16} = \sqrt{144} = 12 \text{ (cm)}$$

unità **5**

La circonferenza e il cerchio

Conoscenze
- circonferenza e cerchio
- elementi della circonferenza e del cerchio
- proprietà degli archi e delle corde
- posizioni di una retta rispetto alla circonferenza
- posizioni reciproche di due circonferenze
- angoli al centro e alla circonferenza
- proprietà degli angoli al centro e alla circonferenza

Abilità
- distinguere e rappresentare circonferenze e cerchi
- riconoscere le principali parti della circonferenza e del cerchio e le loro proprietà
- riconoscere e disegnare le posizioni di una retta e una circonferenza o di due circonferenze e rilevarne le proprietà
- riconoscere gli angoli al centro e alla circonferenza e applicarne le proprietà

TEST SUI PREREQUISITI

Sai che cosa si intende per distanza tra due punti?

a. la distanza tra i punti A e B è:

$\dot{A}$

$\dot{B}$

A 4 cm B 3,5 cm C 7 cm D 3 cm

Conosci le proprietà dei triangoli rettangoli?

b. un triangolo rettangolo con un angolo acuto di 45° è la metà di un:

A rombo B rettangolo C quadrato D parallelogrammo

c. un triangolo rettangolo con un angolo acuto di 30° è la metà di un:

A triangolo isoscele B triangolo equilatero C rettangolo D quadrato

GEOMETRIA E REALTÀ

La rotatoria stradale moderna è un'invenzione di Eugène Hénard, famoso urbanista francese. La sua realizzazione presenta indubbi vantaggi di cui possiamo renderci conto percorrendola.

APPRENDO...

La circonferenza

Procuriamoci un compasso e stabiliamo un'apertura a piacere. Scegliamo un qualsiasi punto *O* del foglio in cui puntare il compasso e facciamolo ruotare di un giro completo in modo che la punta scrivente descriva una linea curva chiusa.

Come sono i raggi della ruota di una bicicletta?

- I raggi della ruota di una bicicletta sono tutti congruenti.

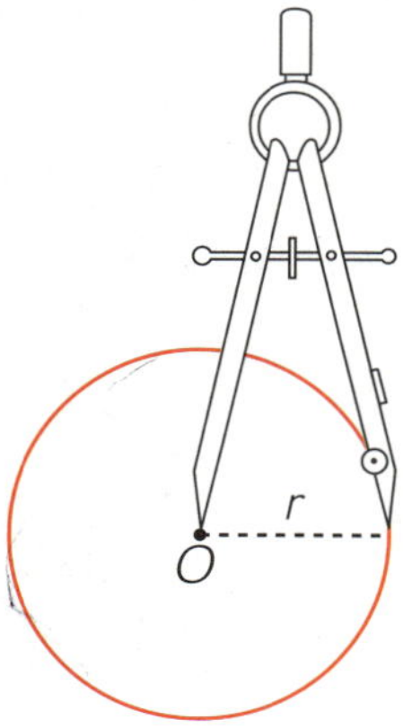

La linea tracciata è detta *circonferenza*.
Il punto *O* si dice **centro** della circonferenza. La distanza tra un punto qualsiasi della circonferenza e il suo centro è detta **raggio** e si indica con la lettera *r*. Tutti i raggi di una stessa circonferenza sono congruenti.

La circonferenza è una linea chiusa costituita da tutti i punti del piano che hanno la stessa distanza da un punto fisso, detto centro. Ogni segmento che congiunge il centro *O* con un punto qualsiasi della circonferenza si chiama raggio.

Il cerchio

$OP < r$
$OQ > r$

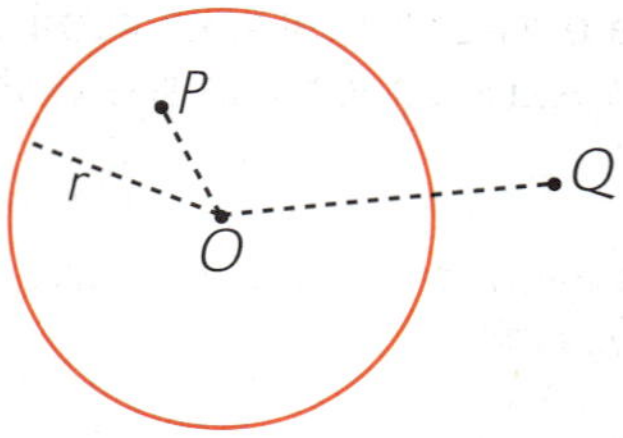

Osserviamo la figura. Il punto *P*, la cui distanza dal centro è minore del raggio, si dice *interno* alla circonferenza, mentre il punto *Q*, che ha una distanza maggiore del raggio, si dice esterno alla circonferenza.

La parte di piano formata dai punti di una circonferenza e dai punti interni a essa viene chiamata **cerchio**.

Il cerchio è la parte di piano formata da una circonferenza e da tutti i punti interni alla circonferenza.

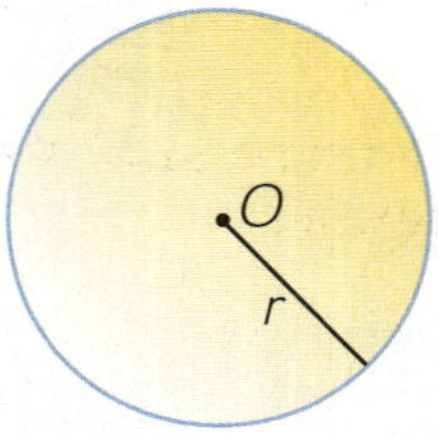

La circonferenza costituisce il *contorno* del cerchio; il centro e il raggio della circonferenza sono anche il centro e il *raggio* del cerchio.

1 Completa.

a. La circonferenza è l'insieme dei punti che hanno la stessa DISTANZA da un punto detto CENTRO della circonferenza.

b. I raggi di una stessa circonferenza sono UGUALI

2 Quante circonferenze aventi il raggio di 3 cm si possono disegnare? Come sono tra loro?

3 In ciascuna delle seguenti figure indica se il punto *P* è interno, esterno o si trova sulla circonferenza, motivando la risposta.

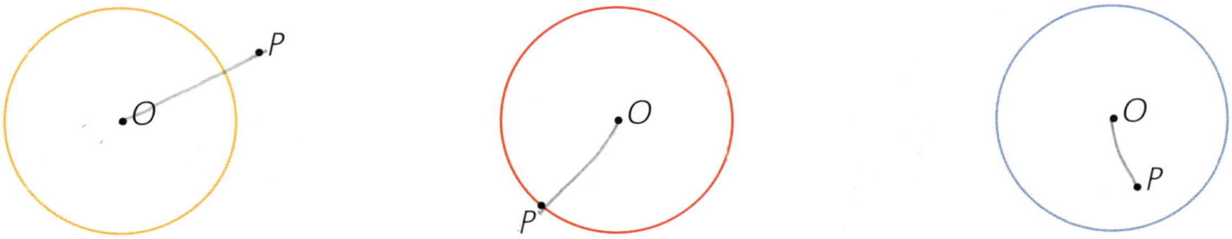

a. *P* ESTERNO
perché $OP >$ r

b. SULLA CIRCONFERENZA
perché OP = r

c. INTERNO
perché OP < r

4 Completa.

a. Il cerchio è costituito dalla parte di superficie piana racchiusa DA TUTTI I PUNTI INTERNI ALLA CIRCONFERENZA e dalla CIRCONFERENZA stessa.

b. Il contorno del cerchio è la CIRCONFERENZA

5 Individua quali sono i punti che appartengono al cerchio.

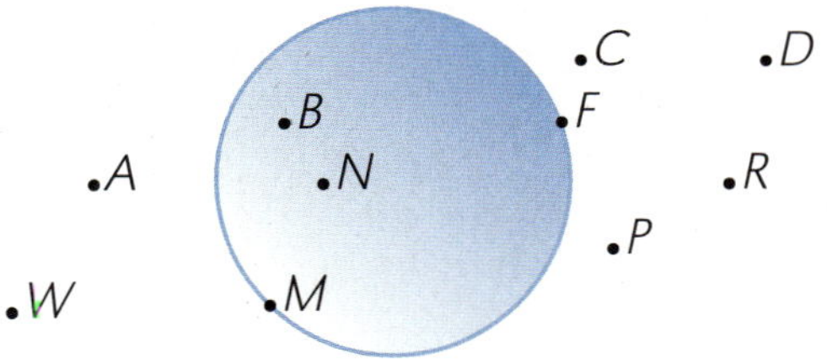

6 Disegna una circonferenza che abbia il raggio di 3 cm e verifica con un righello che se un punto *P* dista 4,5 cm dal centro della circonferenza è esterno a essa. Scegli poi un punto *Q* appartenente alla circonferenza e verifica che, comunque sia scelto, la sua distanza dal centro è sempre 3 cm.

7 Come sono, rispetto a una circonferenza di centro *O* e raggio 6 cm, due punti *P* e *Q* che distano da *O*, rispettivamente, 5,2 cm e 6 cm? Fai il relativo disegno.

8 Disegna il cerchio avente come raggio il segmento *AB* riportato qui sotto e coloralo evidenziandone il contorno. Quest'ultimo fa parte del cerchio?

9 Disegna un cerchio di raggio 4 cm, segna alcuni punti interni e altri esterni al suo contorno e per ciascun punto scrivi se appartiene o non appartiene al cerchio.

APPRENDO...

Gli elementi di una circonferenza

Disegniamo una circonferenza e consideriamo due suoi punti A e B.

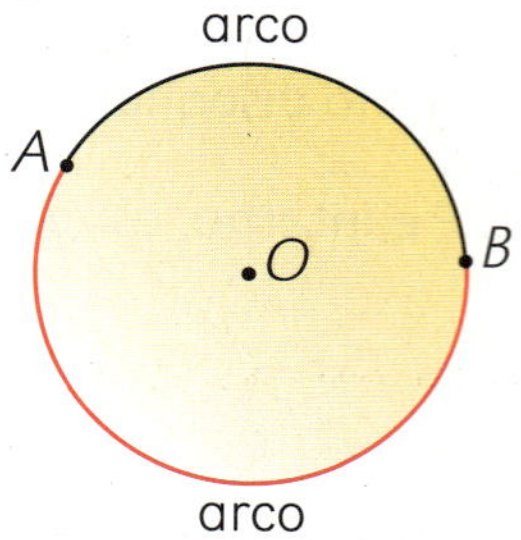

Un suggestivo fenomeno naturale: l'**arcobaleno.**
L'arcobaleno si verifica dopo un temporale oppure presso una cascata e ha la forma di un arco di circonferenza.

Osserviamo che la circonferenza è divisa in due parti, ciascuna delle quali è chiamata **arco**. I due punti A e B si dicono **estremi dell'arco**.

L'arco è ciascuna delle due parti in cui una circonferenza è divisa da due suoi punti, detti estremi dell'arco.

In azzurro l'arco minore $\widehat{AB}$, in verde l'arco maggiore $\widehat{AMB}$.

Per indicare l'*arco minore* avente per estremi i punti A e B si usa la scrittura $\widehat{AB}$; per indicare l'*arco maggiore* avente per estremi gli stessi punti A e B si usa introdurre una terza lettera, per esempio la lettera M, e si scrive $\widehat{AMB}$.

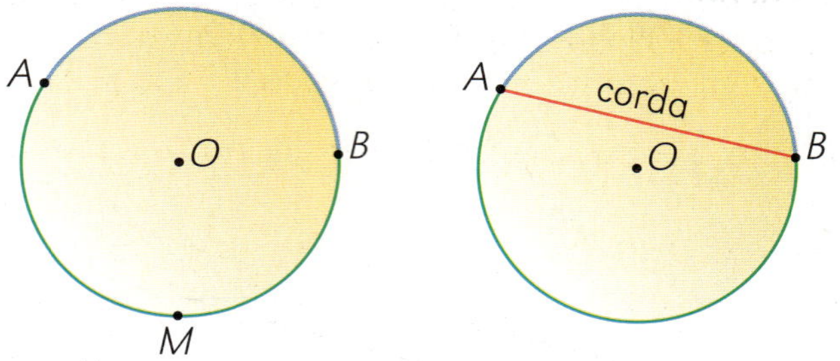

Se congiungiamo gli estremi di un arco otteniamo un segmento detto **corda**.

La corda è il segmento che unisce due punti qualsiasi della circonferenza.

Si dice che la corda AB **sottende** l'arco $\widehat{AB}$ e, viceversa, che l'arco $\widehat{AB}$ è sotteso dalla corda AB.

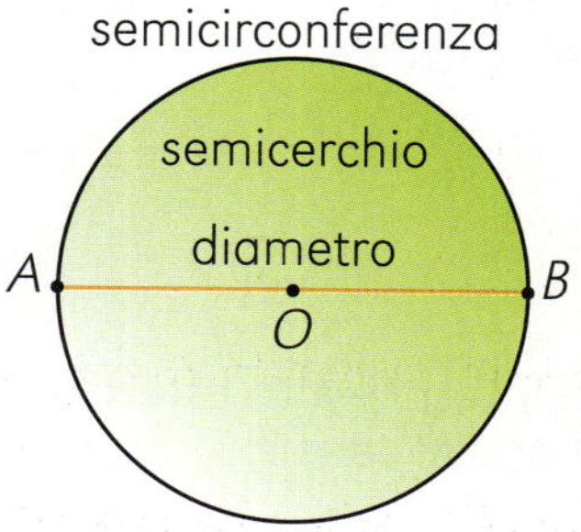

Ogni corda passante per il centro della circonferenza è la *corda massima*, detta **diametro**.
Ogni diametro di una circonferenza è il doppio del raggio e tutti i diametri di una stessa circonferenza sono congruenti.

Gli estremi di uno stesso diametro dividono la circonferenza in due parti congruenti, ciascuna delle quali si chiama **semicirconferenza**.
Gli estremi A e B si dicono **diametralmente opposti**.
Una semicirconferenza e il relativo diametro costituiscono il contorno di un **semicerchio**.

1 Sul tuo quaderno scrivi la definizione di arco di circonferenza e fai il disegno.

2 Individua gli archi $\overset{\frown}{PQ}$ e $\overset{\frown}{PMQ}$ della circonferenza e colora in rosso il primo e in blu il secondo.

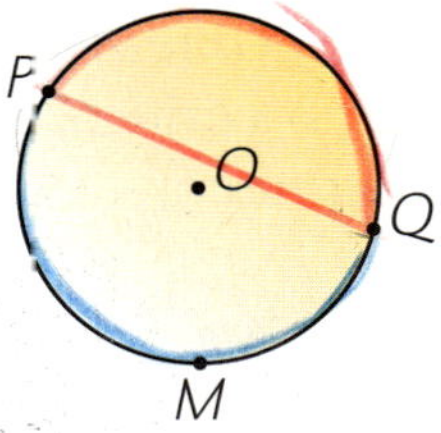

3 Disegna una circonferenza e fissa su di essa i punti *A* e *B*; poi scrivi in simboli gli archi che sono individuati da tali punti.

4 Nella figura sono state disegnate alcune corde. Evidenziale, poi dai la definizione di corda, completando la seguente frase.

La corda è il segmento che unisce ....

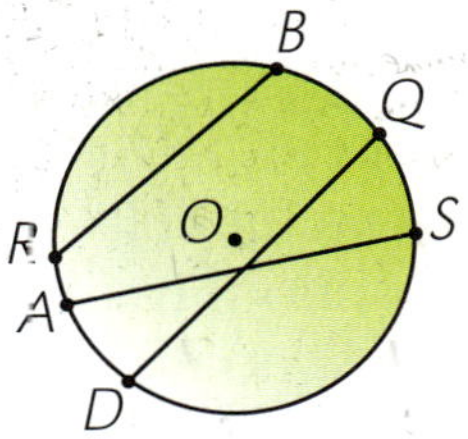

5 Su una circonferenza segna gli archi $\overset{\frown}{AB}$ e $\overset{\frown}{CD}$ e le corde che li sottendono.

6 Che cos'è il diametro di una circonferenza? Quale relazione intercorre tra raggio e diametro di una stessa circonferenza? Se il raggio di una circonferenza misura 3 cm, quanto misura il diametro? Se il diametro misura 9 cm, quanto misura il raggio?

7 Disegna due diametri della circonferenza *C* e verifica che le loro misure sono uguali.

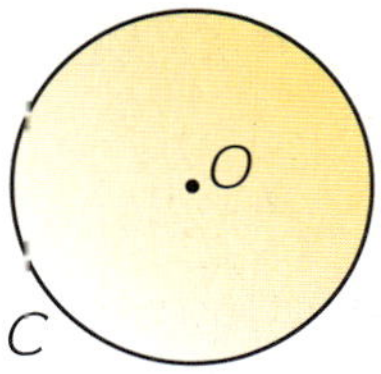

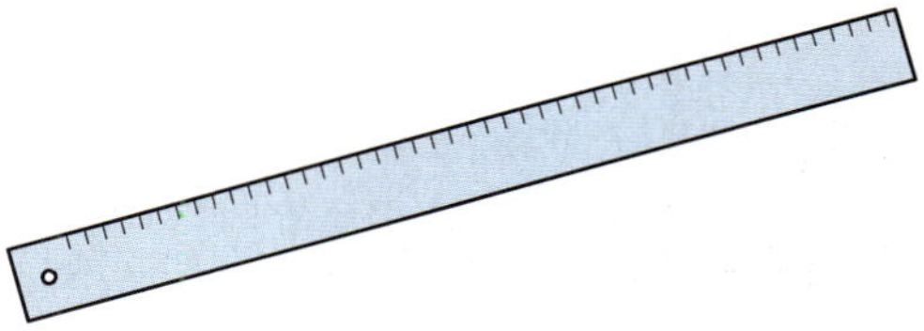

ES-8

8 Disegna una circonferenza il cui diametro misuri 4 cm.

9 Se una circonferenza ha il raggio di 2,5 cm, puoi tracciare una corda di 5,2 cm? NO, perchè le corde più Motiva la risposta. lunga può essere di 5cm; perchè il raggio è la metà del diametro 2,5·2=5, 5<5,2

10 Disegna una circonferenza avente per diametro il segmento *AB* riportato qui sotto. Ne potresti disegnare altre che abbiano lo stesso diametro?

11 Disegna una circonferenza di raggio 2,5 cm e traccia due corde: una di 2 cm e l'altra di 5 cm. Quale delle due è il diametro? Perché?

12 Disegna una semicirconferenza e un semicerchio. Qual è la differenza tra i due disegni?

ESERCIZI ▸ p. 217

Proprietà degli archi e delle corde

APPRENDO...

Ad archi congruenti corrispondono corde congruenti e viceversa.

1. Disegniamo una circonferenza e consideriamo due archi congruenti $\overset{\frown}{AB}$ e $\overset{\frown}{CD}$. Se tracciamo le corde AB e CD che sottendono i rispettivi archi possiamo verificare, usando un righello, che sono anch'esse congruenti.

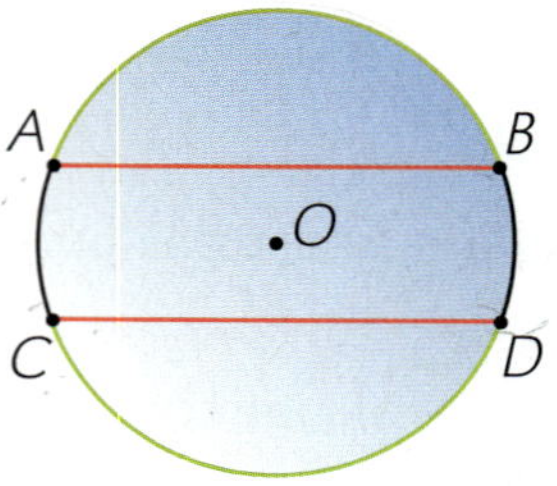

In una stessa circonferenza ad archi congruenti corrispondono corde congruenti e viceversa.

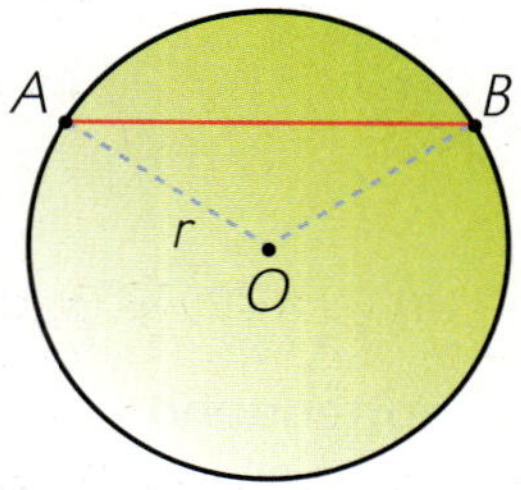

2. Disegniamo una circonferenza di centro O e tracciamo una corda AB. Congiungendo gli estremi della corda con il centro della circonferenza otteniamo il triangolo AOB che è isoscele perché i lati OA e OB sono raggi della stessa circonferenza e quindi congruenti.
Sappiamo che in ogni triangolo un lato è minore della somma degli altri due, quindi $AB < AO + OB$.
Poiché $AO + OB$ è il diametro, possiamo affermare che:

In ogni circonferenza qualsiasi corda è minore del diametro.

3. Se conduciamo dal centro O di una circonferenza la perpendicolare OH alla corda AB, possiamo verificare che $AH = HB$.
Infatti il triangolo AOB è isoscele e quindi, come abbiamo già visto, il segmento OH, oltre a essere l'altezza relativa alla base AB, è anche *mediana* e *asse* di AB (il che significa che H è il punto medio di AB).
Il segmento OH si chiama **distanza** della corda dal centro della circonferenza.

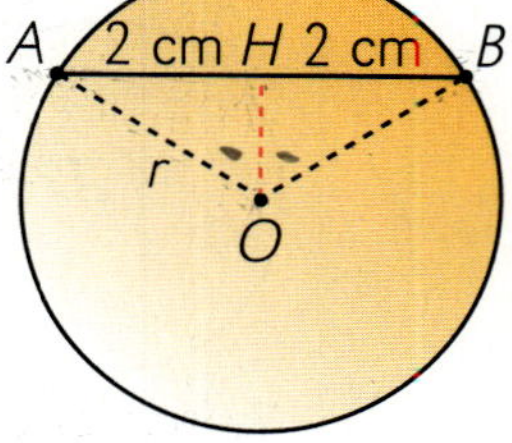

La perpendicolare a una corda, condotta dal centro di una circonferenza, divide la corda a metà (perciò è il suo asse).

4. Disegniamo una circonferenza e consideriamo due corde congruenti AB e CD.
Congiungendo gli estremi di ciascuna corda con il centro della circonferenza otteniamo i triangoli AOB e CDO che sono congruenti per il terzo criterio di congruenza.
Ne segue che anche le altezze sono congruenti, pertanto $OH = OK$.

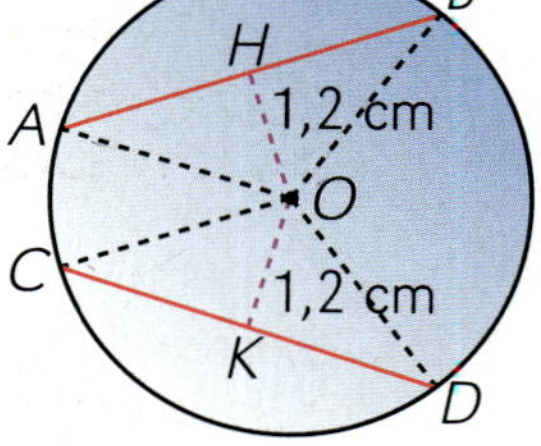

Due corde congruenti di una stessa circonferenza hanno uguale distanza dal centro.

1 In ciascuna delle seguenti circonferenze sono stati segnati due archi congruenti. Conoscendo la misura di una delle due corde che sottendono tali archi, determina la misura dell'altra corda. In base a quale proprietà delle corde puoi calcolare le misure richieste? PROPRIETÀ DEGLI ARCHI E DELLE CORDE

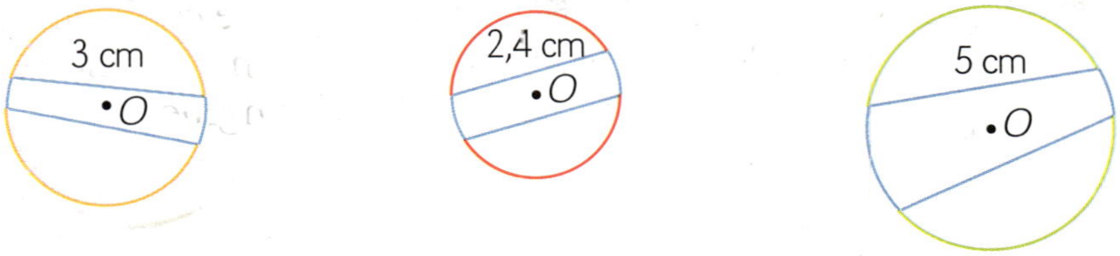

2 Completa la frase e poi fai il disegno sul tuo quaderno.

Unendo gli estremi di una corda di una circonferenza con il centro si ottiene un ....

in cui i lati sono ....

3 Osserva il disegno e spiega perché la corda *AB* è minore del diametro.

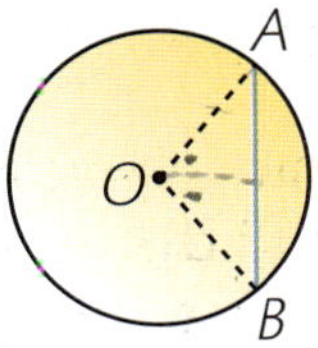

Ricorda che in un triangolo ogni lato è minore della somma degli altri due. Perciò...

4 Conduci dal centro di una circonferenza la perpendicolare a una corda *AB*. In quante parti è stata divisa la corda? Come sono tra loro? Perché?

5 Disegna una circonferenza di centro *O*, traccia una corda *AB* e la distanza *OH* dal centro *O* alla corda. Che tipo di triangolo è *AOB*? Perché? Come sono tra loro i triangoli *AOH* e *OBH*?

6 Se due corde di una stessa circonferenza misurano entrambe 3,5 cm, sono ugualmente distanti dal centro? Motiva la risposta. Sì,

7 Verifica con un righello che le corde *AB* e *CD*, congruenti tra loro, sono ugualmente distanti dal centro e spiegane il motivo. Perché sommano dei triangoli isosceli con lati congruenti

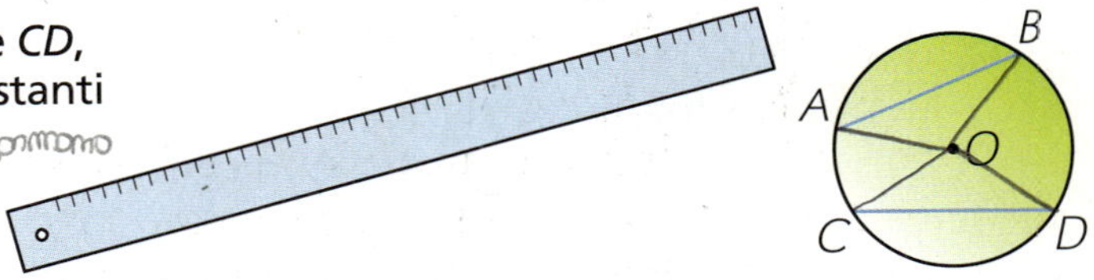

8 Traccia due corde aventi la stessa distanza dal centro di una circonferenza e misura le loro lunghezze. Come sono le due corde?

9 Luigi afferma che in una circonferenza la corda che ha lunghezza minore è a una distanza minore dal centro rispetto a una corda che ha lunghezza maggiore.

Ha ragione? ☐ sì ☐ no

Verifica la tua risposta, aiutandoti con il disegno.

10 Con un righello misura la distanza di ciascuna corda *AB* dal centro *O* delle seguenti circonferenze tra loro congruenti e scrivi le tue osservazioni riguardo alla relazione tra la misura di una corda e la sua distanza dal centro della circonferenza.

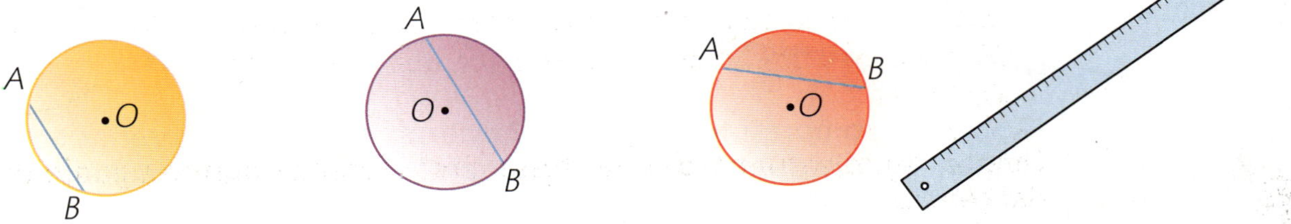

ESERCIZI ▸ p. 218

Posizioni di una retta rispetto a una circonferenza

Una retta s e una circonferenza C di raggio r situate in uno stesso piano possono assumere le seguenti *tre posizioni reciproche*.

1. La retta e la circonferenza *non hanno alcun punto in comune*.
In tal caso la retta si dice **esterna** alla circonferenza e la sua distanza dal centro della circonferenza è *maggiore del raggio*: $OH > r$.

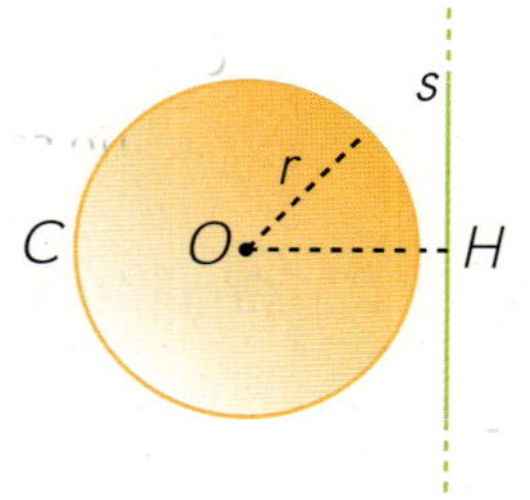

▶▶▶ **Una retta si dice esterna a una circonferenza se la sua distanza dal centro è maggiore del raggio.**

2. La retta e la circonferenza *hanno un solo punto in comune*. In tal caso la retta si dice **tangente** alla circonferenza e la sua distanza dal centro della circonferenza è *uguale al raggio*: $OH = r$.
Nel punto di tangenza, H nel disegno, la retta è perpendicolare al raggio: $s \perp r$.

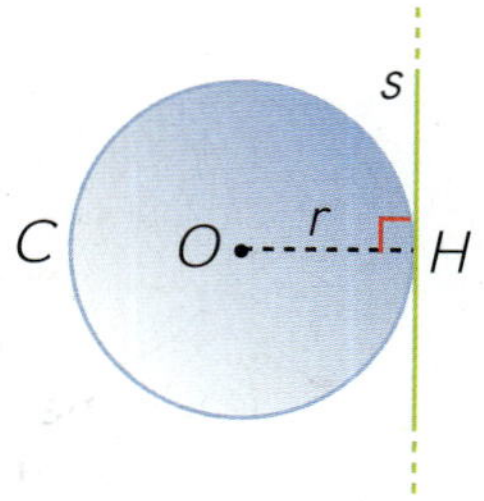

▶▶▶ **Una retta si dice tangente a una circonferenza se la sua distanza dal centro è uguale al raggio.**

3. La retta e la circonferenza *hanno due punti in comune*. In questo caso la retta si dice **secante** la circonferenza e la sua distanza dal centro della circonferenza è *minore del raggio*: $OH < r$.

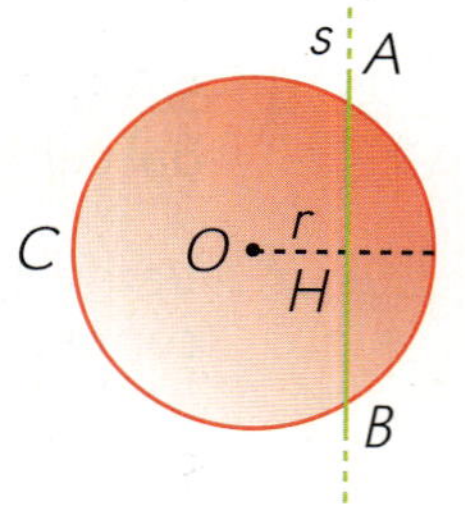

▶▶▶ **Una retta si dice secante una circonferenza se la sua distanza dal centro è minore del raggio.**

La circonferenza e l'asta su cui essa sta in equilibrio si toccano in un punto; sono quindi tangenti.

Disegniamo ora una circonferenza C e un punto P esterno a C. Tracciamo poi da P le tangenti a C e siano H e K i punti di tangenza. Possiamo verificare che i segmenti PH e PK sono congruenti sovrapponendo i due triangoli rettangoli OPH e OPK e osservando che combaciano.

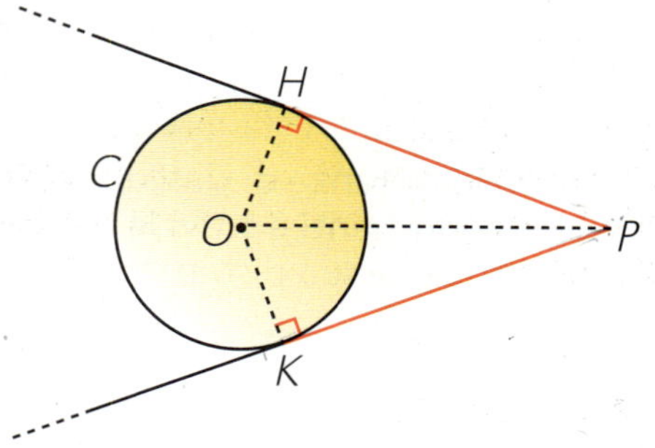

▶▶▶ **I segmenti compresi tra un punto *P* esterno a una circonferenza e i punti di tangenza individuati dalle rette tangenti alla circonferenza condotte per *P* sono congruenti.**

1 Per ciascun quesito, indica la risposta corretta. Di volta in volta, fai il disegno sul tuo quaderno.

a. Una retta è esterna a una circonferenza se la sua distanza dal centro è:

A uguale al raggio   B minore del raggio   C maggiore del raggio

b. Una retta si dice tangente una circonferenza se ha in comune con essa:

A due punti   B un solo punto   C nessun punto

c. Una retta si dice secante una circonferenza se ha in comune con essa:

A un solo punto   B nessun punto   C due punti

2 Definisci di volta in volta le posizioni della retta *t* rispetto alla circonferenza di centro *O*. In ciascun caso specifica se la distanza di *t* da *O* è uguale, maggiore o minore del raggio.

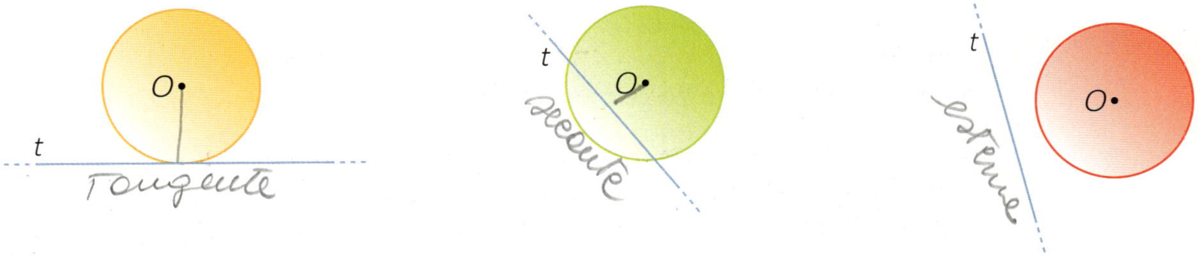

3 Disegna una circonferenza avente il raggio di 3 cm e traccia una retta secante, una esterna e una tangente alla circonferenza. In ciascuno dei tre casi misura la distanza della retta dal centro della circonferenza. Che cosa osservi?

4 Completa la tabella relativa alla posizione di una retta *t* rispetto a una circonferenza di centro *O*. La distanza fra *t* e *O* è indicata con la lettera *s*, mentre *r* indica la misura del raggio.
Segui l'esempio e, di volta in volta, esegui un disegno esemplificativo.

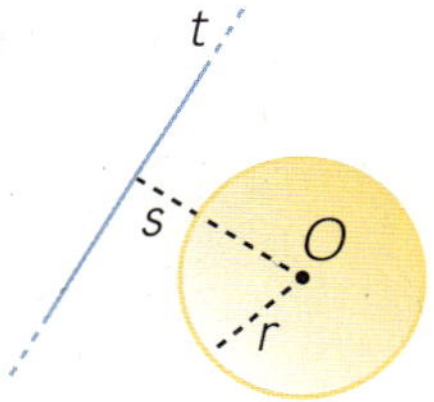

r **(cm)**	***s*** **(cm)**	**posizione di *t* rispetto alla circonferenza**
6	9	esterna
4	3	Interna - secante
5	5	tangente
3,2	2,9	secante
5,6	5,6	tangente
0,8	0,9	esterna
11	11	tangente
8,5	8,5	tangente

5 Osserva il disegno a lato e stabilisci la misura del segmento *PH* sapendo che *PK* = 3,2 cm. Enuncia la proprietà delle tangenti a una circonferenza condotte da un punto esterno *P*.

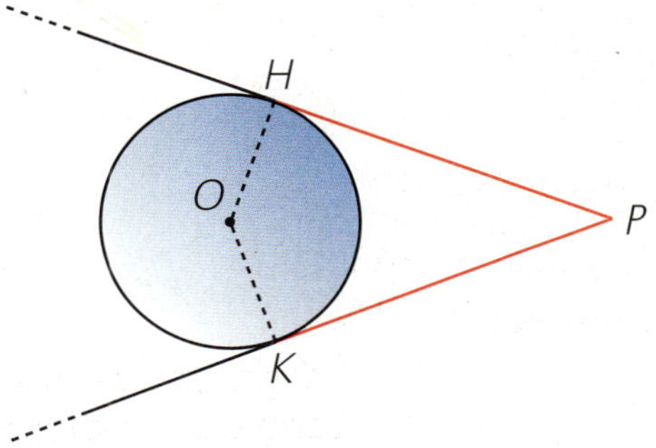

ESERCIZI ▸ p. 220

APPRENDO...

Posizioni reciproche di due circonferenze

Due circonferenze situate su uno stesso piano, una di centro O e raggio r e l'altra di centro O' e raggio r' (con $r > r'$), possono assumere una delle seguenti posizioni reciproche.

1. Le due circonferenze *non hanno alcun punto in comune* e la distanza dei centri è *maggiore della somma dei raggi*:
   $$OO' > r + r'$$
   In tal caso si dicono **esterne**.

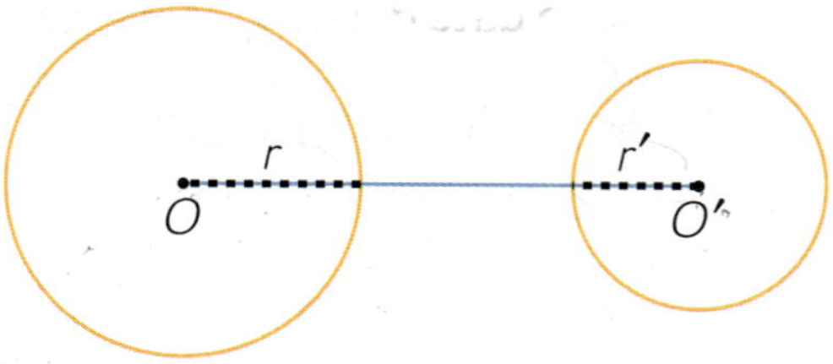

2. Le due circonferenze *hanno un punto in comune* e la distanza dei centri è *uguale alla somma dei raggi*:
   $$OO' = r + r'$$
   In tal caso si dicono **tangenti esternamente**.

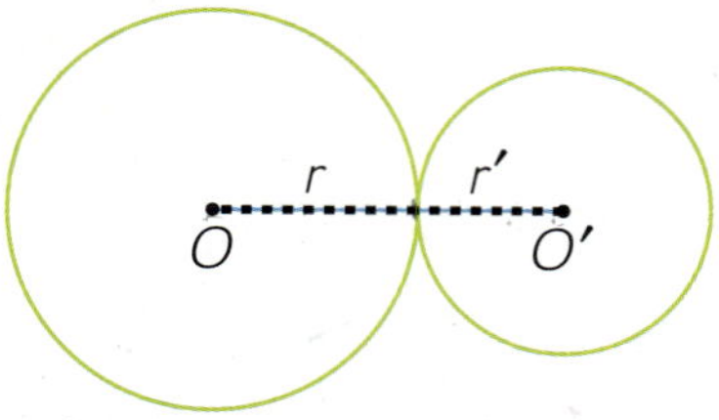

Quando parleremo di circonferenze tangenti intenderemo che sono tangenti esternamente.

3. Le due circonferenze *hanno un punto in comune* e la distanza dei centri è *uguale alla differenza dei raggi*:
   $$OO' = r - r'$$
   Le due circonferenze sono una interna all'altra e si dicono **tangenti internamente**.

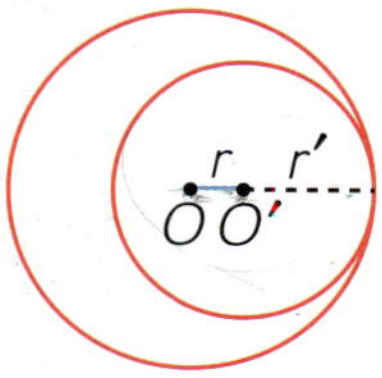

4. Le due circonferenze *hanno due punti in comune* e la distanza dei centri è *minore della somma dei raggi*:
   $$OO' < r + r'$$
   In questo caso si dicono **secanti**.
   Dalla figura, considerando il triangolo formato da OO', r ed r' e ricordando che in ogni triangolo un lato è minore della somma degli altri due, si nota che $OO' < r + r'$.

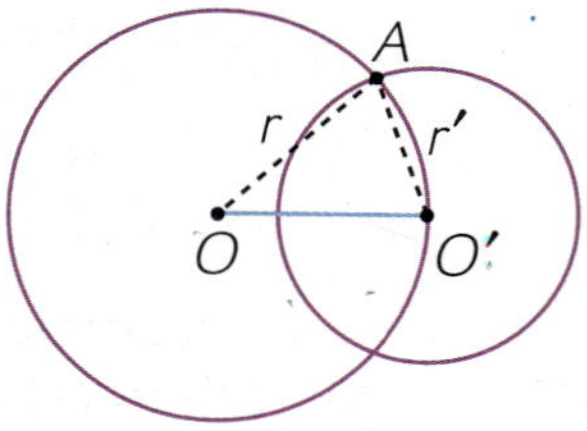

5. Le due circonferenze *non hanno alcun punto in comune* e la distanza dei centri è *minore della differenza dei raggi*:
   $$OO' < r - r'$$
   Le due circonferenze si dicono **una interna all'altra**.
   In particolare, se due circonferenze sono una interna all'altra e hanno lo stesso centro si dicono **concentriche**; in questo caso la distanza dei centri è uguale a zero.

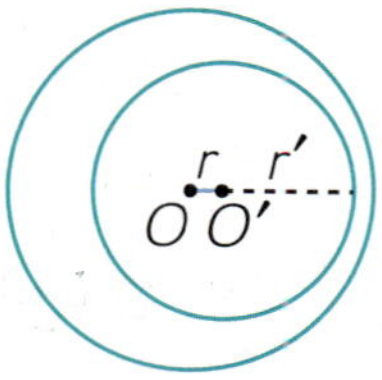

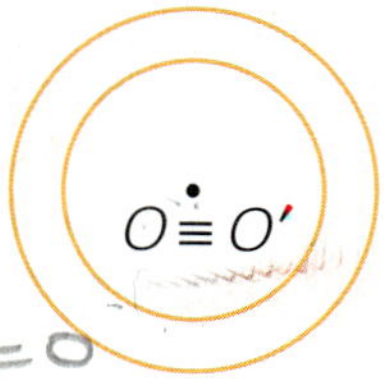

Marco lancia un sasso nello stagno e sulla superficie dell'acqua si originano increspature a forma di circonferenze concentriche.

1 Disegna due circonferenze in modo che, di volta in volta, risultino:
a. esterne;
b. secanti;
c. tangenti esternamente;
d. una interna all'altra;
e. tangenti internamente;
f. concentriche.

2 Disegna due circonferenze esterne, una di raggio 3 cm e l'altra di raggio 3,5 cm, e misura la distanza dei centri verificando che è maggiore della somma dei raggi.

3 Sono date due circonferenze di centro *O* e *O′* e di raggio *r* ed *r′*. Disegna due circonferenze, congruenti a quelle date, in tutte le possibili posizioni reciproche e scrivi, di volta in volta, le relazioni tra la distanza *OO′* e la somma e la differenza di *r* ed *r′*.

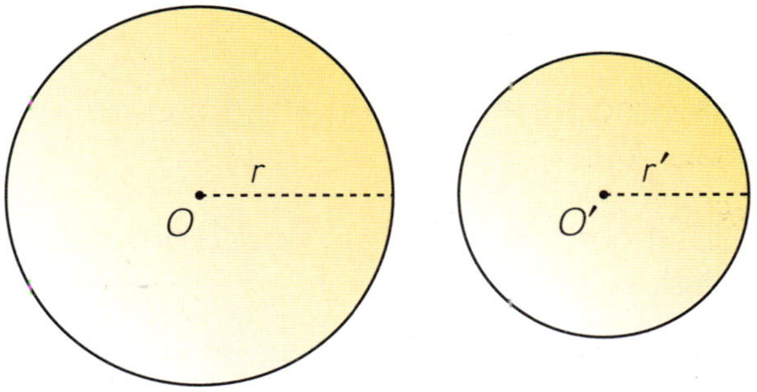

4 Disegna due circonferenze tangenti esternamente aventi i raggi di 4 cm e 2,5 cm. Determina la distanza dei loro centri.

5 Due circonferenze hanno i raggi di 3,5 cm e 2 cm. Disegnale in modo che risultino tangenti internamente e verifica con un righello che la distanza dei centri è uguale alla differenza dei raggi.

6 Disegna due circonferenze secanti che abbiano i raggi di 5 cm e 3 cm. Misura la distanza dei centri e verifica che è minore della somma dei raggi. Sai dire perché?

7 Disegna due circonferenze una interna all'altra. Misura con un righello i raggi e calcola la distanza dei centri. Che cosa osservi?

8 Due circonferenze, di centro *O* e *O′*, hanno i raggi *r* ed *r′* che misurano 4 cm e 3 cm. Sulla base dei dati riportati nella tabella, stabilisci la loro posizione reciproca.

OO′ = 7 cm	*OO′* = 8 cm	*OO′* = 1 cm	*OO′* = 0,5 cm	*OO′* = 0 cm	*OO′* = 5,5 cm
tangenti esternamente	tangenti esternament	....	....	....	....

9 Disegna due circonferenze concentriche. Quanto vale la distanza dei centri?

Angoli al centro e angoli alla circonferenza

Disegniamo una circonferenza di centro *O* e su di essa fissiamo due punti *A* e *B*. Uniamo ora tali punti con il centro della circonferenza ottenendo così due angoli, uno convesso (colorato in verde) e l'altro concavo (in giallo), che hanno il vertice nel centro della circonferenza. Ciascuno di essi è detto **angolo al centro**.

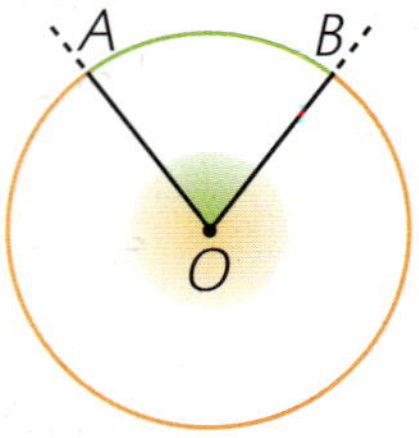

Quando parleremo di angoli al centro ci riferiremo a quelli convessi che indicheremo con la scrittura $A\hat{O}B$.

Si dice angolo al centro di una circonferenza ogni angolo che ha il vertice nel centro della circonferenza.

Si dice che l'arco $\overset{\frown}{AB}$ e l'angolo al centro $A\hat{O}B$ sono **corrispondenti**, ovvero che l'angolo al centro $A\hat{O}B$ **insiste** sull'arco $\overset{\frown}{AB}$.

Se l'angolo al centro è un angolo piatto, allora l'arco su cui insiste è una semicirconferenza.

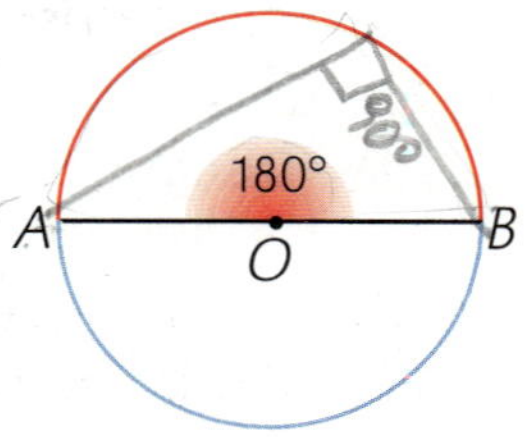

$A\hat{O}B \cong B\hat{O}C$
$\overset{\frown}{AB} \cong \overset{\frown}{BC}$

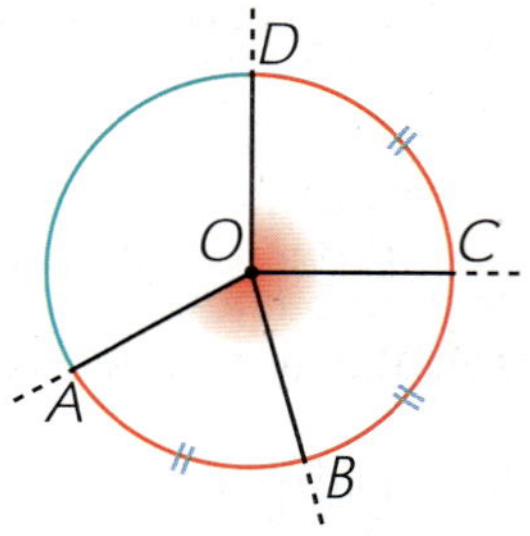

È facile verificare che in una stessa circonferenza, o in circonferenze congruenti, angoli al centro congruenti insistono su archi congruenti e viceversa.

Se su una circonferenza di centro *O* segniamo due punti *A* e *B* e poi li congiungiamo con un terzo punto *V* della circonferenza, otteniamo l'angolo $A\hat{V}B$ detto **angolo alla circonferenza**. Anche in questo caso l'arco $\overset{\frown}{AB}$ e l'angolo $A\hat{V}B$ si dicono corrispondenti.

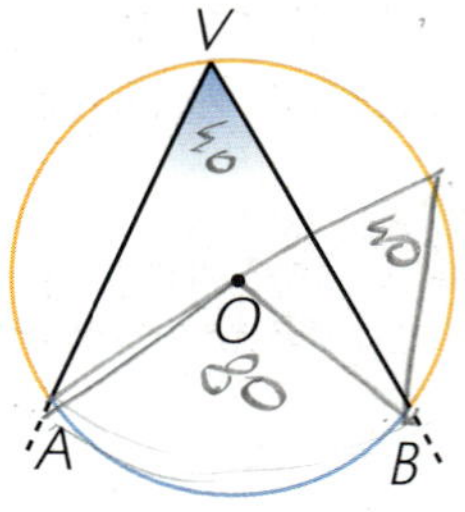

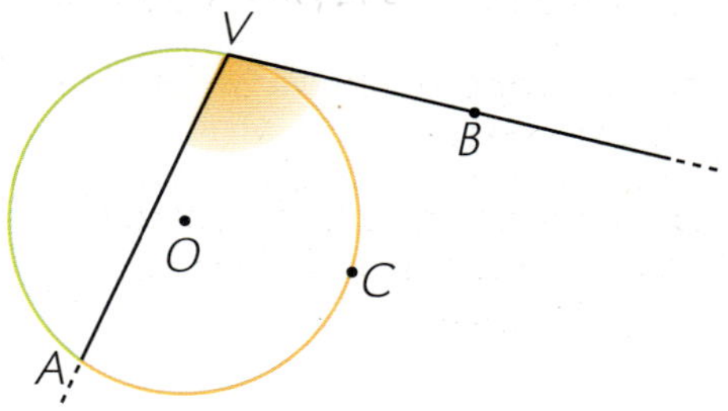

Un angolo alla circonferenza si può costruire anche in un altro modo. Nella figura sopra a destra, $A\hat{V}B$ è un angolo alla circonferenza che insiste sull'arco $\overset{\frown}{ACV}$; il lato *AV* è secante e il lato *VB* tangente alla circonferenza.

Si dice angolo alla circonferenza ogni angolo che ha il vertice sulla circonferenza e i lati entrambi secanti oppure uno secante e l'altro tangente alla circonferenza.

1 Completa le seguenti frasi.

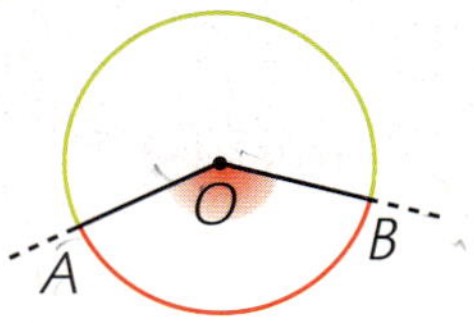

a. Un angolo al centro ha il vertice nel ..CENTRO.. della circonferenza.

b. L'angolo $A\hat{O}B$ e l'arco $\overset{\frown}{AB}$ si dicono ..CORRISPONDENTI..

c. L'angolo al centro $A\hat{O}B$ ..INSISTE.. sull'arco $\overset{\frown}{AB}$.

d. Un angolo alla circonferenza ha il vertice in un ..PUNTO.. della circonferenza e i lati entrambi ..SECANTI.. oppure uno secante e l'altro ..TANGENTE.. alla circonferenza.

2 Osserva le seguenti circonferenze e individua gli angoli al centro, gli angoli alla circonferenza e gli archi su cui insistono.

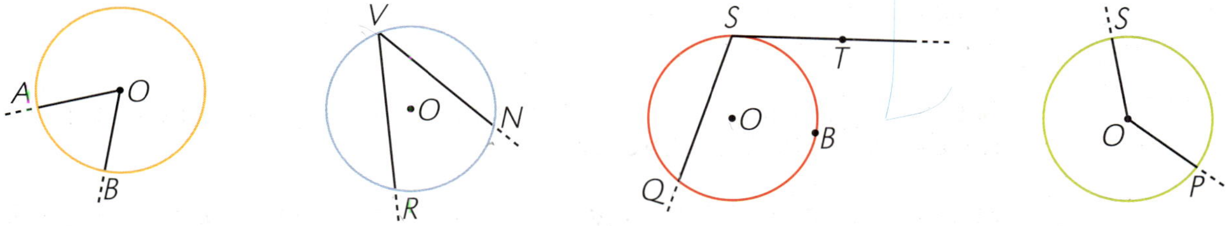

3 Che cosa significa che l'arco $\overset{\frown}{AB}$ e l'angolo $A\hat{O}B$ di una circonferenza sono corrispondenti?

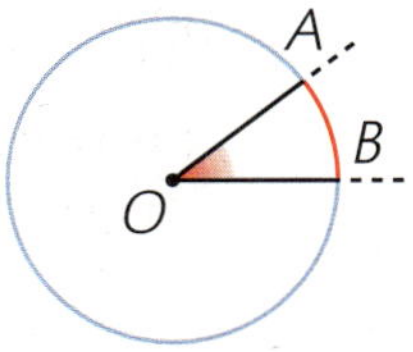

4 Come sono tra loro angoli al centro che insistono su archi congruenti? Fai il disegno prima di rispondere.

5 Disegna su una stessa circonferenza due angoli al centro entrambi di 50°, uno che insiste su un arco $\overset{\frown}{AB}$ e l'altro su un arco $\overset{\frown}{CD}$. Verifica con una carta da lucido che $\overset{\frown}{AB} \cong \overset{\frown}{CD}$.

6 Inserisci delle lettere per individuare i seguenti angoli alla circonferenza e indicane la scrittura.

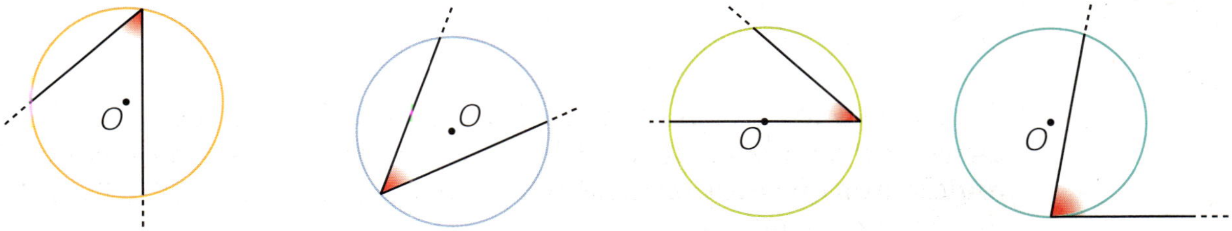

7 Disegna un angolo alla circonferenza $A\hat{V}B$ tale che $\hat{V}$ sia di 60°.

8 Disegna un angolo alla circonferenza $A\hat{V}B$ tale che il lato AV sia secante e il lato BV tangente alla circonferenza.

9 Sulla circonferenza data di centro O traccia un arco $\overset{\frown}{AB}$. Congiungi gli estremi dell'arco con un punto della circonferenza e misura l'ampiezza dell'angolo alla circonferenza.

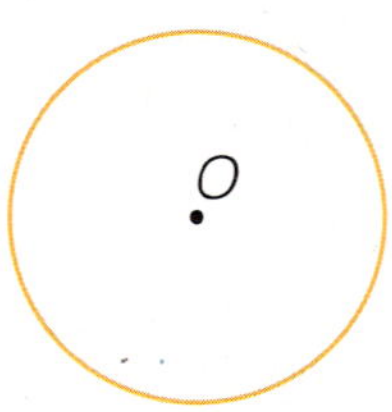

10 Disegna tre angoli alla circonferenza che insistono sullo stesso arco $\overset{\frown}{AB}$ della circonferenza data.

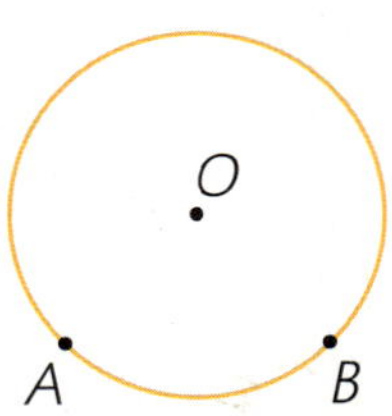

ESERCIZI ▸ p. 224

APPRENDO...

Relazioni tra angoli al centro e angoli alla circonferenza

Disegniamo una circonferenza di centro O, un angolo al centro $A\hat{O}B$ e un angolo alla circonferenza $A\hat{V}B$ che insistono sullo stesso arco $\widehat{AB}$; i due angoli si dicono **corrispondenti**.

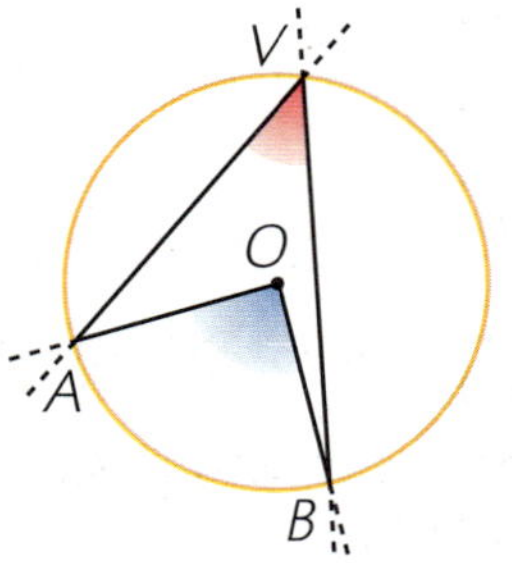

Se misuriamo con un goniometro gli angoli rappresentati nella figura, notiamo che l'angolo alla circonferenza $A\hat{V}B$ è la metà dell'angolo al centro corrispondente $A\hat{O}B$. Se disegniamo e misuriamo altre coppie di angoli corrispondenti, possiamo verificare che la relazione precedente vale sempre.

▶▶▶ Ogni angolo alla circonferenza è la metà del corrispondente angolo al centro.

Abbiamo detto che ogni angolo alla circonferenza è la metà del corrispondente angolo al centro, perciò gli angoli $A\hat{V}B$, $A\hat{V}'B$, $A\hat{V}''B$, ... che insistono sullo stesso arco $\widehat{AB}$ sono congruenti.

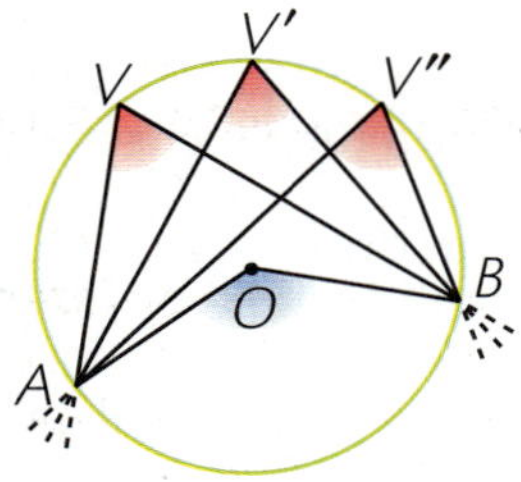

Gli angoli alla circonferenza che insistono su uno stesso arco $\widehat{AB}$ sono congruenti perché misurano tutti la metà dell'angolo al centro che insiste sullo stesso arco $\widehat{AB}$.

▶▶▶ Tutti gli angoli alla circonferenza che insistono su uno stesso arco sono congruenti.

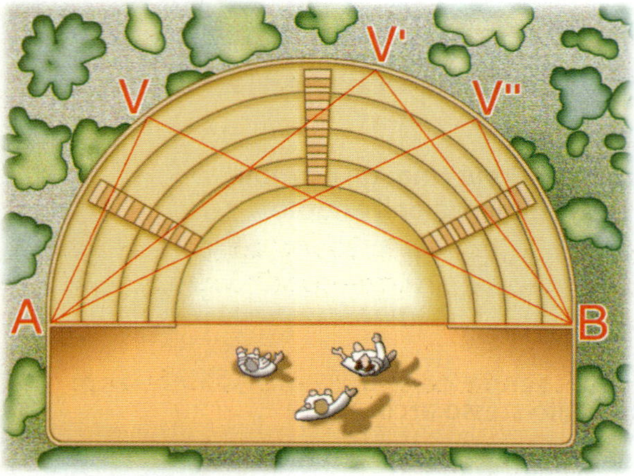

Gli antichi Romani, per consentire una buona visibilità del palcoscenico da tutti i punti del teatro, lo costruivano semicircolare. In questo modo gli angoli $A\hat{V}B$, $A\hat{V}'B$, ... misuravano tutti 90°.

L'angolo alla circonferenza che insiste su una semicirconferenza è retto perché l'angolo al centro corrispondente è un angolo piatto.
In figura, l'angolo $A\hat{V}B$ è retto perché insiste sulla semicirconferenza $\widehat{AMB}$.

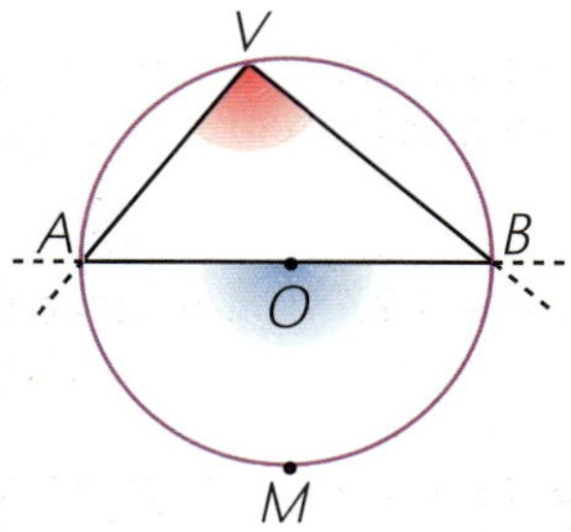

▶▶▶ Ogni angolo alla circonferenza che insiste su una semicirconferenza è retto.

1 Completa.

Due angoli di una stessa circonferenza si dicono corrispondenti quando ....

....

2 Indica in quali delle seguenti figure sono rappresentati due angoli corrispondenti.

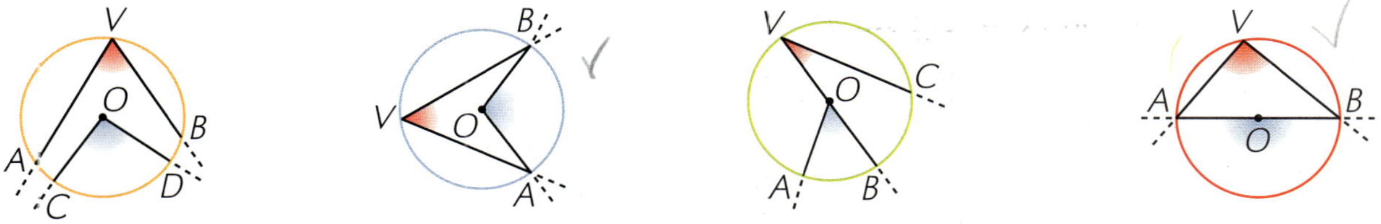

3 Quale relazione intercorre tra un angolo alla circonferenza e il corrispondente angolo al centro?

4 Disegna un angolo al centro e un angolo alla circonferenza che insistono su uno stesso arco e misura le loro ampiezze con un goniometro. Che cosa osservi?

5 Calcola l'ampiezza di ciascun angolo alla circonferenza, tenendo conto di quella del corrispondente angolo al centro.

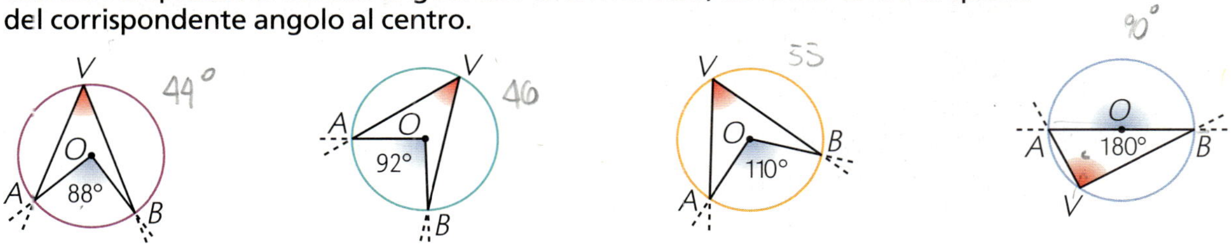

6 Come sono gli angoli alla circonferenza che insistono su uno stesso arco? Fai un disegno esemplificativo.

7 Quanto misura un angolo alla circonferenza che insiste su una semicirconferenza?

8 Quanto misura un angolo alla circonferenza se il corrispondente angolo al centro è di 40°?

9 Calcola l'ampiezza di ciascun angolo al centro, tenendo conto di quella del corrispondente angolo alla circonferenza.

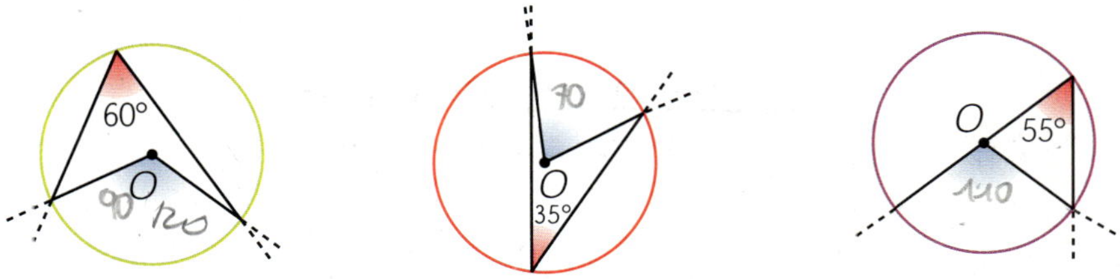

10 Disegna una circonferenza e fissa su di essa due punti distinti A e B. Quanti angoli al centro che insistono sull'arco $\overset{\frown}{AB}$ puoi tracciare? E quanti angoli alla circonferenza? Come sono questi ultimi tra loro?

11 Un angolo al centro misura 180°. L'ampiezza del corrispondente angolo alla circonferenza sarà di 60°, 90° o 120°?

12 Disegna una circonferenza e in essa traccia un diametro PQ. Congiungi poi i suoi estremi con un punto qualsiasi della circonferenza e chiamalo R. Che cosa hai ottenuto? Quanto misura l'angolo $P\hat{R}Q$? Motiva la risposta.

ESERCIZI ▸ p. 224

APPRENDO...

Settore, segmento e corona circolare

Disegniamo un cerchio e tracciamo due raggi; ciascuna delle due parti in cui risulta diviso il cerchio si chiama **settore circolare**. L'**ampiezza** di un settore circolare è quella dell'angolo al centro corrispondente. In figura $A\hat{O}B$ è di 88°.

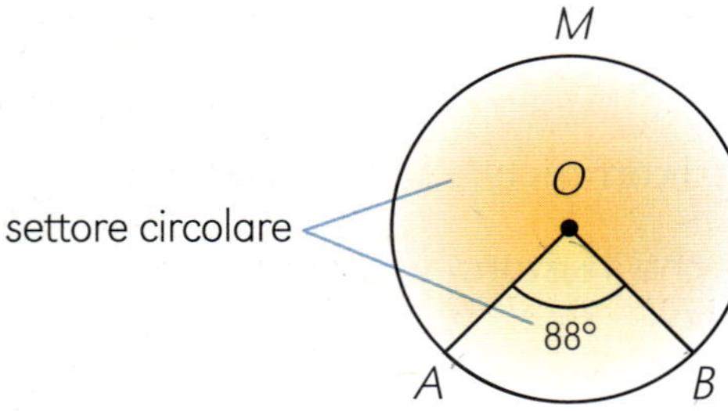

Lo spicchio di un'arancia tagliata a metà rappresenta un settore circolare.

▶▶▶ Si dice **settore circolare** ciascuna delle due parti di cerchio limitata da due raggi.

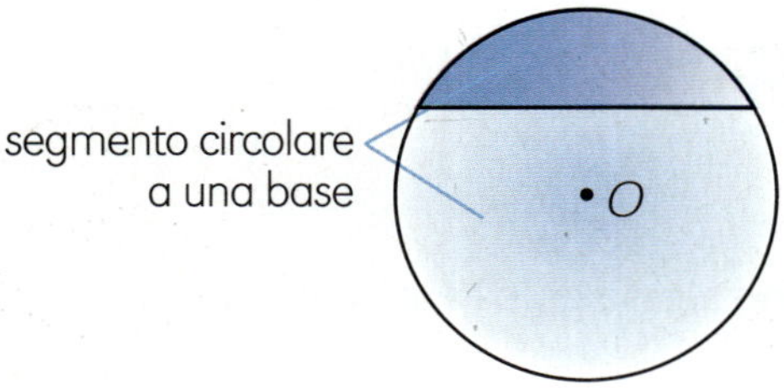

Disegniamo un cerchio e tracciamo una corda; ciascuna delle due parti in cui rimane diviso il cerchio si chiama **segmento circolare a una base**. Il diametro divide il cerchio in due segmenti circolari congruenti: due **semicerchi**.

▶▶▶ Si dice **segmento circolare a una base** ciascuna delle due parti in cui il cerchio è diviso da una corda.

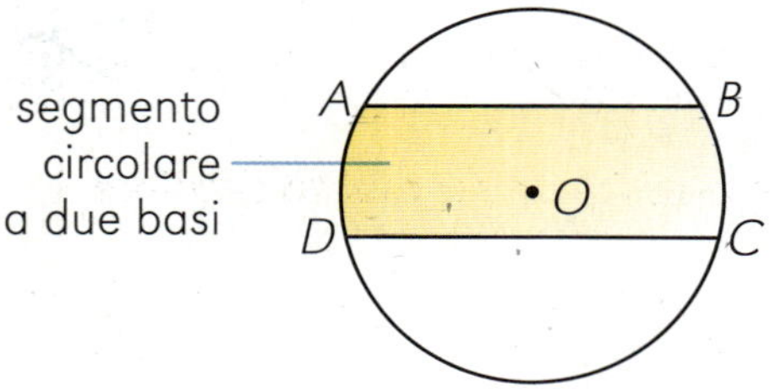

Se in uno stesso cerchio tracciamo due corde parallele, la parte di cerchio compresa tra esse si dice **segmento circolare a due basi**.

▶▶▶ Si dice **segmento circolare a due basi** la parte di cerchio compresa tra due corde parallele.

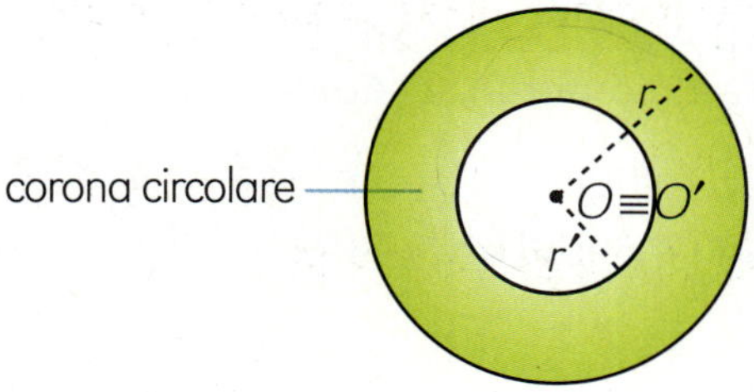

La parte di cerchio compresa tra due circonferenze concentriche si chiama **corona circolare**.

▶▶▶ Si dice **corona circolare** la parte di cerchio compresa tra due circonferenze concentriche.

1 Completa.

a. Il settore circolare è ciascuna delle .... parti del .... compresa tra due ....

b. L'ampiezza di un settore circolare è quella dell' ....

c. Il .... divide il cerchio in due semicerchi.

d. I segmenti circolari sono parti del .... ; possono essere a una base se .... , a due basi se ....

2 Indica in quali figure sono rappresentati settori circolari.

3 Colora con colori diversi i due settori circolari tracciati in ciascun cerchio.

4 In ciascun cerchio scrivi l'ampiezza del settore circolare colorato in verde.

5 Individua i segmenti circolari a una base e quelli a due basi.

6 Disegna un segmento circolare a una base nei primi due cerchi e un segmento circolare a due basi negli altri due.

7 Disegna sul tuo quaderno un cerchio e poi traccia un settore circolare, un segmento circolare a una base, un segmento circolare a due basi e una corona circolare.

8 Calcola l'ampiezza di un settore circolare che è 2/3 di un cerchio. [240°]

9 Calcola l'ampiezza di un settore circolare, sapendo che l'arco che lo delimita è 4/5 della circonferenza. [288°]

10 Disegna due cerchi concentrici rispettivamente di raggio 7 cm e 2,5 cm. Quanto misura la differenza dei raggi? A che cosa corrisponde?

ESERCIZI E PROBLEMI

APPLICAZIONE

La circonferenza

[U5.1 ▸ p. 200]

1 **Rispondi, aiutandoti con i disegni.**

a. La circonferenza è una linea aperta o chiusa?

b. Data una circonferenza, se *A* è un punto esterno a essa e *B* un punto interno, quanti punti in comune con la circonferenza ha il segmento *AB* che li congiunge?

c. Il cerchio è una figura convessa o concava?

d. Se *A* è un punto interno a una circonferenza e *B* è situato sulla circonferenza, il segmento *AB* che li congiunge si trova nel cerchio delimitato da tale circonferenza oppure no?

e. Se due punti *A* e *B* sono entrambi esterni a una circonferenza, il segmento *AB* che li congiunge ha qualche punto in comune con la circonferenza?

2 **Nel disegno a lato individua la circonferenza, il suo centro e disegna quattro raggi. Quanto misurano i raggi che hai tracciato?**

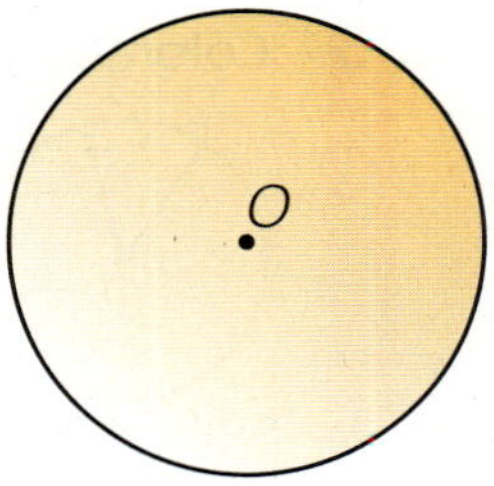

3 **Disegna una circonferenza di raggio 3 cm e stabilisci la posizione dei punti *P*, *Q*, *R* sapendo che le loro distanze dal centro della circonferenza sono 5 cm, 2,5 cm, 3 cm.**

4 **Disegna una circonferenza di raggio 4 cm e stabilisci la posizione dei punti *P*, *Q*, *R*, *S* le cui distanze dal centro misurano 3,6 cm, 4 cm, 6 cm, 2 cm.**

5 **Osserva la figura. Quali punti appartengono al cerchio? Quali alla circonferenza?**

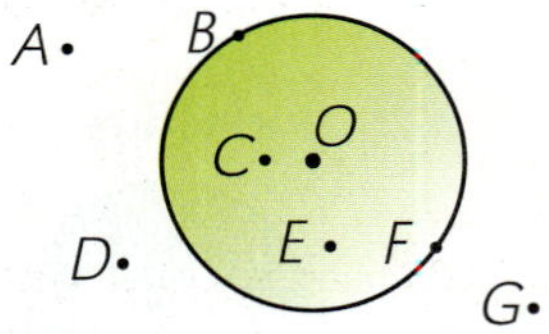

6 **Vero o falso?**

a. Se una circonferenza di centro *O* ha il diametro di 8 cm, allora un punto *P* tale che $OP = 4$ cm è interno alla circonferenza. V F

b. Se una circonferenza di centro *O* ha il raggio di 9,5 cm, allora un punto *P* tale che $OP = 12$ cm è esterno alla circonferenza. V F

c. Se una circonferenza di centro *O* ha il diametro di 15 cm, allora un punto *P* tale che $OP = 7{,}5$ cm appartiene alla circonferenza. V F

Risolvi i seguenti esercizi sul piano cartesiano.

7 Indica le coordinate del centro e la misura del raggio di ciascuna delle seguenti circonferenze. In ciascuna di esse traccia un raggio a piacere e scrivi le coordinate dei suoi estremi.

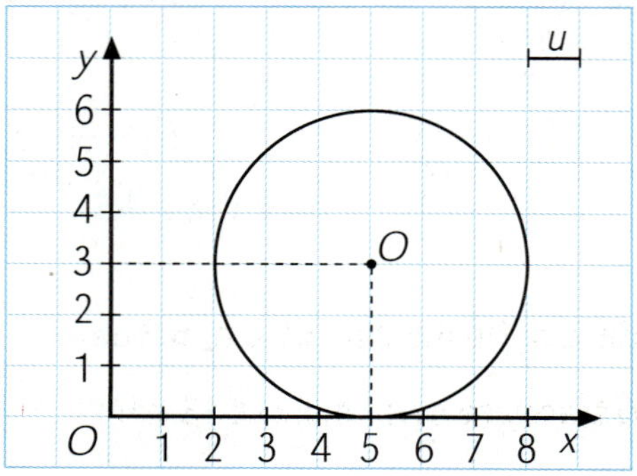

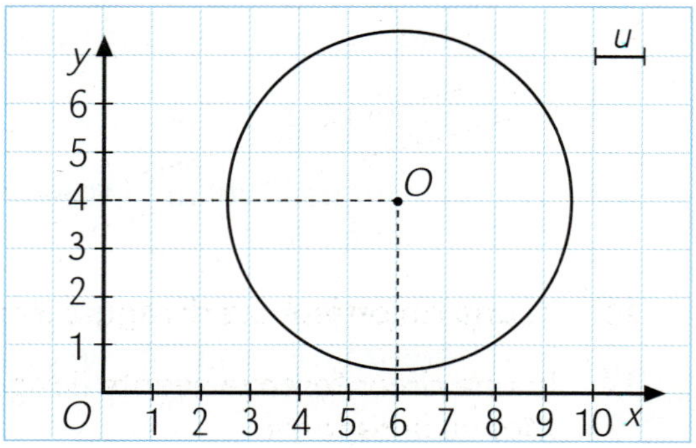

8 In un sistema di riferimento cartesiano disegna la circonferenza avente il centro nel punto $O(8; 6)$ e il raggio uguale a 4 u. Il punto $P(10; 3)$ è esterno o interno alla circonferenza?

9 Su un piano cartesiano disegna la circonferenza avente il centro nel punto $O(5; 5)$ e il raggio di 5 u. Il punto $B(12; 2)$ appartiene o no al cerchio limitato da tale circonferenza?

Gli elementi di una circonferenza

[**U5.2** ▸ p. 202]

10 **Osserva la figura e inserisci opportunamente al posto dei puntini i termini: raggio, diametro, arco, corda, circonferenza, semicerchio.**

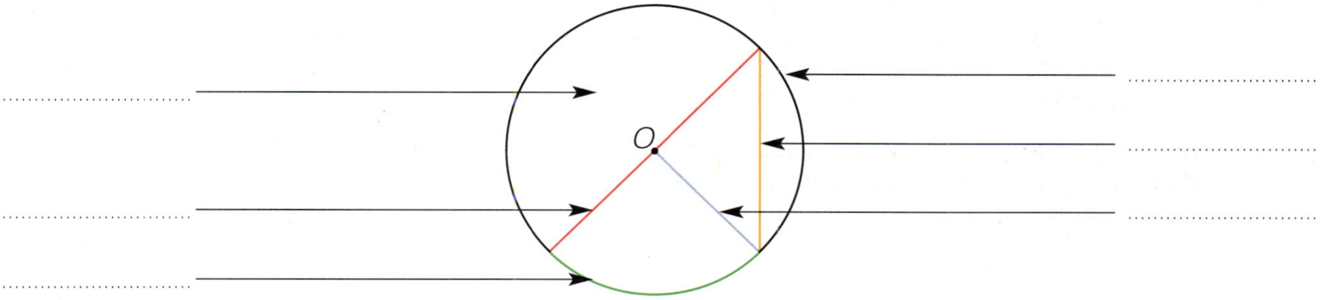

11 **Calcola la misura del diametro (d) di un insieme di circonferenze di cui conosci la misura del raggio (r).**

$r = 6$ cm $d =$ .... • $r = 1{,}2$ cm $d =$ ....

$r = 7{,}5$ dm $d =$ .... • $r = 23$ m $d =$ ....

12 **Calcola la misura del raggio (r) di un insieme di circonferenze di cui conosci la misura del diametro (d).**

$d = 36$ mm $r =$ .... • $d = 17$ cm $r =$ ....

$d = 4{,}6$ m $r =$ .... • $d = 12{,}4$ dm $r =$ ....

13 **Rispondi, aiutandoti con i disegni.**

a. In una circonferenza di raggio 1,2 cm può esistere una corda di 2,5 cm?

b. Dato un segmento AB di 3 cm, quante circonferenze aventi per diametro tale segmento si possono disegnare?

c. Se in una circonferenza di centro O e raggio $OP = 4$ cm si tracciano due corde di cui una misura 4 cm e l'altra 8 cm, quest'ultima che cosa rappresenta?

14 **Disegna una circonferenza il cui diametro sia il segmento dato AB.**

15 **Misura con un righello le corde che sottendono gli archi $\overset{\frown}{AB}$, $\overset{\frown}{CD}$, $\overset{\frown}{EF}$ delle tre circonferenze congruenti rappresentate. Che cosa osservi?**

....

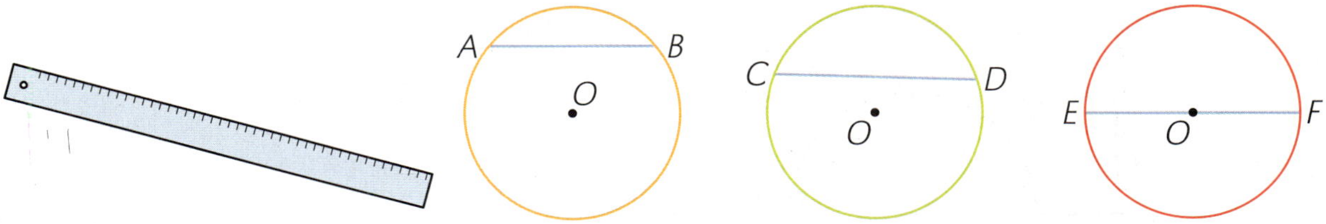

16 In una circonferenza di raggio 3 cm, traccia tre corde lunghe 4,5 cm, 5,5 cm, 5,8 cm.

17 In una circonferenza avente il raggio di 6 cm, si può tracciare una corda di 13 cm? Motiva la risposta.

Risolvi il seguente esercizio sul piano cartesiano.

18 Gli estremi del diametro *AB* di una circonferenza hanno le seguenti coordinate: *A*(2; 5) e *B*(8; 5). Disegna la circonferenza e determina le coordinate del centro. Calcola la misura del raggio di tale circonferenza, esprimendola nell'unità di misura che hai usato per la sua costruzione.

Proprietà degli archi e delle corde

[**U5.3** ▸ p. 204]

RICORDA
- **In una stessa circonferenza ad archi congruenti corrispondono corde congruenti e viceversa.**
- **In ogni circonferenza qualsiasi corda è minore del diametro.**
- **La perpendicolare a una corda condotta dal centro di una circonferenza è l'asse di quella corda.**
- **Due corde congruenti di una stessa circonferenza hanno uguale distanza dal centro.**

19 **Rispondi, aiutandoti con i disegni.**
a. Data una circonferenza, ogni sua corda è minore, maggiore o congruente al diametro?
b. Il raggio di una circonferenza misura 3 cm. Nella stessa circonferenza, esistono delle corde che hanno la stessa lunghezza del raggio?
c. Gli estremi *A* e *B* di una corda *AB* hanno la stessa distanza dal centro di una circonferenza?
d. Di quale natura è il triangolo che si forma congiungendo gli estremi di una corda con il centro della circonferenza?
e. Se in una circonferenza una corda dista 5 cm dal centro, qual è la distanza dal centro di un'altra corda congruente alla prima e appartenente alla stessa circonferenza?

20 **In ognuna delle seguenti circonferenze misura con un righello ciascuna delle due parti in cui la corda *AB* è divisa dalla perpendicolare passante per il centro *O*. Che cosa puoi osservare? Perché?**

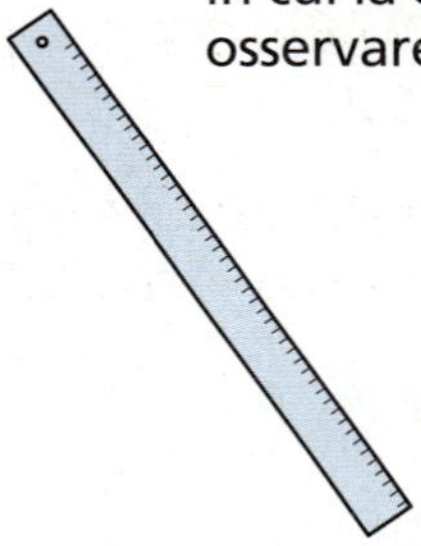
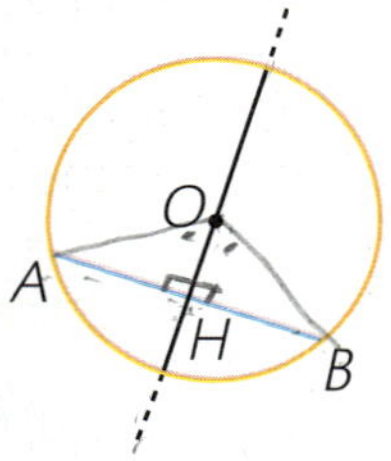

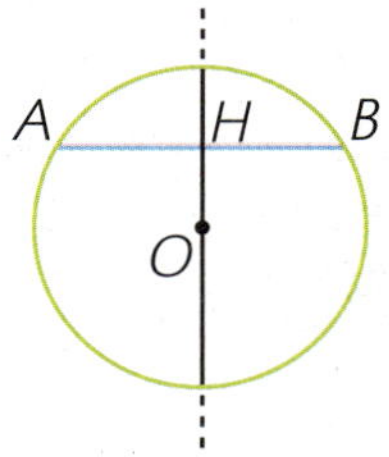

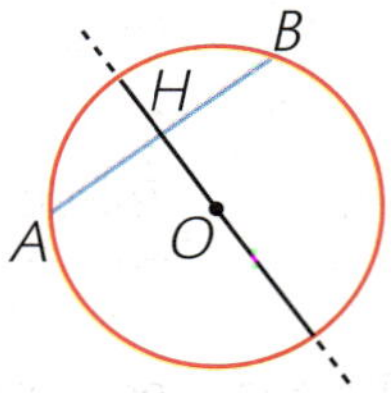

21 **Le corde *AB* e *CD* delle seguenti figure sono equidistanti dal centro. Come sono tra loro? Verificalo con un righello.**

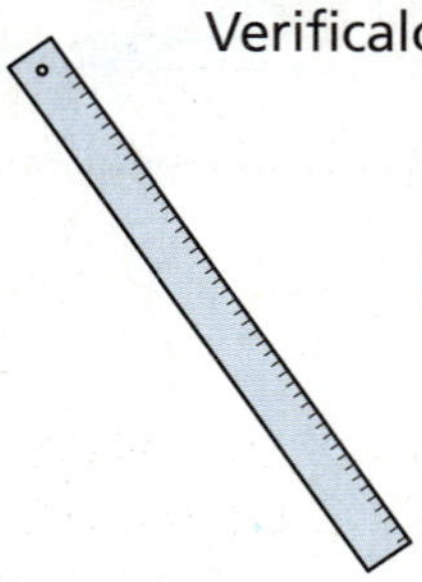
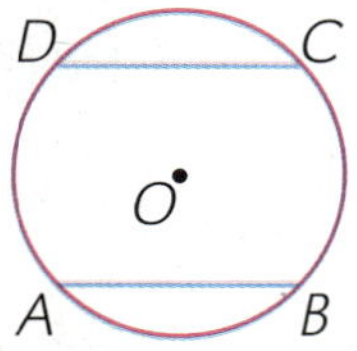

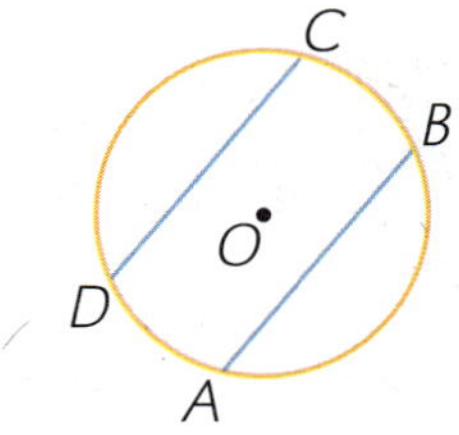

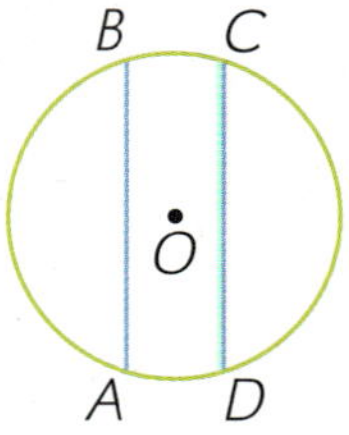

22 **Disegna una circonferenza di raggio 4 cm e una corda *AB* di 3 cm. Determina il punto medio di *AB* e traccia l'asse di *AB*. Per quale punto della circonferenza esso passa?**

23 **Disegna una circonferenza e due corde parallele tra loro. Traccia l'asse di ciascuna corda e verifica che i due assi coincidono. Dunque, puoi affermare che se due corde di una circonferenza sono parallele, gli assi .... e viceversa, se gli assi di due corde coincidono, le corde sono ....**

24 **Data una circonferenza di centro *O*, sulla base delle distanze dal centro, stabilisci se la corda *AB* è maggiore, minore o congruente rispetto alla corda *CD*, barrando la casella opportuna.**

distanza di *AB* dal centro	distanza di *CD* dal centro		>	<	=	
9,5 cm	95 mm	*AB*	☐	☐	☐	*CD*
18 cm	0,8 dm	*AB*	☐	☐	☐	*CD*
7 dm	73 cm	*AB*	☐	☐	☐	*CD*

25 **Osserva la figura, in cui gli elementi contrassegnati con lo stesso simbolo sono congruenti, e rispondi.**

a. Come sono tra loro le corde *AB* ed *EF*? E i segmenti *AH* ed *EK*? Motiva le risposte.

b. Sapendo che $OS > OH$, è maggiore la corda *AB* o la corda *CD*? È maggiore il segmento *AH* o il segmento *CS*? Motiva le risposte.

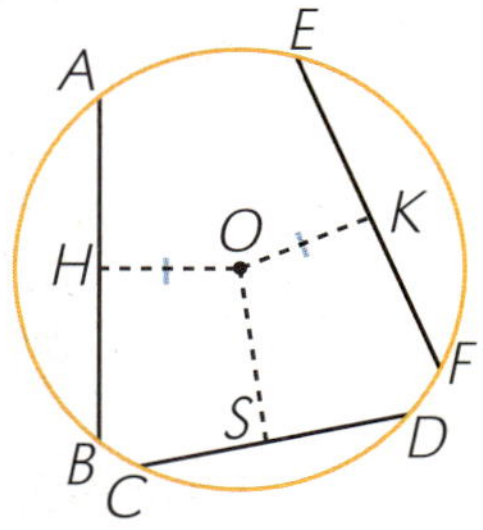

26 **In una circonferenza di centro *O* traccia due corde parallele e congruenti aventi la distanza dal centro di 2,4 cm. Quanto misura la distanza tra le due corde?**

27 **La distanza tra due corde parallele e congruenti di una stessa circonferenza misura 8 cm. Quanto misurano le rispettive distanze dal centro?**

28 **In una circonferenza traccia una corda e costruisci la perpendicolare alla corda passante per il centro della circonferenza. Misura con un righello le due parti in cui il piede della perpendicolare divide la corda. Come sono tra loro le due parti? Perché?**

Risolvi i seguenti esercizi sul piano cartesiano.

29 In un sistema di riferimento cartesiano disegna la circonferenza avente il centro nel punto *O*(9; 5) e il raggio lungo 3 *u*. Traccia tre corde distanti dal centro rispettivamente 1,5 *u*, 2 *u* e 2,5 *u*.

30 Su un piano cartesiano disegna la circonferenza avente il centro in *O*(7; 9) e il diametro lungo 4 cm. Traccia poi due corde parallele situate da parti opposte rispetto al centro e distanti da esso 1 cm e 0,5 cm. Qual è la distanza tra le due corde? [1,5 cm]

Risolvi i seguenti problemi.

31 È data una circonferenza in cui sono state disegnate due corde parallele e due corde che congiungono i loro estremi. Si viene così a formare un trapezio isoscele. Sapendo che:

a. le misure delle corde parallele sono 130 cm e 72 cm;

b. la misura di ciascuna delle altre corde è 95 cm,

calcola il perimetro del trapezio, la distanza fra le due corde parallele, che distano dal centro 53 cm e 37 cm. [392 cm; 90 cm]

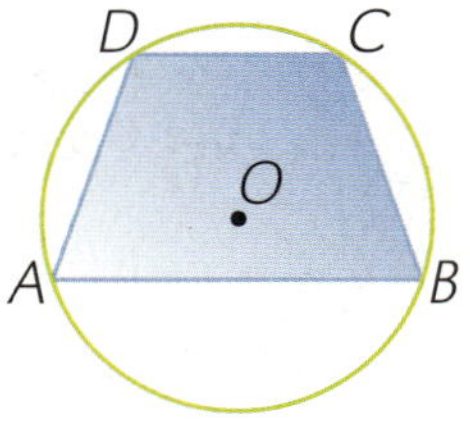

32 In una circonferenza traccia quattro corde consecutive e aventi la stessa distanza dal centro della circonferenza. Se tale distanza misura 2,8 cm, qual è il perimetro del quadrilatero che hai ottenuto? Di quale tipo di quadrilatero si tratta? [22,4 cm]

33 Osserva la figura e, sulla base delle indicazioni date, calcola la misura del diametro della circonferenza. [26 cm]

$AB = 32$ cm
$2p_{AOB} = 58$ cm

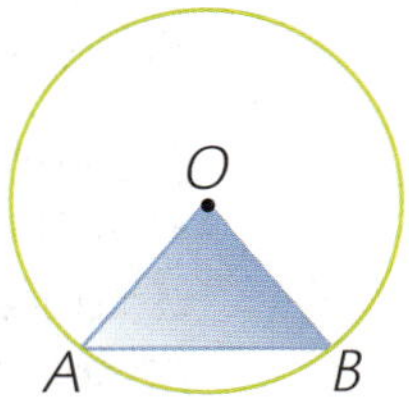

34 In una circonferenza avente il raggio di 106 cm è tracciata la corda *MN* che misura 158 cm. Sapendo che la sua distanza *OH* dal centro *O* della circonferenza misura 70 cm, calcola il perimetro del triangolo *OMN* e quello del triangolo *OMH*. [370 cm; 255 cm]

35 Con riferimento ai dati della figura, calcola il perimetro del triangolo *AOB*.

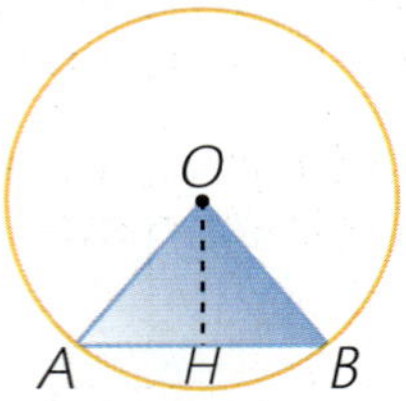

$AH = 3{,}6$ cm
$OB = 4{,}7$ cm

[16,6 cm]

36 In una circonferenza il diametro è 34 cm e una corda 25 cm. Calcola il perimetro del triangolo avente per lati due raggi e la corda assegnata. [59 cm]

37 Il raggio di una circonferenza misura 12 cm e una corda è 5/6 del diametro. Calcola il perimetro del triangolo avente per lati due raggi e la corda data. [44 cm]

38 In una circonferenza di raggio 25 cm sono state disegnate due corde parallele, situate da parti opposte rispetto al centro. Le due corde distano tra loro 44 cm e la minore misura 14 cm. Quanto è lunga l'altra corda?

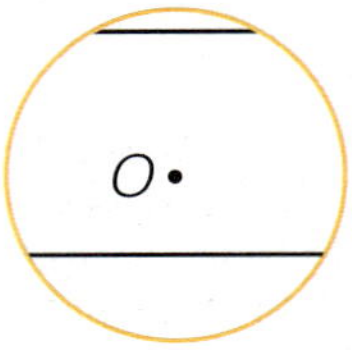

[30 cm]

39 Due corde *AB* e *CD* di una circonferenza, parallele e situate da parti opposte rispetto al centro, hanno le seguenti distanze dal centro: $OH = 16$ cm e $OK = 33$ cm. Il diametro della circonferenza misura 130 cm. Calcola l'area del trapezio che ha per basi le due corde.

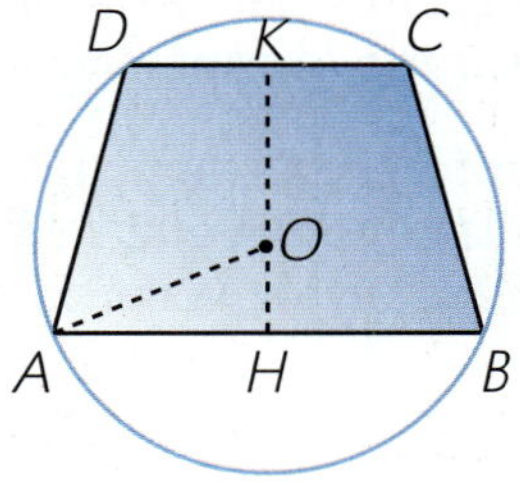

[5831 cm²]

Posizioni di una retta rispetto a una circonferenza

[U5.4 ▸ p. 206]

40 **Osserva la figura e, facendo riferimento alla posizione di ciascuna retta rispetto alla circonferenza, inserisci al posto dei puntini la denominazione corretta. Traccia poi la distanza di ogni retta dal centro della circonferenza e indica con il simbolo appropriato se essa è maggiore, minore o uguale al raggio.**

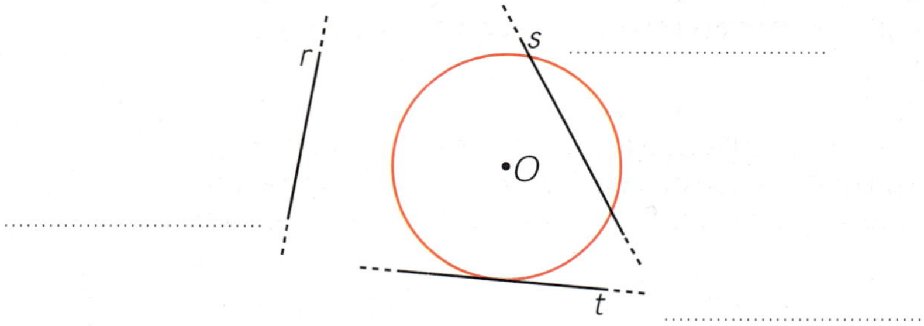

41 Vero o falso?

a. Se una circonferenza ha il raggio di 6 cm e una retta dista 6,2 cm dal centro della circonferenza, allora la retta è esterna alla circonferenza. V F

b. Una circonferenza ha il diametro di 2,4 cm. Se una retta dista 2,4 cm dal centro della circonferenza, allora la retta è tangente alla circonferenza. V F

c. Una circonferenza ha il raggio di 11 cm. Se una retta dista 110 mm dal centro della circonferenza, allora la retta è secante la circonferenza. V F

42 Traccia una retta *t* tangente alla circonferenza data e indica con *T* il punto di tangenza.

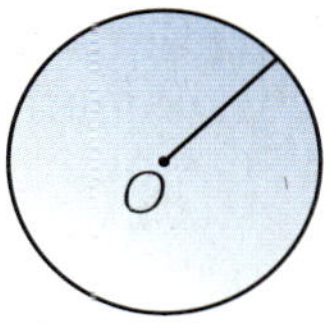

43 Traccia una retta *s* secante la circonferenza data e indica con *A* e *B* i punti in cui la retta interseca la circonferenza.

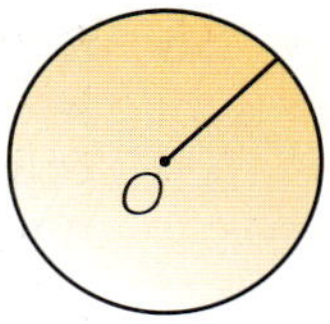

44 Disegna una circonferenza avente il raggio di 5 cm, traccia le rette *r*, *s*, *m* distanti dal centro rispettivamente 6 cm, 5 cm, 4 cm e definisci la posizione delle rette rispetto alla circonferenza.

45 Una circonferenza ha il diametro di 9 cm. Traccia le rette *r*, *s*, *m* a una distanza dal centro rispettivamente 3,5 cm, 2 cm, 6 cm e definisci la loro posizione rispetto alla circonferenza.

46 Il centro di una circonferenza avente il raggio di 15 cm dista 20 cm da una retta *r*, 5 cm da una retta *s* e 15 cm da una retta *q*. Quale posizione assume ciascuna retta rispetto alla circonferenza?

47 Disegna una circonferenza di diametro 10 cm e indica a quale distanza dal centro puoi tracciare una retta affinché risulti tangente, secante o esterna alla circonferenza.

48 In una circonferenza avente il raggio di 5 cm determina la distanza fra due rette tangenti alla circonferenza e parallele tra loro.

Risolvi i seguenti esercizi sul piano cartesiano.

49 In un sistema di riferimento cartesiano disegna la circonferenza con centro in *O*(6; 7) e raggio uguale a 3 *u*. Traccia poi la retta *r* passante per i punti *P*(3; 0) e *Q*(1; 4). Qual è la posizione della retta rispetto alla circonferenza?

50 Su un piano cartesiano disegna la circonferenza avente il centro nel punto *P*(5; 9) e il raggio uguale a 4 *u*. Traccia poi la retta *r* passante per i punti *R*(2; 3) ed *S*(7; 8). Quale posizione assume la retta rispetto alla circonferenza?

51 Una circonferenza ha il centro nel punto *O*(10; 8) e il raggio di 6 *u*. Disegnala su un piano cartesiano e traccia la retta *r* passante per i punti *P*(4; 4) e *Q*(4; 12). Quale posizione ha la retta rispetto alla circonferenza?

RICORDA
- Una retta **tangente** a una circonferenza è perpendicolare al raggio nel punto di tangenza.
- I segmenti che hanno per estremi un punto *P* esterno a una circonferenza e i punti di tangenza alla circonferenza sono congruenti.

52 Disegna due rette *t* ed *r* passanti per il punto *P* e tangenti alla circonferenza data. Indica con *T* ed *R* i punti di tangenza. Completa poi le seguenti scritture inserendo uno di questi simboli:
$<$ $>$ $=$

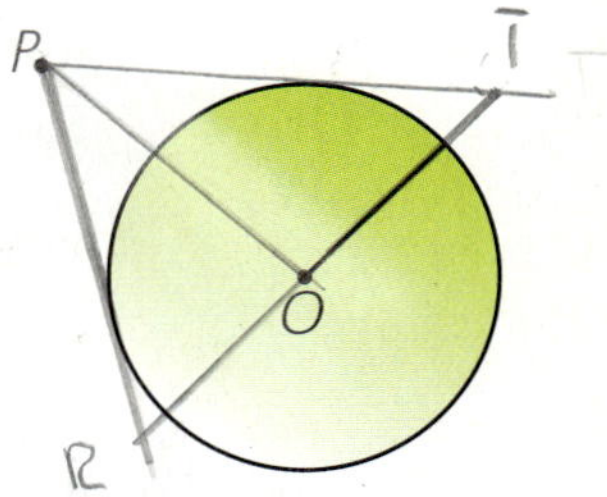

OP .... *r* *OP* .... *PT* *OT* .... *r* *PT* .... *PR*

53 Disegna un triangolo rettangolo *ABC*, retto in $\hat{A}$. Descrivi la circonferenza di centro *B* e avente per raggio il cateto *AB* e verifica che il cateto *AC* è tangente alla circonferenza nel punto *A*.

54 Disegna una circonferenza, traccia due diametri *AB* e *CD* e conduci nei punti diametralmente opposti *A*, *B*, *C*, *D* le tangenti alla circonferenza. Che tipo di figura hai ottenuto?

55 Disegna una circonferenza e in essa traccia due diametri *AB* e *CD* perpendicolari fra loro. Conduci le tangenti alla circonferenza nei punti *A*, *B*, *C*, *D* e verifica che il quadrilatero che hai ottenuto è un quadrato. Sai spiegare il perché?

56 Disegna una circonferenza di centro *O* e fissa un punto *P* a essa esterno. Conduci dal punto *P* le tangenti alla circonferenza e misura con un goniometro l'angolo che esse formano. Unisci ora il punto *P* con *O* e verifica che il segmento *PO* è bisettrice dell'angolo che le due tangenti hanno formato.

Risolvi i seguenti problemi.

57 Una retta è tangente a una circonferenza e la sua distanza dal centro misura 3 cm. Quanto misura il diametro della circonferenza? Qual è l'ampiezza di ciascuno dei due angoli che la retta forma con il raggio nel punto di tangenza?

58 Da un punto *P* esterno a una circonferenza di centro *O* sono tracciate due rette tangenti alla circonferenza e *A* e *B* sono i punti di tangenza. Sapendo che l'angolo formato dalle due tangenti misura 28°, calcola le ampiezze degli angoli del quadrilatero *APBO*.

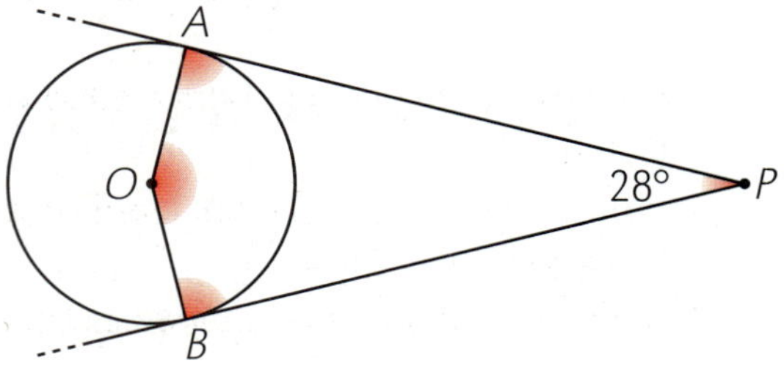

[28°; 90°; 152°; 90°]

59 Da un punto *P* esterno a una circonferenza sono condotte le tangenti *PA* e *PB*. Unendo il centro *O* della circonferenza con i punti *A* e *B*, si ottiene il quadrilatero *AOBP*. Sapendo che l'angolo $A\hat{O}B$ misura 135°, calcola le ampiezze degli angoli del quadrilatero. Se il raggio della circonferenza è 3 cm e il perimetro del quadrilatero è 32 cm, quanto misurano *PA* e *PB*? Perché?

[135°; 90°; 45°; 90°; 13 cm]

60 Da un punto *P* esterno a una circonferenza di centro *O* conduci le tangenti *PA* e *PB* e traccia la bisettrice dell'angolo da esse formato. Sapendo che l'angolo $O\hat{P}A$ misura 20° 30′, calcola l'ampiezza dell'angolo $A\hat{O}B$.

[139°]

61 È data una circonferenza di centro *O* e raggio 18 cm. Tracciando da un punto *P* esterno alla circonferenza le tangenti *PA* e *PB* e congiungendo il centro *O* con i punti di tangenza *A* e *B*, si ottiene il quadrilatero *APBO*. Sapendo che il perimetro di tale quadrilatero è 84 cm, calcola le misure dei suoi lati.

[18 cm; 18 cm; 24 cm; 24 cm]

Posizioni reciproche di due circonferenze

[U5.5 p. 208]

62 Osserva la figura. Quale posizione occupa ciascuna circonferenza minore rispetto a quella maggiore di centro *O*?

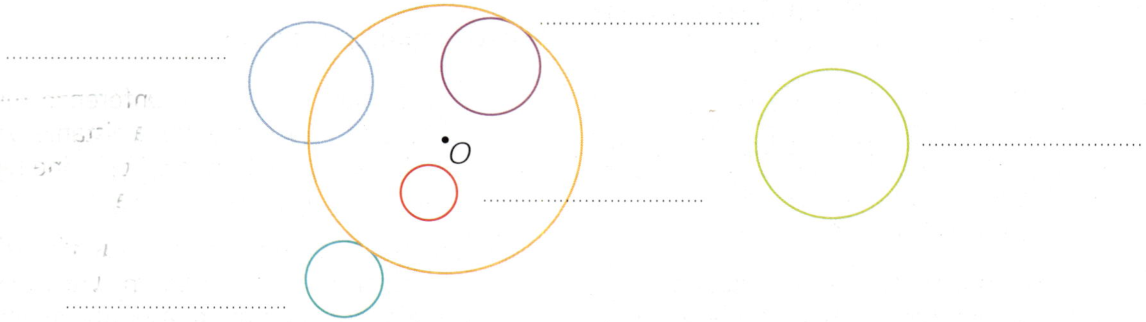

63 Sul tuo quaderno disegna delle circonferenze di centro *O′* e raggio $r' = 2$ cm nelle seguenti posizioni rispetto alla circonferenza data:
a. tangente esternamente;
b. secante;
c. tangente internamente.

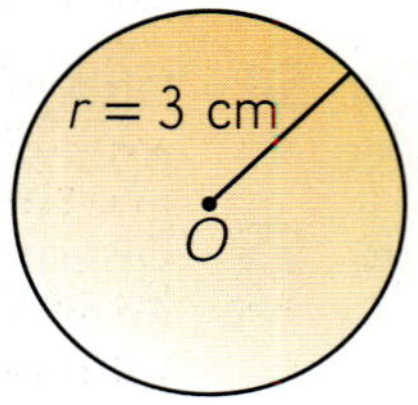

64 Date due circonferenze, sulla base delle informazioni contenute nella tabella, completa le caselle mancanti.

raggio della prima circonferenza	raggio della seconda circonferenza	distanza tra i centri delle due circonferenze	posizione reciproca delle due circonferenze
6 cm	11 cm	17 cm	tangenti esternamente
20 cm	15 cm	5 cm	tangenti internamente
8 cm	9,5 cm	18 cm	esterne
19 cm	7 cm	21 cm	secanti
16 cm	34 cm	50 cm	tangenti esternamente
25 cm	15 cm	8 cm	concentriche
12 cm	10 cm	19 cm	secanti

65 I raggi di due circonferenze misurano 7 cm e 9 cm e la distanza dei centri misura 20 cm. Come sono le due circonferenze?

66 Una circonferenza avente il raggio di 12 cm è tangente esternamente a un'altra. Sapendo che la distanza dei centri misura 30 cm, calcola la misura del raggio della seconda circonferenza. [18 cm]

67 Determina la posizione reciproca di due circonferenze aventi i raggi di 4,2 dm e 5,8 dm, sapendo che la distanza dei centri è 10 dm.

68 I raggi di due circonferenze misurano 5,7 cm e 3,4 cm. Sapendo che la distanza dei centri misura 8,5 cm, determina la posizione reciproca delle due circonferenze.

69 Due circonferenze sono tangenti internamente. Determina la distanza dei loro centri, sapendo che i raggi misurano 158 cm e 72 cm.

70 La distanza dei centri di due circonferenze è di 27 cm e i rispettivi raggi misurano 58 cm e 16 cm. Come sono le due circonferenze?

Risolvi i seguenti esercizi sul piano cartesiano.

71 Una circonferenza ha il centro nel punto $O(10; 8)$ e il raggio di 6 u. Disegnala su un piano cartesiano e traccia la retta r passante per i punti $P(4; 4)$ e $Q(4; 12)$. Quale posizione ha la retta rispetto alla circonferenza?

72 Su un piano cartesiano disegna due circonferenze: la prima di centro $O(4; 7)$ e raggio 2 u e la seconda di centro $O'(10; 4)$ e raggio 3 u. Stabilisci qual è la posizione reciproca delle due circonferenze.

73 In un sistema di riferimento cartesiano disegna due circonferenze: la prima di centro $O(4; 4)$ e raggio 4 u e la seconda di centro $O'(11; 4)$ e raggio 3 u. Qual è la posizione reciproca delle due circonferenze? Quanto vale la distanza dei centri?

74 Su un piano cartesiano disegna due circonferenze: la prima di centro $O(8; 5)$ e raggio 3 u e la seconda di centro $O'(13; 6)$ e raggio 4 u. Descrivi la posizione reciproca delle due circonferenze.

Risolvi i seguenti problemi.

75 I diametri di due circonferenze misurano 23 cm e 12 cm, mentre la distanza dei centri misura 17 cm. In quale posizione reciproca si trovano le due circonferenze?

76 La distanza dei centri di due circonferenze tangenti esternamente misura 12 cm. Calcola la misura dei due raggi, sapendo che uno è doppio dell'altro. [4 cm; 8 cm]

77 Due circonferenze sono tangenti internamente e il raggio della prima è triplo di quello della seconda. Se la distanza tra i centri misura 45 cm, qual è la lunghezza di ciascun raggio? [22,5 cm; 67,5 cm]

APPLICAZIONE

78 Calcola la misura dei raggi di due circonferenze tangenti esternamente, sapendo che la distanza dei centri misura 38,7 cm e che la differenza dei raggi è di 15,3 cm.
[11,7 cm; 27 cm]

79 Due circonferenze di centro *O* e *O′* sono secanti e si incontrano nei punti *A* e *B*. Sapendo che il perimetro del triangolo *AOO′* è 66 cm, che *OO′* misura 26 cm e che i raggi sono uno 1/3 dell'altro, calcola le misure di questi ultimi. Com'è la somma delle misure dei raggi rispetto alla distanza dei centri?

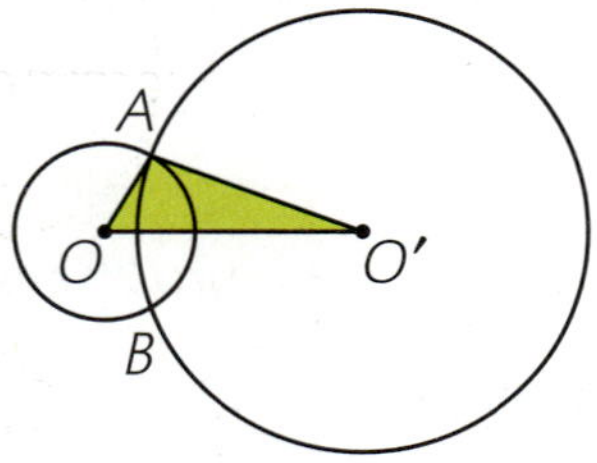

[10 cm; 30 cm]

80 Stabilisci quali valori interi si possono assegnare ai raggi di due circonferenze tangenti esternamente se la distanza tra i loro centri misura 4 cm.
[1 cm, 3 cm; 2 cm, 2 cm; 3 cm, 1 cm]

81 Stabilisci entro quali valori deve essere compresa la misura del raggio di una circonferenza che è interna a un'altra il cui raggio misura 17,5 cm. [$0 < r < 17{,}5$ cm]

82 I diametri di due circonferenze secanti misurano 24 cm e 18 cm. La distanza tra i loro centri può essere maggiore di 21 cm? Motiva la risposta.

Angoli al centro e angoli alla circonferenza

[**U5.6** p. 210]

83 Come si chiama l'angolo colorato in rosso? E quello colorato in blu? Perché si chiamano così? Indica gli archi su cui insistono tali angoli.

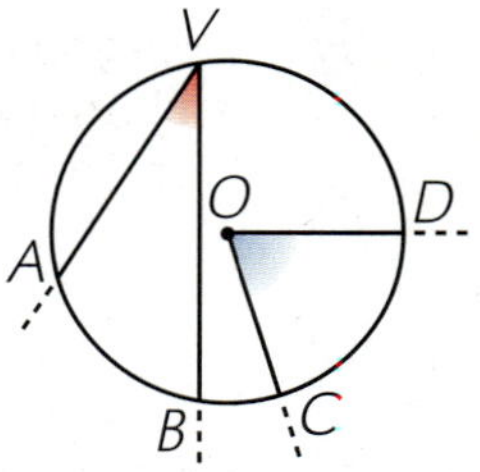

84 Disegna un angolo al centro di 60° e uno di 30°.

85 In una stessa circonferenza disegna un angolo alla circonferenza di 50° e uno di 80°.

86 In una stessa circonferenza disegna due angoli al centro tali che siano complementari e uno di essi sia il doppio dell'altro.

87 Quanti angoli al centro di 90° puoi tracciare in una stessa circonferenza? E quanti di ampiezza 60°?

88 Qual è l'ampiezza di un angolo al centro che insiste su una semicirconferenza?

89 Disegna un angolo alla circonferenza che insiste su un arco $\widehat{AB}$. Ne puoi disegnare altri? Quanti angoli al centro che insistono su $\widehat{AB}$ puoi costruire?

Relazioni tra angoli al centro e angoli alla circonferenza

[**U5.7** ▸ p. 212]

RICORDA
- Ogni angolo alla circonferenza è la metà del corrispondente angolo al centro.
- Tutti gli angoli alla circonferenza che insistono su uno stesso arco sono congruenti.
- Ogni angolo alla circonferenza che insiste su una semicirconferenza è retto.

90 Con riferimento a ciascuna figura, disegna l'angolo al centro corrispondente all'angolo alla circonferenza. Ne potresti disegnare altri? Come sono tra loro gli angoli al centro che insistono sullo stesso arco?

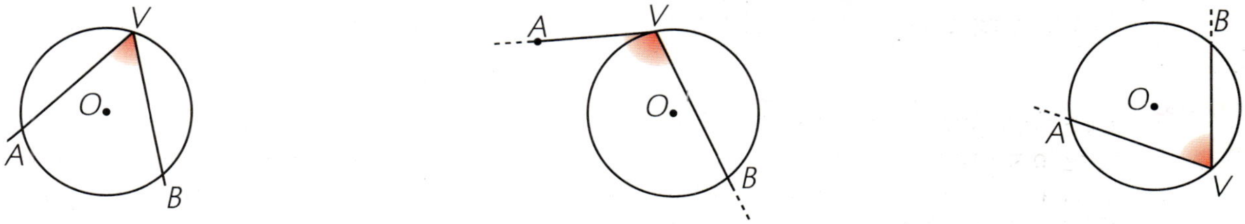

91 Con riferimento a ciascuna figura, disegna un angolo alla circonferenza corrispondente all'angolo al centro. Ne potresti disegnare altri?

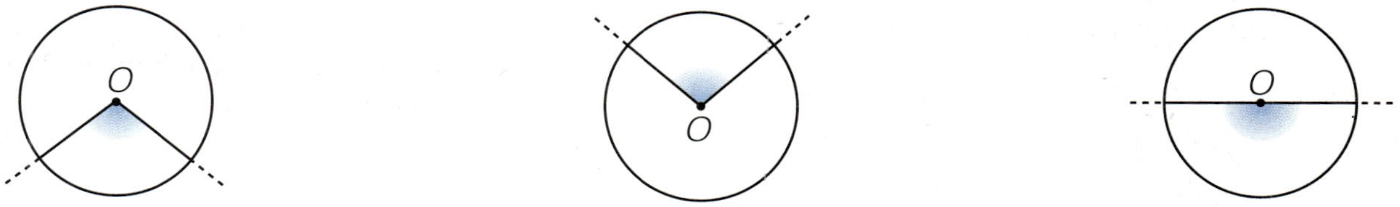

92 Nella figura a lato, individua gli angoli al centro e gli angoli alla circonferenza. Come sono tra loro gli angoli alla circonferenza che insistono sullo stesso arco?

93 Disegna un angolo al centro e un angolo alla circonferenza che insistono sull'arco $\widehat{AB}$ della seguente circonferenza. Poi misurali con un goniometro e scrivi la relazione che intercorre fra loro.

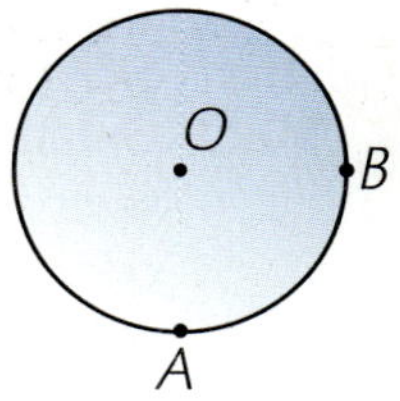

94 Quanto vale l'angolo $A\hat{V}B$? Motiva la risposta.

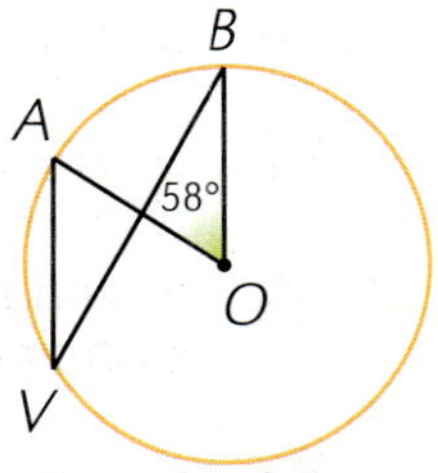

95 Individua l'opzione corretta tra quelle proposte.

angolo alla circonferenza	angolo al centro corrispondente		
35°	☐ 145°	☐ 70°	☐ 55°
110°	☐ 20°	☐ 55°	☐ 220°
48°	☐ 96°	☐ 24°	☐ 132°

96 Disegna in una stessa circonferenza due archi congruenti, traccia due angoli alla circonferenza che insistono su tali archi e misura le rispettive ampiezze. Che cosa noti?

97 Completa la seguente tabella (α indica la misura di un angolo al centro e β la misura del corrispondente angolo alla circonferenza).

α	36°	....	48° 20′	....	96° 15′6″	....
β	....	56°	....	30° 8′	....	50° 18′

Risolvi i seguenti problemi.

98 Calcola l'ampiezza degli angoli $\hat{A}$, $\hat{B}$, $\hat{C}$, $\hat{D}$ del quadrilatero *ABCD*, sapendo che gli archi $\overset{\frown}{AB}$, $\overset{\frown}{BC}$ e $\overset{\frown}{CD}$ sono rispettivamente 1/5, 1/6 e 1/3 della circonferenza.

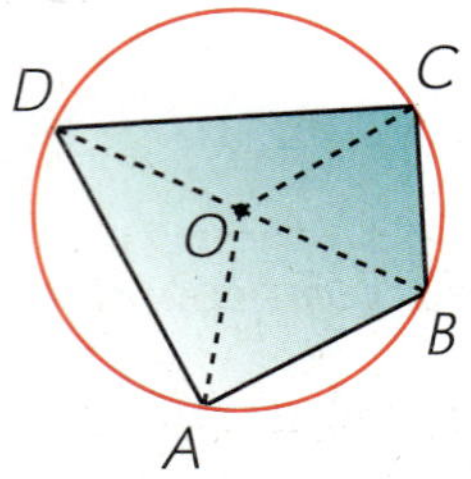

[90°; 114°; 90°; 66°]

99 Calcola la misura di un angolo alla circonferenza che corrisponde a un angolo al centro di 86° 20′. [43° 10′]

100 Calcola le ampiezze di un angolo alla circonferenza e del corrispondente angolo al centro, sapendo che sono complementari. [30°; 60°]

101 Calcola le ampiezze di un angolo alla circonferenza e del corrispondente angolo al centro, sapendo che sono supplementari. [60°; 120°]

102 Un angolo al centro e un angolo alla circonferenza insistono sullo stesso arco. Sapendo che la loro somma misura 126°, calcola l'ampiezza di ciascuno dei due angoli. [42°; 84°]

103 Un angolo alla circonferenza è 3/4 di un angolo retto. Calcola l'ampiezza dell'angolo al centro che insiste sullo stesso arco. [135°]

104 Calcola l'ampiezza di un angolo alla circonferenza sapendo che l'angolo al centro corrispondente è 5/8 di un angolo piatto. [56° 15′]

105 La somma di un angolo al centro e di un angolo alla circonferenza che insistono sullo stesso arco misura 114° 48′. Calcola l'ampiezza di ciascuno dei due angoli. [38° 16′; 76° 32′]

106 Calcola le ampiezze degli angoli al centro che corrispondono a due angoli alla circonferenza la cui somma misura 112°, sapendo che uno di essi è triplo dell'altro. [56°; 168°]

107 La somma di due angoli alla circonferenza misura 128° e uno è 5/11 dell'altro. Calcola le ampiezze dei corrispondenti angoli al centro. [80°; 176°]

108 La differenza di due angoli al centro misura 118° e la loro somma è 258°. Determina le ampiezze dei corrispondenti angoli alla circonferenza. [35°; 94°]

109 La differenza di due angoli al centro misura 42° e uno di essi è 5/3 dell'altro. Qual è l'ampiezza di ciascuno degli angoli alla circonferenza corrispondente a ciascun angolo al centro? [52° 30′; 31° 30′]

110 Osserva la figura e, sulla base dei dati forniti, calcola la misura di ciascun angolo del triangolo *ABC*.

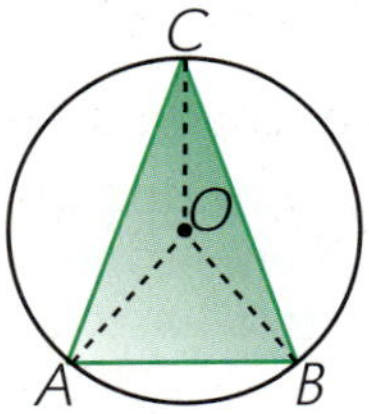

$A\hat{O}B = 80°$
$A\hat{O}C = 140°$

[70°; 70°; 40°]

111 Su una circonferenza di centro *O* sono fissati tre punti *A*, *B*, *C*. Unendo tali punti si ottiene il triangolo *ABC*; sapendo che $\hat{A} = 52°$ e $\hat{B} = 72°$, calcola le misure degli angoli $B\hat{O}C$, $A\hat{O}C$, $A\hat{O}B$ che si vengono a formare se si congiungono i vertici *A*, *B*, *C* con il centro *O* della circonferenza.

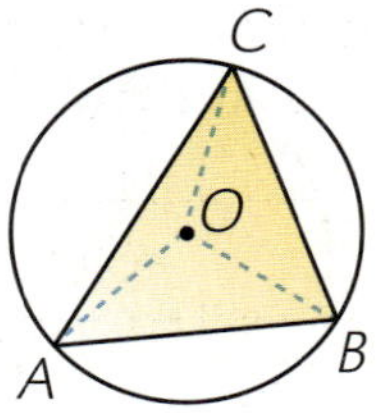

[104°; 144°; 112°]

112 Calcola le ampiezze degli angoli del quadrilatero *ABCD* sapendo che l'angolo $A\hat{O}C$ misura 116° 20′.

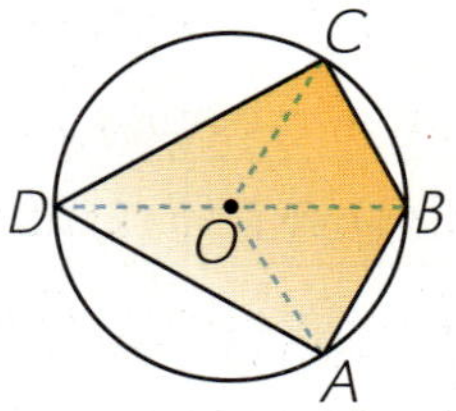

[90°; 58° 10′; 90°; 121° 50′]

113 Un triangolo rettangolo *ABC* di base *AB* ha l'angolo $\hat{C}$ sulla circonferenza. Calcola le misure degli angoli del triangolo, sapendo che il lato *AC* che sottende l'arco $\overset{\frown}{AC}$ è 1/8 della circonferenza. [90°; 22° 30′; 67° 30′]

114 Su una circonferenza di diametro AB fissa un punto C. Congiungi gli estremi del diametro con il punto C ottenendo un triangolo. Di che tipo di triangolo si tratta? Sapendo che un cateto del triangolo è 4/3 dell'altro e la loro somma è 42 cm, calcolane il perimetro e l'area. [72 cm; 216 cm^2]

Settore, segmento e corona circolare

[**U5.8** p. 214]

115 Nel disegno a lato individua: il settore circolare, il segmento circolare a una base e il segmento circolare a due basi e sostituisci ai puntini i termini appropriati.

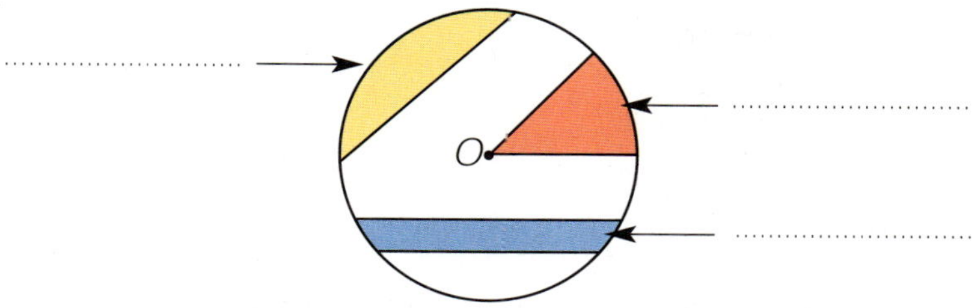

116 Considera un cerchio e in esso colora il settore che corrisponde a 1/4 di cerchio. Qual è l'ampiezza di questo settore?

117 Spiega, servendoti anche di un disegno, che cosa s'intende per settore circolare.

118 Determina l'ampiezza di ciascuno dei seguenti settori circolari, usando un goniometro.

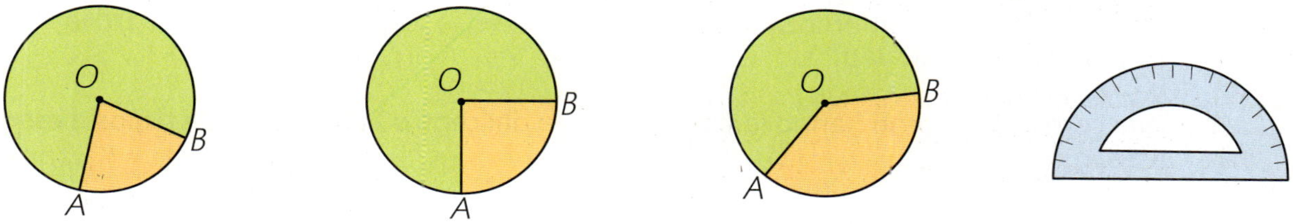

119 Disegna un segmento circolare a una base e scrivi la sua definizione.

120 Definisci un segmento circolare a due basi ed esegui il disegno relativo.

121 Individua e colora in modi diversi, nelle seguenti figure, i settori e i segmenti circolari, distinguendo questi ultimi in segmenti circolari a una o a due basi.

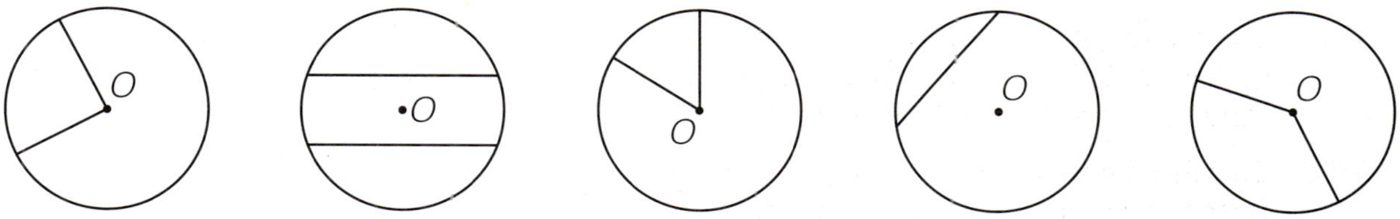

122 Determina l'ampiezza di un settore circolare sapendo che è 1/6 dell'intero cerchio. [60°]

123 Un settore circolare è ampio 120°. Quale frazione del cerchio rappresenta? [1/3]

124 Calcola l'ampiezza di un settore circolare sapendo che è 5/16 dell'intero cerchio. [112° 30′]

125 Disegna un segmento circolare limitato da una corda di 1,5 cm in un cerchio di raggio 2 cm.

126 Disegna un segmento circolare limitato da due corde di 1 cm e 2 cm in un cerchio di raggio 2 cm.

127 Disegna due circonferenze concentriche e colora in blu la corona circolare.

128 Disegna due circonferenze concentriche di centro O e O' e rispettivamente di raggio 5,5 cm e 2,8 cm. Calcola la differenza tra le misure dei raggi. Quanto vale la distanza dei centri O e O'?

Risolvi il seguente esercizio sul piano cartesiano.

129 In un sistema di riferimento cartesiano disegna due circonferenze aventi rispettivamente centro in $O(8; 7)$ e raggio 5 u e centro in $O'(8; 7)$ e raggio 2 u. Come sono le due circonferenze? Come si chiama la parte di cerchio compresa tra esse? Quanto misura la distanza tra le due circonferenze? [3 u]

RIEPILOGO E CONSOLIDAMENTO

1 Il raggio della circonferenza della seguente figura misura 1,5 cm. Considera la posizione dei punti *P*, *Q*, *R* e scrivi in simboli se la loro distanza dal centro è maggiore, minore o uguale al raggio. Quali punti appartengono sia alla circonferenza sia al cerchio?

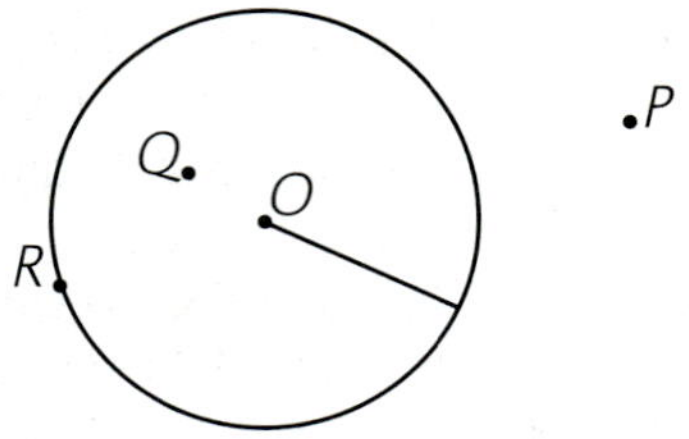

2 Disegna una circonferenza passante per un punto *A*. Ne potresti disegnare altre? Quante sono?

3 Disegna una circonferenza passante per i punti *A* e *B*. Ne potresti disegnare altre? Quante sono? Dove si trovano i loro centri?

4 Disegna una circonferenza avente il raggio di 2,8 cm. Disegna poi un arco, una corda che lo sottende, un diametro, un raggio. Quanto misura il diametro? Puoi tracciare una corda di 6 cm? Motiva la risposta.

5 La corda di una circonferenza misura 4 cm, il diametro 2 cm e il raggio 1 cm: trova l'errore contenuto in questi dati.

6 Due corde congruenti hanno la stessa distanza dal centro? Verifica la tua risposta eseguendo il disegno.

7 Disegna una circonferenza e, servendoti di un compasso, segna su essa due archi congruenti. Come sono tra loro le corde che li sottendono?

8 In una circonferenza avente il diametro di 10 cm, traccia due corde parallele di 8 cm e 6 cm situate da parti opposte rispetto al centro e, con un righello, misura la loro distanza.

9 Una corda di una circonferenza misura 5 cm e un'altra 4 cm. Quale delle due è più distante dal centro? Fai il disegno e verifica se la tua risposta è corretta.

10 Data la circonferenza di centro *O*, disegna una corda *AB* e spiega con un ragionamento perché l'asse della corda passa per il centro della circonferenza.

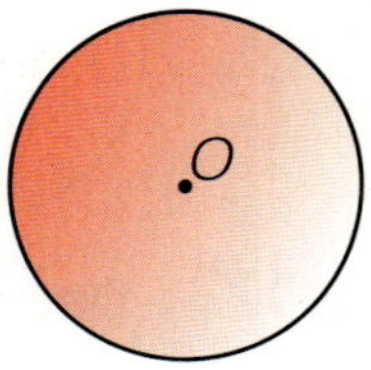

Risolvi i seguenti problemi.

11 Data la circonferenza di raggio 7,4 cm e una corda *AB* di 12,2 cm, calcola il perimetro del triangolo formato da due raggi e dalla corda *AB*. [27 cm]

12 Con riferimento ai dati della figura, calcola il perimetro del triangolo *ROS*.

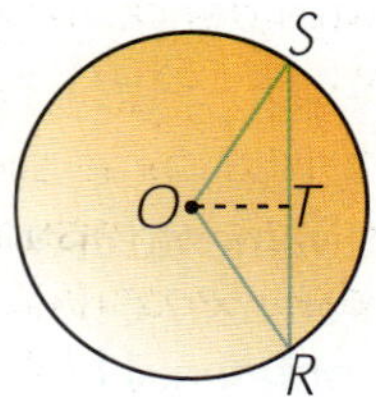

$ST = 0{,}9$ cm
$OR = 1{,}2$ cm

[4,2 cm]

13 Una circonferenza ha il diametro di 63 cm e una corda *AB* è 1/3 del diametro. Calcola il perimetro del triangolo *AOB*. [84 cm]

14 Sulla base delle indicazioni date in figura, calcola la misura del diametro della circonferenza.

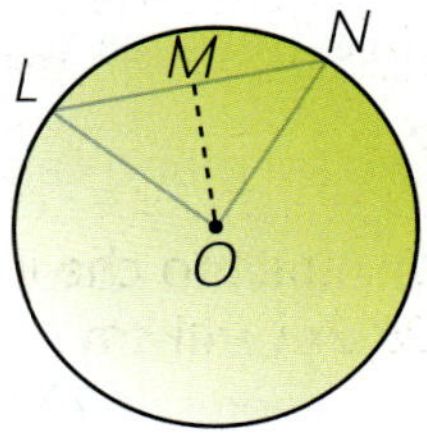

$LM = 17$ cm
$2p_{LNO} = 76$ cm

[42 cm]

15 Il perimetro del triangolo *AOB* ottenuto congiungendo gli estremi di una corda *AB* di 14 cm con il centro *O* di una circonferenza è di 49 cm. Quanto misura il raggio di tale circonferenza? [17,5 cm]

16 **Disegna una circonferenza di centro *O* e raggio 5 cm. Scegli un punto *P* esterno alla circonferenza e un punto *Q* interno alla circonferenza.**
- a. Quante rette tangenti alla circonferenza passanti per *P* puoi tracciare? Disegnale e individua i punti di tangenza.
- b. Quante rette secanti la circonferenza passanti per *Q* puoi tracciare? Disegnane una che passi per *Q* e per *O*. Indica con *A* e *B* i punti in cui interseca la circonferenza. Come si chiama il segmento *AB*? Qual è la sua misura?
- c. Disegna una retta secante che passi per *P* e per *Q*. Puoi tracciarne altre?

17 **Una circonferenza ha il raggio di 7 cm; una retta *r* dista dal centro 9 cm, una retta *r'* 7 cm e una retta *r''* 3 cm. Come sono tali rette rispetto alla circonferenza?**

18 **Disegna due circonferenze che di volta in volta siano:**

esterne • tangenti internamente • una interna all'altra • tangenti esternamente • secanti • concentriche

19 **Stabilisci, di volta in volta, come sono tra loro due circonferenze di centro *O* e *O'* aventi raggi $r = 8$ cm ed $r' = 2$ cm, considerando la distanza *OO'* assegnata.**

a. $OO' = 10$ cm ....

b. $OO' = 15$ cm ....

c. $OO' = 9$ cm ....

d. $OO' = 0$ cm ....

20 **La distanza tra i centri di due circonferenze è 5 cm e i loro raggi misurano rispettivamente 7 cm e 2 cm. Come sono le due circonferenze tra loro?**

Risolvi i seguenti problemi.

21 Disegna una circonferenza di raggio 3 cm e una retta a essa tangente esternamente. Quanto misura la distanza della retta dal centro della circonferenza?

22 Quanto misura l'angolo $R\hat{O}Q$ della figura?

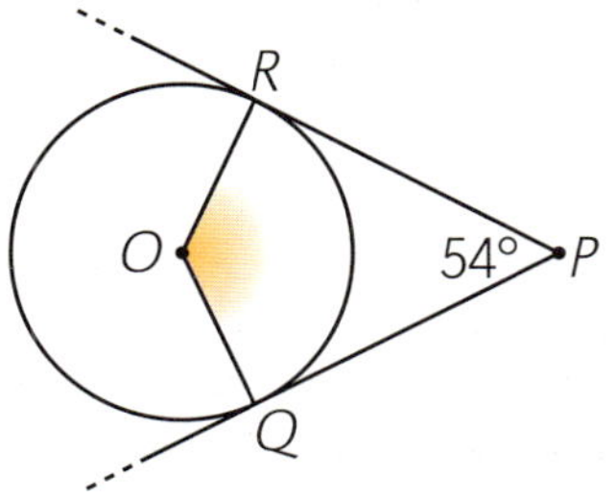

[126°]

23 Disegna una circonferenza di centro *O* e fissa su di essa un punto *Q*. Conduci una retta passante per *Q* e tangente alla circonferenza e su di essa considera un segmento *AB* di 64 cm, tale che *Q* sia il suo punto medio. Congiungi *O* con *A* e con *B* e calcola la misura di *OA* e *OB*, sapendo che il perimetro del triangolo *AOB* è di 144 cm. [40 cm; 40 cm]

24 Considera la figura seguente, in cui è data una circonferenza di centro *O* e raggio 1,5 cm. Sapendo che $AT = 1{,}5$ cm, $BS = 3$ cm, $FC = 4$ cm, calcola il perimetro del triangolo *ABC* e il perimetro del quadrilatero *OPCS*.

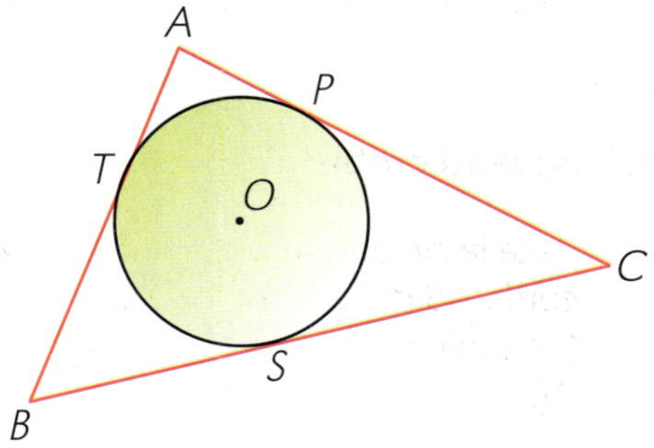

[17 cm; 11 cm]

25 La distanza dei centri di due circonferenze tangenti esternamente misura 44 cm. Sapendo che il raggio della prima circonferenza misura 27 cm, calcola la misura del raggio e del diametro della seconda. [17 cm; 34 cm]

26 Due circonferenze secanti hanno i raggi rispettivamente di 5 cm e 3 cm; il segmento comune ai due raggi misura 1/2 del raggio maggiore. Calcola la distanza dei due centri delle circonferenze. [5,5 cm]

27 Due circonferenze sono tangenti esternamente. Sapendo che la distanza tra i centri misura 28 cm e che un raggio è triplo dell'altro, determina la misura di ciascuno di essi. [7 cm; 21 cm]

28 Due circonferenze sono tangenti esternamente. La distanza dei loro centri misura 72 cm e i raggi sono uno 3/5 dell'altro. Calcola la misura di ciascun raggio. [27 cm; 45 cm]

29 Due circonferenze di centro O e O' sono secanti tra loro e il raggio della prima misura 12 cm. Se la distanza tra i centri è di 15,6 cm, la misura dell'altro raggio può essere uguale o maggiore di 3,6 cm? Motiva la risposta.

30 Due circonferenze hanno il raggio rispettivamente di 11 cm e 7,5 cm. Tra quali valori deve essere compresa la distanza OO' tra i loro centri affinché le due circonferenze siano secanti? [3,5 cm $< OO' <$ 18,5 cm]

31 Due circonferenze sono tangenti internamente. La somma dei raggi misura 48 cm e la distanza tra i centri è 18 cm. Quanto misura ciascuno dei due raggi? [15 cm; 33 cm]

32 Due circonferenze di centro O e O' sono secanti nei punti A e B. Il diametro della prima circonferenza misura 32 cm e quello della seconda è 3/4 del primo. Calcola il perimetro del quadrilatero $AOBO'$.

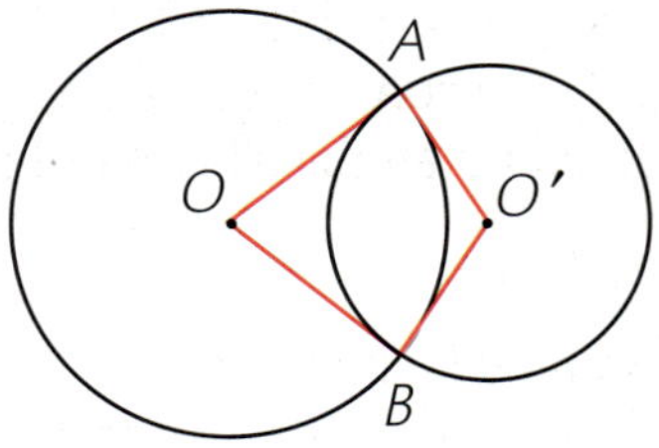

[56 cm]

33 Disegna su un piano cartesiano due circonferenze, tali che gli estremi del diametro della prima siano i punti $A(1; 7)$ e $B(11; 7)$ e gli estremi del diametro della seconda i punti $C(13; 3)$ e $D(13; 11)$. Definisci la posizione reciproca delle due circonferenze e calcola la distanza tra i loro centri.

34 **Osserva la figura a lato e rispondi alle seguenti domande.**

a. Su quale arco insiste l'angolo al centro nella figura?
b. È possibile disegnare altri angoli al centro che insistano sullo stesso arco?
c. Disegna tre angoli alla circonferenza corrispondenti all'angolo al centro dato.
d. Disegna un angolo alla circonferenza che insista sempre su tale arco e che abbia un lato tangente alla circonferenza.
e. Misura le ampiezze degli angoli che hai disegnato. Come sono rispetto a quelle dell'angolo dato?

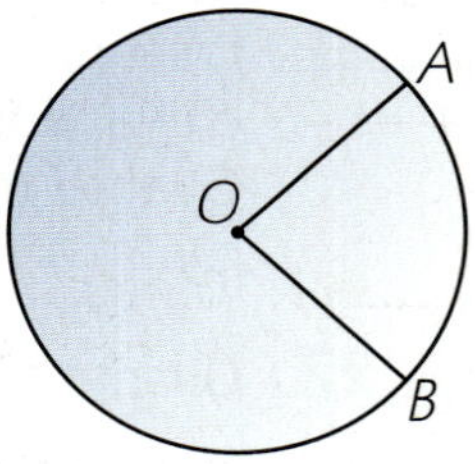

35 **Un angolo al centro di una circonferenza misura 180°: che tipo di angolo è il corrispondente angolo alla circonferenza? E quale arco sottendono?**

Risolvi i seguenti problemi.

36 Un angolo alla circonferenza misura 48° 30′. Calcola l'ampiezza di un angolo al centro che insiste sullo stesso arco. [97°]

37 Un angolo al centro misura 150° 30′. Calcola l'ampiezza del corrispondente angolo alla circonferenza. [75° 15′]

38 La somma delle ampiezze di due angoli al centro è di 96° e uno è il triplo dell'altro. Calcola la misura di ciascuno degli angoli alla circonferenza corrispondenti a quelli dati. [12°; 36°]

39 La somma delle ampiezze di due angoli alla circonferenza è di 87° e uno è il doppio dell'altro. Calcola la misura di ciascuno degli angoli al centro corrispondenti a quelli dati. [58°; 116°]

40 La differenza delle ampiezze di due angoli al centro è di 108° e uno è il quadruplo dell'altro. Calcola la misura di ciascuno degli angoli al centro corrispondenti a quelli dati. [18°; 72°]

41 La somma delle ampiezze di due angoli alla circonferenza è di 140° e uno è 1/3 dell'altro. Calcola la misura di ciascuno dei due angoli. [105°; 35°]

42 La somma delle ampiezze di due angoli al centro è di 105° e uno è 2/5 dell'altro. Calcola la misura di ciascuno dei due angoli. [30°; 75°]

43 La somma e la differenza di due angoli al centro misurano 120° e 70°. Calcola l'ampiezza di ciascun angolo e l'ampiezza dei corrispondenti angoli alla circonferenza. [25°; 95°; 12° 30′; 47° 30′]

44 La somma delle ampiezze di un angolo alla circonferenza e del corrispondente angolo al centro misura 198°. Qual è l'ampiezza di ciascuno dei due angoli? [66°; 132°]

45 È dato un angolo al centro $A\hat{O}B$ di 108°. Calcola l'ampiezza dell'angolo $A\hat{C}D$, sapendo che CD è la bisettrice dell'angolo dato. Determina, inoltre, la misura degli angoli $O\hat{A}D$ e $O\hat{B}D$.

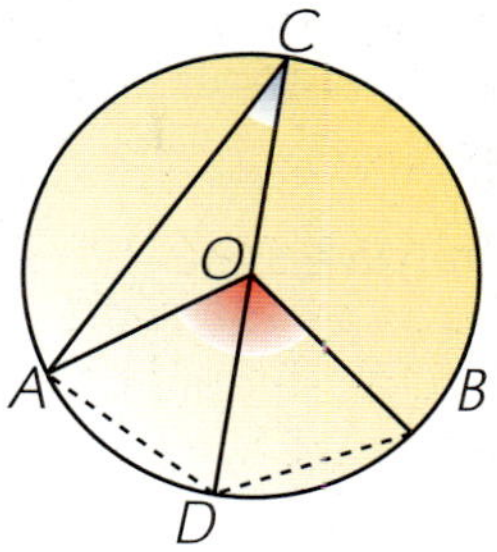

[27°; 63°; 63°]

46 **Nel disegno sotto individua le seguenti parti del cerchio e scrivine le definizioni sul quaderno. Colora ciascuna parte, usando colori diversi.**
a. Settore circolare
b. Segmento circolare a una base
c. Segmento circolare a due basi
d. Corona circolare

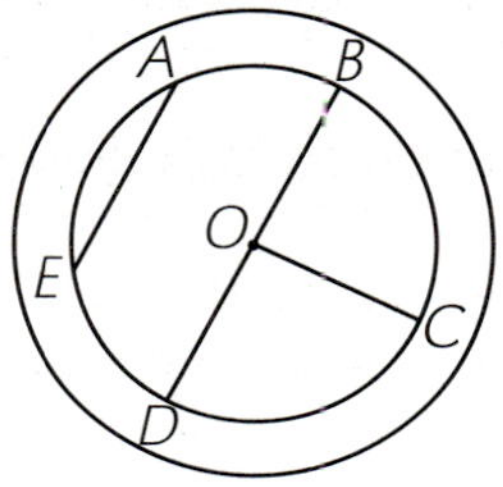

47 **A quale frazione del cerchio corrisponde un settore ampio 90°?**

48 **Indica a quale frazione del cerchio corrisponde un settore che misura 60°. La corda corrispondente può rappresentare il lato di un poligono regolare? Quale?**

49 **Disegna una corona circolare avente il raggio maggiore di 6 cm e quello minore di 3,5 cm. A che cosa corrisponde la differenza tra i raggi?**

50 **In uno stesso cerchio disegna due settori circolari, uno di 45° e l'altro ampio 2/3 del primo.**

Risolvi i seguenti problemi.

51 Due settori sono tali che la somma delle loro ampiezze misura 116° e il primo è il triplo del secondo. Calcola l'ampiezza di ciascuno dei due settori. [29°; 87°]

52 La somma delle ampiezze di due settori è 120° e il maggiore è 5/3 del minore. Quanto è ampio ciascun settore? [75°; 45°]

53 In uno stesso cerchio la differenza tra le ampiezze di due settori tra loro complementari misura 16°. Quanto è ampio ciascuno dei due settori? [53°; 37°]

54 La somma e la differenza delle ampiezze di due settori misurano rispettivamente 118° 26′ e 60° 34′. Calcola la misura dei due corrispondenti angoli al centro. [89° 30′; 28° 56′]

SINTESI DELL'UNITÀ 5

In questo **schema** (o **mappa**) è sintetizzato il tuo percorso di apprendimento. Verifica se hai assimilato il contenuto di questa unità completando la mappa anche solo oralmente.

- Il raggio di una circonferenza è ....
  ....
- La corda è ....
- Il diametro è ....
- La semicirconferenza è ....

Il **settore circolare** è ....
....

CONCETTO DI CIRCONFERENZA
La circonferenza è
....

Il **segmento circolare** a una base è ....
....

Il segmento circolare a due basi è ....
....

Una retta rispetto a una circonferenza può essere ....
....

CONCETTO DI CERCHIO
Il cerchio è
....

Due circonferenze possono assumere le seguenti posizioni reciproche: ....
....

La **corona circolare** è ....
....

Un **angolo** si dice **al centro** se ....
....

Un **angolo** si dice **alla circonferenza** se ....
....

Ogni angolo alla circonferenza è la metà del ....
Tutti gli angoli alla circonferenza che insistono su uno stesso arco sono ....
Ogni angolo che insiste su una semicirconferenza è ....
....

Indica la risposta esatta, individuandola tra quelle proposte: A, B o C.

TEST DI AUTOVERIFICA

1 La circonferenza è una linea chiusa i cui punti sono:
- **A** allineati rispetto al centro
- **B** sparsi rispetto al centro
- **C** equidistanti dal centro

2 La distanza tra un punto della circonferenza e il centro si chiama:
A raggio **B** centro **C** diametro

3 Il cerchio è la parte di piano costituita dai punti:
- **A** della circonferenza e dai punti a essa interni
- **B** interni alla circonferenza
- **C** esterni alla circonferenza

4 Se un cerchio ha il raggio di 3 cm e un punto *P* dista 3,2 cm dal suo centro, allora *P*:
- **A** è interno al cerchio
- **B** è esterno al cerchio
- **C** è situato sulla circonferenza

5 Qualsiasi segmento avente per estremi due punti di una circonferenza si dice:
A asse **B** arco **C** corda

6 Una corda passante per il centro si chiama:
A adiacente **B** diametro **C** opposta

7 Archi congruenti sottendono:
- **A** corde congruenti
- **B** distanze congruenti
- **C** corde non congruenti

8 L'asse di una corda passa per:
- **A** un punto qualsiasi della circonferenza
- **B** il centro della circonferenza
- **C** un estremo del diametro della circonferenza

9 La corda *AB* è lunga 5 cm e dista 3 cm dal centro *O* della circonferenza. Se anche la corda *CD* è lunga 5 cm, a che distanza si troverà da *O*?
A 5 cm **B** 6 cm **C** 3 cm

10 Quale posizione assume la retta *r* rispetto alla circonferenza?
- **A** tangente
- **B** esterna
- **C** secante

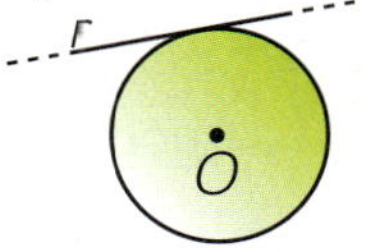

11 Quanto vale *PK*, se $PH = 3$ cm?
- **A** 3,5 cm
- **B** 3,2 cm
- **C** 3 cm

12 I raggi di due circonferenze misurano 4 cm e 6 cm. Come deve essere la distanza dei centri affinché le due circonferenze siano esterne l'una all'altra?
A < 10 cm **B** > 10 cm **C** $= 10$ cm

13 Due circonferenze si dicono tangenti esternamente se la distanza dei centri è:
- **A** uguale alla somma dei raggi
- **B** uguale alla differenza dei raggi
- **C** minore della somma dei raggi

14 L'angolo al centro di una circonferenza ha il vertice:
- **A** sulla circonferenza
- **B** nel centro della circonferenza
- **C** in un punto qualsiasi del cerchio

15 In una stessa circonferenza ad angoli al centro congruenti corrispondono archi:
A congruenti **B** disuguali **C** eccedenti

16 Ogni angolo alla circonferenza è:
- **A** il doppio del corrispondente angolo al centro
- **B** un terzo del corrispondente angolo al centro
- **C** la metà del corrispondente angolo al centro

17 Se un angolo al centro è di 68°, il corrispondente angolo alla circonferenza misura:
A 136° **B** 34° **C** 17°

18 Se un angolo alla circonferenza misura 90°, l'ampiezza del corrispondente angolo al centro è:
A 180° **B** 90° **C** 45°

19 Il settore circolare è ciascuna delle due parti di un cerchio limitata da:
- **A** un raggio e una corda
- **B** due corde
- **C** due raggi

20 L'ampiezza di un settore circolare che è 5/6 di un cerchio corrisponde a:
A 150° **B** 432° **C** 300°

Esercizio	1	2	3	4	5	6	7	8	9	10	11	12	13	14	15	16	17	18	19	20
Risposta																				

Confronta le tue risposte con quelle riportate in fondo al volume. Per ogni risposta esatta annerisci un quadratino del "misuratore" riportato qui sotto. I colori evidenziano il tuo livello di preparazione e la votazione ottenuta.

Voto		1		2		3		4		5		6		7		8		9		10

RECUPERO E RIPASSO

Se non hai superato con successo il test per l'autoverifica, o se devi prepararti sugli argomenti di questa unità, prova a rispondere alle domande nella prima colonna. Se non ci riesci, trovi la risposta nella seconda colonna. La terza colonna ti propone alcuni esercizi da risolvere per applicare le tue conoscenze.

RECUPERO E RIPASSO

Domanda	Risposta	Esercizi
Come si definisce una **circonferenza**? 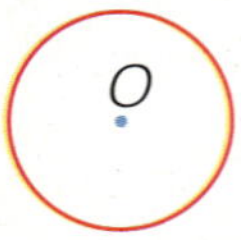 	La circonferenza è una linea chiusa costituita da tutti i punti del piano che hanno la stessa distanza da un punto fisso, detto **centro**. In figura, il centro è il punto *O*.	**1.** Tra le seguenti figure, individua le circonferenze e colorale di blu. 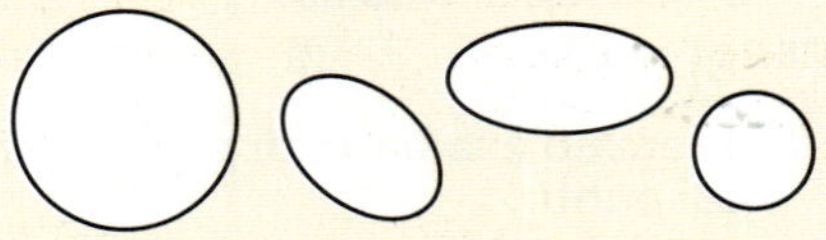
Che cos'è il **raggio** di una circonferenza? 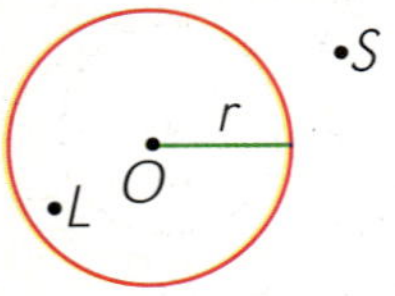 Che cosa si intende per punto interno ed esterno alla circonferenza?	Il **raggio** è la distanza tra un punto qualsiasi della circonferenza e il centro. In figura, *r* è un raggio della circonferenza di centro *O*. Un punto si dice *interno* alla circonferenza se la distanza dal centro è minore del raggio; si dice *esterno* alla circonferenza se la distanza dal centro è maggiore del raggio. In figura, *L* è un punto interno, *S* è un punto esterno.	**2.** Traccia il raggio di ciascuna circonferenza. Quanti ne potresti tracciare? 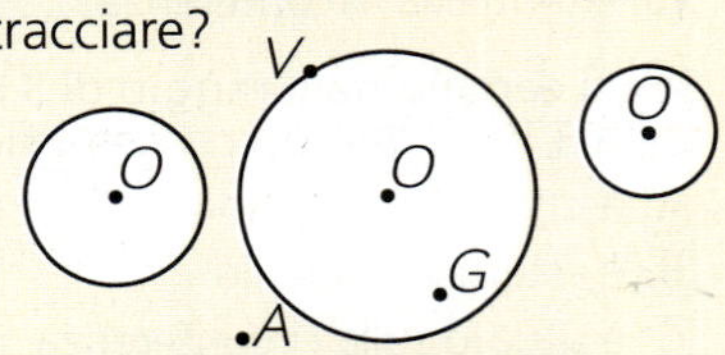 **3.** Stabilisci se i punti *A*, *V*, *G* sono interni oppure esterni alla circonferenza più grande dell'esercizio 2, motivando la risposta.
Come si definisce un **cerchio**? 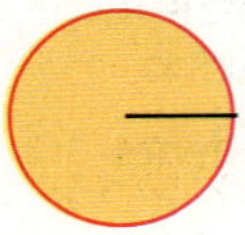	Il **cerchio** è la parte di piano limitata da una circonferenza che ne costituisce il *contorno*. Il **contorno** fa parte del cerchio.	**4.** Disegna sul tuo quaderno tre cerchi aventi rispettivamente il raggio di 2 cm, 1,4 cm, 5 cm e delimitane il contorno con il colore rosso. Segna per ciascun cerchio un punto a esso interno e uno esterno.
Che cos'è un **arco**? E una **corda**? 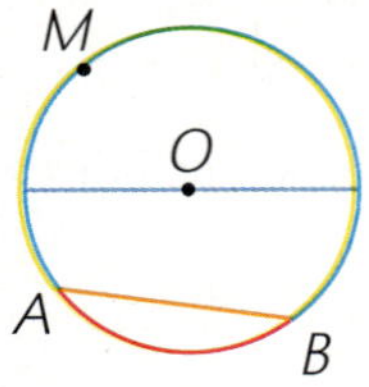 	L'arco è ciascuna delle due parti in cui una circonferenza è divisa da due suoi punti, detti *estremi dell'arco*. In figura, gli archi sono $\widehat{AB}$ e $\widehat{AMB}$. La **corda** è il segmento che ha come estremi due punti qualsiasi della circonferenza. In figura, la corda *AB* sottende gli archi $\widehat{AB}$ e $\widehat{AMB}$. Il **diametro** è la corda passante per il centro della circonferenza ed è il doppio del raggio.	**5.** Su una circonferenza segna gli archi $\widehat{LM}$ ed $\widehat{SQ}$ e le corde che li sottendono. **6.** Disegna una circonferenza avente il diametro di 3 cm. Quanto misura il raggio?
Quali sono le **proprietà** degli archi e delle corde? 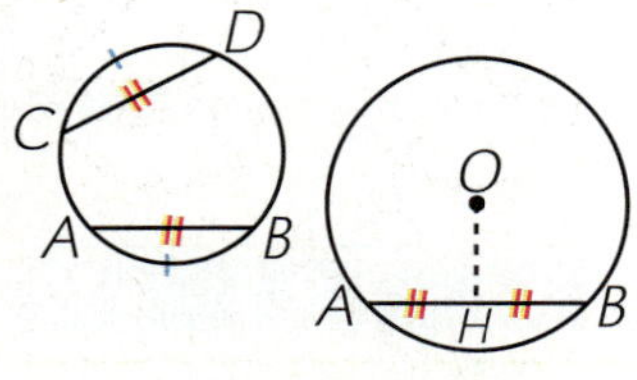 	In una stessa circonferenza ad *archi congruenti* corrispondono *corde congruenti* e viceversa. In figura: $\widehat{AB} \cong \widehat{CD}$ e $AB \cong CD$. La perpendicolare a una corda condotta dal centro di una circonferenza divide la corda a metà, cioè è l'*asse della corda*. In figura: $AH \cong HB$.	**7.** Su una circonferenza disegna due archi congruenti. Verifica, misurandole con un righello, che le corde che li sottendono sono anch'esse congruenti. **8.** Disegna una circonferenza e una corda *SR* e traccia il suo asse. Per quale punto della circonferenza passa? Motiva la risposta.

Domanda	Risposta	Esercizi
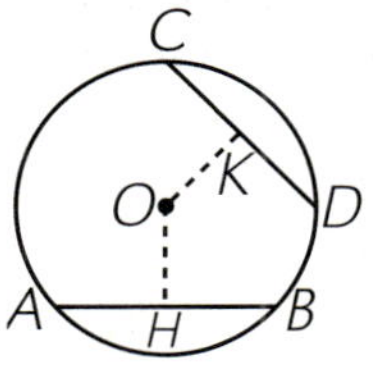	Due corde congruenti di una stessa circonferenza hanno uguale distanza dal centro. In figura: $AB \cong CD$ e $OH \cong OK$.	**9.** Due corde AB e CD di una stessa circonferenza misurano entrambe 4 cm. Sono ugualmente distanti dal centro oppure no? Esegui il relativo disegno e verifica la risposta.
Quale **posizione** può assumere **una retta rispetto a una circonferenza?** 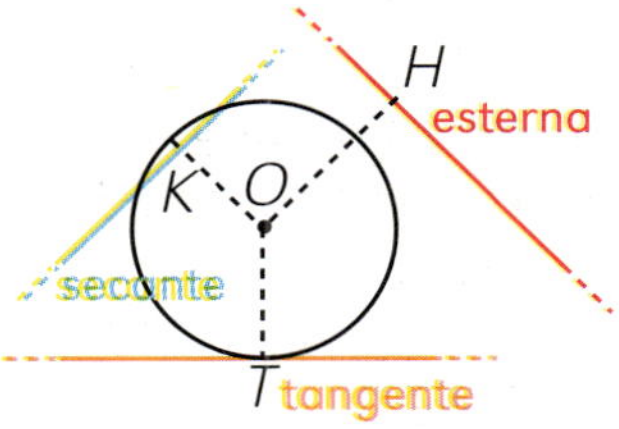 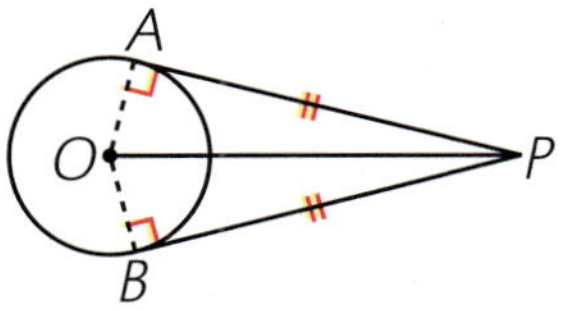	Una retta rispetto a una circonferenza può essere: – **esterna**, se la sua distanza dal centro è maggiore del raggio: $OH > r$; – **tangente**, se la sua distanza dal centro è uguale al raggio: $OT = r$; – **secante**, se la sua distanza dal centro è minore del raggio: $OK < r$. I segmenti che hanno per estremi un punto P esterno a una circonferenza e i punti di tangenza alla circonferenza sono congruenti. In figura: $AP \cong BP$.	**10.** Individua la posizione di ciascuna retta rispetto alla circonferenza. Misura con un righello la distanza tra ciascuna retta e il centro della circonferenza e scrivi ciascuna relazione in simboli. 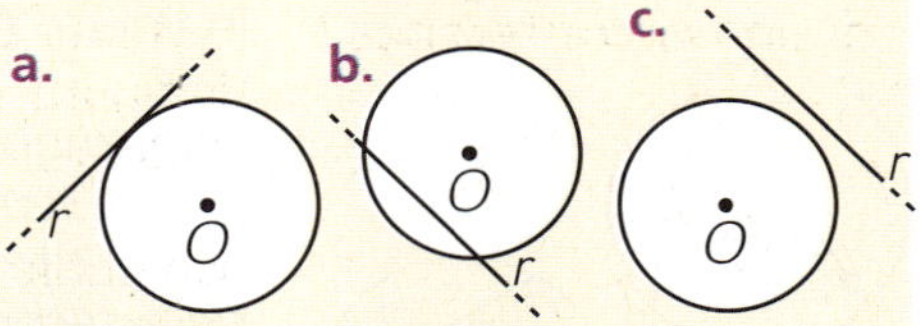 **11.** Se il segmento $RS = 2{,}8$ cm, quanto misura il segmento RT? 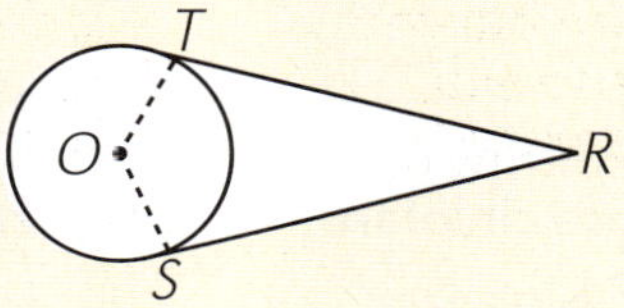
Quali **posizioni reciproche** possono assumere **due circonferenze?** Descrivi le più importanti. 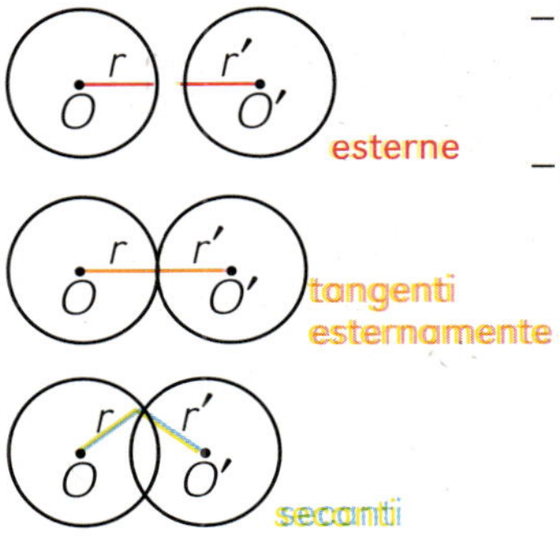	Due circonferenze possono assumere le seguenti posizioni reciproche: – **esterne**, se la distanza dei centri è maggiore della somma dei raggi: $OO' > r + r'$ – **tangenti esternamente**, se la distanza dei centri è uguale alla somma dei raggi: $OO' = r + r'$ – **secanti**, se la distanza dei centri è minore della somma dei raggi: $OO' < r + r'$	**12.** Disegna due circonferenze rispettivamente di raggio 4 cm e 3 cm. Se la distanza tra i centri misura 8 cm, come sono tra loro le due circonferenze? E se tale distanza è di 7 cm? E se ancora si riduce a 5 cm? Esegui i relativi disegni e scrivi in simboli ciascuna relazione.
Nelle figure seguenti, qual è l'**angolo alla circonferenza** e qual è l'**angolo al centro**? Perché? 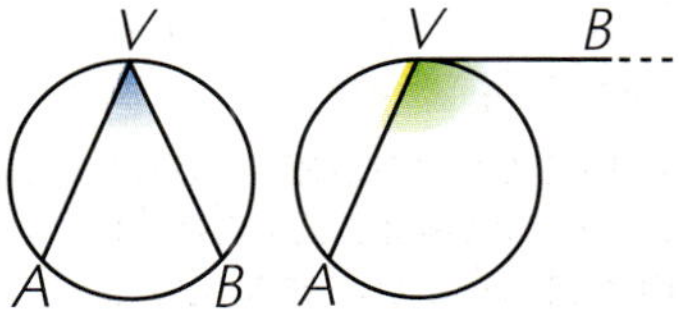	L'angolo alla circonferenza è $\hat{V}$, perché ha il vertice sulla circonferenza e i lati entrambi secanti oppure uno secante e l'altro tangente alla circonferenza.	**13.** Individua nelle seguenti circonferenze gli angoli al centro e gli angoli alla circonferenza. 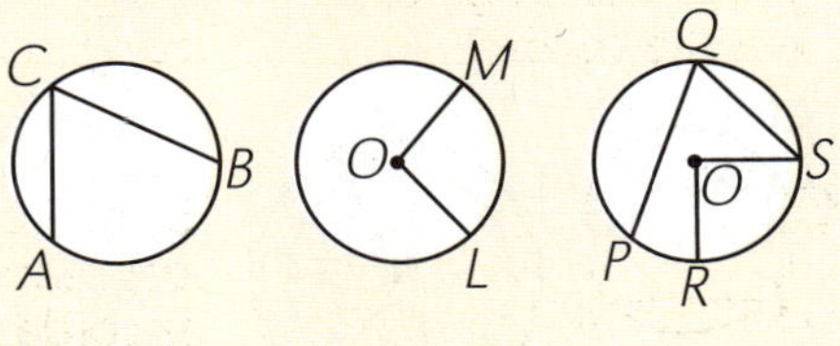

Domanda	Risposta	Esercizi

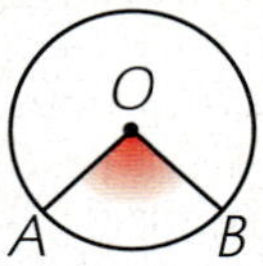

L'angolo al centro è $\hat{O}$, perché ha il vertice nel centro della circonferenza.

14. Traccia una circonferenza e segna un angolo al centro $\hat{O}$ e un angolo alla circonferenza $\hat{S}$. Che differenza c'è tra l'uno e l'altro?

Esiste una **relazione tra gli angoli al centro e gli angoli alla circonferenza** che insistono sullo stesso arco? C'è un caso particolare?

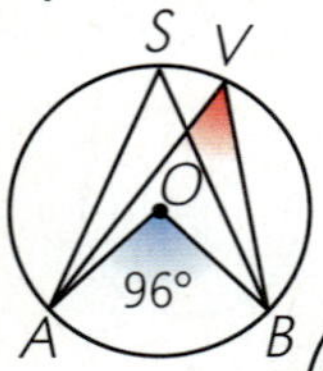

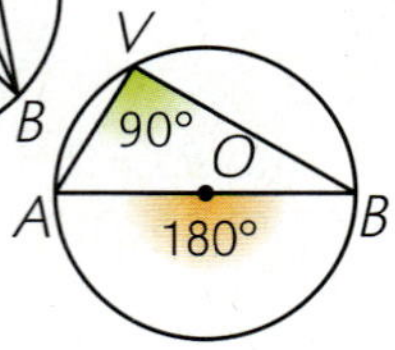

Ogni **angolo alla circonferenza** è la metà del *corrispondente* **angolo al centro**.
Nella prima figura: $A\hat{O}B = 96°$; $A\hat{V}B = 48°$.

Tutti gli angoli alla circonferenza che insistono su uno stesso arco sono congruenti.
In figura: $A\hat{S}B = A\hat{V}B = 48°$.

Ogni angolo alla circonferenza che insiste su una *semicirconferenza*, cioè sulla metà di una circonferenza, è *retto*.
Nella seconda figura: $A\hat{V}B = 90°$.

15. Calcola la misura di almeno tre angoli alla circonferenza corrispondenti a un angolo al centro di 128°. Esegui il disegno.

16. Quanto vale l'angolo $R\hat{O}T$ in figura? Motiva la risposta.

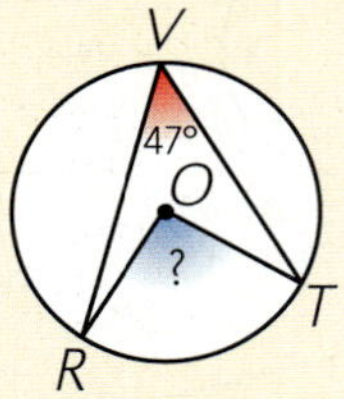

17. In una circonferenza di centro O disegna tre angoli retti.

Come si definisce un **settore circolare**?

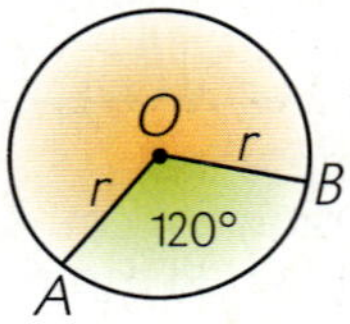

Il settore circolare è ciascuna delle due parti di cerchio limitata da due raggi.

In figura, l'ampiezza del settore in verde è di 120°.

18. In un cerchio di raggio 2,5 cm, disegna un settore circolare avente l'ampiezza a piacere.

19. Disegna tre settori circolari rispettivamente di 60°, 100° e 25°.

Come si definisce un **segmento circolare**?

Il segmento circolare a una base è ciascuna delle due parti di cerchio compresa tra una corda e l'arco che essa sottende.

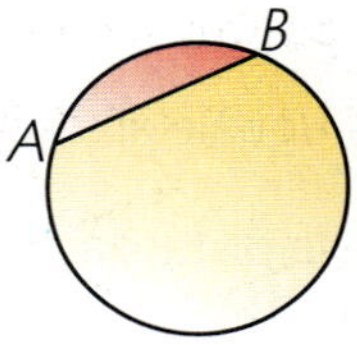

Il segmento circolare a due basi è la parte di cerchio compresa tra due corde parallele.

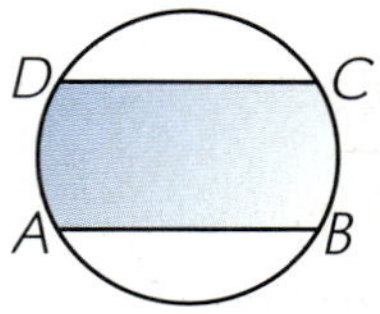

20. Disegna un cerchio di raggio 5 cm e traccia in esso un segmento circolare a una base. Colora in rosso la corda, in blu l'arco e in verde il segmento circolare.

21. Disegna tre cerchi e in ciascuno traccia una corda. Quanti segmenti circolari si vengono a formare in ciascun caso?

22. Disegna un cerchio di raggio 4 cm e traccia in esso un segmento circolare a due basi. Quante corde hai tracciato? Che cosa rappresentano?

Che cos'è una **corona circolare**?

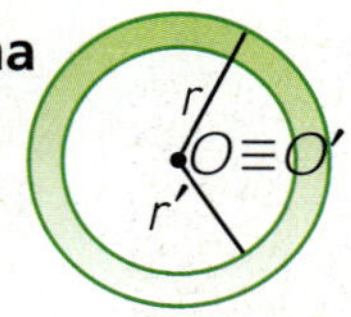

La **corona circolare** è la parte di cerchio compresa tra due circonferenze concentriche.

23. Disegna due circonferenze concentriche: una di 6 cm e l'altra di 3,5 cm. Come si chiama la parte di cerchio compresa tra esse? Quanto misura la differenza dei raggi?

unità 6

I poligoni inscritti e circoscritti

Conoscenze

- poligoni inscritti in una circonferenza e circoscritti a una circonferenza
- triangoli, quadrilateri e poligoni regolari inscritti e circoscritti a una circonferenza
- area di un poligono regolare
- area di un poligono circoscritto a una circonferenza
- applicazione del teorema di Pitagora ai poligoni inscritti e circoscritti e ai poligoni regolari

Abilità

- individuare e disegnare poligoni inscritti e circoscritti a una circonferenza
- rilevare le proprietà di triangoli, quadrilateri e poligoni regolari inscritti e circoscritti a una circonferenza
- calcolare l'area di un poligono regolare
- applicare il teorema di Pitagora ai poligoni inscritti e circoscritti e ai poligoni regolari

TEST SUI PREREQUISITI

Sai come si definisce una circonferenza? E un cerchio?

a. tra i seguenti punti stabilisci quelli che appartengono sia alla circonferenza sia al cerchio.

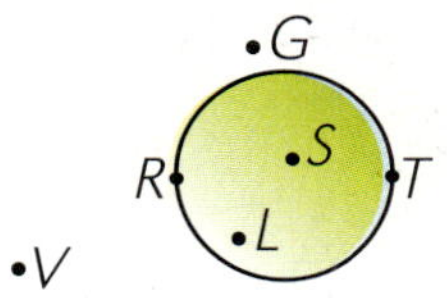

A *S*, *L* C *R*, *T*
B *R*, *S*, *L*, *T* D *R*, *S*, *T*

Conosci i principali poligoni e le loro proprietà?

b. quali tra i seguenti poligoni hanno le diagonali congruenti tra loro?

a b c d

A a, c B a, b, c C a, c, d D b, c

c. in quali tra i seguenti poligoni le diagonali si dimezzano scambievolmente?

a b c d

A a, c B b, c, d C a, d D a, b

GEOMETRIA E REALTÀ

Enrico, durante una visita alla cattedrale di Bitonto (BA), osserva che sul pavimento c'è un mosaico in cui campeggia un grifone alato inscritto in una circonferenza. Bellissimo!

Poligoni inscritti in una circonferenza

Disegniamo una circonferenza di centro *O* e fissiamo su di essa i punti *A*, *B*, *C*, *D*, *E*. Uniamo poi tali punti, ordinatamente, con segmenti consecutivi.

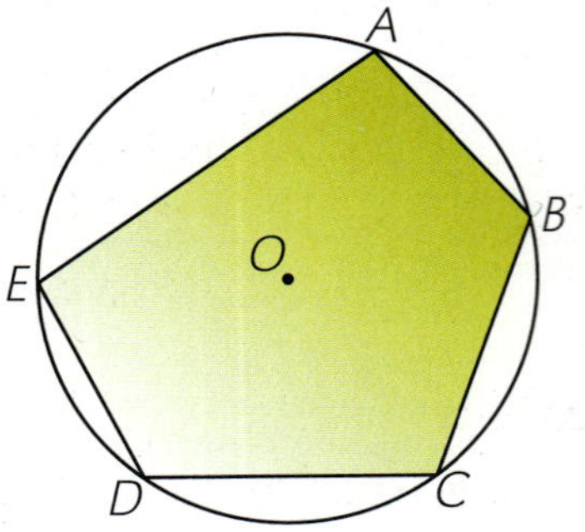

Il poligono ABCDE è inscritto nella circonferenza e questa è circoscritta al poligono.

Il segnale stradale che indica un "senso vietato" ha la forma di un poligono inscritto in una circonferenza.

Il poligono ottenuto si dice **inscritto** nella circonferenza e questa si dice **circoscritta** al poligono.

▶▶▶ **Un poligono si dice inscritto in una circonferenza se tutti i suoi vertici appartengono alla circonferenza.**

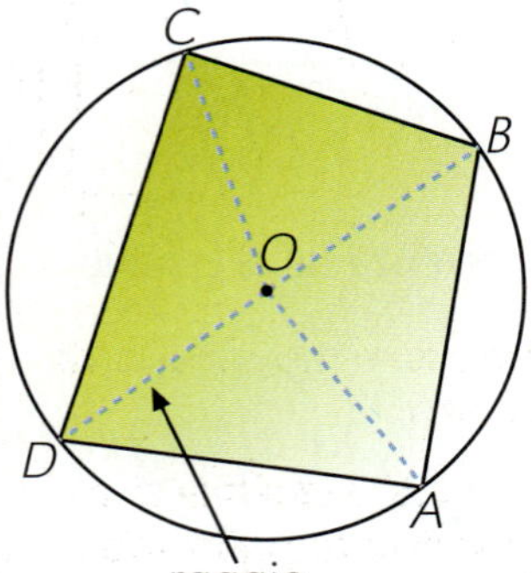

Ogni segmento che congiunge un vertice del poligono inscritto con il centro della circonferenza circoscritta è quindi un raggio della circonferenza, detto anche **raggio** del poligono.

Se tracciamo gli assi dei lati di un poligono inscritto in una circonferenza (figura a destra), possiamo notare che si incontrano in uno stesso punto *O* che è il *centro della circonferenza circoscritta* al poligono: questo è il motivo per cui il punto di incontro degli assi di un poligono è detto **circocentro**.

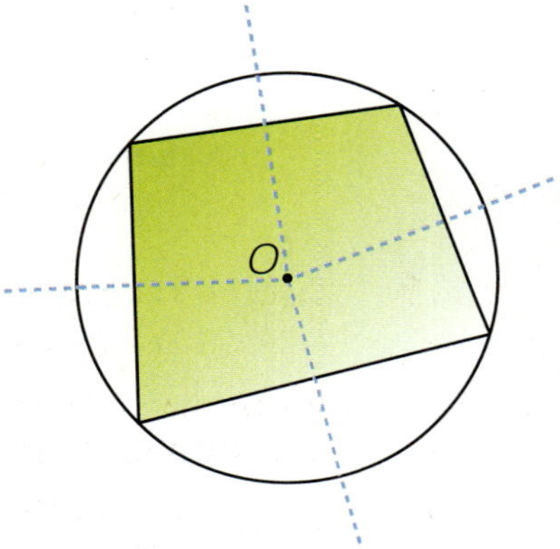

▶▶▶ **Un poligono è inscrittibile in una circonferenza se gli assi dei suoi lati si incontrano in un unico punto, detto circocentro, coincidente con il centro della circonferenza.**

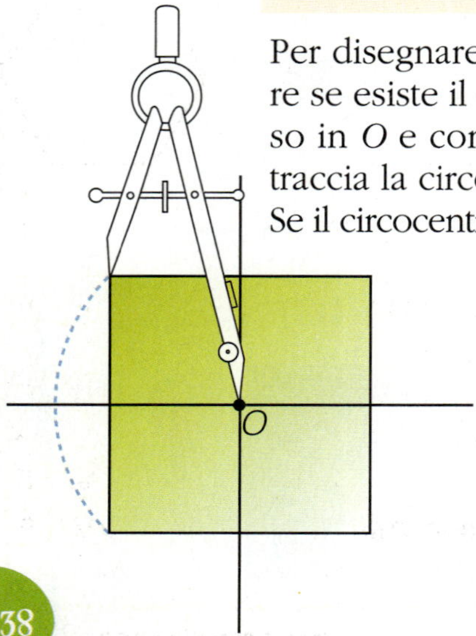

Per disegnare la circonferenza circoscritta a un poligono, si deve prima verificare se esiste il circocentro *O* del poligono; in caso affermativo si centra il compasso in *O* e con apertura uguale alla distanza di un vertice del poligono da *O* si traccia la circonferenza.
Se il circocentro non esiste, allora il poligono non è inscrittibile in una circonferenza.

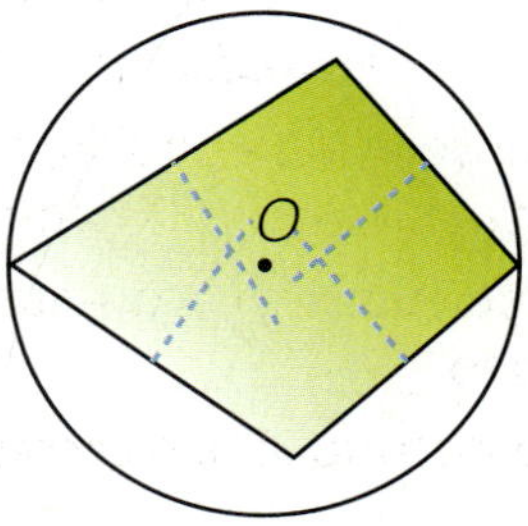

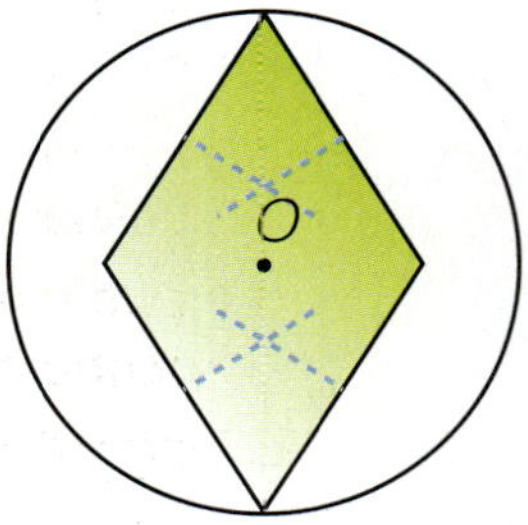

1 **Indica quali dei seguenti poligoni sono inscritti nella relativa circonferenza e spiega perché.**

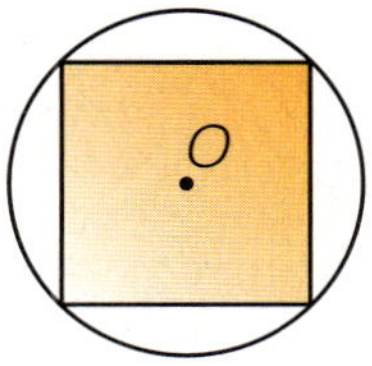

a.

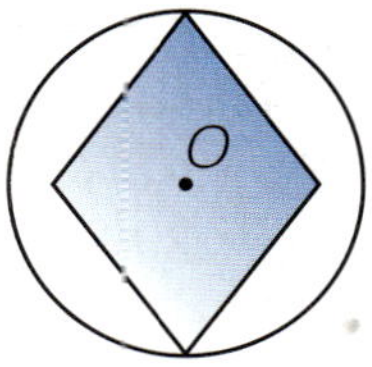

b.

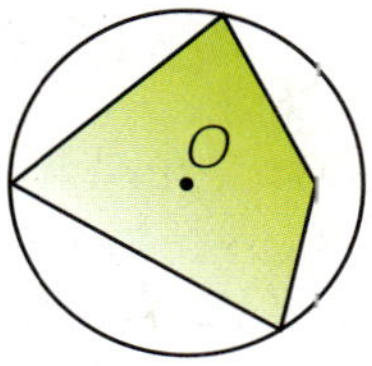

c.

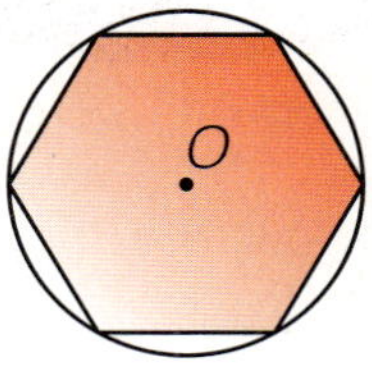

d.

2 **Disegna una circonferenza, considera quattro suoi punti e uniscili ordinatamente. Come si chiama il poligono che hai ottenuto rispetto alla circonferenza? E la circonferenza rispetto al poligono?**

3 **Completa.**

a. Un poligono si può inscrivere in una circonferenza se gli .... di tutti i suoi .... si .... in un unico .... che è il .... della circonferenza circoscritta.

b. Il circocentro di un poligono inscritto in una circonferenza è il punto di intersezione degli ....

4 **Nei disegni a lato, colora il raggio del poligono in rosso e il circocentro con il blu.**

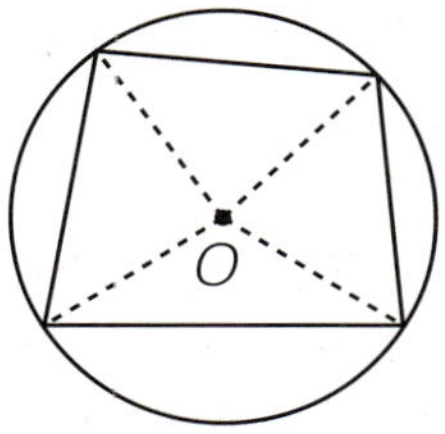

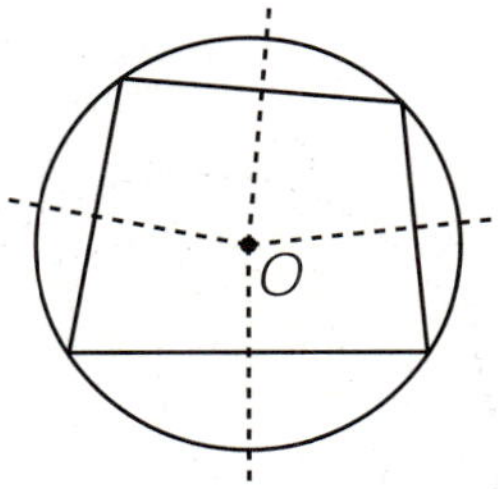

5 **Disegna un poligono di cinque lati inscritto in una circonferenza e traccia i suoi raggi. Quanti ne hai potuti tracciare? Perché? Verifica con un righello che sono congruenti.**

6 **Disegna un poligono inscritto in una circonferenza, traccia gli assi dei suoi lati e verifica che si incontrano in uno stesso punto che è il centro della circonferenza circoscritta al poligono.**

7 **Disegna un quadrato avente il lato di 4 cm e poi traccia la circonferenza a esso circoscritta. Il centro della circonferenza con quale punto del quadrato coincide?**

8 **Disegna un rettangolo avente le dimensioni di 6 cm e 2 cm e poi traccia la circonferenza a esso circoscritta. Quale punto del rettangolo devi trovare per poter compiere quest'ultima operazione?**

9 **Individua il circocentro dei seguenti poligoni e disegna le rispettive circonferenze circoscritte.**

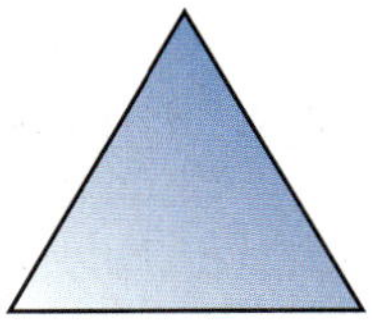

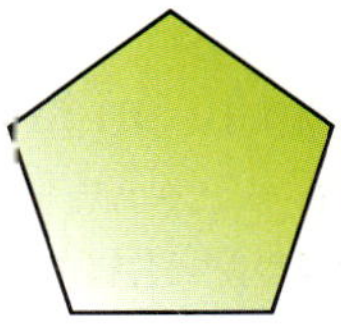

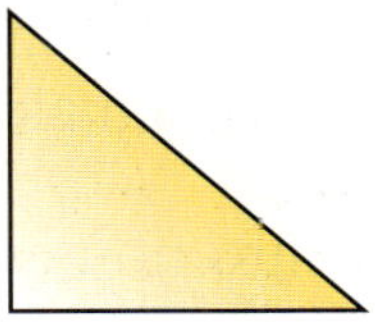

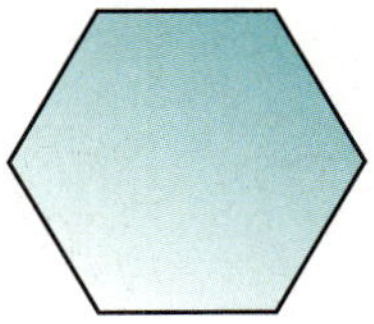

10 **Vero o falso?**

a. Ogni poligono si può inscrivere in una circonferenza. V F

b. Un poligono inscritto in una circonferenza possiede sempre il circocentro. V F

c. Se gli assi dei lati di un poligono non si incontrano in un unico punto, il poligono non è inscrittibile in una circonferenza. V F

d. Il centro di una circonferenza e il circocentro del poligono in essa inscritto non coincidono. V F

e. I raggi di un poligono inscritto in una circonferenza sono tutti congruenti. V F

ESERCIZI ▸ p. 260

APPRENDO...

Poligoni circoscritti a una circonferenza

Il rosone della facciata di questa chiesa è inscritto in un triangolo.

Disegniamo una circonferenza di centro *O* e un poligono con tutti i lati tangenti alla circonferenza. Il poligono che abbiamo disegnato si dice **circoscritto** alla circonferenza e questa si dice **inscritta** nel poligono.

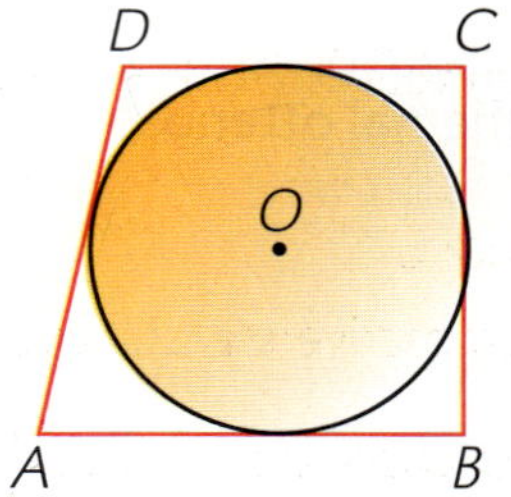

Un poligono si dice circoscritto a una circonferenza se tutti i suoi lati sono tangenti alla circonferenza.

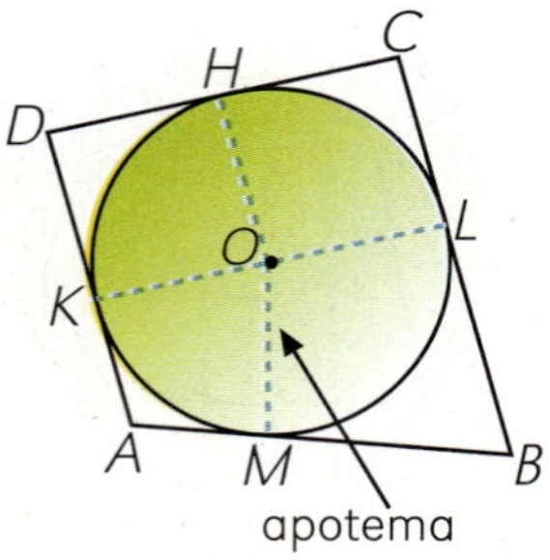

Misuriamo con un righello le distanze tra il centro della circonferenza inscritta in un poligono e i punti di tangenza: osserviamo che sono congruenti. Ciascuna di tali distanze coincide con il raggio della circonferenza e si chiama **apotema** del poligono.
In figura: $OH \cong OK \cong OL \cong OM$ sono apotemi del poligono.

Si dice apotema di un poligono il raggio della circonferenza in esso inscritta.

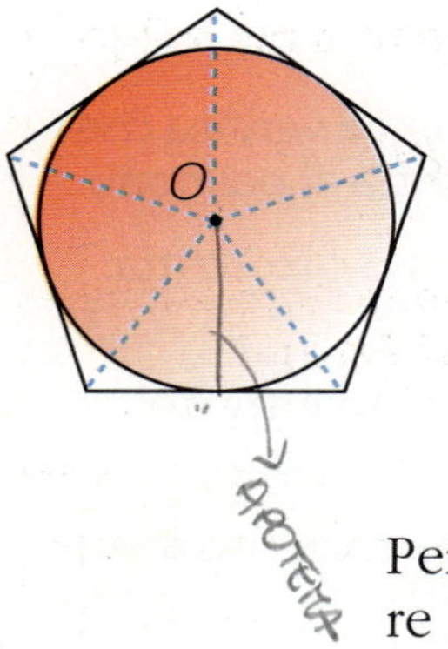

Verifichiamo ora che le bisettrici degli angoli di un poligono circoscritto a una circonferenza si incontrano tutte in un unico punto *O* che è il *centro della circonferenza inscritta* nel poligono e che, per tale motivo, viene chiamato **incentro**.

Un poligono è circoscrittibile a una circonferenza se le bisettrici dei suoi angoli si incontrano in un unico punto, detto incentro, coincidente con il centro della circonferenza.

Per disegnare la circonferenza inscritta in un poligono, occorre prima verificare l'esistenza dell'incentro *O*; in caso affermativo si centra il compasso in *O* e con apertura uguale alla distanza di un lato del poligono da *O* si traccia la circonferenza.
Se l'incentro non esiste, allora il poligono non è circoscrittibile a una circonferenza.

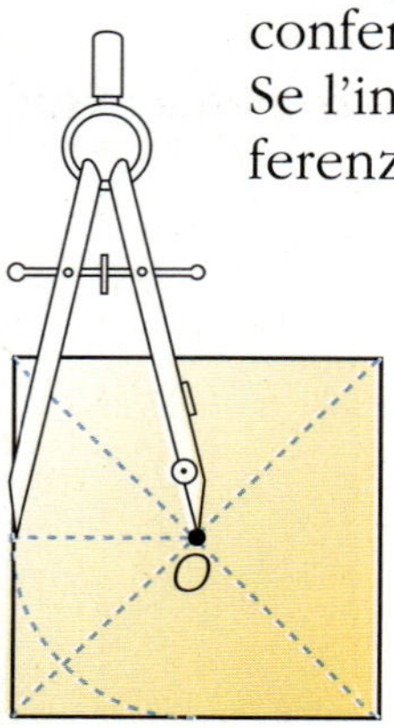

1 Quali tra i seguenti poligoni sono circoscritti alla relativa circonferenza? Motiva la risposta.

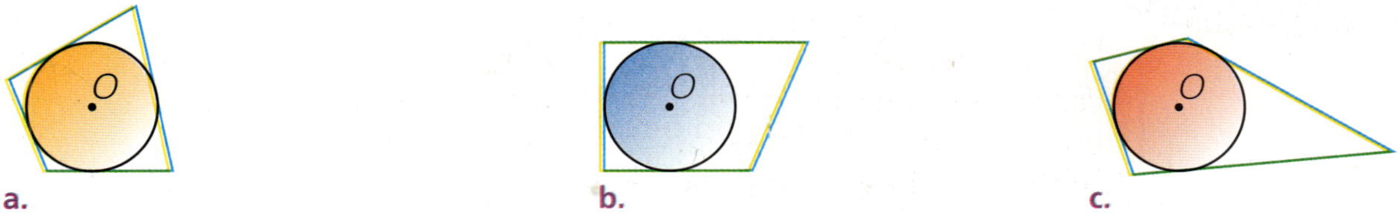

2 Completa.

a. Un poligono si dice circoscritto a una circonferenza se ....

....

b. L'apotema di un poligono è ....

c. Un poligono si può circoscrivere a una circonferenza se ....

3 Disegna un poligono circoscritto a una circonferenza e misura gli apotemi. Che cosa osservi?

4 Traccia gli apotemi e i raggi di ciascuno dei seguenti poligoni e misurali con un righello. Perché la misura dell'apotema è sempre minore di quella del raggio?

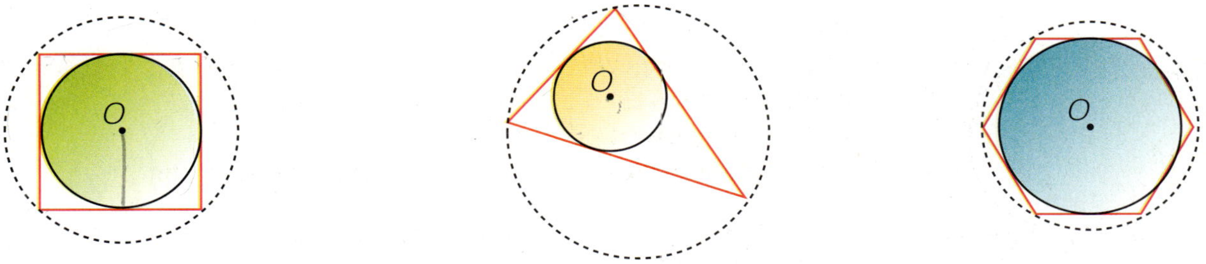

5 Disegna un poligono circoscritto a una circonferenza e le bisettrici dei suoi angoli. Verifica che si incontrano tutte in uno stesso punto che è il centro della circonferenza inscritta nel poligono.

6 Disegna un quadrato avente il lato di 5 cm e poi traccia la circonferenza in esso inscritta. Il centro della circonferenza con quale punto del quadrato coincide?

7 Disegna la circonferenza inscritta in ciascuno dei seguenti poligoni, in cui sono state tracciate le bisettrici degli angoli. Si può sempre disegnare la circonferenza richiesta? Perché?

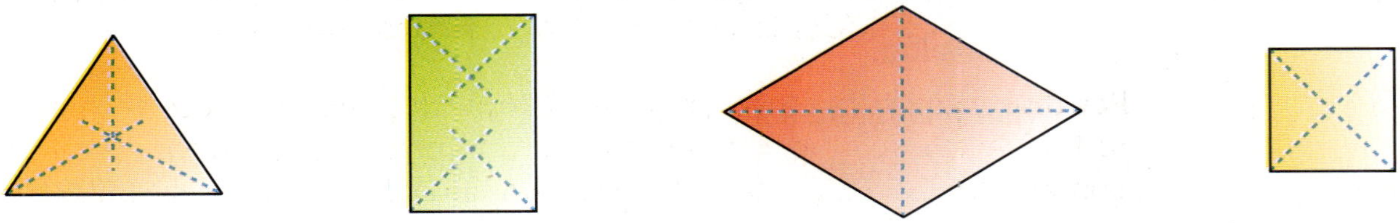

8 Disegna un poligono circoscritto a una circonferenza in modo che il suo apotema misuri 2 cm.

9 Vero o falso?

a. Qualsiasi poligono si può circoscrivere a una circonferenza. V F

b. Il centro della circonferenza inscritta in un poligono è chiamato incentro. V F

c. Il raggio della circonferenza inscritta in un poligono è detto apotema. V F

d. Le distanze dei lati di un poligono dal centro della circonferenza inscritta sono congruenti. V F

e. L'apotema di un poligono è maggiore del raggio del poligono stesso. V F

ESERCIZI ▸ p. 261

Triangoli inscritti e circoscritti

Disegniamo un triangolo *ABC* e tracciamo gli assi dei tre lati; sappiamo che, qualunque sia il triangolo, essi si incontrano sempre in un unico punto *O*: il *circocentro*.

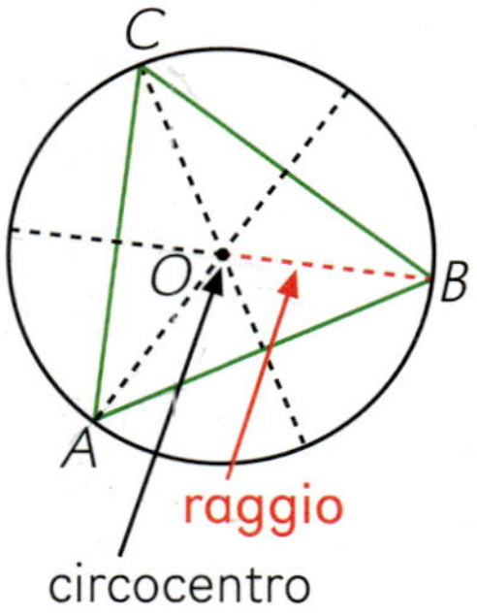

Sappiamo già che il circocentro di un triangolo è equidistante dai vertici; pertanto si può sempre tracciare la circonferenza circoscritta facendo centro con un compasso nel punto *O* con apertura uguale a $OA \cong OB \cong OC$.

Il triangolo è sempre inscrittibile in una circonferenza.

Se disegniamo un triangolo *ABC* e tracciamo le bisettrici dei suoi angoli, notiamo che si incontrano sempre in un unico punto: l'*incentro*.

Sappiamo che l'incentro di un triangolo è equidistante dai lati. Perciò, per tracciare la circonferenza inscritta, basta fare centro in *O* con apertura uguale alla distanza di *O* da un qualsiasi lato.

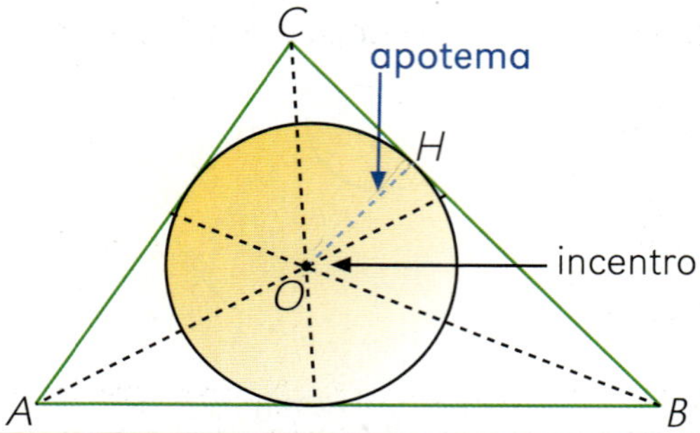

Il triangolo è sempre circoscrittibile a una circonferenza.

Carlo osserva: "Ogni triangolo si può sempre inscrivere in una circonferenza!". Virginia aggiunge: "E circoscrivere a un'altra!".

Un caso **particolare**.
Esiste un'importante relazione tra il raggio, l'apotema e l'altezza di un **triangolo equilatero** inscritto in una circonferenza e circoscritto a un'altra.

Osserviamo la figura sottostante:

- il raggio *AO* è uguale al doppio dell'apotema *OH*;
- l'apotema *OH* è un terzo dell'altezza *AH* del triangolo.

Questo perché il segmento *AH* rappresenta l'altezza *h*, la mediana, la bisettrice e l'asse relativi al lato *BC* e il centro *O* l'ortocentro, l'incentro, il circocentro e il baricentro.
Per la proprietà del baricentro che divide ciascuna mediana in due parti, una doppia dell'altra, si ha che $\boldsymbol{r = 2a}$ e, di conseguenza, $\boldsymbol{a = \frac{1}{3}h}$.

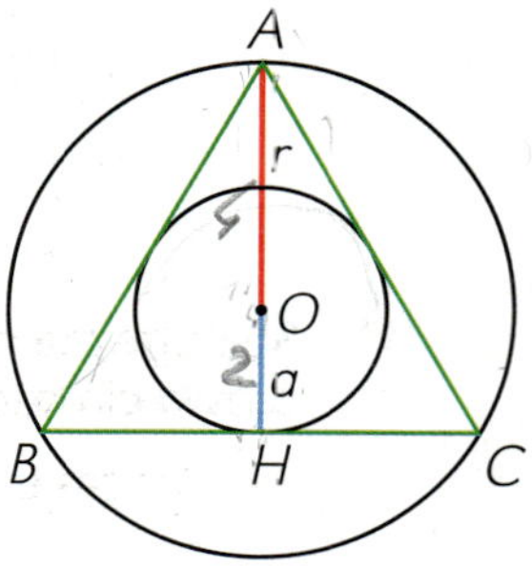

1 Completa.

a. Un triangolo si può sempre inscrivere in una circonferenza perché ....

....

b. Il circocentro è il punto notevole del triangolo in cui si incontrano gli .... ed è il centro della ....

c. Se un triangolo è inscritto in una circonferenza, le distanze dei vertici dal centro della circonferenza sono ....

d. Un triangolo si può sempre circoscrivere a una circonferenza perché ....

....

2 Nel triangolo *ABC* della figura misura le distanze *OD*, *OE*, *OF* e verifica che sono congruenti. Come è detto il triangolo *ABC* rispetto alla circonferenza? E il punto *O*?

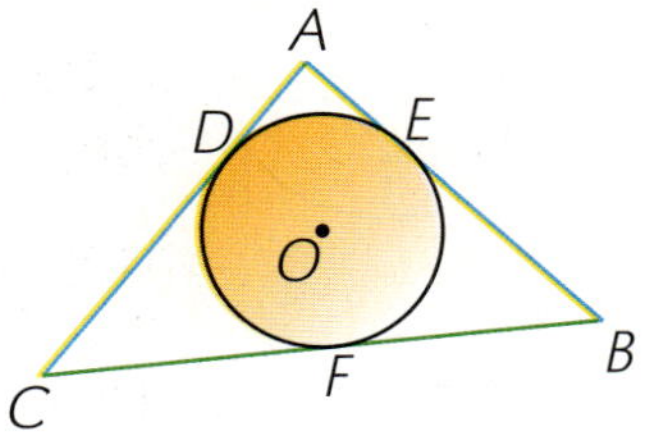

3 Tra i seguenti triangoli indica quelli che sono inscritti e quelli che sono circoscritti alla relativa circonferenza.

4 Disegna un triangolo e determina il suo circocentro. Quale circonferenza puoi tracciare: quella inscritta o quella circoscritta al triangolo? Motiva la risposta.

5 Disegna una circonferenza di raggio 3 cm e costruisci un triangolo in essa inscritto.

6 Disegna una circonferenza di raggio 2 cm e costruisci un triangolo a essa circoscritto.

7 Inscrivi una circonferenza in un triangolo avente i lati di 8 cm, 6 cm e 4 cm. Dove si trova il centro della circonferenza? Come è detto il triangolo rispetto alla circonferenza?

8 Disegna un triangolo rettangolo con i lati di 6 cm, 8 cm e 10 cm e traccia la circonferenza a esso circoscritta. Dove si trova il centro della circonferenza? Scrivi le tue osservazioni.

9 Misura con un righello l'apotema, il raggio e l'altezza del triangolo equilatero *RST* in figura.

L'apotema misura .... , il raggio è di .... ,

quindi l'altezza sarà .... perché ....

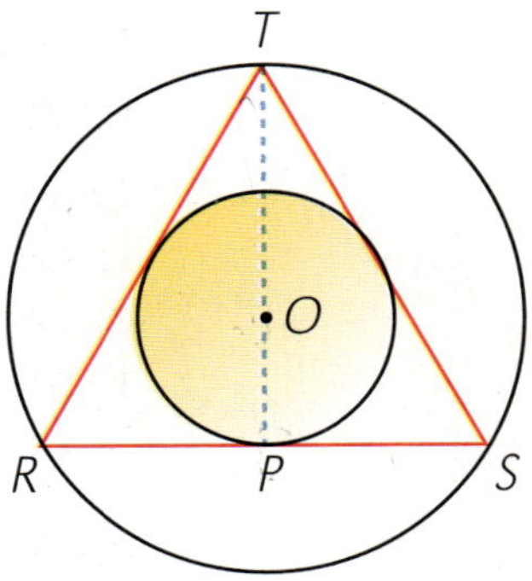

10 Se l'altezza di un triangolo equilatero è di 27 cm, le misure del raggio della circonferenza a esso circoscritta e dell'apotema sono:

A 18 cm e 9 cm

B 15 cm e 12 cm

C 17 cm e 10 cm

ESERCIZI ▸ p. 262

APPRENDO...

Quadrilateri inscritti

Abbiamo detto che un poligono si può inscrivere in una circonferenza se gli assi dei suoi lati si incontrano in un unico punto (**circocentro**).
Per quanto riguarda i quadrilateri, osserviamo che il trapezio isoscele, il rettangolo e il quadrato posseggono il circocentro e sono pertanto sempre inscrittibili in una circonferenza, diversamente da altri quadrilateri.

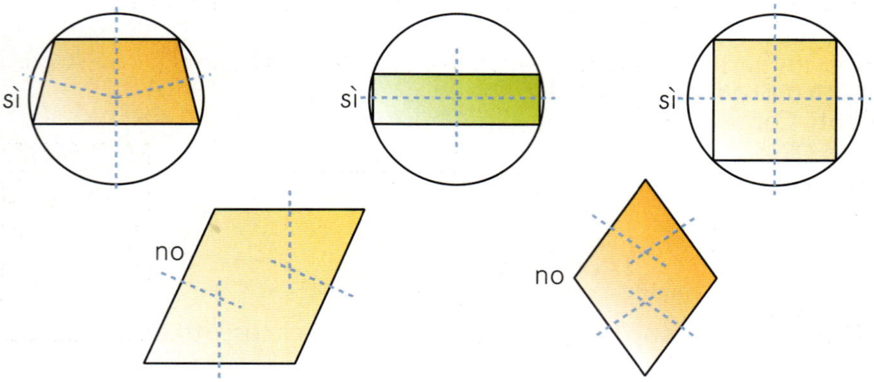

Un artigiano ha realizzato un tappetino circolare e nel rettangolo inscritto ha disegnato dei motivi floreali. Qual è il centro del tappetino?

- *È il circocentro del rettangolo!*

Il trapezio isoscele, il rettangolo e il quadrato si possono sempre inscrivere in una circonferenza.

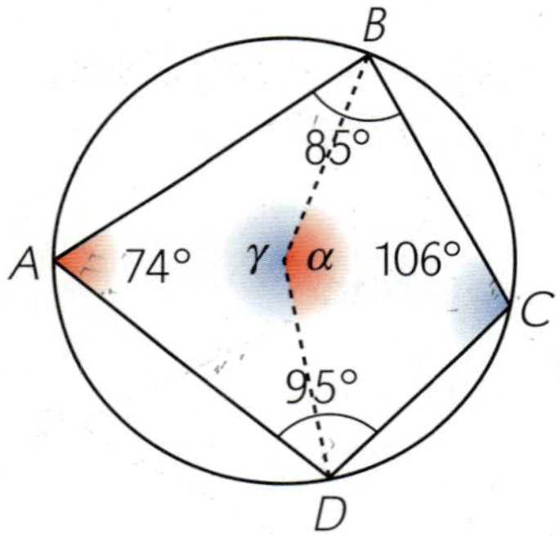

Inscriviamo ora in una circonferenza un quadrilatero *ABCD* e misuriamone i quattro angoli $\hat{A}$, $\hat{B}$, $\hat{C}$ e $\hat{D}$. Confrontiamo poi le somme di $\hat{A} + \hat{C}$ e $\hat{B} + \hat{D}$ e verifichiamo che sono entrambe di 180°:
$\hat{A} + \hat{C} = 74° + 106° = 180°$ e $\hat{B} + \hat{D} = 85° + 95° = 180°$
Infatti, se consideriamo gli angoli al centro α e γ corrispondenti rispettivamente di $\hat{A}$ e $\hat{C}$, notiamo che la loro somma è di 360° perché formano un angolo giro. D'altro canto, come già sai, l'angolo $\hat{A}$ è la metà del suo corrispondente angolo al centro α così come $\hat{C}$ è la metà di γ.
Dato che $\alpha + \gamma = 360°$, si deduce che $\hat{A} + \hat{C} = 180°$.
Un ragionamento analogo può essere fatto per gli angoli $\hat{B}$ e $\hat{D}$.

Un quadrilatero inscritto in una circonferenza ha gli angoli opposti supplementari.

ESEMPIO

$\alpha = 2\hat{A}$
$\gamma = 2\hat{C}$
$\alpha + \gamma = 360°$
$\hat{A} + \hat{C} = 180°$
$\hat{B} + \hat{D} = 180°$

1. *Si può inscrivere in una circonferenza un quadrilatero se due suoi angoli opposti misurano rispettivamente 48° e 132°?*
Certamente sì, perché la loro somma è 180°.

2. *Due angoli consecutivi di un quadrilatero inscritto in una circonferenza misurano rispettivamente 85° e 130°. Qual è l'ampiezza degli altri due angoli, ciascuno opposto a quello dato?*

Se $\hat{A} = 85°$, l'angolo $\hat{C}$ a esso opposto è di $180° - 85° = 95°$.
Se $\hat{B} = 130°$, l'angolo $\hat{D}$ a esso opposto è di $180° - 130° = 50°$.
Quindi, si verifica che:

$$\hat{A} + \hat{B} + \hat{C} + \hat{D} = 85° + 130° + 95° + 50° = 360°$$

1 Marco e Matteo discutono sul seguente quesito: "Un quadrilatero è sempre inscrittibile in una circonferenza?". Marco afferma di sì, invece Matteo dice di no. Tu come risponderesti? Perché?

2 Completa.

a. Un quadrilatero si può inscrivere in una circonferenza se ....

b. Il rettangolo, il trapezio .... e il .... sono sempre .... in una circonferenza.

3 Prova a inscrivere in una circonferenza un rettangolo *ABCD*. Quale punto notevole del rettangolo devi trovare affinché si possa fare quanto richiesto?

4 Un rombo può essere inscritto in una circonferenza? Perché? Verificalo con un disegno.

5 Disegna la circonferenza circoscritta a ciascuno dei seguenti quadrilateri. Quale punto di ogni figura devi prima trovare?

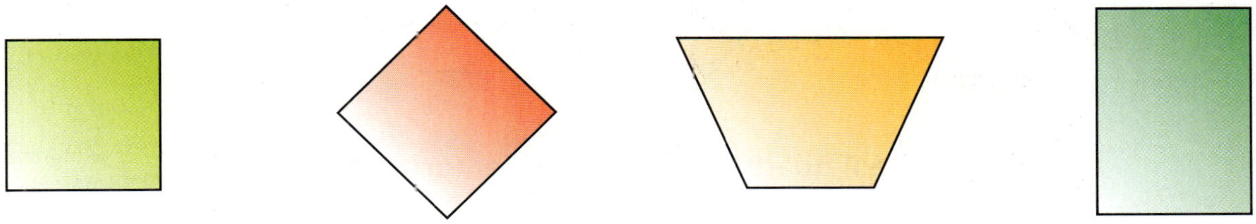

6 Disegna un rettangolo, traccia una sua diagonale e misurane la lunghezza. Quanto misura il diametro della circonferenza circoscritta al rettangolo? Prova a disegnarla.

7 Disegna un trapezio isoscele e un quadrato inscritti in una circonferenza.

8 Esponi la condizione di inscrittibilità in una circonferenza di un quadrilatero, riferendoti ai suoi angoli. Completa poi la tabella in modo che ogni quadrilatero *ABCD*, con $\hat{A}$ opposto a $\hat{C}$ e $\hat{B}$ opposto a $\hat{D}$, sia inscrittibile in una circonferenza.

$\hat{A}$	$\hat{B}$	$\hat{C}$	$\hat{D}$
96°	....	....	30°
....	....	70°	42°
120°	85°	....	....
....	78°	86°	....

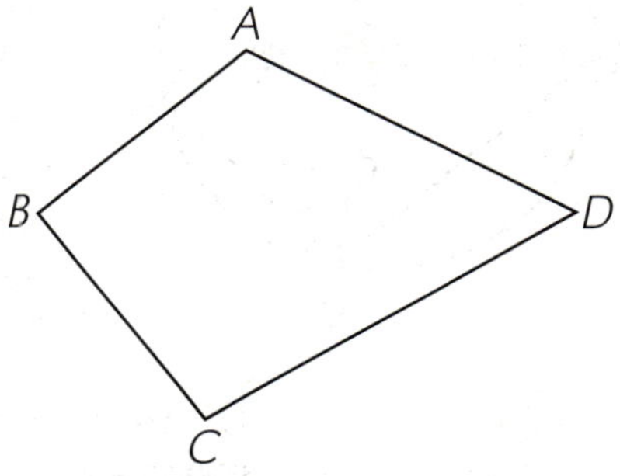

9 Si può inscrivere in una circonferenza un quadrilatero se due suoi angoli opposti misurano rispettivamente 94° e 126°? Motiva la risposta.

10 Se un quadrilatero è inscritto in una circonferenza, due angoli opposti possono essere rispettivamente di:

A 135° e 55°   B 135° e 225°   C 135° e 45°

RISOLVI IL SEGUENTE PROBLEMA

11 Un quadrilatero è inscritto in una circonferenza. Sapendo che due angoli consecutivi misurano rispettivamente 79° e 108°, qual è l'ampiezza degli altri due angoli, ciascuno opposto a quello dato?

[101°; 72°]

ESERCIZI ▸ p. 264

APPRENDO...

Quadrilateri circoscritti

Disegniamo alcuni quadrilateri e tracciamo le bisettrici dei loro angoli. Se queste si incontrano in un unico punto (**incentro**), allora il quadrilatero è circoscrittibile alla circonferenza. Possiamo verificare facilmente che il rombo e il quadrato posseggono l'incentro e sono pertanto sempre circoscrittibili a una circonferenza, diversamente da altri quadrilateri.

L'allenatore di una squadra di basket ha disegnato per i suoi "esordienti" un distintivo portafortuna avente la forma di un rombo circoscritto a una circonferenza. Qual è il centro di ogni distintivo?

• È l'incentro del rombo!

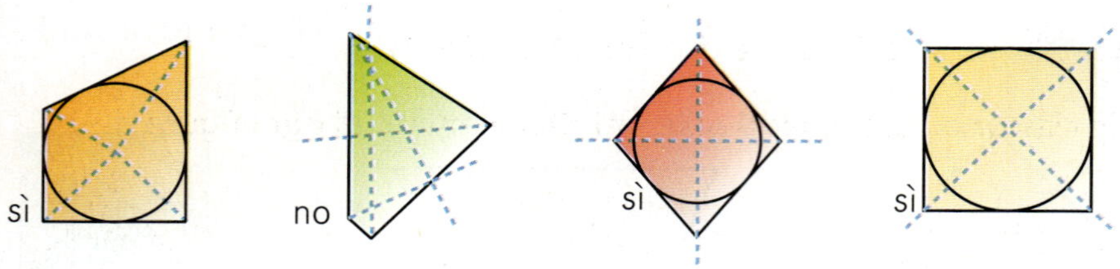

▶▶▶ **Il rombo e il quadrato si possono sempre circoscrivere a una circonferenza.**

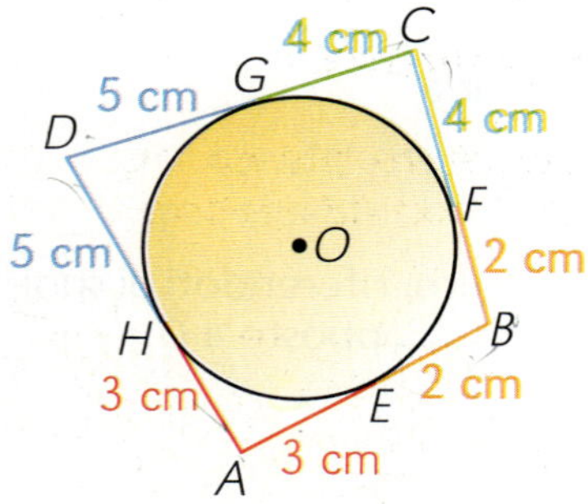

AD + CB = DC + AB

Disegniamo ora un quadrilatero $ABCD$ circoscritto a una circonferenza e osserviamo la figura.

Sappiamo che i segmenti compresi tra un punto esterno alla circonferenza e i punti di tangenza alla circonferenza sono congruenti, pertanto abbiamo che:

$AE \cong AH$ $\quad EB \cong BF$ $\quad FC \cong CG$ $\quad GD \cong DH$

Sommiamo le misure dei lati opposti del quadrilatero:

$AB + CD = AE + EB + CG + GD = (3 + 2 + 4 + 5)$ cm $= 14$ cm

$BC + AD = BF + FC + AH + DH = (2 + 4 + 3 + 5)$ cm $= 14$ cm

Notiamo che le due somme sono uguali e quindi possiamo affermare che:

$AB + CD = BC + AD$

Questa è un'importante *proprietà* dei quadrilateri circoscritti a una circonferenza.

▶▶▶ **In un quadrilatero circoscritto a una circonferenza la somma di due lati opposti è uguale alla somma degli altri due.**

ESEMPIO 1. *Si può circoscrivere a una circonferenza un quadrilatero* ABCD *se:* AB = *43 cm,* BC = *61 cm,* CD = *55 cm e* AD = *37 cm?*

Certamente sì, perché $AB + CD = BC + AD$, come possiamo facilmente verificare eseguendo i calcoli.

2. *I lati* AB *e* CD *di un quadrilatero* ABCD *circoscritto a una circonferenza misurano rispettivamente 58 cm e 76 cm. Sapendo che gli altri due lati sono congruenti, quanto misura ciascuno di essi?*

Sommiamo le misure dei due lati opposti noti:

$AB + CD = (58 + 76)$ cm $= 134$ cm

Poiché il quadrilatero è circoscritto alla circonferenza, anche la somma degli altri due lati opposti è di 134 cm. Dato che questi sono congruenti, dividiamo 134 cm per 2 e troviamo la misura di ciascuno di essi:

$BC = AD = (134 : 2)$ cm $= 67$ cm

1 Giuliana e Simona discutono sul seguente quesito: "Un quadrilatero si può sempre circoscrivere a una circonferenza?". Giuliana afferma di sì, invece Simona dice di no. Tu come risponderesti? Perché?

2 Completa.

a. Un quadrilatero si può circoscrivere a una circonferenza se ....

....

b. Il .... e il quadrato sono sempre .... a una circonferenza.

3 Prova a circoscrivere a una circonferenza un rombo *ABCD*. Quale punto notevole del rombo devi trovare per poter fare quanto richiesto?

4 È possibile circoscrivere un rettangolo *ABCD* a una circonferenza? Perché?

5 Inscrivi una circonferenza in ciascuno dei seguenti poligoni. Quale punto di ogni figura devi prima trovare?

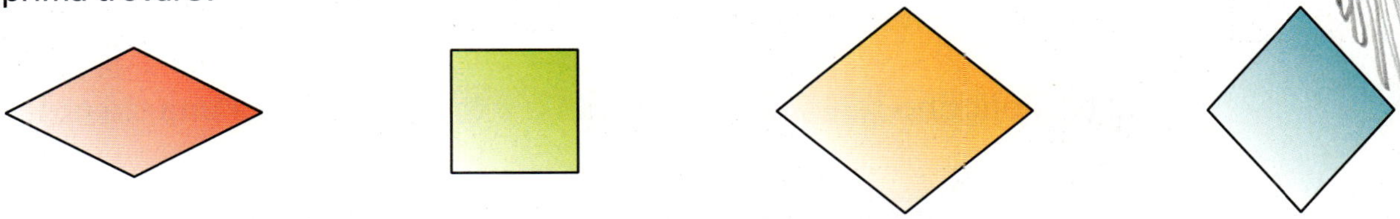

6 Cita l'esempio di un quadrilatero sicuramente circoscrittibile a una circonferenza.

7 Esponi la condizione di circoscrittibilità a una circonferenza di un quadrilatero, riferendoti ai suoi lati. Completa poi la tabella in modo che ogni quadrilatero *ABCD*, con *AB* opposto a *CD* e *BC* opposto ad *AD*, sia circoscrittibile a una circonferenza.

AB (cm)	*BC* (cm)	*CD* (cm)	*AD* (cm)
60	72	48	....
....	95	32	76
23	....	57	89
94	131	....	27

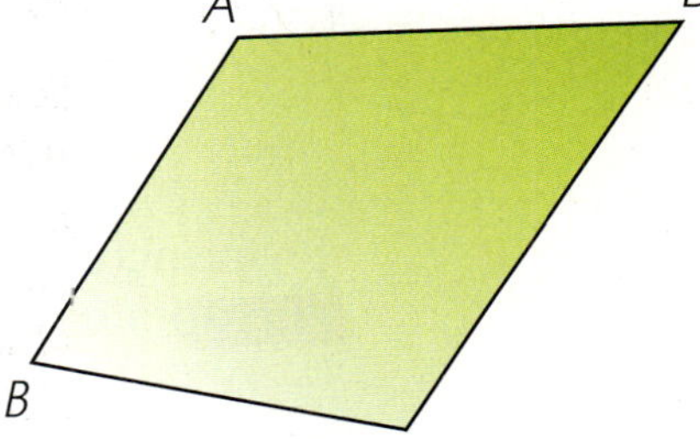

8 Disegna alcuni quadrilateri circoscritti a una circonferenza e verifica con un righello che la somma di due lati opposti è uguale alla somma degli altri due.

9 Disegna un rombo e un quadrato circoscritti a una circonferenza.

10 Si può circoscrivere a una circonferenza un quadrilatero se la somma di due lati opposti misura 140 cm e la somma degli altri due lati misura 145 cm? Motiva la risposta.

☐ sì ☐ no

11 Se un quadrilatero è circoscritto a una circonferenza e due lati opposti misurano 53 cm e 122 cm, gli altri due lati possono essere rispettivamente di:

A 100 cm e 79 cm   **B** 103 cm e 72 cm   **C** 92 cm e 80 cm

RISOLVI IL SEGUENTE PROBLEMA

12 Due lati opposti di un quadrilatero misurano 23 cm e 14 cm. Sapendo che gli altri due lati sono congruenti, quanto misura ciascuno di essi? [18,5 cm]

ESERCIZI ▸ p. 266

APPRENDO...

Poligoni regolari

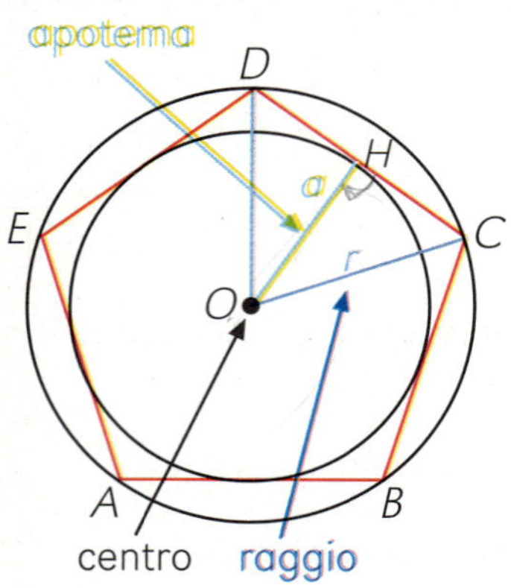

Come già sappiamo, un poligono si dice regolare se ha i lati e gli angoli congruenti. Poniamoci ora la seguente domanda: un poligono regolare è sempre inscrittibile e circoscrittibile a una circonferenza?

La risposta è affermativa perché in ogni poligono regolare esiste un punto, detto **centro del poligono**, che è sia il circocentro sia l'incentro del poligono e, quindi, il centro della circonferenza circoscritta e il centro della circonferenza inscritta.

Le cellette di un nido di vespe hanno la forma di esagoni regolari.

Ogni poligono regolare è inscrittibile e circoscrittibile a una circonferenza.

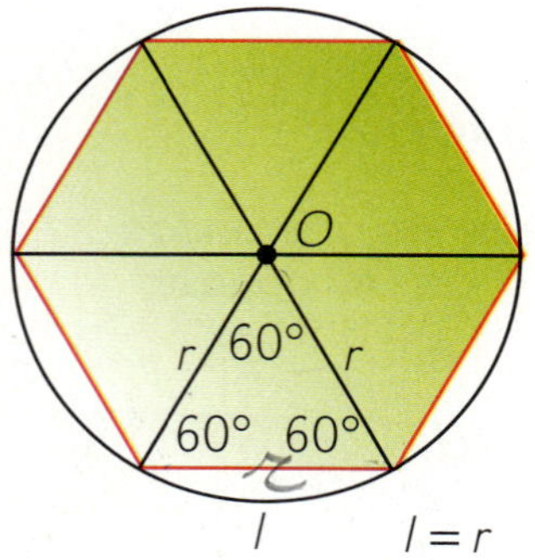

Il **raggio** di un poligono regolare è il raggio della circonferenza circoscritta.
L'**apotema** di un poligono regolare è il raggio della circonferenza inscritta.

In particolare, osserviamo che il lato dell'**esagono regolare** è congruente al raggio della circonferenza circoscritta.
Infatti, l'esagono regolare è formato da sei triangoli equilateri congruenti aventi ciascuno l'angolo al vertice di 60° e gli angoli alla base di 60°. Quindi, si deduce che $l = r$.

Proponiamoci ora di costruire un **quadrato inscritto** e un **quadrato circoscritto** a una circonferenza.

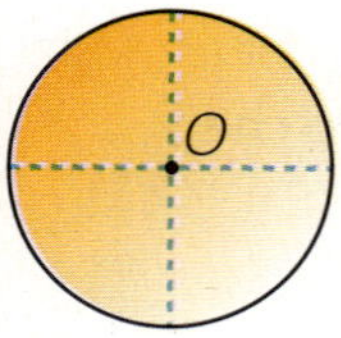

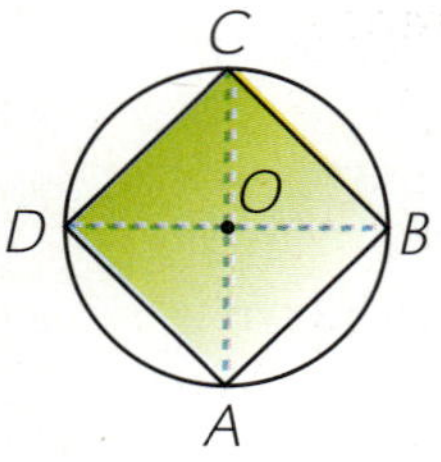

- Disegniamo una circonferenza e tracciamo due diametri tra loro perpendicolari; la circonferenza risulta divisa in quattro archi congruenti perché gli angoli al centro corrispondenti sono quattro angoli congruenti, tutti retti. Congiungendo gli estremi dei diametri, otteniamo il quadrilatero *ABCD inscritto* nella circonferenza; si tratta di un quadrato perché ha i lati congruenti (corde che sottendono archi congruenti) e le diagonali perpendicolari e congruenti.
Osserviamo che la diagonale del quadrato inscritto in una circonferenza è congruente al diametro della circonferenza circoscritta.
- Per costruire il quadrato *circoscritto* a una circonferenza si considerano i punti *A*, *B*, *C*, *D* già individuati e si tracciano le tangenti alla circonferenza in tali punti.
Osserviamo che il lato del quadrato circoscritto a una circonferenza è congruente al diametro della circonferenza inscritta.

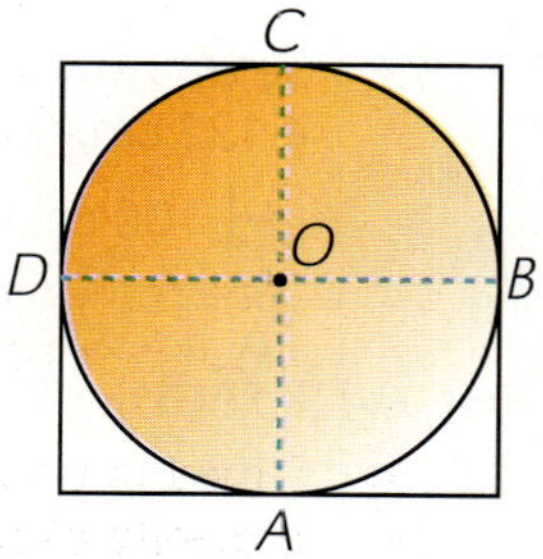

1 Completa.

a. Un poligono regolare ha i ......LATI...... e gli angoli congruenti.

b. Un poligono regolare è sempre inscrittibile e ......CIRCOSCRITTIBILE...... a una circonferenza perché ......il centro del poligono è sempre lo stesso ed è circoscrittibile o inscrittibile......

c. Il centro di un poligono regolare è ......IL CENTRO DEL POLIGONO......

d. Il raggio della circonferenza circoscritta a un poligono regolare si chiama ......RAGGIO...... del poligono.

e. L'apotema di un poligono regolare è ......IL RAGGIO...... della circonferenza ......INSCRITTA......

2 Disegna la circonferenza inscritta in ciascuno dei seguenti poligoni.

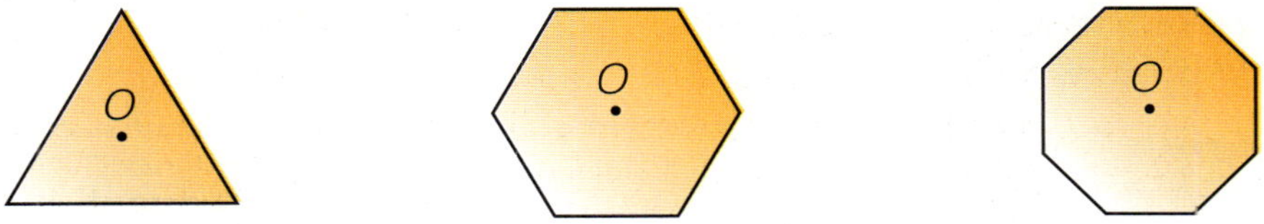

3 Disegna la circonferenza circoscritta a ciascuno dei seguenti poligoni.

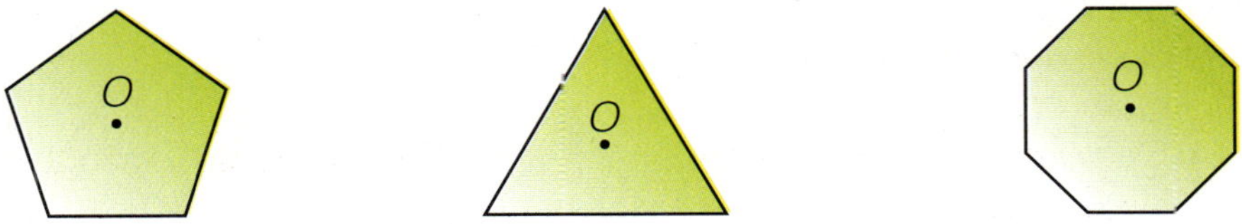

4 In ciascuno dei seguenti poligoni regolari determina il centro, il raggio e l'apotema.

5 Con riferimento ai dati posti a fianco di ciascuna figura, calcola le misure incognite.

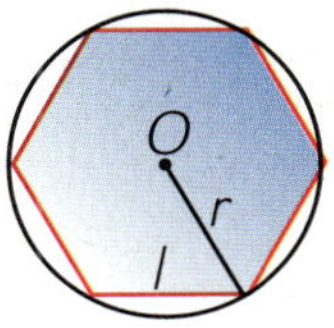

$r = 7$ cm

$l =$ ...7...

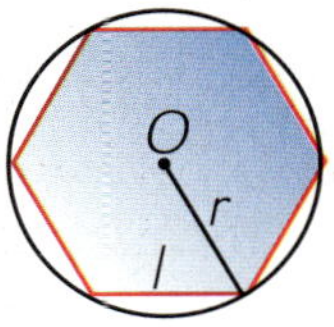

$2p_{es.} = 54$ cm

$r =$ ...7...

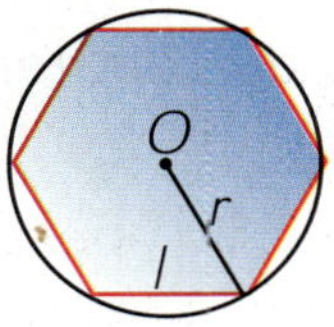

$l = 8{,}5$ cm

diametro = ...17...

6 Costruisci il quadrato inscritto e circoscritto in ciascuna delle seguenti circonferenze.

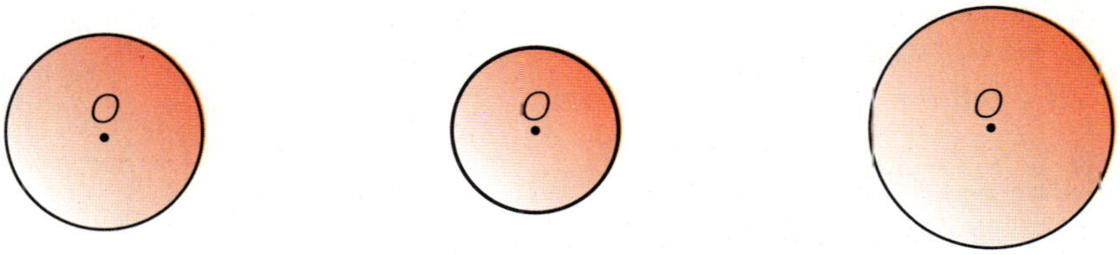

7 Disegna un quadrato con il lato di 6 cm. Costruisci poi la circonferenza inscritta e quella circoscritta. Quanto misura il raggio del poligono? E l'apotema?

8 Disegna un quadrato avente la diagonale di 4 cm. Costruisci poi la circonferenza inscritta e quella circoscritta. Con quale elemento della circonferenza circoscritta coincide la diagonale del quadrato?

ESERCIZI ▸ p. 269

Area di un poligono regolare

APPRENDO...

Federico ritaglia un pentagono regolare lungo i suoi raggi e si accorge che è formato da cinque triangoli congruenti tra loro, aventi la base e l'altezza rispettivamente congruenti al lato e all'apotema del pentagono.

Disegniamo un poligono regolare, per esempio il pentagono *ABCDE*. Uniamo poi il centro *O* con tutti i vertici e tracciamo l'apotema *OH* del pentagono che è la distanza del centro da ogni lato del poligono.

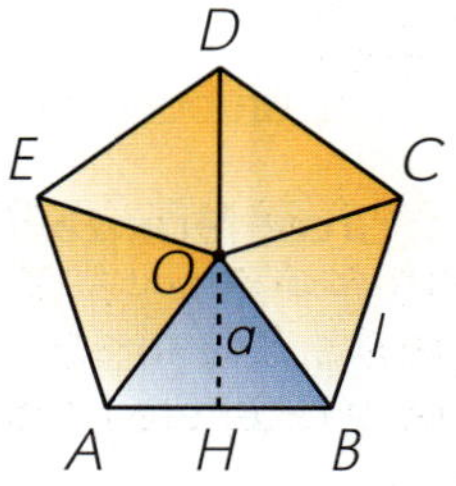

Osserviamo che il pentagono risulta scomposto in cinque triangoli congruenti aventi come base il lato del pentagono e come altezza il suo apotema. Quindi, per calcolarne l'area basta moltiplicare per 5 l'area di uno di tali triangoli. Indicando con l la misura del lato del pentagono, con a la misura del suo apotema e con A la sua area, abbiamo:

$$A = 5 \cdot \frac{l \cdot a}{2} = \frac{5 \cdot l \cdot a}{2}$$

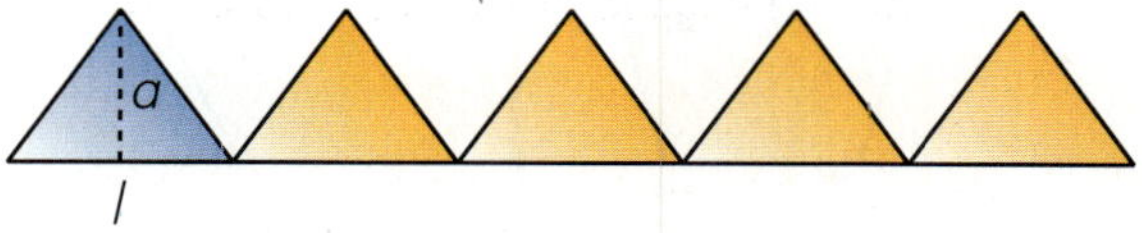

Il prodotto $5 \cdot l$ indica il perimetro del pentagono, perciò la formula precedente diventa:

$$\boldsymbol{A = \frac{2p \cdot a}{2}} \quad \text{ossia} \quad \boldsymbol{A = p \cdot a}$$ formula diretta

Questa formula può essere estesa a tutti i poligoni regolari.

▶▶▶ **L'area di un poligono regolare si ottiene moltiplicando il perimetro per la misura dell'apotema e dividendo il prodotto per 2 (cioè moltiplicando il semiperimetro per la misura dell'apotema).**

Dalla formula diretta si ricavano le formule inverse:

$$\boldsymbol{p = \frac{A}{a}} \qquad \boldsymbol{a = \frac{A}{p}}$$ formule inverse

ESEMPIO **1.** *Calcola l'area di un pentagono regolare che ha il lato di 4 cm e l'apotema di 2,8 cm.*

$$A = \frac{2p \cdot a}{2} = \frac{5 \cdot 4 \cdot 2{,}8}{2} = \frac{56}{2} = 28 \text{ (cm}^2\text{)}$$

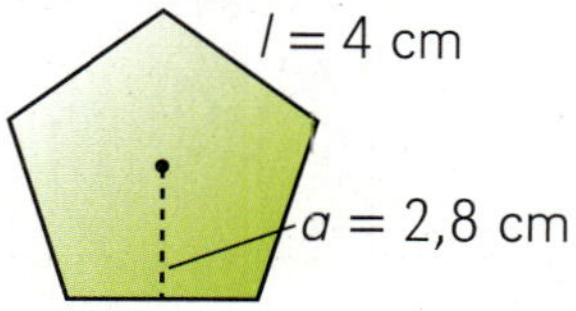

2. *Calcola il perimetro di un esagono regolare che ha l'area di 64,5 cm² e l'apotema di 4,3 cm.*

$$2p = \frac{2 \cdot A}{a} = \frac{2 \cdot 64{,}5}{4{,}3} = 30 \text{ (cm)}$$

1 Unisci il centro di ogni poligono regolare con tutti i vertici e individua il numero di triangoli che si vengono così a formare. Come sono tali triangoli? Traccia l'apotema di ciascun poligono e, tenendo conto del numero dei triangoli, spiega in che modo puoi ottenere la loro area.

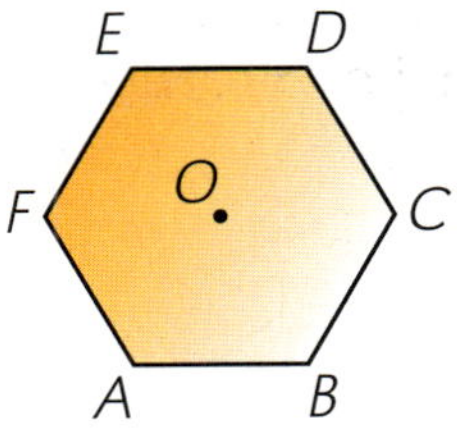

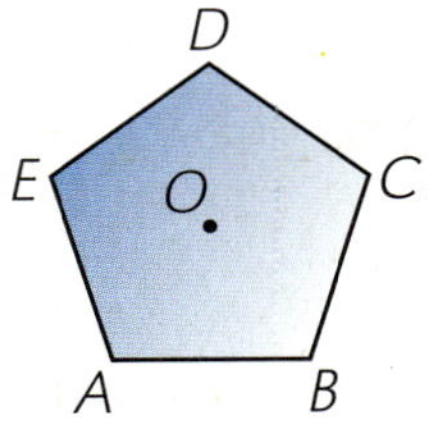

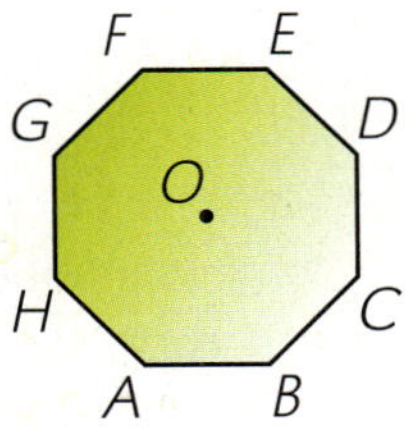

2 Osserva le figure e rispondi alle domande.

a. Da quanti triangoli congruenti è formata la figura *A*?

b. Le figure *A* e *B* sono equivalenti? Motiva la risposta.

c. Come puoi ottenere l'area della figura *A*? E l'area della figura *B*?

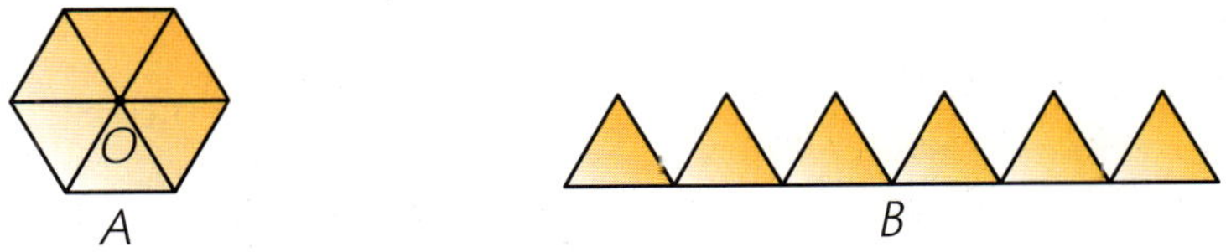

3 Calcola l'area dell'ottagono regolare a lato, sapendo che l'area del triangolo colorato è 16 cm^2.

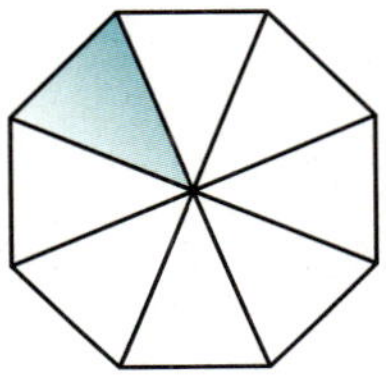

4 Scrivi la formula dell'area di un poligono regolare e ricavane le formule inverse.

5 Determina l'area dei seguenti poligoni regolari.

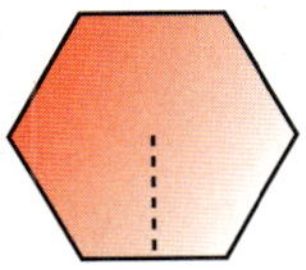

l = 8 cm
a = 6,9 cm

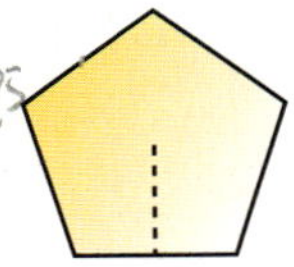

l = 15 cm
a = 10,3 cm

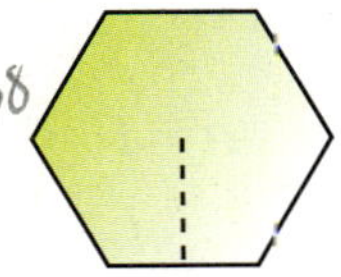

l = 20 dm
a = 17,3 dm

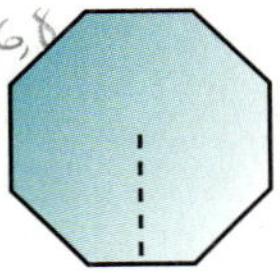

l = 10,5 m
a = 12,7 m

6

PROBLEMA GUIDATO

Calcola l'area di un poligono regolare di sette lati, sapendo che il lato misura 8 cm e l'apotema è 8,3 cm.

Dapprima calcoliamo il perimetro del poligono:

$2p = l \cdot$ ....

$A = 2p \cdot$ ....

L'area è ....

RISOLVI I SEGUENTI PROBLEMI

7 Calcola la misura dell'apotema di un poligono regolare di otto lati che ha il perimetro di 32 cm e l'area di 76,8 cm^2. [4,8 cm]

8 Calcola il perimetro di un esagono regolare la cui area è 93,6 dm^2 e il cui apotema misura 5,2 dm. [36 dm]

APPRENDO...

Relazione tra l'apotema e il lato di un poligono regolare

Disegniamo alcuni pentagoni regolari e per ognuno calcoliamo il rapporto tra la misura dell'apotema e quella del lato. Per esempio, se:

In ogni pentagono regolare il rapporto $\frac{a}{l} = 0{,}688...$

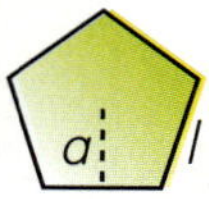

$a = 31$ cm
$l = 45$ cm

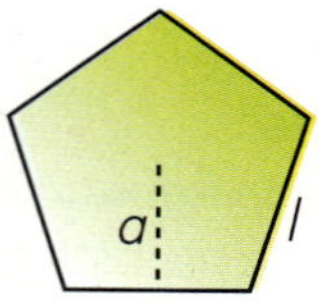

$a = 93$ cm
$l = 135$ cm

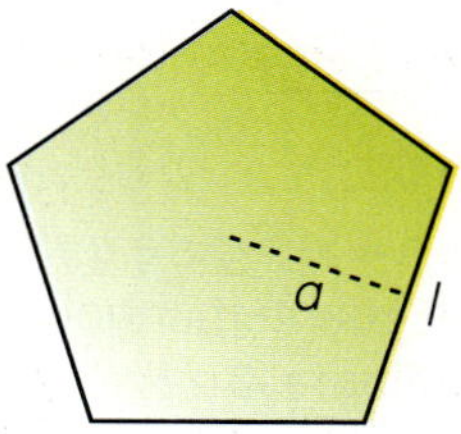

$a = 124$ cm
$l = 180$ cm

si ha:

$$\frac{a}{l} = \frac{31}{45} = 0{,}688... \qquad \frac{a}{l} = \frac{93}{135} = 0{,}688... \qquad \frac{a}{l} = \frac{124}{180} = 0{,}688...$$

Si nota che in tutti e tre i casi considerati tale rapporto è costante e vale 0,688... Il numero 0,688... è un numero decimale illimitato non periodico e nei calcoli si usa il suo valore approssimato 0,688.
Se avessimo fatto calcoli analoghi per alcuni esagoni regolari, avremmo constatato che il suddetto rapporto è 0,866...

Ogni poligono regolare è caratterizzato da un valore costante del rapporto tra l'apotema e il lato; tale valore è detto **costante** o, impropriamente, *numero fisso* del poligono e viene indicato con la lettera *f*.

In simboli si ha:

$$\boldsymbol{\frac{a}{l} = f} \qquad \boldsymbol{a = l \cdot f} \qquad \boldsymbol{l = \frac{a}{f}}$$

Il rapporto tra la misura dell'apotema e la misura del lato di un poligono regolare è costante. Il valore di tale rapporto varia al variare del numero dei lati del poligono.

Nella tabella riportiamo i valori approssimati dei rapporti $\frac{a}{l}$ di alcuni poligoni regolari.

poligono regolare	costante *f*
triangolo equilatero	0,289...
quadrato	0,5
pentagono	0,688...
esagono	0,866...
ettagono	1,038...
ottagono	1,207...
ennagono	1,374...
decagono	1,539...
dodecagono	1,866...

Consulta la tabella ogniqualvolta devi usare le costanti per risolvere i problemi sui poligoni regolari.

ESEMPIO *Calcola la misura del lato di un esagono regolare, sapendo che il suo apotema misura 21,65 cm.*

$$l = \frac{a}{f} = \frac{21{,}65}{0{,}866} = 25 \text{ (cm)}$$

1 Completa.

a. Il rapporto tra le misure dell'apotema e del lato di un poligono regolare è ....

b. Il rapporto tra le misure dell'apotema e del lato .... al variare del numero dei .... di un poligono regolare.

c. Se è nota la misura dell'apotema di un poligono regolare, la formula per calcolare la misura del lato è ....

d. Se in un ottagono regolare il lato misura 10 cm, allora l'apotema è di ....

2 **Calcola le misure incognite di ciascuno dei seguenti poligoni regolari.**

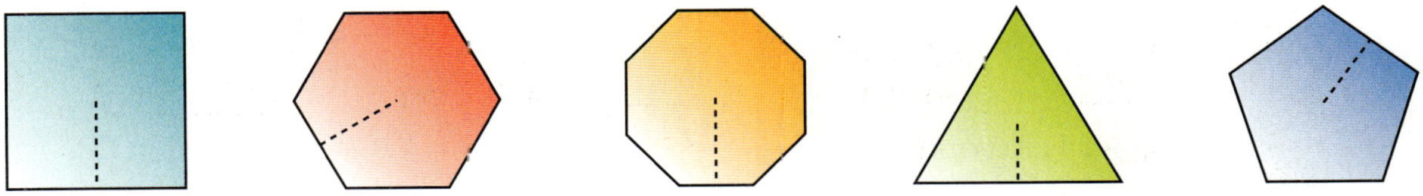

$a = 18$ cm, $l = ?$ — $a = 12{,}99$ cm, $l = ?$ — $a = 6{,}035$ cm, $l = ?$ — $l = 24$ cm, $a = ?$ — $l = 12$ cm, $a = ?$

3 **Disegna alcuni esagoni regolari di diverse dimensioni e misura con un righello gli apotemi e i lati. Calcola poi il rapporto di ciascuna coppia apotema-lato approssimandolo per difetto a meno di 0,01. Che cosa hai potuto osservare?**

4 **Calcola la misura dell'apotema di un pentagono regolare il cui lato misura 6 cm.**

5 **Il lato di un esagono regolare è lungo 4,5 cm. Quanto misura il suo apotema?**

6 **Calcola la misura dell'apotema di un decagono regolare il cui lato misura 8 cm.**

7 **Calcola la misura del lato di un esagono regolare che ha l'apotema di 17,32 cm.**

8 **Calcola la misura del lato di un ottagono regolare, il cui apotema misura 60,35 cm.**

9 **Verifica che il perimetro di un esagono regolare, il cui apotema misura 21,65 dm, corrisponde a 150 dm.**

10 **Completa la tabella.**

poligono regolare	lato (cm)	apotema (cm)
quadrato	48	24
triangolo equilatero	25	7,225
ottagono	6	7,242
esagono	12	10,392
pentagono	15	10,32

RISOLVI IL SEGUENTE PROBLEMA

11 Calcola il perimetro di un pentagono regolare, sapendo che il suo apotema misura 27,52 cm. [200 cm]

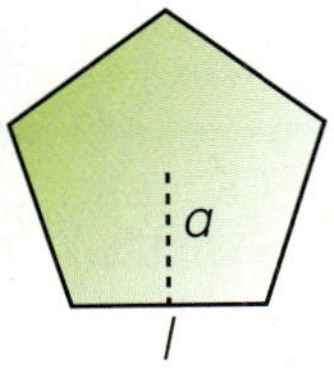

APPRENDO...

Area di un poligono regolare con l'uso delle costanti

Se nella formula dell'area di un poligono regolare $A = \frac{2p \cdot a}{2}$ sostituiamo a $2p$ il prodotto del numero dei lati per la misura di un lato, per esempio $3l$, $4l$, $5l$, $6l$, ..., e al posto della misura dell'apotema il prodotto $l \cdot f$, avremo:

- per il triangolo equilatero: $A = \frac{3 \cdot l \cdot l \cdot f}{2} = \frac{l^2 \cdot 3 \cdot 0{,}289...}{2} = l^2 \cdot \mathbf{0{,}433...}$
- per il pentagono: $A = \frac{5 \cdot l \cdot l \cdot f}{2} = \frac{l^2 \cdot 5 \cdot 0{,}688...}{2} = l^2 \cdot \mathbf{1{,}72...}$
- per l'esagono: $A = \frac{6 \cdot l \cdot l \cdot f}{2} = \frac{l^2 \cdot 6 \cdot 0{,}866...}{2} = l^2 \cdot \mathbf{2{,}598...}$

Si vede che l'area di un poligono regolare dipende da un valore costante dato dal numero dei lati del poligono moltiplicato per la costante f e diviso per 2. Indicando con la lettera greca φ (si legge "fi") questo valore costante, possiamo dare una nuova formula per il calcolo dell'area di un poligono regolare:

$$\boldsymbol{A = l^2 \cdot \varphi}$$

da cui si ricavano le formule inverse: $\boldsymbol{l = \sqrt{\frac{A}{\varphi}}}$ $\quad \boldsymbol{\varphi = \frac{A}{l^2}}$

L'area di un poligono regolare si ottiene moltiplicando il quadrato della misura del lato per un valore costante che varia al variare del numero dei lati del poligono.
In ogni poligono regolare il rapporto tra l'area e il quadrato della misura del lato è costante.

Una mantella è formata da 15 esagoni regolari con il lato di 10 cm. Qual è la sua area in decimetri quadrati?

- $A = 10^2 \cdot 2{,}598 \cdot 15 = 3897\ cm^2 = 38{,}97\ dm^2$

Nella tabella sono riportati i valori approssimati dei rapporti tra l'area di alcuni poligoni regolari e il quadrato della misura del loro lato.

poligono regolare	costante φ
triangolo equilatero	0,433...
quadrato	1
pentagono	1,72...
esagono	2,598...
ettagono	3,634...
ottagono	4,828...
ennagono	6,182...
decagono	7,694...
dodecagono	11,196...

ESEMPIO *Calcola l'area di un pentagono regolare che ha il lato di 8 cm.*
$A = l^2 \cdot \varphi = 8^2 \cdot 1{,}72 = 64 \cdot 1{,}72 = 110{,}08\ (cm^2)$

1 Quale delle seguenti formule consente di calcolare l'area di un poligono regolare, se si conosce la misura del lato?

A $A = l^2$ **B** $A = l \cdot \varphi$ **C** $A = l^2 \cdot \varphi$ **D** $A = l^2 : \varphi$

2 Scrivi la formula che esprime la misura del lato di un poligono regolare di cui è nota l'area.

3 Completa la seguente tabella, relativa a un insieme di triangoli regolari. Approssima le misure a meno di 0,01.

misura lato (cm)	2	....	1,5	....	4	....	1
area (cm²)	....	6,93	....	15,58	....	3,89	....

4 Completa la seguente tabella, relativa a un insieme di pentagoni regolari. Approssima le misure a meno di 0,01.

misura lato (cm)	....	7	....	2,4	....	10	....
area (cm²)	43	....	61,92	....	139,32	....	15,48

5 Completa la seguente tabella, relativa a un insieme di esagoni regolari. Approssima le misure a meno di 0,01.

misura lato (cm)	....	....	2	8	....	1	10
area (cm²)	93,52	64,95	....	....	584,55	....	....

6 Determina l'area delle seguenti figure, composte da poligoni regolari.

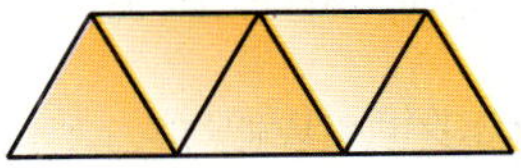

l = 2 cm

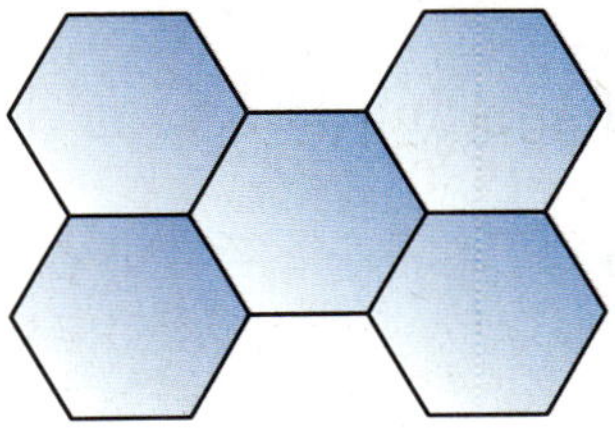

l = 8 cm

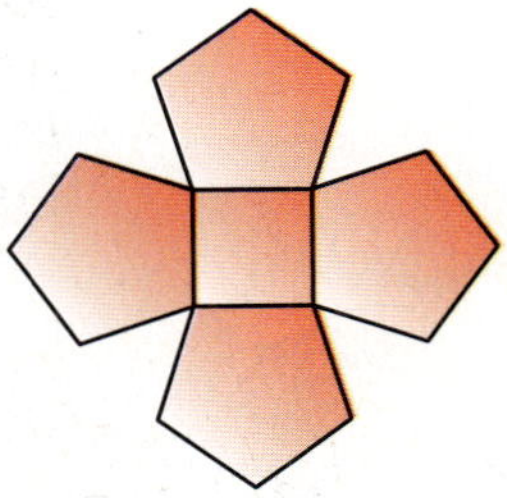

l = 3 cm

l = 1,5 cm

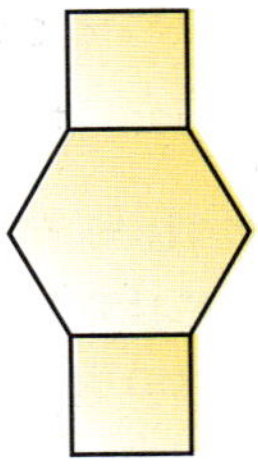

l = 6 cm

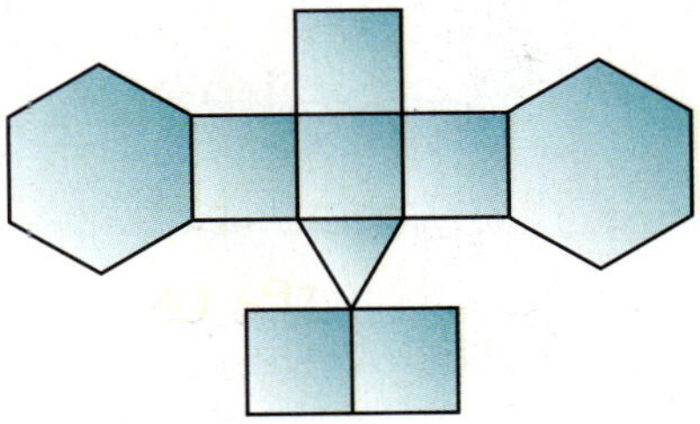

l = 5 cm

7 Calcola l'area di un ettagono regolare, di un ottagono regolare e di un ennagono regolare, sapendo che il lato di ciascuno di essi misura 10 cm.

RISOLVI IL SEGUENTE PROBLEMA E INDICA LA RISPOSTA CORRETTA

8 Quanto misura il lato di un pentagono regolare la cui area è 337,12 dm²?

A 7 dm **B** 14 dm **C** 21 dm

ESERCIZI ▸ p. 271

APPRENDO...

Area di un poligono circoscritto a una circonferenza

Consideriamo il poligono *ABCDE* circoscritto a una circonferenza di centro *O* e uniamo i suoi vertici con *O*.
Il poligono risulta formato da cinque triangoli aventi per base un lato del poligono e per altezza il raggio *r* della circonferenza inscritta. L'area del poligono è quindi uguale alla somma delle aree dei cinque triangoli:

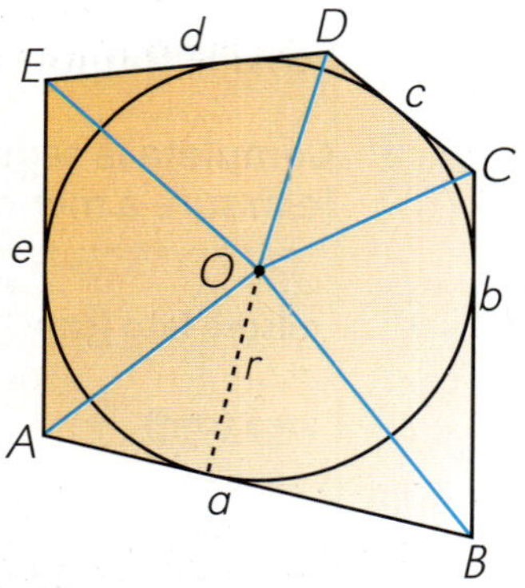

$$A = \frac{AB \cdot r}{2} + \frac{BC \cdot r}{2} + \frac{CD \cdot r}{2} + \frac{DE \cdot r}{2} + \frac{EA \cdot r}{2} = \frac{(AB + BC + CD + DE + EA) \cdot r}{2}$$

In definitiva, indicando con *A* e 2*p* l'area e il perimetro del poligono e con *r* la misura del raggio della circonferenza inscritta, si ha:

$$\mathbf{A = \frac{2p \cdot r}{2}} \quad \text{ossia} \quad \mathbf{A = p \cdot r} \qquad \text{formula diretta}$$

$p = \frac{A}{r}$ $\quad r = \frac{A}{p}$

L'area di un poligono circoscritto a una circonferenza si ottiene moltiplicando il perimetro per la misura del raggio della circonferenza inscritta e dividendo il prodotto per 2, ovvero moltiplicando il semiperimetro per la misura del raggio della circonferenza inscritta.

Martina ritaglia i triangoli che compongono il poligono circoscritto e si accorge che... hanno tutti la stessa altezza: il raggio della circonferenza inscritta!

Dalla formula diretta si ricavano le formule inverse:

$$\mathbf{2p = \frac{2 \cdot A}{r}} \quad \mathbf{r = \frac{2 \cdot A}{2p}} \quad \text{ossia} \quad \mathbf{p = \frac{A}{r}} \quad \mathbf{r = \frac{A}{p}} \qquad \text{formule inverse}$$

Descriviamo ora un altro metodo per giungere alla formula dell'area di un poligono circoscritto a una circonferenza.
Disegniamo un triangolo avente come base il perimetro del poligono *ABCDE* e come altezza il raggio *r* della circonferenza inscritta.
Uniamo il vertice *V* del triangolo con i punti *A, B, C, D, E, F* e osserviamo che il triangolo *AFV* è formato da cinque triangoli che sono equivalenti a quelli che costituiscono il poligono *ABCDE* perché hanno la stessa base e la stessa altezza.
Ne segue che il poligono *ABCDE* e il triangolo *AFV* sono *equivalenti*.

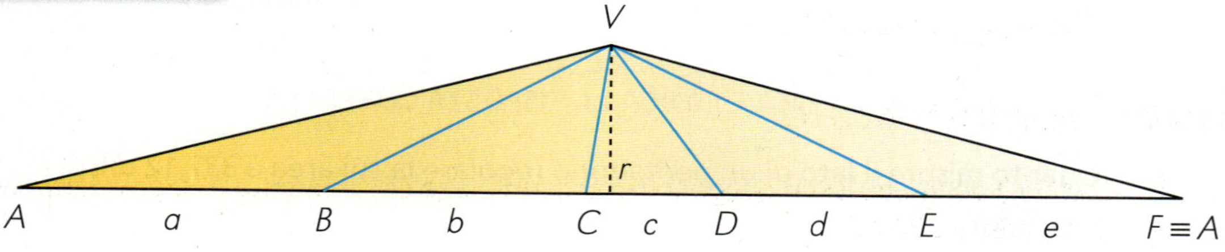

1 **Unisci il centro della circonferenza inscritta in ciascun poligono con i vertici del poligono stesso e rispondi alle domande.**

a. Quanti triangoli si formano nei diversi casi considerati?

b. Qual è la base di ciascun triangolo? E l'altezza?

c. Come si trova l'area di ogni triangolo? E l'area di ogni poligono?

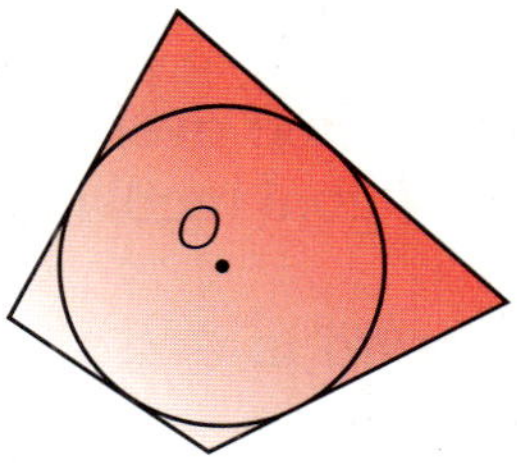

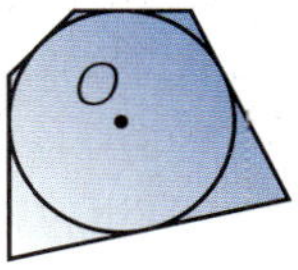

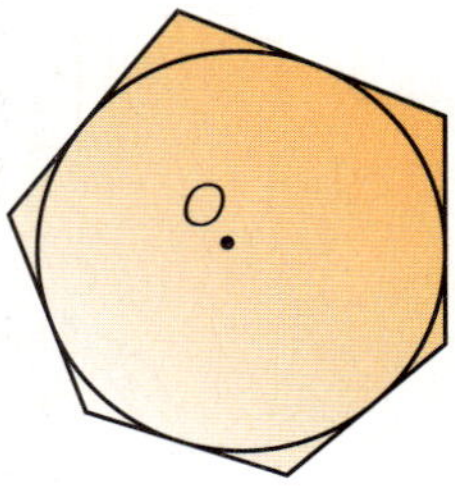

2 **Quale delle seguenti formule si riferisce all'area di un poligono circoscritto a una circonferenza?**

A $A = \frac{p \cdot a}{2}$ **B** $A = \frac{p + r}{2}$ **C** $A = \frac{p \cdot r}{2}$ **D** $A = p \cdot r$

3 **Calcola le misure incognite di ciascuna figura.**

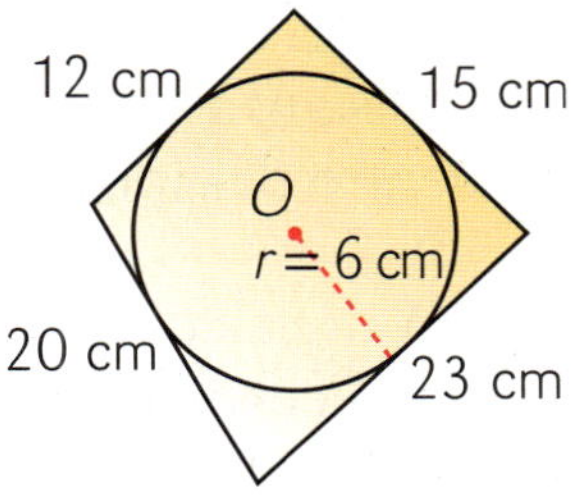

$A_{poligono} = ?$

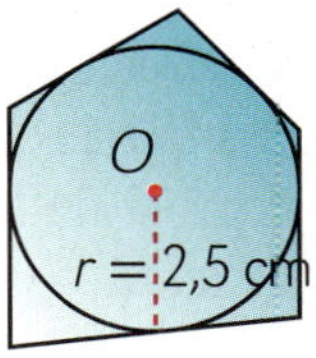

$A_{poligono} = 70\ cm^2$

$2p = ?$

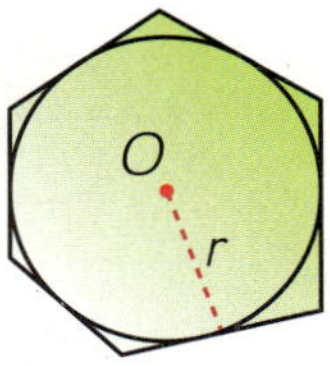

$A_{poligono} = 246\ dm^2$

$2p = 82\ dm$

$r = ?$

4 **Quanto misura il raggio della circonferenza inscritta in un poligono, se il perimetro e l'area del poligono sono 65 cm e 260 cm²? Indica la risposta corretta.**

A 5 cm **B** 8 cm **C** 4 cm

5 Vero o falso?

a. Un poligono circoscritto a una circonferenza è equivalente a un triangolo avente per base il perimetro del poligono e per altezza il raggio della circonferenza inscritta. V F

b. Se di un poligono circoscritto a una circonferenza sono noti l'area A e il perimetro $2p$, per calcolare la misura del raggio si applica la formula $r = \frac{A}{p}$ dove p è il semiperimetro. V F

c. La formula $2p = \frac{A}{2r}$ consente di calcolare il perimetro di un poligono circoscritto a una circonferenza, conoscendo l'area e la misura del raggio. V F

d. Un poligono, avente il perimetro di 36 cm, circoscritto a una circonferenza di raggio 5 cm ha l'area di 180 cm². V F

RISOLVI IL SEGUENTE PROBLEMA

6 Calcola il perimetro di un poligono circoscritto a una circonferenza di raggio 9 m, sapendo che la sua area è 234 m². [52 m]

ESERCIZI ▸ p. 272

Applicazione del teorema di Pitagora alla circonferenza, ai poligoni inscritti e circoscritti e ai poligoni regolari

APPRENDO...

Vediamo ora alcune situazioni in cui il teorema di Pitagora può rivelarsi utile alla risoluzione di problemi relativi alla circonferenza e ai poligoni regolari.

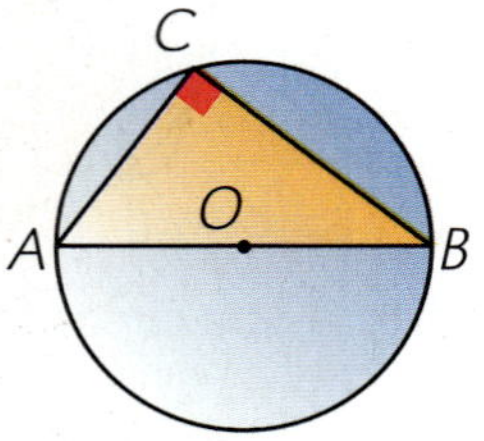

1. Consideriamo un *triangolo inscritto* in una semicirconferenza.
Sappiamo che questo è un triangolo rettangolo avente per cateti le corde *AC* e *BC* e per ipotenusa il diametro *AB*.

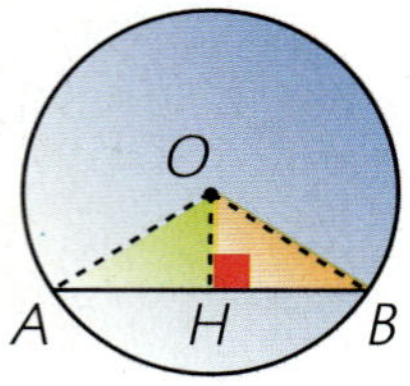

2. In una circonferenza tracciamo una corda *AB*, la sua distanza dal centro *O* e i raggi *OA* e *OB*.
I triangoli congruenti *OHA* e *OHB* sono triangoli rettangoli; ciascuno di essi ha per cateti la distanza della corda dal centro *O* e la metà della corda, mentre per ipotenusa ha il raggio della circonferenza.
Questa osservazione ci permetterà di calcolare la misura di una corda, nota la sua distanza dal centro e viceversa.

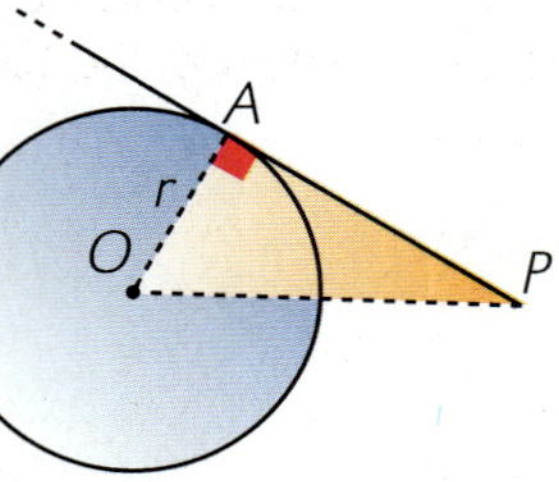

3. Conducendo dal punto *P* esterno alla circonferenza la tangente a essa nel punto *A*, si ottiene il triangolo rettangolo *PAO* in cui i cateti sono il raggio e il segmento *PA* e l'ipotenusa è la distanza *OP*.
Questa osservazione ci permetterà di calcolare la distanza del punto *P* dal centro della circonferenza quando conosciamo la sua distanza dal punto di tangenza e viceversa.
Possiamo così applicare il teorema di Pitagora ai *poligoni* circoscritti a una circonferenza, per esempio al rombo.

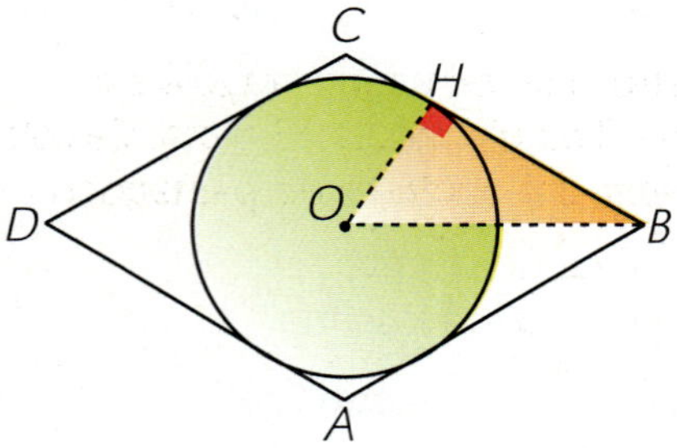

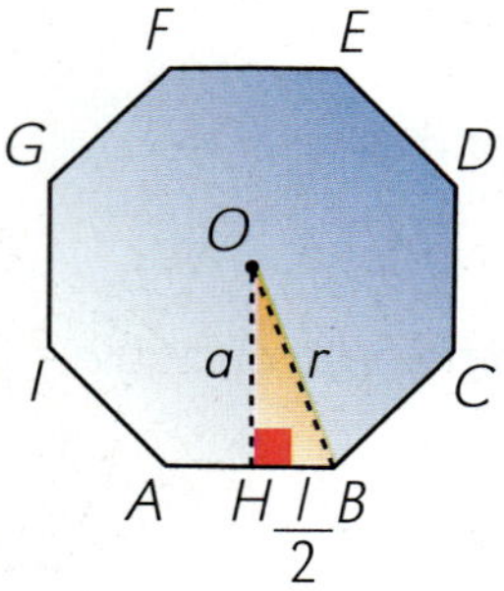

4. Disegniamo un *poligono regolare*, per esempio un ottagono, tracciamo il raggio e l'apotema e osserviamo il triangolo rettangolo *OHB* così ottenuto.
I cateti sono, rispettivamente, l'apotema e la metà del lato del poligono, l'ipotenusa è il raggio del poligono.
Indicando con a, $\frac{l}{2}$, r, rispettivamente, le misure dei cateti e dell'ipotenusa del triangolo *OHB* e applicando il teorema di Pitagora, abbiamo:

$$\boldsymbol{a = \sqrt{r^2 - \left(\frac{l}{2}\right)^2} \qquad \frac{l}{2} = \sqrt{r^2 - a^2} \qquad r = \sqrt{a^2 + \left(\frac{l}{2}\right)^2}}$$

1 Perché il triangolo *ABC* a lato è un triangolo rettangolo retto in $\hat{B}$? Quali sono i suoi cateti? Qual è l'ipotenusa? ....

....

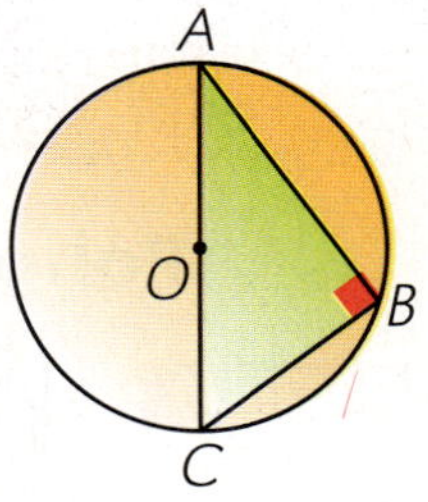

2 Indica i cateti e l'ipotenusa del triangolo rettangolo *OKR* della figura.

I cateti sono ....

L'ipotenusa è .... e corrisponde al .... della ....

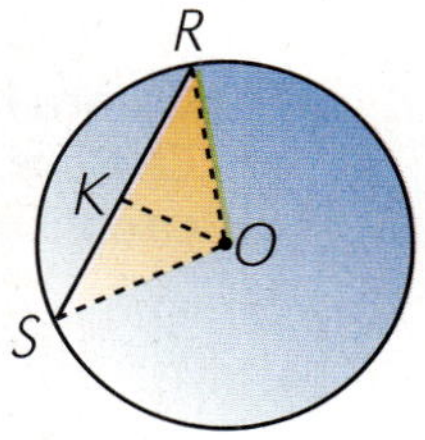

3 Osserva la figura e rispondi alle seguenti domande.

a. Che tipo di triangolo è il triangolo *OTS*? ....

b. Quali sono i cateti e l'ipotenusa del triangolo *OTS*? ....

c. Se $ST = 28$ cm e $OT = 21$ cm, quanto misura *OS*? ....

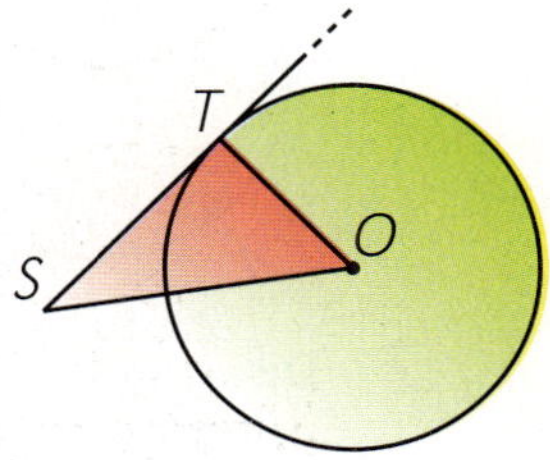

RISOLVI I SEGUENTI PROBLEMI

4 Un triangolo rettangolo è inscritto in una circonferenza di raggio 14,5 cm. Sapendo che un cateto misura 21 cm, calcola il perimetro e l'area del triangolo.

[70 cm; 210 cm²]

5 Una corda *AB* di una circonferenza di centro *O* è lunga 20 cm e dista dal centro 7,5 cm. Calcola il perimetro e l'area del triangolo *AOB*.

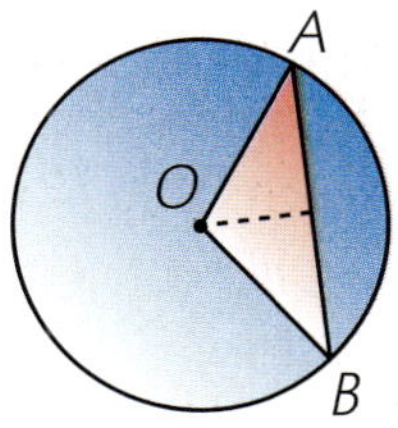

[45 cm; 75 cm²]

6 Calcola il perimetro e l'area del seguente triangolo *OAP*, sapendo che $OA = 9$ cm e $OP = 15$ cm.

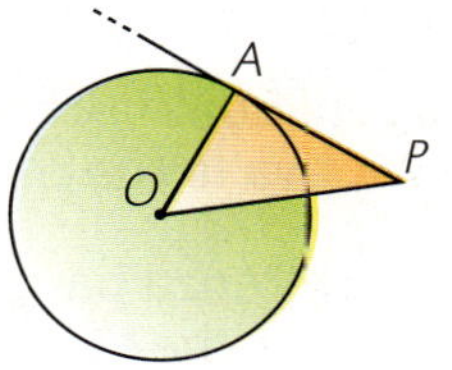

[36 cm; 54 cm²]

7 Il perimetro di un pentagono regolare è di 80 dm e il raggio misura 13,6 dm. Calcola la lunghezza dell'apotema del pentagono.

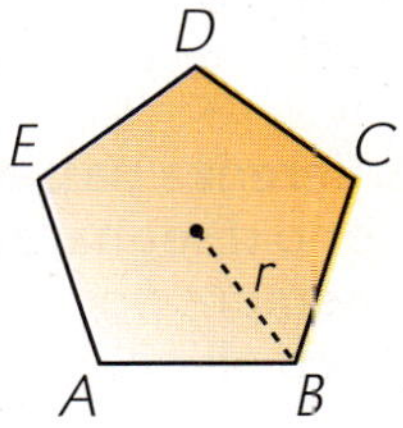

[$\simeq$ 11 dm]

8 Completa.

a. Tracciando il raggio e l'... di un poligono regolare si può applicare il .... di .... al triangolo rettangolo che si viene così a formare.

b. I cateti del triangolo rettangolo *HBO* della figura sono .... e l'ipotenusa è ....

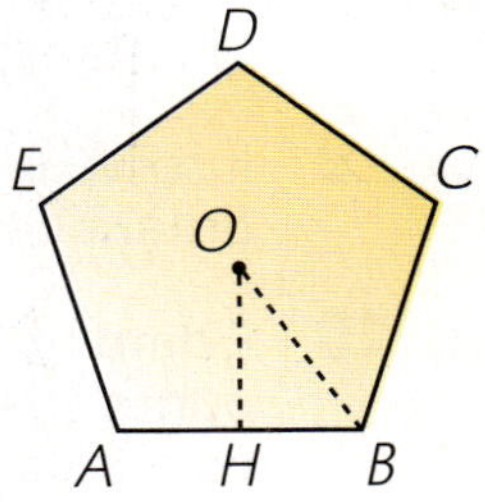

9 È vero o falso che il lato di un poligono regolare, in cui l'apotema e il raggio misurano 7 cm e 25 cm, è di 24 cm? V F

ESERCIZI ▸ p. 273

ESERCIZI E PROBLEMI

Poligoni inscritti in una circonferenza

[U6.1 ▸ p. 238]

RICORDA • Un poligono è **inscrittibile** in una circonferenza se gli assi dei suoi lati si incontrano in un unico punto, detto **circocentro**.

1 Colora in verde la circonferenza circoscritta al poligono e in blu il contorno del poligono. Che cosa s'intende per poligono inscritto in una circonferenza? Qual è il centro della circonferenza? Qual è il centro del poligono?

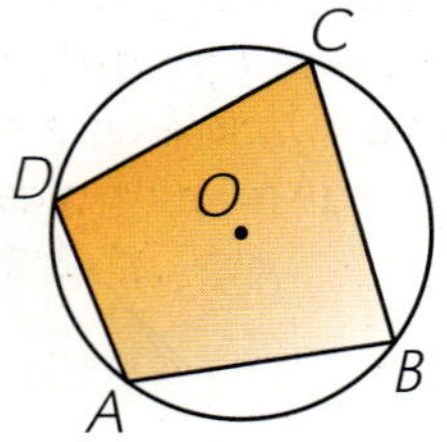

2 Disegna tre circonferenze e in ciascuna di esse inscrivi un poligono. Traccia il raggio di ogni poligono e scrivine la definizione.

3 Disegna una circonferenza di raggio 3 cm e inscrivi in essa un poligono di cinque lati.

4 Disegna un triangolo acutangolo, un triangolo ottusangolo e un triangolo rettangolo e traccia la circonferenza circoscritta a ciascuno di essi. Dove si trova il centro di tali circonferenze in ciascun caso? Che cosa puoi osservare?

5 Disegna tre poligoni qualsiasi e a ciascuno di essi circoscrivi una circonferenza. È stato sempre possibile farlo? Motiva la tua risposta sia in caso affermativo sia negativo.

6 Disegna una circonferenza passante per i tre punti *A*, *B*, *C*. Quante ne puoi disegnare? Perché? Qual è il poligono inscritto in essa?

Dapprima unisci i tre punti così da costruire il triangolo *ABC*. Quindi traccia gli assi di ciascun lato che si incontrano in un punto...

7 Disegna una circonferenza passante per i quattro punti *A*, *B*, *C*, *D*. Quante se ne possono disegnare? Motiva la risposta. Qual è il poligono inscritto in essa? È sempre possibile far passare una circonferenza per quattro punti non allineati?

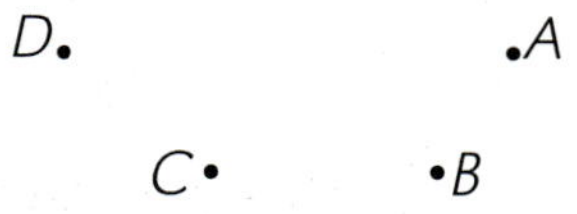

8 Un poligono è inscritto in una circonferenza avente il raggio di 2 cm. Quanto misura la distanza di ciascun vertice del poligono dal centro della circonferenza?

9 Inscrivi un poligono di cinque lati in una circonferenza avente il diametro di 3 cm. Quanto distano i suoi vertici dal centro della circonferenza?

10 È dato un poligono di quattro lati. Sapendo che gli assi dei lati si incontrano in uno stesso punto *O*, stabilisci se il poligono dato è inscrittibile in una circonferenza. Motiva la tua risposta ed esegui il disegno che rappresenta tale situazione.

11 Gli assi dei lati di un esagono si incontrano in due punti distinti. È possibile costruire la circonferenza circoscritta all'esagono? Motiva la tua risposta e illustra graficamente la situazione.

Risolvi i seguenti esercizi sul piano cartesiano.

12 Su un piano cartesiano disegna la circonferenza di centro $O(12; 6)$ e raggio 5 u. Unisci poi quattro punti qualsiasi della circonferenza in modo da ottenere un quadrilatero. Quanto misura il raggio del quadrilatero?

13 In un sistema di riferimento cartesiano disegna la circonferenza di centro $C(8; 10)$ e raggio 4 u. Unisci poi nell'ordine i punti della circonferenza $A(8; 6)$, $B(12; 10)$, $C(8; 14)$, $D(4; 10)$ e D con A. Traccia le diagonali del quadrilatero che hai ottenuto e determina la loro misura. Poi con un goniometro misura ciascun angolo del quadrilatero e, sulla base delle verifiche effettuate, definisci la sua natura. Quanto misura il raggio del quadrilatero? A che cosa corrisponde in questo caso?

[quadrato]

14 Disegna su un piano cartesiano il rettangolo di vertici $A(2; 3)$, $B(8; 3)$, $C(8; 7)$, $D(2; 7)$. Traccia l'asse di ciascun lato e determina il circocentro del rettangolo. Disegna poi la circonferenza circoscritta al rettangolo e scrivi le coordinate del suo centro O. Determina la misura del raggio della circonferenza, considerando una sola cifra decimale. A che cosa corrisponde in questo caso?

[$O(5; 5)$; 3,6 u]

Poligoni circoscritti a una circonferenza

[**U6.2** ▸ p. 240]

RICORDA • Si dice **apotema** di un poligono il raggio della circonferenza in esso inscritta.

15 Disegna una circonferenza di raggio 5,5 cm e circoscrivi a essa un esagono qualunque.

16 Disegna tre circonferenze e a ciascuna di esse circoscrivi un poligono. Traccia l'apotema di ogni poligono e scrivine la definizione.

17 Nelle seguenti figure, per ciascun poligono è stato segnato il centro O.
Traccia l'apotema del poligono e determina la sua misura, anche in modo approssimato.

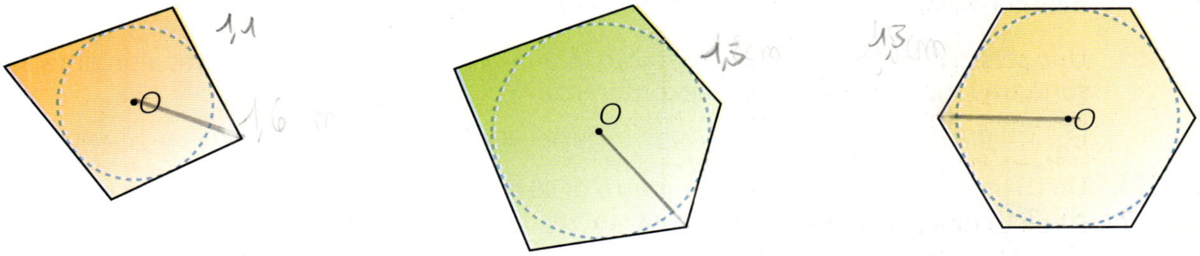

18 Disegna una circonferenza avente il diametro di 4 cm e un poligono a essa circoscritto.
Quanto misura l'apotema? Che cosa puoi osservare?

RICORDA • Un poligono si può circoscrivere a una circonferenza se le bisettrici dei suoi angoli si incontrano in un unico punto, detto **incentro**.

19 In un poligono di quattro lati le bisettrici degli angoli si incontrano tutte in uno stesso punto O. Si può inscrivere una circonferenza nel poligono suddetto? Come risulta il poligono rispetto alla circonferenza? Illustra graficamente la situazione.

20 Se le bisettrici degli angoli di un poligono si incontrano in più punti distinti, si può affermare che il poligono è circoscrittibile alla circonferenza? Perché?

Risolvi i seguenti esercizi sul piano cartesiano.

21 Su un piano cartesiano disegna la circonferenza di centro $O(9; 5)$ e raggio 3 u e circoscrivi a essa un poligono qualsiasi. Come sono i lati del poligono rispetto alla circonferenza? Servendoti di un righello, determina la misura approssimata dell'apotema del poligono.

22 Disegna su un piano cartesiano il rombo di vertici $A(7; 3)$, $B(11; 6)$, $C(7; 9)$, $D(3; 6)$, determina il suo incentro e traccia la circonferenza inscritta nel rombo. Quali sono le coordinate del suo centro O? Disegna l'apotema del poligono e determinane la misura approssimata, servendoti di un righello.

[$O(7; 6)$]

23 Su un piano cartesiano disegna un segmento di estremi $A(1; 9)$, $B(9; 9)$ e una circonferenza il cui diametro sia AB. Individua le coordinate del centro di tale circonferenza e la misura del raggio e circoscrivi a essa un quadrato. Quanto misura l'apotema del quadrato? Qual è il suo perimetro?

[$O(5; 9)$; 4 u; 32 u]

Triangoli inscritti e circoscritti

[**U6.3** ▸ p. 242]

24 Disegna un triangolo inscritto in una circonferenza ed evidenzia in verde il circocentro.

25 Disegna un triangolo circoscritto a una circonferenza ed evidenzia in giallo l'incentro. Verifica poi che i lati del triangolo sono tutti tangenti alla circonferenza e traccia le distanze tra i punti di tangenza e il centro della circonferenza inscritta nel triangolo: come si chiamano questi segmenti? Misurali e verifica che sono congruenti.

26 Illustra il motivo per il quale un triangolo è sempre inscrittibile e sempre circoscrittibile a una circonferenza.

27 Disegna la circonferenza circoscritta a un triangolo rettangolo e verifica che il suo centro coincide con il punto medio dell'ipotenusa. Verifica, inoltre, che la mediana relativa all'ipotenusa è uguale alla metà dell'ipotenusa stessa. Sai dire perché?

28 Disegna un triangolo ottusangolo inscritto in una circonferenza. A quale punto notevole del triangolo corrisponde il centro della circonferenza?

29 Uno stesso triangolo isoscele è inscritto in una circonferenza e circoscritto a un'altra. Come sono tra loro i raggi delle due circonferenze?

A congruenti B è maggiore quello della prima C è minore quello della prima

30 Un triangolo equilatero ha il perimetro di 30 cm: è possibile inscriverlo in una circonferenza con il raggio di 4 cm? Motiva la risposta.

Risolvi i seguenti esercizi sul piano cartesiano.

31 In un sistema di riferimento cartesiano disegna la circonferenza di centro $O(6; 6)$ e raggio 3,5 u. Disegna poi un triangolo inscritto e un triangolo circoscritto alla circonferenza e misura con un righello l'apotema e il raggio.

32 Su un piano cartesiano disegna un triangolo di vertici $A(2; 1)$, $B(8; 1)$, $C(2; 9)$. Misura con un goniometro gli angoli del triangolo e stabilisci la sua natura. Determina, sebbene in modo approssimato, le coordinate del centro della circonferenza inscritta nel triangolo e tracciala.

33 In un sistema di riferimento cartesiano disegna una circonferenza di centro $O(5; 6)$ e diametro 10 u e inscrivi in essa un triangolo ABC di base AB con $A(5; 1)$ e $B(10; 6)$ dopo aver individuato un altro punto della circonferenza, scelto opportunamente a piacere. Di questo sai fornire le coordinate, anche in modo approssimato? Quanti triangoli di base AB inscritti nella stessa circonferenza data puoi disegnare?

Risolvi i seguenti problemi.

Ricorda che ogni angolo alla circonferenza che insiste sulla semicirconferenza è retto.

34 Un triangolo rettangolo, avente i cateti di 8 cm e 6 cm, è inscritto in una circonferenza di raggio 5 cm. Quanto misura l'ipotenusa del triangolo? A quale elemento della circonferenza corrisponde? Motiva la risposta. [10 cm]

35 Calcola il perimetro di un triangolo inscritto in una semicirconferenza, sapendo che il raggio di quest'ultima misura 30 cm, un lato del triangolo, che non sia la base, misura 48 cm e l'altro è i suoi 3/4. Qual è la natura del triangolo? [144 cm]

36 In una circonferenza è inscritto un triangolo rettangolo isoscele avente il lato maggiore di 7,05 cm e uno dei lati congruenti di 5 cm. A quale elemento della circonferenza corrisponde il lato maggiore del triangolo? Qual è il perimetro del triangolo? [17,05 cm]

37 Calcola il perimetro di un triangolo rettangolo inscritto in una circonferenza avente il raggio di 7,5 cm, sapendo che i suoi cateti misurano 9 cm e 12 cm. [36 cm]

38 In una semicirconferenza è inscritto un triangolo. Sapendo che gli angoli adiacenti al diametro sono uno 1/5 dell'altro, calcola le ampiezze degli angoli del triangolo. [90°; 15°; 75°]

39 Con riferimento ai dati della figura, calcola le misure degli angoli del triangolo *ABC*.

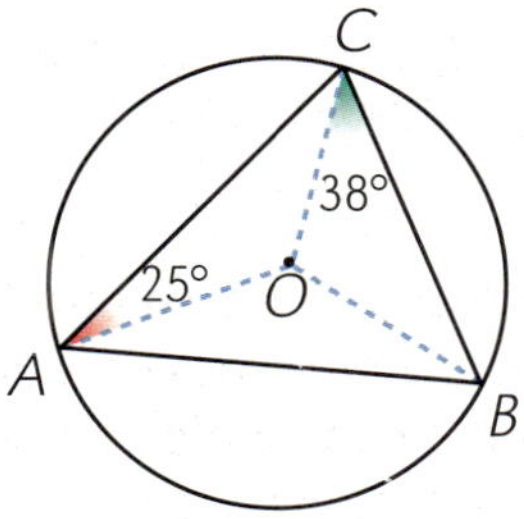

[63°; 52°; 65°]

40 Con riferimento ai dati della figura, calcola le misure degli angoli $R\hat{O}T$, $T\hat{O}S$ e $O\hat{T}S$. Qual è la natura del triangolo *RST*? Motiva la risposta.

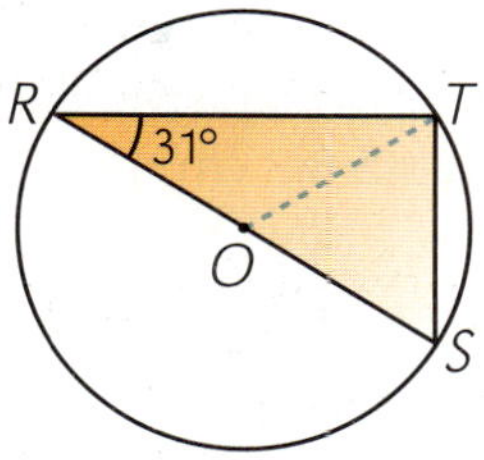

[118°; 62°; 59°]

41 Un triangolo *ABC* è circoscritto a una circonferenza. Detti *R*, *S*, *T* i punti di tangenza e sapendo che $AB = 64$ cm, $AC = 35$ cm e $AS = 1/4AB$, calcola il perimetro del triangolo.

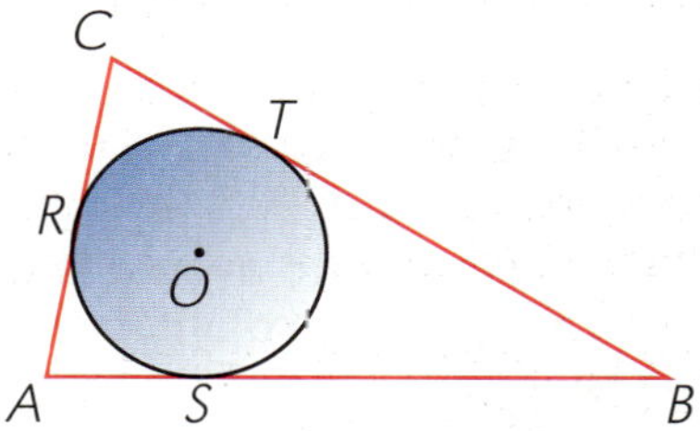

[166 cm]

42 Una circonferenza ha il raggio di 15 cm. Calcola la misura dell'altezza di un triangolo equilatero in essa inscritto. [22,5 cm]

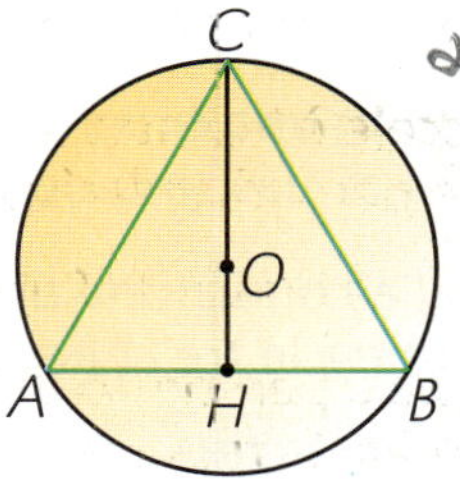

Ricorda che in un triangolo equilatero altezze e mediane, così come ortocentro e baricentro, coincidono e che il baricentro divide...

43 L'altezza di un triangolo equilatero misura 126 cm. Calcola la misura del diametro della circonferenza inscritta. [84 cm]

44 L'altezza di un triangolo equilatero misura 69 cm. Calcola la misura del raggio delle circonferenze inscritta e circoscritta. [23 cm; 46 cm]

45 Calcola la misura del raggio della circonferenza inscritta in un triangolo equilatero, sapendo che il diametro della circonferenza circoscritta misura 16,2 cm. [4,05 cm]

46 Il diametro di una circonferenza misura 36 cm. Calcola la misura dell'altezza di un triangolo equilatero a essa circoscritto. [54 cm]

47 Un triangolo equilatero è circoscritto a una circonferenza. Calcola la misura del raggio di tale circonferenza, sapendo che l'altezza del triangolo misura 6,3 cm. [2,1 cm]

48 La somma del lato e dell'altezza di un triangolo equilatero circoscritto a una circonferenza misura 90 cm e la loro differenza è di 6 cm. Calcola:

a. la misura dell'altezza;
b. la misura del lato;
c. la misura dell'apotema;
d. il perimetro del triangolo.

[42 cm; 48 cm; 14 cm; 144 cm]

Quadrilateri inscritti

[U6.4 ▸ p. 244]

RICORDA • Un quadrilatero inscritto in una circonferenza ha gli angoli opposti supplementari.

49 Stabilisci quali quadrilateri si possono inscrivere in una circonferenza.

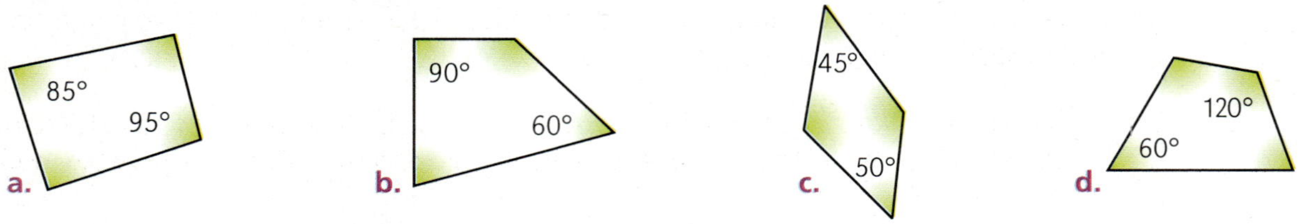

50 Disegna un quadrato avente la diagonale di 2,8 cm e traccia la circonferenza a esso circoscritta. Quanto misura il suo diametro? Un quadrato si può sempre inscrivere in una circonferenza? Come sono i suoi angoli opposti?

51 Un quadrilatero *ABCD* è inscritto in una circonferenza. Sapendo che le ampiezze degli angoli $\hat{A}$ e $\hat{B}$ sono, rispettivamente, 85° e 106°, calcola le ampiezze degli angoli $\hat{C}$ e $\hat{D}$. [95°; 74°]

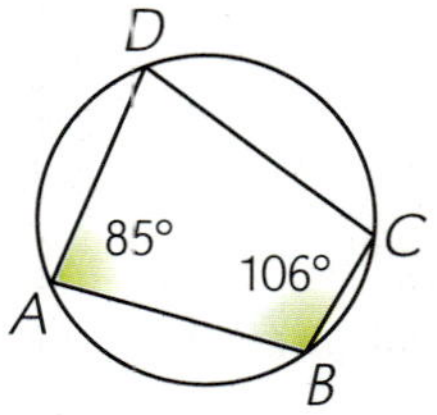

52 Un quadrilatero è inscritto in una circonferenza. Sapendo che due angoli consecutivi misurano 51° e 94°, calcola la misura di ciascuno degli altri due angoli. [129°; 86°]

53 Leggi la tabella relativa alla condizione di inscrittibilità di un quadrilatero in una circonferenza e indica l'opzione corretta tra le tre che sono proposte, riferendoti al quadrilatero a destra.

ampiezze di due angoli consecutivi	opzioni		
$\alpha = 40°$ e $\beta = 100°$	☐ $\gamma = 140°$	☐ $\gamma = 120°$	☐ $\gamma = 160°$
$\beta = 90°$ e $\gamma = 75°$	☐ $\delta = 100°$	☐ $\delta = 90°$	☐ $\delta = 105°$
$\gamma = 80°$ e $\delta = 120°$	☐ $\alpha = 90°$	☐ $\alpha = 60°$	☐ $\alpha = 100°$
$\delta = 95°$ e $\alpha = 63°$	☐ $\beta = 85°$	☐ $\beta = 117°$	☐ $\beta = 90°$

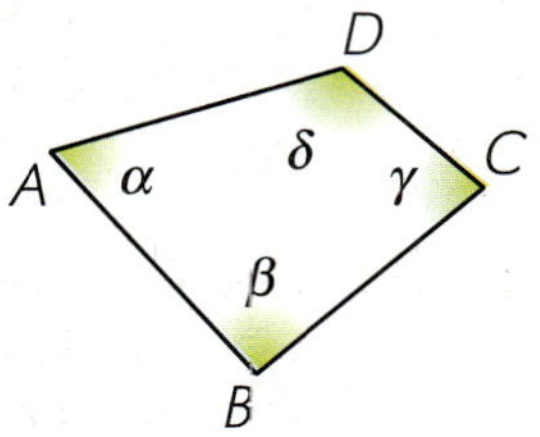

54 Completa la tabella, relativa a un insieme di quadrilateri *ABCD* inscritti in una circonferenza.

$\hat{A}$	$\hat{B}$	$\hat{C}$	$\hat{D}$
69°	112°	111	68
56	93° 40′	124°	87° 20′
96° 33′	111° 35′	84° 27′	69° 25′

55 Spiega perché la diagonale *BD* del trapezio isoscele *ABCD* in figura è perpendicolare al lato obliquo *AD*.

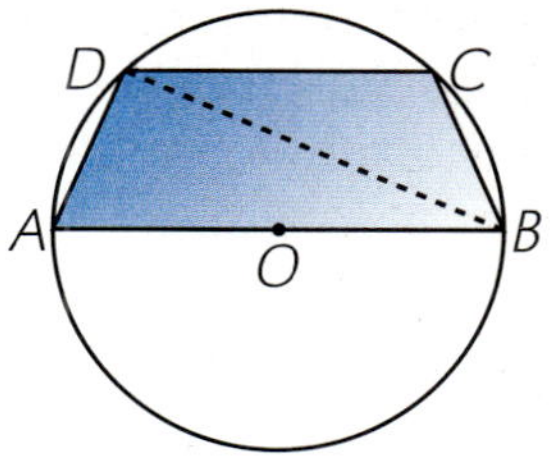

Risolvi i seguenti esercizi sul piano cartesiano.

56 In un sistema di riferimento cartesiano disegna un rettangolo *ABCD* di cui sono date le coordinate dei vertici *A*(2; 2), *B*(8; 2) e *C*(8; 10). Dopo aver individuato le coordinate del vertice *D* di tale rettangolo, traccia una diagonale e misurane la lunghezza con un righello. Quanto misura il raggio della circonferenza circoscritta al rettangolo? Sai disegnarla? Si può sempre circoscrivere una circonferenza a un rettangolo? Ne puoi disegnare più di una? [*D*(2; 10)]

57 Determina le coordinate del centro della circonferenza circoscritta al quadrilatero *ABCD* e misura la lunghezza del raggio del poligono, sebbene in modo approssimato. Che cosa puoi dire degli angoli $\hat{A}$ e $\hat{C}$? E degli angoli $\hat{B}$ e $\hat{D}$?

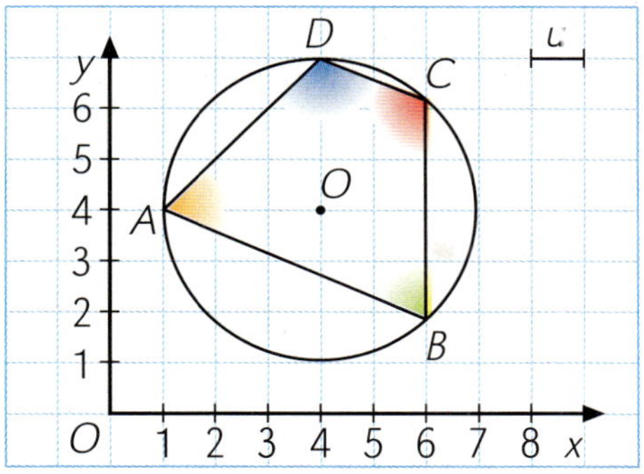

Risolvi i seguenti problemi.

58 Un trapezio isoscele è inscritto in una circonferenza. Sapendo che un suo angolo misura 43°, calcola le ampiezze degli altri angoli del trapezio. [43°; 137°; 137°]

59 Calcola le ampiezze degli angoli di un trapezio isoscele inscritto in una circonferenza, sapendo che gli angoli opposti sono uno 2/3 dell'altro. [72°; 108°; 72°; 108°]

60 Un quadrilatero è inscritto in una circonferenza. Sapendo che un angolo misura 75° e un altro è i suoi 4/5, calcola le ampiezze degli angoli del quadrilatero. [75°; 60°; 105°; 120°]

61 La somma di due angoli di un quadrilatero inscritto in una circonferenza è 168° e uno di essi è doppio dell'altro. Calcola le ampiezze degli angoli del quadrilatero. [56°; 112°; 124°; 68°]

62 La differenza fra due angoli consecutivi di un quadrilatero inscritto in una circonferenza misura 33° e uno di essi è 7/4 dell'altro. Calcola le ampiezze degli angoli del quadrilatero. [44°; 136°; 77°; 103°]

63 La somma e la differenza di due angoli consecutivi di un quadrilatero inscritto in una circonferenza misurano 220° e 32°. Calcola le ampiezze degli angoli del quadrilatero. [94°; 126°; 86°; 54°]

64 In un quadrilatero inscritto in una circonferenza, due angoli opposti sono uno 2/7 dell'altro. Sapendo che la differenza degli altri due angoli misura 43°, calcola le ampiezze degli angoli del quadrilatero. [40°; 140°; 68° 30′; 111° 30′]

65 Un rettangolo, avente il perimetro di 98 cm e una dimensione 4/3 dell'altra, è inscritto in una circonferenza. Calcola la misura del raggio della circonferenza. [17,5 cm]

66 Un quadrato è inscritto in una circonferenza. Se l'area del quadrato è 256 cm², quanto misura il diametro della circonferenza? $\left[16 \cdot \sqrt{2}\ \text{cm}\right]$

67 La differenza delle dimensioni di un rettangolo misura 28 cm e una è 5/12 dell'altra. Calcola la misura del raggio della circonferenza ad esso circoscritta. [26 cm]

68 In una circonferenza di raggio 7,5 cm è inscritto un rettangolo avente la base 4/5 del diametro della circonferenza. Calcola:
a. la misura della diagonale del rettangolo;
b. l'area di un quadrato isoperimetrico al rettangolo. [15 cm; 110,25 cm²]

69 Un trapezio isoscele è inscritto in una semicirconferenza di raggio 15 cm. Il lato obliquo misura 18 cm e la base minore è 7/25 della maggiore. Calcola l'area del trapezio e la misura della sua diagonale. [276,48 cm²; 24 cm]

70 In una circonferenza di raggio 22,5 cm è inscritto un trapezio isoscele in modo tale che la base maggiore coincide con il diametro della circonferenza. Il perimetro del trapezio è 111,6 cm, la base minore misura 12,6 cm e il lato obliquo 15/7 della base minore. Calcola l'area del trapezio, la misura della sua diagonale e l'ampiezza dell'angolo opposto a quello di 98°. [622,08 cm²; 36 cm; 82°]

Quadrilateri circoscritti

[U6.5 ▸ p. 246]

RICORDA
• In un quadrilatero circoscritto a una circonferenza la somma di due lati opposti è uguale alla somma degli altri due.

71 Stabilisci quali dei seguenti quadrilateri sono circoscrittibili a una circonferenza.

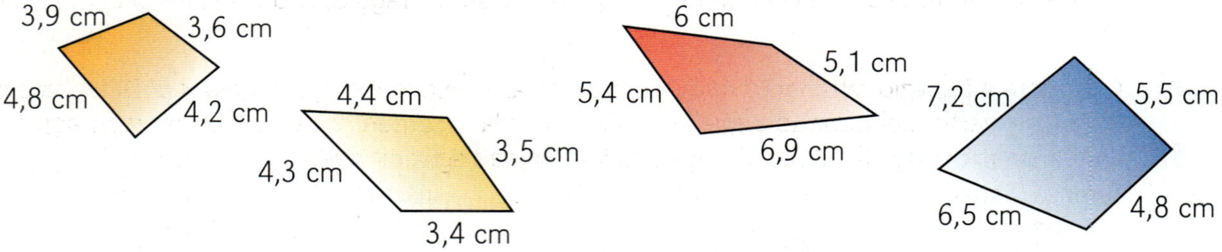

a. ☐ sì ☐ no   b. ☐ sì ☐ no   c. ☐ sì ☐ no   d. ☐ sì ☐ no

72 Indica quale coppia, tra le tre opzioni proposte, soddisfa la condizione di circoscrittibilità di un quadrilatero *ABCD* a una circonferenza.

misure di due lati opposti	opzioni		
$AB = 6$ cm	☐ $AD = 5$ cm	☐ $AD = 8$ cm	☐ $AD = 9$ cm
$CD = 10$ cm	☐ $BC = 8$ cm	☐ $BC = 12$ cm	☐ $BC = 7$ cm
$BC = 27$ cm	☐ $AB = 20$ cm	☐ $AB = 15$ cm	☐ $AB = 10$ cm
$AD = 11$ cm	☐ $CD = 18$ cm	☐ $CD = 16$ cm	☐ $CD = 21$ cm

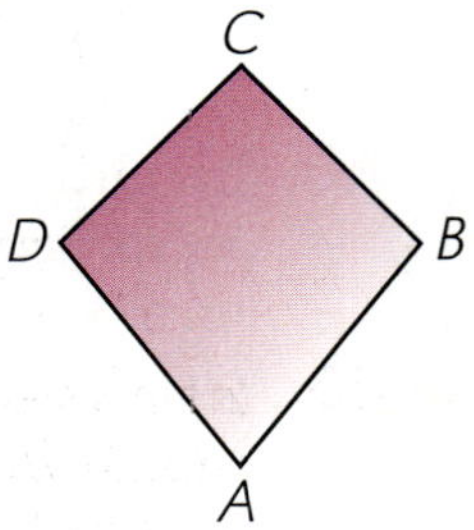

73 Completa la tabella, inserendo al posto dei puntini due misure a piacere, ma tali che consentano di circoscrivere il quadrilatero *ABCD* a una circonferenza, sulla base della proprietà della somma dei lati opposti.

AB (cm)	*BC* (cm)	*CD* (cm)	*AD* (cm)
15	....	19	....
....	34	....	21,7
42,6	....	....	50
AB = *CD*	62	*CD* = *AB*	....

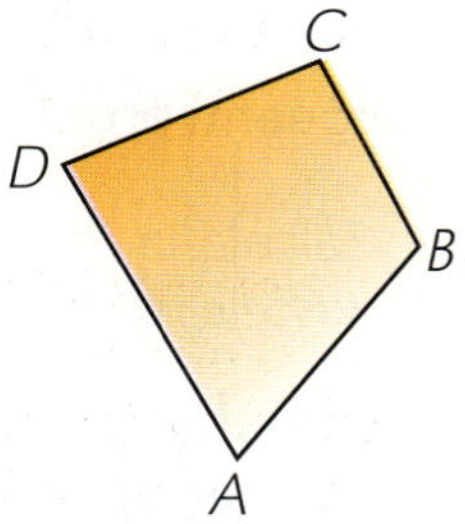

74 I lati di un quadrilatero *ABCD* hanno le seguenti misure: *AB* = 8 cm, *BC* = 4 cm, *CD* = 2 cm, *AD* = 6 cm. Dopo aver stabilito se tale quadrilatero è circoscrittibile a una circonferenza, in caso di risposta affermativa esegui il relativo disegno. Qual è il centro della circonferenza inscritta nel quadrilatero?

75 Un quadrato è circoscritto a una circonferenza. Calcola la misura del lato del quadrato al variare della misura del raggio (*r*) della circonferenza.

a. *r* = 34 cm $\quad$ *l* = ...
b. *r* = 6 dm $\quad$ *l* = ...
c. *r* = 1,8 cm $\quad$ *l* = ...
d. *r* = 8,3 m $\quad$ *l* = ...

76 Determina le misure dei raggi delle circonferenze inscritte in quadrati aventi il lato delle seguenti misure.

a. *l* = 16 cm $\quad$ *r* = ...
b. *l* = 12,5 m $\quad$ *r* = ...
c. *l* = 0,8 cm $\quad$ *r* = ...
d. *l* = 9 dm $\quad$ *r* = ...

Risolvi i seguenti esercizi sul piano cartesiano.

77 Su un piano cartesiano circoscrivi un quadrato alla circonferenza di centro *O*(9; 8) e raggio 4 *u* e determina le coordinate dei suoi vertici. Calcola, inoltre, il perimetro del quadrato. [32 *u*]

78 Su un piano cartesiano segna i punti *A*(6; 1), *B*(9; 5), *C*(6; 9), *D*(3; 5). Uniscili nell'ordine dato e il primo con l'ultimo, poi inscrivi una circonferenza nel quadrilatero che hai ottenuto. Quali sono le coordinate del centro *O* di tale circonferenza? Quanto misura il raggio, secondo l'unità di misura che hai usato? [*O*(6; 5); 2,4 *u*]

79 Considera il trapezio rettangolo *ABCD* circoscritto alla circonferenza di raggio 3 *u*. Determina le coordinate dei vertici del trapezio e quelle del centro della circonferenza e verifica in modo approssimato che la somma di due lati opposti è uguale alla somma degli altri due.

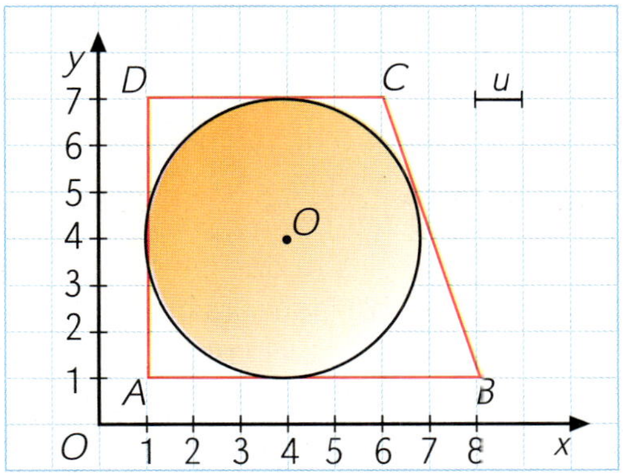

80 In un sistema di riferimento cartesiano disegna il trapezio isoscele di perimetro 20 *u* avente i vertici in *A*(3; 3), *B*(11; 3), *C*(8; 7), *D*(6; 7). Sapendo che è circoscritto a una circonferenza, determina la misura di ciascun lato obliquo. [5 *u*]

81 Segna su un piano cartesiano i punti $A(2; 1)$, $B(14; 1)$, $C(8; 9)$, $D(2; 9)$ e uniscili nell'ordine e D con A. Che tipo di quadrilatero hai ottenuto? Sapendo che è circoscritto a una circonferenza, determina il suo perimetro sulla base della proprietà dei quadrilateri circoscritti a una circonferenza. [36 *u*]

APPLICAZIONE

Risolvi i seguenti problemi.

82 Calcola la misura del lato BC del trapezio isoscele in figura.

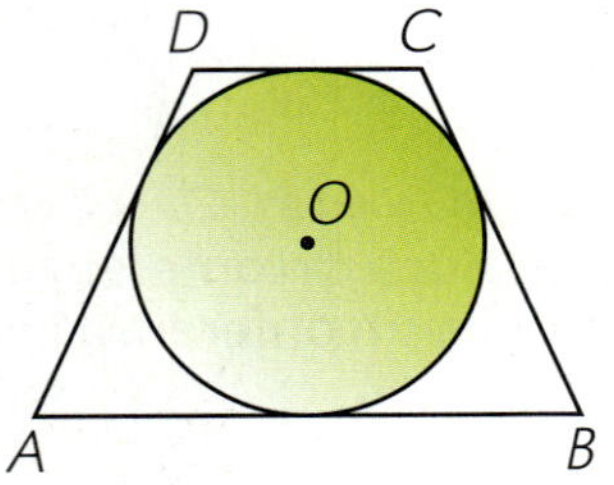

$AB = 19{,}6$ cm
$DC = 8{,}2$ cm
$BC = ?$

[13,9 cm]

83 Calcola la misura dell'altezza di un trapezio circoscritto a una circonferenza il cui raggio è 3 cm. [6 cm]

84 Calcola il perimetro di un quadrato circoscritto a una circonferenza, sapendo che il raggio della circonferenza misura 9,2 cm. [73,6 cm]

85 Calcola la misura della diagonale di un quadrato inscritto in una circonferenza, sapendo che il raggio misura 4,5 cm. [9 cm]

86 A una circonferenza di raggio 2,8 cm è circoscritto un quadrato. Calcola la misura dell'apotema del quadrato e il suo perimetro. [2,8 cm; 22,4 cm]

87 Un trapezio isoscele è circoscritto a una circonferenza. Calcola la misura del lato obliquo, sapendo che la somma delle basi è di 24,6 cm. [12,3 cm]

88 Un trapezio isoscele è circoscritto a una circonferenza. Sapendo che un lato obliquo misura 27 cm e che la base maggiore supera la minore di 6 cm, calcola la misura di ciascuna base del trapezio. [24 cm; 30 cm]

89 Calcola il perimetro di un trapezio isoscele circoscritto a una circonferenza, sapendo che la base maggiore misura 36 cm e che il lato obliquo è 2/3 di essa. [96 cm]

90 Il lato obliquo e la base minore di un trapezio isoscele circoscritto a una circonferenza misurano rispettivamente 9,2 cm e 5 cm. Calcola la misura della base maggiore del trapezio. [13,4 cm]

91 Il perimetro di un trapezio isoscele circoscritto a una circonferenza è 168 cm e la differenza delle basi è 22 cm. Calcola la misura di ciascun lato del trapezio. [42 cm; 42 cm; 31 cm; 53 cm]

92 Il perimetro di un quadrilatero circoscritto a una circonferenza è di 98 cm. Sapendo che due lati opposti sono uno 3/4 dell'altro e che gli altri due sono congruenti, calcola la misura di ciascun lato del quadrilatero. [24,5 cm; 24,5 cm; 21 cm; 28 cm]

▸▸▸ **PROBLEMA GUIDATO**

Disegniamo il quadrilatero e la circonferenza inscritta.

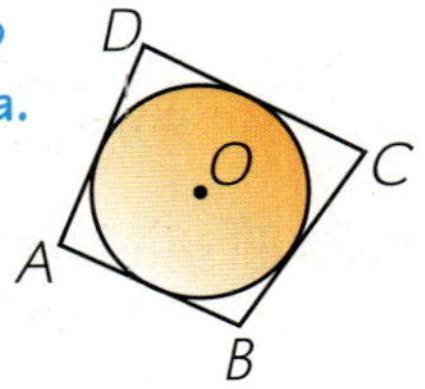

Dati	Incognite
$2p = 98$ cm	$AB = ?$
$BC = AD$	$BC = ?$
$AB = 3/4\,CD$	$CD = ?$
	$AD = ?$

Sapendo che in un quadrilatero circoscritto a una circonferenza le somme dei lati opposti sono congruenti, deduciamo che:

$\overline{BC} + \overline{AD} = \overline{AB} + \overline{CD} = p = 98/2 = 49$ (cm)

Sappiamo anche che $BC = AD$, perciò:

$\overline{BC} = \overline{AD} = 49 : 2 =$ .... (cm)

Infine sappiamo che $AB = 3/4\,CD$, per cui...

93 Il perimetro di un quadrilatero circoscritto a una circonferenza è 192 cm e la differenza di due lati opposti misura 14 cm. Sapendo che gli altri due lati sono uno 1/3 dell'altro, calcola la misura di ciascun lato del quadrilatero. [41 cm; 55 cm; 24 cm; 72 cm]

94 Calcola la misura di ciascuna delle due basi di un trapezio isoscele circoscritto a una circonferenza, sapendo che una di esse è 5/8 dell'altra e che il lato obliquo misura 32,5 dm. [25 dm; 40 dm]

95 La differenza delle basi di un trapezio isoscele circoscritto a una circonferenza misura 42 cm e la base minore è 2/9 della maggiore. Calcola la misura di ciascun lato obliquo del trapezio e il suo perimetro. [33 cm; 132 cm]

96 Un trapezio rettangolo circoscritto a una circonferenza ha l'altezza di 40 cm, il lato obliquo congruente a 5/4 dell'altezza e la base minore congruente a 3/5 del lato obliquo. Calcola la misura della base maggiore del trapezio. [60 cm]

Poligoni regolari

[**U6.6** ▸ p. 248]

97 Osserva la figura e completa le relative frasi.

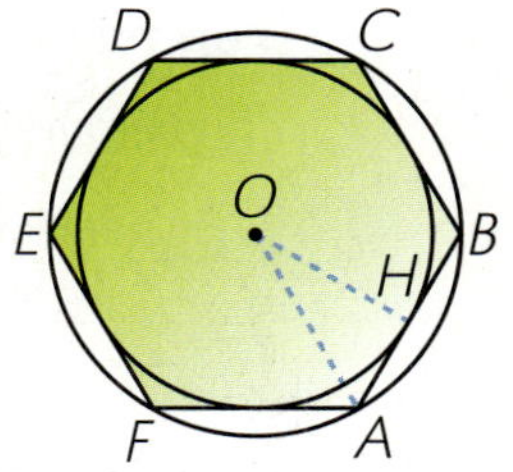

a. Nella figura è disegnato un poligono ....

b. Ogni poligono regolare si può .... e .... a una circonferenza.

c. Il segmento *OA* si chiama ....

d. Il segmento *OH* si chiama ....

98 Calcola l'ampiezza di ciascun angolo di un esagono regolare. [120°]

99 Calcola le misure degli angoli di ciascun triangolo isoscele di cui si compone un pentagono regolare quando si unisce il centro con i vertici. [72°; 54°; 54°]

100 Un esagono regolare inscritto in una circonferenza ha il raggio di 6,8 cm. Calcola il perimetro dell'esagono. [40,8 cm]

101 Osserva la figura e calcola la misura del raggio della circonferenza circoscritta al quadrato. $\left[5{,}5 \cdot \sqrt{2}\ \text{cm}\right]$

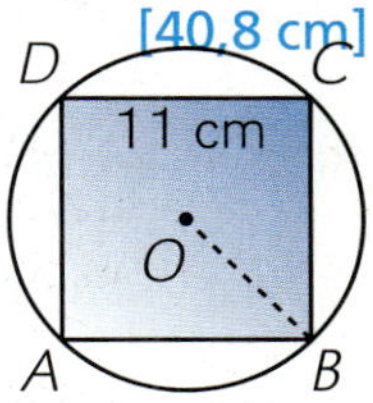

102 Calcola il perimetro e l'area di un quadrato inscritto in una circonferenza avente il raggio di 7,5 cm. [$\simeq$ 42,4 cm; 112,5 cm^2]

103 Un esagono regolare risulta composto da sei triangoli, ciascuno con la base di 12 cm. Calcola la misura del suo apotema e del diametro della circonferenza a esso circoscritta. [$\simeq$ 10,4 cm; 24 cm]

104 Un esagono regolare è inscritto in una circonferenza avente il raggio di 7,2 cm. Calcola il perimetro dell'esagono. [43,2 cm]

105 Un esagono regolare inscritto in una circonferenza ha il perimetro di 48 cm. Quanto misura il diametro della circonferenza? [16 cm]

106 Un pentagono regolare risulta formato da cinque triangoli isosceli aventi la base di 80 cm e il lato di 68 cm. Calcola il perimetro del pentagono, la misura del diametro della circonferenza circoscritta al pentagono e la misura del suo apotema. Aiutati con un disegno illustrativo. [400 cm; 136 cm; $\simeq$ 55 cm]

107 Un pentagono regolare *ABCDE* avente l'apotema di 20 cm è circoscritto a una circonferenza ed è diviso dalla diagonale *AC* in un trapezio e in un triangolo. Di quale natura sono il trapezio e il triangolo? Calcola:

a. le misure degli angoli del trapezio e degli angoli del triangolo;

b. l'area di un quadrato che ha il lato congruente a 3/5 del diametro della circonferenza. [108°; 72°; 36°; 36°; 108°; 576 cm^2]

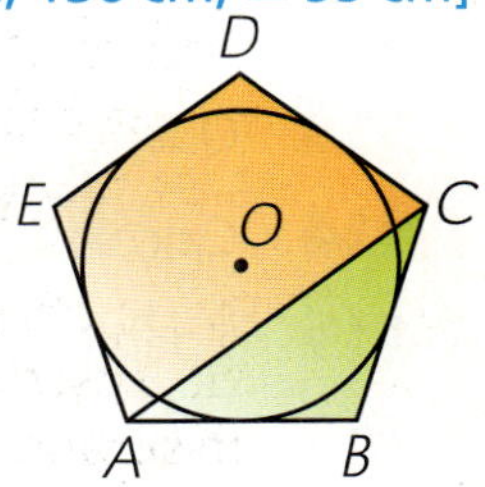

APPLICAZIONE

Area di un poligono regolare

[U6.7 ▸ p. 250]

RICORDA

- L'area di un poligono regolare si ottiene moltiplicando il semiperimetro per la misura dell'apotema:

$$A = p \cdot a \quad \text{da cui} \quad p = \frac{A}{a} \quad a = \frac{A}{p}$$

108 Completa la seguente tabella, relativa a un insieme di poligoni regolari, il cui numero di lati è indicato nella prima colonna (la misura del lato è indicata con *l*, il perimetro con 2*p*, l'apotema con *a* e l'area con *A*).

numero lati	*l* (cm)	2*p* (cm)	*a* (cm)	*A* (cm²)
5	18	....	12,38	....
7	....	21	3,11	....
6	20	....	....	1039,2
5	....	....	8,256	247,68
8	....	112	16,8	....
6	....	....	8,66	259,8
9	4	....	5,49	....
10	....	80	....	492,48

Risolvi i seguenti problemi.

109 Un pentagono regolare ha il lato lungo 16 cm e l'apotema di 11 cm. Calcola l'area del pentagono. [440 cm²]

110 Un esagono regolare ha il lato di 5 m e l'area di 64,95 m². Calcola la misura del suo apotema. [4,33 m]

Relazione tra l'apotema e il lato di un poligono regolare

[U6.8 ▸ p. 252]

RICORDA

- In ogni poligono regolare il rapporto $\frac{a}{l}$ è costante:

$$\frac{a}{l} = f \quad \text{da cui} \quad l = \frac{a}{f} \quad \text{e} \quad a = l \cdot f$$

dove *f* è una costante che dipende dal numero dei lati del poligono.

Risolvi i seguenti problemi.

111 Il lato di un esagono regolare è lungo 13 cm. Calcola la misura dell'apotema. [11,258 cm]

112 Calcola la misura dell'apotema di un pentagono regolare, avente il lato di 17 cm. [11,696 cm]

113 Quanto misura l'apotema di un ettagono regolare se il suo lato è 8 cm? [8,304 cm]

114 Calcola il perimetro di un esagono regolare, sapendo che l'apotema misura 12,99 cm. [90 cm]

115 Il perimetro di un ottagono regolare è 56 cm. Calcola la misura del suo apotema. [8,449 cm]

116 L'apotema di un triangolo equilatero misura 1,445 cm. Calcola il perimetro del triangolo. [15 cm]

Area di un poligono regolare con l'uso delle costanti [U6.9 ▸ p. 254]

RICORDA

- L'area di un poligono regolare si ottiene moltiplicando il quadrato della misura del lato per un **valore costante** φ che dipende dal numero dei lati del poligono:

$$A = l^2 \cdot \varphi \quad \text{da cui} \quad l = \sqrt{\frac{A}{\varphi}}$$

Risolvi i seguenti problemi.

117 Calcola l'area di un pentagono regolare avente il lato di 9 cm. [139,32 cm²]

118 Determina la misura dell'apotema di un esagono regolare la cui area è 93,528 cm². [5,196 m]

119 Calcola il perimetro di un ottagono regolare la cui area è 120,7 cm². [40 cm]

120 Calcola il perimetro e la misura dell'apotema di un pentagono regolare, sapendo che la sua area è 440,32 m². [80 m; 11,008 m]

121 Un esagono regolare è equivalente a un rettangolo avente le dimensioni di 43,3 m e 24 m. Calcola la misura del lato dell'esagono, il suo apotema e il suo perimetro. [20 m; 17,32 m; 120 m]

122 La misura del lato di un quadrato è tripla di quella del lato di un pentagono regolare che ha l'area di 620,92 dm². Calcola il perimetro e l'area del quadrato. [228 dm; 3249 dm²]

123 Un decagono regolare ha lo stesso perimetro di un quadrato la cui area è 625 cm². Calcola l'area del decagono. [769,4 cm²]

124 L'area di un ottagono regolare è 97,767 cm². Calcola il perimetro e la misura dell'apotema. [36 cm; 5,43 cm]

125 Il lato di un triangolo equilatero è dato, in metri, dal valore della seguente espressione:

$$\left(\frac{3}{15}+\frac{1}{10}-\frac{1}{30}\right):\left(\frac{4}{21}+\frac{5}{14}-\frac{3}{7}\right)\cdot\frac{25}{7}$$

Calcola il perimetro, l'apotema e l'area. [24 m; 2,3 m; 27,71 m²]

126 Calcola il perimetro e l'area della figura, sapendo che ciascun triangolo, di area 10,825 m², è equilatero e che *ABDE* è un quadrato.

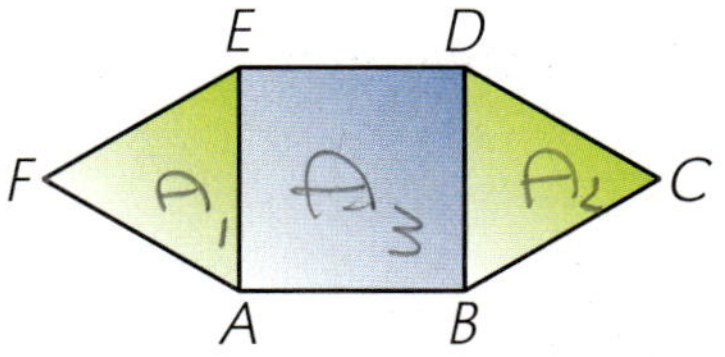

[30 m; 46,65 m²]

127 Un dodecagono regolare ha il lato uguale alla diagonale minore di un rombo avente l'area di 15 dm² e la diagonale maggiore lunga 12 dm. Calcola il perimetro, la misura dell'apotema e l'area del dodecagono. [30 dm; 4,7 dm; 69,97 dm²]

128 Al centro di un chiostro rettangolare, avente il perimetro di 80 m e una dimensione che è 5/3 dell'altra, c'è un pozzo la cui base è un esagono regolare. Sapendo che il lato dell'esagono è 2/15 della dimensione minore del chiostro, calcola l'area della parte del chiostro che rimane libera. [364,608 m²]

Area di un poligono circoscritto a una circonferenza [U6.10 ▸ p. 256]

RICORDA

- L'area di un **poligono circoscritto a una circonferenza** si ottiene moltiplicando il semiperimetro per la misura del raggio della circonferenza inscritta:

$A = p \cdot r$ da cui $p = \dfrac{A}{r}$ $r = \dfrac{A}{p}$

129 Completa le seguenti tabelle relative ad alcuni poligoni circoscritti a una circonferenza (r indica la misura del raggio della circonferenza inscritta, $2p$ il perimetro del poligono e A la sua area).

r (cm)	$2p$ (cm)	A (cm^2)
10	92	....
....	66	264
14	....	588
2,4	26	....

r	$2p$	A
8 cm	82 cm	....
1,4 dm	....	924 cm^2
2,5 m	20 m	....
....	48 cm	1,2 dm^2

Nella seconda tabella, fai attenzione alle misure! Non sempre sono espresse nella stessa unità.

Risolvi i seguenti problemi.

130 Considera il seguente quadrilatero circoscritto a una circonferenza e, con riferimento ai dati, calcola la misura del raggio della circonferenza inscritta. [3 cm]

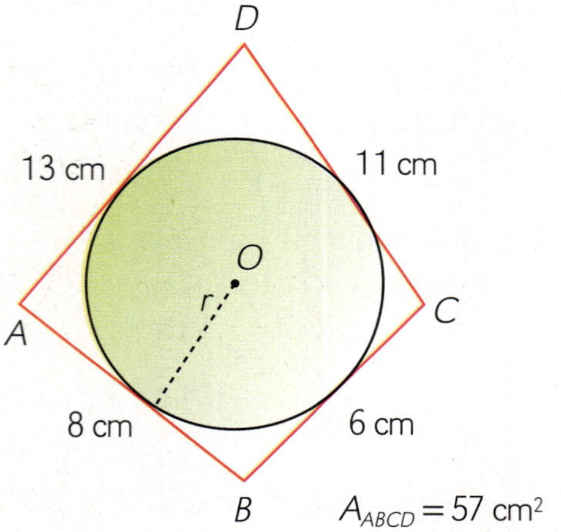

$A_{ABCD} = 57$ cm^2

131 Calcola l'area di un poligono circoscritto a una circonferenza di raggio 6 cm, sapendo che il perimetro del poligono è 76 cm. [228 cm^2]

132 L'area e il perimetro di un poligono circoscritto a una circonferenza sono 310 cm^2 e 62 cm. Calcola la misura del raggio della circonferenza. [10 cm]

133 Determina la misura del diametro di una circonferenza inscritta in un poligono di area 770 cm^2 e di perimetro 220 cm. [14 cm]

134 Il diametro della circonferenza inscritta in un rombo misura 3,8 dm. Sapendo che il lato del rombo misura 4 dm, calcolane l'area. [15,2 dm^2]

135 Un triangolo isoscele ha l'area di 108 m^2, il lato obliquo e l'altezza lunghi, rispettivamente, 15 m e 12 m. Calcola la misura del diametro della circonferenza inscritta in esso. [9 m]

136 Un trapezio isoscele è circoscritto a una circonferenza avente il raggio di 2,6 m. Calcola il perimetro e l'area del trapezio, sapendo che le sue basi misurano 10,4 m e 2,6 m. [26 m; 33,8 m^2]

Ricorda che in un quadrilatero circoscritto a una circonferenza la somma di due lati opposti è uguale alla somma degli altri due.

137 Il perimetro e l'area di un trapezio isoscele circoscritto a una circonferenza sono 14 dm e 105 dm^2. Calcola la misura del raggio della circonferenza e la misura dell'altezza del trapezio. [15 dm; 30 dm]

138 Calcola la misura del raggio della circonferenza inscritta in un rombo che ha il lato di 45 cm e l'area di 540 cm^2. [6 cm]

139 Calcola la misura del raggio della circonferenza inscritta in un triangolo rettangolo i cui cateti misurano 4,5 dm e 6 dm e la cui ipotenusa misura 7,5 dm. [1,5 dm]

140 Le diagonali di un rombo misurano 30 cm e 40 cm e il lato 25 cm. Calcola la misura del diametro della circonferenza inscritta. [24 cm]

141 Il perimetro di un triangolo isoscele circoscritto a una circonferenza è 50 dm e il lato obliquo misura 13 dm. Determina la misura del diametro della circonferenza inscritta. [4,8 dm]

142 Un rombo avente il perimetro di 80 cm è circoscritto a una circonferenza il cui diametro misura 19,2 cm. Calcola l'area del rombo. [384 cm²]

143 Un trapezio isoscele è equivalente a un quadrato avente il perimetro di 60 cm. Sapendo che la somma delle basi del trapezio misura 22,5 cm, calcola la misura del raggio della circonferenza inscritta nel trapezio. [10 cm]

144 Un trapezio rettangolo è circoscritto a una circonferenza di raggio 28 cm. Sapendo che la somma delle basi del trapezio misura 76 cm, calcola la sua area. [2128 cm²]

145 Un esagono regolare avente l'area di 124,6 cm² è circoscritto a una circonferenza il cui raggio misura 6 cm. Quanto misura il lato dell'esagono? [$\simeq$ 6,92 cm]

Applicazione del teorema di Pitagora ai poligoni inscritti e circoscritti e ai poligoni regolari

[**U6.11** ▸ p. 258]

Negli esercizi che seguono, determina la misura incognita di ciascuna figura.

146

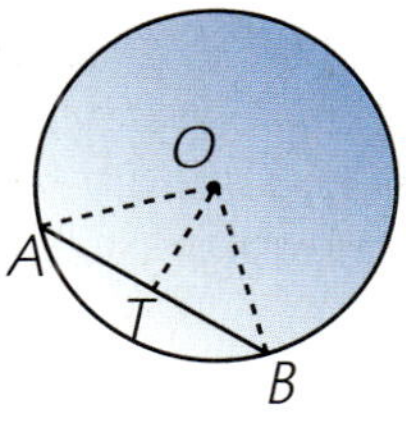

$AB = 42$ cm
$OB = 29$ cm
$OT = ?$

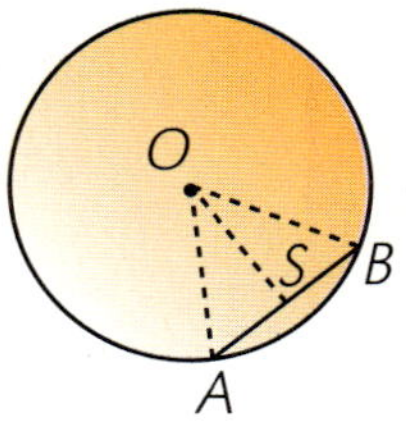

$AB = 32$ cm
$OS = 30$ cm
$OB = ?$

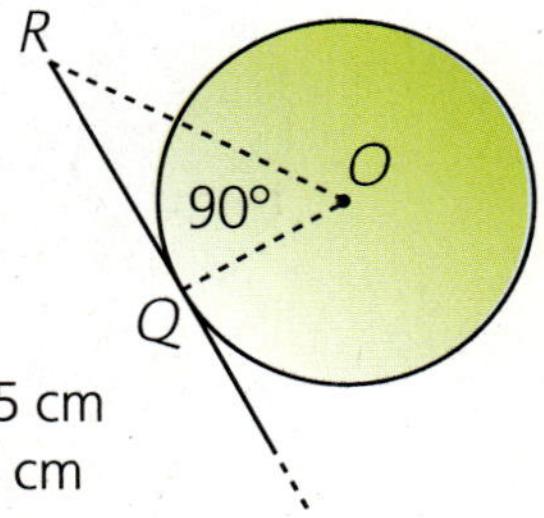

$OR = 12,5$ cm
$OQ = 7,5$ cm
$QR = ?$

147 **Scrivi tutte le formule relative al teorema di Pitagora e applicabili al triangolo rettangolo *OHB* interno all'esagono regolare.**

$r =$ ....

$a =$ ....

$\frac{l}{2} = ?$

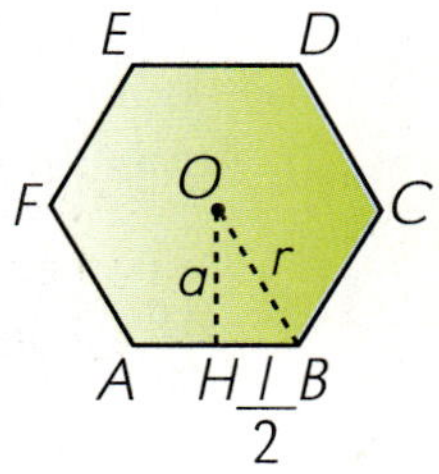

Risolvi i seguenti problemi.

148 In una circonferenza di centro O, una corda AB è lunga 24 cm e la sua distanza dal centro è 16 cm. Calcola la misura del raggio. [20 cm]

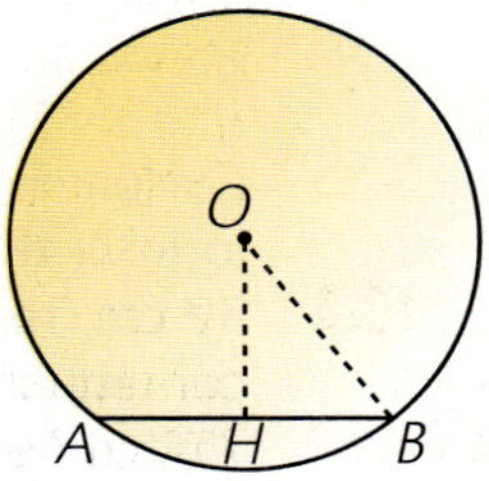

149 Calcola la misura del diametro di una circonferenza di centro O, sapendo che una sua corda AB misura 144 cm e la sua distanza dal centro è 96 cm. [240 cm]

150 La distanza del punto P dal centro della circonferenza misura 50 cm e il segmento tangente PA è 48 cm. Calcola la misura del raggio della circonferenza.

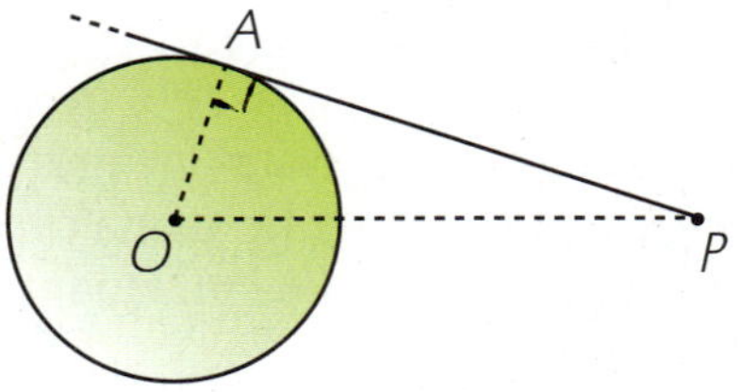

[14 cm]

151 Il raggio di una circonferenza di centro O misura 44,8 cm e la distanza di un punto P dal centro O è 95,2 cm. Calcola la misura del segmento PA tangente alla circonferenza nel punto A. [84 cm]

152 Calcola il perimetro e l'area del triangolo OPA sapendo che $OA = 15{,}6$ m e $PA = 20{,}8$ m.

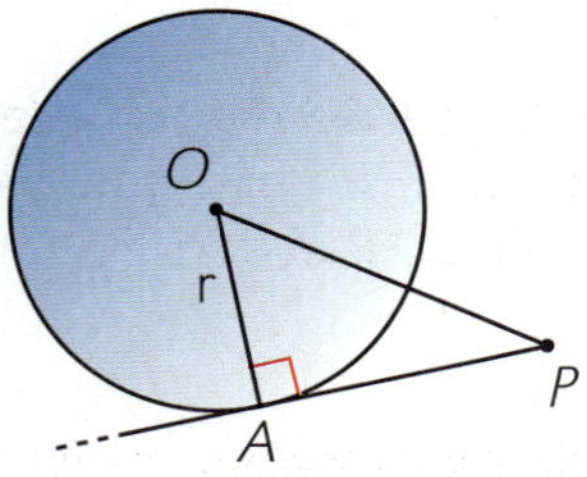

[62,4 m; 162,24 m²]

153 Calcola la misura del raggio di una circonferenza, sapendo che il perimetro di un rettangolo in essa inscritto è 98 m e una sua dimensione misura 28 m. [17,5 m]

154 Un rettangolo è inscritto in una circonferenza di raggio 25 cm. Sapendo che una dimensione del rettangolo misura 14 cm, calcola il perimetro e l'area del rettangolo. [124 cm; 672 cm²]

155 Calcola il perimetro e l'area di un rettangolo inscritto in una circonferenza di raggio 39 cm, sapendo che la dimensione minore del rettangolo è 5/13 del diametro della circonferenza. [204 cm; 2160 cm²]

156 Una circonferenza ha il raggio di 7,07 m. Calcola il perimetro e l'area del quadrato inscritto in tale circonferenza. [$\simeq$ 40 m; $\simeq$ 100 m²]

157 Un triangolo è inscritto in una semicirconferenza di raggio $r = 26$ cm. Sapendo che un lato del triangolo misura 20 cm, calcola la misura dell'altro lato. [48 cm]

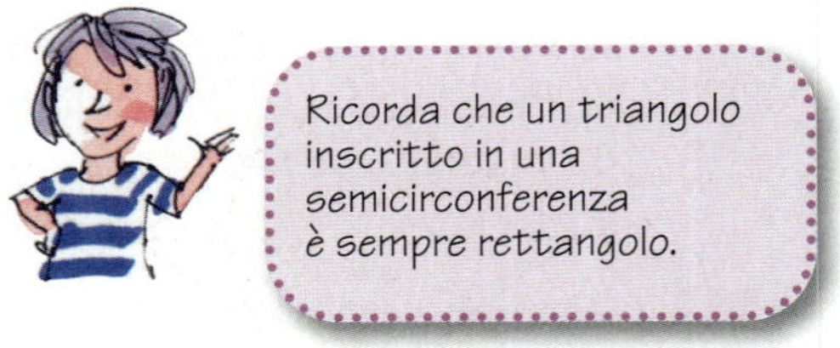

158 In una semicirconferenza di diametro 37 cm è inscritto un triangolo avente un lato di 12 cm. Qual è la sua area? E il suo perimetro? [210 cm²; 84 cm]

159 La somma dei cateti di un triangolo rettangolo misura 79 cm e la loro differenza è 47 cm. Calcola la misura del raggio della circonferenza circoscritta al triangolo. [32,5 cm]

160 In una circonferenza di raggio 6,8 cm è inscritto un esagono regolare. Calcola il perimetro dell'esagono. [40,8 cm]

161 Un quadrilatero $ABCD$ è inscritto in una circonferenza. Sapendo che la diagonale BD, la quale misura 25 m, è un diametro e che i lati AB e BC misurano rispettivamente 24 m e 20 m, calcola il perimetro e l'area del quadrilatero.

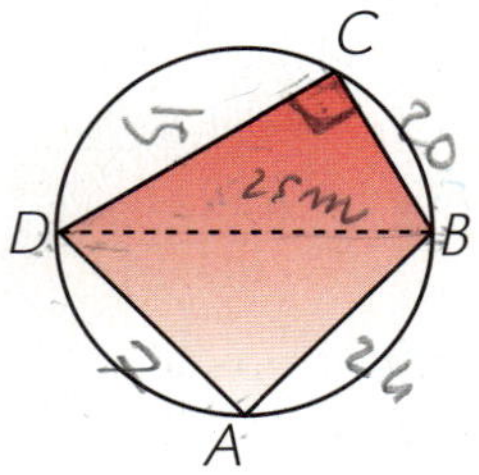

[66 m; 234 m²]

162 In una circonferenza di diametro 30 cm disegna due corde parallele, giacenti dalla stessa parte rispetto al centro, aventi le misure di 24 cm e 18 cm. Calcola l'area del trapezio che ha per basi tali corde. [63 cm²]

163 Calcola la misura del raggio della circonferenza inscritta in un rombo, sapendo che la somma e la differenza delle diagonali misurano 126 cm e 18 cm. [21,6 cm]

164 Il raggio della circonferenza inscritta in un rombo *ABCD* misura 7,2 cm. Qual è l'area del rombo se i segmenti *AH* e *HB*, in cui il raggio *OH* divide il lato *AB*, misurano rispettivamente 5,4 cm e 9,6 cm?

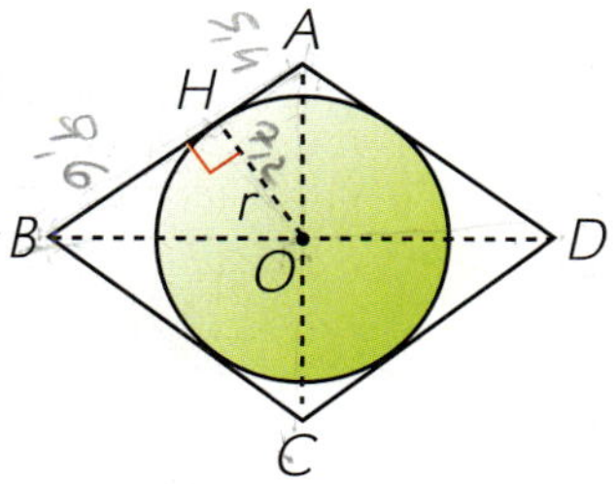

[216 cm²]

165 Un triangolo isoscele è inscritto in una circonferenza di raggio 50 cm. Sapendo che il lato del triangolo misura 80 cm, calcola il suo perimetro e l'area. [256 cm; 30,72 dm²]

▸▸▸ **PROBLEMA GUIDATO**

Se si traccia il diametro CD e si congiunge D con B, si nota che il triangolo CBD è un triangolo rettangolo e che BH è l'altezza relativa all'ipotenusa.

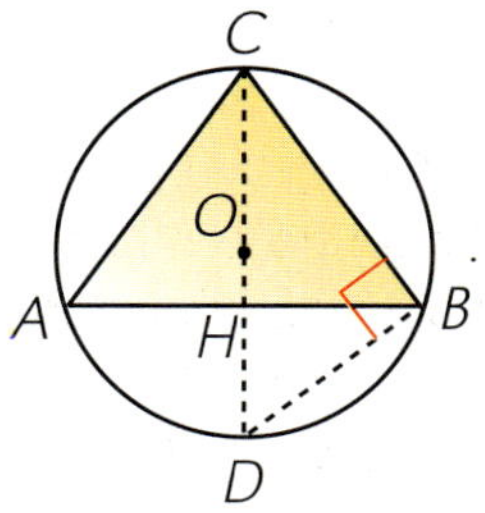

Ora, sapendo che

$\overline{CD} = 2r = 50 \cdot 2 = 100$ (cm), *troviamo BD.*

$\overline{BD} = \sqrt{\overline{CD}^2 - \overline{BC}^2} = \sqrt{100^2 - 80^2} =$

$=$ .... (cm)

e successivamente l'area di CBD da cui ricaviamo l'altezza BH.

166 Il raggio di una circonferenza misura 25 dm. Sapendo che in essa è inscritto un triangolo isoscele con il lato di 40 dm, calcola il perimetro e l'area del triangolo. [128 dm; 768 dm²]

167 Calcola il perimetro e l'area di un triangolo equilatero inscritto in una circonferenza di raggio 8 cm. [$24 \cdot \sqrt{3}$ cm; $48 \cdot \sqrt{3}$ cm²]

▸▸▸ **PROBLEMA GUIDATO**

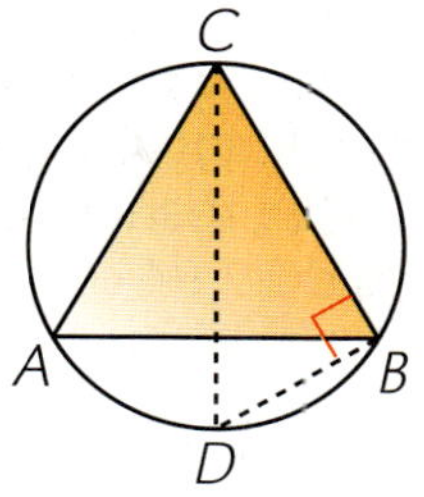

Tracciando il diametro CD e congiungendo B con D ottieni un triangolo rettangolo che è la metà di un triangolo equilatero di cui puoi trovare l'altezza BC conoscendo il lato CD.

168 Calcola la misura del lato di un esagono regolare circoscritto a una circonferenza di raggio 12,99 cm. [≃ 15 cm]

169 Calcola il perimetro di un triangolo equilatero circoscritto a una circonferenza che ha il raggio di 6 m (ricorda che $r = 1/3h$). [62,36 m]

170 Calcola la misura del raggio della circonferenza inscritta in un triangolo rettangolo, avente i cateti di 18 m e 24 m. [6 m]

Ricorda che per calcolare la misura del raggio della circonferenza inscritta in un poligono puoi usare la formula $r = \frac{A}{p}$.

171 Calcola perimetro e area di un esagono regolare circoscritto a una circonferenza di raggio 12 cm. [≃ 83,14 cm; ≃ 498,84 cm²]

172 A una circonferenza avente il raggio lungo 8 cm è circoscritto un trapezio isoscele il cui perimetro è 72 cm. Calcola l'area del trapezio e la misura della proiezione del lato obliquo sulla base maggiore. [288 cm²; ≃ 8,25 cm]

173 In una semicirconferenza avente il raggio di 12,5 cm è inscritto un trapezio isoscele il cui lato obliquo misura 15 cm. Calcola il perimetro e l'area del trapezio.
[62 cm; 192 cm^2]

174 Calcola la misura del raggio della circonferenza circoscritta a un triangolo equilatero avente il perimetro di 77,94 cm.

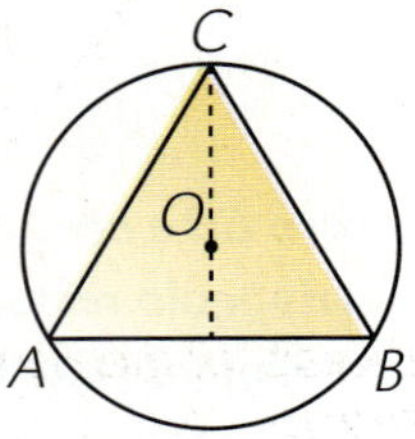

[15 cm]

175 Calcola il perimetro e l'area di un triangolo equilatero inscritto in una circonferenza di raggio $r = 10$ cm. [$30 \cdot \sqrt{3}$ cm; $75 \cdot \sqrt{3}$ cm^2]

176 Un triangolo isoscele avente l'altezza di 22,4 cm è inscritto in una circonferenza di diametro 35 cm. Calcola il perimetro e l'area del triangolo.

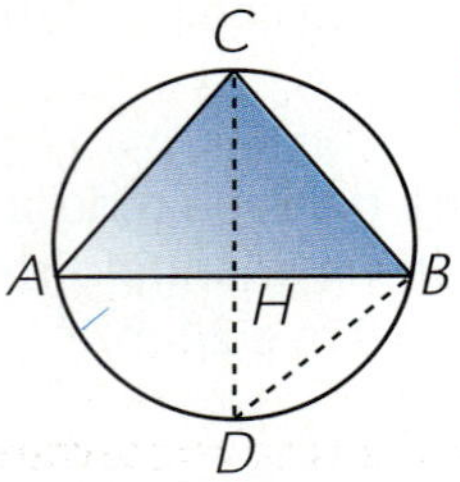

[89,6 cm; 376,32 cm^2]

177 In una semicirconferenza di raggio 2,5 dm è inscritto un trapezio isoscele avente la proiezione del lato obliquo sulla base maggiore uguale a 9/25 del diametro della circonferenza. Calcola il perimetro e l'area del trapezio. [12,4 dm; 7,68 dm^2]

178 La diagonale minore di un rombo misura 12 dm e il raggio della circonferenza inscritta è 4,8 dm. Calcola il perimetro del rombo e la lunghezza di ciascuno dei due segmenti in cui un lato resta diviso dal raggio della circonferenza.

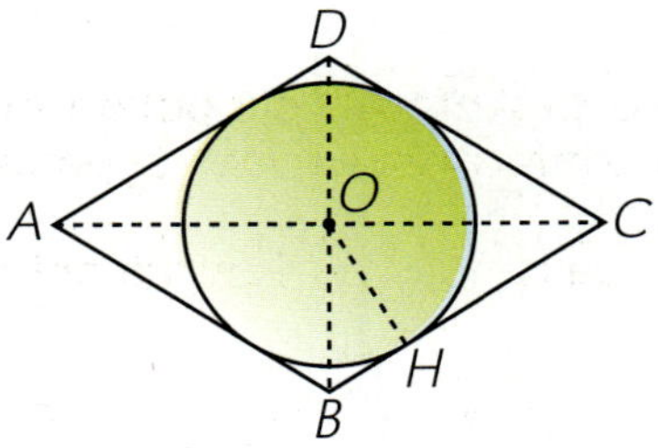

[40 dm; 3,6 dm; 6,4 dm]

RIEPILOGO E CONSOLIDAMENTO

1 Che cosa s'intende per poligono inscritto in una circonferenza? Se un poligono è inscritto in una circonferenza, come si dice quest'ultima rispetto al poligono? Illustra la tua risposta con un disegno.

2 Dato il poligono *ABCD*, traccia gli assi dei suoi lati. Come si chiama il loro punto di intersezione? Puoi disegnare la circonferenza circoscritta? Indica il raggio del poligono e dai la sua definizione.

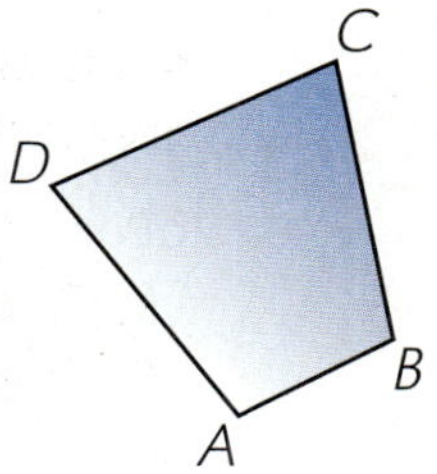

3 Che cosa s'intende per poligono circoscritto a una circonferenza? In tal caso, come risulta la circonferenza rispetto al poligono? Illustra la tua risposta con un disegno.

4 Osserva la figura e rispondi poi alle relative domande.

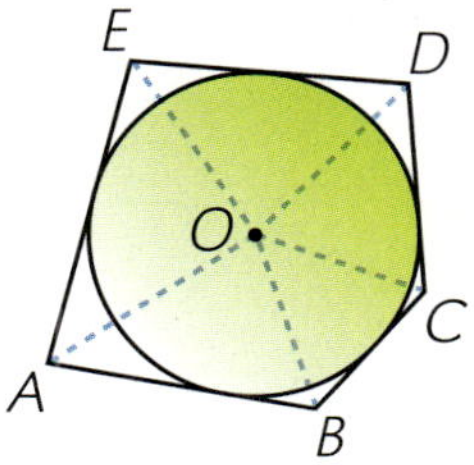

a. Come si chiama il punto di incontro delle bisettrici di un poligono?
b. Che cosa s'intende per apotema di un poligono?
c. Quando un poligono si può circoscrivere a una circonferenza?
d. Individua nel poligono il raggio e il circocentro.

5 Verifica che il poligono *ABCDE* non si può né inscrivere né circoscrivere a una circonferenza.

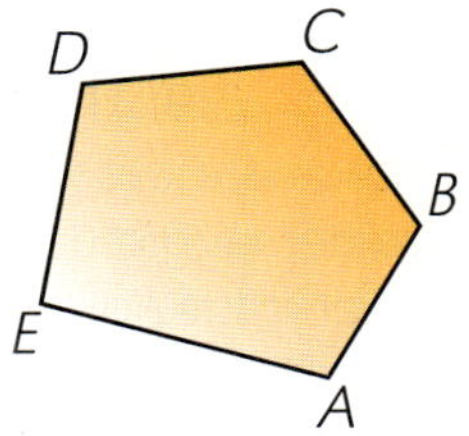

6 Disegna un triangolo isoscele e traccia la circonferenza a esso circoscritta. Quale elemento del triangolo devi trovare per poter eseguire il disegno richiesto?

7 Disegna un triangolo rettangolo e traccia la circonferenza a esso circoscritta. A quale elemento del triangolo corrisponde il diametro di tale circonferenza?

8 Disegna un triangolo ottusangolo e traccia la circonferenza a esso circoscritta. Il centro della circonferenza è interno o esterno al triangolo? Motiva la risposta.

9 Disegna un triangolo isoscele e traccia la circonferenza in esso inscritta. Quale elemento del triangolo devi trovare per poter eseguire il disegno richiesto?

10 Spiega perché un trapezio isoscele si può sempre inscrivere in una circonferenza e perché un quadrato si può sempre circoscrivere a una circonferenza.

11 Disegna una circonferenza avente il raggio di 4 cm e inscrivi in essa un rettangolo avente le dimensioni di 6 cm e 2 cm.

12 Disegna una circonferenza avente il diametro di 4,5 cm e inscrivi in essa un trapezio isoscele le cui basi sono le corde $AB = 3{,}2$ cm e $CD = 2$ cm.

13 Disegna un rombo circoscritto a una circonferenza di raggio 2,5 cm.

14 Disegna un quadrato circoscritto a una circonferenza di diametro 7 cm.

15 Completa la seguente tabella, relativa alla condizione di inscrittibilità in una circonferenza di alcuni quadrilateri *ABCD*.

ampiezza dell'angolo $\hat{A}$	ampiezza dell'angolo $\hat{C}$ opposto ad $\hat{A}$	tipo di quadrilatero
76°	104°	....
57°	....	inscrittibile
....	65°	non inscrittibile
83° 48′	....	inscrittibile
126° 40′	....	inscrittibile
96°	57° 15′	....

Risolvi i seguenti problemi.

16 Un quadrilatero inscritto in una circonferenza ha due angoli consecutivi di 78° e 99°. Quanto misura ciascuno degli altri due angoli? [102°; 81°]

17 Un quadrilatero inscritto in una circonferenza ha due angoli consecutivi tali che la loro somma è di 160° e la loro differenza è di 80°. Calcola l'ampiezza in gradi dei quattro angoli del quadrilatero. [120°; 40°; 60°; 140°]

18 Esiste un quadrilatero *ABCD* inscritto in una circonferenza e avente due angoli opposti rispettivamente di 136° e 48°?

☐ sì ☐ no Motiva la risposta.

19 Un quadrilatero *ABCD* è inscritto in una circonferenza di centro *O*. Se gli angoli consecutivi $\hat{B}$ e $\hat{C}$ misurano rispettivamente 90° e 124°, qual è l'ampiezza degli angoli $\hat{D}$ e $\hat{A}$ a essi opposti? Tracciando la diagonale *AC*, come sono i due triangoli *ABC* e *ADC* che si ottengono? Perché? [90°; 56°]

20 Rappresenta su un piano cartesiano un trapezio isoscele *ABCD* conoscendo le coordinate dei vertici *A*(1; 1), *B*(9; 1) e *C*(7; 5) e individuando le coordinate del vertice *D*. Determina la misura del raggio della circonferenza circoscritta al trapezio e tracciala. Si può sempre circoscrivere una circonferenza a un trapezio isoscele? Quante se ne possono disegnare? [*D*(3; 5)]

21 Inserisci il dato mancante affinché i seguenti quadrilateri si possano circoscrivere a una circonferenza.

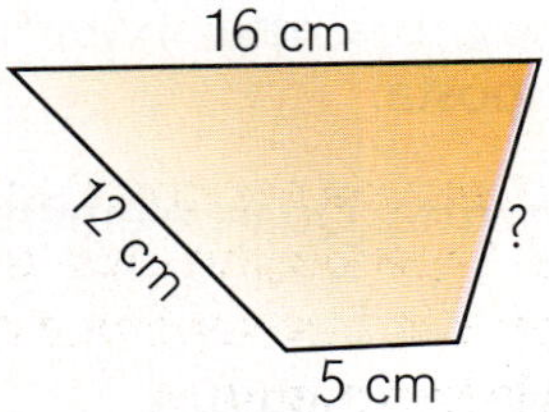

a. ....

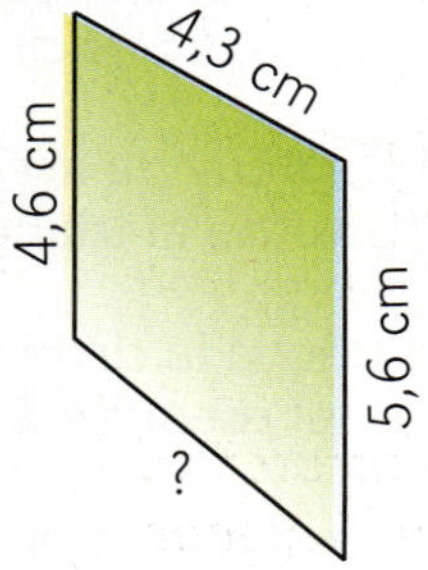

b. ....

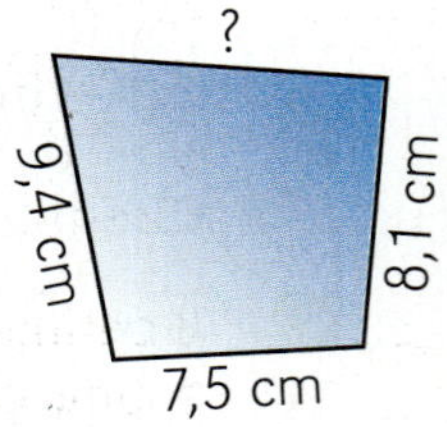

c. ....

22 **Completa la seguente tabella, relativa alle misure dei lati di alcuni quadrilateri *ABCD* circoscritti a una circonferenza.**

AB	*BC*	*CD*	*DA*
18 cm	13 cm	27 cm	....
....	35 cm	290 mm	21 cm
78,5 cm	....	67 cm	0,9 dm
41 cm	$BC = DA$	33 cm	....
$AB = 2CD$	75 cm	....	48 cm

23 **Osserva la figura e calcola:**

a. il perimetro dell'esagono regolare;
b. il diametro della circonferenza circoscritta;
c. la misura degli angoli di ciascun rombo che si ottiene congiungendo i vertici *A*, *C* ed *E* dell'esagono con il centro *O* della circonferenza circoscritta.

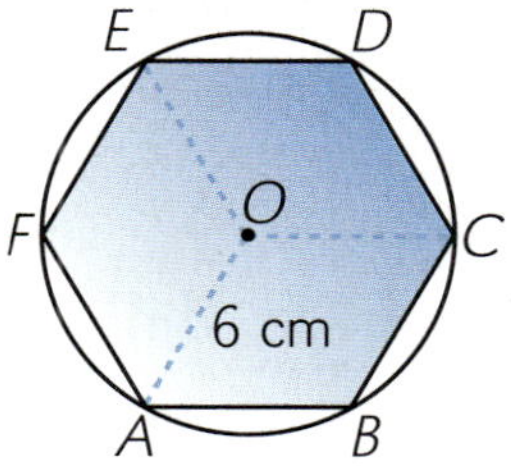

[36 cm; 12 cm; 120°; 60°; 120°; 60°]

24 **In una circonferenza di raggio 6 cm sono inscritti un triangolo equilatero, un quadrato e un esagono regolare. Rappresenta la situazione con un disegno. Quanto misurano l'altezza del triangolo, la diagonale del quadrato e il lato dell'esagono?**

Risolvi i seguenti problemi.

25 Un quadrilatero *ABCD* circoscritto a una circonferenza ha la somma dei lati opposti *AB* e *CD* di 22 cm, *CD* è 6/5*AB* e il lato *CB* è lungo 8 cm. Calcola la misura di ogni lato.
[10 cm; 12 cm; 8 cm; 14 cm]

26 Un quadrilatero inscritto in una circonferenza ha un angolo di 78°: quanto misura il suo angolo opposto? E se la somma di due lati opposti di un quadrilatero circoscritto a una circonferenza è 27 cm e il terzo lato misura 12 cm, quanto misura il quarto lato?
[102°; 15 cm]

27 Si può circoscrivere a una circonferenza un quadrilatero *ABCD* che ha $AB = 6$ cm, $DC = 8$ cm e il perimetro di 28 cm? Motiva la risposta.

28 Il perimetro di un quadrilatero circoscritto a una circonferenza è 148 cm. Sapendo che la differenza di due lati opposti misura 20 cm e che gli altri due lati sono uno il triplo dell'altro, calcola la misura di ciascun lato del quadrilatero.
[27 cm; 47 cm; 18,5 cm; 55,5 cm]

29 Il perimetro di un trapezio isoscele circoscritto a una circonferenza è 120 cm e una base supera l'altra di 36 cm. Calcola la misura di ciascun lato del trapezio.
[12 cm; 48 cm; 30 cm; 30 cm]

30 Le basi di un trapezio isoscele circoscritto a una circonferenza misurano 14 cm e 24 cm. Calcola la misura di ciascun lato obliquo del trapezio. [19 cm]

31 Un trapezio isoscele è circoscritto a una circonferenza. Sapendo che un lato obliquo è lungo 22 cm e le basi sono una 4/7 dell'altra, calcola le loro misure.
[16 cm; 28 cm]

32 Calcola il perimetro del quadrato circoscritto a una circonferenza il cui raggio misura 65 cm. [520 cm]

33 Un triangolo equilatero ha l'altezza di 57 cm. Qual è la misura del diametro della circonferenza in esso inscritta? [38 cm]

34 In un triangolo equilatero l'altezza misura 25,5 cm. Calcola la misura del raggio della circonferenza inscritta e di quella circoscritta. [8,5 cm; 17 cm]

35 Il diametro della circonferenza circoscritta a un triangolo equilatero misura 42 cm. Calcola la misura del raggio della circonferenza inscritta nello stesso triangolo. [10,5 cm]

36 Data una circonferenza di raggio uguale a 36 cm, calcola il perimetro del quadrato circoscritto alla circonferenza. [288 cm]

37 Un esagono regolare è inscritto in una circonferenza di diametro 10,6 cm. Qual è il perimetro dell'esagono? [31,8 cm]

38 Un quadrato circoscritto a una circonferenza ha il perimetro di 72 cm. Calcola il perimetro dell'esagono regolare inscritto nella stessa circonferenza. [54 cm]

39 Sono dati alcuni poligoni regolari e relative misure. Calcola il valore dell'incognita.

a. 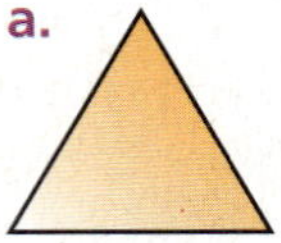 l = 6 cm, A = ?

b. 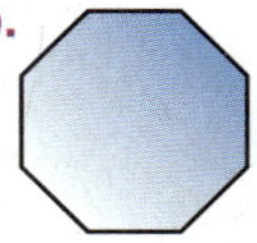 l = 4 cm, A = ?

c. 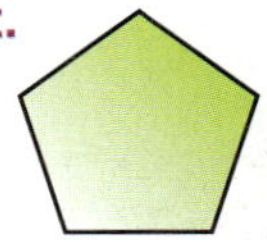 l = 5 cm, A = ?

d. 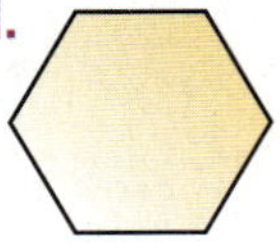 A = 10,392 cm^2, l = ?

[15,58 cm^2; 77,25 cm^2; 43 cm^2; 2 cm]

40 Calcola l'area di un triangolo equilatero il cui lato misura 12 cm. [62,35 cm]

41 L'area di un esagono regolare è 584,55 cm^2. Calcola il perimetro e la misura dell'apotema dell'esagono. [90 cm; 12,99 cm]

42 Una stanza di forma quadrata avente il lato di 8 m è stata pavimentata con mattonelle esagonali regolari di lato 50 cm. Calcola il numero delle mattonelle necessarie per la pavimentazione della stanza. [98,5]

43 Calcola l'area di ciascuno dei seguenti poligoni circoscritti a una circonferenza.

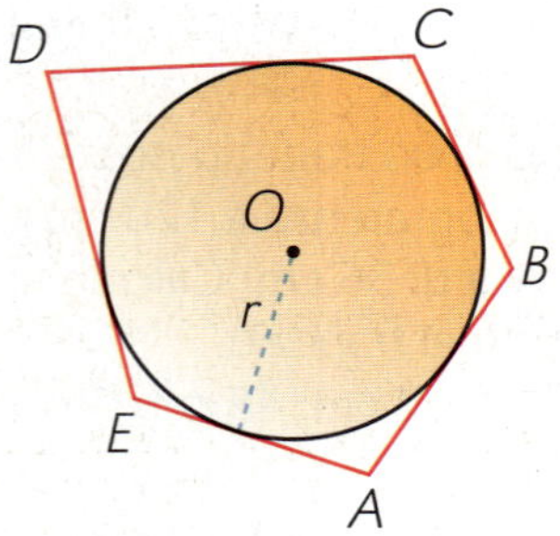

$2p$ = 18 cm
r = 2,6 cm
A = ?

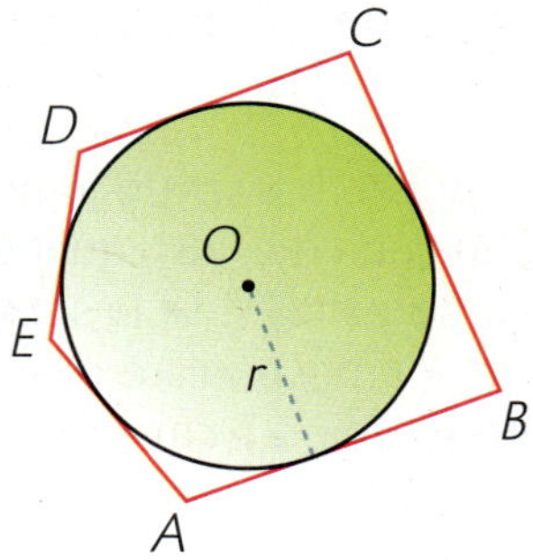

$2p$ = 15 cm
r = 1,2 cm
A = ?

44 Il lato e la base di un triangolo isoscele misurano, rispettivamente, 60 cm e 96 cm. Calcola la misura del raggio della circonferenza inscritta nel triangolo. [16 cm]

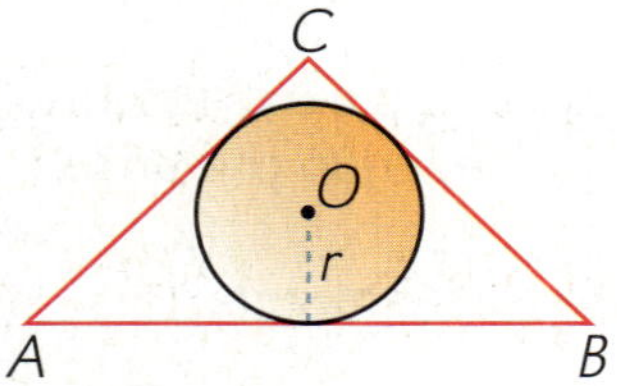

45 Un trapezio isoscele è circoscritto a una circonferenza di raggio 4 cm. Sapendo che le basi misurano 16 cm e 4 cm, calcola il perimetro e l'area del trapezio. [40 cm; 80 cm^2]

46 Un rombo avente l'area di 1944 cm^2 è circoscritto a una circonferenza di raggio 21,6 cm. Calcola la misura del lato del rombo. [45 cm]

47 Osserva la figura e individua la natura dei triangoli *ABC*, *ABD*, *ABE*, motivandola. Fissa poi sulla semicirconferenza un punto *P* a piacere e traccia il triangolo *ABP*. Quanto misura l'angolo $A\hat{P}B$? Se $AB = 17$ cm e $AC = 8$ cm, quanto vale *BC*? [15 cm]

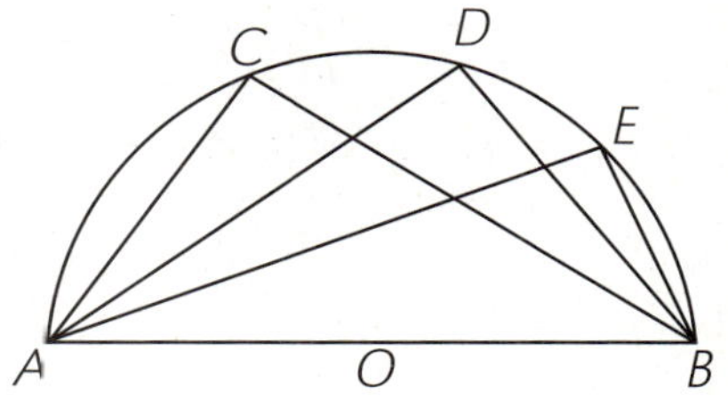

48 Calcola il perimetro e l'area di un trapezio isoscele, sapendo che il lato obliquo, che misura 6 cm, è perpendicolare alla diagonale che misura 8 cm. [24,8 cm; 30,72 cm^2]

49 In ciascuna figura, calcola la misura incognita.

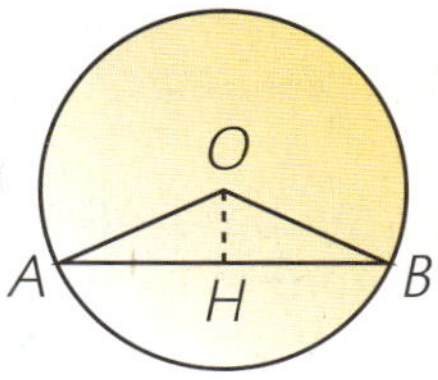

$OA = 41$ cm
$OH = 9$ cm
$AB = ?$

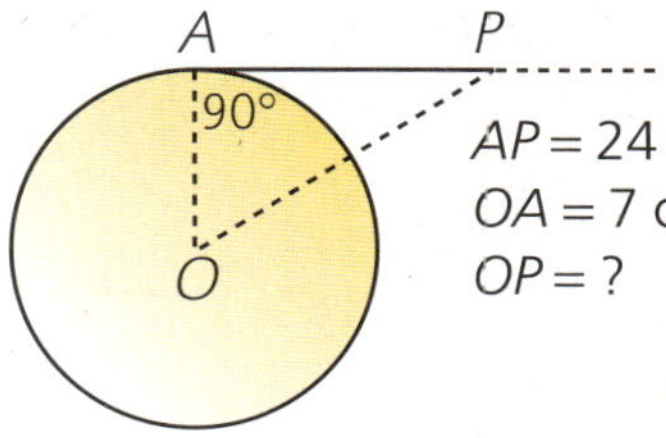

$AP = 24$ cm
$OA = 7$ cm
$OP = ?$

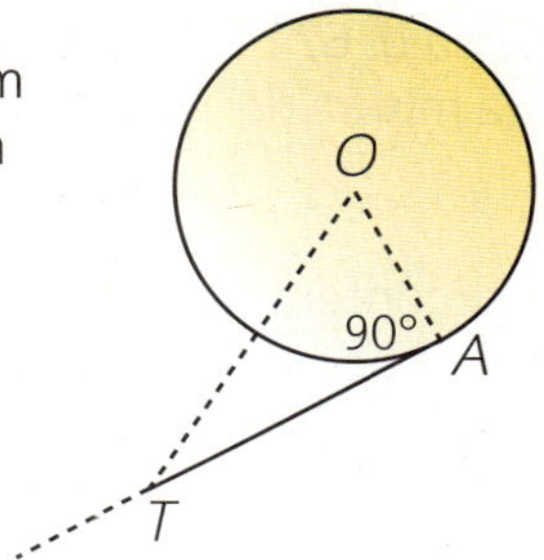

$AT = 84$ cm
$OT = 85$ cm
$OA = ?$

50 In una circonferenza di centro *O* e diametro uguale a 68 cm è tracciata una corda *AB* lunga 60 cm. Calcola l'area del triangolo *AOB*. [480 cm^2]

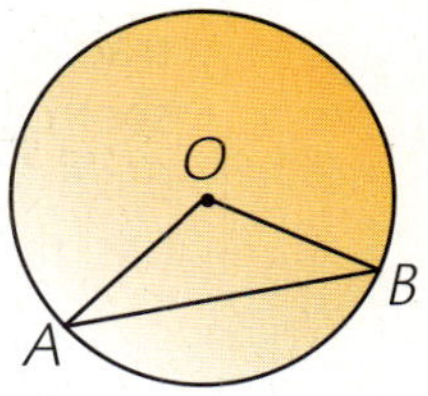

51 In una circonferenza di diametro 29 cm sono tracciate due corde *AB* e *CD* parallele tra loro e situate da parti opposte rispetto al centro *O*. Se $AB = 28{,}8$ cm e $CD = 17{,}4$ cm, quanto distano tra loro le due corde? [13,3 cm]

52 Due circonferenze secanti hanno i raggi, rispettivamente, di 4 cm e 14,5 cm e la corda che unisce i loro punti di tangenza misura 4,8 cm. Calcola la misura della distanza tra i centri delle due circonferenze e l'area del quadrilatero *AOBO'*. [17,5 cm; 42 cm^2]

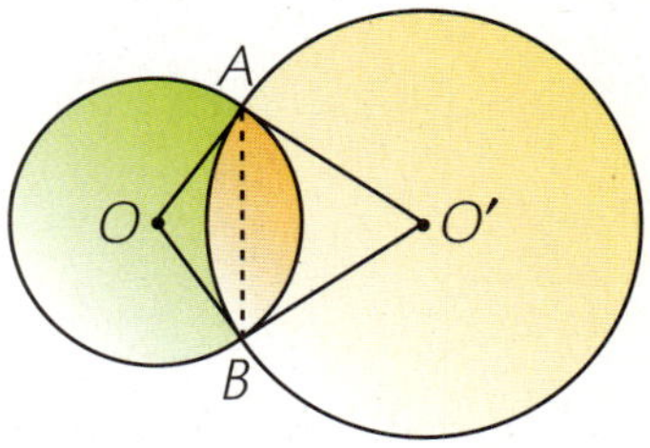

53 Una circonferenza ha il diametro di 24 cm. Da un punto *P* esterno a essa e distante 37 cm dal centro *O*, sono tracciati due segmenti di tangente alla circonferenza: *PA* e *PB*. Calcola il perimetro, l'area del quadrilatero *OAPB* e la misura della diagonale *AB*. [94 cm; 420 cm^2; $\simeq$ 22,7 cm]

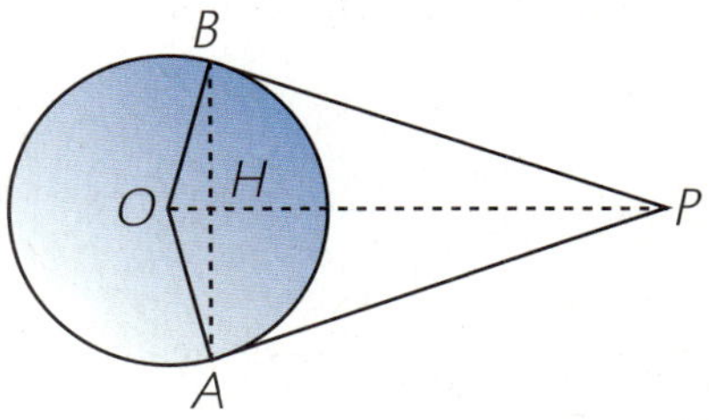

54 Calcola il perimetro e l'area del triangolo *ROT*, sapendo che il raggio *OR* e la distanza *OT* misurano 4,2 cm e 15 cm.

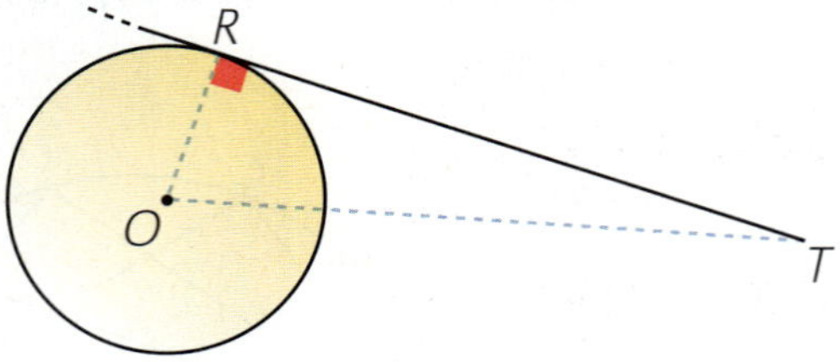

[33,6 cm; 30,24 cm²]

55 Un rettangolo è inscritto in una circonferenza di raggio 30 cm e una dimensione del rettangolo misura 36 cm. Calcola il perimetro e l'area del rettangolo. [168 cm; 1728 cm²]

56 Un rettangolo inscritto in una circonferenza ha l'area di 672 cm² e la base di 48 cm. Calcola la misura del raggio della circonferenza. [25 cm]

57 Una circonferenza ha il raggio di 7,07 cm. Calcola il perimetro e l'area del quadrato inscritto nella circonferenza. [$\simeq$ 40 cm; $\simeq$ 100 cm²]

58 In una circonferenza di raggio 5 cm sono tracciate due corde parallele, opposte rispetto al centro, le cui misure sono 9,6 cm e 6 cm. Calcola l'area del trapezio avente per basi tali corde.

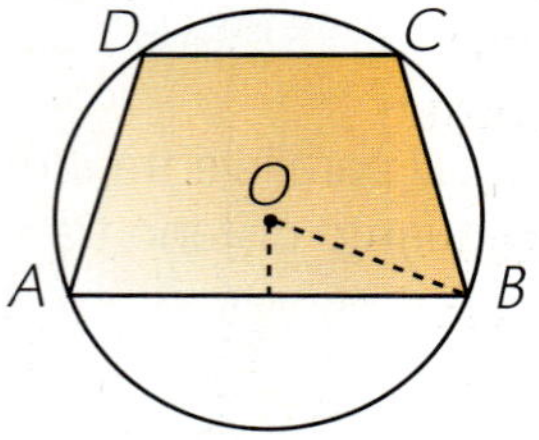

[42,12 cm²]

59 Calcola la misura del raggio della circonferenza circoscritta a un triangolo rettangolo avente un cateto di 27 cm e l'altro uguale ai suoi 4/3. [22,5 cm]

60 Calcola il perimetro e l'area di un triangolo isoscele inscritto in una circonferenza di raggio 17,5 cm, sapendo che il lato del triangolo misura 28 cm. [89,6 cm; 376,32 cm²]

61 Calcola il perimetro di un esagono regolare circoscritto a una circonferenza di raggio 17,32 cm. [120 cm]

Ricorda che l'apotema dell'esagono è congruente al raggio della circonferenza inscritta e poiché $a = l \cdot 0{,}866...$

62 Un triangolo *ABC* di base *AB* è inscritto in una semicirconferenza. Il lato *AC* misura 48 cm e *BC* è 4/3 di *AC*.
Calcola:

a. la lunghezza del raggio della circonferenza;
b. il perimetro e l'area del triangolo.

[40 cm; 192 cm; 1536 cm²]

63 In una circonferenza di diametro 24 dm è inscritto un triangolo isoscele avente il lato obliquo di 19,2 dm. Calcola il perimetro e l'area del triangolo. [61,44 dm; 176,94 dm²]

64 Il diametro di una circonferenza misura 5 cm. Calcola la misura del lato di un triangolo equilatero in essa inscritto. [4,33 cm]

SINTESI DELL'UNITÀ 6

In questo **schema** (o **mappa**) è sintetizzato il tuo percorso di apprendimento. Verifica se hai assimilato il contenuto di questa unità completando la mappa anche solo oralmente.

Si dice **raggio** di un poligono il raggio della circonferenza ....
Si dice **apotema** di un poligono il raggio della circonferenza ....

CONCETTO DI POLIGONO INSCRITTO IN UNA CIRCONFERENZA

CONCETTO DI POLIGONO CIRCOSCRITTO A UNA CIRCONFERENZA

Un poligono si può **inscrivere** in una circonferenza se gli assi dei suoi lati ....

Un poligono si può **circoscrivere** a una circonferenza se le bisettrici dei suoi angoli ....

Un **quadrilatero inscritto** in una corconferenza ha gli angoli opposti ....
In un **quadrilatero circoscritto** a una circonferenza la somma di due lati opposti è ....

Un poligono si dice **regolare** quando ....

L'area di un poligono **regolare** si ottiene ....
La formula è: ....

L'area di un poligono **circoscritto** a una circonferenza si ottiene ....
La formula è: ....

Applicazione del teorema di Pitagora ai poligoni inscritti e circoscritti e ai poligoni regolari: ....

Indica la risposta esatta, individuandola tra quelle proposte: A, B o C.

TEST DI AUTOVERIFICA

1 Un poligono si dice inscritto in una circonferenza se i suoi vertici sono:
- A punti della circonferenza
- B esterni alla circonferenza
- C interni alla circonferenza

2 Il centro della circonferenza circoscritta a un poligono corrisponde:
- A al baricentro del poligono
- B all'incentro del poligono
- C al circocentro del poligono

3 Un poligono si dice circoscritto a una circonferenza se tutti i suoi lati sono:
- A esterni alla circonferenza
- B tangenti alla circonferenza
- C secanti la circonferenza

4 Se un poligono è circoscritto a una circonferenza, allora questa è:
- A inscritta nel poligono
- B esterna al poligono
- C interna al poligono

5 Un poligono è circoscrittibile a una circonferenza se si incontrano in uno stesso punto:
- A le mediane dei suoi lati
- B gli assi dei suoi lati
- C le bisettrici dei suoi angoli

6 Il raggio di un poligono è:
- A il raggio della circonferenza inscritta
- B il raggio della circonferenza circoscritta
- C una corda della circonferenza circoscritta

7 L'apotema di un poligono è:
- A la distanza di un vertice dal centro
- B il raggio della circonferenza inscritta
- C il raggio della circonferenza circoscritta

8 Il triangolo rispetto a una circonferenza:
- A si può solo inscrivere, ma non circoscrivere
- B si può solo circoscrivere, ma non inscrivere
- C si può sempre inscrivere e circoscrivere

9 I quadrilateri che si possono sempre inscrivere in una circonferenza sono:
- A trapezio isoscele, rettangolo e quadrato
- B trapezio rettangolo e rombo
- C parallelogrammo e rombo

10 I quadrilateri che si possono sempre circoscrivere a una circonferenza sono:
- A trapezio isoscele e rettangolo
- B rettangolo e quadrato
- C rombo e quadrato

11 Gli angoli opposti di un quadrilatero inscritto in una circonferenza sono:
- A complementari
- B supplementari
- C esplementari

12 Se un angolo di un quadrilatero inscritto in una circonferenza misura 46°, allora l'angolo opposto misura:
- A 46°
- B 134°
- C 314°

13 In un quadrilatero circoscritto a una circonferenza la somma di due lati opposti è uguale:
- A alla somma degli altri due
- B alla differenza tra gli altri due
- C al doppio della somma degli altri due

14 I lati opposti di un quadrilatero misurano 6,8 cm e 5 cm. Gli altri due lati sono congruenti: quanto misura ciascuno di essi?
- A 1,8 cm
- B 11,8 cm
- C 5,9 cm

15 Ogni poligono regolare si può:
- A solo inscrivere in una circonferenza
- B solo circoscrivere a una circonferenza
- C inscrivere e circoscrivere a una circonferenza

16 Il raggio di una circonferenza misura 16 cm. Il perimetro dell'esagono regolare in essa inscritto misura:
- A 48 cm
- B 96 cm
- C 16 cm

17 In un quadrato la diagonale misura 64 cm. Il raggio della circonferenza circoscritta misura:
- A 32 cm
- B 64 cm
- C 16 cm

18 Un quadrato è circoscritto a una circonferenza di raggio 9 cm. Il suo apotema misura:
- A 4,5 cm
- B 18 cm
- C 9 cm

19 L'altezza di un triangolo equilatero misura 5,4 cm. Il raggio della circonferenza inscritta misura:
- A 2,7 cm
- B 1,8 cm
- C 3,6 cm

20 Il lato di un esagono regolare misura 10 cm e l'apotema misura 8,66 cm. Qual è l'area dell'esagono?
- A 259,8 cm²
- B 68,8 cm²
- C 206,4 cm²

Esercizio	1	2	3	4	5	6	7	8	9	10	11	12	13	14	15	16	17	18	19	20
Risposta																				

Confronta le tue risposte con quelle riportate in fondo al volume. Per ogni risposta esatta annerisci un quadratino del "misuratore" riportato qui sotto. I colori evidenziano il tuo livello di preparazione e la votazione ottenuta.

Voto: 1 2 3 4 5 6 7 8 9 10

RECUPERO E RIPASSO

Se non hai superato con successo il test per l'autoverifica, o se devi prepararti sugli argomenti di questa unità, prova a rispondere alle domande nella prima colonna. Se non ci riesci, trovi la risposta nella seconda colonna. La terza colonna ti propone alcuni esercizi da risolvere per applicare le tue conoscenze.

Domanda	Risposta	Esercizi
Perché il poligono *ABCD* si dice inscritto nella circonferenza? 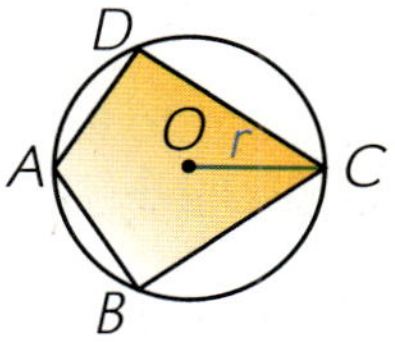 **Qual è il raggio del poligono?**	Perché tutti i suoi vertici appartengono alla circonferenza. Il **raggio** della circonferenza è anche il raggio del poligono.	**1.** Disegna una circonferenza, inscrivi in essa un poligono a piacere e indica il raggio. **2.** Disegna un pentagono qualunque inscritto in una circonferenza di raggio 6 cm. Quanto misura il raggio del pentagono? Perché?
Tutti i poligoni si possono inscrivere in una circonferenza?	No. Si possono inscrivere soltanto i poligoni in cui esiste il **circocentro**, cioè il punto di incontro degli assi. 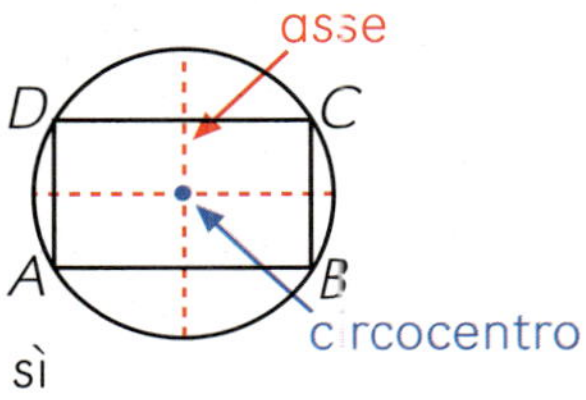 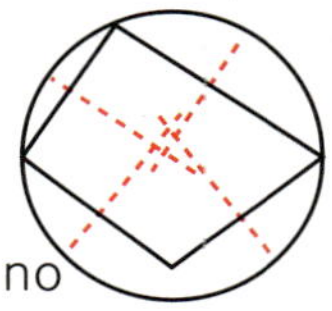	**3.** Dato il poligono *ABCDEF*, costruisci l'asse di ciascun lato e disegna la circonferenza circoscritta. 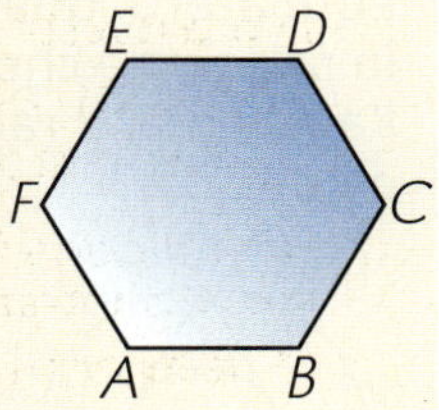 **4.** In quali casi un poligono non si può inscrivere in una circonferenza? Aiutati con i disegni.
Perché il poligono *ABCD* si dice circoscritto alla circonferenza? 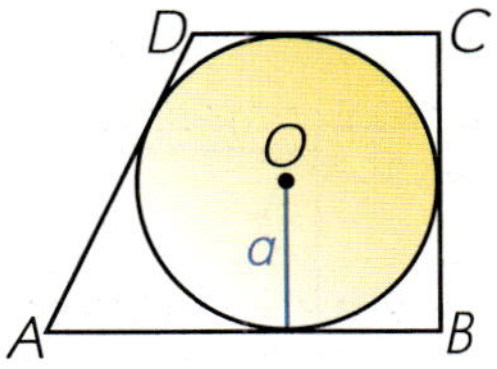 **Qual è l'apotema del poligono?**	Perché tutti i suoi lati sono tangenti alla circonferenza. L'**apotema** di un poligono è il raggio della circonferenza in esso inscritta.	**5.** Circoscrivi a ciascuna circonferenza un poligono a piacere e indica l'apotema. 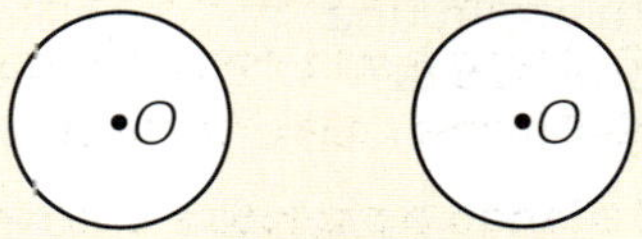 **6.** Disegna un esagono qualunque circoscritto a una circonferenza e traccia l'apotema e il raggio. Quale dei due segmenti ha lunghezza maggiore? Motiva la risposta.
Tutti i poligoni si possono circoscrivere a una circonferenza?	No. Si possono circoscrivere soltanto i poligoni in cui esiste l'**incentro**, cioè il punto di incontro delle bisettrici. 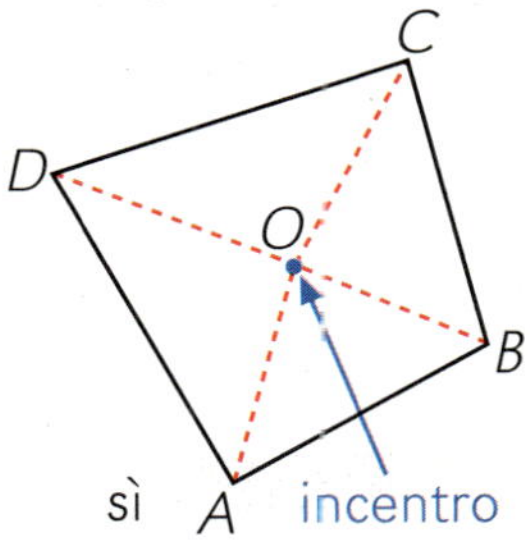 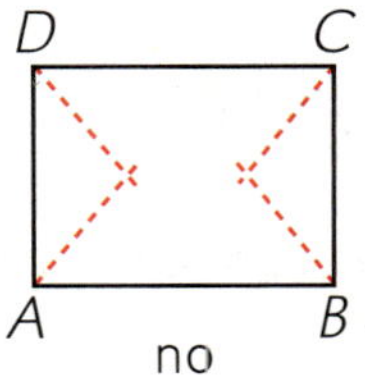	**7.** In ciascun poligono traccia le bisettrici degli angoli e stabilisci se è possibile disegnare la circonferenza inscritta. 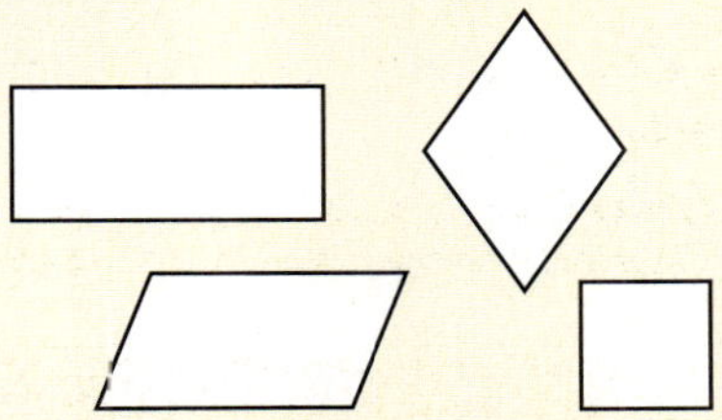

RECUPERO E RIPASSO

Domanda	Risposta	Esercizi
Perché il triangolo si può sempre inscrivere e circoscrivere a una circonferenza?	Perché nel triangolo esistono sempre il **circocentro** e l'**incentro**. 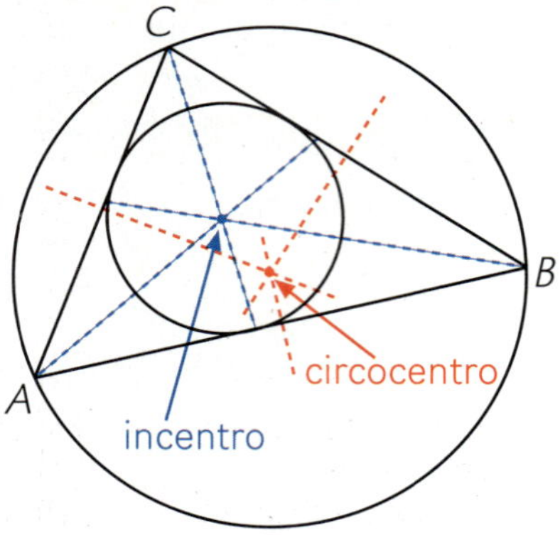	**8.** Indica quali tra i seguenti triangoli sono inscritti e quali circoscritti alla circonferenza data. 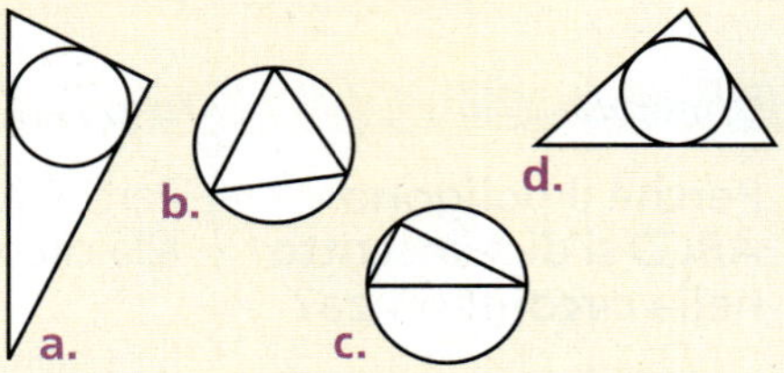 **9.** Disegna un triangolo inscritto in una circonferenza di raggio 4 cm. **10.** Disegna una circonferenza di raggio 5 cm e circoscrivi a essa un triangolo.
In un triangolo equilatero, qual è la relazione che lega l'apotema, il raggio e l'altezza? 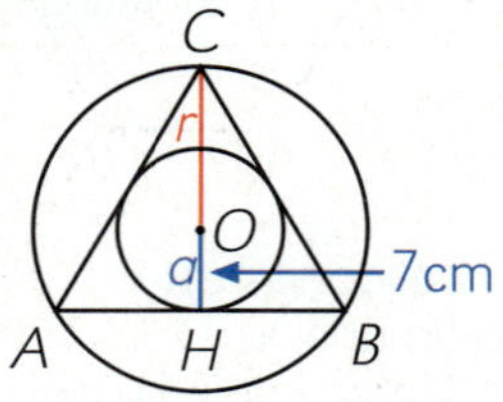 $CH = 21$ cm	Il **raggio** è il doppio dell'**apotema**. L'apotema è un terzo dell'altezza. In figura: $r = 2a = 2 \times 7 = 14$ (cm) $\overline{OH} = \frac{1}{3}\overline{CH} = 21 : 3 = 7$ (cm)	**11.** Inscrivi un triangolo equilatero in una circonferenza di raggio 3 cm. Quanto vale il raggio del triangolo? E l'apotema? Quanto misura l'altezza? [3 cm; 1,5 cm; 4,5 cm] **12.** L'altezza di un triangolo equilatero è 63 cm. Calcola la misura dell'apotema e del raggio del triangolo. [21 cm; 42 cm]
Quali sono i poligoni che si possono sempre inscrivere in una circonferenza? Perché?	Si possono sempre inscrivere il **trapezio isoscele**, il **rettangolo** e il **quadrato** perché in essi esiste il circocentro, cioè il punto di incontro degli assi dei lati. 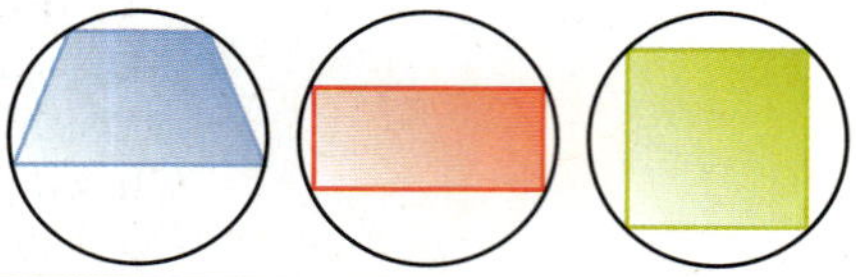	**13.** Trova il circocentro di ciascun poligono e circoscrivi una circonferenza. Come risulta il poligono rispetto alla circonferenza? 
Quali sono i poligoni che si possono sempre circoscrivere a una circonferenza? Perché?	Si possono sempre circoscrivere il **rombo** e il **quadrato** perché in essi esiste l'incentro, cioè il punto di incontro delle bisettrici degli angoli. 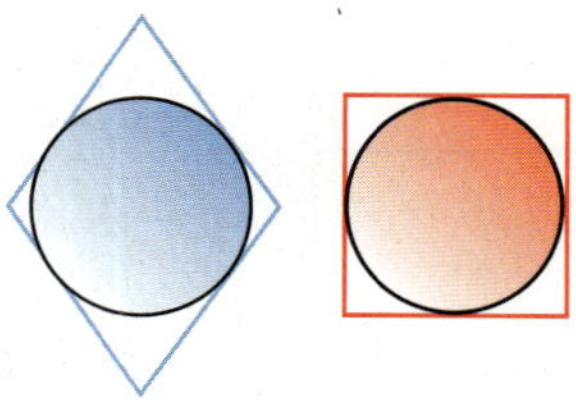	**14.** Trova l'incentro di ciascun poligono e inscrivi una circonferenza. Come risulta il poligono rispetto alla circonferenza? 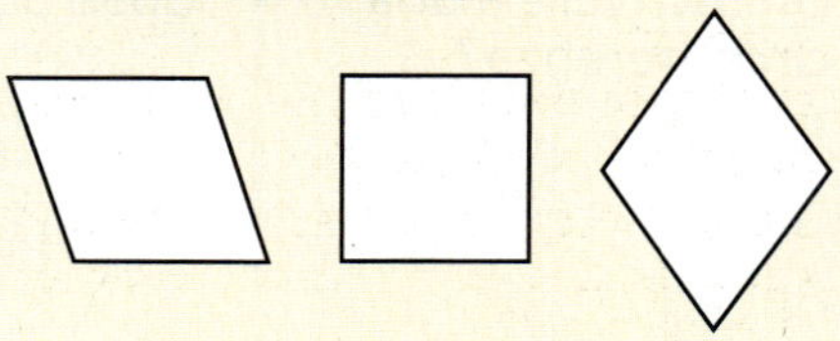

Domanda	Risposta	Esercizi

Quali sono le proprietà dei quadrilateri inscritti o circoscritti a una circonferenza?

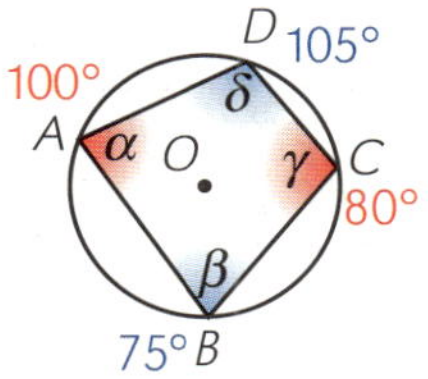

Un **quadrilatero inscritto** in una circonferenza ha gli **angoli opposti** supplementari.

Nella figura:
$\alpha + \gamma = 100° + 80° = 180°$
$\beta + \delta = 75° + 105° = 180°$

15. Completa la tabella in cui α, β, γ, δ sono gli angoli di un quadrilatero *ABCD*.

α	β	γ	δ
110°	60°	....	....
....	95°	37°	....
72°	....	....	103°

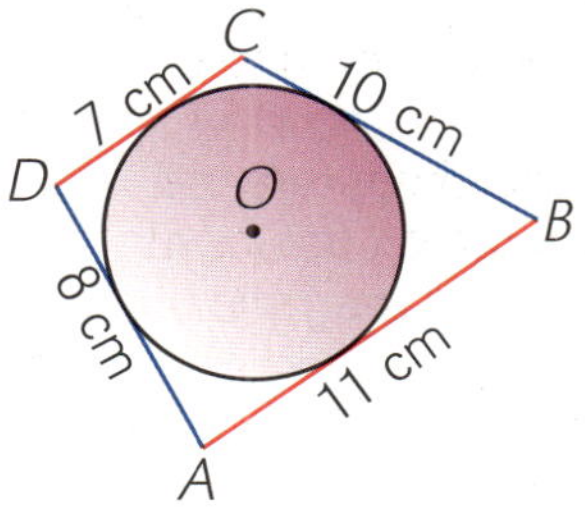

In un **quadrilatero circoscritto** a una circonferenza la somma di due **lati opposti** è uguale alla somma degli altri due.

In figura:
$\overline{AB} + \overline{CD} = 11 + 7 = 18$ (cm)
$\overline{AD} + \overline{BC} = 8 - 10 = 18$ (cm)

16. In un quadrilatero circoscritto a una circonferenza la somma di due lati opposti è di 19 cm. Sapendo che il terzo lato misura 7 cm, qual è la misura del quarto lato? [12 cm]

17. Calcola la misura del lato obliquo di un trapezio isoscele circoscritto a una circonferenza, sapendo che la somma delle basi misura 56 cm. [28 cm]

I poligoni regolari si possono inscrivere e circoscrivere a una circonferenza?

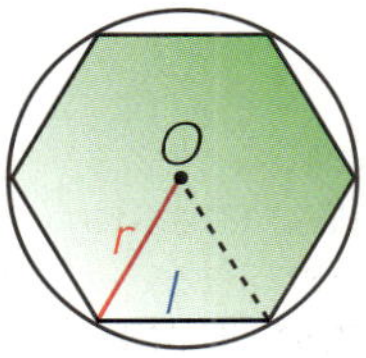

Sì. Ogni poligono regolare è inscrittibile e circoscrittibile a una circonferenza.

Il **lato** dell'esagono regolare è congruente al **raggio** della circonferenza circoscritta.

18. Colora in rosso l'apotema e in blu il raggio dell'esagono regolare *ABCDEF*.

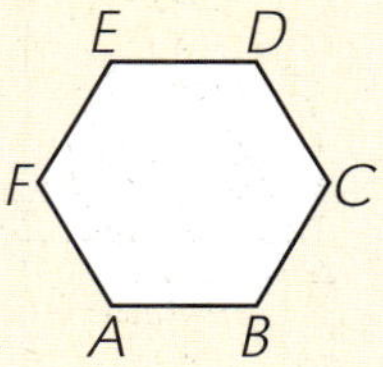

19. Calcola il perimetro dell'esagono regolare inscritto in una circonferenza di raggio 32 cm. [192 cm]

A che cosa corrisponde la diagonale di un quadrato inscritto in una circonferenza?

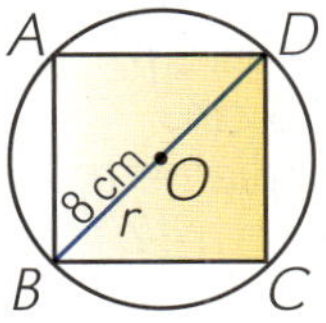

Corrisponde al **diametro** della circonferenza circoscritta.

In figura:
$r = 8$ cm
$\overline{BD} = 2 \times 8 = 16$ (cm)

20. Traccia una circonferenza di raggio 4 cm e costruisci il quadrato inscritto nella circonferenza. Quanto misura la diagonale del quadrato?

21. Un quadrato ha la diagonale di 9 cm. Quanto misura il raggio della circonferenza circoscritta? [4,5 cm]

A che cosa corrisponde il lato del quadrato circoscritto a una circonferenza?

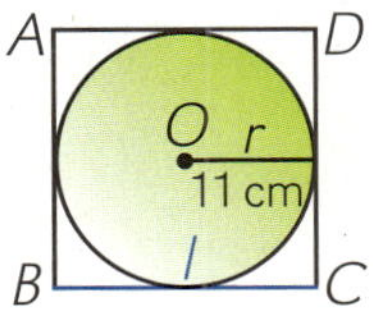

Corrisponde al **diametro** della circonferenza inscritta.

In figura:
$l = 2 \times r = 2 \times 11 = 22$ (cm)

22. Disegna un quadrato avente il lato di 4 cm e traccia la circonferenza inscritta.

23. Calcola la misura del raggio della circonferenza inscritta in un quadrato avente il perimetro di 64 cm. [8 cm]

RECUPERO E RIPASSO

Domanda	Risposta	Esercizi

Domanda: Come si calcola l'**area** di un **poligono regolare**? Qual è la formula diretta? E le formule inverse?

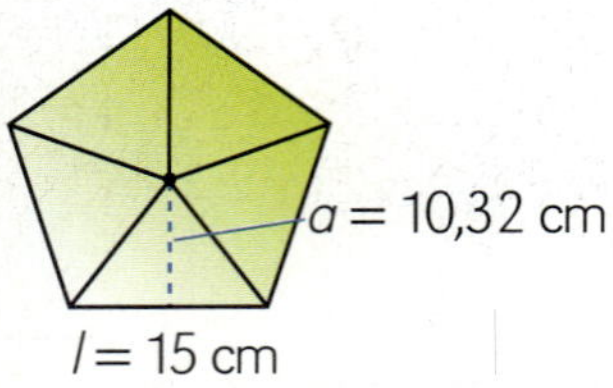

Risposta: Si moltiplica il perimetro per la misura dell'**apotema** e si divide il prodotto per 2. Le formule dirette e inverse sono:

$$A = \frac{2p \cdot a}{2} \qquad 2p = \frac{2A}{a} \qquad a = \frac{2A}{2p}$$

In figura, l'area del pentagono regolare è:

$$A = \frac{2p \cdot a}{2} = \frac{75 \cdot 10{,}32}{2} = 387\ (\text{cm}^2)$$

Esercizi:

24. Il lato di un esagono regolare misura 10 cm e l'apotema 8,6 cm. Calcola l'area. [258 cm^2]

25. L'area di un pentagono regolare è 1075 cm^2 e l'apotema misura 17,2 cm. Calcola la misura del lato. [25 cm]

Domanda: Come si applica il teorema di Pitagora a un **poligono regolare**?

Risposta: Si considera uno dei triangoli rettangoli formati dall'apotema, dal raggio e da metà lato del poligono.

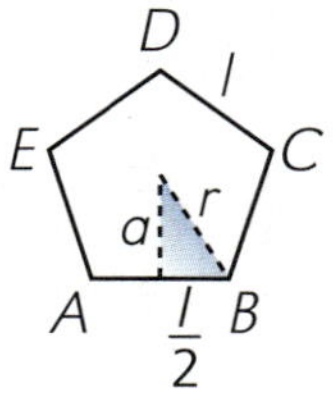

$r = 12{,}4$ cm
$l = 14{,}6$ cm

In figura:

$$\boldsymbol{a} = \sqrt{r^2 - \left(\frac{l}{2}\right)^2} = \sqrt{12{,}4^2 - 7{,}3^2} =$$
$$= \sqrt{153{,}76 - 53{,}29} = \sqrt{100{,}47} \simeq 10\ (\text{cm})$$

Esercizi:

26. Quanto misura l'apotema di un esagono regolare se il raggio misura 15 cm? *Ricorda che nell'esagono regolare $r = l$* [$\simeq$ 12,99 cm]

27. Calcola il perimetro di un pentagono regolare che ha l'apotema di 8,944 cm e il raggio di 11 cm. [$\simeq$ 64 cm]

Domanda: Come si applica il teorema di Pitagora a un triangolo inscritto in una **semicirconferenza**?

Risposta: Sappiamo che un triangolo inscritto in una semicirconferenza è sempre un triangolo rettangolo. Il diametro della circonferenza è l'ipotenusa, le corde *AC* e *BC* sono i cateti.

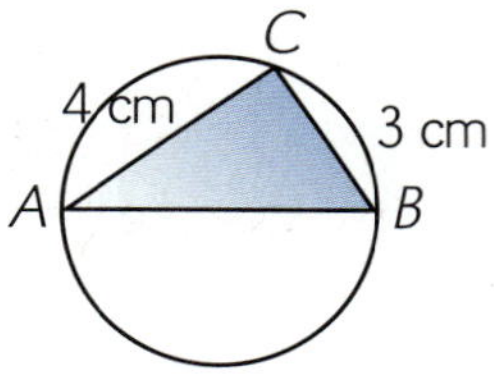

In figura:

$$\overline{\boldsymbol{AB}} = \sqrt{\overline{\boldsymbol{AC}}^2 + \overline{\boldsymbol{BC}}^2} = \sqrt{4^2 + 3^2} = \sqrt{16 + 9} =$$
$$= \sqrt{25} = 5\ (\text{cm})$$

Esercizi:

28. Un triangolo è inscritto in una semicirconferenza di raggio 15 cm. Un lato del triangolo misura 18 cm. Calcola il perimetro e l'area del triangolo. [72 cm; 216 cm^2]

29. Un triangolo rettangolo è inscritto in una circonferenza. L'area del triangolo è 96 cm^2 e un cateto misura 16 cm. Calcola la misura del diametro della circonferenza. [20 cm]

Laboratorio interattivo

Figure e trasformazioni con GeoGebra

Costruire figure geometriche

Triangoli particolari

Per disegnare triangoli con caratteristiche particolari (rettangoli, isosceli, equilateri), si devono seguire specifiche procedure, che servono a far sì che gli oggetti creati conservino le proprietà desiderate anche se successivamente dovessi trascinarle con il mouse. Nei paragrafi seguenti troverai le istruzioni, passo per passo, per disegnarli.

Triangolo rettangolo

- Disegna sul piano un segmento *AB*.
- Traccia una retta perpendicolare ad *AB* e passante per *A*, cui darai, grazie al comando *Rinomina* del menu contestuale aperto con un clic del tasto destro sulla retta, il nome *r*.
- Sulla retta *r* segna un punto *C* diverso da *A*.
- Unisci *C* con *B* mediante il segmento *BC*.
- Unisci *C* con *A* mediante il segmento *CA*.
- Nascondi la retta che è servita per la costruzione togliendo il segno di spunta dalla voce *Mostra oggetto* del menu contestuale.

Triangolo isoscele

- Disegna sul piano un segmento *AB*.
- Traccia l'asse del segmento usando lo strumento *Asse di un segmento* .
- Sull'asse segna un punto *C*.
- Unisci *B* con *C* mediante il segmento *BC*.
- Unisci *A* con *C* mediante il segmento *AC*.
- Nascondi l'asse che è servito per la costruzione togliendo il segno di spunta dalla voce *Mostra oggetto* del menu contestuale.

Triangolo equilatero

In questo caso puoi usare lo strumento *Poligono regolare* , come illustrato nel prontuario del volume 1, p. 324, ponendo uguale a 3 il numero dei lati.

La circonferenza

La *circonferenza* è il luogo dei punti del piano aventi la medesima distanza, detta *raggio*, da un punto fisso, detto *centro*. Per tracciare una circonferenza sul piano usa lo strumento *Circonferenza di dato centro* . Fai clic in un punto a piacere per fissare il centro *A*, quindi, muovendo il mouse, allarga la circonferenza fino ad avere un raggio della lunghezza desiderata; basta fare un secondo clic per fissare la figura. La circonferenza viene denominata *c* e viene visualizzato il valore del raggio, 3, che compare nell'equazione elevato alla seconda ($3^2 = 9$, ▸ fig. 1.1).

▸ **Figura 1.1**

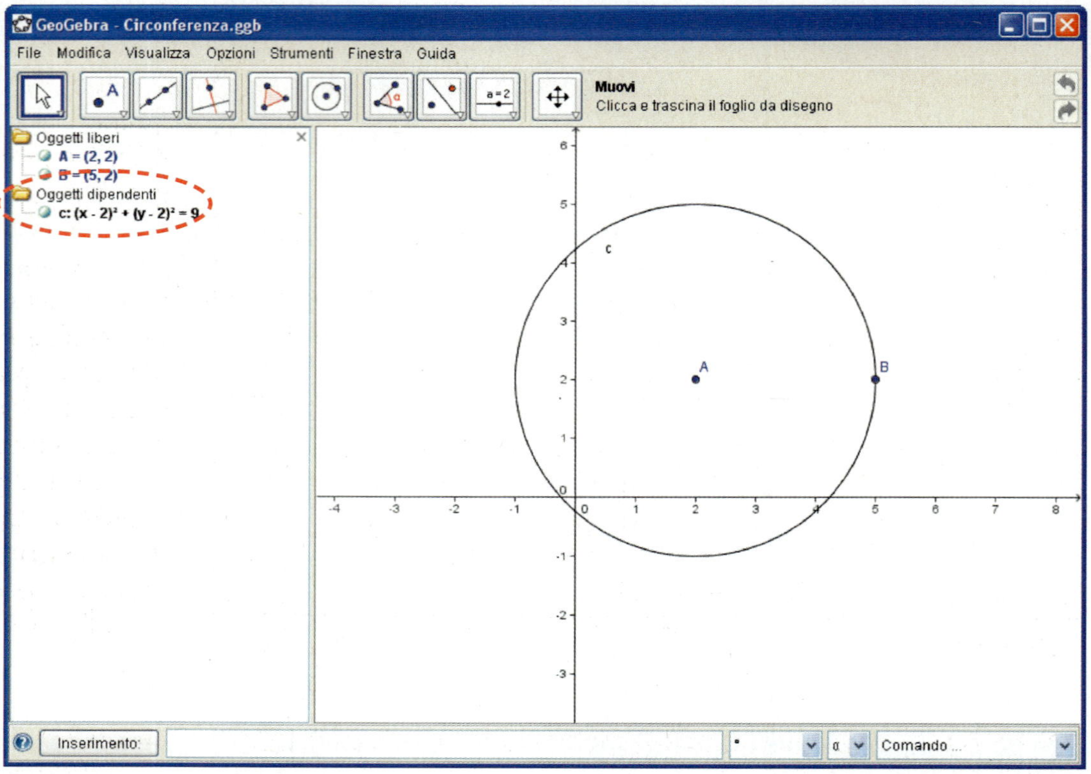

Si può disegnare la circonferenza anche con lo strumento *Circonferenza dati centro e raggio* . In questo caso, scelto un centro, si apre una finestra di dialogo (▸ fig. 1.2) in cui si può inserire la misura del raggio.

▸ **Figura 1.2**

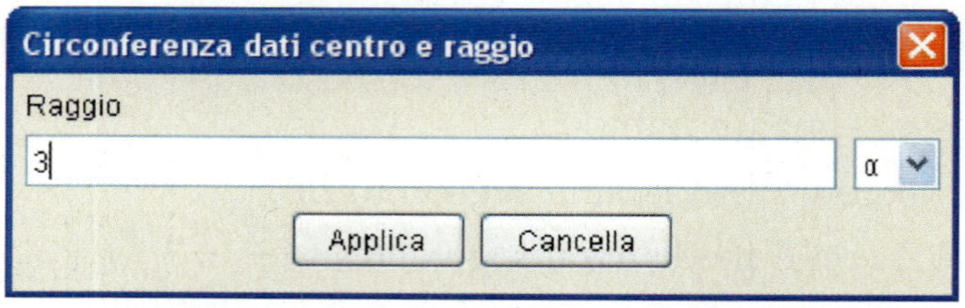

Un terzo modo per disegnare la circonferenza è quello di utilizzare lo strumento *Circonferenza per tre punti* , sfruttando il fatto che per tre punti non allineati passa un'unica circonferenza. In questo caso basta fare clic tre volte sul piano per ottenere il disegno desiderato, in cui non sarà segnato il centro.

Le trasformazioni geometriche nel piano

Prima di esaminare alcune trasformazioni geometriche, vediamo come si costruisce un vettore. Utilizza il comando *Vettore tra due punti* ; esso avrà una lunghezza che puoi calcolare con il comando della lista *Lunghezza[u]*.

Le isometrie

Le *isometrie* sono particolari trasformazioni geometriche che avvengono nel piano. Si distinguono in *isometrie dirette* (traslazione e rotazione) e *isometrie inverse* (*simmetria assiale* e *simmetria centrale*).

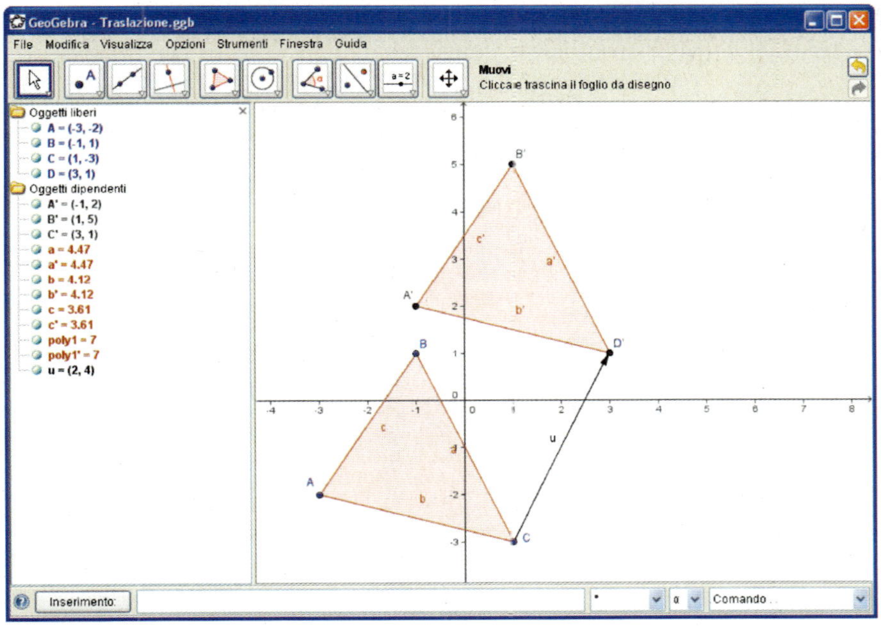

▲ **Figura 1.3**

Traslazione

La *traslazione* è una trasformazione isometrica individuata da un vettore che ne stabilisce modulo, direzione e verso.

Per ottenere la traslazione di una figura, per esempio di un triangolo, disegna un triangolo qualsiasi *ABC* con il comando *Poligono* e, partendo dal punto *C*, costruisci un vettore $\vec{u}$. Applica al triangolo *ABC* la traslazione secondo il vettore $\vec{u}$ con lo strumento *Trasla di un vettore* (▸ fig. 1.3).

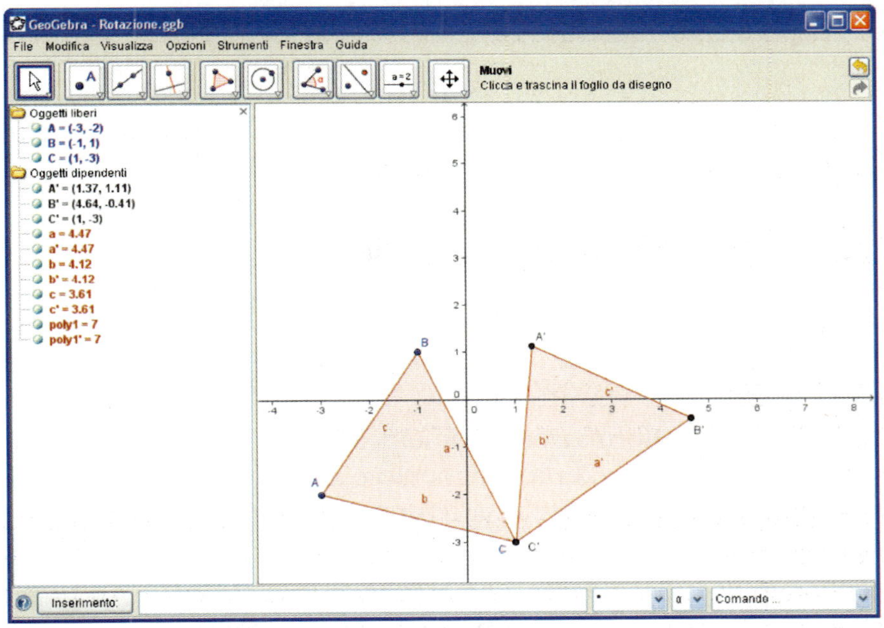

▲ **Figura 1.4**

Rotazione

La *rotazione* è una trasformazione isometrica individuata da un punto fisso, detto *centro di rotazione*, dall'ampiezza dell'angolo di rotazione e dal verso di rotazione, orario o antiorario.

Per effettuare la rotazione di una figura, per esempio di un triangolo qualsiasi *ABC*, disegna prima la figura con lo strumento *Poligono*, poi applica la rotazione secondo un angolo *a* (per esempio di 30°), a partire dal punto *C*, con il comando *Ruota intorno a un punto di un angolo* (▸ fig. 1.4).

La simmetria assiale

La *simmetria assiale* è una trasformazione isometrica individuata da un asse di simmetria.

Figura 1.5

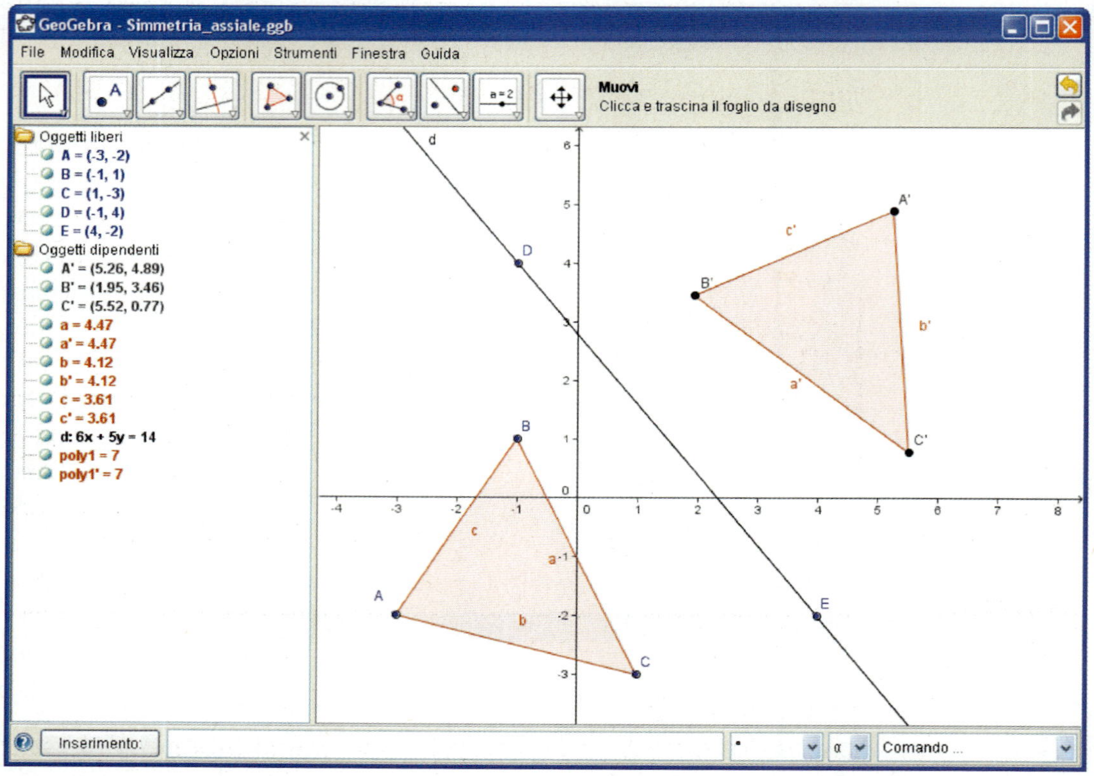

Per eseguire la simmetria assiale di una figura, per esempio di un triangolo, disegna un triangolo qualsiasi *ABC* e una retta *d*. Applica al triangolo la simmetria rispetto alla retta con il comando *Simmetrico rispetto a una retta* (▸ fig. 1.5).

La simmetria centrale

La *simmetria centrale* è una trasformazione isometrica individuata da un punto del piano, detto *centro di simmetria*. Il procedimento è analogo a quello relativo alla simmetria assiale: bisogna disegnare una figura, per esempio un triangolo *ABC*, e tracciare un punto *D*. Applica al triangolo *poly1* la simmetria rispetto al punto con il comando *Simmetrico rispetto a un punto* .

L'omotetia

L'*omotetia* è una particolare trasformazione geometrica che dilata o contrae gli oggetti, mantenendone la forma e l'orientazione. Essa è individuata da un centro e da un numero k, detto *rapporto di omotetia*. Se $k > 1$ l'oggetto viene dilatato, se $k < 1$ l'oggetto viene contratto (per esempio, se $k = 2$ l'oggetto diventa il doppio, se $k = 0{,}5$ diventa la metà). L'omotetia lascia invariata l'ampiezza degli angoli, ma varia la lunghezza dei segmenti corrispondenti.

Per eseguire un'omotetia con GeoGebra, per esempio applicata a un triangolo, disegna un triangolo qualsiasi *ABC* e un punto *D*. Applica al triangolo l'omotetia di un fattore k (per esempio 2) rispetto al punto *D* con il comando *Dilata l'oggetto da un punto, dato un fattore* . Compare una finestra in cui inserire il valore di *k*. Per evidenziare la trasformazione aggiungi le semirette con origine nel punto *D* che uniscono i vertici dei due triangoli (▸ fig. 1.6).

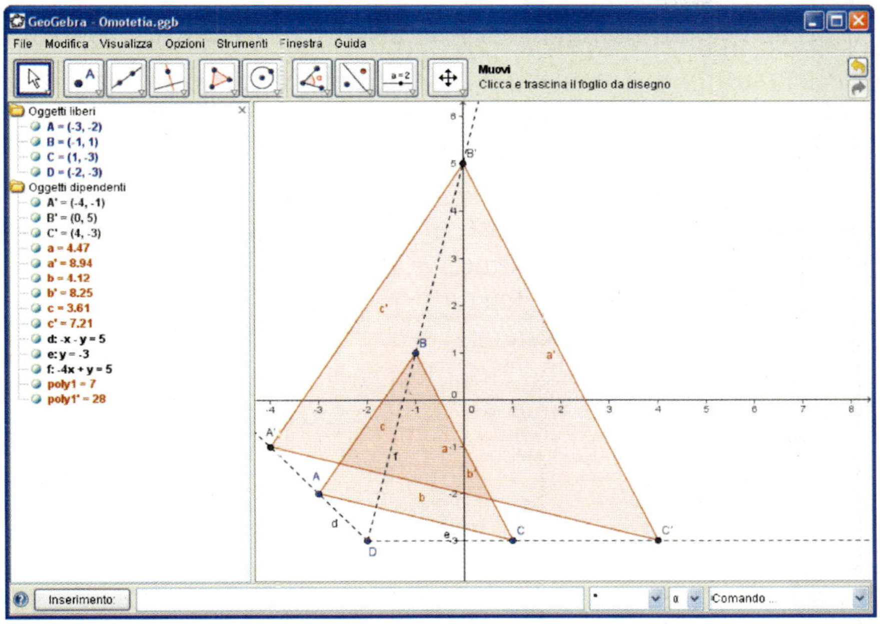

▸ **Figura 1.6**

La similitudine

La *similitudine* è una trasformazione che si ottiene componendo un'omotetia con un'isometria. Per eseguire la similitudine di una figura, per esempio un trapezio *ABCD*, disegna la figura e un punto *E*, poi applica al trapezio l'omotetia di un fattore *k* (per esempio 0,5) rispetto al punto *E*.
Applica ora alla figura risultante *poly1′* una rotazione di 30° con il comando *Ruota intorno a un punto di un angolo*, in modo da ottenere la figura *poly1″*. Intervenendo su *Proprietà* | *Colore* puoi modificare il colore dei trapezi per renderli più riconoscibili (▸ fig. 1.7).

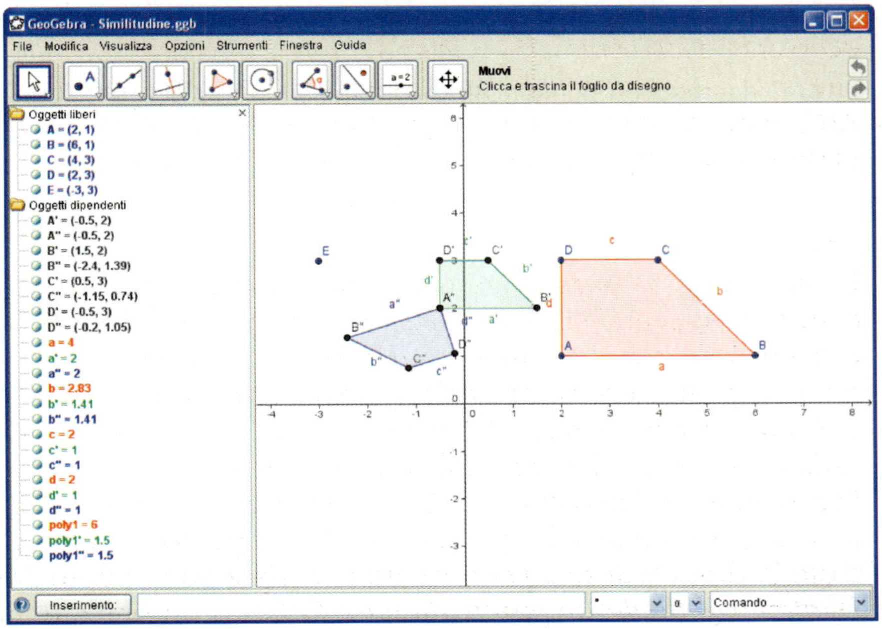

▸ **Figura 1.7**

DigiLAB

* LA FORMULA DI PICK

Georg Alexander Pick, nato in Austria nel 1859, era un genio: a 11 anni frequentava già il liceo, a 16 l'università e a 17 pubblicò alcune sue scoperte nel campo della matematica. Amico dello scienziato Einstein, insegnò al padre della teoria della relatività alcuni metodi di calcolo che gli permisero di capire meglio come funzionava l'universo. Il suo nome oggi è legato soprattutto al calcolo delle aree dei poligoni perché, invece di usare tante formule, Pick scoprì che per tutti i poligoni bastava una formula sola. Comodo, no? Era necessario però mettere la figura su una griglia.

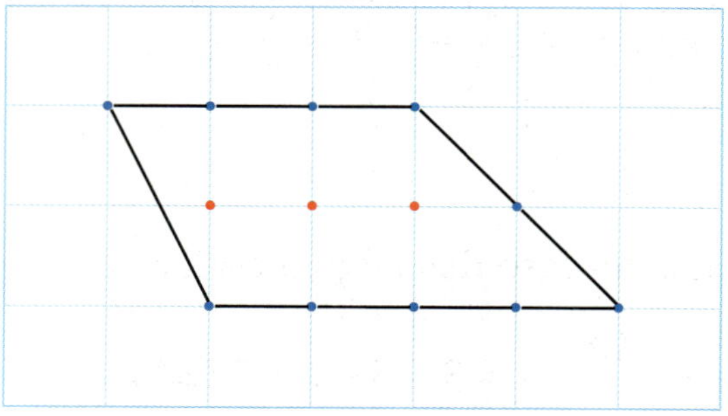

ATTIVITÀ

Attività 1

a. Dopo aver individuato i punti griglia, calcola l'area dei seguenti poligoni, utilizzando la formula di Pick.

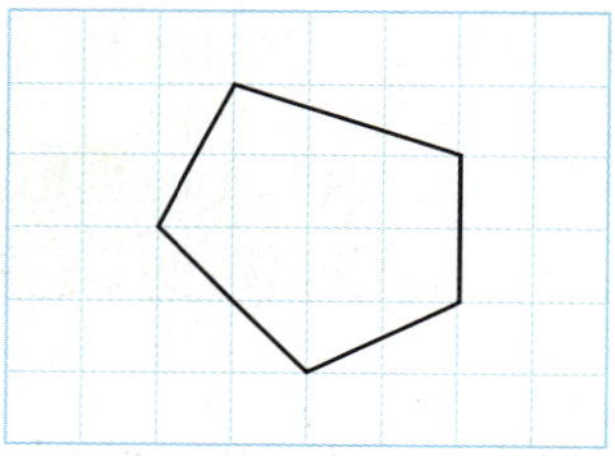

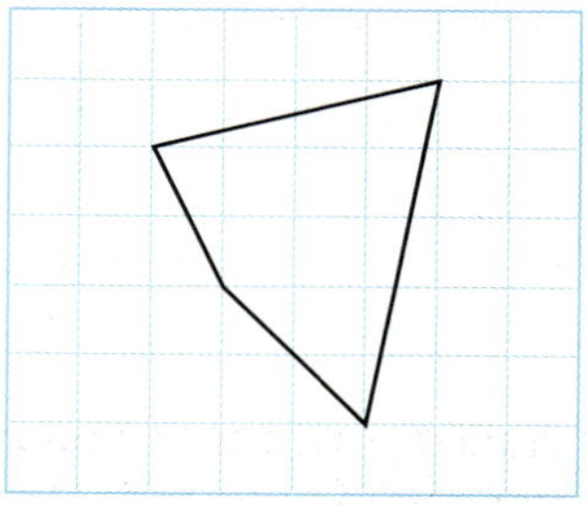

b. Calcola l'area dei seguenti poligoni, prima normalmente e poi con la formula di Pick. Verifica che i risultati siano uguali.

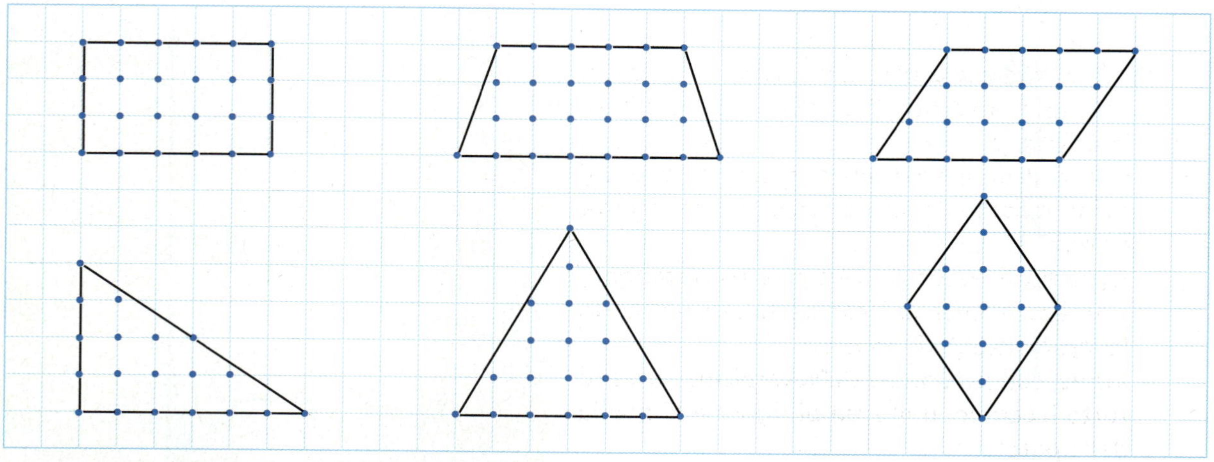

Come vedi, tutti i vertici del poligono si trovano su punti del reticolato (*punti di griglia*). Questi punti possono essere dentro il poligono (in rosso: chiamiamo il loro numero *i*) o sul contorno (in blu: chiamiamo il loro numero *c*).

La formula di Pick per calcolare l'area (*A*) vale per tutti i poligoni ed è la seguente:

$$A = i + \frac{c}{2} - 1$$

Quindi, nel caso della figura esaminata:

$$A = 3 + \frac{10}{2} - 1 = 3 + 5 - 1 = 7\,(u^2)$$

La formula di Pick è oggi applicata in numerosi settori. Può essere uilizzata, per esempio, per calcolare il terreno coperto dalle chiome degli alberi di una foresta. Come abbiamo detto, Pick non si limitò a mettere a punto l'equazione che porta il suo nome, ma arrivò a numerosissime altre scoperte innovative. Amava molto i numeri e si dedicò ai calcoli per tutta la sua esistenza. Fino a che non glielo impedirono. L'esercito nazista, infatti, quando occupò Praga, la città dove Pick viveva, lo catturò e lo deportò perché ebreo. Il matematico morì in un campo di concentramento a 82 anni.

c. Con una tavoletta di legno e alcuni chiodini, costruisci un *geopiano*, ossia un reticolo in cui i chiodi siano i punti di una griglia a maglie uguali (come quella visibile nella foto). Quindi, fissando un elastico ai chiodini, forma dei poligoni a piacere e determina l'area di ciascuno applicando la formula di Pick.

Attività 2

Usa *GeoGebra* e la formula di Pick per disegnare due figure equivalenti (ovvero con la stessa area). Apri *GeoGebra* e visualizza la *Griglia* nella *Vista grafica*. Poi usa lo strumento *Poligono* per disegnare due quadrilateri. La formula di Pick ti servirà per calcolare l'area dei due poligoni.

Attività 3

Cerca su Internet la pianta di un campo di calcio.

- Apri un nuovo file di GeoGebra e visualizza la *Griglia*.
- Con lo strumento *Inserisci Immagine* aggiungi l'immagine del campo di calcio nella *Vista grafica*.
- Riproduci i poligoni (ovvero solo i rettangoli) che rappresentano il campo di calcio usando lo strumento *Poligono*.
- Infine, con la formula di Pick, calcola l'area di tutto il campo, dell'area di rigore e di quella della porta.

DigiLAB

* PITAGORA PRIMA DI PITAGORA

Il teorema di Pitagora è un'antica e famosa relazione che risale al VI secolo a.C., quando il filosofo di Samos viveva in Sicilia, a Crotone, e aveva fondato una scuola di discepoli tenuti al più assoluto segreto. Conosci già il suo enunciato:

In ogni triangolo rettangolo il quadrato costruito sull'ipotenusa è equivalente alla somma dei quadrati costruiti sui cateti.

La dimostrazione di questo teorema ha affascinato nei secoli matematici, filosofi e appassionati. Esistono infatti moltissime e diverse dimostrazioni del teorema, alcune solo grafiche. La più nota è quella che riporta Euclide nel Libro I degli *Elementi* e risale al III secolo a.C. (vedi Attività 1). In realtà, però, già i Babilonesi, mille anni prima di Pitagora, sembra siano riusciti a costruire la famosa relazione.

Euclide e Pitagora, formella di Luca della Robbia (XV secolo), campanile di Santa Maria del Fiore, Firenze.

ATTIVITÀ

Attività 1

Ricordiamo il teorema di Pitagora.

In un triangolo rettangolo, il quadrato costruito sull'ipotenusa è equivalente alla somma dei quadrati costruiti sui cateti.

Per verificarlo con GeoGebra procedi come segue.

Disegniamo un triangolo rettangolo con la procedura descritta precedentemente, poi con lo strumento *Poligono regolare* disegna tre quadrati sui cateti (*poly1*, *poly2*) e sull'ipotenusa (*poly3*).

Verifica infine l'equivalenza tra l'area del quadrato costruito sull'ipotenusa e la somma delle aree dei due quadrati costruiti sui cateti nella finestra algebra.

In seguito sarà possibile agire su uno dei tre vertici del triangolo per evidenziare che eventuali modifiche conservano la proprietà descritta dal teorema.

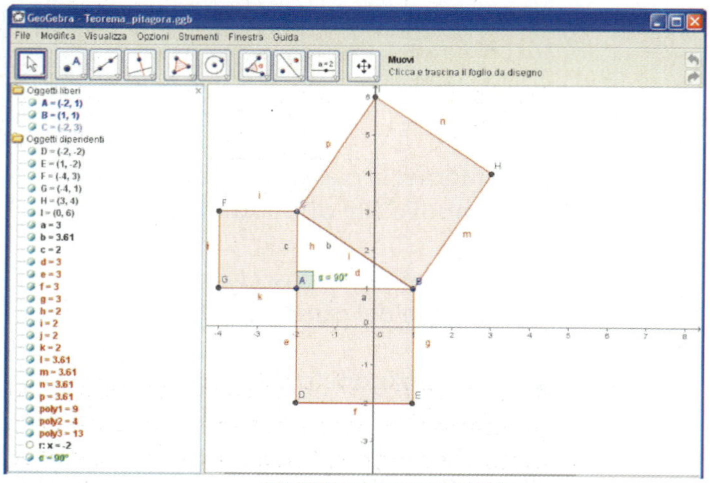

La tavoletta della figura risale a quasi un millennio prima della nascita di Pitagora. Essa mostra alcuni esempi di terne pitagoriche (come 3, 4 e 5), ovvero di terne di numeri interi che soddisfano il teorema di Pitagora (naturalmente i simboli utilizzati sono diversi dai numeri arabi che noi usiamo!).

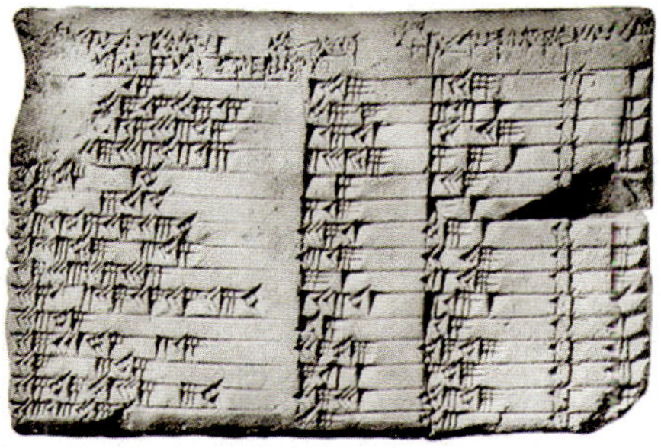

Pitagora in Cina

Per trovare, però, una vera dimostrazione del teorema occorre spostarsi di qualche chilometro e di qualche secolo in Cina. Una delle prime dimostrazioni note nell'antichità è riprodotta, infatti, nel libro *Chou Pei Suan Ching*, *Il libro classico dello Gnomone e delle orbite circolari del cielo*, uno dei più antichi testi di matematica cinese. La prima stesura di questo libro risale alla dinastia degli Zhou, tra il IX secolo a.C. e il III secolo a.C., anche se poi il testo è stato ampliato e modificato nei secoli successivi.

Nel libro non si trova l'enunciato del teorema, così come lo conosciamo. Ciò che troviamo è un disegno, un'immagine che mostra la relazione di Pitagora, anche detta *relazione di KouKu*, ovvero *degli angoli retti*. Questo perché in cinese non esisteva il termine "triangolo rettangolo" (in greco *trigonon*).

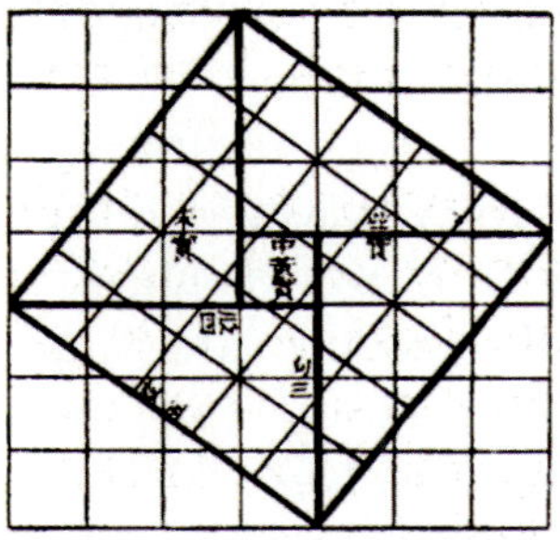

Non possiamo conoscere esattamente quale sia la dimostrazione che fecero nel testo cinese, si tratta di certo di una dimostrazione grafica.

Ricorda che per calcolare l'area di un triangolo equilatero si moltiplica il quadrato della misura di un lato per la costante 0,433
Quindi, se:
$a = 10\ u$; $b = 6\ u$; $c = 8\ u$, si ha...

Attività 2

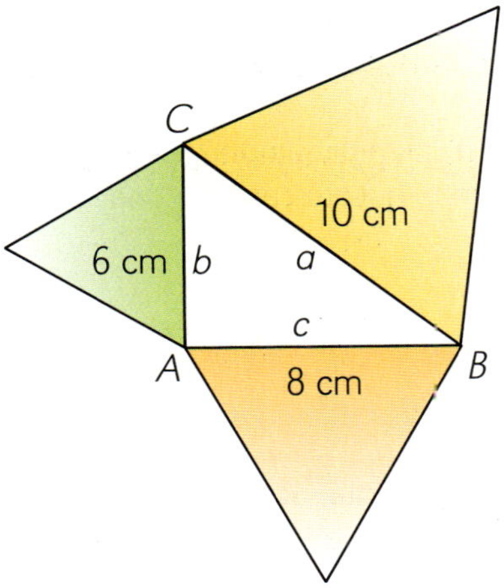

a. Procurati quattro cartoncini di diverso colore. Disegna su uno di essi un triangolo rettangolo *ABC* avente i cateti di 6 e 8 cm e l'ipotenusa di 10 cm. Ora, utilizzando i tre cartoncini rimasti, costruisci tre triangoli equilateri aventi i lati rispettivamente di 6 cm, 8 cm e 10 cm. Disponi i triangoli come nella figura a fianco e verifica con i calcoli l'enunciato del teorema di Pitagora generalizzato.

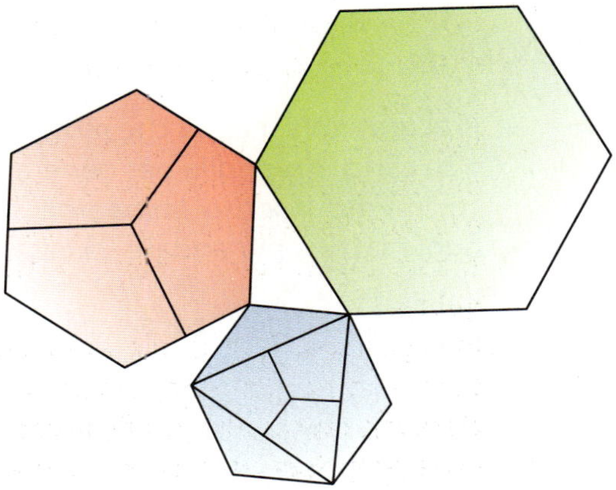

b. Ancora un'attività pratica utilizzando, stavolta, gli esagoni regolari. Ritaglia i due esagoni più piccoli secondo le linee indicate e costruisci come in un puzzle l'esagono grande. Qual è il significato di questa attività? Come puoi enunciare in questo caso il teorema di Pitagora?

DigiLAB

✱ ORIENTAMENTO CON CARTESIO

Pallido e sempre malato. Del giovane René Descartes, che molti anni dopo diventerà un famoso matematico e filosofo francese del XVII secolo, noto in Italia con il nome di Cartesio, si diceva che non sarebbe vissuto a lungo. Era spesso a letto, indebolito. Secondo la leggenda, un giorno vide sul soffitto una mosca che volava. Volle capirne esattamente la traiettoria e iniziò a calcolare (punto dopo punto) la distanza che c'era tra l'insetto e i muri ai lati del soffitto. La distanza tra un punto e gli assi di riferimento. Aveva appena inventato le coordinate che in suo onore sarebbero state chiamate "cartesiane".

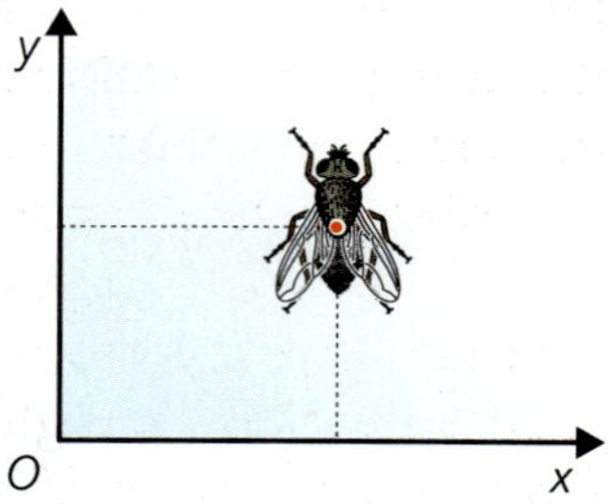

Anche oggi usiamo questo sistema per capire le posizioni e le traiettorie. Le mappe delle città, per esempio, sono divise in riquadri, ciascuno dei quali è individuato dalle coordinate x e y (possono essere lettere o numeri). Nella figura a fianco è facile individuare il duomo, se sappiamo che possiede coordinate F-5.

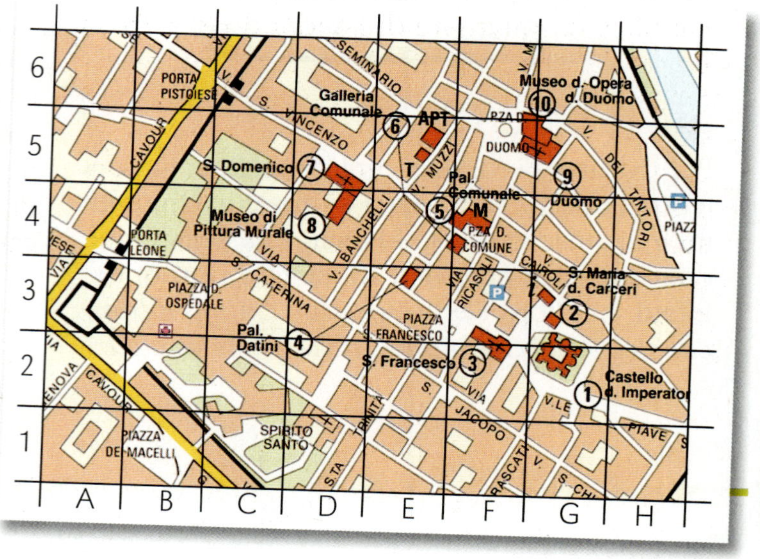

ATTIVITÀ

Attività 1

Prendi il *Tuttocittà* del Comune in cui vivi e localizza la piazza principale o una piazza importante.

a. In quale riquadro si trova?
b. Le coordinate individuano esattamente la piazza oppure un'area più ampia?
c. Riflettendo sulla risposta precedente, puoi dire che anche in questo caso c'è una corrispondenza fra i punti del piano e le coppie di numeri naturali?
d. Qual è la differenza con il piano cartesiano?

Attività 2

Procurati una mappa che mostri la localizzazione della tua scuola. Scaricala da Internet oppure, se è su carta, riprendila per generare un'immagine digitale. Apri GeoGebra e carica la mappa con lo strumento *Inserisci immagine*. Disegna poi con dei segmenti il percorso approssimativo che fai ogni mattina per andare da casa tua (punto *A*) a scuola (punto *B*).

a. Misura la lunghezza di ogni segmento con lo strumento *Distanza o Lunghezza*.
b. Somma le lunghezze dei segmenti: quanto è lungo il percorso?
c. Qual è la distanza tra *A* e *B* in linea d'aria?
d. Quanto si accorcerebbe il percorso se potessi volare?

Questo metodo di orientamento funziona però solo con le superfici piccole – come una città – e che possiamo considerare piane. La Terra, invece, ha una forma più o meno sferica; quindi, per capire veramente dove siamo e dove stiamo andando, dobbiamo abbandonare l'idea del piano e portare le coordinate su un globo. Dobbiamo usare le **coordinate geografiche**.

Il principio è lo stesso, solo che, invece di usare le linee rette, per gli assi si usano le circonferenze. Un asse di riferimento è l'equatore (in rosso) e l'altro è la circonferenza, detta *meridiano fondamentale*, che passa per Greenwich (in blu), un quartiere di Londra dove si trova un famoso osservatorio. Ogni punto sul pianeta Terra è quindi individuabile con due numeri (misurati in gradi primi e secondi). Il primo indica la distanza del punto considerato dall'equatore, la **latitudine**, e può essere sopra o sotto la linea, ovvero a nord o a sud dell'equatore; il secondo indica la distanza del punto considerato dal meridiano di Greenwich, la **longitudine**, e può essere a destra o a sinistra, ovvero a est o a ovest del meridiano di Greenwich. Il calcolo per capire dove siamo non è facile, ma il navigatore dell'automobile ogni istante fa misure di questo tipo.

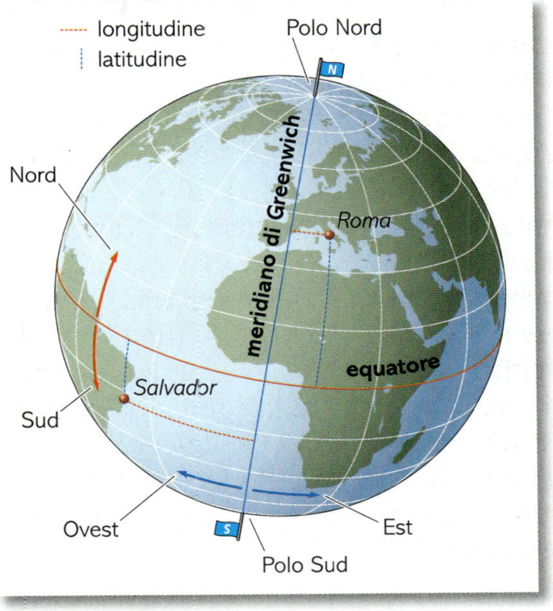

Attività 3

Apri un nuovo file di GeoGebra e visualizza la *Griglia* nella *Vista grafica*.
Disegna la tua classe vista dall'alto (usa lo strumento *Poligono*) e trasforma i muri negli assi cartesiani *x* e *y*. Decidi poi l'unità di misura delle ascisse e delle ordinate: quali sono le coordinate del tuo banco? E della cattedra dell'insegnante?
Quando individui un punto nella *Vista grafica*, GeoGebra scrive le coordinate nella *Vista algebra*. Questo ti permette di determinare con facilità le coordinate di ogni oggetto nella stanza.

Attività 4

Scarica da Internet *Google Earth*, un programma gratuito che ti permette di esaminare la Terra, Marte e la Luna. Ogni punto della superficie di questi corpi celesti è caratterizzato da una coppia di coordinate geografiche. Cerca sulla Luna dove si trova il Mare della Tranquillità (*Sea of Tranquility*): è il luogo dove l'uomo ha camminato, per la prima volta su un terreno extraterrestre, nel luglio del 1969. Individuane le coordinate.

Ora cerca le stesse coordinate, ma sul pianeta Terra. In che zona del mondo siamo?

DigiLAB

* ZOOM A QUADRETTI

La nuova console dei videogiochi non entra più nel mobile tv della cameretta di Martina. Occorre acquistarne uno nuovo. Per scegliere il più adatto, Martina si fa aiutare dal fratello Tommaso che le fa uno schizzo della piantina della cameretta. Martina la ridisegna su GeoGebra e si accorge che, così com'è, la cartina è troppo piccola per riuscire a capire quale sarà lo spazio una volta tolto il mobiletto tv. Esiste un modo per ingrandirla senza ridisegnarla?

La camera che si dilata

Martina può ingrandire il disegno con GeoGebra per il fattore che preferisce: il doppio, il quadruplo ecc. Basta usare lo strumento *Dilata l'oggetto da un punto, dato un fattore*. Martina sceglie di raddoppiare l'immagine e ottiene la piantina qui a fianco.

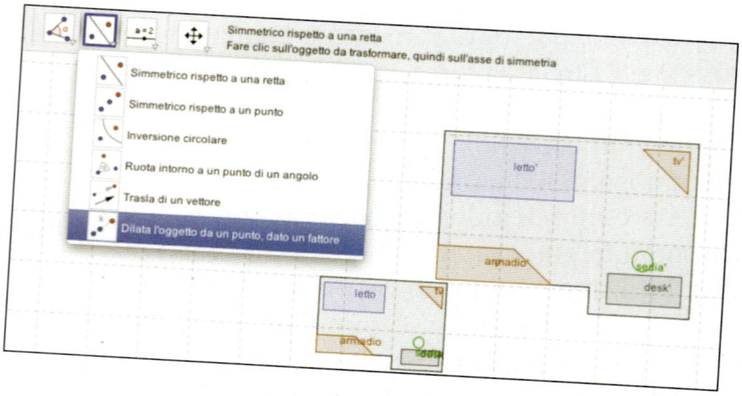

ATTIVITÀ

Attività 1

Su GeoGebra disegna un triangolo *ABC*, un segmento *DE* e una retta *r*.

- Usa lo strumento *Dilata l'oggetto da un punto, dato un fattore* per i fattori 3, 4 e 5. Che differenza c'è fra i tre oggetti una volta che vengono trasformati?

Ora disegna un vettore *FG* con lo strumento *Vettore tra due punti*.

- Usa lo strumento *Trasla di un vettore* e sposta il triangolo, il segmento e la retta secondo il vettore *FG*. Che differenza c'è tra i tre oggetti trasformati?

Attività 2

Apri GeoGebra e costruisci un triangolo *ABC* con lo strumento *Poligono*. Poi, con lo strumento *Dilata l'oggetto da un punto, dato un fattore*, crea quattro diversi triangoli.
Triangolo 1. Scegli come punto il vertice *A* del triangolo e come fattore 2.
Triangolo 2. Scegli come punto il vertice *A* del triangolo e come fattore 1/2.
Triangolo 3. Scegli come punto un punto interno al triangolo e come fattore 2.
Triangolo 4. Scegli come punto un punto interno al triangolo e come fattore 1/2.
Quanti triangoli congruenti hai ottenuto? Quali e quanti triangoli sono interni al triangolo iniziale *ABC*?
Usa lo strumento *Trasla di un vettore* per ottenere il Triangolo 3 dal Triangolo 2 e per ottenere il Triangolo 4 dal Triangolo 2.

Per Martina, però, l'immagine non è ancora grande abbastanza. Questa volta prova a quadruplicarla, elimina il mobile a triangolo e aggiunge un punto interrogativo lì dove andrà il mobile nuovo.

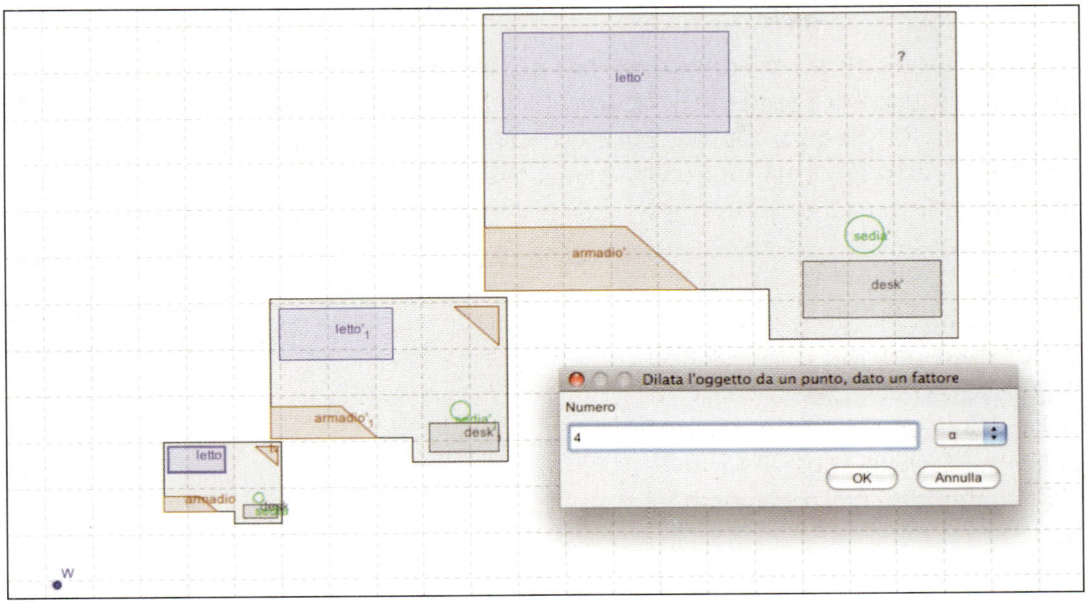

Ora può scegliere la forma che preferisce per il nuovo mobiletto e provare a disegnarla nello spazio dove si trova il punto interrogativo.

Attività 3

Un agente segreto deve trovare il modo di ingrandire un'immagine della piantina del Pentagono ottenuta dal satellite e chiede il tuo aiuto.

Riproduci la piantina sull'area grafica di GeoGebra. Quale strumento puoi utilizzare per simulare uno zoom sul Pentagono?

DigiLAB

✱ TRE PUNTI E UN CERCHIO

Clara vorrebbe diventare un disegnatrice di fumetti. Disegna ogni tipo di soggetto con tutto ciò che le capita sottomano: matite, pastelli, acquerelli. Ha deciso di provare a usare anche GeoGebra. Sceglie così di rappresentare il viso di un topo molto famoso: Mickey Mouse. Comincia proprio dalla rappresentazione del muso.

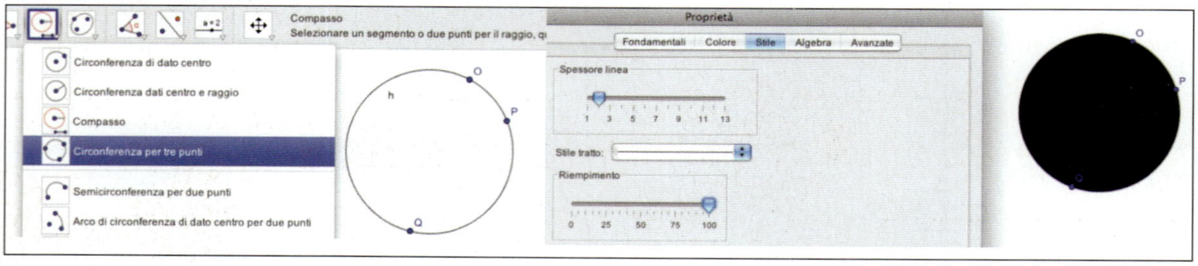

Nell'*Area Grafica* sceglie lo strumento *Circonferenza per tre punti*: fissa O, P e Q e poi colora il cerchio di nero. Per farlo basta accedere alla finestra delle *Proprietà*, disponibile nel menu *Modifica*, e scegliere il *Colore* e lo *Stile*.

ATTIVITÀ

Attività 1

Esistono occhi dalle forme più disparate. Fai una ricerca di immagini (su Internet, libri, giornali) per trovare gli occhi di un gatto, di un serpente, di un personaggio di un cartoon giapponese e di un avatar.
Apri l'*Area Grafica* di GeoGebra e disegna i tratti principali di questi occhi. Poi con *Simmetrico rispetto a una retta* disegna il compagno di ogni occhio.

Attività 2

Le eclissi di Sole e di Luna sono fenomeni astronomici spettacolari, ma che cosa li differenzia? In quale è la Terra a oscurare la Luna e in quale è la Luna a oscurare il Sole? Apri l'*Area Grafica* di GeoGebra e disegna tre circonferenze di grandezze differenti che rappresenteranno Sole, Terra e Luna. Poi con lo strumento *Retta per due punti* e *Tangenti* disegna due schemi che rappresentino i coni d'ombra che i tre corpi celesti formano l'uno sull'altro durante le eclissi.

Eclissi lunare.

Un orecchio e un occhio perfetti

Per disegnare l'orecchio Clara usa sempre una circonferenza, ma questa volta, invece di fissare tre punti, sceglie il centro e un punto della circonferenza. Naturalmente colora anche l'orecchio di nero.

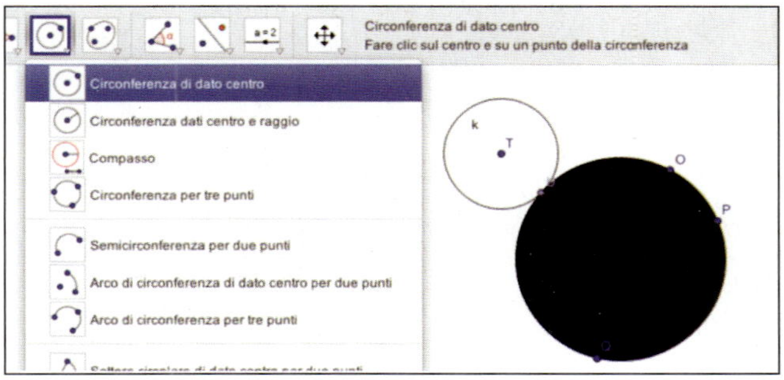

È il turno dell'occhio, e per disegnarlo Clara usa sempre una circonferenza, ma ha bisogno di disegnare la pupilla, che ha una forma ellittica. Per costruirla usa un altro strumento: *Ellisse per tre punti*. Clara riempie poi l'occhio di bianco e la pupilla di nero. Ora la cosa si complica un po'. Come può disegnare l'altra metà del muso esattamente uguale?

Come nel disegno a mano libera, traccia prima di tutto l'asse di simmetria del muso. Poi, con lo strumento *Simmetrico rispetto a una retta*, crea il secondo orecchio, il secondo occhio e la seconda pupilla e il gioco è fatto.

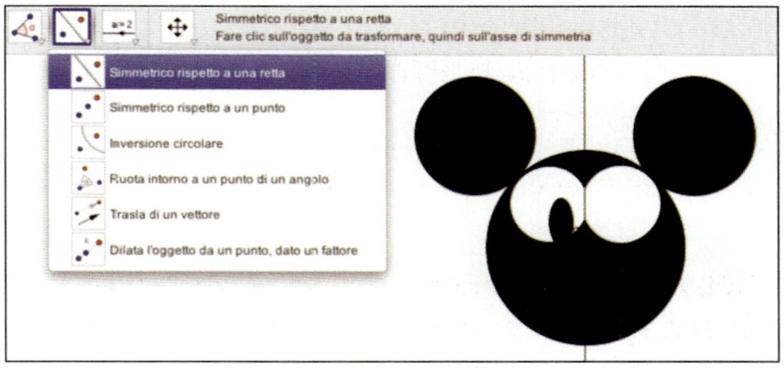

Attività 3

a. Nella figura accanto, disegna una circonferenza che passi per i punti *A*, *B* e *C* e un'altra circonferenza distante 1,5 cm dal centro della prima.
Qual è la posizione reciproca delle due circonferenze?

b. Fissa su un foglio tre punti non allineati e traccia una circonferenza passante per essi. Traccia poi una circonferenza concentrica alla prima tale che la differenza tra i loro raggi misuri 5 cm.

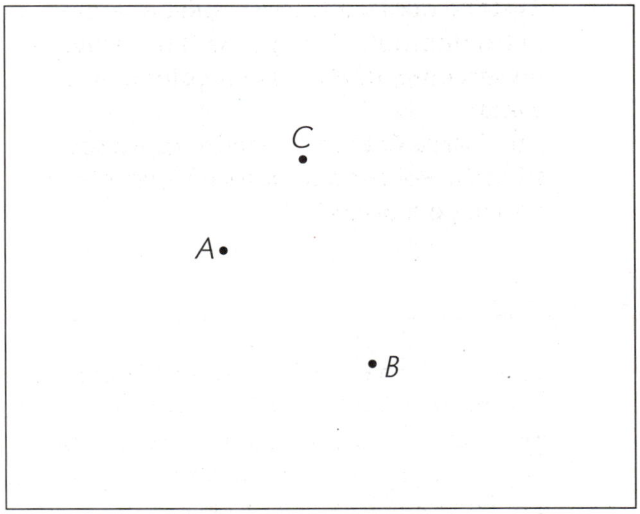

DigiLAB

PIASTRELLE E POLIGONI

Nel 1922 il giovane grafico olandese Maurits Cornelis Escher visita l'Italia e la Spagna. Nella città di Granada rimane impressionato dai decori delle pareti del complesso fortificato dell'Alhambra, uno dei più grandi e famosi esempi di arte moresca, ossia una decorazione muraria in ceramica in cui vengono replicate, all'infinito, figure astratte formate da poligoni regolari disposti in maniera simmetrica.

ATTIVITÀ

Attività 1

Cerca su Internet le seguenti immagini: un'arnia di api, la buccia di un ananas, una pigna di sequoia, il carapace di una testuggine. Tutte queste figure sono caratterizzate da una struttura che si ripete più o meno uguale.
Quali poligoni riesci a individuare in ognuna di queste immagini? Quali si ripetono?

Escher voleva trovare un metodo per dividere in modo regolare il piano usando solo forme geometriche che si accostassero ripetendosi fino a occupare tutta la superficie piana a disposizione.

Per fare questo Escher utilizza poligoni regolari e con questi studia una **tassellazione** sistematica del piano, ossia il riempimento periodico e con intenti decorativi di uno spazio bidimensionale.

Quali sono le regole della tassellazione? Occorre tassellare o pavimentare un piano usando una o più figure geometriche senza mai sovrapporle o lasciare buchi. Prova a ricoprire un piano solo con triangoli (equilateri, scaleni, rettangoli). A seconda dei triangoli scelti potrebbero rimanere dei buchi. Prova ora a usare il quadrato o l'esagono: i buchi spariscono e si può ricoprire tutto il piano!

Attività 2

Costruisci con GeoGebra alcuni poligoni inscrivendoli in una circonferenza.

- Apri un nuovo file di GeoGebra e con lo strumento *Poligono* disegna un dodecagono. Con lo strumento *Circonferenza per tre punti* costruisci la circonferenza circoscritta al dodecagono: basterà scegliere tre vertici del dodecagono.
- Nella stessa circonferenza disegna un esagono, un quadrato e un triangolo. Quali punti del dodecagono (e della circonferenza) dovrai usare affinché i vertici dell'esagono, del quadrato e del triangolo giacciano sulla circonferenza?

Attività 3

Considera la figura: noterai che di base è un quadrato e che il triangolo rettangolo è il suo "disegno minimo."
Apri l'*Area Grafica* di GeoGebra, visualizza gli *Assi* e la *Griglia* e disegna un quadrato di lato 3. Poi inserisci tanti triangoli quanti quelli disegnati in figura. Colorali in verde e blu usando la finestra delle *Proprietà* disponibile nel menu a tendina *Modifica*.

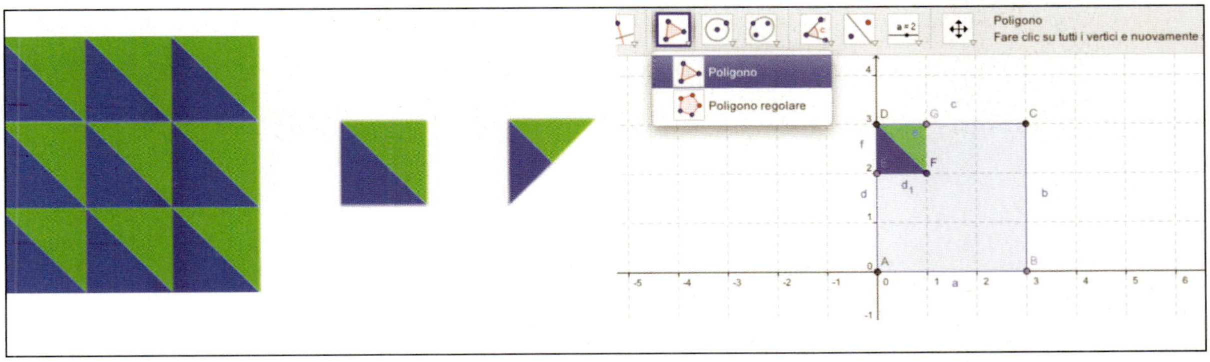

Stampa l'immagine a colori e ritaglia ogni triangolo.
Quante e quali nuove decorazioni riesci a fare?

Risposte

UNITÀ 1

Test sui prerequisiti | p. 1
a. B; **b.** C; **c.** C; **d.** B

Test di Autoverifica | p. 65

esercizio	1	2	3	4	5	6	7	8	9	10
risposta	B	B	C	A	C	C	A	B	C	A

esercizio	11	12	13	14	15	16	17	18	19	20
risposta	B	B	C	A	A	C	B	C	B	C

UNITÀ 2

Test sui prerequisiti | p. 69
a. A; **b.** C; **c.** C; **d.** B; **e.** A

Test di Autoverifica | p. 125

esercizio	1	2	3	4	5	6	7	8	9	10
risposta	C	A	B	A	C	B	C	A	C	B

esercizio	11	12	13	14	15	16	17	18	19	20
risposta	A	B	C	A	B	B	C	A	A	C

UNITÀ 3

Test sui prerequisiti | p. 129
a. C; **b.** C; **c.** B; **d.** A; **e.** B

Test di Autoverifica | p. 151

esercizio	1	2	3	4	5	6	7	8	9	10
risposta	B	C	A	A	B	C	B	A	C	A

esercizio	11	12	13	14	15	16	17	18	19	20
risposta	B	C	B	A	C	A	B	C	C	A

UNITÀ 4

Test sui prerequisiti | p. 155
a. B; **b.** C; **c.** A; **d.** A; **e.** D

Test di Autoverifica | p. 194

esercizio	1	2	3	4	5	6	7	8	9	10
risposta	A	B	C	A	B	A	C	B	C	B

esercizio	11	12	13	14	15	16	17	18	19	20
risposta	A	A	C	A	C	A	B	B	C	C

UNITÀ 5

Test sui prerequisiti | p. 233
a. B; **b.** C; **c.** B

Test di Autoverifica | p. 3

esercizio	1	2	3	4	5	6	7	8	9	10
risposta	C	A	A	B	C	B	A	B	C	A

esercizio	11	12	13	14	15	16	17	18	19	20
risposta	C	B	A	B	A	C	B	A	C	C

UNITÀ 6

Test sui prerequisiti | p. 237
a. C; **b.** C; **c.** B

Test di Autoverifica | p. 284

esercizio	1	2	3	4	5	6	7	8	9	10
risposta	A	C	B	A	C	B	B	C	A	C

esercizio	11	12	13	14	15	16	17	18	19	20
risposta	B	B	A	C	C	B	A	C	B	C

Glossario

A

Apotema In un poligono regolare, la distanza del centro da ogni suo lato. La relazione tra l'apotema e il lato di un poligono regolare è costante.

Area Misura della superficie di una figura piana. È il numero che indica quante volte l'unità di misura scelta è contenuta nella superficie considerata.

C

Coordinate cartesiane (di un punto) I numeri della coppia ordinata indicante la posizione di un punto sul piano cartesiano. Il primo numero rappresenta l'ascissa, il secondo l'ordinata.

E

Erone (formula di) Per calcolare l'area di un triangolo qualsiasi, note le misure dei lati ($A=\sqrt{p\cdot(p-a)\cdot(p-b)\cdot(p-c)}$, con p = semiperimetro).

F

Figure equiscomponibili Che si possono scomporre in uno stesso numero di parti congruenti. Sono equivalenti.

Figure piane equivalenti (o equiestese) Che hanno la stessa estensione, cioè occupano la stessa superficie.

Figure simili Che hanno gli angoli corrispondenti ordinatamente congruenti e il rapporto tra le misure di due lati corrispondenti (detto rapporto di similitudine) costante. In due poligoni simili, il rapporto tra i perimetri è uguale al rapporto tra le misure di due lati corrispondenti, mentre il rapporto tra le aree è uguale al quadrato del rapporto di similitudine tra i due poligoni.

O

Omotetia Trasformazione geometrica tra i punti del piano che, fissato un punto O detto centro, a ogni punto P fa corrispondere un punto P' tale che il rapporto tra OP' e OP sia costante. Tale costante è detta *caratteristica* dell'omotetia. Può essere diretta o inversa.

Ortocentro Punto di intersezione delle tre altezze di un triangolo.

P

Piano cartesiano Piano in cui sono tracciati due assi cartesiani ortogonali: l'asse delle ascisse (o asse x) e l'asse delle ordinate (asse y).

S

Similitudine Trasformazione che si ottiene componendo un'omotetia con un'isometria.

T

Teorema di Euclide 1° In ogni triangolo rettangolo il quadrato costruito su un cateto è equivalente al rettangolo avente per dimensioni l'ipotenusa e la proiezione del cateto stesso sull'ipotenusa.

Teorema di Euclide 2° In ogni triangolo rettangolo il quadrato costruito sull'altezza relativa all'ipotenusa è equivalente al rettangolo avente per dimensioni le proiezioni dei cateti sull'ipotenusa.

Teorema di Pitagora In ogni triangolo rettangolo il quadrato costruito sull'ipotenusa è equivalente alla somma dei quadrati costruiti sui cateti.

Teorema di Talete Un fascio di rette parallele determina su due rette trasversali segmenti corrispondenti proporzionali.

Terna pitagorica Tre numeri naturali che soddisfano la relazione del teorema di Pitagora. Si parla di terna pitagorica primitiva se i numeri che la compongono sono primi tra loro.

UNITÀ DI MISURA

Misure di lunghezza

- kilometro (km) = 1000 m
- ettometro (hm) = 100 m
- decametro (dam) = 10 m
- **metro (m)**
- decimetro (dm) = 0,1 m
- centimetro (cm) = 0,01 m
- millimetro (mm) = 0,001 m

Misure di superficie

- kilometro quadrato (km^2) = 1.000.000 m^2
- ettometro quadrato (hm^2) = 10.000 m^2
- decametro quadrato (dam^2) = 100 m^2
- **metro quadrato (m^2)**
- decimetro quadrato (dm^2) = 0,01 m^2
- centimetro quadrato (cm^2) = 0,0001 m^2
- millimetro quadrato (mm^2) = 0,000001 m^2

Misure di volume

- kilometro cubo (km^3) = 1.000.000.000 m^3
- ettometro cubo (hm^3) = 1.000.000 m^3
- decametro cubo (dam^3) = 1000 m^3
- **metro cubo (m^3)**
- decimetro cubo (dm^3) = 0,001 m^3
- centimetro cubo (cm^3) = 0,000001 m^3
- millimetro cubo (mm^3) = 0,000000001 m^3

Misure di massa e peso

- megagrammo (Mg) o tonnellata (t) = 1000 kg
- **kilogrammo (kg)**
- ettogrammo (hg) = 0,1 kg
- decagrammo (dag) = 0,01 kg
- grammo (g) = 0,001 kg
- decigrammo (dg) = 0,0001 kg
- centigrammo (cg) = 0,00001 kg
- milligrammo (mg) = 0,000001 kg

Misure di capacità

- ettolitro (hl) = 100 ℓ
- decalitro (dal) = 10 ℓ
- **litro (ℓ)**
- decilitro (dl) = 0,1 ℓ
- centilitro (cl) = 0,01 ℓ
- millilitro (ml) = 0,001 ℓ

PESO SPECIFICO

Formule

- $ps = \frac{P}{V}$
- $P = ps \times V$
- $V = \frac{P}{ps}$

Corrispondenze tra le unità di volume, di peso e di capacità

Volume (V)		Peso (P)		Capacità (C)
cm^3	⟷	g	⟷	ml
dm^3	⟷	kg	⟷	ℓ
m^3	⟷	Mg o t	⟷	kl

Peso specifico di alcune sostanze (valore medio)

Acciaio	7,8
Acqua distillata	1 (a 4 °C)
Alcol	0,8
Alluminio	2,6
Argento	10,5
Avorio	1,8
Benzina	0,75
Bronzo	8,75
Carbone di legna	0,4
Diamante	3,5
Ferro	7,8
Gesso	1,4
Ghisa	7,25
Legno di abete	0,5
Legno di faggio	0,7
Marmo	2,8
Mercurio	13,6
Nichel	8,4
Olio di oliva	0,91
Oro	19,5
Ottone	8,5
Petrolio	0,8
Piombo	11,35
Platino	21,5
Quarzo	2,6
Rame	8,8
Stagno	7,3
Sughero	0,25
Talco	2,7
Vetro	2,5
Zinco	7,14
Zolfo	2,02

FORMULE DELLA GEOMETRIA PIANA

Rettangolo

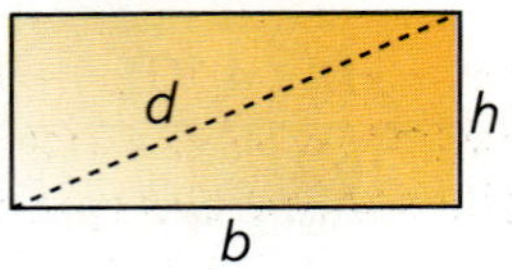

$A = b \cdot h$ $\quad b = \dfrac{A}{h}$

$h = \dfrac{A}{b}$ $\quad d = \sqrt{b^2 + h^2}$

Quadrato

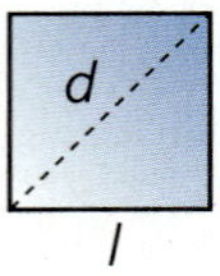

$A = l^2$ $\quad l = \sqrt{A}$

$d = l \cdot \sqrt{2}$ $\quad l = \dfrac{d}{\sqrt{2}}$ $\quad \left(\sqrt{2} = 1,414\right)$

Parallelogrammo

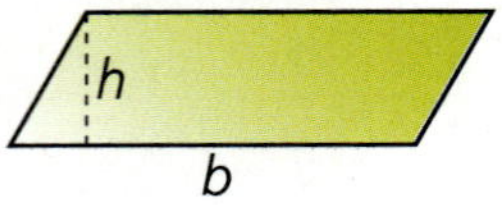

$A = b \cdot h$ $\quad b = \dfrac{A}{h}$ $\quad h = \dfrac{A}{b}$

Triangolo

$A = \dfrac{b \cdot h}{2}$ $\quad b = \dfrac{2 \cdot A}{h}$ $\quad h = \dfrac{2 \cdot A}{b}$ $\quad A = \sqrt{p \cdot (p-a) \cdot (p-b) \cdot (p-c)}$

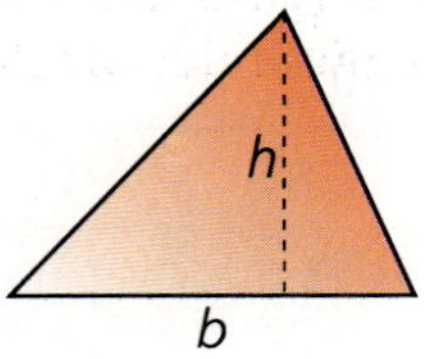

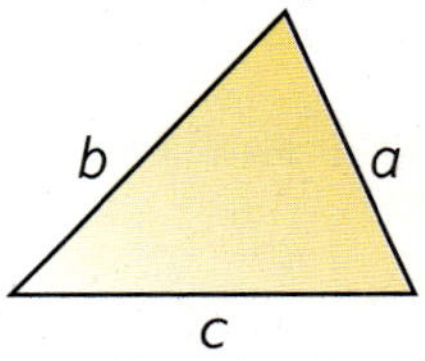

p = semiperimetro

Triangolo rettangolo

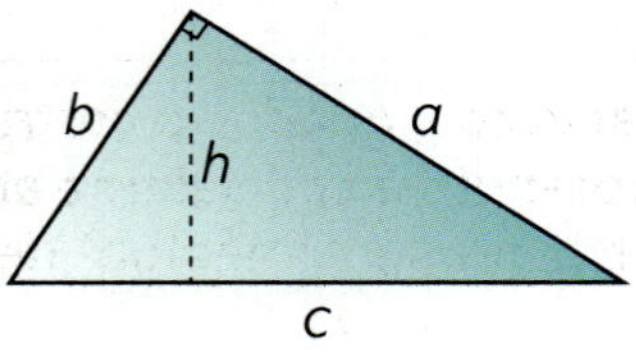

$A = \dfrac{c \cdot h}{2}$ oppure $A = \dfrac{a \cdot b}{2}$

$h = \dfrac{a \cdot b}{c}$

$c = \sqrt{a^2 + b^2}$ $\quad a = \sqrt{c^2 - b^2}$ $\quad b = \sqrt{c^2 - a^2}$

Triangolo equilatero

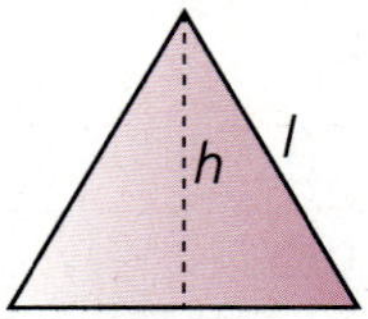

$h = \dfrac{l \cdot \sqrt{3}}{2}$ $\quad l = \dfrac{2 \cdot h}{\sqrt{3}}$ $\quad A = \dfrac{l^2 \cdot \sqrt{3}}{4}$

e ponendo $\sqrt{3} = 1,732$ $\quad A = l^2 \cdot 0,433$

Rombo

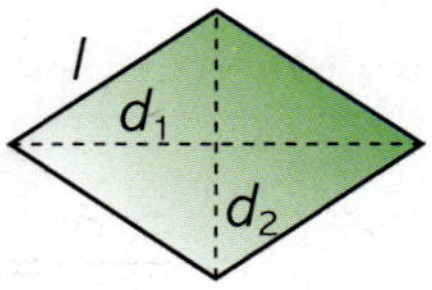

$A = \dfrac{d_1 \cdot d_2}{2}$ $\quad d_1 = \dfrac{2 \cdot A}{d_2}$ $\quad d_2 = \dfrac{2 \cdot A}{d_1}$

$l = \sqrt{\left(\dfrac{d_1}{2}\right)^2 + \left(\dfrac{d_2}{2}\right)^2}$

Trapezio

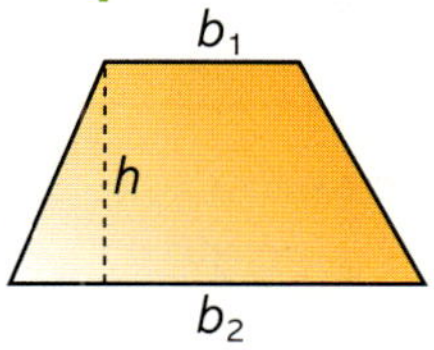

$$A = \frac{(b_1 + b_2) \cdot h}{2} \qquad h = \frac{2 \cdot A}{b_1 + b_2}$$

$$b_1 + b_2 = \frac{2 \cdot A}{h} \qquad b_1 = \frac{2 \cdot A}{h} - b_2$$

Teorema di Pitagora

In ogni triangolo rettangolo il quadrato costruito sull'ipotenusa è equivalente alla somma dei quadrati costruiti sui cateti.

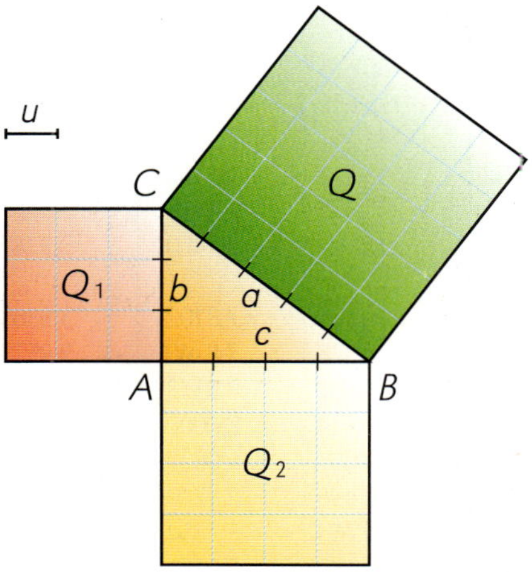

$$Q \doteq Q_1 + Q_2$$

$$a^2 = b^2 + c^2$$

$$a = \sqrt{b^2 + c^2}$$

$$b = \sqrt{a^2 - c^2}$$

$$c = \sqrt{a^2 - b^2}$$

Primo teorema di Euclide

In ogni triangolo rettangolo il quadrato costruito su un cateto è equivalente al rettangolo avente per dimensioni l'ipotenusa e la proiezione del cateto stesso sull'ipotenusa.

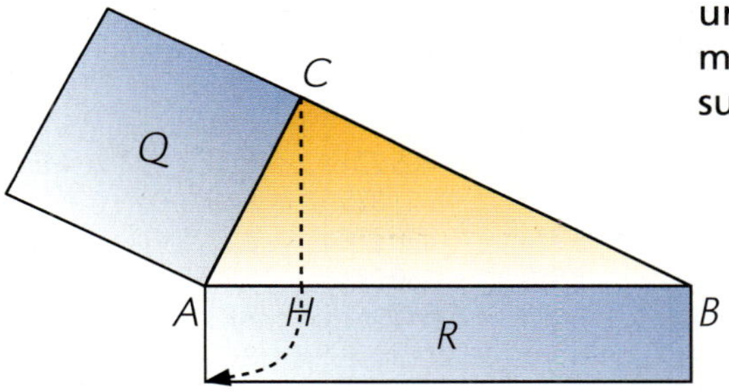

$$Q \doteq R$$

$$AB : AC = AC : AH$$

Secondo teorema di Euclide

In ogni triangolo rettangolo il quadrato costruito sull'altezza relativa all'ipotenusa è equivalente al rettangolo avente per dimensioni le proiezioni dei cateti sull'ipotenusa.

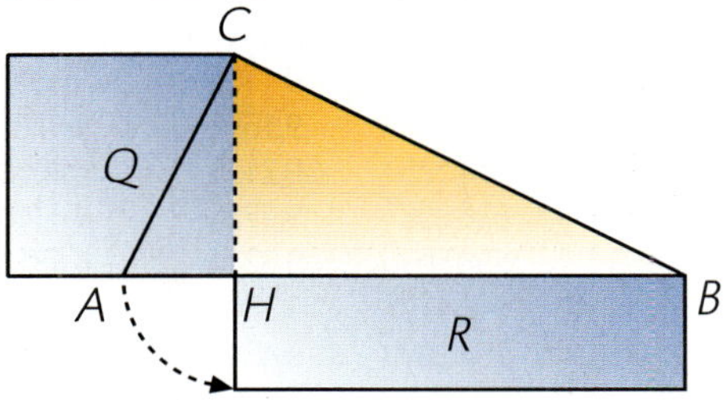

$$Q \doteq R$$

$$AH : CH = CH : HB$$

Poligono regolare

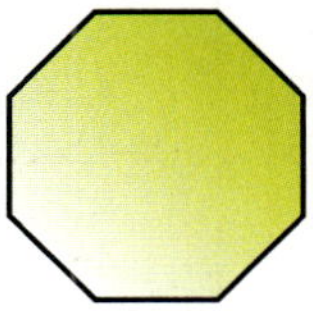

$$A = \frac{2p \cdot a}{2} \qquad 2p = \frac{2 \cdot A}{a} \qquad a = \frac{2 \cdot A}{2p} = \frac{A}{p}$$

Poligono circoscritto a una circonferenza di raggio *r*

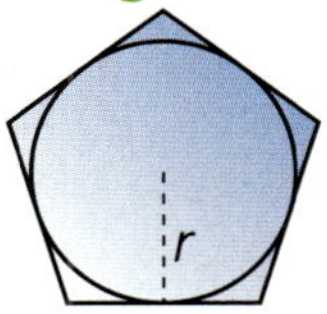

$$A = \frac{2p \cdot r}{2} = p \cdot r \qquad 2p = \frac{2 \cdot A}{r} \qquad r = \frac{2 \cdot A}{2p} = \frac{A}{p}$$

QUADRATI, CUBI, RADICI QUADRATE E RADICI CUBICHE

dei numeri da 1 a 300

n	n^2	n^3	$\sqrt{n}$	$\sqrt[3]{n}$
1	1	1	1,0000	1,0000
2	4	8	1,4142	1,2599
3	9	27	1,7321	1,4422
4	16	64	2,0000	1,5874
5	25	125	2,2361	1,7100
6	36	216	2,4495	1,8171
7	49	343	2,6458	1,9129
8	64	512	2,8284	2,0000
9	81	729	3,0000	2,0801
10	100	1 000	3,1623	2,1544
11	121	1 331	3,3166	2,2240
12	144	1 728	3,4641	2,2894
13	169	2 197	3,6056	2,3513
14	196	2 744	3,7417	2,4101
15	225	3 375	3,8730	2,4662
16	256	4 096	4,0000	2,5198
17	289	4 913	4,1231	2,5713
18	324	5 832	4,2426	2,6207
19	361	6 859	4,3589	2,6684
20	400	8 000	4,4721	2,7144
21	441	9 261	4,5826	2,7589
22	484	10 648	4,6904	2,8020
23	529	12 167	4,7958	2,8439
24	576	13 824	4,8990	2,8845
25	625	15 625	5,0000	2,9240
26	676	17 576	5,0990	2,9625
27	729	19 683	5,1962	3,0000
28	784	21 952	5,2915	3,0366
29	841	24 389	5,3852	3,0723
30	900	27 000	5,4772	3,1072
31	961	29 791	5,5678	3,1414
32	1 024	32 768	5,6569	3,1748
33	1 089	35 937	5,7446	3,2075
34	1 156	39 304	5,8310	3,2396
35	1 225	42 875	5,9161	3,2711
36	1 296	46 656	6,0000	3,3019
37	1 369	50 653	6,0828	3,3322
38	1 444	54 872	6,1644	3,3620
39	1 521	59 319	6,2450	3,3912
40	1 600	64 000	6,3246	3,4200
41	1 681	68 921	6,4031	3,4482
42	1 764	74 088	6,4807	3,4760
43	1 849	79 507	6,5574	3,5034
44	1 936	85 184	6,6332	3,5303
45	2 025	91 125	6,7082	3,5569
46	2 116	97 336	6,7823	3,5830
47	2 209	103 823	6,8557	3,6088
48	2 304	110 592	6,9282	3,6342
49	2 401	117 649	7,0000	3,6593
50	2 500	125 000	7,0711	3,6840

n	n^2	n^3	$\sqrt{n}$	$\sqrt[3]{n}$
51	2 601	132 651	7,1414	3,7084
52	2 704	140 608	7,2111	3,7325
53	2 809	148 877	7,2801	3,7563
54	2 916	157 464	7,3485	3,7798
55	3 025	166 375	7,4162	3,8030
56	3 136	175 616	7,4833	3,8259
57	3 249	185 193	7,5498	3,8485
58	3 364	195 112	7,6158	3,8709
59	3 481	205 379	7,6811	3,8930
60	3 600	216 000	7,7460	3,9149
61	3 721	226 981	7,8102	3,9365
62	3 844	238 328	7,8740	3,9579
63	3 969	250 047	7,9373	3,9791
64	4 096	262 144	8,0000	4,0000
65	4 225	274 625	8,0623	4,0207
66	4 356	287 496	8,1240	4,0412
67	4 489	300 763	8,1854	4,0615
68	4 624	314 432	8,2462	4,0817
69	4 761	328 509	8,3066	4,1016
70	4 900	343 000	8,3666	4,1213
71	5 041	357 911	8,4261	4,1408
72	5 184	373 248	8,4853	4,1602
73	5 329	389 017	8,5440	4,1793
74	5 476	405 224	8,6023	4,1983
75	5 625	421 875	8,6603	4,2172
76	5 776	438 976	8,7178	4,2358
77	5 929	456 533	8,7750	4,2543
78	6 084	474 552	8,8318	4,2727
79	6 241	493 039	8,8882	4,2908
80	6 400	512 000	8,9443	4,3089
81	6 561	531 441	9,0000	4,3267
82	6 724	551 368	9,0554	4,3445
83	6 889	571 787	9,1104	4,3621
84	7 056	592 704	9,1652	4,3795
85	7 225	614 125	9,2195	4,3968
86	7 396	636 056	9,2736	4,4140
87	7 569	658 503	9,3274	4,4310
88	7 744	681 472	9,3808	4,4480
89	7 921	704 969	9,4340	4,4647
90	8 100	729 000	9,4868	4,4814
91	8 281	753 571	9,5394	4,4979
92	8 464	778 688	9,5917	4,5144
93	8 649	804 357	9,6437	4,5307
94	8 836	830 584	9,6954	4,5468
95	9 025	857 375	9,7468	4,5629
96	9 216	884 736	9,7980	4,5789
97	9 409	912 673	9,8489	4,5947
98	9 604	941 192	9,8995	4,6104
99	9 801	970 299	9,9499	4,6261
100	10 000	1 000 000	10,0000	4,6416

n	n^2	n^3	$\sqrt{n}$	$\sqrt[3]{n}$
101	10 201	1 030 301	10,0499	4,6570
102	10 404	1 061 208	10,0995	4,6723
103	10 609	1 092 727	10,1489	4,6875
104	10 816	1 124 864	10,1980	4,7027
105	11 025	1 157 625	10,2470	4,7177
106	11 236	1 191 016	10,2956	4,7326
107	11 449	1 225 043	10,3441	4,7475
108	11 664	1 259 712	10,3923	4,7622
109	11 881	1 295 029	10,4403	4,7769
110	12 100	1 331 000	10,4881	4,7914
111	12 321	1 367 631	10,5357	4,8059
112	12 544	1 404 928	10,5830	4,8203
113	12 769	1 442 897	10,6301	4,8346
114	12 996	1 481 544	10,6771	4,8488
115	13 225	1 520 875	10,7238	4,8629
116	13 456	1 560 896	10,7703	4,8770
117	13 689	1 601 613	10,8167	4,8910
118	13 924	1 643 032	10,8628	4,9049
119	14 161	1 685 159	10,9087	4,9187
120	14 400	1 728 000	10,9545	4,9324
121	14 641	1 771 561	11,0000	4,9461
122	14 884	1 815 848	11,0454	4,9597
123	15 129	1 860 867	11,0905	4,9732
124	15 376	1 906 624	11,1355	4,9866
125	15 625	1 953 125	11,1803	5,0000
126	15 876	2 000 376	11,2250	5,0133
127	16 129	2 048 383	11,2694	5,0265
128	16 384	2 097 152	11,3137	5,0397
129	16 641	2 146 689	11,3578	5,0528
130	16 900	2 197 000	11,4018	5,0658
131	17 161	2 248 091	11,4455	5,0788
132	17 424	2 299 968	11,4891	5,0916
133	17 689	2 352 637	11,5326	5,1045
134	17 956	2 406 104	11,5758	5,1172
135	18 225	2 460 375	11,6190	5,1299
136	18 496	2 515 456	11,6619	5,1426
137	18 769	2 571 353	11,7047	5,1551
138	19 044	2 628 072	11,7473	5,1676
139	19 321	2 685 619	11,7898	5,1801
140	19 600	2 744 000	11,8322	5,1925
141	19 881	2 803 221	11,8743	5,2048
142	20 164	2 863 288	11,9164	5,2171
143	20 449	2 924 207	11,9583	5,2293
144	20 736	2 985 984	12,0000	5,2415
145	21 025	3 048 625	12,0416	5,2536
146	21 316	3 112 136	12,0830	5,2656
147	21 609	3 176 523	12,1244	5,2776
148	21 904	3 241 792	12,1655	5,2896
149	22 201	3 307 949	12,2066	5,3015
150	22 500	3 375 000	12,2474	5,3133

n	n^2	n^3	$\sqrt{n}$	$\sqrt[3]{n}$
151	22 801	3 442 951	12,2882	5,3251
152	23 104	3 511 808	12,3288	5,3368
153	23 409	3 581 577	12,3693	5,3485
154	23 716	3 652 264	12,4097	5,3601
155	24 025	3 723 875	12,4499	5,3717
156	24 336	3 796 416	12,4900	5,3832
157	24 649	3 869 893	12,5300	5,3947
158	24 964	3 944 312	12,5698	5,4061
159	25 281	4 019 679	12,6095	5,4175
160	25 600	4 096 000	12,6491	5,4288
161	25 921	4 173 281	12,6886	5,4401
162	26 244	4 251 528	12,7279	5,4514
163	26 569	4 330 747	12,7671	5,4626
164	26 896	4 410 944	12,8062	5,4737
165	27 225	4 492 125	12,8452	5,4848
166	27 556	4 574 296	12,8841	5,4959
167	27 889	4 657 463	12,9228	5,5069
168	28 224	4 741 632	12,9615	5,5178
169	28 561	4 826 809	13,0000	5,5288
170	28 900	4 913 000	13,0384	5,5397
171	29 241	5 000 211	13,0767	5,5505
172	29 584	5 088 448	13,1149	5,5613
173	29 929	5 177 717	13,1529	5,5721
174	30 276	5 268 024	13,1909	5,5828
175	30 625	5 359 375	13,2288	5,5934
176	30 976	5 451 776	13,2665	5,6041
177	31 329	5 545 233	13,3041	5,6147
178	31 684	5 639 752	13,3417	5,6252
179	32 041	5 735 339	13,3791	5,6357
180	32 400	5 832 000	13,4164	5,6462
181	32 761	5 929 741	13,4536	5,6567
182	33 124	6 028 568	13,4907	5,6671
183	33 489	6 128 487	13,5277	5,6774
184	33 856	6 229 504	13,5647	5,6877
185	34 225	6 331 625	13,6015	5,6980
186	34 596	6 434 856	13,6382	5,7083
187	34 969	6 539 203	13,6748	5,7185
188	35 344	6 644 672	13,7113	5,7287
189	35 721	6 751 269	13,7477	5,7388
190	36 100	6 859 000	13,7840	5,7489
191	36 481	6 967 871	13,8203	5,7590
192	36 864	7 077 888	13,8564	5,7690
193	37 249	7 189 057	13,8924	5,7790
194	37 636	7 301 384	13,9284	5,7890
195	38 025	7 414 875	13,9642	5,7989
196	38 416	7 529 536	14,0000	5,8088
197	38 809	7 645 373	14,0357	5,8186
198	39 204	7 762 392	14,0712	5,8285
199	39 601	7 880 599	14,1067	5,8383
200	40 000	8 000 000	14,1421	5,8480

n	n^2	n^3	$\sqrt{n}$	$\sqrt[3]{n}$
201	40 401	8 120 601	14,1774	5,8578
202	40 804	8 242 408	14,2127	5,8675
203	41 209	8 365 427	14,2478	5,8771
204	41 616	8 489 664	14,2829	5,8868
205	42 025	8 615 125	14,3178	5,8964
206	42 436	8 741 816	14,3527	5,9059
207	42 849	8 869 743	14,3875	5,9155
208	43 264	8 998 912	14,4222	5,9250
209	43 681	9 129 329	14,4568	5,9345
210	44 100	9 261 000	14,4914	5,9439
211	44 521	9 393 931	14,5258	5,9533
212	44 944	9 528 128	14,5602	5,9627
213	45 369	9 663 597	14,5945	5,9721
214	45 796	9 800 344	14,6287	5,9814
215	46 225	9 938 375	14,6629	5,9907
216	46 656	10 077 696	14,6969	6,0000
217	47 089	10 218 313	14,7309	6,0092
218	47 524	10 360 232	14,7648	6,0185
219	47 961	10 503 459	14,7986	6,0277
220	48 400	10 648 000	14,8324	6,0368
221	48 841	10 793 861	14,8661	6,0459
222	49 284	10 941 048	14,8997	6,0550
223	49 729	11 089 567	14,9332	6,0641
224	50 176	11 239 424	14,9666	6,0732
225	50 625	11 390 625	15,0000	6,0822
226	51 076	11 543 176	15,0333	6,0912
227	51 529	11 697 083	15,0665	6,1002
228	51 984	11 852 352	15,0997	6,1091
229	52 441	12 008 989	15,1327	6,1180
230	52 900	12 167 000	15,1658	6,1269
231	53 361	12 326 391	15,1987	6,1358
232	53 824	12 487 168	15,2315	6,1446
233	54 289	12 649 337	15,2643	6,1534
234	54 756	12 812 904	15,2971	6,1622
235	55 225	12 977 875	15,3297	6,1710
236	55 696	13 144 256	15,3623	6,1797
237	56 169	13 312 053	15,3948	6,1885
238	56 644	13 481 272	15,4272	6,1972
239	57 121	13 651 919	15,4596	6,2058
240	57 600	13 824 000	15,4919	6,2145
241	58 081	13 997 521	15,5242	6,2231
242	58 564	14 172 488	15,5563	6,2317
243	59 049	14 348 907	15,5885	6,2403
244	59 536	14 526 784	15,6205	6,2488
245	60 025	14 706 125	15,6525	6,2573
246	60 516	14 886 936	15,6844	6,2658
247	61 009	15 069 223	15,7162	6,2743
248	61 504	15 252 992	15,7480	6,2828
249	62 001	15 438 249	15,7797	6,2912
250	62 500	15 625 000	15,8114	6,2996

n	n^2	n^3	$\sqrt{n}$	$\sqrt[3]{n}$
251	63 001	15 813 251	15,8430	6,3080
252	63 504	16 003 008	15,8745	6,3164
253	64 009	16 194 277	15,9060	6,3247
254	64 516	16 387 064	15,9374	6,3330
255	65 025	16 581 375	15,9687	6,3413
256	65 536	16 777 216	16,0000	6,3496
257	66 049	16 974 593	16,0312	6,3579
258	66 564	17 173 512	16,0624	6,3661
259	67 081	17 373 979	16,0935	6,3743
260	67 600	17 576 000	16,1245	6,3825
261	68 121	17 779 581	16,1555	6,3907
262	68 644	17 984 728	16,1864	6,3988
263	69 169	18 191 447	16,2173	6,4070
264	69 696	18 399 744	16,2481	6,4151
265	70 225	18 609 625	16,2788	6,4232
266	70 756	18 821 096	16,3095	6,4312
267	71 289	19 034 163	16,3401	6,4393
268	71 824	19 248 832	16,3707	6,4473
269	72 361	19 465 109	16,4012	6,4553
270	72 900	19 683 000	16,4317	6,4633
271	73 441	19 902 511	16,4621	6,4713
272	73 984	20 123 648	16,4924	6,4792
273	74 529	20 346 417	16,5227	6,4872
274	75 076	20 570 824	16,5529	6,4951
275	75 625	20 796 875	16,5831	6,5030
276	76 176	21 024 576	16,6132	6,5108
277	76 729	21 253 933	16,6433	6,5187
278	77 284	21 484 952	16,6733	6,5265
279	77 841	21 717 639	16,7033	6,5343
280	78 400	21 952 000	16,7332	6,5421
281	78 961	22 188 041	16,7631	6,5499
282	79 524	22 425 768	16,7929	6,5577
283	80 089	22 665 187	16,8226	6,5654
284	80 656	22 906 304	16,8523	6,5731
285	81 225	23 149 125	16,8819	6,5808
286	81 796	23 393 656	16,9115	6,5885
287	82 369	23 639 903	16,9411	6,5962
288	82 944	23 887 872	16,9706	6,6039
289	83 521	24 137 569	17,0000	6,6115
290	84 100	24 389 000	17,0294	6,6191
291	84 681	24 642 171	17,0587	6,6267
292	85 264	24 897 088	17,0880	6,6343
293	85 849	25 153 757	17,1172	6,6419
294	86 436	25 412 184	17,1464	6,6494
295	87 025	25 672 375	17,1756	6,6569
296	87 616	25 934 336	17,2047	6,6644
297	88 209	26 198 073	17,2337	6,6719
298	88 804	26 463 592	17,2627	6,6794
299	89 401	26 730 899	17,2916	6,6869
300	90 000	27 000 000	17,3205	6,6943